제10판

로스쿨 국제거래법

안강현

박영사

제10판 머리말

　올해 1월 제13회 변호사시험의 논술형시험이 최초로 컴퓨터 작성 방식 (CBT)에 의하여 시행(수기방식도 병행)된 것은 우리나라 국가시험에서의 획기적인 이정표가 되리라 생각한다.

　변호사시험이 치러지고 변호사시험 국제거래법의 기출문제에 대한 모범답안을 원하는 독자들이 많았으나 이번 개정작업에서 그간 선고된 새로운 판결들에 대하여 검토한 후에 이를 해당 부분에 반영하면서 본문과 부록(기출문제에 대한 모범답안)에 대하여도 세세한 보완작업을 하다 보니 시일이 상당히 경과하게 되었다.

　끝으로 제10판을 내게 된 데 대하여 안종만 회장님과 안상준 대표님, 조성호 이사님 그리고 김선민 이사님께 감사드린다.

2024년 3월 20일
연세대학교 법학전문대학원 연구실에서
저　자 씀

머 리 말

    국제거래법의 학문대상영역에 대하여 견해의 차이가 있으나 적어도 '서로 다른 국가 간의 상거래에 관련한 규범의 총체'라는 점에는 異論이 없을 것으로 안다. 여기의 '상거래'에는 중세시대부터 지금까지도 중요한 국제무역거래의 대상인 물품(goods)은 물론이고, 용역(service)·기술(technique)·자본(capital)도 포함된다. 그리고 여기의 '규범'은 이를 넓게 파악할 경우에는 세계 각국의 민법과 상법 등의 실체법과 경제법·외환관리법과 같은 규제법, 민사소송법·중재법·국제사법과 같은 분쟁해결법 등의 국내법 외에도 WTO와 같이 국가가 주체가 된 국제조약(다자·양자), UNCITRAL(유엔국제상거래법위원회), UNIDROIT(사법통일을 위한 국제기구) 등 국제기구가 주도하는 국제협약(국제물품매매계약에 관한 국제연합협약, Hague매매협약 등), ICC(국제상업회의소) 등의 국제단체에서 제정하는 통일규칙(신용장통일규칙, Incoterms 등), 모범법(model law), 약관(general conditions of contract), 표준거래서식(model contract)과 불문법인 국제상관습(법), 그리고 세계 각국의 판례와 학설까지 포함하게 된다.

    한편 국제거래법의 연구대상이 되는 국제거래(international business transaction)는 '서로 다른 국가에 소재하는 당사자 사이에 국경을 넘는 물품·용역·기술·자본의 이동이나 제공을 내용으로 하는 거래'를 말한다. 그 거래목적물이 무엇인가에 따라 각기 상이한 과정 내지 절차를 거치게 되나 국제물품매매를 기준으로 이를 살펴보면 매매당사자, 즉 매도인과 매수인 사이에 매매계약이 체결된 후 그 계약에 따른 이행을 위하여 매수인은 매매대금결제를 위한 조처(그 중 하나가 신용장에 의한 결제이다)를 취하고, 이에 대하여 매도인은 매수인에게 물품을 인도하기 위한 조처(CIF규칙을 이용할 경우 운송계약과 보험계약

의 체결을 포함한다)를 취하게 된다(매매에 관련한 각국의 입법이나 행정적 규제 또
는 국제조약 등도 문제되는 경우가 있다). 매매계약의 당사자들이 각자 계약내용
에 따른 이행을 완료하면 계약은 그 목적을 달성하여 소멸하게 되지만 그렇지
못한 경우 당사자 사이에 다툼이 발생하게 되고 그 분쟁의 해결을 위한 방법
이 필요하게 된다. 이에 관하여 당사자 사이에 분쟁해결을 중재에 의하기로 합
의한 경우에는 국제중재에 의하여 해결할 것이나 그렇지 않은 경우에는 국제
소송절차에 들어가게 된다. 국제소송에 있어서는 먼저 당해 분쟁에 대하여 어
느 국가가 재판권을 행사할 것인가의 문제인 국제재판관할권의 문제와 국제재
판권을 행사할 국가가 결정된 이후에는 그 분쟁에 적용할 준거법을 확정하는
문제가 있으며, 국제중재나 국제소송의 결과 외국중재판정 또는 외국재판의
승인과 집행에 관한 문제도 함께 고려되어야 한다.

　　이상에서 간단히 살펴본 바와 같이 국제거래법이 다루고 해결하여야 할
대상영역은 거의 무한에 가깝다고 해도 과언이 아닐 정도로 넓으므로 오늘날
과 같이 국제화된 시대에는 세계 각국을 막론하고 이 분야에 역량 있는 법률
가들이 많은 관심을 기울이고 이에 대한 연구가 이루어져야 하며, 그로 인하여
국제거래의 안정화와 원활화가 가속될 수 있을 것이다.

　　이러한 필요성을 고려할 때 로스쿨에서 「국제거래법」과목의 중요성은 거
듭 강조하여도 지나치지 않을 것이라 믿는다.

　　이 책은 로스쿨에서의 강의를 위하여 만들었다. 그러한 용도로 인하여 국
제거래법의 전 영역을 다루지는 못하고, 그 중 일부인 「국제물품매매계약에
관한 국제연합협약」과 「국제사법」만을 집필대상으로 하였다. 그러나 「국제물
품매매계약에 관한 국제연합협약」이 통일매매법으로서 물품매매에 관한 일련
의 process에 따라 이루어진 규정이므로 그 내용을 짚어 나가다보면 국제거래
의 과정을 간단하게나마 살펴보게 될 것이다. 그리고 국제거래에 규범을 적용
하여 결론에 이르는 과정에 대한 궁금증을 해소하기 위하여 변호사시험 기출
문제를 대상으로 논점을 정리하고, 법리를 적용하여 결론을 도출하는 과정을
예시하여 부록으로 첨부하였다.

　　이 책을 출간함에 있어서 조심스러운 마음으로 감사의 인사를 적고자 한

다. 먼저 이 책을 만들 수 있게 해주신 하나님께 감사드리고, 자애로써 길러주신 돌아가신 부모님과 지금까지 30여년을 동행해주고 있는 아내 최임희, 그리고 이제 법학에 입문한 딸 홍은에게 이 자리를 빌려 감사와 사랑을 꼭 전하고 싶다. 그리고 출판계의 불황에도 불구하고 이 책을 출판해주신 박영사 안종만 회장님께 감사드리고, 관심과 배려를 아끼지 않으시며 항상 세심하게 살펴주시는 조성호 이사님과 이 책의 편집을 맡아 수고해주신 한현민 선생님께 감사드린다.

독자들이 국제적 역량을 갖춘 법률가로 성장하는 데 이 책이 다소나마 도움이 되기를 기대한다.

2015년 3월 9일
연세대학교 법학전문대학원 연구실에서
저 자 씀

목   차

제1편

서 론

국제거래는 서로 다른 국가에 소재하는 당사자 사이에 국경을 넘는 물품·용역·기술·자본의 이동이나 제공을 내용으로 하는 거래를 말하는데, 그 중에서도 국제물품매매가 그 중심을 차지한다. 국제물품매매의 일반적인 모습을 살펴보면 우선 매매당사자, 즉 매도인과 매수인 사이에 매매계약이 체결된 후 그 계약에 따른 이행을 위하여 매수인은 매매대금 결제를 위한 조처(신용장도 그 중의 하나이다)를 취하여야 하고, 이에 대하여 매도인은 매수인에게 물품을 인도하기 위한 조처(CIF조건인 경우에는 운송계약과 보험계약의 체결 등을 포함한다)를 취하게 된다. 매매계약의 당사자들이 각자 계약내용에 따른 이행을 완료하면 계약은 목적을 달성하여 소멸하게 되나 순조롭게 이행이 이루어지지 않은 경우에는 당사자 사이에 다툼이 발생하게 되고 이러한 분쟁의 해결을 위한 방법을 모색하게 된다. 이상에서 살펴본 바와 같이 국제물품매매에 관한 많은 법적 문제가 발생하게 되는데, 이러한 제반 문제들을 연구대상으로 하는 것이 국제거래법인 것이다. 국제거래법의 연구대상을 구체적으로 보면 첫째, 국제계약으로 이는 언어와 문화 및 관습이 다른 당사자들 사이에 국제계약의 내용을 어떻게 일의적(一義的)으로 정할 것인가의 문제가 있다. 이를 위하여 국가 또는 국제기구나 국제단체를 통하여 국제거래에 관련된 세계사법의 통일노력을 기울여 온 바 그 중에서도 무역거래조건의 통일을 위한 인코텀즈(Incoterms), 국제물품매매계약에 관한 UN협약 등이 주된 연구대상이 되고 있다. 둘째, 물품의 인도와 관련한 문제로서 국제운송과 국제보험의 문제가 있다. 셋째, 신용장을 비롯한 국제거래의 대금결제의 문제가 있다. 넷째, 국제분쟁의 해결방법에 관련한 문제가 있다. 이에는 국제상거래에서 많이 이용되는 국제중재와 국제소송 외에도 분쟁해결에 있어서의 국제재판관할권의 소재와 준거법 확정을 위한 국제사법의 문제가 있다. 그리고 마지막 단계로서 외국재판 또는 국제중재판정의 승인·집행의 문제가 있다. 이상은 국제물품매매를 중심으로 한 것이나 국제거래의 대상이 물품이 아니라 용역이나 기술 또는 자본인 경우에는 그 거래대상 자체가 가지는 특수성에 따라 다양한 문제가 발생하기도 하며 각국의 입법·행정적인 규제나 국가 간의 조약에 의한 제한의 문제 또한 관련되기도 한다. 또한 국제거래의 주체인 국제기업조직과 그에 대한 국제과세·국제도산 등의 문제도 있다. 이 교재에서는 국제거래법이 다루는 이러한 많은 문제들 중에서 「국제물품매매계약에 관한 UN협약」과 「국제사법」을 주대상으로 하여 살펴보기로 한다.

제2편

국제물품
매매계약에
관한
UN협약

제 1 장 국제물품매매계약에 관한 UN협약 개관

제 1 절 국제물품매매계약에 관한 UN협약의 성립

Ⅰ. 국제물품매매에 관한 법규통일의 필요성과 헤이그통일매매법

1. 국제물품매매에 관한 법규통일의 필요성

국제물품매매는 2개 국가 이상이 관련되는 경우가 대부분이므로 그 거래에 관하여 당사자 사이에 분쟁이 발생할 경우 어느 국가의 법을 적용할 것인가에 대한 문제가 생긴다. 이러한 경우 국제물품매매에 대한 조약과 같은 국제적으로 통용되는 규범이 없는 한 그 거래에 관한 소송이 제기되는 국가의 국제사법 규정에 의하여 지정되는 특정 국가의 법이 준거법으로 적용될 것이다. 이 경우 각국의 국제사법규정이 반드시 같지 않으므로 소송이 어느 국가에서 제기되느냐에 따라 준거법(準據法)이 달라질 수 있다. 물론 이에 대비하여 계약당사자 사이에 국제물품매매에 적용될 특정국가의 법을 준거법으로 지정함으로써 예상하지 못한 국가의 법이 적용되는 위험을 피할 수 있을 것이지만 이 또한 완전하지는 못하다. 왜냐하면 국가에 따라서는 이러한 합의의 효력을 부정하고 법정지의 국제사법원칙에 따라 준거법을 결정할 수도 있기 때문이다. 이러한 준거법의 예측불가능성으로 인하여 법에 정통하지 않은 국제물품매매계약의 당사자들은 법적으로 불안정한 입장에 놓이게 된다. 당사자들의 불안을 해결하기 위하여 국제물품매매를 규율하는 통일된 실질법을 제정할 필요성이 제기되어 왔다.

> Cf. 한편 무역용어의 통일을 위한 국제적인 노력으로서 가장 중요한 것은 국제상업회의소(International Chamber of Commerce, ICC)의 정형무역거래조건의 해석에 관한 국제규칙(International Rules for the Interpretation of Trade Terms, 줄여서 International Commercial Terms라고 하고 통상 Incoterms라고 표기한다)이다. 국제민간단체라는 ICC의 성격상 Incoterms는 법은 아니지만 계약당사자들이 이에 따를 것을 약정하는 경우에는 계약내용의 일부를 이루어 당사자를

구속하게 된다. 이에 대한 상세는 55~56면 참조.

2. 헤이그통일매매법

국제물품매매분야에서의 법규통일을 위한 노력은 먼저 독일의 Ernst Rabel에 의하여 주창되었다. Ernst Rabel은 1929년 국제연맹 산하기관이었던 사법통일을 위한 국제기구(International Institute for the Unification of Private Law, UNIDROIT)에 제출한 보고서에서 매매에 관한 각국의 실체법의 통일이 바람직한 동시에 가능하다고 주장하였다. 이에 UNIDROIT는 국제매매 및 국제매매계약의 성립에 관한 연구를 위하여 구성한 2개의 위원회를 통하여 국제매매계약에 관한 통일법 작업을 추진하여 ① '국제물품매매에 관한 통일법 협약(The Hague Convention relating to a Uniform Law on the International Sale of Goods of 1964, ULIS)'과 ② '국제물품매매계약의 성립에 관한 통일법 협약(The Hague Convention relating to a Uniform Law on the Formation of Contracts for the International Sale of Goods of 1964, ULF)'의 2개의 초안을 작성하였다. 이 2개의 초안은 1964년 4월 25일 네덜란드의 Hague에서 28개국의 대표들이 참가한 가운데 최종 확정되었다. ULIS는 국제적 매매에 관한 실체법(substantive law)의 통일을 목적으로 매매당사자의 의무와 위험이전에 관하여 주로 규정하고 있으며, ULF는 ULIS를 보완하는 것으로서 국제계약을 성립시키는 청약과 승낙에 관한 영미의 보통법(Common Law)과 대륙법(Civil Law)의 차이를 조정한 것이다. 헤이그통일매매법은 1972년 발효된 이래 영국과 독일 등 불과 9개국만 가입함으로써 세계적인 통일법으로 정착하는 데에는 실패하였다. 그러나 헤이그통일매매법은 국제거래에 있어서의 통일매매법의 필요성과 성공가능성에 대한 시험대로서의 의미를 가질 뿐만 아니라 국제물품매매계약에 관한 UN협약의 해석을 위한 유익한 자료로서의 가치를 지닌다.

Ⅱ. 국제물품매매계약에 관한 UN협약

1. 성립배경

제2차 세계대전 후 개발도상국들이 국제사회에서 영향력을 강화시켜 나가기 시작하고 사회주의 국가도 폐쇄적인 체제를 수정하여 동서무역을 발전시키고자 하는 분위기가 형성되는 가운데 헝가리가 1965년 국제연합총회에서 국제거래에 관한 법의 통일과 조화를 이루자는 제안을 하였다. 국제연합(UN)은 Clive

M. Schmitthoff 교수로부터 UN 산하에 위원회 신설을 제안하는 내용의 연구보고서를 제출받아 이를 토대로 하여 1966년 12월 UN국제상거래법위원회(United Nations Commission on International Trade Law, UNCITRAL)를 설립하게 되었다.

2. 성립과정

위와 같은 경위로 설립된 UNCITRAL에서는 먼저 헤이그통일매매법에 대한 태도부터 결정하기로 하였다. 그에 따라 각국의 의견을 취합한 결과 헤이그통일매매법이 도그마(dogma) 중심으로 이론에 너무 치우쳐 있고, 당사자자치를 허용하지 않는 엄격함 때문에 유연성이 떨어지며, 그 구성이 복잡하여 내용이 불명확하고, 대륙법 중심으로 되어 있어 세계의 다양한 법체계 및 사회경제체제의 입장이 고루 반영되지 않는다는 등의 이유로 그 자체로서는 세계 각국의 지지를 받기는 어려울 것으로 결론지었다. 그리하여 UNCITRAL에서는 각국의 다양한 사회 및 경제체제(자본주의체제와 사회주의체제, 기개발국과 개발도상국)와 법체제(대륙법체제와 영미법체제)를 대표하는 15개국으로 구성된 실무작업반(working group)을 만들어 헤이그통일매매법을 기초로 한 새로운 법안을 작성하는 작업에 착수, 국제물품매매계약에 관한 협약의 초안을 마련하였다. UN은 이에 따라 국제물품매매계약에 관한 외교회의를 비엔나에서 개최하여 1980년 4월 11일 62개국의 참여 하에 6개 공용어(아랍어·중국어·영어·불어·러시아어·스페인어)로 된 국제물품매매계약에 관한 UN협약을 채택하였다. 이 협약의 정식명칭은 United Nations Convention on Contracts for the International Sale of Goods(약어로는 CISG)이며, 우리나라의 공식번역명칭은 '국제물품매매계약에 관한 국제연합협약'이다. 위 협약 제99조 제 1 항에 의하면 10번째 협약국이 유엔에 비준서 등을 기탁한 날로부터 12개월이 경과된 다음 달의 1일에 발효하는 것으로 되어 있는데 미국, 중국, 이탈리아가 각각 9번째, 10번째, 11번째의 국가로서 1986년 12월 11일에 비준서를 유엔에 기탁하였으므로 1988년 1월 1일부터 위 협약이 발효되었다. 2024년 3월을 기준으로 97개 당사자(party)가 협약에 서명(signature)·가입(accession)하거나 협약을 비준(ratification)·수락(acceptance)·승인(approval)·승계(succession)하였다.

3. 대한민국의 가입시기와 협약의 발효시기 및 지위

우리나라는 2004년 2월 17일 위 협약에의 가입서를 UN 사무총장에게 기탁하였으므로 그로부터 1년의 유예기간이 경과한 2005년 3월 1일부터 위 협약은 발효되었다. 따라서 위 협약은 민법과 상법의 특별법으로서의 지위를 가진다.

> Cf. 국제물품매매계약에 관한 UN협약은 그 채택지명인 비엔나를 넣어 '비엔나협 약'이라는 이름으로 많이 불린다. 그러나 같은 이름의 약칭을 가진 다른 협약(예 컨대 1969년 비엔나 조약법협약, 1961년 비엔나 외교관계협약 등)도 다수 있으 므로 이 점 주의를 요한다. 이하 본문에서는 국제물품매매계약에 관한 UN협약을 단순히 '협약'이라고 줄여 쓰기로 한다.

제 2 절 국제물품매매계약에 관한 UN협약의 구성과 성격 및 특징

I. 국제물품매매계약에 관한 UN협약의 구성

협약은 전문(前文)과 4개편(Part), 101개항(Article) 및 후문(後文)으로 구성 되어 있다. 이 중 전문과 후문은 협약의 실체적 내용과는 큰 관련이 없는 내용 이다. 즉, 전문에는 협약의 배경에 대하여 적고 있으며, 후문에는 협약작성의 정 본언어 및 서명에 관련한 내용을 담고 있다.

제 1 편 적용범위와 총칙(Sphere of Application and General Provisions)
두 개의 장, 13개 조문으로 구성되어 있다. 제 1 장(1조~6조)에는 협약의 적 용범위, 제 2 장(7조~13조)에는 총칙을 규정하고 있다.

제 2 편 계약의 성립(Formation of Contract)
11개의 조문으로 구성되어 있으며, 계약의 성립에 관하여 규정하고 있다. 즉, 청약(14조~17조), 승낙(18조~22조), 계약의 성립시기(23조) 및 의사표시의 도 달시기(24조)에 대하여 규정하고 있다.

제 3 편 물품의 매매(Sale of Goods)
다섯 개의 장, 64개 조문으로 구성되어 있으며 매도인과 매수인의 권리의 무 및 계약위반에 대한 상대방의 구제방법에 대하여 규정하고 있다. 제 1 장(25 조~29조)에는 총칙, 제 2 장(30조~52조)에는 매도인의 의무와 매도인의 계약위반 에 대한 구제방법, 제 3 장(53조~65조)에는 매수인의 의무와 매수인의 계약위반에 대한 구제방법, 제 4 장(66조~70조)에는 위험의 이전, 제 5 장(71조~88조)에는 매도인과 매수인의 의무에 공통되는 규정을 각각 규정하고 있다.

제 4 편 최종규정(Final Provisions)

13개의 조문으로 구성되어 있으며 협약의 발효와 유보선언에 관련한 규정을 두고 있다.

Ⅱ. 성   격

1. 직 접 법

협약은 국제물품매매계약에 적용되는 직접법이고 실체법이다. 적용될 실체법을 지정해 주는 국제사법이 아니다.

2. 통 일 법

협약은 국제물품매매계약에 적용되는 통일사법이다. 이는 국제조약에 의한 사법(私法)의 통일을 의미한다.

Ⅲ. 특   징

협약은 다음과 같은 특징으로 인하여 헤이그통일매매법과 달리 성공한 입법으로 평가되고 있다.

1. 체제상의 특징

협약은 헤이그통일매매법에 비하여 그 접근방법이 실제적이고 간명하여 이론적 교리(dogma)를 배척하고 있는 결과 국제거래에 종사하는 당사자가 쉽게 이해할 수 있다. 이는 미국의 통일상법전(Uniform Commercial Code, UCC) 제 2 편 매매(Sales) 규정방식의 실제성에 영향을 받은 것이다. 이와 같이 대륙법계의 고도의 정치(精緻)한 이론에서 탈피하여 상거래계의 상식적 감각에 맞도록 한 것은 사회·경제 및 법체계가 다른 국제사회에 널리 받아들여질 수 있도록 하기 위한 현실적 요청 때문으로 이 점에서 대륙법과 영미법을 조화시켰다고 평가되기도 한다.

2. 용어상의 특징

협약은 용어해석상의 혼란을 피하기 위하여 서로 다른 의미로 이해될 수 있는 법률용어의 사용을 가급적 자제하거나 부득이한 경우 그 의미를 구체적으로 설명하고 있다. 예컨대 협약은 소유권(title)이라는 표현을 사용하지 않으며, 계약에서 일반적으로 사용하는 담보(warranty)라는 용어 대신에 물품적합성(conformity)이라는 표현을 사용하면서 물품적합성이 결여된 경우에 대한 상세한 규정(35조 2항)을 두고 있는 한편, 불가항력(force majeure)이라는 용어 대신에 자신이 통제할 수 없는 장애(an impediment beyond his control)라는 표현을 사용하고 있다(79조 1항).

3. 내용상의 특징

과거 헤이그통일매매법이 지나치게 매도인의 보호에 기울어짐으로써 국제적으로 매수인의 입장에 설 수밖에 없는 개발도상국들이나 사회주의국가들의 외면을 받은 점을 고려하여 협약은 매매당사자의 이해관계를 균형 있게 보장함으로써 매도인이나 매수인의 입장에서 모두 수용할 수 있는 보편성을 지니게 하였다. 또한 협약은 거래계에서 확립된 관행에 기초하여 매도인과 매수인의 거래상의 의무를 규정하고 있어 그 내용이 보편성을 가진다.

4. 적용범위상의 특징

협약은 그 적용범위를 매매계약의 성립에 관한 문제와 매매계약에서 생기는 매도인과 매수인의 권리의무에 관한 문제에 한정하고 계약 자체의 효력이나 매매목적물의 소유권에 관하여 계약이 가지는 효력에 대하여는 규율대상에서 제외시키고 있다(4조). 또 ULIS가 규범의 완결성을 강조하여 ULIS가 규정하고 있는 사항에 대하여 국제사법원칙의 적용을 배척하였음(ULIS 2조)에 반하여 협약은 협약의 적용범위에 속하는 사항에 대하여도 준거법규정에 관한 국제사법원칙이 개입될 수 있는 여지를 남김으로써(7조 2항) 각 국가의 협약 가입 여부 결정에 있어서의 부담을 줄여주고 있다.

5. 협약의 임의규정성 — 당사자자치의 원칙의 채택

당사자 사이에 협상교섭력(bargaining power)의 차이가 크게 문제되지 않는 국제거래에 있어서는 국내거래의 경우와는 달리 당사자의 의사를 최대한으로 존중하여야 한다. 이에 협약은 당사자가 협약 전체의 적용을 배제할 수 있고, 또는 계약의 방식에 관한 협약 제12조의 제한 하에서 협약의 일부규정의 적용을 배제하거나 효과를 변경할 수 있다(6조)라고 하여 국제물품매매에 있어서의 당사자자치의 원칙을 선언하고 있다. 그리고 당사자는 매매계약의 개별적인 약정에 의하여서만이 아니라 그 매매계약에서 표준계약서식이나 FOB나 CIF 등 Incoterms상의 정형무역거래조건을 사용함으로써 협약규정의 적용을 배제할 수도 있다. 협약은 제 9 조에서 "당사자는 합의한 관행과 당사자간에 확립된 관례에 구속된다."라고 하여 이를 인정하고 있다. 즉, 협약의 규정은 제12조를 제외하고는 당사자자치를 전제로 하는 각국의 매매법과 마찬가지로 계약에 협약내용과 다른 명시적 또는 묵시적 규정이 없는 경우에 적용되는 보충규범으로서 임의법규적 성격을 가진다.

6. 가입국의 유보허용

협약은 당사자의 영업소가 속하는 국가가 모두 협약의 체약국인 경우에는 물론 그렇지 않은 경우에도 국제사법 규칙에 의하여 체약국법이 적용되는 경우에까지 협약이 적용되도록 정함으로써[1조 1항 ㈏호] 협약의 적용범위를 확대하고 있는 한편 이에 관한 가입국의 선택의 폭을 넓혀주는 유보조항(92조)을 두어 많은 국가들이 협약에 가입하도록 유도하고 있다.

제 2 장 국제물품매매계약에 관한 UN협약의 적용범위

제 1 절 협약의 적용범위 ─ 원칙

협약 전문(前文)

이 협약의 당사국은,

신국제경제질서의 수립에 관하여 국제연합총회의 제 6 차 특별회의에서 채택된 결의의 광범한 목적에 유념하고,

평등과 상호이익을 기초로 한 국제거래의 발전이 국가간의 우호관계를 증진하는 중요한 요소임을 고려하며,

국제물품매매계약을 규율하고 상이한 사회적·경제적 및 법적 제도를 고려한 통일규칙을 채택하는 것이 국제거래상의 법적 장애를 제거하는 데 기여하고 국제거래의 발전을 증진하는 것이라는 견해 하에, 다음과 같이 합의하였다.

【제 1 조】

⑴ 이 협약은 다음의 경우에, 영업소가 서로 다른 국가에 있는 당사자간의 물품매매계약에 적용된다.

　　㈎ 해당 국가가 모두 체약국인 경우, 또는

　　㈏ 국제사법 규칙에 의하여 체약국법이 적용되는 경우

⑵ 당사자가 서로 다른 국가에 영업소를 가지고 있다는 사실은, 계약으로부터 또는 계약 체결 전이나 그 체결시에 당사자간의 거래나 당사자에 의하여 밝혀진 정보로부터 드러나지 아니하는 경우에는 고려되지 아니한다.

⑶ 당사자의 국적 또는 당사자나 계약의 민사적·상사적 성격은 이 협약의 적용 여부를 결정하는 데에 고려되지 아니한다.

Ⅰ. 협약의 규정

협약은 전문(前文)에 규정되어 있듯이 국제물품매매계약에 적용되는 규범이다. 협약 제 1 조 제 1 항은 협약의 적용범위에 대하여 "서로 다른 국가에 영업소를 둔 당사자 사이의 물품(goods)의 매매에 있어서, ㈎ 해당 국가가 모두 체약국인 경우, 또는 ㈏ 국제사법 규칙에 의하여 체약국법이 적용되는 경우에 적용된다."라고 규정하고 있다. 또한 협약은 규율대상으로 하는 '국제'물품매매계약의 '국제'적 성격에 대하여 당사자가 서로 다른 국가에 영업소를 가질 것을 전제로 하고 있다. 그리고 그러한 물품매매계약을 전제요건으로 한 다음 추가적으로 위 ㈎호의 규정에 따라 물품매매계약의 당사자 모두가 체약국 내에 있는 경우(이를 직접적용이라고 한다)와 위 ㈏호의 규정에 따라 국제사법의 규칙에 따라 체약국의 법률이 적용되는 경우(이를 간접적용이라고 한다)에 협약이 적용되는 것으로 규정하고 있다.

> Cf. 협약 제 1 조 제 1 항은 직접적용과 간접적용의 두 가지만을 규정하고 있으나, 그 외에도 예컨대 매매당사자 사이에 "이 매매계약에는 협약을 적용한다."와 같이 직접 협약을 적시한 합의는 물론 "이 매매계약의 준거법을 대한민국법으로 한다."와 같이 체약국법을 준거법으로 합의한 경우에도 협약이 적용될 수 있다.

Ⅱ. 협약이 적용되기 위한 공통요건

협약 제 1 조 제 1 항에서 보듯이 협약의 적용대상은 '국제물품매매계약(contracts for the international sale of goods)'이다. 이하 분설한다.

1. 국제성(internationality)

가. 국제성의 판단기준: 협약 적용의 전제요건 중의 하나인 국제성(internationality)에 대하여 협약 제 1 조 제 1 항은 '당사자의 영업소가 서로 다른 국가에 소재할 것'이라고 규정함으로써 영업소를 판단기준으로 제시하고 있다.

나. 영업소(place of business)

(1) 영업소의 개념   협약에는 영업소의 개념을 정의한 규정이 없다. 영업소가 협약의 적용 여부를 결정짓는 중요한 요소라는 점을 감안할 때 통상의 영업거래를 위한 영속적인 장소를 의미하는 것으로 이해하여야 할 것이다. 따라

서 호텔 객실과 같이 상담 또는 협상(negotiation)을 하는 동안의 일시적인 체류
장소는 설령 그 협상을 위하여 수개월을 체류하는 경우에도 영업소라고 볼 수
는 없는 것이다.

【제10조】
이 협약의 적용상,
　　㈎ 당사자 일방이 둘 이상의 영업소를 가지고 있는 경우에는, 계약 체결 전이나
　　　그 체결시에 당사자 쌍방에 알려지거나 예기된 상황을 고려하여 계약 및 그
　　　이행과 가장 밀접한 관련이 있는 곳이 영업소로 된다.
　　㈏ 당사자 일방이 영업소를 가지고 있지 아니한 경우에는 그의 상거소를 영업소
　　　로 본다.

---

　　(2) **복수의 영업소**　　　당사자가 복수의 영업소를 가지고 있는 경우에 '계
약 체결 전이나 그 체결시에 당사자 쌍방에 알려지거나 예기된 상황을 고려
하여 계약 및 그 이행과 가장 밀접한 관련(the closest relationship)이 있는 영업
소'가 그 해당 거래에 있어서의 영업소로 된다[10조 ㈎항]. 예컨대 매도인은
대한민국(체약국)과 폴란드(체약국)에 각각 영업소를 두고 있는 한편 매수인은
폴란드에 영업소를 두고 있는 경우 ① 계약 및 그 이행과 가장 밀접한 관련이
있는 매도인의 영업소가 폴란드에 있는 영업소인 경우에는 이 건 계약 당사
자들의 영업소는 모두 폴란드에 있는 것이므로 영업소가 서로 다른 국가에
있는 것이 아니어서 협약은 적용되지 않는다. ② 만약 위의 예에서 계약 및
그 이행과 가장 밀접한 관련이 있는 매도인의 영업소가 대한민국에 있는 영업소
인 경우에는 매도인의 대한민국영업소와 매수인의 폴란드영업소는 서로 다른 국
가에 있는 것이므로 협약이 적용된다. ③ 극히 드문 일일 것이기는 하나 매
도인의 두 영업소가 가지는 밀접관련성에 차이가 없는 경우도 상정할 수 있
는데 이에 대해서는 협약에 규정이 없다. 당사자의 특약으로 협약의 적용 여
부 또는 준거법의 지정에 관한 사전 또는 사후의 합의가 있으면 그에 의하여
야 함은 물론이다.
　　(3) **영업소를 가지지 않은 경우**　　　당사자가 하나의 영업소도 가지고 있지
아니한 경우에는 그의 상거소(常居所, habitual residence)를 영업소로 본다[10조
㈏항].

(4) 영업소가 서로 다른 국가에 소재하고 있는 사실이 나타나지 않은 경우

당사자가 서로 다른 국가에 영업소를 가지고 있다는 사실은 계약 체결 당시 또는 그 이전에 나타나 있는 것이어야 한다(1조 2항). 이를 국제성의 가시성(可視性, apparency)이라고 한다. 즉, 계약 체결 후에 그러한 사정이 밝혀진 경우에는 협약은 적용되지 않는다. 이는 협약이 적용됨을 예상할 수 없었던 당사자의 신뢰를 보호하기 위한 규정이다. 예컨대 대리인이 본인의 명의 또는 그의 영업소를 표시하지 아니한 채 숨은 대리행위를 하여 계약을 체결한 후에 이 사실이 밝혀진 경우에 협약은 적용되지 아니한다. 국제성을 인식하지 못한 데 대한 입증책임은 주장자가 부담한다(석광현 30).

다. 서로 다른 국가(different States): 협약이 적용되기 위해서는 영업소가 '서로 다른 국가'에 있어야 한다. 이 부분에 대하여는 아래의 직접적용과 간접적용의 요건에서 상세히 살펴볼 것이다.

2. 물품(goods)

협약이 적용되는 계약은 '물품(goods)'에 관한 것이어야 하는데, 협약에는 물품에 대한 정의규정은 없다. 따라서 국가에 따라서 그 해석이 다를 수 있으나 일반적으로는 '유체동산'을 의미한다. 물품은 제조품(manufactured goods)이든 농산물이나 원자재와 같은 상품(commodity)이든 불문한다. 운송중의 물품도 대상이 된다(68조, Incoterms® 2020). 소프트웨어(software)의 물품해당성 여부에 관하여 논의가 있으나 디스켓, CD(compact disc), 칩(chip)과 같은 유형의 전달매체에 저장되어 인도되는 때에는 물품성을 가진다(석광현 41).

> Cf. 물품(goods)의 정의에 대하여 미국통일상법전(UCC) §2-103 (k)항은 "물품은 매매계약에서 특정될 당시 이동가능한 모든 것이다. 이것에는 선물(future goods, 이는 이해관계가 이전하기 전에는 존재하지도 않고 특정되지도 않은 물품으로 정의된다, §2-105 (1)항), 특별제작물, 동물의 태아, 재배중의 농작물, 기타 §2-107에 규정되어 있는 부동산에 부착한 특정물도 포함된다. 그러나 정보, 지급대금, §8에 규정된 투자증권, 외환거래의 목적물 또는 채권은 포함되지 않는다."라고 규정하고 있는 한편 영국의 1979년의 물품매매법(Sale of Goods Act, 1979) 제61조 제1항은 "물품은 소송물과 금전을 제외한 모든 동산 그리고 스코틀랜드에서는 금전을 제외한 모든 동산을 포함한다. 미분리경작물(산업용재배농작물)과 매매 전 또는 매매계약에 따라 분리되기로 합의된 토지의 부착물 또는 구성물도 포함된다."라고 규정하고 있다.

3. 매매(sale)

협약이 적용되는 계약은 물품에 관한 '매매'계약이다. 협약에는 '매매(sale)'에 대한 개념규정이 없다. 미국통일상법전 §2-106은 매매(sale)에 대하여 '대금에 대한 대가로 매도인으로부터 매수인에게 소유권이 이전하는 것'이라고 정의하고 있다. 협약은 매매계약에 적용되는 것이므로 노무 또는 서비스(용역)의 공급계약에는 적용되지 아니한다(아래 3조 2항 참조).

> 【제3조】
> ⑴ 물품을 제조 또는 생산하여 공급하는 계약은 이를 매매로 본다. 다만, 물품을 주문한 당사자가 그 제조 또는 생산에 필요한 재료의 중요한 부분을 공급하는 경우에는 그러하지 아니하다.
> ⑵ 이 협약은 물품을 공급하는 당사자의 의무의 주된 부분이 노무 그 밖의 서비스의 공급에 있는 계약에는 적용되지 아니한다.

4. 계약(contract)

협약이 적용되는 것은 물품의 매매'계약'이다. 이와 관련해서는 아래 두 가지 사항이 중요하다.

가. 당사자의 국적(nationality): 협약의 적용 여부를 결정함에 있어서 당사자의 국적은 고려되지 아니한다. 프랑스국적을 가진 매도인과 매수인 간에 프랑스(체약국)에서 체결되고 이행되는 계약이라고 하더라도 매도인의 영업소는 프랑스, 매수인의 영업소는 그리스(체약국)에 각각 소재하는 경우에 협약이 적용된다[협약 1조 1항 ㈎호의 직접적용의 경우].

나. 당사자나 계약의 민사적·상사적 성격: 협약의 적용 여부를 결정함에 있어서 당사자나 계약의 민사적·상사적 성격은 고려되지 아니한다. 따라서 당사자가 상인인지 여부를 불문하고 협약은 적용되며, 계약의 법적 성질이 민사적이든 상사적이든 불문하고 협약의 적용 여부가 결정되는 것이다.

5. 협약적용배제합의가 없을 것

협약이 적용되기 위한 소극적 공통요건으로서 당사자간에 협약의 적용을 배제하기로 하는 합의가 없어야 한다(6조).

Ⅲ. 직접적용

1. 직접적용의 의의

협약의 직접적용은 매매계약당사자가 서로 다른 국가에 영업소를 두고 있고, 이들 국가가 모두 체약국이어서 그 매매계약에 대하여 협약이 적용되는 경우를 말한다. 예컨대 매매계약의 매도인은 체약국인 대한민국에 영업소를 두고 있는 한편 매수인도 역시 체약국인 프랑스에 영업소를 두고 있는 경우 그 매매계약에는 협약이 적용되는 것이다. 협약은 양 당사자가 체약국에 소재함으로써 적용되는 것이고, 서로 다른 체약국에 소재하는 당사자가 체약국법을 준거법으로 합의하였는지 여부는 협약의 직접적용과는 무관한 것이다.

> Cf. 협약은 "이 법에서 달리 정하지 않는 한 국제사법 규정은 이 법의 적용에 관하여 배제된다(Rules of private international law shall be excluded for the purposes of the application of the present Law, subject to any provision to the contrary in the said Law)."는 ULIS 제 2 조 제 1 항 규정을 계승하고 있는 것이다. 즉, 법정지의 국제사법에 의하여 체약국법이 적용되는지 여부 이전에 양 당사자가 체약국에 소재하는 경우 협약이 직접적용되는 것이다. 그리고 이와 별개로 법정지의 국제사법에 의하여 비체약국법이 매매계약의 준거법이 되는 경우에도 협약이 적용된다.

▶ **대법원 2022. 1. 13. 선고 2021다269388 판결 【물품대금】**
우리나라가 가입한 국제조약은 일반적으로 민법이나 상법 또는 국제사법보다 우선적으로 적용된다.
네덜란드와 대한민국은 모두 '국제물품매매계약에 관한 국제연합 협약'[United Nations Convention on Contracts for the International Sale of Goods(Vienna, 1980)(CISG), 이하 '매매협약'이라 한다]에 가입하였으므로, 네덜란드 법인과 대한민국 법인 사이의 물품매매계약에 관하여는 매매협약 제 1 조 제 1 항에 의하여 위 협약이 우선 적용된다. 매매협약은 국제물품매매계약의 성립, 매도인과 매수인의 의무, 위험의 이전 및 손해배상 범위 등에 관하여 규율하고 있으나 제조물책임에 관하여는 그 적용을 배제하고 있으며, 계약의 유효성이나 물품의 소유권에 관하여 계약이 미치는 효력 또는 소멸시효 등은 규정하고 있지 않다. 한편 네덜란드와 대한민국 두 나라 모두 '국제물품매매계약의 시효에 관한 국제연합 협약'[United Nations Convention on the Limitation Period in the International Sale of Goods(New York, 1974)]에 가입하지 않고 있다. 이와 같이 매매협약이 적용을 배제하거나 직접적으로 규정하고 있지 않는 사항에 대하여는 법정지의 국제사법에 따라 결정된 준거법이 적용된다.

2. 직접적용의 추가요건

협약의 직접적용을 위하여는 매매계약 당사자의 국가가 모두 체약국이어야 한다[1조 1항 ㈎호]. 협약 제92조 제 1 항에 따라 협약 제 2 편(계약의 성립) 또는 제3편(물품의 매매)에 구속되지 아니한다는 선언을 한 체약국은 그 선언이 적용되는 편에 의하여 규율되는 사항에 관하여는 체약국으로 보지 아니한다(92조 2항). 따라서 예컨대 A국은 (무유보)체약국이고, B국은 협약 제 2 편을 유보선언한 체약국인데 A, B 양국에 소재한 당사자간에 계약의 성립 여부가 문제된 경우 B국은 체약국이 아니므로 이 요건을 충족하지 못하여 협약이 직접적용될 수는 없다. 한편 체약국에의 협약 발효와 관련한 협약의 적용 여부는 계약의 성립과 효력으로 나누어, 계약의 성립에 관하여는 체약국에게 협약의 효력이 발생한 날 이후에 계약체결을 위한 제안이 이루어진 경우에 한하여 적용되고(100조 1항), 계약의 효력에 관하여는 체약국에게 협약의 효력이 발생한 날 이후에 체결된 계약에 대하여만 적용된다(100조 2항).

> Cf. 협약의 발효 후에 가입하는 체약국에 대하여는 그 국가의 비준서, 수락서, 승인서 또는 가입서가 기탁된 날로부터 12월이 경과한 다음 달의 1일에 효력이 발생한다(99조 2항).

3. 직접적용의 효과

협약적용을 위한 공통요건과 전항의 요건을 갖춘 경우 협약은 직접적용된다. 직접적용에 있어서 '직접'의 의미는 국제사법규칙에 의하여 협약이 준거법으로 지정되는 것이 아니라 협약에 의하여 적용된다는 것이다. 이 점에서 협약은 직접법이고 간접법이 아니다.

Ⅳ. 간접적용

1. 간접적용의 의의

협약의 간접적용은 법정지국의 국제사법에 의하여 체약국법이 준거법으로 선택됨으로써 협약이 적용되는 경우를 말한다. 예컨대 매도인의 영업소는 A국

(체약국)에 있고, 매수인의 영업소는 B국(비체약국)에 있는 경우 매수인이 A국에서 매도인을 상대로 소송을 제기하였고, A국의 국제사법에 의하면 매도인이 소재하는 국가, 즉 A국의 법이 준거법이 되는 한편 A국은 협약 제95조에 따른 제1조 제1항 (내)호의 유보를 하지 않은 경우에 협약이 간접적용된다.

2. 간접적용의 추가요건

가. 당해 국가의 전부 또는 일부가 비체약국이어야 한다. 만약 당해 국가의 전부가 체약국인 경우에는 제1조 제1항 (개)호가 적용되게 된다.

나. 법정지국의 국제사법 규칙에 의하여 체약국법이 적용될 경우이어야 한다[1조 1항 (내)호]. 이 경우 법정지국이 체약국인지 여부 및 체약국인 경우 협약 제95조를 유보하였는지 여부는 불문한다. 법정지국이 유보를 한 국가인지 아닌지에 따라 협약의 적용 여부를 달리할 경우에는 소위 '유리한 법정지 선택(forum shopping)'의 문제가 발생할 우려가 있기 때문이다.

다. 그 체약국이 협약 제95조에 의한 유보를 하지 않았어야 한다. 만약 그 체약국이 협약 제95조에 따라 제1조 제1항 (내)호를 유보한 경우에는 그 적용이 없다. 예컨대 매도인의 영업소는 A국(체약국이나 유보했음)에 있고, 매수인의 영업소는 B국(비체약국)에 있는데, 이들 사이의 분쟁이 A국의 법원에 제소되고 A국의 국제사법에 의하면 자국법인 A국법이 준거법이 될 경우 A국은 유보하였으므로 (협약이 적용되지 않고) A국의 국내법이 적용된다. 이는 A국과 B국 사이의 분쟁이 C국(체약국이며 유보를 하지 않음)의 법원에 제소되고 C국의 국제사법이 A국법을 준거법으로 지정한 경우에도 같다. 유보를 한 국가의 법이 준거법으로 지정되었음에도 협약을 적용할 경우 유보를 한 국가의 의사가 무시되는 결과가 발생하기 때문이다. 우리나라는 협약 가입시 유보하지 않은 한편 미국, 중국, 싱가포르, 슬로바키아 등은 유보하였다.

【제95조】
어떤 국가든지 비준서, 수락서, 승인서 또는 가입서를 기탁할 때, 이 협약 제1조 제1항 (내)호에 구속되지 아니한다는 취지의 선언을 행할 수 있다.

3. 간접적용의 효과

협약적용을 위한 공통요건과 전항의 요건을 갖춘 경우 협약은 간접적용된다. 즉, 국제사법이 체약국의 법을 준거법으로 지정함으로써 간접적으로 협약이 적용되는 결과가 발생하는 것이다.

제 2 절 협약의 적용배제 — 예외

【제 2 조】
이 협약은 다음의 매매에는 적용되지 아니한다.
　(가) 개인용·가족용 또는 가정용으로 구입된 물품의 매매
　　　다만, 매도인이 계약 체결 전이나 그 체결시에 물품이 그와 같은 용도로 구입된 사실을 알지 못하였고, 알았어야 했던 것도 아닌 경우에는 그러하지 아니하다.
　(나) 경매에 의한 매매
　(다) 강제집행 그 밖의 법령에 의한 매매
　(라) 주식, 지분, 투자증권, 유통증권 또는 통화의 매매
　(마) 선박, 소선(小船), 부선(浮船), 또는 항공기의 매매
　(바) 전기의 매매

Ⅰ. 협약의 적용이 배제되는 매매

협약 제 2 조에는 협약의 적용이 배제되는 매매로서 여섯 가지 경우를 규정하고 있는데 전 3 자의 경우에는 매매의 성격, 후 3 자의 경우에는 물품의 성질에 각각 착안한 것이다.

1. 개인용·가족용 또는 가정용으로 구입된 물품의 매매(소비자계약)

가. 배제의 이유: 소비자계약의 경우 각국이 소비자보호를 위하여 제정한 강행규정을 적용하므로 협약의 적용을 배제하였다. '개인(personal)', '가족(family)' 및 '가정(household)'의 정의에 대해서는 협약에 규정이 없으므로 해석에 의하여야 할 것이나 그 해석기준은 협약 제 7 조의 해석원칙에 의할 것이지 국내법에 의할 것은 아니다. 이때의 '용도'는 실제용도가 아니라 계약 체결 전 또는 계약 체결시까지 알려진 용도이다(법무부Ⅰ 87).

나. 예　　외: 개인용·가족용 또는 가정용으로 매수한 물품이라도 매도인이

계약 체결 전이나 그 체결시에 물품이 그와 같은 용도로 구입된 사실을 알지 못하였고, 알았어야 했던 것도 아닌(nor knew nor ought to have known) 경우에는 협약이 적용된다[2조 ㈎호 단서]. 즉, 매도인이 그러한 용도를 알지 못하였거나 또는 과실로 알지 못한 경우 협약이 적용된다(석광현 39). 이 경우 물품을 개인용·가족용 또는 가정용으로 구입하였다는 점에 대한 입증책임은 매수인이, 매수인의 구입목적을 몰랐거나 또는 알았어야 했던 것도 아니었다는 점에 대한 입증책임은 매도인이 각각 부담한다.

2. 경매에 의한 매매

이때의 '경매'는 사경매(私競賣)만을 의미한다. 법원에 의한 경매는 다음 제3호의 강제집행에 속한다. 일반적으로 경매에 대하여는 각국의 국내법에 특별규정을 두는 경우가 많을 뿐 아니라, 경매의 경우 낙찰시까지 매수인이 누구로 결정될 것인지 알 수가 없어 협약의 적용 여부가 불투명하기 때문에 협약의 적용을 배제하였다.

3. 강제집행 기타 법령에 의한 매매

강제집행에 대해서도 각국의 집행법에 의한 규제가 적용되며, 당사자간에 자유로운 계약조건에 대한 협상이 제한된다는 점에서 협약의 적용을 배제하였다.

4. 주식, 지분, 투자증권, 유통증권 또는 통화의 매매

본호에 열거된 것은 대부분의 국가에서 물품의 개념에 포섭하지 않거나, 그 거래에 대하여 강행법규를 두고 있으므로 이 점을 참작하여 협약의 적용대상에서 제외하였다.

5. 선박, 소선(小船), 부선(浮船) 또는 항공기의 매매

본호에 열거된 것은 각국의 특별법에서 부동산에 준하여 특별한 규율을 하고 있다는 점을 참작하여 협약의 적용대상에서 제외하였다.

6. 전기의 매매

전기의 물품해당성 여부의 문제도 있으나 전기사업에 관해서는 각국이 특별법을 통하여 규제할 뿐 아니라 전기의 공급에 관한 거래는 적용법규에 대한 논의가 불필요할 정도로 상세히 계약에서 정하기 때문에 협약의 적용 여부의 문제는 큰 의미가 없으므로 협약의 적용대상에서 제외하였다.

　　　Tip 석유, 석탄, 천연가스, 가축, 장갑차, 전차 등의 매매에는 협약이 적용된다.

Ⅱ. 협약의 적용이 배제되는 사항

　　협약은 제 4 조 내지 제 6 조에서 협약의 적용이 배제되는 사항에 대하여 규정하고 있다.

1. 계약내용에 따른 적용배제

> **【제 3 조】**
> ⑴ 물품을 제조 또는 생산하여 공급하는 계약은 이를 매매로 본다. 다만, 물품을 주문한 당사자가 그 제조 또는 생산에 필요한 재료의 중요한 부분을 공급하는 경우에는 그러하지 아니하다.
> ⑵ 이 협약은 물품을 공급하는 당사자의 의무의 주된 부분이 노무 그 밖의 서비스의 공급에 있는 계약에는 적용되지 아니한다.

　　가. 제작물공급계약: 협약은 물품을 제조하거나 생산하여 공급하는 계약, 즉 제작물(주문품)공급계약도 기성품의 경우와 같이 매매로 본다(3조 1항 본문). 그러나 물품을 주문한 당사자가 그 제조 또는 생산에 필요한 재료의 중요한 (substantial) 부분을 공급하는 경우에는 매매보다는 도급적 성격이 강하므로 협약의 적용이 없다(3조 1항 단서). 협약은 주문제작과 같은 매수인의 특별한 수요에 부응하는 개별적 거래보다는 불특정다수의 수요에 대비한 기성품에 대한 국제거래를 원칙적인 모습으로 상정하고 있기 때문이다. 한편 주문제작의 경우 일반적으로 당사자 사이의 법률관계를 규율하는 합의가 있는 것이 보통이고 특히 재료 또는 생산에 필요한 재료의 중요한 부분이 매수인에 의하여 제공되는 계약의 경우에는 기성품의 매매보다는 특별한 수요에 대한 도급적 성격을 띠는 계약으로 보아 협약의 적용을 배제하는 것이다(아래 대법원 판결 참조. 그러나 물품이 대체물인지 부대체물인지는 협약 3조 1항의 해석에 영향을 주지 않는다. CISG Advisory Council Opinion No. 4, para. 6.). 다시 말하면 협약은 기성품은 물론 주문품도 그 적용대상으로 하나 매수인이 그 제작에 필요한 중요한 부분을 제공

하는 경우에는 매매가 아니라고 보아 협약의 규율대상에서 제외하는 것이다.

> ▶ 대법원 2010. 11. 25. 선고 2010다56685 판결 【공사대금】
> 당사자의 일방이 상대방의 주문에 따라 자기 소유의 재료를 사용하여 만든 물건을 공급
> 하기로 하고 상대방이 대가를 지급하기로 약정하는 이른바 제작물공급계약은 그 제작의
> 측면에서는 도급의 성질이 있고 공급의 측면에서는 매매의 성질이 있어 대체로 매매와
> 도급의 성질을 함께 가지고 있으므로, 그 적용 법률은 계약에 의하여 제작 공급하여야
> 할 물건이 대체물인 경우에는 매매에 관한 규정이 적용되지만, 물건이 특정의 주문자의
> 수요를 만족시키기 위한 부대체물인 경우에는 당해 물건의 공급과 함께 그 제작이 계약
> 의 주목적이 되어 도급의 성질을 띠게 된다.

이 경우 '중요한 부분'에 대하여는 정의가 없고, 개개의 사안에서 정확한 판
단을 내리기가 쉽지 않으므로 당사자들의 계약에서 명확히 하는 것이 바람직하
다. 다만, 여기의 '중요한' 부분은 협약 제 3 조 제 2 항의 '주된' 부분보다는 작은
것으로 이해된다.

나. 노무 또는 용역공급계약: 물품을 공급하는 당사자의 의무의 주된
(preponderant) 부분이 노무 그 밖의 서비스의 공급에 있는 계약에도 협약은 적
용되지 아니한다(3조 2항). 조립라인 설치나 설비건설계약 또는 기계설치 및 그
운용을 위한 장기간의 매수인측 종업원의 교육과 같이 노무 또는 서비스의 가
치가 공급물품의 가치보다 큰 경우가 이에 해당한다. 여기의 '주된'은 적어도
50% 이상의 가치를 가지는 경우를 의미하는 것으로 보아야 한다.

2. 계약의 효력에 대한 적용배제

> 【제 4 조】
> 이 협약은 매매계약의 성립 및 그 계약으로부터 발생하는 매도인과 매수인의 권리
> 의무만을 규율한다. 이 협약에 별도의 명시규정이 있는 경우를 제외하고, 이 협약은
> 특히 다음과 관련이 없다.
> ㈎ 계약이나 그 조항 또는 관행의 유효성
> ㈏ 매매된 물품의 소유권에 관하여 계약이 미치는 효력

협약은 국제물품매매계약을 규율대상으로 하고 있기는 하지만 그에 관한
모든 사항에 대하여 규정하는 것은 불가능하므로 그 규율대상을 '매매계약의 성

립 및 그 계약으로부터 발생하는 매도인과 매수인의 권리의무'로 한정하고 있다.

　가. 협약은 계약이나 그 조항 또는 관행의 유효성에 대하여는 규율하지 않는다. 그러므로 권리능력, 행위능력, 대리, 의사표시의 하자 또는 공서양속에 관한 사항은 국내법의 규정에 따르게 된다.

　나. 협약은 매매된 물품의 소유권에 관하여 계약이 미치는 효력에 대하여는 규율하지 않는다. 동산의 소유권 이전에 관하여 의사주의(불법주의)와 인도주의(독법주의)가 대립하여 있기 때문이다. 협약은 계약으로부터 발생하는 매도인과 매수인의 권리의무에 관한 사항만을 규율하고 매매물품에 대한 소유권의 양도나 이전에 관한 사항에 대하여는 국내법에 맡긴다.

3. 제조물책임에 대한 적용배제

【제5조】
이 협약은 물품으로 인하여 발생한 사람의 사망 또는 상해에 대한 매도인의 책임에는 적용되지 아니한다.

　협약은 제조물책임(product liability)에 대하여는 적용되지 않는다. 따라서 이 문제에 대하여는 국내법에 의하게 된다. 국가에 따라서는 이를 계약책임으로 파악하기도 하고, 불법행위책임으로 파악하기도 하며 그 책임범위에 대하여 인적 손해를 의미하는 것인지, 물적 손해도 포함되는 것인지에 대하여 그 입장이 같지 않은 점을 참작하여 인적 손해를 협약의 적용대상에서 제외한 것이다. 따라서 물적 손해에는 협약이 적용된다.

4. 당사자의 합의에 의한 적용배제
─ 협약의 비강제성(non-mandatory character)

【제6조】
당사자는 이 협약의 적용을 배제할 수 있고, 제12조에 따를 것을 조건으로 하여 이 협약의 어떠한 규정에 대하여도 그 적용을 배제하거나 효과를 변경할 수 있다.

　가. 사적자치의 천명: 협약은 당사자가 협약의 적용을 전체적으로 배제하거나 일정한 조건 하에 협약의 일부 규정의 적용을 배제하거나 효과를 변경할 수 있다는 계약자유의 원칙을 천명하고 있다.

　(1) **협약의 전체적 적용배제**　　당사자들이 협약의 적용을 전체적으로 배

제하기로 합의한 경우에는 협약은 적용되지 않고, 국제사법의 규칙에 따라서 준거법이 결정되게 된다.

　(2) **협약의 일부 적용배제**　　　예컨대 당사자가 협약의 특정조항만을 배제한 경우 그 부분을 곧바로 법정지의 국제사법에 따라 결정되는 준거법에 의하여 보충할 것이 아니라 협약 제 7 조에 따라 일차적으로 협약의 기초를 이루는 일반원칙에 의하고, 그 원칙이 없는 경우 비로소 국제사법에 의하여 결정되는 준거법에 따라 해결되어야 한다(석광현 61).

　(3) **협약의 적용배제 또는 변경의 합의방식**　　　이는 명시적으로 하여야 하며 묵시적 합의는 인정되지 아니한다(묵시적으로 가능하다는 견해로는 석광현 61).

　나. 예　　외: 그러나 당사자가 매매계약의 체결 또는 입증을 서면에 의하도록 한 체약국(협약 96조에 따라 유보선언을 한 체약국)에 영업소를 가지고 있는 경우에는 매매계약의 체결 또는 입증을 서면 이외의 방법으로 할 수 있도록 하는 합의를 하지 못한다(12조). 이는 미국과 같이 500불[미국통일상법전 개정안 §2-201 ⑴호에는 5,000불] 이상의 동산의 매매계약 등에 서면주의를 채택한 국가가 있음을 고려한 것이다. 체약국은 매매계약, 합의에 의한 매매계약의 변경이나 종료 등에 낙성불요식주의를 허용하는 협약 제11조, 제29조 또는 제 2 편을 유보할 수 있다(96조). 이 경우 매매계약의 일방당사자가 그 체약국에 영업소를 가지고 있는 경우에는 협약 제11조, 제29조 또는 제 2 편은 적용되지 아니한다(12조 1 문). 유보에 의하여 배제되는 대상은 협약 제11조, 제29조 또는 제 2 편의 계약의 성립에 한정되므로 제 3 편은 배제되지 아니한다. 당사자 일방이 협약 제96조의 유보를 한 체약국에 영업소를 가지고 있는 경우 계약의 방식은 그 체약국의 방식규정에 따르는 것이 아니고, 법정지의 국제사법에 따라 결정되는 준거법에 의한다(석광현 344). 협약은 원칙적으로 임의규정이나, 협약 제12조는 이를 배제하거나 그 효과를 변경할 수 없는 예외이다(12조 2문).

【제12조】
매매계약, 합의에 의한 매매계약의 변경이나 종료, 청약·승낙 그 밖의 의사표시를 서면 이외의 방법으로 할 수 있도록 허용하는 이 협약 제11조, 제29조 또는 제 2 편은 당사자가 이 협약 제96조에 따라 유보선언을 한 체약국에 영업소를 가지고 있는 경우에는 적용되지 아니한다. 당사자는 이 조를 배제하거나 그 효과를 변경할 수 없다.

    다. **적용합의**: 협약 제 6 조와 관련하여 협약이 적용되지 않는 사안에도 협약을 적용하기로 합의할 수 있다. 다만 준거법을 한 국가의 법체계로 보는 관점에서는 협약을 준거법으로 볼 것인가 아니면 협약의 내용을 계약의 일부로 편입하는 것인가가 문제된다(240~241면 참조).

제 3 장   국제물품매매계약에 관한
UN협약의 총칙

　협약은 총칙(7조~13조)에서 협약의 해석과 당사자의 의사해석 및 관행의 구속력 등에 대하여 규정하고 있다.

제 1 절   협약의 해석

【제 7 조】
⑴ 이 협약의 해석에는 그 국제적 성격 및 적용상의 통일과 국제거래상의 신의 준수를 증진할 필요성을 고려하여야 한다.
⑵ 이 협약에 의하여 규율되는 사항으로서 협약에서 명시적으로 해결되지 아니하는 문제는, 이 협약이 기초하고 있는 일반원칙, 그 원칙이 없는 경우에는 국제사법 규칙에 의하여 적용되는 법에 따라 해결되어야 한다.

Ⅰ. 협약의 해석원칙

　협약 제 7 조 제 1 항은 협약의 해석에 있어서의 세 가지 중요한 원칙을 선언하고 있다.

　　Cf. 협약 제 1 편 내지 제 3 편의 규정은 주로 국제물품매매계약의 당사자간의 권리
　　의무에 관한 것인 한편 협약 제 4 편의 규정은 주로 체약국의 권리의무에 관련된
　　것이다. 협약 제 4 편은 1969년의 조약법에 관한 비엔나협약(Vienna Convention on
　　the Law of Treaties) 제31조와 제32조의 규정 또는 일반국제법의 해석원칙에 따라
　　해석되어야 할 것이지 협약 제 7 조가 그 해석기준이 되는 것은 아니다. 즉, 협약 제
　　7 조의 적용대상은 협약 제 1 편 내지 제 3 편이지, 제 4 편은 그 대상이 아닌 점에
　　주의를 요한다.

1. 국제적 성격(international character)

이는 국내법의 해석원칙에 의하여 해석되는 것을 방지하고자 하는 데 그 의의가 있다. 만약 국내법에 의존하여 해석하게 될 경우 법계에 따라 달리 해석될 위험이 있기 때문이다.

2. 적용상의 통일(uniformity in application)

이는 국제적 성격과 표리의 관계를 이루어 상이한 해석가능성을 배제함으로써 협약의 보편적 사용을 보장하게 된다. 이러한 협약의 적용상의 통일 증진을 꾀함으로써 소송당사자들이 자신에게 유리한 법정지를 찾는 법정고르기(forum shopping)를 막을 수 있게 되는 것이다.

3. 국제거래상의 신의성실의 준수
(observance of good faith in international trade)

협약은 신의성실의 준수를 협약의 해석원칙으로 규정하고 있는데, 이는 국내법이 정하는 통상의 기준이 아닌 국제거래라는 특수한 사정을 고려하여야 한다는 의미이다.

Ⅱ. 협약규정 흠결시의 보충원칙

협약 제7조 제2항은 협약에 명문의 규정이 없는 경우 이를 보충하는 원칙에 대하여 규정하고 있다. 즉, 협약에 의하여 규율되는 사항 중에서 협약에서 명시적으로 해결되지 아니하는 문제는 국내법에 의할 것이 아니라 1차적으로 협약이 기초하고 있는 일반원칙에 따르고, 그러한 원칙이 없는 경우에는 법정지의 국제사법 규칙이 지정하는 준거법에 따라 해결하도록 규정하고 있다.

> Note 그러므로 협약에 의하여 규율되는 사항에 대한 적용순서는 ① 협약의 명시적 규정, ② 협약이 기초로 하고 있는 일반원칙, ③ 국제사법규칙에 의하여 지정되는 준거법이 된다.

제 2 절 당사자의사의 해석기준

【제 8 조】
⑴ 이 협약의 적용상, 당사자의 진술 그 밖의 행위는 상대방이 그 당사자의 의도를 알았거나 모를 수 없었던 경우에는 그 의도에 따라 해석되어야 한다.
⑵ 제 1 항이 적용되지 아니하는 경우에 당사자의 진술 그 밖의 행위는, 상대방과 동일한 부류의 합리적인 사람이 동일한 상황에서 이해하였을 바에 따라 해석되어야 한다.
⑶ 당사자의 의도 또는 합리적인 사람이 이해하였을 바를 결정함에 있어서는 교섭, 당사자간에 확립된 관례, 관행 및 당사자의 후속행위를 포함하여 관련된 모든 사항을 적절히 고려하여야 한다.

협약은 협약의 적용에 있어서 당사자의 의사해석의 기준으로 ① 주관적 의도, ② 객관적 의도 및 ③ 관련된 모든 상황을 순차적으로 제시하고 있다.

Ⅰ. 주관적 의도(subjective intent)

협약 제 8 조 제 1 항은 당사자의 의사해석에 있어서 제 1 차적 기준으로 당사자의 주관적 의도를 제시하고 있다. 다만, 이러한 주관적 의도는 상대방이 그 의도를 알았거나 모를 수 없었던 경우에만 해석의 기준이 된다.

Ⅱ. 객관적 의도(objective intent)

협약 제 8 조 제 2 항은 당사자의 의사해석에 있어서의 제 2 차적 기준으로 당사자의 객관적 의도를 규정하고 있다. 또 그 객관성의 정도에 대하여는 '상대방과 동일한 부류의 합리적인 사람이 동일한 상황에서 이해하였을 정도'를 요구한다. 객관적 의도는 매매당사자의 주관적 의도가 동일하지 아니할 경우에 당사자 의사해석의 기준이 된다.

Ⅲ. 관련된 모든 상황(all relevant circumstances)

협약 제 8 조 제 3 항은 당사자의 의사해석에 있어서의 제 3 차적 기준으로 '관련된 모든 상황'을 규정하고 있다. 이때의 '관련된 모든 상황'은 교섭, 당사자간에 확립된 관례, 관행 및 당사자들의 후속행위를 포함한다.

제 3 절   관행 및 관례의 구속력

【제 9 조】
(1) 당사자는 합의한 관행과 당사자간에 확립된 관례에 구속된다.
(2) 별도의 합의가 없는 한, 당사자가 알았거나 알 수 있었던 관행으로서 국제거래에서 당해 거래와 동종의 계약을 하는 사람에게 널리 알려져 있고 통상적으로 준수되고 있는 관행은 당사자의 계약 또는 그 성립에 묵시적으로 적용되는 것으로 본다.

협약 제 9 조는 관행과 관례의 구속력을 규정하고 있다.

I. 합의한 관행 및 당사자간에 확립된 관례

협약 제 9 조 제 1 항은 "당사자는 합의한 관행과 당사자간에 확립된 관례에 구속된다."라고 하여 당사자들이 합의한 관행(usage to which they have agreed)과 당사자들 사이에 확립된 관례(practices which they have established between themselves)의 법적 구속력을 인정하고 있다. 이때의 '관행'은 당사자들이 합의한 것이어야 하고, '관례'는 당사자들 사이에 확립된 것이어야 한다. 이러한 관행이나 관례와 달리 관습법은 당사자의 합의 없이도 구속력을 가진다.

> Cf. practice, usage 및 custom: 이들은 관행, 관습, 관례 등으로 번역된다. 어떤 번역(오원석 역 693)에는 usage를 관습, practice를 관례로 번역하고 있으나, 또 다른 번역(이기수 33, 서헌제 173~174, 고범준 15)에는 usage를 관습, practice를 관행으로 번역하고 있다. 여기서는 외교부의 공식번역에 따라 usage를 관행, practice를 관례로 번역하여 사용한다. 이들은 원래 비슷한 의미로 사용되기도 하나 엄밀히 말하면 practice는 (법정에서의) 절차나 방법의 의미가 강한 한편 usage는 특정한 직업 또는 사업에서 잘 알려진 습관적이고 정형화된 관례의 의미가 강하며(예컨대 usage of trade), custom은 널리 일반적으로 인식되어 오랫동안 불변의 원칙으로 법적 효력을 가지는 관례 또는 관습법의 의미를 가진다.

II. 합의되지 않은 관행의 효력

협약 제 9 조 제 2 항은 "달리 합의되지 않은 한, 당사자가 알았거나 알 수 있었던 관행으로서 국제거래에서 당해 거래와 동종의 계약을 하는 사람에게 널리 알려져 있고 통상적으로 준수되고 있는 관행은 당사자의 계약 또는 그 성립에 묵시적으로 적용되는 것으로 본다."라고 규정하고 있다. 이는 당사자들이 적용하기로 합의하지 아니한 일반적 관행에 대한 법적 구속력을 인정한 것이다. 이러한 합의되지 않은 관행이 구속력을 가지기 위해서는 ① 당사자가 알았거나 알 수 있었어야 한다. ② 국제거래에서 당해 거래와 동종의 계약을 하는 사람에게 널리 알려져 있고 통상적으로 준수되는 것이어야 한다. 그리고 ③ 당사자들 사이에 다른 합의가 없어야 한다. 이 요건은 사적 자치의 우선성을 인정한 것으로 앞의 두 가지 요건에 해당하더라도 당사자간의 합의로써 그 관행의 효력을 배제시킬 수 있는 것이다.

제 4 절   매매계약의 방식과 입증방법

【제11조】
매매계약은 서면에 의하여 체결되거나 입증될 필요가 없고, 방식에 관한 그 밖의 어떠한 요건도 요구되지 아니한다. 매매계약은 증인을 포함하여 어떠한 방법에 의하여도 입증될 수 있다.

【제13조】
이 협약의 적용상 '서면'에는 전보와 텔렉스가 포함된다.

Ⅰ. 방식의 자유

협약 제11조는 매매계약의 체결 및 입증에 있어서 서면 기타 특별한 방식을 필요로 하지 않는다고 규정하고 있다. 이 규정은 특정국가의 국내법상의 형식요건(예컨대 영미의 사기방지법상 일정한 계약은 서면에 의하여야만 유효하다는 규정)에 의한 당사자들 간의 법적 장애를 제거하는 데 의미가 있다. 그러나 당사자가 일정한 형식요건을 붙이는 것을 금하는 것은 아니다. 따라서 예컨대 청약자가 승낙은 서면에 의하여서만 가능하다고 청약에서 요구하면 이 경우 구두승낙에 의해서는 계약이 성립되지 못하는 것이다. 제11조는 체약국이 제96조에 따라 유보한 경우에는 적용되지 않으며(12조) 이에 대하여는 이미 설명하였다(26~27면).

II. 서   면

협약 제13조는 이 협약의 적용에 있어서 '서면'에는 전보와 텔렉스가 포함
된다고 규정하고 있다. 이 규정은 서면의 범위를 확대한 것으로 서명을 요구하
지 않는다는 의미를 가진다. 이 조는 예시적 규정이므로 팩시밀리(facsimile, 일명
fax), 이메일(e-mail), 전자문서(Electronic Date Interchange, EDI)도 서면에 포함된
다고 보아야 한다(석광현 83).

제 4 장   국제물품매매계약의 성립

제 1 절   국제물품매매계약의 성립 개관

협약 제 2 편은 청약과 승낙의 합치에 의한 국제물품매매계약의 성립에 관하여 규정하고 있다. 제14조 내지 제17조는 청약, 제18조 내지 제22조는 승낙, 그리고 제23조와 제24조는 계약의 성립시기에 대하여 규정하고 있다.

> Note: 계약의 체결장소는 국제재판관할이나 준거법의 결정, 즉 국제사법 영역에서는 의미를 가지나 계약의 성립 여부와는 무관하므로 협약에는 이에 대한 규정을 두고 있지 않다. 한편 전자문서 및 전자거래 기본법에 의하면 전자문서는 작성자 또는 수신자의 영업소 소재지에서 각각 송신 또는 수신된 것으로 보므로(6조 3항 본문 전단), 일반적으로 전자문서에 의한 승낙의 경우 그 수신자의 영업소 소재지가 계약체결장소가 될 것이다.

제 2 절   청   약

I. 청약의 의의

1. 청약의 개념

청약(offer)은 상대방의 승낙이 있으면 계약이 성립된다는 계약 체결을 위한 의사표시이다. 청약에 의하여 피청약자는 승낙권(power of acceptance)을 가지게 된다.

2. 청약의 요소

【제14조】
⑴ 1인 또는 그 이상의 특정인에 대한 계약 체결의 제안은 충분히 확정적이고, 승낙 시 그에 구속된다는 청약자의 의사가 표시되어 있는 경우에 청약이 된다. 제안이 물품을 표시하고, 명시적 또는 묵시적으로 수량과 대금을 지정하거나 그 결정을 위한 조항을 두고 있는 경우에, 그 제안은 충분히 확정적인 것으로 한다.

⑵ 불특정 다수인에 대한 제안은 제안자가 반대 의사를 명확히 표시하지 아니하는 한, 단지 청약의 유인으로 본다.

협약 제14조는 상대방에 대한 제안(proposal)이 청약으로 평가되기 위하여 는 ① 대상의 특정, ② 내용의 확정 및 ③ 의사의 구속이라는 세 가지 요소를 갖추어야 한다고 규정한다.

> Note   협약은 제안(proposal)과 청약(offer) 및 청약의 유인(invitation to make offers)을 구별하고 있다.

가. 대상의 특정성: 청약이 되기 위해서는 1인 또는 수인의 특정인에 대한 의사표시이어야 한다. 이 점에서 청약의 유인(invitation to make offers)과 구별되 며, 협약은 불특정 다수인에 대한 제안은 제안자가 반대 의사, 즉 그 제안이 청 약임을 명시하지 않는 이상 단지 청약의 유인으로 의제함을 명시하고 있다(14조 2항). 따라서 불특정인에 대한 카탈로그(catalogue)의 배포와 같은 불특정인에 대 한 제안(공개청약, public offer)은 청약자가 그 제안이 청약임을 특별히 명시하지 않은 경우에는 청약이 아니라 청약의 유인으로 보아야 할 것이다.

나. 내용의 확정성: 청약이 되기 위해서는 제안이 '충분히 확정적(sufficiently definite)'이어야 한다. 의사표시가 충분히 확정적인가를 가늠하는 기준으로 협약 은 ① 청약의 목적물을 특정하고, 명시적으로 또는 묵시적으로 ② 그 수량과 ③ 그 대금을 지정하거나 또는 수량과 대금을 결정하는 조항을 두고 있는지 여부를 제시하고 있다(14조 1항 2문). 따라서 목적물과 수량 및 대금의 세 가지 사항 중 어느 일부라도 누락된 경우에는 내용이 확정된 것으로 볼 수 없는 것이다.

> Note   여기 협약 제14조와 협약 제55조의 관계에 관련한 문제가 있다. 협약 제 14조 제 1 항 제 2 문은 대금 조항이 누락된 경우 청약으로서의 확정성을 결여한 다고 하는 한편 협약 제55조는 계약이 유효하게 성립되었으나 대금에 관한 조항 을 두고 있지 않은 경우에 당사자의 "반대의 표시가 없는 한, 계약 체결시에 당 해 거래와 유사한 상황에서 매도되는 그러한 종류의 물품에 대하여 일반적으로 청구되는 대금을 묵시적으로 정한 것으로 본다."라고 규정하고 있어 양자가 모순 되기 때문이다. 이에 대하여는 협약 제55조는 대금조항 누락시의 보충규정이라 고 해석하는 견해(최준선 121, 이기수 35)와 협약 제55조는 (협약 92조 1항에 따 라) 계약의 성립에 관한 협약 제 2 편을 유보한 국가에 대해서만 적용되기 때문 에 제 2 편과 제 3 편을 모두 수용한 국가에 대하여는 제14조가 우선한다는 견해

가(서헌제 188)가 있다.

   다. 의사의 구속성: 청약이 되기 위해서는 피청약자가 승낙하면 청약자도 그에 구속된다는 의사가 표시되어야 한다.

Ⅱ. 청약의 효력발생시기와 회수

> **【제15조】**
> ⑴ 청약은 상대방에게 도달한 때에 효력이 발생한다.
> ⑵ 청약은 철회될 수 없는 것이더라도, 회수의 의사표시가 청약의 도달 전 또는 그와 동시에 상대방에게 도달하는 경우에는 회수될 수 있다.

1. 청약의 효력발생시기

   청약은 상대방에게 도달한 때에 효력이 발생한다(15조 1항). 즉, 협약은 청약의 효력발생시기에 관하여 도달주의를 취하고 있는데, 후술하는 바와 같이 승낙의 효력발생시기에 대하여도 마찬가지로 도달주의를 채택하고 있다. 협약은 '도달(reach)'의 의미에 대하여 제24조에 규정을 두고 있다. 즉, ① 의사표시가 구두에 의한 경우에는 '통고된 때', ② 그 외의 경우에는 1차적으로는 상대방 본인, 상대방의 영업소나 우편주소에 '전달된 때', 만약 그 상대방이 영업소나 우편주소를 가지지 아니한 경우에는 2차적으로 그의 상거소에 '전달된 때'에 '도달'된 것으로 정의하고 있다. 상대방에 대한 구두통고 외의 의사표시에 의한 '도달'은 그것이 개인우편함에 투입되거나 수령권한이 있는 피용자에게 교부된 경우와 같이 수령자의 지배영역 내에 들어가 수령자가 그 내용을 알 수 있게 된 상태를 말한다(Honnold 265, 석광현 99). 따라서 수령자가 실제로 그 내용을 알았을 것까지 요구하지는 않는다. 이러한 협약의 규정은 협약 제 2 편의 적용에 있어서 청약이나 승낙은 물론 기타의 의사표시의 도달에 공히 적용된다.

> **【제24조】**
> 이 협약 제 2 편의 적용상, 청약, 승낙 그 밖의 의사표시는 상대방에게 구두로 통고된 때 또는 그 밖의 방법으로 상대방 본인, 상대방의 영업소나 우편주소에 전달된 때, 상대방이 영업소나 우편주소를 가지지 아니한 경우에는 그의 상거소에 전달된 때에 상대방에게 '도달'된다.

2. 청약의 회수(withdrawal of offer) ― 청약의 효력 발생 전

> Cf. 일반적으로 revoke는 '취소하다', withdraw는 '철회하다'로 번역하나, 협약에 대한 외교통상부의 공식번역문에는 revoke를 '철회하다'(협약 15조 내지 17조), withdraw를 '회수하다'(협약 15조, 22조)로 번역하고 있으므로 공식번역에 따른다.

청약은 그것이 철회불능인 경우에도 회수의 의사표시가 청약의 도달 전 또는 그와 동시에 상대방에게 도달하는 경우에는 회수할 수 있다. 청약은 상대방에게 도달하는 경우 효력을 발생하는 것이므로 설령 그것이 철회불능(irrevocable)인 경우에도 상대방에게 도달되기 이전에는 효력이 발생하지 않으므로 이를 회수할 수 있는 것으로 하는 것이다. 따라서 청약이 상대방에게 도달된 이후에는 청약자는 그 청약을 회수할 수는 없게 되고, 이 경우에는 후술하는 철회만이 가능하게 된다.

Ⅲ. 청약의 철회(revocation of offer) ― 청약의 효력 발생 후

【제16조】
(1) 청약은 계약이 체결되기까지는 철회될 수 있다. 다만, 상대방이 승낙의 통지를 발송하기 전에 철회의 의사표시가 상대방에게 도달되어야 한다.
(2) 그러나 다음의 경우에는 청약은 철회될 수 없다.
  (개) 승낙기간의 지정 그 밖의 방법으로 청약이 철회될 수 없음이 청약에 표시되어 있는 경우, 또는
  (내) 상대방이 청약이 철회될 수 없음을 신뢰하는 것이 합리적이고, 상대방이 그 청약을 신뢰하여 행동한 경우

1. 청약의 철회가능성

청약이 상대방에게 도달된 경우에는 청약의 효력이 발생하나 이 경우에도 협약은 계약이 체결되기까지는 청약을 철회할 수 있다고 규정하고 있다(16조 1항 본문). 다만 상대방이 승낙을 발송하기 전에 그에게 철회의 의사표시가 도달되는 경우에 한한다(16조 1항 단서). 협약 제16조 제 1 항 본문의 문언대로 하면 '계약이 체결되기까지' 청약을 철회할 수 있는 한편 승낙은 청약자에게 도달할 때 효력을 발생하고(18조 2항) 그때 계약이 성립하는 것이므로(23조) 청약의 철회는 승낙이 청약자에게 도달하기 전까지는 가능하다고 하여야 할 것이나 협약은 제16조 제 1 항 단서에서 청약의 철회가능시점을 '승낙의 통지를 발송하기

전'까지로 한정하고 있는 것이고, 그때까지 철회의 의사표시가 '도달'될 것을 요
구하고 있는 것이다.

2. 예   외

그러나 이러한 청약의 철회는 다음의 두 가지 경우에 제한된다. 이는 상대방
이 승낙의 통지를 발송하기 전에 철회의 의사표시가 도달되더라도 마찬가지이다.

가. 승낙기간의 지정 그 밖의 방법으로 청약이 철회될 수 없음이 청약에 표
시되어 있는 경우: 이러한 '승낙기간의 지정' 또는 '철회불능의 표시'는 협약 제8
조에 규정된 원칙에 따라 해석되어야 한다.

나. 상대방이 청약이 철회될 수 없음을 신뢰하는 것이 합리적이고, 상대방이
그 청약을 신뢰하여 행동한 경우: 이는 영미법계의 상대방의 기대(reliance)보호
의 법리에 맥락이 닿아 있는 것이다.

Ⅳ. **청약의 거절**(rejection of offer)

【제17조】
청약은 철회될 수 없는 것이더라도, 거절의 의사표시가 청약자에게 도달한 때에는
효력을 상실한다.

청약은 피청약자가 거절하면 그 효력을 잃는다. 이는 그 청약이 철회불능인
지 여부 또는 그 청약에 승낙기간이 부가되어 있는지 여부와 상관이 없다. 피청
약자의 거절의 의사표시는 도달할 때 효력을 발생한다. 그러므로 거절의 의사표
시를 발송한 후 도달하기 전에 전화 또는 다른 통신수단을 통하여 승낙의 의사
표시를 도달시킨 경우에는 승낙의 효력이 발생하여 계약은 유효하게 성립된다.
협약상 '청약의 거절'에 대한 정의규정은 없으나 청약에 변경을 가한 응답은 청
약의 거절(이면서 또한 새로운 청약)이 된다는 규정은 있다(19조 1항). 이에 대하
여는 후술한다.

제3절 승　　낙

Ⅰ. 승낙의 의의

【제18조】
⑴ 청약에 대한 동의를 표시하는 상대방의 진술 그 밖의 행위는 승낙이 된다. 침묵 또는 부작위는 그 자체만으로 승낙이 되지 아니한다.

　　승낙(acceptance)은 일반적으로는 청약의 조건과 내용에 대한 피청약자의 동의의 의사표시로 정의된다. 협약에서도 이를 청약에 대한 동의를 표시하는 피청약자의 진술 기타의 행위라고 정의하고 있다(18조 1항 1문). 어떤 의사표시가 승낙이 되기 위하여는 ① 청약에의 동의와 ② 표시의 전달이라는 두 가지 요소를 갖추어야 한다.

【제19조】
⑴ 승낙을 의도하고 있으나, 부가, 제한 그 밖의 변경을 포함하는 청약에 대한 응답은 청약에 대한 거절이면서 또한 새로운 청약이 된다.
⑵ 승낙을 의도하고 있고, 청약의 조건을 실질적으로 변경하지 아니하는 부가적 조건 또는 상이한 조건을 포함하는 청약에 대한 응답은 승낙이 된다. 다만, 청약자가 부당한 지체 없이 그 상위(相違)에 구두로 이의를 제기하거나 그러한 취지의 통지를 발송하는 경우에는 그러하지 아니하다. 청약자가 이의를 제기하지 아니하는 경우에는 승낙에 포함된 변경이 가하여진 청약조건이 계약조건이 된다.
⑶ 특히 대금, 대금지급, 물품의 품질과 수량, 인도의 장소와 시기, 당사자 일방의 상대방에 대한 책임범위 또는 분쟁해결에 관한 부가적 조건 또는 상이한 조건은 청약조건을 실질적으로 변경하는 것으로 본다.

1. 동의(assent)

　　승낙은 동의(同意)를 요소로 한다. 승낙의 요소로서의 '동의'가 어떠한 것인지에 대하여 협약은 아무런 규정을 두고 있지 않다. 전통적인 원칙에 의하면 승낙이 되기 위하여는 청약의 조건에 완전히 일치하여야 함을 요구하며 이를 완전일치의 원칙(mirror image rule)이라 한다. 그러나 협약은 아래와 같이 부가적 또는 상이한 조건이 붙은 응답에 대하여 완전일치의 원칙을 일부 수정하고 있다. 즉, 승낙을 의도하기는 하지만 부가적 조건 또는 상이한 조건이 포함되어 청약의 조건에 완전히 일치하지는 않는 응답에 대하여, 그러한 부가적 조건 또는 상이한 조건이 ① 청약의 조건을 실질적으로 변경하지 않는 경우에는 청약자가 상당한 기간 내에 이에 대한 거부를 하지 않는 한 변경된 내용에 따라 계약이 체결되고(19조 2항), ② 청약의 조건을 실질적으로 변경하는 경우에는 승낙이 되지 않고 청약에 대한 거절인 동시에 새로운 청약(수정청약 또는 반대청약, counter-offer)이 된다고 규정하고 있다(19조 1항). 그리고 청약의 내용 중 대금, 대금지급, 물품의 품질과 수량, 인도의 장소와 시기, 당사자 일방의 상대방에 대한 책임범위 또는 분쟁해결에 관한 부가적 조건 또는 상이한 조건을 포함하는 응답은 청약을 실질적으로 변경하는 것으로 본다고 규정하고 있다(19조 3항). 예컨대 청약에는 없는 중재조항이 포함되어 있다거나 청약에서 정한 중재지와 다른 중재지를 포함하고 있는 경우 이는 분쟁해결방법의 변경으로서 실질적 변경에 해당하는 것으로 추정된다(서헌제 193). 비실질적 변경의 예로는 피청약자가 대금 등의 특정한 계약조건을 기밀로 해달라는 요청을 부가한 경우를 들 수 있다.

> Note   협약 제19조 제3항의 열거는 한정적인 것이 아니라 예시적인 것이다. 또한 위 열거사항에 해당한다고 하여 항상 실질적 변경으로 간주되는 것도 아니며 단지 실질적 변경에 해당하는 것으로 추정될 뿐이다. 따라서 위 열거사항에 해당되지 않는 사항도 실질적 변경이 될 수 있으며 위 열거사항도 구체적 사정에 따라 실질적 변경에 해당되지 않을 수도 있다(석광현 92~93). 서울고등법원 2013. 7. 19. 선고 2012나59871 판결의 "위 제19조 제3항이 그에 정한 조건이 변경되는 경우는 항상 실질적 변경이라는 취지라고 보이지는 않으므로 전체적인 사정에 비추어 실질적 변경인지 여부를 평가할 수 있다고 봄이 상당하다."라는 판시부분도 이와 같은 취지이다.

> Cf. 서식전쟁(battle of forms): 이는 원래 두 가지의 의미를 가진다. 그 하나는 계약협상과정에서 발생한다. 이는 계약서의 작성을 둘러싼 사실상의 대결상태로서 계약당사자 양측이 각자 자기측에 유리한 계약서 초안을 작성하여 이를 최종적 계약서의 내용에 담으려고 노력하는 현상을 말하는 것이다. 두 번째 형태의 서식전쟁은 계약당사자의 의사합치의 확인문제로서 주로 매매계약에서 발생하는 것이다. 예컨대 매수인이 그가 작성한 주문서식(이를 보통 purchase order form이라고 한다)을 통하여 기계 1대를 주문하면서 매도인에게 위 주문서식의 매도인 난에 서명을 하여 송부할 것을 요청한 데 대하여 매도인은 위 주문서에 서명을 하여 송부하는 대신 자신이 만든 매도약서면(이를 보통 sales note form이라고 한다)을 보내면서 매수인에게 위 매도확약서면의 매수인 난에 서명을 하여 송부할 것을 요청함과 아울러 매수인이 주문한 기계를 인도하였고 그 이후 매수인은 매도확약서면에 서명하여 송부하지 않고 매매대금만을 지급하였다. 한편 매

수인의 주문서식에는 위 기계 고장시 무상수리기간이 1년으로 기재되어 있는 한편 매도인의 매도확약서면에는 그 기간이 6월로 기재되어 있는 것 외에는 양 서식의 내용은 차이가 없었다. 위 기계의 인도 후 9개월경에 위 기계가 고장이 나자 매수인은 매도인에게 무상수리를 요구하였고, 이에 대하여 매도인은 6월의 기간이 지나서 발생한 고장이므로 유상으로만 수리할 수 있다고 주장하였다. 이 사안의 경우 계약이 성립되어 계약에 따른 이행도 모두 이루어진 상태이나 그 성립된 계약의 내용이 어떠한 것인지, 즉 무상수리기간을 매수인의 주문서식에 따른 1년이라고 보아야 할 것인지 아니면 매도인의 매도확약서식에 따른 6월이라고 보아야 할 것인지가 관건이 된다. 이렇게 이행까지 완료된 매매에 있어서의 계약내용을 확정함에 있어서 양 서식에 기재된 내용의 차이로 인하여 빚어지는 현상을 일컬어 서식전쟁이라고 한다. 이러한 서식전쟁에 관련하여 미국의 통일상법전(Uniform Commercial Code)은 동산의 매매에 관하여 엄격일치 또는 완전일치(mirror image)를 요하는 보통법(common law) 원칙을 수정하여 부가적 또는 상이한(additional or different) 조건이 부착된 응답도 승낙으로 평가될 수도 있다는 입장을 취하고 있다. 따라서 위 사안의 경우 양 서식 사이의 무상수리기간에 관한 내용의 불일치에도 불구하고 계약은 성립한 것으로 보는 것이다. 다만, 그렇게 성립한 계약의 내용을 어떻게 확정할 것인가가 문제되는데 이 점에 있어서는 통일상법전의 해당 조항의 개정으로 인하여 개정 전후의 결론이 달라지게 된다. 2003년 통일상법전의 개정 전에는 §2-207⑵에서 부가적인 조건은 일반적으로는 성립한 계약에 부수한 제안으로 간주되나 상인간에는 계약의 내용으로 된다(이에는 세 가지 예외가 있다. 즉, ① 청약에서 승낙은 청약의 조건에만 한정하여 이루어져야 함을 명시한 경우, ② 그러한 부가적 조건으로 인하여 청약을 중대하게 변경하는 경우 및 ③ 승낙의 수령 후 상당한 기간 내에 청약자의 거절통지가 이루어진 경우에는 계약의 내용으로 되지 아니하므로 이때에는 부가적 조건은 단순한 제안에 불과하게 되는 것이다. 한편 상이한 조건에 대하여는 통일상법전에는 규정이 없으므로 이에 대하여는 두 가지 견해가 대립되는데, 하나는 부가적 조건과 같이 해석하는 입장이고, 다른 하나는 불일치하는 조건은 모두 제거되고 통일상법전의 보충조항에 따라 보충된다는 입장이다). 한편 개정 후에는 §2-207에서 양 당사자의 문서 또는 구두 합의가 없는 경우 그 상충하는 조건은 통일상법전의 보충조항(이를 gap-filler provision이라고 한다)에 의하여 결정된다고 규정하고 있다.

2. 표시의 전달

승낙의 '표시'는 진술뿐만 아니라 기타의 행위(물품의 발송이나 대금지급과 같은 의사실현행위를 말하는데 이에 대하여는 후술한다)에 의하여도 가능하다. 또한 승낙의 표시는 청약자에게 '전달'되어야 한다. 따라서 단순한 침묵(silence) 또는 부작위(inactivity)는 그 자체만으로는 승낙이 되지 아니한다. 그러나 침묵 또는 부작위가 항상 승낙을 구성하지 않는 것은 아니다. 협약 제 9 조 제 1 항은 당사자간에 합의한 관행과 당사자간에 확립된 관례에 구속된다고 하므로 청약에 대한 침묵 또는 부작위가 있어도 승낙이 있었다고 볼 수 있는 사정이 있는 경우에는 침묵 또는 부작위가 이와 같은 사정과 결합하여 승낙을 구성할 수도 있는 것이다. 또한 당사자는 협약 제18조 제 1 항 제 2 문의 규정을 제 6 조에 따라 배제할 수도 있다.

Ⅱ. 승낙의 효력발생시기

【제18조】
⑵ 청약에 대한 승낙은 동의의 의사표시가 청약자에게 도달하는 시점에 효력이 발생한다. 동의의 의사표시가 청약자가 지정한 기간 내에, 기간의 지정이 없는 경우에는 청약자가 사용한 통신수단의 신속성 등 거래의 상황을 적절히 고려하여 합리적인 기간 내에 도달하지 아니하는 때에는, 승낙은 효력이 발생하지 아니한다. 구두의 청약은 특별한 사정이 없는 한 즉시 승낙되어야 한다.
⑶ 청약에 의하여 또는 당사자간에 확립된 관례나 관행의 결과로 상대방이 청약자에 대한 통지 없이, 물품의 발송이나 대금지급과 같은 행위를 함으로써 동의를 표시할 수 있는 경우에는, 승낙은 그 행위가 이루어진 시점에 효력이 발생한다. 다만, 그 행위는 제 2 항에서 정한 기간 내에 이루어져야 한다.

1. 의사표시에 의한 승낙의 효력발생시기

승낙의 의사표시가 효력을 발생하기 위해서는 승낙기간 내에 승낙의 의사표시가 청약자에게 도달할 것을 요한다.

가. 도달주의: 협약 제18조 제 2 항 제 1 문은 의사표시에 의한 승낙의 효력발생시기에 대하여 도달주의를 채택하고 있다. 청약의 효력발생시기에 대하여도 도달주의를 취하고 있음은 기술한 바와 같다. 승낙 부도달의 위험은 승낙자가 부담한다. 협약 제23조는 계약은 청약에 대한 승낙이 이 협약에 따라 효력을 발생하는 시점에 성립된다고 하므로 승낙의 의사표시가 청약자에게 도달한 때에 계약은 성립하게 된다. 협약 제19조 제 2 항 본문의 경우에도 승낙기간 내에 응답이 이루어져야 하는 것은 물론이나 이때의 응답은 부당한 지체 없이 청약자가 이의하지 않은 경우에만 승낙이 되는 것이므로 이때의 승낙의 효력은 응답이 도달한 때가 아니라 응답이 도달한 후 부당한 지체없는 이의제기기간이 경

과한 시점에서야 발생한다.

【제23조】
계약은 청약에 대한 승낙이 이 협약에 따라 효력을 발생하는 시점에 성립된다.

　　나. 승낙기간 내의 승낙: 협약 제18조 제 2 항 제 2 문은 승낙기간 내에 승낙의 의사표시가 청약자에게 도달한 때에만 승낙으로서의 효력이 있다고 규정하고 있다. 승낙기간은 서면과 구두에 의한 경우에 따라 달리 규정되어 있다.
　　(1) **서면청약의 경우**
　　(개) **승낙기간**　　승낙기간은 ① 청약자가 이를 정한 때에는 '그가 지정한 기간'이고, ② 청약자가 이를 정하지 아니한 때에는 '합리적인 기간'이다. ②의 합리적인 기간의 산정에는 '청약자가 사용한 통신수단의 신속성 등 거래의 상황'을 적절히 고려하여야 한다. 이러한 승낙기간이 경과한 후에 승낙의 의사표시가 도달한 경우, 즉 연착된 승낙은 승낙으로서의 효력이 없으나 협약 제21조에 의하여 유효한 승낙이 될 수 있는 경우가 있다(後述).
　　(내) **승낙기간의 기산**　　협약 제20조 제 1 항은 승낙기간의 기산점에 대하여 규정하고 있다. 즉, 청약자가 승낙기간을 ① 전보 또는 서신에서 지정한 경우에는 전보가 발송을 위하여 교부된 시점 또는 서신에 표시되어 있는 일자(서신에 일자가 표시되지 아니한 경우에는 봉투에 표시된 일자, 즉 우편일부인의 일자)로부터 기산하고, ② 전화, 텔렉스 그 밖의 동시적(同時的) 통신수단에 의하여 지정한 경우에는 청약이 상대방에게 도달한 시점으로부터 기산하도록 정하고 있다. 실시간으로 이루어지는 채팅은 여기의 '그 밖의 동시적 통신수단'에 해당한다고 보나, 이메일(E-mail)에 대하여는 견해가 대립한다. 부정설은 이메일을 서신에 준하는 것으로 보되 봉투에 담긴 서신과는 구별되는 이메일의 특수성을 고려하여 협약 제20조 제 1 항 제 1 문에 따라 승낙기간을 이메일을 발송한 때로부터 기산함에 반하여, 긍정설은 협약 제20조 제 1 항 제 2 문에 따라 이메일이 도달한 때로부터 승낙기간을 기산한다(석광현 91). 그러나 이메일은 특별한 사정이 없는 한 발송과 물리적 도달 사이에 시간적 간격이 없는 점과 수령자의 지배영역 내에 들어가 그 내용을 알 수 있게 된 상태로 족하고 실제로 그 내용을 알았을 것까지 요구하지 않는 협약 제24조의 '도달' 개념에 비추어 양설 사이에 현실적 차이는 없다고 본다.

Cf. 전자문서 및 전자거래 기본법(약칭: 전자문서법)에 의하면 이메일과 같은 전자문서는 작성자 또는 그 대리인이 해당 전자문서를 송신할 수 있는 정보처리시스템에 입력한 후 해당 전자문서를 수신할 수 있는 정보처리시스템으로 전송한 때 '송신'된 것으로 보는(전자문서법 6조 1항) 한편 '수신'에 관하여는 수신자가 전자문서를 수신할 정보처리시스템을 지정한 경우에는 지정된 정보처리시스템에 입력된 때(단, 전자문서가 지정된 정보처리시스템이 아닌 정보처리시스템에 입력된 경우에는 수신자가 이를 검색 또는 출력한 때), 수신자가 전자문서를 수신할 정보처리시스템을 지정하지 아니한 경우에는 수신자가 관리하는 정보처리시스템에 입력된 때 수신된 것으로 추정한다(전자문서법 6조 2항 1호·2호).

(다) **공휴일과 비영업일의 승낙기간에의 산입 원칙**　　협약 제20조 제 2 항은 승낙기간 중의 공휴일(official holiday) 또는 비영업일(non-business day)은 기간의 계산에 산입되는 것이 원칙이나, 기간의 말일이 청약자의 영업소 소재지의 공휴일 또는 비영업일에 해당하여 승낙의 통지가 기간의 말일에 청약자에게 도달될 수 없는 경우에는 예외적으로 그 다음의 최초 영업일까지 승낙기간이 연장된다고 규정하고 있다.

【제20조】
(1) 청약자가 전보 또는 서신에서 지정한 승낙기간은 전보가 발송을 위하여 교부된 시점 또는 서신에 표시되어 있는 일자, 서신에 일자가 표시되지 아니한 경우에는 봉투에 표시된 일자로부터 기산한다. 청약자가 전화, 텔렉스 그 밖의 同時的 통신수단에 의하여 지정한 승낙기간은 청약이 상대방에게 도달한 시점으로부터 기산한다.
(2) 승낙기간 중의 공휴일 또는 비영업일은 기간의 계산에 산입한다. 다만, 기간의 말일이 청약자의 영업소 소재지의 공휴일 또는 비영업일에 해당하여 승낙의 통지가 기간의 말일에 청약자에게 도달될 수 없는 경우에는, 기간은 그 다음의 최초 영업일까지 연장된다.

(2) **구두청약의 경우**　　구두청약의 경우 특별한 사정이 없는 한 '즉시' 승낙되어야 한다. 여기의 '즉시 승낙'은 구두청약이 있은 후 지체 없이 이루어진 승낙을 말하며, 이 경우의 승낙에는 서면청약의 경우와 같은 합리적인 기간에 대한 고려는 없다. 또한 '특별한 사정'은 추후에 회답하는 것에 대한 청약자의 동의와 같은 경우를 말한다.

2. 의사규정에 의한 승낙의 효력발생시기

승낙에 해당하는 의사표시가 없더라도 의사실현행위에 의하여 승낙과 같은 효력을 발생시키는 경우가 있다. 협약 제18조 제 3 항은 청약에 의하여 또는 당사자간에 확립된 관례나 관행의 결과 상대방이 청약자에 대한 통지 없이, 물품의 발송이나 대금지급과 같은 행위를 함으로써 동의를 표시할 수 있는 경우에는 그러한 행위(이를 의사실현행위라고 한다)를 승낙으로 평가하고 그 효력은 의사실현행위가 이루어진 시점에 발생하는 것으로 규정하고 있다. 예컨대 청약에 대하여 승낙의 의사표시를 발송하고 그 의사표시가 청약자에게 도달하기 전에 협약 제18조 제 3 항의 의사실현행위가 이루어진 경우에도 의사실현행위 시점에 승낙의 효력이 발생하게 된다. 이러한 의사실현행위는 청약자가 승낙기간을 정한 때에는 그 기간 내에, 청약자가 승낙기간을 정하지 않은 때에는 합리적인 기간 내에 이루어져야 한다(18조 3항 단서, 2항).

Ⅲ. 연착된 승낙과 승낙의 회수

1. 연착된 승낙(late acceptance)

【제21조】
(1) 연착된 승낙은 청약자가 상대방에게 지체 없이 승낙으로서 효력을 가진다는 취지를 구두로 통고하거나 그러한 취지의 통지를 발송하는 경우에는 승낙으로서의 효력이 있다.
(2) 연착된 승낙이 포함된 서신 그 밖의 서면에 의하여, 전달이 정상적이었다면 기간 내에 청약자에게 도달되었을 상황에서 승낙이 발송되었다고 인정되는 경우에는, 그 연착된 승낙은 승낙으로서의 효력이 있다. 다만, 청약자가 상대방에게 지체 없이 청약이 실효되었다는 취지를 구두로 통고하거나 그러한 취지의 통지를 발송하는 경우에는 그러하지 아니하다.

가. 연착된 승낙의 의미: 연착된 승낙은 협약 제18조 제 2 항에 따른 승낙기간이 도과한 후에 도달한 승낙의 의사표시이다. 이는 원칙적으로 승낙으로서의 효력이 없으나, 아래 두 가지의 경우 예외적으로 승낙으로서 효력을 가진다(21조).

나. 연착된 승낙이 유효로 되는 예외

(1) **청약자의 유효통지**   연착된 승낙도 청약자가 상대방에게 지체 없이 구두 또는 기타의 방법으로 승낙으로서 유효하다는 취지의 통지를 발송한 경우

에는 승낙으로서의 효력을 가진다(21조 1항). 이 경우 승낙으로서 효력을 가지는
시점은 연착된 승낙이 도달된 때이다.

(2) **적기도달상황**(適期到達狀況)　　연착된 승낙이 포함된 서신 기타의 서
면이 정상적으로 전달되었더라면 청약자에게 승낙기간 내에 도달되었을 것으로
보이는 상황 하에서 승낙이 발송되었다고 인정되는 경우에는 승낙으로서의 효
력을 가진다(21조 2항). 다만, 청약자가 상대방에게 지체 없이 청약이 실효되었
다는 뜻을 구두통고 또는 서면통지를 발송한 경우에는 승낙으로서의 효력이 없
다(21조 2항 단서). 이 경우에도 승낙으로서 효력을 가지는 시점은 연착된 승낙
이 도달된 때이다.

2. 승낙의 회수(withdrawal of acceptance)

【제22조】
승낙은 그 효력이 발생하기 전 또는 그와 동시에 회수의 의사표시가 청약자에게 도
달하는 경우에는 회수될 수 있다.

승낙은 승낙의 효력이 발생하기 전 또는 그와 동시에 회수의 의사표시가
청약자에게 도달하는 경우에는 회수할 수 있다(22조). 이는 청약자에게 청약의
회수권을 부여한 것(15조 2항)과 같은 맥락에서 인정되는 것이다. 다만, 승낙이
도달에 의하여 효력을 발생하면 그 즉시 계약이 성립되므로(23조), 그 이후에는
회수하지 못한다.

제 5 장 국제물품의 매매

제 1 절 국제물품매매계약의 효력 개관

협약은 국제물품매매계약의 성립에 관한 제 2 편에 이어 제 3 편 물품의 매매 편에 성립된 국제물품매매계약의 효력에 대하여 규정하고 있다. 구체적으로는 제 1 장(25조~29조)에 국제물품매매계약의 효력에 관련한 총칙 규정을 두고, 제 2 장(30조~52조)에는 매도인의 의무와 매도인의 계약위반에 대한 매수인의 구제에 관한 규정을 두며, 제 3 장(53조~65조)에는 매수인의 의무와 매수인의 계약위반에 대한 매도인의 구제에 관한 규정을 두고 있다. 제 4 장(66조~70조)에는 위험의 이전을 규정하고, 제 5 장(71조~88조)에는 매도인과 매수인의 의무에 공통되는 규정으로서 이행기 전 계약위반과 분할이행(71조~73조), 손해배상액(74조~77조), 이자(78조), 면책(79조~80조), 해제의 효력(81조~84조) 및 물품의 보관(85조~88조)에 관한 규정을 두고 있다.

제 2 절 총   칙

Ⅰ. 본질적 계약위반(fundamental breach of contract)

Cf. 여기의 '본질적'에 대한 협약 제25조의 영어원문은 'fundamental'로서 '중대한'으로 번역하여 사용하기도 하나(오원석 107, 이기수 42 등), 이 역시 외교통상부의 공식번역에 따른다.

【제25조】
당사자 일방의 계약위반은, 그 계약에서 상대방이 기대할 수 있는 바를 실질적으로 박탈할 정도의 손실을 상대방에게 주는 경우에 본질적인 것으로 한다. 다만, 위반당사자가 그러한 결과를 예견하지 못하였고, 동일한 부류의 합리적인 사람도 동일한 상황에서 그러한 결과를 예견하지 못하였을 경우에는 그러하지 아니하다.

1. 의   의

계약위반은 그 위반의 정도에 따라 중대한 위반(material breach)과 경미한 위반(minor breach)으로 나누어 그에 따라 법적 효과를 달리하는 것이 일반적이다. 또한 위반의 경중은 계약위반의 시점(초기인지 아니면 후기인지 여부)·계약위반의 동기(과실의 정도나 고의성 여부)·계약이행의 확실성 여부·계약이행으로 인한 이익의 정도·계약불이행으로 인한 손해배상의 정도·계약위반자의 피해 정도 등 여러 가지 사정을 종합하여 개개의 사안에 따라 구체적으로 결정된다. 협약 제25조는 본질적인 위반에 대하여 원칙적으로 '상대방이 그 계약에서 기대할 수 있는 바를 실질적으로 박탈할 정도의 손실(detriment)을 상대방에게 주는 경우'로 정의하고 있다. 이는 손실의 정도를 기준으로 한 것이다. 다만, 위와 같은 손실을 상대방에게 주는 경우라고 하더라도 '위반당사자가 그러한 결과를 예견하지 못하였고, 동일한 부류의 합리적인 사람도 동일한 상황에서 그러한 결과를 예견하지 못하였을 경우'에는 예외적으로 본질적 계약위반으로 되지 아니한다. 이러한 예외는 예견가능성(foreseeability)을 기준으로 한 것이고 예견가능 여부의 판단은 계약위반시점이 아니라 계약체결시점을 기준으로 하여야 할 것이다. 입증책임에 있어서 적극적 요건인 실질적 박탈은 피해당사자가, 소극적 요건인 예견불가능성은 위반당사자가 각각 부담한다.

2. 유   형

본질적 계약위반의 유형으로는 매도인측에서는 인도거절, 확정기매매에 있어서의 인도지연, 물품의 중대한 부적합(예: 약정품은 시멘트못인데 나무못을 인도한 경우, 방수벽돌을 계약하였는데 일반벽돌을 인도한 경우, 100% 오리털이 아닌 50% 오리털을 인도한 경우 등), 권리부적합(예: 도품) 등이 있고, 매수인측에서는 대금지급거절, 신용장개설불이행 등이 있다.

▶ 대법원 2013. 11. 28. 선고 2011다103977 판결
협약이 준거법으로 적용되는 국제물품매매계약에서 당사자가 대금의 지급을 신용장에 의하기로 한 경우 매수인은 계약에서 합의된 조건에 따라 신용장을 개설할 의무가 있고, 매수인이 단순히 신용장의 개설을 지체한 것이 아니라 계약에서 합의된 조건에 따른 신용장의 개설을 거절한 경우 이는 계약에서 매도인이 기대할 수 있는 바를 실질적

으로 박탈하는 것으로서 <u>협약 제25조가 규정한 본질적인 계약위반에 해당</u>하므로, 매도인은 계약을 해제할 수 있다.

3. 효   과

본질적 계약위반은 계약해제의 요건이 되고[49조 1항 ㈎호, 51조 2항, 64조 1항 ㈎호, 72조 1항, 73조 1항·2항], 물품이 계약에 부적합한 경우에 있어서 대체물인도청구의 요건이 되며(46조 2항), 위험의 이전에도 불구하고 매수인이 매도인의 계약위반에 대한 구제를 요구할 수 있는 전제조건이 된다(70조).

Ⅱ. 계약해제

협약 제26조는 계약해제의 방법에 대하여 규정하고 있다. 즉, 계약해제의 의사표시는 상대방에 대한 사전통지로 하여야 한다. 협약은 우리 상법 제68조와 같은 해제의제를 인정하지 않는다. 이 '통지'에는 최고를 요하지 않는다.

【제26조】
계약해제의 의사표시는 상대방에 대한 통지로 행하여진 경우에만 효력이 있다.

Ⅲ. 통신의 지연·오류 및 부도달

【제27조】
이 협약 제 3 편에 별도의 명시규정이 있는 경우를 제외하고, 당사자가 이 협약 제 3 편에 따라 상황에 맞는 적절한 방법으로 통지, 청구 그 밖의 통신을 한 경우에, 당사자는 통신의 전달 중에 지연이나 오류가 있거나 또는 통신이 도달되지 아니하더라도 그 통신을 주장할 권리를 상실하지 아니한다.

협약 제27조는 협약 제 3 편에서의 통신의 지연·오류 및 부도달의 위험을 상대방에게 부담시키고 있다. 이는 협약 제 2 편에서 계약의 성립에 있어서의 승낙에 관하여 도달주의(18조)를 채택하고 있는 것과 구별된다. 협약 제27조가 적용되기 위하여는 ① 당사자가 협약 제 3 편에 따라 상황에 맞는 적절한 방법으로 통신을 하였어야 하고, ② 협약 제 3 편에 별도의 명시규정이 없는 경우이어야 한다. '별도의 명시규정'으로는 협약 제47조 제 2 항, 제48조 제 4 항, 제63조 제 2 항, 제65조 제 1 항·제 2 항, 제79조 제 4 항을 들 수 있다.

Ⅳ. 특정이행(specific performance)

【제28조】
당사자 일방이 이 협약에 따라 상대방의 의무이행을 요구할 수 있는 경우에도, 법원은 이 협약이 적용되지 아니하는 유사한 매매계약에 관하여 자국법(自國法)에 따라 특정이행을 명하는 판결을 하여야 하는 경우가 아닌 한, 특정이행을 명하는 판결을 할 의무가 없다.

1. 특정이행의 의의

특정이행(specific performance, 강제이행)은 영미의 형평법(equity)상의 제도로서, 유명한 예술품인도계약과 같이 대체성이 없는 특이한(unique) 채무 또는 손해배상액 산정이 어렵거나 채무자의 파산 등으로 인한 금전적 손해배상이 불가능한 경우에 있어서 작위채무에 대하여는 당사자간의 계약의 본래내용대로 이행할 것을 명령하거나 또는 부작위채무에 대하여는 금지명령(injunction)을 내려 이를 강제하고 이에 불응할 경우 법정모독죄(contempt of court)로 처벌함으로써 그 효력을 담보하는 구제방법을 말한다.

2. 특정이행에 관한 협약의 규정

협약 제29조는 당사자가 협약에 따라 특정이행청구권을 가지는 경우(46조, 62조 참조)에도 법원은 협약이 적용되지 아니하는 유사한 매매계약에 관하여 법정지의 실질법에 따라 특정이행을 명하여야 하는 경우가 아닌 한 특정이행을 명하는 판결을 할 의무가 없다고 규정하고 있다. 여기의 '의무가 없다'는 의미는 법원이 협약에 따라 특정이행을 명할 것인지 여부가 재량에 속한다는 것이다.

Ⅴ. 계약의 변경·종료

【제29조】
⑴ 계약은 당사자의 합의만으로 변경 또는 종료될 수 있다.
⑵ 서면에 의한 계약에 합의에 의한 변경 또는 종료는 서면에 의하여야 한다는 규정이 있는 경우에, 다른 방법으로 합의 변경 또는 합의 종료될 수 없다. 다만, 당사자는 상대방이 자신의 행동을 신뢰한 한도까지는 그러한 규정을 원용할 수 없다.

협약 제29조는 계약은 당사자의 합의만으로 변경 또는 종료될 수 있다고 규정하고(1항), 만약 계약이 서면에 의하여 이루어진 경우 그 계약에서 합의에 의한 변경 또는 종료는 서면에 의하여야 한다고 약정한 경우에는 서면에 의하여야만 합의변경 또는 합의종료될 수 있다는 원칙을 규정하고 있다(2항). 이는 토지·혼인·보증 등에 관한 계약의 경우 책임을 부담할 자에 의한 서명이 있는 기록(record)에 의하지 않으면 강제집행할 수 없다는 영미의 사기방지법(Statute of Frauds)과 연관된다. 서면계약의 경우 서면으로만 계약의 합의변경 또는 합의종료가 가능하다는 약정을 한 경우에는 그에 의하여야 한다는 이 원칙에는 예외가 있다. 즉, 상대방으로 하여금 자신의 행동을 신뢰하도록 한 경우에는 서면이 없었다는 이유를 들어 합의변경 또는 합의종료가 효력이 없다는 주장을 할 수 없도록 규정하고 있다(2항 단서). 이러한 예외는 영미법상의 '행위에 의한 금반언(estoppel by conduct)'의 원칙을 배경으로 한 것이다.

> Cf. 계약의 변경에 관련하여 대법원 2016. 10. 27. 선고 2014다88543,88550 판결 참조. 위 판결은 "계약 체결 후에 한쪽 당사자가 계약의 내용을 변경하고자 계약 내용과는 다른 사항이 포함된 문서를 상대방에게 송부하고 상대방이 이를 수령하고도 이의를 제기하지 않은 경우에 계약의 내용이 변경되었다고 보려면, 거래의 종류와 성질, 거래관행, 발송한 문서의 내용과 형식, 상대방의 태도 등에 비추어 상대방이 그 변경에 묵시적으로 동의하였다고 볼 수 있어야 한다. 이때 변경되는 사항이 이미 체결된 계약의 내용을 중요하게 변경하는 결과를 초래하는 경우에는 위와 같은 묵시적 동의를 쉽사리 인정해서는 안 된다."라고 전제한 다음 "갑이 을에게 섬유가공 기계를 매도하는 계약을 체결하면서 작성한 매매계약서에는 기계대금이 원화로 표시되었는데, 갑이 외화획득용원료·물품등구매(공급)확인서를 발급받고자 을에게 송부한 원자재매도확약서(Offer Sheet)에는 기계대금이 미국 달러로 표시되었고, 갑과 을이 위 확약서를 첨부하여 제출한 외화획득용원료·물품등구매(공급)확인신청서에도 기계대금이 미국 달러로 기재되어 있는 사안에서, 위 계약에서 매매대금에 관한 지급통화의 변경은 계약의 내용을 중요하게 변경하는 결과를 초래하는데, 기계대금을 원화로 표시한 매매계약서의 내용을 수정하거나 대체할 새로운 매매계약서가 작성되지 않은 점 등에 비추어, 위 확약서나 확인신청서에 기계대금이 미국 달러로 표시되어 있고 을이 별다른 이의 없이 확약서를 수령하고 확인신청서를 작성·제출하였다는 사정만으로 기계대금의 지급통화를 원화에서 미국 달러로 변경하기로 하는 합의가 성립하였다고 인정하기 어렵다고 본 원심판단이 정당하다."라고 판시하였다.

제 3 절 매도인의 의무

> 【제30조】
> 매도인은 계약과 이 협약에 따라 물품을 인도하고, 관련 서류를 교부하며 물품의 소유권을 이전하여야 한다.

매도인은 성립한 계약에 따라 매수인에게 ① 물품의 인도, ② 서류의 교부 및 ③ 소유권 이전의 각 의무를 이행하여야 한다. 협약은 물품의 인도와 서류의 교부의무에 대해서만 규정을 두고 있을 뿐, 소유권 이전에 대하여는 아무런 규정을 두고 있지 않은데[4조 (나)호], 이는 각국마다 소유권의 개념과 이전방식이 다름에도 불구하고 이에 대한 통일적인 규정을 둘 경우에 발생할 수 있는 혼란을 피하기 위한 것이다.

제1관 물품의 인도와 서류의 교부

I. 인도의 장소와 방법

> 【제31조】
> 매도인이 물품을 다른 특정한 장소에서 인도할 의무가 없는 경우에, 매도인의 인도의무는 다음과 같다.
>   (가) 매매계약에 물품의 운송이 포함된 경우에는, 매수인에게 전달하기 위하여 물품을 제1운송인에게 교부하는 것.
>   (나) (가)호에 해당되지 아니하는 경우로서 계약이 특정물에 관련되거나 또는 특정한 재고품에서 인출되는 불특정물이나 제조 또는 생산되는 불특정물에 관련되어 있고, 당사자 쌍방이 계약 체결시에 그 물품이 특정한 장소에 있거나 그 장소에서 제조 또는 생산되는 것을 알고 있었던 경우에는, 그 장소에서 물품을 매수인의 처분 하에 두는 것.
>   (다) 그 밖의 경우에는, 계약 체결시에 매도인이 영업소를 가지고 있던 장소에서 물품을 매수인의 처분 하에 두는 것.

협약 제31조는 매도인의 물품인도의 장소와 방법에 대하여 당사자가 계약에서 인도장소를 특정한 경우에는 그 장소에서 인도하도록 하고(31조에서 '매도인이 물품을 다른 특정한 장소에서 인도할 의무가 없는 경우'라 함은 계약에서 특정한 장소를 정하지 않은 경우라는 의미이다), 그러한 장소가 없는 경우에는 매매계약에 운송이 포함되었는지 여부에 따라 나누어 규정하고 있다.

1. 운송이 포함된 계약[31조 ㉮호]

매매계약에 운송이 포함된 경우에는 매수인에게 전달하기 위하여 물품을 제 1 운송인에게 교부함으로써 이행이 완료된다.

2. 운송이 포함되지 않은 계약[31조 ㉯호]

매매계약에 운송이 포함되지 아니하는 경우에는 특정물 또는 특정한 재고품에서 인출되거나 제조 또는 생산되는 불특정물은 그 물품이 존재하는 장소에서 매수인의 처분 하에 둠으로써 이행이 완료된다. '매수인의 처분 하에 둔다'는 의미는 매수인이 점유가능한 상태에 둔다는 것이다.

3. 기타의 계약[31조 ㉰호]

그 외의 경우에는 계약 체결시의 매도인의 영업소에서 물품을 매수인의 처분 하에 둠으로써 이행이 완료된다. 영업소가 두 개 이상 있거나 없는 경우에는 협약 제10조에 따라 영업소를 정하게 된다.

Ⅱ. 물품인도에 부수하는 의무

【제32조】
(1) 매도인이 계약 또는 이 협약에 따라 물품을 운송인에게 교부한 경우에, 물품이 하인(荷印), 선적서류 그 밖의 방법에 의하여 그 계약의 목적물로서 명확히 특정되어 있지 아니한 때에는, 매도인은 매수인에게 물품을 특정하는 탁송통지를 하여야 한다.
(2) 매도인이 물품의 운송을 주선하여야 하는 경우에, 매도인은 상황에 맞는 적절한 운송수단 및 그 운송에서의 통상의 조건으로, 지정된 장소까지 운송하는 데 필요한 계약을 체결하여야 한다.
(3) 매도인이 물품의 운송에 관하여 부보(附保)할 의무가 없는 경우에도, 매도인은 매수인의 요구가 있으면 매수인이 부보하는 데 필요한 모든 가능한 정보를 매수인에게 제공하여야 한다.

협약 제32조는 매도인의 물품인도에 부수하는 의무로서 탁송통지서 송부의

무, 운송계약체결의무 및 운송보험에 관련한 정보제공의무에 대하여 규정하고
있다.

1. 탁송통지서 송부의무(32조 1항)

매도인이 계약 또는 이 협약에 따라 물품을 운송인에게 교부한 경우에 물
품이 명확히 특정되어 있지 않은 때 매수인에게 그 물품을 특정하는 탁송통지
서를 송부하여야 한다. 이 의무를 이행하지 않은 경우 위험부담이 매수인에게
이전하지 않으며(67조 2항, 69조 3항), 매도인은 매수인에게 계약위반에 따른 손
해배상책임을 질 수도 있다(45조, 74조).

2. 운송계약체결의무(32조 2항)

CIF조건부매매와 같이 매도인이 매수인을 위하여 운송계약을 체결하여야
하는 경우 이를 체결할 의무를 부담한다. 매도인의 이 의무를 이행하지 않을 경
우의 효과는 탁송통지서 송부의무위반의 경우와 같다.

> Cf. 인코텀즈(Incoterms)와 FOB · CIF: 국제무역거래에 있어서 상품의 인도,
> 위험이전, 비용, 관세지급 등의 중요한 문제에 대하여 개개의 매매계약에서 정
> 하기보다는 국제무역에서 많이 사용하는 조건들을 간추려 그 의미를 확정해 두
> 고 그 약어를 계약서에 삽입하게 되면 계약서 작성의 편리 및 분쟁의 예방 등
> 여러 가지 점에서 유용하다. 이러한 무역거래에 사용되는 제 조건을 세계적으
> 로 통일하여 사용하기 위한 노력이 여러 국가 또는 단체를 통하여 이루어져 왔
> 는데, 그 중 하나가 국제상업회의소(International Chamber of Commerce, ICC라
> 약칭)가 제정한 인코텀즈(Incoterms, 정식명칭은 International Rules for the
> Interpretation of Trade Terms)이다. 인코텀즈는 1936년 제정되어 수차 개정되었
> 는데 현재 2020년판(Incoterms® 2020)까지 있다. 인코텀즈는 민간단체인 ICC에
> 서 만든 것이므로 법은 아니지만 당사자 사이의 계약으로 이에 의할 것을 약정
> 하는 경우 계약의 일부가 되어 당사자를 구속하게 된다. Incoterms® 2020은 11
> 가지의 정형적인 거래규칙을 E, F, C, D의 4개 그룹으로 분류하고 있는데 이 중
> 에서 실무상 가장 많이 쓰이는 것으로는 FOB와 CIF가 있다. FOB(Free On
> Board)는 물품을 운송할 선박[이를 본선(本船)이라고 한다]의 갑판상(on board)
> 에 인도할 때까지의 모든 위험과 비용(수출에 필요한 당국의 승인, 통관 포함)을
> 매도인이 부담하되, 그 이후에는 매수인에 대하여 어떠한 책임도 부담하지 않는
> 규칙이다(따라서 매도인은 운송 및 보험계약에 대하여 아무런 책임이 없다).
> 한편 CIF(Cost, Insurance and Freight)는 FOB규칙에 따른 매도인의 책임 외에
> 지정된 목적항까지 물품을 운반하는 데 드는 운임과 매수인을 위한 보험료를

지급할 의무가 추가된 규칙이다(즉, 매도인이 운송 및 보험계약체결의무를 부담한다). Incoterms® 2020은 11가지의 정형거래규칙에 대하여 각 규칙에 대한 정의를 규정한 다음 그 구체적인 내용에 대하여 매도인의 매수인에 대한 의무(A1~A10)와 매수인의 매도인에 대한 의무(B1~B10)를 각 10개씩 대칭적으로 서술하고 있다. CIF규칙의 A4 제 1 문에는 "매도인은 물품을 인도장소로부터, 그 인도장소에 합의된 인도지점이 있는 때에는 그 지점으로부터 지정목적항까지 또는 합의가 있는 때에는 그 지정목적항의 어느 지점까지 운송하는 계약을 체결하거나 조달하여야 한다."라고 규정되어 있다.

3. 운송보험에 관련한 정보제공의무(32조 3항)

FOB조건부매매와 같이 매도인이 물품의 운송에 관련한 보험계약을 체결할 의무가 없는 경우에도 매도인은 매수인의 요구가 있는 경우에 매수인이 보험계약을 체결하는 데 필요한 모든 입수가능한 정보를 제공할 의무를 부담한다.

Cf. Incoterms® 2020의 FOB규칙의 A5 보험: 매도인은 매수인에 대하여 보험계약을 체결할 의무가 없다. 그러나 매도인은 매수인의 요청에 따라 매수인의 위험과 비용으로 매수인이 부보하는 데 필요한 정보로서 매도인 자신이 가지고 있는 정보를 제공하여야 한다.

Ⅲ. 물품의 인도시기

【제33조】
매도인은 다음의 시기에 물품을 인도하여야 한다.
  ㈎ 인도기일이 계약에 의하여 지정되어 있거나 확정될 수 있는 경우에는 그 기일
  ㈏ 인도기간이 계약에 의하여 지정되어 있거나 확정될 수 있는 경우에는 그 기간 내의 어느 시기. 다만, 매수인이 기일을 선택하여야 할 사정이 있는 경우에는 그러하지 아니하다.
  ㈐ 그 밖의 경우에는 계약 체결 후 합리적인 기간 내

협약 제33조는 물품의 인도시기를 세 가지 경우로 구분하여 규정하고 있다. 즉, ① 인도기일이 계약에 의하여 지정되었거나 확정가능한 경우에는 그 기일에 [㈎호], ② 인도기간이 계약에 의하여 지정되었거나 확정가능한 경우에는 매수인이 기일을 선택하여야 할 사정이 없는 한 그 기간 내에 언제든지[㈏호], ③ 기타의 경우에는 계약 체결 후 합리적인 기간 내에[㈐호] 물품을 인도하여야 한다.

Ⅳ. 서류교부의무

> **【제34조】**
> 매도인이 물품에 관한 서류를 교부하여야 하는 경우에, 매도인은 계약에서 정한 시기, 장소 및 방식에 따라 이를 교부하여야 한다. 매도인이 교부하여야 할 시기 전에 서류를 교부한 경우에는, 매도인은 매수인에게 불합리한 불편 또는 비용을 초래하지 아니하는 한, 계약에서 정한 시기까지 서류상의 부적합을 치유할 수 있다. 다만, 매수인은 이 협약에서 정한 손해배상을 청구할 권리를 보유한다.

협약은 제34조에 매도인의 물품에 관한 서류의 교부의무에 대하여 규정하고 있다.

1. 약정에 따른 서류의 교부의무

매도인이 물품에 관한 서류를 교부하여야 하는 경우에, 매도인은 계약에서 정한 시기, 장소 및 방식에 따라 이를 교부하여야 한다(1문). '물품에 관한 서류'는 선하증권·송장·보험증권·원산지증명서·포장명세서 등을 의미한다. 이 의무에 위반한 경우 매수인은 손해배상청구권을 가진다(3문).

2. 교부한 서류의 부적합치유권

매도인이 교부하여야 할 시기 이전에 서류를 교부한 경우 그 서류상의 부적합을 치유할 수 있다(2문). 부적합한 서류의 치유는 매수인에게 불합리한 불편 또는 비용을 초래하지 않는 범위 내에서만 가능하다. 협약 제34조 제 2 문은 물품의 인도기일 전에 물품을 인도한 경우에 매도인에게 인정되는 물품의 부적합에 대한 치유권(37조)을 서류에까지 확대한 것이다. 매도인의 서류치유로 인하여 매수인이 손해를 입은 경우 매수인에게 손해배상청구권이 인정된다(3문).

제 2 관 물품의 계약적합성

Ⅰ. 서   론

매도인은 매수인에게 계약에서 정한 종류와 품질 및 수량대로 물품을 인도하여야 하며 매도인이 제공한 물품이 계약내용에 적합하지 아니하는 경우에는 매수인에 대하여 그에 따른 책임을 부담하여야 한다. 이러한 계약적합성 (conformity of contract)에 대한 매도인의 의무는 물품적합성(conformity of goods) 과 권리적합성에 대한 의무로 나뉜다. 여기의 '물품적합성'은 물품 그 자체가 수량·품질·종류·포장 등에 있어서 계약에 합치하는 것을 말하며, '권리적합성'은 매수인이 그 물품에 대하여 권리행사를 함에 있어서 아무런 제약이 없는 상태, 즉 그 물품에 대한 제 3 자의 권리주장이 없는 상태를 말한다. 협약은 물품적합성에 대하여는 제35조, 권리적합성에 대하여는 제41조에 이를 규정하고 있다.

【제35조】
(1) 매도인은 계약에서 정한 수량, 품질 및 종류에 적합하고, 계약에서 정한 방법으로 용기에 담겨지거나 포장된 물품을 인도하여야 한다.
(2) 당사자가 달리 합의한 경우를 제외하고, 물품은 다음의 경우에 계약에 적합하지 아니한 것으로 한다.
　(가) 동종 물품의 통상 사용목적에 맞지 아니한 경우
　(나) 계약 체결시 매도인에게 명시적 또는 묵시적으로 알려진 특별한 목적에 맞지 아니한 경우. 다만, 그 상황에서 매수인이 매도인의 기술과 판단을 신뢰하지 아니하였거나 또는 신뢰하는 것이 불합리하였다고 인정되는 경우에는 그러하지 아니하다.
　(다) 매도인이 견본 또는 모형으로 매수인에게 제시한 물품의 품질을 가지고 있지 아니한 경우
　(라) 그러한 물품에 대하여 통상의 방법으로, 통상의 방법이 없는 경우에는 그 물품을 보존하고 보호하는 데 적절한 방법으로 용기에 담겨지거나 포장되어 있지 아니한 경우
(3) 매수인이 계약 체결시에 물품의 부적합을 알았거나 또는 모를 수 없었던 경우에는, 매도인은 그 부적합에 대하여 제 2 항의 (가)호 내지 (라)호에 따른 책임을 지지 아니한다.

　　　Cf. 협약의 계약적합성은 우리나라 법을 비롯한 대륙법계에서는 하자담보책임으로 논하여지고 있고, 미국에서는 담보(warranty)의 문제로 다루어지고 있다.

Ⅱ. 물품적합성(conformity of goods)과 그 판단기준 및 면책

　　협약 제35조는 계약에서 정한 물품을 인도할 의무(1항), 당사자간에 명시

적 합의가 없는 경우의 적합성의 판단기준(2항) 및 물품적합성이 결여되었음에
도 불구하고 매도인이 면책되는 경우(3항)에 대하여 규정하고 있다.

1. 계약에서 정한 물품의 인도의무(1항)

매도인은 계약에서 정한 수량, 품질 및 종류에 적합하고, 계약에서 정한 방법
으로 용기에 담겨지거나 포장된 물품을 인도하여야 한다. 이는 물품의 수량, 품
질, 종류 및 포장에 대하여 계약대로 이행하여야 한다는 원칙을 규정한 것이다.

2. 물품적합성의 판단기준(2항)

협약은 당사자 사이에 다른 합의가 없는 경우의 물품적합성의 판단기준으
로 네 가지를 제시하고 있다.

(1) **동종물품의 통상 사용목적**[(가)호]　　자동차매매의 경우를 예로 들면
당사자 사이의 약정으로 폐차조처 후 부품획득의 목적과 같은 특별한 사용목적
이 밝혀져 있지 않은 한 이는 운행을 위한 것으로 운행에 적합한 성능을 갖추어
야 하는 것이다.

(2) **계약 체결시 매도인에게 명시적 또는 묵시적으로 알려진 특별한 목적**[(나)호]
예컨대 강판을 뚫을 수 있는 드릴을 주문하였는데 시멘트벽은 뚫을 수 있으나 강
판은 뚫을 수 없는 드릴을 인도한 경우와 같은 경우에는 물품적합성을 결한 것이
된다. 계약 체결시에 매도인에게 명시적 또는 묵시적으로 그러한 목적이 알려졌었
다는 사실은 매수인이 입증하여야 한다. 다만, 그러한 상황에서 매수인이 매도인
의 기술과 판단을 신뢰하지 아니하였거나 또는 신뢰하는 것이 불합리하였다고 인
정되는 경우에는 물품적합성이 결여된 것으로 보지 아니한다. 매수인이 제공하는
설계도에 따라 물품을 제조하여 납품하기로 약정한 경우와 같이 매수인이 물품의
설계 등 제조과정에 관여한 경우가 이에 해당한다(CISG Advisory Council Opinion
No. 19, p. 12). 이 경우 입증책임은 매도인이 부담한다.

(3) **견본 또는 모형으로 매수인에게 제시한 물품의 품질**[(다)호]　　이 경우
매수인에게 견본 또는 모형과 같은 품질의 물품이 인도될 것이라는 점에 대한
신뢰가 존재하게 된다.

(4) **포장**[(라)호]　　물품적합성에 포장이 포함됨을 명시하고 있다. 따라서
인도되는 물품은 통상의 방법으로, 통상의 방법이 없는 경우에는 그 물품을 보
존하고 보호하는 데 적절한 방법으로 용기에 담겨지거나 포장되어 있어야 한다.

3. 면책(3항)

이상과 같은 매도인의 책임은 매수인이 계약 체결시에 물품의 부적합을 알 았거나 또는 모를 수 없었던 경우에 면제된다.

Ⅲ. 위험의 이전과 물품적합성의 판단시기

【제36조】
⑴ 매도인은 위험이 매수인에게 이전하는 때에 존재하는 물품의 부적합에 대하여, 그 부적합이 위험 이전 후에 판명된 경우라도, 계약과 이 협약에 따라 책임을 진다.
⑵ 매도인은 제 1 항에서 정한 때보다 후에 발생한 부적합이라도 매도인의 의무위반 에 기인하는 경우에는 그 부적합에 대하여 책임을 진다. 이 의무위반에는 물품이 일정기간 통상의 목적이나 특별한 목적에 맞는 상태를 유지한다는 보증 또는 특정 한 품질이나 특성을 유지한다는 보증에 위반한 경우도 포함된다.

협약 제36조에 의하면 매도인은 원칙적으로 물품에 관한 위험의 이전시를 기준으로 그 이전까지 존재하였던 물품부적합에 대하여 책임을 지게 된다. 물품 에 관한 위험의 이전(移轉) 전에 부적합이 존재한 이상 그 부적합의 발견이 위 험의 이전 후에 이루어진 때에도 매도인은 책임을 면하지 못하는 것이다(1항). 한편 위험의 이전 후에 부적합이 발생한 경우에는 매도인은 책임을 지지 않는 다. 예컨대 인코텀즈의 FOB나 CIF매매의 경우 본선 적재시에 위험이 이전하므 로 그 이후에 발생한 하자에 대하여는 매도인이 책임을 지지 아니한다. 그러나 위험의 이전 후에 부적합이 발생한 모든 경우에 있어서 매도인이 책임을 면하 는 것은 아니다. 위험의 이전 후에 부적합이 발생한 경우에도 아래의 두 가지 경우에는 예외적으로 매도인이 책임을 진다(2항). ① 매도인의 의무위반의 경우 이다. 여기의 '의무위반'은 예컨대 인도시를 기준으로 물품 자체의 포장에는 하 자가 없으나 예정된 운송을 감당하기에는 부적당한 포장으로 인하여 운송 중에 물품이 파손된 경우 등을 말한다. 또한 ② 매도인이 물품을 보증한 경우이다. 매도인이 일정한 기간 동안 수리해주기로 약정하거나 물품이 일정기간 통상의 목적이나 특별한 목적에 맞는 상태를 유지한다고 보증하거나 또는 특정한 품질 이나 특성을 유지한다고 보증한 경우이다(2항 2문).

Ⅳ. 인도한 물품의 부적합치유권

【제37조】
매도인이 인도기일 전에 물품을 인도한 경우에는, 매수인에게 불합리한 불편 또는
비용을 초래하지 아니하는 한, 매도인은 그 기일까지 누락분을 인도하거나 부족한
수량을 보충하거나 부적합한 물품에 갈음하여 물품을 인도하거나 또는 물품의 부적
합을 치유할 수 있다. 다만, 매수인은 이 협약에서 정한 손해배상을 청구할 권리를
보유한다.

협약 제37조는 매도인이 인도기일 전에 물품을 인도한 경우에 있어서 물품
의 부적합을 치유할 권리에 대하여 규정하고 있다. 여기의 '치유'는 수량보완,
하자물품 교환 등을 포함한다. 부적합의 치유는 매수인에게 불합리한 불편 또는
비용을 초래하지 아니하는 한도 내에서 그리고 인도기일까지 가능하다(인도기일
후에는 48조가 적용된다). 매도인의 이 권리행사로 인하여 매수인이 손해를 입은
경우에는 매수인에게 손해배상청구권이 인정된다.

Cf. 협약 제34조의 서류의 부적합치유권은 제37조의 물품의 부적합치유권을 서
류에까지 확대한 것이다(旣述).

Ⅴ. 물품의 검사와 부적합 통지

협약 제38조는 매수인의 물품검사의무와 검사시기를, 제39조는 검사결과
부적합을 발견한 경우의 통지의무에 대하여 규정하고 있다.

1. 물품의 검사

【제38조】
(1) 매수인은 그 상황에서 실행가능한 단기간 내에 물품을 검사하거나 검사하게 하
여야 한다.
(2) 계약에 물품의 운송이 포함되는 경우에는, 검사는 물품이 목적지에 도착한 후까
지 연기될 수 있다.
(3) 매수인이 검사할 합리적인 기회를 가지지 못한 채 운송중에 물품의 목적지를 변
경하거나 물품을 전송(轉送)하고, 매도인이 계약 체결시에 그 변경 또는 전송의 가
능성을 알았거나 알 수 있었던 경우에는, 검사는 물품이 새로운 목적지에 도착한
후까지 연기될 수 있다.

협약 제38조는 매수인의 물품의 검사의무를 규정함(1항)과 아울러 그 구체적인 검사시기에 대하여 세 가지의 경우로 나누어 규정하고 있다. 즉, ① 원칙적으로는 그 상황에서 실행가능한 단기간 내에 검사하여야 하나(1항), ② 계약에 물품의 운송이 포함되는 경우에는 물품이 목적지에 도착한 후까지 연기될 수 있으며(2항), ③ 매수인이 검사의 기회를 갖지 못한 상태에서 운송 중 물품의 목적지의 변경 또는 전송(轉送)이 있고 매도인이 그러한 가능성을 알았거나 알 수 있었던 경우에는 검사는 새로운 목적지에 도착한 후까지 연기될 수 있다(3항).

2. 부적합 통지

【제39조】
(1) 매수인이 물품의 부적합을 발견하였거나 발견할 수 있었던 때로부터 합리적인 기간 내에 매도인에게 그 부적합한 성질을 특정하여 통지하지 아니한 경우에는, 매수인은 물품의 부적합을 주장할 권리를 상실한다.
(2) 매수인은 물품이 매수인에게 현실로 교부된 날부터 늦어도 2년 내에 매도인에게 제 1 항의 통지를 하지 아니한 경우에는, 물품의 부적합을 주장할 권리를 상실한다. 다만, 이 기간제한이 계약상의 보증기간과 양립하지 아니하는 경우에는 그러하지 아니하다.

【제40조】
물품의 부적합이 매도인이 알았거나 모를 수 없었던 사실에 관한 것이고, 매도인이 매수인에게 이를 밝히지 아니한 경우에는, 매도인은 제38조와 제39조를 원용할 수 없다.

【제44조】
제39조 제 1 항과 제43조 제 1 항에도 불구하고, 매수인은 정하여진 통지를 하지 못한 데에 합리적인 이유가 있는 경우에는 제50조에 따라 대금을 감액하거나 이익의 상실을 제외한 손해배상을 청구할 수 있다.

가. 부적합 통지의무의 규정취지: 협약이 매수인에게 부적합에 대하여 매도인에게 통지할 의무를 부과한 것은 만약 매수인이 물품을 수령하여 보유, 사용 또는 전매한 후에 뒤늦게 부적합을 이유로 대금지급거절 또는 손해배상청구를 하는 경우 매수인의 그러한 행위의 정당성을 확인하기 어렵게 된다는 문제가

발생할 우려가 있기 때문이다. 또한 물품에 대한 검사 결과 물품의 부적합이 있는 경우에 매도인은 부적합치유권(37조, 48조)을 행사할 수 있으므로 이러한 매도인의 권리보호차원에서도 부적합 통지가 필요한 것이다.

　나. 통지의무의 내용: 통지의무의 내용은 매수인이 매도인에게 부적합한 성질을 특정, 즉 구체적으로 적시하여 통지하는 것이다(39조 1항). 이 '부적합'의 대상에는 수량, 품질, 종류, 포장(35조)은 물론 서류도 포함된다(34조).

　다. 통지시기: 매수인이 물품의 부적합을 발견하였거나 발견할 수 있었던 때로부터 합리적인 기간 내에 통지하여야 하며(39조 1항), 이 기간은 매수인에게 현실로 교부된 날로부터 2년을 넘지 못한다. 이 2년은 제척기간이다. 다만 계약상의 보증기간이 2년 이상인 경우에는 예외이다.

　라. 통지의무 해태의 효력

　(1) **원　　칙**　　　매수인이 규정된 기간 내에 매도인에게 통지할 의무를 해태한 경우 매수인은 부적합을 주장할 권리를 상실한다(39조 1항). 구체적으로는 손해배상청구권[45조 1항 (나)호, 74조~77조], 매도인에 대한 이행청구권(46조), 계약해제권(49조), 대금감액권(50조) 등의 구제수단을 상실하게 된다.

　(2) **예　　외**

　(가) **매도인의 악의(40조)**　　　부적합이 매도인이 알았거나 모를 수 없었던 사실에 관한 것이고, 매도인이 매수인에게 이를 밝히지 아니한 경우에는 매수인은 통지하지 아니하였더라도 부적합을 주장할 권리를 보유하게 된다. '매수인에게 밝히지 아니한 경우'에는 소극적 묵비는 물론 적극적 사술을 쓴 경우도 포함된다.

　(나) **합리적인 이유(44조)**　　　매수인이 통지를 하지 못한 데 합리적인 이유(예컨대 해커의 사이버공격으로 인한 이메일서비스 마비)가 있는 경우에는 제39조 제1항의 통지를 하지 못하였더라도 매수인에게 일부의 권리가 인정된다. 즉, 대금감액권(50조)과 이익의 상실을 제외한 손해배상청구권(74조)이 인정된다. 그러나 매도인에 대한 이행청구권과 계약해제권은 인정되지 아니한다. 여기서 계약해제권이 인정되지 않는 이유는 시장가격이 하락한 후에 계약위반을 주장하여 계약을 해제하는 것을 막기 위함이다(오원석 145). 매수인이 통지를 하지 못한 데에 합리적인 이유가 있는 예로는 선적 전 검사를 하기로 한 계약에서 도착항 검사에서 하자를 발견하여 통지하였지만 이러한 지체가 양 당사자가 공동으로

지정한 독립된 검사인의 선적 전 검사를 신뢰한 데 기인한 경우(ICC Arbitration No. 9187, Jun. 1999), 기술적인 이유(technical reason)로 인하여 선적항 검사가 불가능하여 부득이 목적항 검사를 하게 된 경우(Int'l Commercial Arbitration at the Russian Federation Chamber of Commerce, 24 Jan. 2000) 등이 있다.

Ⅵ. 권리적합성

【제41조】
매수인이 제 3 자의 권리나 권리주장의 대상이 된 물품을 수령하는 데 동의한 경우를 제외하고, 매도인은 제 3 자의 권리나 권리주장의 대상이 아닌 물품을 인도하여야 한다. 다만, 그러한 제 3 자의 권리나 권리주장이 공업소유권 그 밖의 지적재산권에 기초하는 경우에는, 매도인의 의무는 제42조에 의하여 규율된다.
(1) 매도인은, 계약 체결시에 자신이 알았거나 모를 수 없었던 공업소유권 그 밖의 지적재산권에 기초한 제 3 자의 권리나 권리주장의 대상이 아닌 물품을 인도하여야 한다. 다만, 제 3 자의 권리나 권리주장이 다음 국가의 법에 의한 공업소유권 그 밖의 지적재산권에 기초한 경우에 한한다.
　　(가) 당사자 쌍방이 계약 체결시에 물품이 어느 국가에서 전매되거나 그 밖의 방법으로 사용될 것을 예상하였던 경우에는, 물품이 전매되거나 그 밖의 방법으로 사용될 국가의 법
　　(나) 그 밖의 경우에는 매수인이 영업소를 가지는 국가의 법
(2) 제 1 항의 매도인의 의무는 다음의 경우에는 적용되지 아니한다.
　　(가) 매수인이 계약 체결시에 그 권리나 권리주장을 알았거나 모를 수 없었던 경우
　　(나) 그 권리나 권리주장이 매수인에 의하여 제공된 기술설계, 디자인, 방식 그 밖의 지정에 매도인이 따른 결과로 발생한 경우

【제42조】
(1) 매도인은, 계약 체결시에 자신이 알았거나 모를 수 없었던 공업소유권 그 밖의 지적재산권에 기초한 제 3 자의 권리나 권리주장의 대상이 아닌 물품을 인도하여야 한다. 다만, 제 3 자의 권리나 권리주장이 다음 국가의 법에 의한 공업소유권 그 밖의 지적재산권에 기초한 경우에 한한다.
　　(가) 당사자 쌍방이 계약 체결시에 물품이 어느 국가에서 전매되거나 그 밖의 방법으로 사용될 국가의 법
　　(나) 그 밖의 경우에는 매수인이 영업소를 가지는 국가의 법
(2) 제 1 항의 매도인의 의무는 다음의 경우에는 적용되지 아니한다.
　　(가) 매수인이 계약 체결시에 그 권리나 권리주장을 알았거나 모를 수 없었던 경우
　　(나) 그 권리나 권리주장이 매수인에 의하여 제공된 기술설계, 디자인, 방식 그 밖

의 지정에 매도인이 따른 결과로 발생한 경우

【제43조】
⑴ 매수인이 제 3 자의 권리나 권리주장을 알았거나 알았어야 했던 때로부터 합리적인 기간 내에 매도인에게 제 3 자의 권리나 권리 주장의 성질을 특정하여 통지하지 아니한 경우에는, 매수인은 제41조 또는 제42조를 원용할 권리를 상실한다.
⑵ 매도인이 제 3 자의 권리나 권리 주장 및 그 성질을 알고 있었던 경우에는 제 1 항을 원용할 수 없다.

1. 권리부적합이 없는 물품의 인도의무(41조)

매도인은 매수인이 그러한 물품을 수령함에 동의한 경우가 아닌 한 제 3 자의 권리나 권리주장의 대상이 아닌 물품을 인도할 의무를 부담한다. 여기의 '제 3 자의 권리 또는 권리주장'은 물품의 소유권이 제 3 자에게 있거나 제한물권이 설정되어 있는 경우 등을 말하는 것인데, 그러한 경우 중에서 제 3 자의 권리 또는 권리주장의 기초가 공업소유권 기타 지적재산권인 경우에는 제42조에서 따로 규율하므로 여기에는 포함되지 아니한다.

2. 지적재산권침해가 없는 물품의 인도의무(42조)

매도인은 계약 체결시에 자신이 알았거나 모를 수 없었던 공업소유권 그 밖의 지적재산권에 기초한 제 3 자의 권리나 권리주장의 대상이 아닌 물품을 인도하여야 한다. 제 3 자의 지적재산권을 침해하였는지 여부에 대한 판단은 ① 당사자 쌍방이 계약 체결시에 물품이 특정한 국가에서 전매되거나 사용될 것임을 알았을 경우에는 그 국가의 법을 적용하며, ② 그 외의 경우에는 매수인이 영업소를 가지는 국가의 법을 기준으로 한다. 이러한 매도인의 의무는 ㉮ 매수인이 계약 체결시에 제 3 자의 지적재산권 침해사실을 알았거나 모를 수 없었던 경우와 ㉯ 매도인이 매수인의 기술설계, 디자인, 방식 등의 지정에 따른 결과로서 발생한 경우에는 면책된다. 여기의 '면책'은 매수인에 대한 책임을 지지 않는다는 것이지 제 3 자에 대하여 면책된다는 의미는 아니다.

3. 매수인의 권리부적합 통지의무(43조)

매수인은 제 3 자의 권리 또는 권리주장에 대하여 합리적인 기간 내에 매도인에게 이를 특정하여 통지할 의무를 부담한다(43조 1항). 여기의 '합리적인 기간'은 물품부적합 통지의무에 관한 제39조 제 1 항의 그것과 동일한 것이다. 그러나 물품부적합 통지의무에 관한 제39조 제 2 항의 2년의 제척기간은 권리부적합에는 적용이 없다. 이상의 통지의무에 위반한 경우에도 그 불통지에 대한 합리적인 이유가 있는 경우에는 대금감액권과 이익상실을 제외한 손해배상청구권은 인정된다(44조). 매도인이 제 3 자의 권리나 권리주장 및 그 성질을 알고 있었던 경우에는 매수인의 제43조 제 1 항의 통지의무위반을 주장할 수 없다(43조 2항).

제 3 관   매도인의 계약위반에 대한 매수인의 구제

Ⅰ. 매수인의 구제 개관

【제45조】
⑴ 매도인이 계약 또는 이 협약상의 의무를 이행하지 아니하는 경우에 매수인은 다음을 할 수 있다.
　㈎ 제46조 내지 제52조에서 정한 권리의 행사
　㈏ 제74조 내지 제77조에서 정한 손해배상의 청구
⑵ 매수인이 손해배상을 청구하는 권리는 다른 구제를 구하는 권리를 행사함으로써 상실되지 아니한다.
⑶ 매수인이 계약위반에 대한 구제를 구하는 경우에, 법원 또는 중재판정부는 매도인에게 유예기간을 부여할 수 없다.

협약 제45조 이하에는 매도인이 계약을 위반한 경우 매수인에게 인정되는 구제방법이 규정되어 있다. 즉, 의무이행청구권(46조 1항), 대체물인도청구권(46조 2항), 수리에 의한 부적합치유청구권(46조 3항), 부가기간지정권(47조 1항), 계약해제권(49조 1항), 대금감액권(50조), 손해배상청구권[45조 1항 ㈏호, 74조~77조] 등이 매수인에게 인정된다. 손해배상청구권은 매수인이 다른 구제방법을 취하는지 여부와 무관하게 병렬적으로 행사할 수 있는 권리이다(45조 2항). 매수인이 계약위반에 대한 구제를 구하는 경우에, 법원 또는 중재판정부는 매도인에게 유예기간을 부여할 수 없다(45조 3항).

Ⅱ. 의무이행청구권·대체물인도청구권·수리에 의한
부적합치유청구권 및 부가기간지정권

【제46조】
⑴ 매수인은 매도인에게 의무의 이행을 청구할 수 있다. 다만, 매수인이 그 청구와 양립하지 아니하는 구제를 구한 경우에는 그러하지 아니하다.
⑵ 물품이 계약에 부적합한 경우에, 매수인은 대체물의 인도를 청구할 수 있다. 다만, 그 부적합이 본질적 계약위반을 구성하고, 그 청구가 제39조의 통지와 동시에 또는 그 후 합리적인 기간 내에 행하여진 경우에 한한다.
⑶ 물품이 계약에 부적합한 경우에, 매수인은 모든 상황을 고려하여 불합리한 경우를 제외하고, 매도인에게 수리에 의한 부적합의 치유를 청구할 수 있다. 수리 청구는 제39조의 통지와 동시에 또는 그 후 합리적인 기간 내에 행하여져야 한다.

【제47조】
⑴ 매수인은 매도인의 의무이행을 위하여 합리적인 부가기간을 정할 수 있다.
⑵ 매도인으로부터 그 부가기간 내에 이행을 하지 아니하겠다는 통지를 수령한 경우를 제외하고, 매수인은 그 기간 중 계약위반에 대한 구제를 구할 수 없다. 다만, 매수인은 이행지체에 대한 손해배상을 청구할 권리를 상실하지 아니한다.

1. 의무이행청구권

협약 제46조 제 1 항은 매수인에게 이행청구권을 인정한 것으로서 매도인에게 이행청구권을 인정한 제62조에 대응하는 규정이다. 그러나 매수인이 계약해제권이나 대금감액권을 행사한 경우와 같이 의무이행청구와는 양립할 수 없는 구제를 구한 경우에도 이행청구권을 인정함은 논리적으로 모순이므로 이 경우에는 이행청구권이 인정되지 아니한다(46조 1항 단서).

2. 대체물인도청구권

협약 제46조 제 2 항은 물품부적합의 경우에 있어서 매수인의 대체물인도청구권을 인정한 규정이다. 매수인에게 이 권리가 인정되기 위하여는 ① 그 부적합이 본질적 계약위반이 되고(본질적 계약위반에 관하여는 25조 참조), ② 그 청구가 제39조의 부적합 통지와 동시 또는 그 후 합리적인 기간 내에 행하여진 경우에 한한다. 그리고 ③ 대체물의 인도청구는 부적합한 물품의 반환을 전제로 하므로 만약 매수인이 물품을 분실하거나 또는 훼손하는 등의 사유로 물품을 수령한 상태와 실질적으로 동일한 상태로 반환할 수 없는 경우에는 이 청구권을 행사할 수 없다고 할 것이다(82조 1항, 그러나 82조 2항 각호의 사유가 있는 경우에는 예외).

3. 수리에 의한 부적합치유청구권

협약 제46조 제3항은 대체물인도청구의 경우와는 달리 물품부적합이 본질적 계약위반에까지는 이르지 않은 경우 매수인에게 수리(repair)에 의한 부적합의 치유청구권을 인정한 규정이다. 이 권리를 행사하기 위하여는 ① 모든 상황을 고려하여 그 청구가 불합리하지 않아야 하고, ② 그 청구가 제39조의 부적합통지와 동시 또는 그 후 합리적인 기간 내에 행하여져야 한다.

4. 부가기간지정권

매수인은 매도인에게 매도인의 의무이행을 위한 합리적인 기간을 부가기간(附加期間)으로 지정할 수 있다(47조 1항). 매수인이 부가기간을 부여하면 그 기간 중에는 매도인으로부터 그 기간 내에 이행하지 않겠다는 의사의 통지를 수령하지 않는 한 계약위반에 대한 구제수단을 행사할 수 없다. 다만, 이행지체에 대한 손해배상청구는 가능하다(47조 2항).

> Cf. 여기의 부가기간은 매수인의 재량에 의하여 부여되는 것으로 우리나라 민법 제544조가 계약을 해제하기 위하여 상당기간을 정한 이행의 최고를 요하는 것과 차이가 있다.

Ⅲ. 매도인의 불이행치유권

【제48조】
⑴ 제49조를 따를 것을 조건으로, 매도인은 인도기일 후에도 불합리하게 지체하지 아니하고 매수인에게 불합리한 불편 또는 매수인의 선급 비용을 매도인으로부터 상환 받는 데 대한 불안을 초래하지 아니하는 경우에는, 자신의 비용으로 의무의 불이행을 치유할 수 있다. 다만, 매수인은 이 협약에서 정한 손해배상을 청구할 권리를 보유한다.
⑵ 매도인이 매수인에게 이행의 수령 여부를 알려 달라고 요구하였으나 매수인이 합리적인 기간 내에 그 요구에 응하지 아니한 경우에는, 매도인은 그 요구에서 정한 기간 내에 이행을 할 수 있다. 매수인은 그 기간 중에는 매도인의 이행과 양립하지 아니하는 구제를 구할 수 없다.

(3) 특정한 기간 내에 이행을 하겠다는 매도인의 통지는 매수인이 그 결정을 알려야
한다는 제 2 항의 요구를 포함하는 것으로 추정한다.
(4) 이 조 제 2 항 또는 제 3 항의 매도인의 요구 또는 통지는 매수인에 의하여 수령
되지 아니하는 한 그 효력이 발생하지 아니한다.

협약 제48조는 매도인의 이행 후 의무불이행에 대한 사후적 치유권을 인정
하고 있다. 이는 매수인에게 인정되는 권리가 아니라 매도인에게 인정되는 권리
로서, 매수인의 매도인에 대한 수리에 의한 부적합치유청구권(46조 3항)에 대응
하여 인정된 것이다. 매도인은 인도기일 후에도 불합리하게 지체하지 아니하고
매수인에게 불합리한 불편 또는 매수인의 선급 비용을 매도인으로부터 상환받
는 데 대한 불안을 초래하지 아니하는 경우에 매도인 자신의 비용으로 의무의
불이행을 치유할 수 있다(1항 본문). 이 경우에도 매도인은 매수인에게 발생한
손해에 대하여 배상하여야 한다(1항 단서). 매도인이 의무불이행 치유를 원하는
경우 그러한 뜻을 매수인에게 전달하여 이를 수락할 것인지 여부에 대한 통지
를 요구하고, 그에 대하여 매수인이 합리적인 기간 내에 그 요구에 응하지 않는
경우에 매도인은 그가 정한 기간 내에 이행을 할 수 있다(2항 1문). 이 경우 매
수인은 매도인이 정한 기간 내에는 매도인의 이행과 양립 불가능한 구제수단(예
컨대 계약해제)을 행사할 수 없다(2항 2문). 특정한 기간 내에 이행하겠다는 매도
인의 통지는 매수인에게 이행을 수락할 것인지 여부에 대한 통지의 요구를 포
함하는 것으로 추정하며(3항), 위와 같은 매도인의 요구 또는 통지는 매수인이
수령하지 않는 이상 효력이 없다(4항).

Ⅳ. 계약해제권

【제49조】
(1) 매수인은 다음의 경우에 계약을 해제할 수 있다.
　㈎ 계약 또는 이 협약상 매도인의 의무 불이행이 본질적 계약위반으로 되는 경우
　㈏ 인도 불이행의 경우에는, 매도인이 제47조 제 1 항에 따라 매수인이 정한 부
　　가기간 내에 물품을 인도하지 아니하거나 그 기간 내에 인도하지 아니하겠다
　　고 선언한 경우
(2) 그러나 매도인이 물품을 인도한 경우에는, 매수인은 다음의 기간 내에 계약을
해제하지 아니하는 한 계약해제권을 상실한다.

⑺ 인도지체의 경우, 매수인이 인도가 이루어진 것을 안 후 합리적인 기간 내
⑻ 인도지체 이외의 위반의 경우, 다음의 시기로부터 합리적인 기간 내
  ① 매수인이 그 위반을 알았거나 또는 알 수 있었던 때
  ② 매수인이 제47조 제 1 항에 따라 정한 부가기간이 경과한 때 또는 매도인이
     그 부가기간 내에 의무를 이행하지 아니하겠다고 선언한 때
  ③ 매도인이 제48조 제 2 항에 따라 정한 부가기간이 경과한 때 또는 매수인이
     이행을 수령하지 아니하겠다고 선언한 때

협약 제49조는 매수인의 계약해제권에 관하여 규정하고 있다.

1. 계약해제 일반

계약해제는 해제권자의 일방적 의사표시에 의하여 계약관계를 해소시키는 의사표시로서 형성권의 하나이다. 협약에서 해제의 의사표시는 상대방에 대한 통지로 행하여진 경우에만 효력이 있다고 규정하고 있다(26조). 해제의 효력에 대하여는 협약 제81조 내지 제84조에 규정을 두고 있으므로 뒤에서 살펴보기로 하고 여기서는 매수인의 계약해제사유와 해제권의 상실에 대하여만 살펴보기로 한다.

2. 계약의 해제사유

매수인은 ① 매도인의 의무불이행이 본질적 계약위반으로 되는 경우와 ② 인도불이행의 경우 매도인이 매수인이 정한 부가기간(47조 1항) 내에 물품을 인도하지 않거나 또는 인도하지 않겠다고 선언한 경우에 계약을 해제할 수 있다(49조 1항).

3. 물품을 인도한 경우의 해제권의 상실

매도인이 물품을 인도한 경우에는 매수인이 아래의 기간 내에 계약을 해제하지 않으면 해제권을 상실한다(49조 2항).

가. 인도지체의 경우: 매수인이 인도가 이루어진 것을 안 후 합리적인 기간 내

나. 인도지체 외의 경우: ① 매수인이 그 위반을 알았거나 알 수 있었던 때, ② 매수인이 정한 부가기간(47조 1항)이 경과한 때 또는 그 기간 내에 매도인이 의무불이행을 선언한 때, ③ 매도인이 정한 부가기간(48조 2항)이 경과한 때 또는 매수인이 이행불수령을 선언한 때로부터 각각 합리적인 기간 내

V. 대금감액권

1. 대금감액권의 의의

매도인이 인도한 물품이 계약에 부적합한 경우 매수인은 적합한 물품이 인
도시에 가지고 있었을 가액의 비율에 따라 대금을 감액할 권리를 가지는데(50조
본문) 이를 대금감액권이라고 한다.

2. 대금감액권의 성질

대금감액권은 형성권으로서, 매도인의 귀책사유 또는 대금의 지급 여부와
무관하게 인정되는 권리이다. 대금감액은 손해배상과 유사한 성격을 가지므로
(석광현 205) 계약부적합에 매수인의 과실이 경합한 경우 과실상계가 이루어져
야 한다.

3. 대금감액권 행사요건

대금감액권을 행사하기 위하여는 ① 계약에 부적합한 물품의 인도가 있어야
하고, ② 매도인의 추완이 없어야 하며(37조, 48조), ③ 매수인이 제39조에 따라
매도인에게 계약위반(본질적일 것임을 요하지 않음)을 적시에 통지하였어야 하고,
④ 매수인이 대금감액의 의사를 표시하여야 한다(발신주의, 27조).

4. 대금감액권의 제한

대금감액권은 ① 매도인이 의무의 불이행을 치유하거나(37조, 48조), ② 매
수인이 매도인의 이행수령을 거절한 경우에는 허용되지 아니한다(50조 단서).

5. 대금감액의 계산

인도받은 물품이 계약에 부적합한 경우(예: 수량부족, 품질 부적합 또는 다른

물품의 인도) 매수인이 적합한 물품이 인도시에 가지고 있었을 가액의 비율에 따라 대금을 감액할 수 있다. 대금감액은 인도물품 및 계약적합물품 양자 모두 실제로 인도한 때와 장소의 가액을 기초로 하여 비율적·상대적으로 결정한다. 여기의 '인도한 때'의 의미는 '물품이 목적지에 도착한 후 매수인이 이용 가능할 때'를 말한다.

> 대금감액권을 행사한 경우 매수인이 지급할 물품가격 = [현실로 인도된 물품가격(부적합물품가격) / 제대로 인도되었더라면 가졌을 물품가격(적합물품가격)] × 계약물품가격

6. 손해배상청구권과의 관계

대금감액권은 손해발생을 요건으로 하지 않는 점에서 손해배상청구권과 구별된다. 여기의 '감액할 수 있다'는 의미는 불가항력의 경우와 같이 매도인에게 귀책사유가 없어 손해배상책임을 지지 않는 경우(79조)에도 대금감액을 할 수 있고, 매도인에게 귀책사유가 있는 경우에는 대금감액과 손해배상청구를 선택적 또는 중첩적으로 할 수 있다는 것이다(45조 2항). 물론 물품 자체의 손해를 두고 대금감액권과 손해배상청구권을 중복적으로 사용할 수는 없다. 그러나 물품의 부적합으로 인하여 조업중단 등 결과적 손해가 발생한 경우에는 물품 자체의 손해에는 대금감액권을 행사하고, 결과적 손해에는 손해배상을 청구할 수 있다.

Ⅵ. 물품의 일부불이행 또는 일부부적합·이행기 전 인도 및 초과인도

【제51조】
⑴ 매도인이 물품의 일부만을 인도하거나 인도된 물품의 일부만이 계약에 적합한 경우에, 제46조 내지 제50조는 부족 또는 부적합한 부분에 적용된다.
⑵ 매수인은 인도가 완전하게 또는 계약에 적합하게 이루어지지 아니한 것이 본질적 계약위반으로 되는 경우에 한하여 계약 전체를 해제할 수 있다.

【제52조】
⑴ 매도인이 이행기 전에 물품을 인도한 경우에, 매수인은 이를 수령하거나 거절할 수 있다.

(2) 매도인이 계약에서 정한 것보다 다량의 물품을 인도한 경우에, 매수인은 초과분을 수령하거나 이를 거절할 수 있다. 매수인이 초과분의 전부 또는 일부를 수령한 경우에는 계약대금의 비율에 따라 그 대금을 지급하여야 한다.

1. 물품의 일부불이행 또는 일부부적합

매도인이 물품의 일부만을 인도하거나 인도된 물품의 일부만이 계약에 적합한 경우에 그 불이행 또는 부적합 부분에 대하여 협약 제46조 내지 제50조의 규정이 적용된다(51조 1항). 즉, 이러한 경우 매수인에게는 불이행부분에 대하여는 의무이행청구권(46조 1항), 부적합부분에 대하여는 대체물인도청구권(46조 2항)과 부적합치유청구권(46조 3항), 부가기간지정권(47조), 계약해제권(49조), 대금감액권(50조)이 인정되고, 매도인에게는 불이행치유권(48조)이 인정된다. 한편 일부불이행 또는 일부부적합이 본질적 계약위반으로 되는 경우에 매수인은 계약 전체를 해제할 수 있다(51조 2항). 본질적 계약위반의 입증책임은 매수인에게 있다.

2. 이행기 전 인도 및 초과인도

매도인이 이행기 전에 인도한 경우에는 전부에 대하여, 그리고 계약에서 정한 것보다 다량의 물품을 인도한 경우 그 초과분에 대하여 매수인은 수령하거나 이를 거절할 선택권을 가진다(52조 1항 및 2항 1문). 다만, 매수인이 초과분의 전부 또는 일부를 수령한 경우에는 계약대금의 비율에 따라 그 대금을 지급하여야 한다(52조 2항 2문).

제 4 절 매수인의 의무

【제53조】
매수인은 계약과 이 협약에 따라, 물품의 대금을 지급하고 물품의 인도를 수령하여야 한다.

매수인은 계약에 따른 ① 대금지급의무와 ② 인도수령의무를 이행하여야 한다.

제1관 대금의 지급

I. 대금지급을 위한 조치와 절차 이행의무

【제54조】
매수인의 대금지급의무에는 그 지급을 위하여 계약 또는 법령에서 정한 조치를 취하고 절차를 따르는 것이 포함된다.

협약은 대금지급을 위한 조치와 절차를 취할 의무를 매수인에게 부과하고 있다. 여기의 '대금지급을 위한 조치와 절차'는 예컨대 신용장의 개설신청이나 매도인에게 대금을 송부하는 데 필요한 정부허가의 신청 등을 의미한다. 이러한 의무는 대금지급의무의 일부가 된다.

II. 대금의 결정

1. 미정(未定)대금의 결정

【제55조】
계약이 유효하게 성립되었으나 그 대금을 명시적 또는 묵시적으로 정하고 있지 아니하거나 이를 정하기 위한 조항을 두지 아니한 경우에는, 당사자는 반대의 표시가 없는 한, 계약 체결시에 당해 거래와 유사한 상황에서 매도되는 그러한 종류의 물품에 대하여 일반적으로 청구되는 대금을 묵시적으로 정한 것으로 본다.

물품대금이 명시적 또는 묵시적으로라도 결정되어 있지 않은 경우에는 계약 체결시를 기준으로 하여 그 거래와 유사한 상황에서 매도되는 물품에 대한 일반적인 가격을 대금으로 한다는 묵시적 합의가 있었던 것으로 본다(55조).

> Note 협약 제55조와 제14조의 관계에 관하여는 청약의 의의 부분(36~37면)에
> 서 살펴보았다.

2. 중량에 의한 결정

【제56조】
대금이 물품의 중량에 따라 정하여지는 경우에, 의심이 있는 때에는 순중량에 의하여 대금을 결정하는 것으로 한다.

곡물과 같이 물품의 중량에 따라 대금이 결정되는 것으로 약정하였으나 중량의 의미가 내외의 포장을 포함한 총중량을 의미하는 것인지 아니면 외장(外裝) 또는 내장(內裝)의 중량을 제외하는 것인지가 불분명할 경우에는 순중량에 의하여 결정된다(56조). 순중량은 포장의 중량을 제외한 내용물의 중량을 말한다.

Ⅲ. 대금지급방법

1. 대금지급장소

【제57조】
(1) 매수인이 다른 특정한 장소에서 대금을 지급할 의무가 없는 경우에는, 다음의 장소에서 매도인에게 이를 지급하여야 한다.
　㈎ 매도인의 영업소, 또는
　㈏ 대금이 물품 또는 서류의 교부와 상환하여 지급되어야 하는 경우에는 그 교부가 이루어지는 장소
(2) 매도인은 계약 체결 후에 자신의 영업소를 변경함으로써 발생하는 대금지급에 대한 부수비용의 증가액을 부담하여야 한다.

협약은 지참채무의 원칙을 채택하여 당사자 사이에 특별히 정하지 않는 한 매도인의 영업소를 지급장소로 하고 예외적으로 대금지급이 물품 또는 서류와 동시이행되어야 할 경우에는 그 물품 또는 서류의 교부가 이루어지는 장소를 지급장소로 규정하고 있다(57조 1항). 만약 매도인이 계약 체결 후 그의 영업소를 변경하여 매수인이 대금지급에 있어서 증가된 비용이 있는 경우 이는 매도인이 부담하여야 한다(57조 2항).

> Cf. **지참채무(持參債務)**: 채무자가 목적물을 채권자의 주소 또는 영업소에 가지고 가서 이행하여야 하는 채무를 말한다. 이에 반하여 채권자가 채무자의 주소 또는 영업소에 와서 목적물을 추심하여 변제를 받아야 하는 채무를 추심채무(推尋債務)라고 한다. 우리 민법은 특정물채무 이외의 채무에 관하여는 지참채무를 원칙으로 하고 있다(민법 467조 2항).

2. 대금지급시기

【제58조】
(1) 매수인이 다른 특정한 시기에 대금을 지급할 의무가 없는 경우에는, 매수인은

매도인이 계약과 이 협약에 따라 물품 또는 그 처분을 지배하는 서류를 매수인의 처분 하에 두는 때에 대금을 지급하여야 한다. 매도인은 그 지급을 물품 또는 서류의 교부를 위한 조건으로 할 수 있다.

(2) 계약에 물품의 운송이 포함되는 경우에는, 매도인은 대금의 지급과 상환하여서만 물품 또는 그 처분을 지배하는 서류를 매수인에게 교부한다는 조건으로 물품을 발송할 수 있다.

(3) 매수인은 물품을 검사할 기회를 가질 때까지는 대금을 지급할 의무가 없다. 다만, 당사자간에 합의된 인도 또는 지급절차가 매수인이 검사 기회를 가지는 것과 양립하지 아니하는 경우에는 그러하지 아니하다.

【제59조】

매수인은 계약 또는 이 협약에서 지정되거나 확정될 수 있는 기일에 대금을 지급하여야 하며, 이 경우 매도인의 입장에서는 어떠한 요구를 하거나 절차를 따를 필요가 없다.

이미 살펴본 바와 같이 그 물품의 인도를 위하여 운송을 요하는 경우에는 매도인은 (제 1)운송인에게 물품을 교부함으로써 인도의무를 이행하는데[31조 ㈎호], 이 경우 운송인은 운송물을 표창하는 서류(해상운송의 경우 선하증권)를 발행하며, 이 서류는 물품의 인도와 동일한 효력을 가지게 된다. 따라서 매수인은 당사자 사이의 특약이 없으면 운송물을 표창하는 서류를 교부받음과 동시에 대금을 지급하여야 하며(58조 1항 1문), 매도인은 매수인의 지급을 물품 또는 서류의 교부를 위한 조건으로 할 수 있다(58조 1항 2문). 계약에 물품의 운송이 포함되는 경우에는 매도인은 대금의 지급과 상환으로만 물품 또는 서류를 매수인에게 교부한다는 조건으로 물품을 발송할 수 있다(58조 2항). 당사자 사이에 인도 또는 지급에 관하여 달리 정함이 있는 경우가 아니면 매수인은 물품을 검사할 기회를 가질 때까지 대금지급의무를 부담하지 않는다(58조 3항).

또한 매수인은 지급요구나 최고서면의 발송 등 매도인으로부터의 청구나 형식의 구비와 무관하게 계약 또는 협약에서 지정되었거나 확정될 수 있는 일자에 대금을 지급하여야 한다(59조). 따라서 만약 그 일자에 이행을 하지 않은 경우 그로써 이행지체가 되는 것이고(이기수 82), 매도인으로부터 지급요구나 최고서면의 발송 등이 없었다는 것은 유효한 항변이 되지 아니한다.

제 2 관   인도의 수령

【제60조】
매수인의 수령의무는 다음과 같다.
　㈎ 매도인의 인도를 가능하게 하기 위하여 매수인에게 합리적으로 기대될 수 있
　　는 모든 행위를 하는 것, 및
　㈏ 물품을 수령하는 것

　　매수인의 수령의무에는 인도된 물품의 수령 외에 매도인의 물품인도를 가
능하게 하기 위한 합리적으로 협력할 의무(예컨대 수령장소의 지정 및 통지, FOB
규칙에서 선복의 확보 및 통지)도 포함된다. 다만, 이행기 전에 매도인이 인도하
는 경우에는 반드시 수령할 의무는 없으며 거절도 가능하다는 것에 대하여는
이미 살펴보았다(52조 1항).

제 3 관   매수인의 계약위반에 대한 매도인의 구제

Ⅰ. 매도인의 구제 개관

【제61조】
⑴ 매수인이 계약 또는 이 협약상의 의무를 이행하지 아니하는 경우에 매도인은 다
음을 할 수 있다.
　㈎ 제62조 내지 제65조에서 정한 권리의 행사
　㈏ 제74조 내지 제77조에서 정한 손해배상의 청구
⑵ 매도인이 손해배상을 청구하는 권리는 다른 구제를 구하는 권리를 행사함으로써
상실되지 아니한다.
⑶ 매도인이 계약위반에 대한 구제를 구하는 경우에, 법원 또는 중재판정부는 매수
인에게 유예기간을 부여할 수 없다.

　　협약 제61조 이하에는 매수인이 계약을 위반한 경우 매도인에게 인정되는
구제방법에 대하여 규정하고 있다. 즉 의무이행청구권(62조), 부가기간지정권(63
조 1항), 계약해제권(64조), 물품명세지정권(65조), 손해배상청구권[61조 1항 ㈏호,
74조~77조] 등이 매도인에게 인정된다. 손해배상청구권은 매수인이 다른 구제

방법을 취하는지 여부와 무관하게 병렬적으로 행사할 수 있는 권리이며(61조 2항), 매수인이 계약위반에 대한 구제를 구하는 경우에, 법원 또는 중재판정부는 매도인에게 유예기간을 부여할 수 없는 점(61조 3항)은 매수인의 구제에서와 동일하다.

> Note   매수인의 구제방법과 매도인의 구제방법을 비교할 때 ① 양자에 공통한 구제방법은 의무이행청구권, 부가기간지정권, 계약해제권 및 손해배상청구권 이상 네 가지이고, ② 매수인에게만 인정된 구제방법으로는 대체물인도청구권, 부적합치유청구권, 대금감액권 및 이행기 전 인도와 초과인도 거절권 이상 네 가지이며, ③ 매도인에게만 인정된 구제방법으로 물품명세지정권이 있다.

Ⅱ. 의무이행청구권

【제62조】
매도인은 매수인에게 대금의 지급, 인도의 수령 또는 그 밖의 의무의 이행을 청구할 수 있다. 다만, 매도인이 그 청구와 양립하지 아니하는 구제를 구한 경우에는 그러하지 아니하다.

협약 제62조 본문은 매도인에게 의무이행청구권을 인정하고 있다. 이는 매수인의 의무이행청구권(46조 1항)에 대응하는 것이다. 그러나 매도인이 계약해제권이나 부가기간지정권을 행사한 경우와 같이 의무이행청구와는 양립할 수 없는 구제를 구한 경우에도 이행청구권을 인정함은 논리적으로 모순이므로 이 경우에는 이행청구권이 인정되지 아니한다(62조 단서).

Ⅲ. 부가기간지정권

【제63조】
⑴ 매도인은 매수인의 의무이행을 위하여 합리적인 부가기간을 정할 수 있다.
⑵ 매수인으로부터 그 부가기간 내에 이행을 하지 아니하겠다는 통지를 수령한 경우를 제외하고, 매도인은 그 기간 중 계약위반에 대한 구제를 구할 수 없다. 다만, 매도인은 이행지체에 대한 손해배상을 청구할 권리를 상실하지 아니한다.

협약 제63조 제 1 항은 매도인이 매수인에게 합리적인 부가기간을 지정할 수 있음을 규정하고 있다. 이는 매수인에게도 인정되는 구제방법이다(47조 1항).

매도인이 부가기간을 부여하면 그 기간 중에는 매수인으로부터 그 기간 내에 이행하지 않겠다는 의사의 통지를 수령하지 않는 한 계약위반에 대한 구제수단을 행사할 수 없다. 다만, 이행지체에 대한 손해배상청구는 가능하다(63조 2항).

Ⅳ. 계약해제권

【제64조】
(1) 매도인은 다음의 경우에 계약을 해제할 수 있다.
　⑺ 계약 또는 이 협약상 매수인의 의무불이행이 본질적 계약위반으로 되는 경우
　⑻ 매수인이 제63조 제 1 항에 따라 매도인이 정한 부가기간 내에 대금지급 또는
　　물품수령 의무를 이행하지 아니하거나 그 기간 내에 그러한 의무를 이행하지
　　아니하겠다고 선언한 경우
(2) 그러나 매수인이 대금을 지급한 경우에는, 매도인은 다음의 기간 내에 계약을
해제하지 아니하는 한 계약해제권을 상실한다.
　⑺ 매수인의 이행지체의 경우, 매도인이 이행이 이루어진 것을 알기 전
　⑻ 매수인의 이행지체 이외의 위반의 경우, 다음의 시기로부터 합리적인 기간 내
　　① 매도인이 그 위반을 알았거나 또는 알 수 있었던 때
　　② 매도인이 제63조 제 1 항에 따라 정한 부가기간이 경과한 때 또는 매수인이
　　　그 부가기간 내에 의무를 이행하지 아니하겠다고 선언한 때

1. 계약의 해제사유

매도인은 ① 매수인의 의무불이행이 본질적 계약위반으로 되는 경우와 ② 매수인이 매도인이 정한 부가기간(63조 1항) 내에 대금지급 또는 물품수령의무를 이행하지 않거나 그러한 의무를 이행하지 않겠다고 선언한 경우에 계약을 해제할 수 있다(64조 1항).

2. 해제권의 상실

매수인이 대금을 지급한 경우에는 매도인이 아래의 기간 내에 계약을 해제하지 않으면 해제권을 상실한다(64조 2항).

가. 매수인의 이행지체의 경우: 매도인이 이행이 이루어진 것을 알기 전

나. 매수인의 이행지체 이외의 위반의 경우: ① 매도인이 그 위반을 알았거나 알 수 있었던 때, ② 매도인이 정한 부가기간(63조 1항)이 경과한 때 또는 그 기간 내에 매수인이 의무불이행을 선언한 때로부터 각각 합리적인 기간 내

V. 물품명세지정권

【제65조】
⑴ 계약상 매수인이 물품의 형태, 규격 그 밖의 특징을 지정하여야 하는 경우에, 매수인이 합의된 기일 또는 매도인으로부터 요구를 수령한 후 합리적인 기간 내에 그 지정을 하지 아니한 경우에는, 매도인은 자신이 보유하는 다른 권리를 해함이 없이, 자신이 알고 있는 매수인의 필요에 따라 스스로 지정할 수 있다.
⑵ 매도인은 스스로 지정하는 경우에 매수인에게 그 상세한 사정을 통고하고, 매수인이 그와 다른 지정을 할 수 있도록 합리적인 기간을 정하여야 한다. 매수인이 그 통지를 수령한 후 정하여진 기간 내에 다른 지정을 하지 아니하는 경우에는, 매도인의 지정이 구속력을 가진다.

　　협약 제65조는 매매계약에서 매수인이 매매목적물의 형식, 규격 기타의 특징, 즉 물품의 명세(specifications)를 지정하기로 하였음에도 불구하고 이를 지정하지 않음으로써 매도인의 이행을 불가능하게 하는 경우에 매도인을 구제하기 위하여 물품명세의 지정권을 부여하고 있다. 매도인은 계약에서 합의한 일자 또는 매수인이 매도인으로부터 물품명세를 지정해 달라는 요구를 수령한 후 합리적인 기간 내에 그 지정을 하지 않는 경우에, 매도인은 자신이 보유하는 다른 권리(예컨대 손해배상청구권이나 계약해제권)를 해함이 없이 자신이 알고 있는 매수인의 필요에 따라 스스로 지정할 수 있다(1항). 다만, 매수인의 의사도 존중되어야 하므로 매도인이 제 1 항에 따라 지정한 경우에는 매수인에게 그 상세한 사정을 통고하여 매수인이 그와 다른 지정을 할 수 있는 합리적인 기간을 정하여야 하며, 매수인이 그 통지를 수령한 후 정하여진 기간 내에 다른 지정을 하지 않은 경우에 비로소 매도인의 지정이 구속력을 가지게 된다(2항). 따라서 매도인측의 귀책사유로 위 통지가 도달하지 않은 경우 매도인의 물품명세지정은 효력이 없게 된다.

표-1　매수인 및 매도인의 구제수단 비교

구제수단	매 수 인	매 도 인
의무이행청구권	제46조 제 1 항	제62조
대체물인도청구권	제46조 제 2 항	×
수리에 의한 부적합치유청구권	제46조 제 3 항	×
부가기간지정권	제47조 제 1 항	제63조 제 1 항

불이행치유권	×	제48조
계약해제권	제49조 제 1 항	제64조
대금감액권	제50조	×
물품명세지정권	×	제65조
이행기 전 인도 및 초과분 거절권	제52조	×
손해배상청구권	제45조 제 1 항 ㈏호, 제74조 내지 제77조	제61조 제 1 항 ㈏호, 제74조 내지 제77조

제 5 절 위험의 이전

Ⅰ. 서 론

물품매매에 있어서의 위험(risk)은 계약 체결 후 당사자에게 책임 없는 사유로 인하여 물품이 멸실 또는 훼손되는 것을 말한다. 국제물품거래에서 운송을 통하여 물품의 공간적 이전이 이루어지다보면 그 과정에서 물품이 멸실 또는 훼손되는 경우가 발생할 수 있다. 그러한 멸실 또는 훼손이 어느 당사자의 귀책사유에 기인한 것이면 그에게 위험을 부담시키면 될 것이나 만약 당사자 쌍방 모두에게 책임 없는 사유로 멸실 또는 훼손이 발생한 경우에는 그 위험을 당사자 어느 쪽에 부담시켜야 하는가가 문제되는데, 이를 위험의 이전(passing of risk) 문제라고 한다.

Ⅱ. 위험이전의 내용

【제66조】
위험이 매수인에게 이전된 후에 물품이 멸실 또는 훼손되더라도 매수인은 대금지급 의무를 면하지 못한다. 다만, 그 멸실 또는 훼손이 매도인의 작위 또는 부작위로 인한 경우에는 그러하지 아니하다.

1. 원 칙

협약 제66조 본문은 위험이 매수인에게 이전된 후 물품이 멸실 또는 훼손될 경우 매수인은 대금을 지급하여야 한다고 하여 인도주의의 원칙을 규정하고 있다. 여기의 '위험'은 계약물품이 당사자의 귀책사유 없이 멸실 또는 훼손된 경우의 대금위험을 말한다. 이 조항은 위험이 매수인에게 이전하는 때에 존재하는 물품의 부적합에 대하여 매도인이 책임을 지도록 한 협약 제36조 제 1 항에 대응하는 것이다(석광현 242). 그리고 위험의 이전시기는 1차적으로 당사자 사이의 특약(예: "운송조건과 방법에 무관하게 약정물품이 매수인에게 직접 전달되기 전에는 위험은 이전하지 아니한다."와 같은 약정)이 있는 경우에는 그에 의하는데 만약 당사자가 특약으로 위험의 이전시기를 정하는 대신 인코텀즈에 의한다고 약정한 경우(예: "무역조건은 Incoterms® 2020에 의한다."와 같은 규정을 두는 경우) 해당 인코텀즈의 규칙(예: FOB 또는 CIF규칙 등)에 정한 위험의 이전시기에 따르게 된다. 협약은 위와 같은 약정이 없는 경우를 위한 보충규범으로서 협약 제67조 내지 제69조를 두어 위험이전의 구체적 시기를 규정하고 있다.

2. 예   외

협약 제66조 단서에는 위험이 매수인에게 이전된 후라도 매도인의 작위 또는 부작위로 인하여 물품이 멸실 또는 훼손된 경우에는 매수인은 대금지급의무를 부담하지 않음을 규정하고 있다. 여기의 '작위 또는 부작위'는 반드시 계약위반행위일 것을 요하지 않는다. 만약 매도인의 '작위 또는 부작위'가 본질적 계약위반행위라면 위험이전과는 무관하게 매수인은 계약을 해제할 수 있고 이로써 대금지급의무를 면하게 될 것이다. '작위'의 예로는 FOB규칙에 따라 매도인이 선적항에서 물품을 무사히 본선에 적재함으로써 위험이 이전된 후 매도인이 본선 적재에 사용하였던 자신의 컨테이너를 회수하는 과정에서 물품에 손상을 입힌 경우를 들 수 있고, '부작위'로는 운송을 감당할 수 있는 포대에 곡물을 담아 선적하지 않고 낡고 약한 포대에 담아 선적함으로써 운송 중에 포대가 터져 곡물이 유실된 경우를 들 수 있다.

Ⅲ. 위험이전의 시기

1. 운송계약을 포함한 매매

【제67조】

⑴ 매매계약에 물품의 운송이 포함되어 있고, 매도인이 특정한 장소에서 이를 교부할 의무가 없는 경우에, 위험은 매매계약에 따라 매수인에게 전달하기 위하여 물품이 제 1 운송인에게 교부된 때에 매수인에게 이전한다. 매도인이 특정한 장소에서 물품을 운송인에게 교부하여야 하는 경우에는, 위험은 그 장소에서 물품이 운송인에게 교부될 때까지 매수인에게 이전하지 아니한다. 매도인이 물품의 처분을 지배

하는 서류를 보유할 권한이 있다는 사실은 위험의 이전에 영향을 미치지 아니한다.
(2) 제 1 항에도 불구하고 위험은 물품이 하인(荷印), 선적서류, 매수인에 대한 통지 그 밖의 방법에 의하여 계약상 명확히 특정될 때까지 매수인에게 이전하지 아니한다.

　　가. 일반원칙: 협약 제67조 제 1 항은 매매계약이 물품의 운송을 수반하는 경우에 있어서의 위험의 이전시기에 대하여 규정하고 있다. 여기의 '운송'은 해상운송만이 아니라 육상운송과 항공운송도 포함되며, '운송인'은 독립한 운송인만을 의미하므로 매도인의 비독립적 운송기관은 운송인에 포함되지 아니한다(김명기 205). 매도인이 물품의 처분을 지배하는 서류(예컨대 선하증권)를 보유하고 있는지 아니면 매수인이 보유하고 있는지 여부는 위험의 이전과는 무관하다(1 항 3문).

　　(1) **매매계약상 특정장소에서 물품을 인도할 의무가 없는 경우**　　매수인에게 물품을 전달하기 위하여 물품이 제 1 운송인에게 교부된 때 위험이 매수인에게 이전한다(1항 1문).

　　(2) **매매계약상 특정장소에서 물품을 교부할 의무가 있는 경우**　　특정한 장소에서 운송인에게 교부될 때 위험이 매수인에게 이전한다(1항 2문).

　　나. 종류물에 대한 특칙: 협약 제67조 제 2 항은 종류물의 경우에는 물품의 특정이 이루어질 때까지 매수인에게 위험이 이전되지 않는다고 규정하고 있다.

> Cf. **종류물(種類物)**: 매매계약에서 계약물품을 '매도인이 생산한 600리터 냉장고 100대'라고 약정한 경우와 같이 일정한 종류에 속하는 물건의 일정 수량의 인도를 목적으로 한 채권을 종류채권(種類債權)이라고 하고, 종류채권의 목적물을 종류물(品) 또는 불특정물(品)이라고 한다. 종류채권의 경우에는 매도인이 생산한 600리터 냉장고 중에서 인도할 100대를 지정하여야 하는데 이를 '특정(特定, identification)'이라고 한다. 이러한 종류물의 경우에는 특정이 이루어질 때까지는 위험이 이전되지 않는다(민법 375조 참조).

2. 운송중의 물품의 매매

【제68조】
운송 중에 매도된 물품에 관한 위험은 계약 체결시에 매수인에게 이전한다. 다만, 특별한 사정이 있는 경우에는, 위험은 운송계약을 표창하는 서류를 발행한 운송인에게 물품이 교부된 때부터 매수인이 부담한다. 그럼에도 불구하고, 매도인이 매매계약의 체결시에 물품이 멸실 또는 훼손된 것을 알았거나 알았어야 했고, 매수인에게 이를 밝히지 아니한 경우에는, 그 멸실 또는 훼손은 매도인의 위험으로 한다.

협약 제68조는 물품의 운송 중에 매매가 이루어진 경우에 있어서의 위험이전의 시기에 대하여 규정하고 있다.

가. 원　칙: 운송중의 물품이 매매된 경우에는 위험은 원칙적으로 계약 체결시에 매수인에게 이전한다(1문). 그러나 선적선하증권과 같이 물품이 운송인에게 인도된 시점이 명확히 표시되는 운송서류가 발행된 경우에는 이를 발행한 운송인에게 물품이 교부된 때로부터 매수인에게 위험이 이전된다(2문).

> Cf. 선하증권(Bill of Lading: B/L)은 해상물품운송계약에 따른 운송물의 수령 또는 선적을 증명하고 해상운송인에 대한 운송물의 인도청구권을 표창하는 유가증권이다. 선하증권은 여러 가지 기준으로 나누어지는데, 그 중 선적선하증권(On Board B/L)과 수령선하증권(Received for Shipment B/L)의 분류가 있다. 선적선하증권은 운송물을 수령 후에 선적까지 마친 상태에서 선적이 있었다는 뜻을 기재하여 발행하는 것(상법 852조 2항)이고, 수령(또는 수취)선하증권은 운송물을 수령만 한 상태에서 선적 전에 운송물의 수령이 있었다는 뜻을 기재한 것(상법 852조 1항)으로 전자가 널리 사용된다.

나. 예　외: 그러나 매도인이 매매계약 체결시에 물품의 멸실 또는 훼손을 알았거나 알 수 있었음에도 불구하고 이를 매수인에게 밝히지 않은 경우에는 매도인이 위험을 부담한다(3문).

3. 운송을 포함하지 않는 매매

【제69조】
⑴ 제67조와 제68조가 적용되지 아니하는 경우에, 위험은 매수인이 물품을 수령한 때, 매수인이 적시에 이를 수령하지 아니한 경우에는 물품이 매수인의 처분 하에 놓여지고 매수인이 이를 수령하지 아니하여 계약을 위반하는 때에 매수인에게 이전한다.
⑵ 매수인이 매도인의 영업소 이외의 장소에서 물품을 수령하여야 하는 경우에는, 위험은 인도기일이 도래하고 물품이 그 장소에서 매수인의 처분 하에 놓여진 것을 매수인이 안 때에 이전한다.
⑶ 불특정물에 관한 계약의 경우에, 물품은 계약상 명확히 특정될 때까지 매수인의 처분 하에 놓여지지 아니한 것으로 본다.

협약 제69조는 제67조(운송을 포함한 매매)와 제68조(운송중의 매매)에 해당되지 않는 매매에 있어서의 위험이전의 시기에 대하여 규정하고 있다.

가. 매도인의 영업소에서 물품을 수령하기로 약정한 경우의 이전시기: 매도인의 생산공장에서 인도하기로 한 경우(Incoterms® 2020의 EXW, 즉 공장인도규칙이 이에 해당하며 현지매매 또는 현장매매라고도 한다)와 같이 매수인으로 하여금 매도인의 영업소에 와서 물품을 수령하도록 약정한 경우로서 이는 매수인이 적시에 물품을 수령하였는지 여부에 따라 달라진다.

(1) **매수인이 물품을 수령한 경우**   매도인의 영업소에서 물품을 수령한 때에 이전한다(1항 전단).

(2) **매수인이 적시에 수령하지 않은 경우**   물품이 매수인의 처분 하에 놓여지고 매수인이 이를 수령하지 아니하여 계약을 위반하는 때에 이전한다(1항 후단). 불특정물에 관한 계약의 경우에 물품이 계약에 따라 명확히 특정될 때까지 '매수인의 처분 하에 놓여'지지 않은 것으로 본다(3항).

나. **매도인의 영업소 이외의 장소에서 물품을 수령하기로 약정한 경우의 이전시기**: 이 조항은 제67조, 제68조 및 제69조 제 1 항의 어디에도 해당되지 않는 매매에 있어서의 위험이전의 시기를 규율한다. 즉, 운송과도 관련이 없고 매수인이 매도인의 영업소에서 물품을 수령하기로 약정한 것도 아닌 경우에 적용

표-2   위험이전시기 비교

조 항	구 분		위험이전시기
제67조	운송포함 매매	특정장소인도	그 장소에서 운송인에게 교부시
		불특정장소인도	제 1 운송인에게 교부시
제68조	운송중 매매	원 칙	계약 체결시
		특별한 사정	운송서류를 발행한 운송인에게 교부시
제69조	운송불포함 매매	현지매매	매수인 수령시/ 적시 미수령시는 매수인 처분 하 적치를 불수령하여 계약위반시
		도착지매매	인도기일 도래 및 매수인 처분 하 적치에 대한 매수인 인지시

되는 것이다. 이에 해당되는 것으로는 매도인이 물품을 직접 운송하여 도착지에
서 매수인에게 인도하기로 약정한 경우(도착지매매라고도 한다) 또는 매수인이
창고에 보관중인 물품을 직접 수령하기로 한 경우 등이 있을 수 있다. 이러한
경우에는 인도기일이 도래하고 물품이 그 장소에서 매수인의 처분 하에 놓여진
것을 매수인이 안 때에 위험이 이전한다(2항). 이 경우에도 불특정물에 관한 계
약의 경우에는 물품이 계약에 따라 명확히 특정될 때까지 '매수인의 처분 하에
놓여'지지 않은 것으로 본다(3항).

Ⅳ. 매도인의 계약위반과 위험과의 관계

> **【제70조】**
> 매도인이 본질적 계약위반을 한 경우에는, 제67조, 제68조 및 제69조는 매수인이 그
> 위반을 이유로 구할 수 있는 구제를 방해하지 아니한다.

협약 제70조는 매도인이 본질적 계약위반을 한 경우에는 설령 협약 제67
조 내지 제69조에 따라 매수인에게 위험이 이전하였다고 하더라도 매수인은 여
전히 구제수단을 행사할 수 있다고 규정한다. 즉, 매수인은 계약해제권(49조)·
대체물인도청구권(46조 1항)·대금감액권(50조)·손해배상청구권[45조 1항 ⒩호]
등의 구제수단을 보유하게 된다. 따라서 예컨대 매도인이 약정물품인 의료장
비를 양호한 포장상태에서 약정항에서 운송회사에 인도하였고(67조 1항 참조),
운송회사도 위 장비를 본선에 정상적으로 선적하여 고박한 후 운송을 개시하
였는데 운송 도중에 예기치 못한 태풍을 만나 해수가 침수하여 그로 인하여
의료장비의 작동이 영구적으로 불가능하게 된 상태에서 매수인이 이를 수령하
였으나, 위 장비에는 선적 전부터 치명적인 하자가 있어 원래부터 작동이 불가
능했었던 사정이 밝혀진 경우, 운송회사에 대한 인도로 위험이 이전되었더라
도 매수인은 본질적 계약위반을 이유로 계약을 해제할 수 있는 것이다(이 경우
매수인이 물품을 수령한 상태와 실질적으로 동일한 상태로 물품을 반환할 수 없더라
도 해제가능하다, 82조 1항·2항). 협약 제70조는 매도인의 본질적 계약위반과 물
품의 멸실 또는 훼손 사이에 인과관계가 없는 경우에 적용된다(석광현 255). 만
약 양자 사이에 인과관계가 있는 경우에는 위험이전의 문제가 아니기 때문이
다(66조 단서 참조). 다음으로 협약 제67조 내지 제69조에 따라 위험이 이전된

한편 매도인이 본질적 계약위반이 아닌 비본질적 계약위반을 한 경우에는 매수인에게 아무런 구제수단이 인정되지 않는가에 대한 논의가 있으나 이 경우 본질적 계약위반을 전제로 하는 구제수단(예: 해제, 대체물인도청구 등)이 아닌 구제수단(예: 부적합치유청구, 대금감액, 손해배상)은 인정된다고 할 것이다(석광현 255~256).

제 6 절 매도인과 매수인의 의무에 공통되는 규정

제 1 관 공통규정의 개관

협약 제 5 장은 5개 절(71조~88조)로 이행기 전의 구제(71조·72조), 분할이행계약에 있어서의 구제(73조), 손해배상액 산정기준(74조~77조), 이자(78조), 면책(79조·80조), 해제의 효력(81조~84조), 물품의 보관(85조~88조)의 순으로 규정되어 있다.

제 2 관 이행기 전의 계약위반과 분할인도계약

Ⅰ. 이행기 전의 계약위반에 대한 구제

1. 이행기 전의 계약위반의 의의

이행기 전의 계약위반(anticipatory breach)은 채무자의 이행기 도래 전 이행능력 저감(低減) 등의 사유나 채무자의 행위로 보아 이행기에 채무자로부터 계약 내용에 따른 이행을 기대할 수 없다고 합리적으로 판단되는 경우를 말한다. 이러한 경우 채권자에게게만 그 이행을 요구함은 가혹한 결과를 초래할 수 있으므로 협약은 채권자에게 의무이행정지권(71조)과 계약해제권(72조)을 부여함으로써 채권자를 보호하고 있다. 그 외 계약해제 후 손해배상청구권도 인정된다(75조).

2. 의무이행정지권

【제71조】
(1) 당사자는 계약 체결 후 다음의 사유로 상대방이 의무의 실질적 부분을 이행하지 아니할 것이 판명된 경우에는, 자신의 의무이행을 정지할 수 있다.
　(가) 상대방의 이행능력 또는 신용도의 중대한 결함
　(나) 계약의 이행 준비 또는 이행에 관한 상대방의 행위
(2) 제 1 항의 사유가 명백하게 되기 전에 매도인이 물품을 발송한 경우에는, 매수인이 물품을 취득할 수 있는 증권을 소지하고 있더라도 매도인은 물품이 매수인에게 교부되는 것을 저지할 수 있다. 이 항은 매도인과 매수인 간의 물품에 관한 권리에 대하여만 적용된다.
(3) 이행을 정지한 당사자는 물품의 발송 전후에 관계없이 즉시 상대방에게 그 정지를 통지하여야 하고, 상대방이 그 이행에 관하여 적절한 보장을 제공한 경우에는 이행을 계속하여야 한다.

　　가. 의무이행의 정지(71조 1항): 계약 체결 후 ① 상대방의 이행능력 또는 신용도의 중대한 결함이나 ② 계약의 이행 준비 또는 이행에 관한 상대방의 행위로 보아 상대방이 의무의 실질적 부분을 이행하지 아니할 것이 판명된 경우에는 자신의 의무이행을 정지할 수 있다. 상대방이 의무의 실질적 부분을 이행하지 아니할 것에 대한 판단은 객관적인 제 3 자의 입장에서 합리적인 것으로 수긍할 수 있는 것이어야 할 것이다.
　　나. 물품의 교부저지(71조 2항): 전항의 의무이행정지사유가 명백하게 되기 전에 매도인이 물품을 발송한 경우에 있어서 매도인은 매수인에게 물품이 교부되는 것을 저지할 수 있다. 이 저지권은 매수인이 물품을 취득할 수 있는 증권을 소지하고 있는 경우에도 인정되나 그 범위는 매도인과 매수인 간의 물품에 관한 권리에 한한다. 따라서 매수인이 선하증권 등을 수령하여 제 3 자에게 양도한 경우에는 운송인은 그 제 3 자에게 물품인도를 거절할 수 없는 것이다.
　　다. 이행정지의 통지의무 및 적절한 보장에 따른 이행의 계속의무(71조 3항): 이행을 정지한 당사자는 물품의 발송 전후에 관계없이 즉시 상대방에게 그 정지를 통지하여야 하고, 상대방이 그 이행에 관하여 적절한 보장을 제공한 경우에는 이행을 계속하여야 한다. '적절한 보장'의 예로는 취소불능신용장의 개설을 들 수 있을 것이다.

3. 이행기 전 계약해제권

【제72조】
⑴ 계약의 이행기일 전에 당사자 일방이 본질적 계약위반을 할 것이 명백한 경우에는, 상대방은 계약을 해제할 수 있다.
⑵ 시간이 허용하는 경우에는, 계약을 해제하려고 하는 당사자는 상대방이 이행에 관하여 적절한 보장을 제공할 수 있도록 상대방에게 합리적인 통지를 하여야 한다.
⑶ 제2항의 요건은 상대방이 그 의무를 이행하지 아니하겠다고 선언한 경우에는 적용되지 아니한다.

협약 제72조는 계약의 이행기 전에 당사자 일방이 본질적 계약위반을 할 것이 명백한 경우 상대방에게 계약을 해제할 수 있는 권리를 부여하고 있다. 계약해제를 하려는 당사자는 상대방이 이행을 하지 않겠다고 선언한 경우가 아니면 시간이 허용하는 경우 상대방으로 하여금 이행에 관한 적절한 보장을 제공할 기회를 주기 위하여 상대방에게 합리적인 통지를 하여야 한다.

Cf. 대법원 2017. 5. 30. 선고 2014다233176,233183 판결【손해배상(기)·매매대금반환】
영국 계약법에서는 이행기 전 계약위반의 법리(doctrine of anticipatory breach of contract)를 인정하고 있다. 계약이 성립한 후 이행기 전에 당사자 일방이 부당하게 이행거절(repudiation)의 의사를 표시하고 상대방이 이를 받아들이면, 상대방은 즉시 장래의 이행의무에서 벗어나 계약을 해소(termination, 이는 우리 민법상 해제와 해지를 포괄하는 개념이다)하고 계약위반을 이유로 손해배상을 청구할 수 있다.
이행거절은 계약이 성립한 후 이행기 전에 당사자 일방이 계약상 중요한 의무를 이행할 의사와 능력이 없음을 표명하는 말이나 행위를 함으로써 상대방으로 하여금 채무자의 계약상 의무 이행을 더 이상 기대할 수 없게 하는 것을 의미한다. 이행거절의 의사를 표시했는지 여부는 객관적으로 판단하여야 할 사실확정 문제로서, 합리적인 사고를 하는 계약 상대방의 입장에서 볼 때 채무자가 자신의 계약상 채무의 이행을 완전히 거절하고 이를 저버리려는 의도를 표명하였다는 결론에 이를 수밖에 없는 경우에 인정할 수 있다. 이행거절의 의사표시는 반드시 명시적으로 하거나 특정 행위나 말로 해야 하는 것은 아니고, 외부적으로 드러나는 행위나 일련의 행동을 통하여 묵시적으로 할 수도 있다. 그러나 이행거절은 명확하고 분명하며 확정적이어야 한다. 당사자가 계약의 이행에 부정적이거나 소극적인 태도를 보인다고 하더라도, 전체적인 상황을 고려하지 않고 이를 명백하고 확정적인 거절의 의사표시로 단정해서는 안 된다.
* 위 판결 원문에는 위 판시에 관련한 해당 영국판결이 괄호 안에 인용되어 있
  으나 지면상 삭제하였고, 판시내용 중 밑줄은 필자가 임의로 그은 것임.

Ⅱ. 분할인도계약과 해제

【제73조】
(1) 물품을 분할하여 인도하는 계약에서 어느 분할부분에 관한 당사자 일방의 의무 불이행이 그 분할부분에 관하여 본질적 계약위반이 되는 경우에는, 상대방은 그 분할부분에 관하여 계약을 해제할 수 있다.
(2) 어느 분할부분에 관한 당사자 일방의 의무 불이행이 장래의 분할부분에 대한 본질적 계약위반의 발생을 추단하는 데에 충분한 근거가 되는 경우에는, 상대방은 장래에 향하여 계약을 해제할 수 있다. 다만, 그 해제는 합리적인 기간 내에 이루어져야 한다.
(3) 어느 인도에 대하여 계약을 해제하는 매수인은, 이미 행하여진 인도 또는 장래의 인도가 그 인도와의 상호 의존관계로 인하여 계약 체결시에 당사자 쌍방이 예상했던 목적으로 사용될 수 없는 경우에는, 이미 행하여진 인도 또는 장래의 인도에 대하여도 동시에 계약을 해제할 수 있다.

　　분할인도계약은 하나의 계약 안에 최소한 2회 이상에 걸쳐 물품을 나누어 인도하는 데 합의하거나 이를 허용하는 내용의 매매계약을 말한다. 이때의 분할부분은 반드시 동종의 물품이거나 대체성이 있어야 하는 것이 아니므로(석광현 270~271) 예컨대 1차 인도시에는 알루미늄, 2차 인도시에는 텅스텐과 같이 다른 종류의 물품의 인도도 무방하다(인도물품 상호간에 의존관계가 없는 경우에는 협약 73조 3항이 적용될 여지는 없을 것이다). 또한 분할인도가 동등한 비율로 이루어져야 하는 것도 아니므로(석광현 271) 예컨대 양털 10만킬로그램을 1차 인도시에는 6만킬로그램, 2차 인도시에는 4만킬로그램으로 나누어 인도하기로 약정하여도 분할인도에 해당한다. 협약 제73조는 이러한 분할인도계약에 있어서 어느 분할부분에 관한 불이행이 그 분할부분에 관하여 본질적 계약위반이 되는 경우에 그 분할부분만의 계약해제를 가능하게 하고(당회분할이행의 해제, 1항), 그 분할부분에 대한 불이행이 장래의 분할부분에 대한 본질적 계약위반 추단의 합리적인 근거가 되는 경우에는 장래의 미이행부분에 대하여 계약을 해제할 수 있도록 한다(장래분할부분의 해제, 2항; 73조 2항과 72조의 관계에 대하여는 전자가 우선

한다는 견해, 경합적용된다는 견해 및 양자는 요건과 효과를 달리하므로 중첩되는 일이 없다는 견해로 나뉜다, 석광현 273). 또 예컨대 매수인의 영업소에서 조립하기로 한 대형기계의 세 부분(A, B, C)의 인도에 있어서 이미 이행된 인도분(A)과 이번에 이행된 인도분(B), 장래 인도분(C)이 있는 경우에 B에 대하여 계약을 해제하는 매수인은 B와 A 또는 B와 C 상호간의 의존관계로 인하여 B에 대한 해제만으로는 계약 체결시에 당사자 쌍방이 예상했던 목적으로 사용될 수 없는 경우에는 A 또는 C까지도 해제할 수 있도록 하고 있다(상호의존관계에 의한 해제, 3항; 이 3항은 법문상 명시되어 있듯이 1항·2항과 달리 매수인에게만 적용된다). 분할인도계약의 성질상 일부분의 이행만으로는 계약 체결 당시 의도했었던 계약목적을 달성할 수 없는 경우가 많은데도 일부 인도분에 대해서만 계약을 해제하고 나머지 부분에 대해서는 계약관계를 유지하도록 하는 것은 매수인에게 가혹한 결과를 초래할 수 있기 때문에 기분할인도분 또는 장래분할인도분에 대해서도 동시에 계약을 해제할 수 있도록 한 것이다.

▶ 대법원 2013. 11. 28. 선고 2011다103977 판결은 매수인인 피고가 이 사건 계약에 부합하는 신용장을 개설하지 않고 40피트 컨테이너 포장, 환적 불허, 피고에 의하여 지정된 자가 발행한 검사증명서, 비유전자변형생물체 증명서 등 실현이 곤란하거나 이 사건 계약에서 합의되지 아니한 것으로서 원고의 책임과 비용으로 돌릴 수 없는 사항을 신용장조건 또는 요구서류에 추가하고, 매도인인 원고가 합리적인 부가기간을 정하여 그 수정을 요구하였음에도 이를 거절한 이상, 이러한 피고의 행위는 본질적인 계약위반 및 부가기간 내 의무불이행에 모두 해당하고, 이 사건 신용장은 2009. 5. 선적분에 관한 것이지만, <u>위와 같은 피고의 행위는 장래의 분할부분에 대한 본질적인 계약위반의 발생을 추단하는 데 충분한 근거가 되므로, 원고는 협약 제73조 제 2 항에 의하여 장래에 향하여 나머지 선적분에 관한 계약도 해제할 수 있다</u>고 판시하였다.

Cf. 협약 제73조는 애초 적어도 2회 이상 분할인도하기로 한 계약에 대한 것이고, 협약 제51조는 계약상 애초 1회에 모두 인도하기로 하였으나 매도인이 그 일부만을 인도한 경우에 적용하는 조항이다.

제 3 관 손해배상액

손해배상은 매도인과 매수인에게 모두 인정되는 것으로 다른 구제수단에 의하여 보전되지 못하는 손해를 전보하는 최종적인 구제수단이다. 협약의 손해배상청구는 손해에 대한 예견가능성만을 요구할 뿐 귀책사유는 요구하지 않는다.

Ⅰ. 계약불이행에 의한 손해배상

【제74조】

당사자 일방의 계약위반으로 인한 손해배상액은 이익의 상실을 포함하여 그 위반의 결과 상대방이 입은 손실과 동등한 금액으로 한다. 그 손해배상액은 위반당사자가 계약 체결시에 알았거나 알 수 있었던 사실과 사정에 비추어, 계약위반의 가능한 결과로서 발생할 것을 예견하였거나 예견할 수 있었던 손실을 초과할 수 없다.

협약 제74조는 계약불이행으로 인한 손해배상의 액과 금전배상의 원칙을 규정하고 있다. 즉, 계약불이행으로 인한 손해배상액은 이익의 상실을 포함하여 그 위반의 결과 입은 손실과 동등한 금액이다. 다만 위 손해액은 위반당사자가 계약 체결시에 알았거나 알 수 있었던 사정을 기초로 하여 계약위반으로부터 발생할 가능성이 있는 것으로 예견하였거나 예견할 수 있었던 손실을 초과할 수는 없다. 이는 예견가능성(foreseeability)을 기준으로 하여 손해액의 무한한 확대를 막고 상당인과관계 있는 손해로 한정하기 위한 것이다.

▶ 대법원 2023. 9. 27. 선고 2021다255655 판결

협약 제74조는 계약위반으로 인하여 상대방이 입은 이익의 상실 등 일체를 손해배상액으로 삼으면서도, 계약위반자가 계약체결 당시 알았거나 알 수 있었던 사실과 사정에 비추어 예견하였거나 예견할 수 있었던 손실로 손해의 범위를 제한하고 있다. 이때 예견가능성은 계약위반자 자신뿐만 아니라 그와 동일한 상황에 있었던 동일한 부류의 합리적인 사람을 기준으로 하되, 계약체결 경위와 과정, 계약 내용 등을 종합적으로 고려하여 판단하여야 한다.

입증책임에 관하여 손해배상의 요건(손해의 발생과 그 범위, 인과관계 등)은 채권자가, 예견가능성이 없었음은 채무자가 입증하여야 한다. 협약은 귀책사유를 거론하고 있지 않다. 협약은 손해배상액의 예정(우리나라 민법 398조 1항 참조)에 대하여 규정하고 있지 않으나 당사자의 합의에 의하여 손해배상액의 예정을 할 수 있다. 위약벌에 대한 합의도 마찬가지이다. 손익상계도 협약 제74조에 묵시적으로 포함되어 있다고 보며, 과실상계는 협약 제77조에 따라 고려된다(석광현 278).

Cf. 손해배상액의 예정과 위약벌 및 위약금: 손해배상액의 예정은 채무불이행의 경우에 채무자가 지급하여야 할 손해배상의 액을 당사자 사이의 계약으로 미리 정하여 두는 것을 말한다. 채무불이행에 의한 손해배상청구에 있어서의 손해액 입증의 어려움에 대비한 것이다. 이는 근로기준법(20조)이나 민법의 반사회질서(민법 103조)에 저촉되지 않는 한 계약자유의 원칙상 허용된다(민법 398조 1항). 그러나 그 액이 부당히 과다한 경우에는 법원은 감액할 수 있다(민법 398조 2항). 이와 달리 위약벌은 채무불이행의 경우 채무자가 채권자에게 지급하는 벌금적 성격의 금원이다. 이는 손해와 무관하게 채무불이행에 대한 일종의 징벌(penalty)로서의 성격을 가지는 것이므로 과다하다고 하여 감액할 수 없는 것이 원칙이다(그러나 채권자가 받는 불이익과 비교형량하여 심히 과도한 경우에는 반사회질서행위로서 무효가 될 수는 있을 것이다). 위약벌의 약정이 있는 경우에 이와 별도로 손해가 있으면 손해배상을 청구할 수 있고, 위약벌의 약정과 별도로 손해배상액의 예정도 할 수 있다. 실무상 당사자 사이의 계약에 채무불이행의 경우 채무자가 채권자에게 일정금원을 지급하기로 한다는 조항(이를 '위약금조항'이라고 한다)만이 있고 그 성격을 명시하지 않아 그것이 손해배상액의 예정인지 아니면 위약벌인지 당사자의 의사를 알 수 없는 경우가 있다. 이를 대비하여 민법은 위약금은 손해배상액의 예정으로 추정한다(398조 4항). 따라서 당사자가 위약벌의 목적으로 약정한 경우에는 본증으로써 이 추정을 깨뜨릴 수 있다.

II. 계약해제에 의한 손해배상

1. 대체거래의 경우에 있어서의 손해액 산정

【제75조】
계약이 해제되고 계약해제 후 합리적인 방법으로, 합리적인 기간 내에 매수인이 대체물을 매수하거나 매도인이 물품을 재매각한 경우에, 손해배상을 청구하는 당사자는 계약대금과 대체거래대금과의 차액 및 그 외에 제74조에 따른 손해액을 배상받을 수 있다.

협약 제75조는 계약해제 후 대체거래가 이루어진 경우의 손해액 산정에 관하여 규정하고 있다. 계약이 해제된 후 합리적인 방법과 기간 내에 매수인이 대체물을 매수하거나 매도인이 물품을 재매각한 경우에 손해배상을 청구하는 당사자는 계약대금과 대체거래대금과의 차액과 제74조의 손해액을 배상받을 수 있다. 여기의 '합리적인 방법'은 매수인은 가능한 한 최저가격으로 대체구입 (cover)하여야 하고, 매도인은 가능한 한 최고가격으로 재매도하여야 한다는 의미이다(서헌제 225). 이 경우에는 물품에 대한 시가(時價, current price)의 입증을 요하지 않는다(김명기 221). 대체거래가 협약 제75조의 요건을 갖추지 못한 경우 그 대체거래의 계약대금을 조정하는 방법으로 문제를 해결하고, 이러한 조정이 여의치 않은 경우에는 협약 제76조의 시가공식을 기초로 손해를 산정할 수 있을 것이다(Honnold 576). 협약 제75조는 계약이 해제된 경우에 적용되고, 만약 계약의 해제 없이 합리적인 대체거래를 한 경우에는 제74조에 의하여 계약상의 대금과 대체거래대금의 차액의 배상을 청구할 수 있다(석광현 292).

2. 시가에 의한 손해액 산정

【제76조】
(1) 계약이 해제되고 물품에 시가가 있는 경우에, 손해배상을 청구하는 당사자는 제75조에 따라 구입 또는 재매각하지 아니하였다면 계약대금과 계약 해제시의 시가와의 차액 및 그 외에 제74조에 따른 손해액을 배상받을 수 있다. 다만, 손해배상을 청구하는 당사자가 물품을 수령한 후에 계약을 해제한 경우에는, 해제시의 시가에 갈음하여 물품 수령시의 시가를 적용한다.
(2) 제 1 항의 적용상, 시가는 물품이 인도되었어야 했던 장소에서의 지배적인 가격, 그 장소에 시가가 없는 경우에는 물품 운송비용의 차액을 적절히 고려하여 합리적으로 대체할 수 있는 다른 장소에서의 가격을 말한다.

협약 제76조는 시가에 의한 손해액 산정에 관하여 규정하고 있다. 계약해제가 물품의 수령 전에 이루어지고 물품의 시가가 있는 경우에 제74조의 손해액 외에 계약대금과 계약 해제시의 시가와의 차액을 배상받을 수 있다(1항 본문). 만약 물품의 수령 후에 계약을 해제한 경우에는 해제시의 시가가 아니라 물품 수령시의 시가와 계약대금과의 차액을 배상받을 수 있다(1항 단서). 여기의 '시가(時價)'는 물품이 인도되었어야 했던 장소에서의 지배적인 가격을 의미하는데, 만약 그 장소에 시가가 없는 경우에는 물품운송비용의 차액을 고려하여 합리적으로 대체할 수 있는 다른 장소에서의 가격으로 한다(2항). '물품이 인도되었어야 했던 장소'는 일반적으로 매수인에게 전달하기 위하여 제 1 운송인에게 교부한 장소[31조 ㉮호]를 말한다. 협약 제75조는 대체거래를 한 경우에, 그리고 협약 제76조는 대체거래를 하지 않은 경우에 각각 적용되나, 손해배상을 청구하는 당사자가 계약 수량보다 적은 부분만을 대체거래한 경우에는 협약 제75조와 제76조가 모두 적용될 수 있을 것이다(석광현 292~293, 예컨대 방한복 제작재료로 거위털 300톤을 계약하였는데 매도인이 전량에 대하여 계약이행을 거절하자 매수인 이 그 중 200톤은 대체매수하고 100톤은 대체거래를 하지 않은 경우 200톤에 대하여 는 협약 제75조가, 그리고 100톤에 대하여는 협약 제76조가 각 적용될 수 있다).

Ⅲ. 손실경감의무

【제77조】
계약위반을 주장하는 당사자는 이익의 상실을 포함하여 그 위반으로 인한 손실을 경감하기 위하여 그 상황에서 합리적인 조치를 취하여야 한다. 계약위반을 주장하 는 당사자가 그 조치를 취하지 아니한 경우에는, 위반당사자는 경감되었어야 했던 손실액만큼 손해배상액의 감액을 청구할 수 있다.

협약 제77조는 매도인과 매수인의 구별 없이 계약위반을 주장하는 당사자 에게 손실을 경감하기 위한 합리적인 조처를 취할 의무를 부담시키고 있다. 이 러한 손실경감의무에 위반한 경우에는 계약위반당사자는 경감되었어야 했던 손 실액만큼 손해배상액으로부터의 감액을 청구할 수 있다. 국제물품매매에서 손실 경감조치로는 재매입과 재매도가 있다.

▶ 대법원 2023. 9. 27. 선고 2021다255655 판결
제77조에서 규정한 손해경감의무는 계약위반을 주장하는 당사자가 손실 경감을 위한 합리적인 조치를 취하지 아니한 경우 위반 당사자는 경감되었어야 했던 손실액만큼 손해 배상액의 감액을 청구할 수 있다는 점에서 책임제한과 유사한 측면이 있지만 전체 손해 액의 일정비율을 감액하는 책임제한과 동일하다고 보기는 어렵다.
CISG에는 위 제77조 외에 책임제한과 관련된 구체적인 규정이 존재하지 않아 책임제한 과 관련된 규율에 흠결이 존재하고, 이는 내적흠결에 해당한다. CISG 제7조 제2항에 따 라 내적흠결에 해당하는 경우 CISG가 기초하고 있는 일반원칙이 우선적으로 고려되어 야 하고, 그러한 일반원칙이 없는 경우 비로소 계약상 준거법이 적용된다.
CISG 제77조는 회피할 수 있었던 손해는 배상받을 수 없다는 취지로 규정하고 있고, CISG 제79조, 제80조는 의무위반이 위반자가 통제할 수 없는 외부적 사정이나 상대방 의 행위에 기인한 경우 위반자가 면책된다는 취지로 규정하고 있다. 이와 같은 CISG 조

문들의 목적과 취지 등을 종합하면, 공평의 원칙 등에 기초하여 당사자들의 이해관계를 조정하려는 손해분담의 원칙은 CISG 일반원칙에 해당한다고 볼 수 있으므로, CISG에 책임제한에 관한 내적흠결이 존재하더라도 손해의 공평한 부담에 관한 CISG 일반원칙에 따라 책임제한이 가능하다.

제 4 관   이   자

【제78조】
당사자가 대금 그 밖의 연체된 금액을 지급하지 아니하는 경우에, 상대방은 제74조에 따른 손해배상청구권을 해함이 없이, 그 금액에 대한 이자를 청구할 수 있다.

협약 제78조는 당사자의 미불금에 대하여 상대방에게 이자(利子)를 청구할 수 있는 권리를 부여하고 있다. 이러한 지연이자청구권은 손해배상청구권과는 별개의 것이다. 따라서 계약위반의 상대방은 계약위반으로 인한 손해배상을 청구할 수 있는 외에 계약에 따라 더 받아야 할 금액이 있으나 이를 받지 못한 때에는 그 금액에 더하여 이자를 청구할 수 있는 것이다. 또한 협약 제79조에 따라 계약이 정한 의무의 이행이 면책되는 경우에 있어서의 면책의 범위는 손해배상에 한정되므로(79조 5항) 이자지급의무는 그대로 존재한다. 또한 제78조는 채권자에게 이자뿐 아니라 제74조에 의한 손해배상도 허용하고 있으므로 채권자의 입장에서는 매우 유리한 조항이라 할 수 있다. 즉, 이자액 이상의 금액을 실손해로서 입증하면 이자와 실손해와의 차이를 청구할 수 있는 것이다(신영무, "국제연합국제물품매매협약상 손해배상의무의 내용과 한계", 「상사법연구」, 1989, 332). 협약에는 연체당사자의 이자지급의무에 대하여만 규정할 뿐 이자율(利子率)에 대하여는 아무런 규정을 두고 있지 않는데 이에 대하여는 결국 법정지의 국제사법원칙상 지정되는 준거법의 결정에 맡겨야 한다는 견해(고범준 81, 김명기 224)와 이자를 부정하거나 명목상의 이자만을 인정하는 준거법이 적용될 경우도 있을 수 있으므로 협약의 이자청구권 규정의 실효성 확보를 위한 차원에서 국내법이 보상에 충분한 이자율 규정을 두고 있는 경우 이를 적용하거나 법원으로 하여금 제반 사정을 참고하여 지연으로 인한 손해를 산정하도록 하는 방안을 제시하는 견해(서헌제 228, 이기수 108)가 있다.

제 5 관 면 책

면책(免責)은 일정한 사유로 인하여 계약위반에 대한 책임에서 벗어나는 것을 말한다. 면책의 사유로는 천재지변과 같은 통제불가능한 장애, 제 3 자의 행위 및 당사자의 행위가 있을 수 있다. 면책에 관련하여 영미법계에서는 계약목적의 도달불능(frustration), 이행불능(impracticability) 등의 법리에 의하여 계약 전체의 소멸 후 이미 이루어진 급부의 조정만을 행하는 반면 대륙법계에서는 불가항력(force majeure) 사유 발생시 계약은 존속시키되 손해배상에 대한 면책만을 인정하는 입장을 취하여 왔다. 협약은 후자의 영향을 받은 것이다(서헌제 229).

Ⅰ. 통제불가능한 장애에 의한 면책

【제79조】
⑴ 당사자는 그 의무의 불이행이 자신이 통제할 수 없는 장애에 기인하였다는 것과 계약 체결시에 그 장애를 고려하거나 또는 그 장애나 그로 인한 결과를 회피하거나 극복하는 것이 합리적으로 기대될 수 없었다는 것을 증명하는 경우에는, 그 의무불이행에 대하여 책임이 없다.
⑵ 당사자의 불이행이 계약의 전부 또는 일부의 이행을 위하여 사용한 제 3 자의 불이행으로 인한 경우에는, 그 당사자는 다음의 경우에 한하여 그 책임을 면한다.
  ㈎ 당사자가 제 1 항의 규정에 의하여 면책되고, 또한
  ㈏ 당사자가 사용한 제 3 자도 그에게 제 1 항이 적용된다면 면책되는 경우
⑶ 이 조에 규정된 면책은 장애가 존재하는 기간 동안에 효력을 가진다.
⑷ 불이행당사자는 장애가 존재한다는 것과 그 장애가 자신의 이행능력에 미치는 영향을 상대방에게 통지하여야 한다. 불이행당사자가 장애를 알았거나 알았어야 했던 때로부터 합리적인 기간 내에 상대방이 그 통지를 수령하지 못한 경우에는, 불이행당사자는 불수령으로 인한 손해에 대하여 책임이 있다.
⑸ 이 조는 어느 당사자가 이 협약에 따라 손해배상청구권 이외의 권리를 행사하는 것을 방해하지 아니한다.

1. 통제불가능한 장애에 의한 불이행

협약 제79조 제 1 항은 통제불가능한 장애에 의한 의무불이행에 대한 면책을 규정하고 있다. 즉, ① 의무불이행이 통제할 수 없는 장애(impediment beyond his control)에 기인한 것과 ② 계약 체결시에 그러한 장애를 고려하거나 그 장애 또

는 장애로 인한 결과를 회피하거나 극복하는 것이 합리적으로 기대될 수 없었다는 것을 증명하는 경우 의무불이행책임을 면한다. 면책을 위한 요건사실의 입증책임은 불이행당사자가 부담한다.

2. 이행보조자에 의한 불이행

협약 제79조 제2항은 이행보조자(제3자)에 의한 불이행으로 인한 면책을 규정하고 있다. 예컨대 매도인이 하청공장에 생산을 맡겼는데, 공장의 화재로 인하여 납품을 할 수 없게 된 경우 계약당사자와 이행보조자 양자 모두 전항의 규정에 의하여 면책될 수 있는 경우에만 그 책임을 면하게 된다.

3. 장애발생의 통지

협약 제79조 제4항은 불이행당사자의 통지의무에 관하여 규정하고 있다. 즉, 불이행당사자는 장애가 존재한다는 것과 그 장애가 자신의 이행능력에 미치는 영향을 상대방에게 통지할 의무를 부담한다. 불이행당사자가 장애를 알았거나 알았어야 했던 때로부터 합리적인 기간 내에 상대방에게 그 통지가 수령되지 못한 경우 불이행당사자는 불수령으로 인한 손해에 대하여 책임이 있다. 장애발생통지는 도달주의를 취하므로 부도달(不到達)의 위험은 불이행당사자가 부담한다.

4. 면책의 범위

가. 면책의 시적 범위: 제79조의 면책은 장애가 존재하는 기간 동안 효력을 가진다(79조 3항). 따라서 장애사유가 해소되면 다시 이행할 의무를 부담하게 된다.
나. 면책과 물적 범위: 장애로 인하여 면책되는 대상은 손해배상청구권만으로 다른 구제수단(예컨대 의무이행청구, 계약해제, 대금감액, 이자청구 등)에는 영향을 주지 않는다(79조 5항).

Ⅱ. 채권자의 행위에 의한 불이행

【제80조】
당사자는 상대방의 불이행이 자신의 작위 또는 부작위에 기인하는 한, 상대방의 불이행을 주장할 수 없다.

자신의 작위 또는 부작위로 인하여 상대방의 불이행을 야기한 당사자(채권자)는 상대방의 불이행을 주장할 수 없다(80조). 여기서 작위의 예로는 매도인이 매수인국가에 수출함에 있어서 필요한 적법한 수입허가신청을 하였는데 매수인이 공무원에게 부당한 압력을 행사하여 그 허가를 반려하도록 하여 결국 물품을 인도할 수 없게 한 경우를 들 수 있고, 부작위의 경우로는 계약에서 매도인이 인도한 생산라인에 문제가 발생할 경우 그 시정을 위하여 매도인에게 6개월의 합리적 기간을 부여하기로 하였는데 생산라인에 문제가 발생하자 불과 20일의 기간만을 주고는 하자가 시정되지 않았다는 이유로 계약을 해제한 경우를 들 수 있다. 여기의 '상대방의 불이행을 주장할 수 없다'는 의미는 불이행을 전제로 한 의무이행청구, 손해배상청구, 계약의 해제 등을 할 수 없다는 뜻이다. 이는 제 7 조 제 1 항의 신의준수원칙의 구체적 발현이다(김명기 228).

제 6 관 해제의 효력

Ⅰ. 해제의 효력 개관

매매계약이 해제되면 계약당사자는 계약상의 의무로부터 면제되므로 이행하지 아니한 부분에 대하여 이행할 의무가 없어지고, 이미 이행한 부분에 대하여는 서로 원상회복을 할 의무를 부담하게 되며, 원상회복에 의하여도 전보되지 않는 손해가 있는 때에는 손해배상을 청구할 수 있게 된다.

Ⅱ. 이행의무의 면제

【제81조】
(1) 계약의 해제는 손해배상의무를 제외하고 당사자 쌍방을 계약상의 의무로부터 면하게 한다. 해제는 계약상의 분쟁해결조항 또는 해제의 결과 발생하는 당사자의 권리의무를 규율하는 그 밖의 계약조항에 영향을 미치지 아니한다.

협약 제81조 제 1 항 제 1 문은 계약의 해제는 당사자에게 손해배상책임을 제외한 계약상의 모든 의무를 면제시킨다고 규정하고 있다. 또 해제는 계약상의 분쟁해결조항(예컨대 중재조항) 또는 해제의 결과 발생하는 당사자의 권리의무를 규율하는 그 밖의 계약조항(예컨대 손해배상의 예정조항)에 영향을 미치지 아니한다(2문). 이는 협약이 계약해제에 소급효를 인정하지 않음을 보여준다(김민중 172).

Ⅲ. 급부의 반환

【제81조】
(2) 계약의 전부 또는 일부를 이행한 당사자는 상대방에게 자신이 계약상 공급 또는 지급한 것의 반환을 청구할 수 있다. 당사자 쌍방이 반환하여야 하는 경우에는 동시에 반환하여야 한다.

협약 제81조 제 2 항은 계약해제의 효과로 계약의 전부 또는 일부를 이행한 당사자가 상대방에게 대하여 그 급부의 반환청구권을 가진다고 규정하고 있다. 당사자 쌍방이 반환하여야 하는 경우에는 동시이행관계가 성립한다. 매수인은 물품, 매도인은 대금을 반환하여야 한다. 그 이행지는 다른 합의가 없는 한 매수인의 영업소로 본다. 협약은 반환을 위한 비용(예: 운송비)의 부담에 관하여 규정하지 않으나, 계약을 위반한 당사자는 상대방의 반환비용을 부담하여야 하고, 자신의 반환비용은 스스로 부담하여야 한다(석광현 324~325).

Ⅳ. 반환불능에 의한 매수인의 계약해제권 및 대체물청구권의 상실

【제82조】
(1) 매수인이 물품을 수령한 상태와 실질적으로 동일한 상태로 그 물품을 반환할 수 없는 경우에는, 매수인은 계약을 해제하거나 매도인에게 대체물을 청구할 권리를 상실한다.
(2) 제 1 항은 다음의 경우에는 적용되지 아니한다.
　(가) 물품을 반환할 수 없거나 수령한 상태와 실질적으로 동일한 상태로 반환할 수 없는 것이 매수인의 작위 또는 부작위에 기인하지 아니한 경우
　(나) 물품의 전부 또는 일부가 제38조에 따른 검사의 결과로 멸실 또는 훼손된 경우
　(다) 매수인이 부적합을 발견하였거나 발견하였어야 했던 시점 전에, 물품의 전부 또는 일부가 정상적인 거래과정에서 매각되거나 통상의 용법에 따라 소비 또는 변형된 경우

【제83조】
매수인은, 제82조에 따라 계약해제권 또는 대체물인도청구권을 상실한 경우에도, 계약과 이 협약에 따른 그 밖의 모든 구제권을 보유한다.

협약 제82조와 제83조는 반환불능에 의한 매수인의 계약해제권 및 대체물청구권의 상실에 관하여 규정하고 있다.

1. 원   칙

매수인이 물품을 수령한 상태와 실질적으로 동일한 상태로 그 물품을 반환할 수 없는 경우에는 매수인은 계약을 해제하거나 매도인에게 대체물을 청구할 권리를 상실한다(82조 1항). 이 경우 계약과 협약에 따른 그 밖의 모든 구제수단(예컨대 손해배상청구권, 대금감액권, 수리에 의한 부적합치유청구권)은 보유한다(83조).

2. 예   외

그러나 ① 물품을 반환할 수 없거나 수령한 상태와 실질적으로 동일한 상태로 반환할 수 없는 것이 매수인의 작위 또는 부작위에 기인하지 아니한 경우[예컨대 매도인의 행위·물품 자체의 하자·불가항력적 자연재해로 인한 멸실 또는 훼손, 압류, 매수인에게 책임을 지울 수 없는 제3자에 의한 도난(86조 참조) 등], ② 협약 제38조에 정한 검사를 행한 결과 물품의 전부 또는 일부가 멸실 또는 훼손된 경우, ③ 매수인이 부적합을 발견하였거나 발견하였어야 했던 시점 전에 물품의 전부 또는 일부가 정상적인 거래과정에서 매각되거나 통상의 용법에 따라 소비 또는 변형된 경우에는 계약을 해제하거나 대체물품을 청구할 권리를 상실하지 않는다(82조 2항). 예외사유의 입증책임은 매수인이 부담한다.

V. 이자와 이익의 반환

【제84조】
(1) 매도인은 대금을 반환하여야 하는 경우에, 대금이 지급된 날부터 그에 대한 이자도 지급하여야 한다.
(2) 매수인은 다음의 경우에는 물품의 전부 또는 일부로부터 발생된 모든 이익을 매도인에게 지급하여야 한다.
　(가) 매수인이 물품의 전부 또는 일부를 반환하여야 하는 경우
　(나) 물품의 전부 또는 일부를 반환할 수 없거나 수령한 상태와 실질적으로 동일한 상태로 전부 또는 일부를 반환할 수 없음에도 불구하고, 매수인이 계약을 해제하거나 매도인에게 대체물의 인도를 청구한 경우

협약 제84조는 매매계약의 해제에 따른 매도인의 이자 및 매수인의 이익

반환에 관하여 규정하고 있다. 매도인은 대금이 지급된 날부터 그에 대한 이자도 지급하여야 한다(1항), 여기의 '매도인'은 계약을 위반한 매도인인지 여부를 불문한다. 매수인은 ① 물품의 전부 또는 일부를 반환하여야 할 경우 또는 ② 협약 제82조 제 2 항 각호의 경우와 같이 물품의 전부 또는 일부를 반환할 수 없음에도 불구하고 계약을 해제하거나 매도인에게 대체물의 인도를 청구한 경우 그 파생이익을 지급하여야 한다(2항).

제 7 관   물품의 보관

Ⅰ. 물품의 보관의무 개관

협약은 물품을 관리하기에 가장 적합한 위치에 있는 당사자에게 물품보관의무를 부과하고 있다. 이 물품보관의무는 계약위반 여부와는 무관한 의무이다. 물론 계약위반당사자는 물품보관을 위하여 상대방이 지출한 비용을 포함한 계약위반으로 인한 손해를 부담하여야 한다. 협약은 제85조에 매도인의 물품보관의무, 제86조에 매수인의 물품보관의무, 그리고 제87조와 제88조에 매도인과 매수인 양자에게 공히 부과되는 창고임치와 매각에 대하여 각각 규정하고 있다.

Ⅱ. 매도인의 물품보관의무

【제85조】
매수인이 물품 인도의 수령을 지체하거나 또는 대금지급과 물품 인도가 동시에 이루어져야 함에도 매수인이 대금을 지급하지 아니한 경우로서, 매도인이 물품을 점유하거나 그 밖의 방법으로 그 처분을 지배할 수 있는 경우에는, 매도인은 물품을 보관하기 위하여 그 상황에서 합리적인 조치를 취하여야 한다. 매도인은 매수인으로부터 합리적인 비용을 상환 받을 때까지 그 물품을 보유할 수 있다.

협약 제85조는 매수인이 물품 인도의 수령을 지체하거나 물품의 인도와 상환으로 이루어져야 할 대금을 지급하지 않는 경우에 있어서 매도인이 물품을 점유하거나 물품의 처분을 지배할 수 있는 경우에 매도인에게 물품보관을 위한 합리적인 조치를 취할 의무를 부과하고 있다(1문). 여기의 '합리적인 조치'에는 창고임치(87조)와 매각(88조)이 포함된다. 이 의무는 매수인의 계약위반 여부와는 무관하게 부과되는 것이며, 또한 매도인이 매수인에게 대금지급청구소송을 제기하는 경우에도 부과된다(오원석 288). 매도인은 매수인으로부터 이 의무이행에 따른 합리적인 비용을 상환받을 때까지 물품에 대한 보유권을 가진다(2문).

Ⅲ. 매수인의 물품보관의무

【제86조】
(1) 매수인이 물품을 수령한 후 그 물품을 거절하기 위하여 계약 또는 이 협약에 따른 권리를 행사하려고 하는 경우에는, 매수인은 물품을 보관하기 위하여 그 상황에서 합리적인 조치를 취하여야 한다. 매수인은 매도인으로부터 합리적인 비용을 상환 받을 때까지 그 물품을 보유할 수 있다.
(2) 매수인에게 발송된 물품이 목적지에서 매수인의 처분 하에 놓여지고, 매수인이 그 물품을 거절하는 권리를 행사하는 경우에, 매수인은 매도인을 위하여 그 물품을 점유하여야 한다. 다만, 대금지급 및 불합리한 불편이나 경비소요 없이 점유할 수 있는 경우에 한한다. 이 항은 매도인이나 그를 위하여 물품을 관리하는 자가 목적지에 있는 경우에는 적용되지 아니한다. 매수인이 이 항에 따라 물품을 점유하는 경우에는, 매수인의 권리와 의무에 대하여는 제 1 항이 적용된다.

협약 제86조는 매수인의 물품보관의무를 규정하고 있다. 이는 다음 두 가지 경우에 발생한다.

1. 매수인이 물품을 수령한 후 이를 거절할 권리를 행사하고자 하는 경우

이 경우에는 물품을 보관하기 위한 합리적인 조치를 취하여야 하고, 그 비용을 상환 받을 때까지 물품을 보유할 권리를 가진다(1항). 여기서의 '수령'은 현실적으로 물품을 수령하는 것을 말하며 물품의 처분을 지배하는 서류의 수령은 포함되지 아니한다.

2. 매수인에게 발송된 물품이 목적지에서 매수인의 처분 하에 놓여진 상태에서 매수인이 이를 거절할 권리를 행사하는 경우

이 경우에 매수인은 매도인을 위하여 그 물품을 점유하여야 한다(2항 1문). 이러한 점유의무는 ① 대금지급 및 불합리한 불편이나 경비부담 없이 점유할 수 있고(2항 2문), 또한 ② 목적지에 매도인이나 그를 위한 물품관리자가 없는 경우에 한하여 부과된다. 이 항에 따라 매수인이 물품을 점유하여야 하는 경우에 보관을 위한 합리적인 조치를 취할 의무와 함께 합리적인 비용을 상환받을 때까지 물품을 보유할 수 있는 권리를 가진다(2항 4문).

Ⅳ. 창고임치와 매각

협약 제87조와 제88조는 물품보관의무의 이행방법으로서의 두 가지 조처인 창고임치와 매각에 대하여 각각 규정하고 있다.

1. 창고임치

【제87조】
물품을 보관하기 위한 조치를 취하여야 하는 당사자는 그 비용이 불합리하지 아니하는 한, 상대방의 비용으로 물품을 제 3 자의 창고에 임치할 수 있다.

협약 제87조는 물품보관의무를 이행하여야 하는 당사자가 상대방의 비용으로 물품을 제 3 자의 창고에 임치할 수 있음을 규정하고 있다. 이 경우 그 비용이 불합리하지 않아야 한다.

2. 매   각

【제88조】
⑴ 제85조 또는 제86조에 따라 물품을 보관하여야 하는 당사자는 상대방이 물품을 점유하거나 반환받거나 또는 대금이나 보관비용을 지급하는 데 불합리하게 지체하는 경우에는, 상대방에게 매각의사를 합리적으로 통지하는 한, 적절한 방법으로 물품을 매각할 수 있다.
⑵ 물품이 급속히 훼손되기 쉽거나 그 보관에 불합리한 경비를 요하는 경우에는, 제85조 또는 제86조에 따라 물품을 보관하여야 하는 당사자는 물품을 매각하기 위하여 합리적인 조치를 취하여야 한다. 이 경우에 가능한 한도에서 상대방에게 매각의사가 통지되어야 한다.
⑶ 물품을 매각한 당사자는 매각대금에서 물품을 보관하고 매각하는 데 소요된 합리적인 비용과 동일한 금액을 보유할 권리가 있다. 그 차액은 상대방에게 반환되어야 한다.

협약 제88조는 물품보관의무를 이행하여야 하는 당사자의 매각에 관하여 규정하고 있다.

가. 불합리한 지체를 이유로 하는 매각권(1항): 제85조 또는 제86조에 따라 물품보관의무를 부담하는 매도인 또는 매수인은 그 상대방이 물품을 점유하거나 반환받거나 또는 대금이나 보관비용을 지급하는 데 불합리하게 지체하는 경

우에는 적절한 방법으로 물품을 매각할 수 있다. 이 항은 매도인 또는 매수인에게 매각할 의무를 부과하는 것이 아니라 매각선택권을 부여하는 것이다. 매도인 또는 매수인이 매각하기로 결정한 경우 상대방에게 매각의사를 합리적으로 통지하여야 한다.

나. 훼손 또는 불합리한 경비를 피하기 위한 매각의무(2항): 제85조 또는 제86조에 따라 물품보관의무를 부담하는 매도인 또는 매수인은 물품이 급속히 훼손되기 쉽거나 그 보관에 불합리한 경비를 요하는 경우에는 물품을 매각하기 위하여 합리적인 조치를 취하여야 한다. 여기의 '물품을 매각하기 위한 합리적인 조치'는 매각의무를 의미하는 것이지 매각선택권을 가진다는 의미는 아니다. 이 경우 가능한 한 상대방에게 매각의사를 통지하여야 한다.

다. 매각대금의 보유권(3항): 물품을 매각한 당사자는 매각대금에서 물품보관과 매각에 소요된 합리적인 비용에 상응하는 금액을 보유할 수 있다. 매각대금에서 물품보관비용과 매각비용을 뺀 차액은 상대방에게 반환하여야 한다. 합리적인 비용의 보유는 권리이나 차액의 반환은 의무이다.

제 6 장   최종규정

Ⅰ. 수탁자와 타국제협약과의 관계

1. 수 탁 자

【제89조】
국제연합 사무총장은 이 협약의 수탁자가 된다.

2. 타국제협약과의 관계

【제90조】
이미 발효하였거나 또는 앞으로 발효하게 될 국제협정이 이 협약이 규율하는 사항에 관하여 규정을 두고 있는 경우에, 이 협약은 그러한 국제협정에 우선하지 아니한다. 다만, 당사자가 그 협정의 당사국에 영업소를 가지고 있는 경우에 한한다.

협약은 기발효 또는 장래 발효할 국제협정이 협약이 규정하는 사항에 대하여 규정을 두고 있는 경우에 이들 조약에 우선하지 않음을 명시하고 있다. 여기의 '우선하지 아니한다'는 의미는 대등한 효력을 가진다는 의미로 해석된다(김명기 252).

Ⅱ. 서명·비준·수락·승인·가입

1. 일반적 서명·비준·수락·승인·가입

【제91조】
⑴ 이 협약은 국제물품매매계약에 관한 국제연합회의의 최종일에 서명을 위하여 개방되고, 뉴욕의 국제연합 본부에서 1981년 9월 30일까지 모든 국가에 의한 서명을 위하여 개방된다.
⑵ 이 협약은 서명국에 의하여 비준, 수락 또는 승인되어야 한다.
⑶ 이 협약은 서명을 위하여 개방된 날부터 서명하지 아니한 모든 국가의 가입을 위하여 개방된다.

⑷ 비준서, 수락서, 승인서 또는 가입서는 국제연합 사무총장에게 기탁되어야 한다.

2. 부분적 서명 · 비준 · 수락 · 승인 · 가입

【제92조】
⑴ 체약국은 서명, 비준, 수락, 승인 또는 가입시에 이 협약 제 2 편 또는 제 3 편에 구속되지 아니한다는 취지의 선언을 할 수 있다.
⑵ 제 1 항에 따라 이 협약 제 2 편 또는 제 3 편에 관하여 유보선언을 한 체약국은, 그 선언이 적용되는 편에 의하여 규율되는 사항에 관하여는 이 협약 제 1 조 제 1 항에서 말하는 체약국으로 보지 아니한다.

덴마크, 핀란드, 노르웨이 및 스웨덴은 비준시, 아이스란드는 가입시에 각각 당사자가 위의 국가들에 영업소를 두고 있는 경우 매매계약 또는 그 성립에 협약이 적용되지 않는다고 선언하였다.

3. 연방국가의 서명 · 비준 · 수락 · 승인 · 가입

【제93조】
⑴ 체약국이 그 헌법상 이 협약이 다루고 있는 사항에 관하여 각 영역마다 다른 법체계가 적용되는 2개 이상의 영역을 가지고 있는 경우에, 그 국가는 서명, 비준, 수락, 승인 또는 가입시에 이 협약을 전체 영역 또는 일부영역에만 적용한다는 취지의 선언을 할 수 있으며, 언제든지 새로운 선언을 함으로써 전의 선언을 수정할 수 있다.
⑵ 제 1 항의 선언은 수탁자에게 통고하여야 하며, 이 협약이 적용되는 영역을 명시하여야 한다.
⑶ 이 조의 선언에 의하여 이 협약이 체약국의 전체영역에 적용되지 아니하고 하나 또는 둘 이상의 영역에만 적용되며 또한 당사자의 영업소가 그 국가에 있는 경우에는, 그 영업소는 이 협약의 적용상 체약국에 있지 아니한 것으로 본다. 다만, 그 영업소가 이 협약이 적용되는 영역에 있는 경우에는 그러하지 아니하다.
⑷ 체약국이 제 1 항의 선언을 하지 아니한 경우에 이 협약은 그 국가의 전체영역에 적용된다.

협약 제93조는 중앙정부가 연방국가 전체에 대한 협약에 가입할 수 있는 조약능력(treaty power)을 보유하고 있지 않은 연방국가를 상정한 것이다(예컨대 캐나다의 조약능력은 영국에 의하여 1937년 축소되었다가 1947년에 회복하였다). 이 조항에 의하여 체약국이 연방의 두 개 이상의 영토단위의 일부에만 협약이 적용될 수 있도록 선택권을 갖게 되었다.

Ⅲ. 유   보

1. 유보의 형태

가. 협약과 동일 · 밀접 법규국의 협약 부적용 유보

【제94조】

⑴ 이 협약이 규율하는 사항에 관하여 동일하거나 또는 밀접하게 관련된 법규를 가지는 둘 이상의 체약국은, 양 당사자의 영업소가 그러한 국가에 있는 경우에 이 협약을 매매계약과 그 성립에 관하여 적용하지 아니한다는 취지의 선언을 언제든지 행할 수 있다. 그러한 선언은 공동으로 또는 상호간에 단독으로 할 수 있다.

⑵ 이 협약이 규율하는 사항에 관하여 하나 또는 둘 이상의 비체약국과 동일하거나 또는 밀접하게 관련된 법규를 가지는 체약국은 양 당사자의 영업소가 그러한 국가에 있는 경우에 이 협약을 매매계약과 그 성립에 대하여 적용하지 아니한다는 취지의 선언을 언제든지 행할 수 있다.

⑶ 제 2 항에 의한 선언의 대상이 된 국가가 그 후 체약국이 된 경우에, 그 선언은 이 협약이 새로운 체약국에 대하여 효력이 발생하는 날부터 제 1 항의 선언으로서 효력을 가진다. 다만, 새로운 체약국이 그 선언에 가담하거나 또는 상호간에 단독으로 선언하는 경우에 한한다.

이는 당사국유보이다.

나. 협약 제 1 조 제 1 항 (나)호의 부적용 유보

【제95조】

어떤 국가든지 비준서, 수락서, 승인서 또는 가입서를 기탁할 때, 이 협약 제 1 조 제 1 항 (나)호에 구속되지 아니한다는 취지의 선언을 행할 수 있다.

이 유보는 조항유보이다. 이 유보를 한 경우 협약은 당사국에만 적용되게 된다.

다. 방식의 부적용 유보

【제96조】

그 국가의 법률상 매매계약의 체결 또는 입증에 서면을 요구하는 체약국은 제12조에 따라 매매계약, 합의에 의한 매매계약의 변경이나 종료, 청약, 승낙 기타의 의사표시를 서면 이외의 방법으로 하는 것을 허용하는 이 협약 제11조, 제29조 또는 제

2 편의 어떠한 규정도 당사자 일방이 그 국가에 영업소를 가지고 있는 경우에는 적용하지 아니한다는 취지의 선언을 언제든지 행할 수 있다.

이 유보는 조항유보이다(이에 관하여는 27면에서 기술).

2. 유보의 유효요건·효력발생과 유보의 불허용

가. 유보의 유효요건과 효력발생

【제97조】
⑴ 서명시에 이 협약에 따라 행한 선언은 비준, 수락 또는 승인시 다시 확인되어야 한다.
⑵ 선언 및 선언의 확인은 서면으로 하여야 하고, 또한 정식으로 수탁자에게 통고하여야 한다.
⑶ 선언은 이를 행한 국가에 대하여 이 협약이 발효함과 동시에 효력이 생긴다. 다만, 협약의 발효 후 수탁자가 정식으로 통고를 수령한 선언은 수탁자가 이를 수령한 날부터 6월이 경과된 다음 달의 1일에 효력이 발생한다. 제94조에 따른 상호간의 단독선언은 수탁자가 최후의 선언을 수령한 후 6월이 경과한 다음 달의 1일에 효력이 발생한다.
⑷ 이 협약에 따라 선언을 행한 국가는 수탁자에게 서면에 의한 정식의 통고를 함으로써 언제든지 그 선언을 철회할 수 있다. 그러한 철회는 수탁자가 통고를 수령한 날부터 6월이 경과된 다음 달의 1일에 효력이 발생한다.
⑸ 제94조에 따라 선언이 철회된 경우에는 그 철회의 효력이 발생하는 날부터 제94조에 따라 다른 국가가 행한 상호간의 선언의 효력이 상실된다.

협약 제97조 제 1 항과 제 2 항은 유보의 유효요건, 제 3 항과 제 4 항은 유보의 효력발생에 관하여 각각 규정하고 있다.

나. 유보의 불허용

【제98조】
이 협약에 의하여 명시적으로 인정된 경우를 제외하고는 어떠한 유보도 허용되지 아니한다.

Ⅳ. 효력발생시기 · 시간적 효력범위 · 폐기

1. 효력발생시기

【제99조】

⑴ 이 협약은 제 6 항의 규정에 따를 것을 조건으로, 제92조의 선언을 포함하고 있는 문서를 포함하여 10번째의 비준서, 수락서, 승인서 또는 가입서가 기탁된 날부터 12월이 경과된 다음 달의 1일에 효력이 발생한다.

⑵ 10번째의 비준서, 수락서, 승인서 또는 가입서가 기탁된 후에 어느 국가가 이 협약을 비준, 수락, 승인 또는 가입하는 경우에, 이 협약은 적용이 배제된 편을 제외하고 제 6 항에 따를 것을 조건으로 하여 그 국가의 비준서, 수락서, 승인서 또는 가입서가 기탁된 날부터 12월이 경과된 다음 달의 1일에 그 국가에 대하여 효력이 발생한다.

⑶ 1964년 7월 1일 헤이그에서 작성된 「국제물품매매계약의 성립에 관한 통일법」(1964년 헤이그성립협약)과 「국제물품매매계약에 관한 통일법」(1964년 헤이그매매협약) 중의 하나 또는 모두의 당사국이 이 협약을 비준, 수락, 승인 또는 이에 가입하는 경우에는 네덜란드 정부에 통고함으로써 1964년 헤이그매매협약 및/또는 1964년 헤이그성립협약을 동시에 폐기하여야 한다.

⑷ 1964년 헤이그매매협약의 당사국으로서 이 협약을 비준, 수락, 승인 또는 가입하는 국가가 제92조에 따라 이 협약 제 2 편에 구속되지 아니한다는 뜻을 선언하거나 또는 선언한 경우에, 그 국가는 이 협약의 비준, 수락, 승인 또는 가입시에 네덜란드 정부에 통고함으로써 1964년 헤이그매매협약을 폐기하여야 한다.

⑸ 1964년 헤이그성립협약의 당사국으로서 이 협약을 비준, 수락, 승인 또는 가입하는 국가가 제92조에 따라 이 협약 제 3 편에 구속되지 아니한다는 뜻을 선언하거나 또는 선언한 경우에, 그 국가는 이 협약의 비준, 수락, 승인 또는 가입 시 네덜란드정부에 통고함으로서 1964년 헤이그성립협약을 폐기하여야 한다.

⑹ 이 조의 적용상, 1964년 헤이그성립협약 또는 1964년 헤이그매매협약의 당사국에 의한 이 협약의 비준, 수락, 승인 또는 가입은 이들 두 협약에 관하여 당사국에게 요구되는 폐기의 통고가 효력을 발생하기까지 그 효력이 발생하지 아니한다. 이 협약의 수탁자는 이에 관한 필요한 상호조정을 확실히 하기 위하여 1964년 협약들의 수탁자인 네덜란드 정부와 협의하여야 한다.

2. 시간적 효력범위

【제100조】

⑴ 이 협약은 제 1 조 제 1 항 ㈎호 또는 ㈏호의 체약국에게 협약의 효력이 발생한

날 이후에 계약 체결을 위한 제안이 이루어진 경우에 한하여 계약의 성립에 대하여 적용된다.
⑵ 이 협약은 제 1 조 제 1 항 ㈎호 또는 ㈏호의 체약국에게 협약의 효력이 발생한 날 이후에 체결된 계약에 대하여만 적용된다.

3. 폐   기

【제101조】
⑴ 체약국은 수탁자에게 서면에 의한 정식의 통고를 함으로써 이 협약 또는 이 협약 제 2 편 또는 제 3 편을 폐기할 수 있다.
⑵ 폐기는 수탁자가 통고를 수령한 후 12월이 경과한 다음 달의 1일에 효력이 발생한다. 통고에 폐기의 발효에 대하여 보다 장기간이 명시된 경우에 폐기는 수탁자가 통고를 수령한 후 그 기간이 경과되어야 효력이 발생한다.

제3편

국제사법

제 1 장 국제사법 서론

I. 국제사법의 개념

사람의 사법관계(私法關係)는 법률관계의 구성요소와 국가와의 관련성을 기준으로 국내적 사법관계(國內的 私法關係)와 국제적 사법관계(國際的 私法關係)로 나누어 볼 수 있다. 전자는 사법관계의 구성요소 전부가 한 국가에만 관련된 경우이고, 후자는 한국인 여자와 미국인 남자가 혼인을 한다든가 한국인이 일본인으로부터 부동산을 매입하는 경우와 같이 사법관계의 구성요소의 일부가 다른 나라와도 관련을 가진 경우이다. 후자와 같이 외국적 요소를 가지는 국제적 사법관계를 통상 섭외사법관계라고 부르고 있는데, 이러한 섭외사법관계의 법적 조정방법으로는 다음 세 가지를 생각할 수 있다. 첫째는 세계사법의 통일로서 세계 각국의 사법(私法)을 통일하면 어떤 국가의 사법을 적용하여도 결과가 동일할 것이므로 법적 안정성이 보장된다는 입장이다. 1888년 빈(Wien)법조총회에서 찌텔만(Zitelmann)이 주장한 바 있고, 다나카 고타로(田中耕太郎)가 그의 저서인 「세계법의 이론」을 통하여 주장한 이론이기도 하나 현실적으로 요원하다. 둘째로 세계사법의 제정이다. 각국의 사법은 그대로 둔 채 그와 별도로 섭외사법관계에만 적용되는 세계사법을 마련하는 방법이다. 고대 로마에서 로마시민과 로마시민이 아닌 도시의 시민 상호간 또는 로마시민이 아닌 서로 다른 도시의 시민 상호간에 발생한 법률관계에 대하여 적용하였던 만민법(ius gentium)이 이러한 기능을 하였다고 볼 수도 있다. 마지막으로 문제가 된 섭외사법관계와 관련이 있는 여러 국가의 법 중에서 그 섭외사법관계와 가장 밀접한 관련이 있다고 생각되는 국가의 사법을 적용하여 규율하는 방법이다. 예컨대 "물권에 관하여는 동산·부동산의 소재지법에 따른다."와 같이 정하는 것이다. 두 번째 및 세 번째 모두 실현가능한 방법인데, 세계 각국은 두 번째 방법보다는 세 번째 방법을 취하고 있다. 이 마지막 방법에 의하여 섭외사법관계에 적용될 특정 국가의 사법을 지정하는 법을 국제사법(國際私法)이라고 한다.

Cf. 국제사법의 범위와 관련하여 협의와 광의의 두 개념이 사용된다. 협의의 국제사법은 위에서 말한 준거법 지정을 위한 법규만을 의미하는 한편 광의의 국제사법에는 협의의 국제사법 외에 국제재판관할과 외국판결(중재판정을 포함)의 승인 및 집행에 관한 법규까지 포함된다. 국제사법전에는 준거법 결정을 위한 규범 외에 국제재판관할에 관한 규정이 있는데(2조~15조, 24조, 25조, 38조, 39조, 41조~44조, 56조~62조, 76조, 79조, 89조~93조) 협의의 국제사법 개념에서는 이 관할규정들을 국제민사소송법으로 분류한다. 협의의 국제사법에 의하여 문제된 섭외사법관계에 적용되어야 할 법으로 지정된 특정 국가의 법을 준거법(準據法)이라고 한다(後述). 이하 국제재판관할에 대한 논의나 법률관계의 성질결정과 같이 국제재판관할과 준거법에 공히 적용되는 논의를 제외한 나머지 부분에서의 국제사법은 준거법 지정을 위한 법, 즉 협의의 개념으로 사용한다.

Ⅱ. 국제사법의 본질과 특성

1. 국제사법의 본질

국제사법의 본질에 관하여 국제법인지 아니면 국내법인지 여부에 대하여 논의가 있고, 국내법이라고 볼 경우에도 공법·사법·제 3 종의 법으로 견해가 나뉜다. 국제법설은 2개 국가 이상이 관련되어 있으므로 국내법의 형식으로 제정되더라도 그 본질은 국제법이라는 한편 국내법설은 국제사법이 국내적 규범에 불과하다고 한다. 국제사법을 국제법이라고 파악한다면 당연히 공법으로 분류되어야 할 것이지만, 국내법이라고 파악하게 될 경우에는 다시 공·사법 여부에 대하여 논의하여야 할 것이다. 이에 관하여 공법설과 사법설 및 제 3 종법설의 대립이 있다. 생각건대 공법과 사법은 실질법을 대상으로 한 구별이므로 실질법에 대응하는 개념으로서의 저촉법 내지 적용법인 국제사법은 그 중의 하나가 아니라 제 3 종의 법으로 보는 것이 타당할 것이다(同旨: 김연 18). 그러한 입장에서 국제사법을 법질서의 법·법의 법·법원법(法源法)이라고도 부른다.

2. 국제사법의 특성

가. 간접규범: 실질사법은 직접적으로 법률관계를 규율하므로 직접규범임에 반하여 국제사법은 문제된 섭외사법관계를 직접적으로 규율할 특정 국가의 실질사법을 지정하여 줌으로써 간접적으로 섭외사법관계를 규율하므로 간접규범이라고 할 수 있다.

나. 적용규범: 각국의 실질사법 중 문제된 섭외사법관계에 대하여 어떤 국가

의 실질사법을 적용할 것인지를 결정하는 법적용에 관한 법이므로 적용규범이다. 이에 반하여 실질사법은 법률효과의 존부를 결정하므로 효과규범이라고 한다.

다. 상위규범: 각국의 실질사법의 상위(上位)에 위치하여 문제된 섭외사법 관계를 규율함에 있어서 가장 적당한 사법을 선택하는 임무를 맡고 있다는 의 미에서 상위규범이다. 그러나 여기의 '상위'는 기능적 측면에서의 것일 뿐 법효 력상의 우위를 의미하는 것은 아니다.

라. 강행규범: 국제사법은 문제된 섭외사법관계에 가장 적당한 법을 적용하 기 위한 공익적인 견지에서 제정된 것이므로 강행성을 가지는 규범이다(김연 21, 신창선 15~16).

Ⅲ. 국제사법의 법원

1. 국제사법의 법원의 의의

국제사법의 법원(法源)은 국제사법의 존재를 인식하는 근거, 즉 구체적으로 는 국제사법을 구성하는 제반 법규들을 말한다. 국제사법의 법원으로는 제정법 과 조약, 불문법으로서 관습법, 판례, 그리고 조리 등이 있다.

> Note 法源(source of law, Rechtsquelle)이라 함은 두 가지 의미로 사용된다. 하
> 나는 법의 타당근거로서 이는 주로 법철학적인 측면에서 논의되는 것이다. 그러
> 나 보통 법원이라고 하면 법의 인식근거를 의미하며 여기에서도 마찬가지이다.

2. 제 정 법

제정법에는 국제사법전과 실질적 의의의 국제사법에 속하는 법규들이 있다.

가. 국제사법: 우리나라는 1898년 이래 일본국제사법규정인 소위 법례(法 例)를 의용하여 오다가 1962년 1월 15일 법률 제966호로 섭외사법이라는 명칭 을 가진 최초의 고유한 국제사법규정을 가지게 되었다. 법례(法例)는 대체로 독 일민법시행법 초안을 모방하여 만든 것으로서 총 30개 조항으로 되어 있었고, 섭외사법은 3장 47개 조항 및 부칙(2개항)으로 구성되어 있었다. 그 후 2001년 4월 7일 법률 제6465호로 국제사법이 개정·공포되었으며 9장 62개 조항 및 부 칙(4개항)으로 구성되어 2001년 7월 1일부터 시행되었다(그 후 2011. 5. 19. 지식 재산 기본법의 제정으로 국제사법 24조의 '지적재산권'을 '지식재산권'으로 명칭을 변 경하는 개정이 있었다). 2001년 개정 국제사법은 국제재판관할권에 대하여는 준

거법 분야와 달리 소비자계약과 근로계약을 제외하고는 각 법률관계에 대한 개별적 규정을 두지 않고 총칙적 규정(2조)만을 두었는데 이를 보완하여야 한다는 요청에 따라 국제재판관할에 대한 구체적 규정 30여 개를 추가한 국제사법 개정안을 국회에 제출, 2021년 12월 9일 본회의를 통과하여 2022년 1월 4일 법률 제18670호로 공포되었고 2022년 7월 5일부터 개정 국제사법이 시행되고 있다.

　나. **실질적 의의의 국제사법**: 이에 속하는 것으로서는 외국재판의 효력에 관한 민사소송법 제217조와 제217조의2, 외국재판의 강제집행과 집행판결에 관한 민사집행법 제26조와 제27조, 외국인과 외국법인의 지위에 관련한 채무자 회생 및 파산에 관한 법률 제 2 조 등이 있다.

3. 조　　약

　헌법 제 6 조 제 1 항에 의하면 헌법에 의하여 체결·공포된 조약과 일반적으로 승인된 국제법규는 국내법과 같은 효력을 가진다. 따라서 우리나라가 국제사법에 관한 조약을 체결한 경우에는 그것이 국제사법의 법원이 되는 것이다.

4. 관 습 법

　관습법은 관습의 형식으로 존재하는 국제사법에 관한 법을 말한다. 영미의 국제사법은 대부분이 판례의 형태로 존재하고, 독일이나 프랑스와 같은 성문법 국가에서도 성문국제사법의 불완전성 때문에 판례에 의하여 확립된 국제사법원칙이 적지 않다(서희원 25~26). 아직 우리나라에는 관습법으로 확립되었다고 볼 국제사법의 원칙은 없다.

5. 판 례 법

　판례법은 구체적인 사건에 관하여 법원이 내린 판결(들)에 의하여 밝혀진 이론이나 법칙이라고 정의할 수 있을 것이다. 영미법계에서는 선례구속력의 원칙(doctrine of stare decisis)에 따라 판례를 통하여 나타난 법원칙을 법원(法源)으로 인정하므로 이를 판례법(case law)이라고 할 수 있는 반면에 우리나라를 포함한 대륙법계 국가에서는 상급법원의 재판에서의 판단은 해당 사건에 한하여만 하급심을 기속할 뿐(법원조직법 8조) 앞의 판결의 법원성을 정면으로 인정하고 있지 않으므로 상사판례를 법원으로 볼 것이냐에 대하여 긍정설과 부정설의 대립이 있다. 우리나라의 경우 종전의 판례와 다른 판결을 할 수 있고 이것이 상고이유가 되지 않는 점(민사소송법 제423조 참조)에 비추어 볼 때 상사판례의 법원성은 부정된다고 보아야 할 것이다. 이렇게 상사판례의 법원성을 부정하더라도 그 사실상의 구속력에 대해서까지 부정할 수는 없는 것으로서 '살아 있는 법'으로서의 판례에 대한 연구는 지속되어야 할 것이며 특히 국제사법 분야에서 그 필요성은 지대한 것이다.

> Note 용어상의 문제이기는 하지만 엄격하게 말하면 판례의 법원성을 인정할 경우에만 판례법이라고 쓰는 것이 정확할 것이다.

6. 학설과 조리(條理)

학설은 다른 법 분야에서 법원성을 인정받지 못하고 있으며 이는 국제사법 분야에서도 예외가 아니다. 그러나 학설은 조리와 함께 국제사법에 있어서 중요한 위치를 차지하며, 이는 불완전한 국제사법을 가지고 있는 국가에서는 더욱더 그러하다. 국제사법은 학설법이라고 표현될 만큼 학설의 중요성이 높은 분야임은 이미 설명한 바와 같다. 조리(nature of things)는 반대의 견해가 있기는 하지만 준거법 지정을 위한 아무런 기준이 없을 때 마지막 보루로서의 역할을 하게 될 것이고, 성문법이 불완전한 국제사법에서 조리의 필요성은 더욱 크다.

IV. 국제사법의 명칭과 중요한 국제사법 용어

1. 국제사법의 명칭

국제사법의 명칭에 대하여 한국이나 일본에서는 국제사법(國際私法), 영미법계에서는 법충돌법(law of conflict of laws) 또는 사국제법(私國際法, private international law), 프랑스법계에서는 사국제법(私國際法, droit international privé), 독일법계에서는 국제사법(Internationales Privatrecht)이라는 명칭을 보통 사용하고 있다. 우리나라는 과거 법전의 명칭을 섭외사법이라고 하였다가 2001년 개정시 국제적 조류에 맞추어 국제사법으로 명칭을 개정하였다.

> Cf. 사국제법(私國際法)은 국가간의 사적인 법률문제를 취급한다는 의미에서 국제공법인 국제법과 구별하기 위하여 만든 표현이다.

2. 중요한 국제사법 용어

국제사법 용어 중에서 중요한 몇 가지에 대하여 정리해 보면 다음과 같다.

가. 준거법(governing law, applicable law): 국제사법이 정하는 바에 따라서 문제된 섭외적 생활관계에 적용되는 내국 또는 외국의 민법·상법과 같은 실질

법을 말한다. 이러한 실질법을 적용함으로써 섭외사법관계의 법률상 효과가 결정된다는 뜻에서 효과법이라고도 한다. 국제사법 제28조 제 1 항 전문(前文)은 "사람의 행위능력은 그의 본국법에 따른다."라고 규정하는데, 이 경우 사람의 능력에 대하여 적용될 본국법(실질법)이 바로 준거법이다.

　　나. **법정지법**(소송지법, lex fori): 소송이 계속된 법원이 소재하는 나라의 법률을 말한다.

　　다. **본국법**(lex patriae): 섭외사법관계에 있어서의 주체가 국적을 가지고 있는 나라의 법을 말한다. 국제사법은 능력이나 친족, 상속에 관한 사항에 있어서는 대부분 당사자의 본국법을 준거법으로 하고 있다. 선박의 본국법을 특히 선적국법 또는 기국법(law of flag)이라고 한다. 본국법과 주소지법을 속인법이라고 한다.

> Cf. 문제된 법률관계에 적용가능한 수개의 법이 있는 경우 사람을 기준으로 한 적용법을 속인법(屬人法)이라고 한다. 속인법을 취하면 그 사람이 어디를 가도 그 사람이 속한 법이 적용된다. 이에 대한 것으로 속지법(屬地法)이 있는데 이는 장소를 기준으로 적용할 법을 정하는 것, 즉 특정한 장소에 있는 모든 사람에게 적용되는 법이다. 현대 국제사법상의 속인법은 사람의 능력이나 친족관계, 상속 등 사람에 관계된 법률관계의 준거법을 지정하는 데 사용된다. 이 경우 그 연결점으로 국적, 주소, 일상거소 등이 있는데 그에 따라 지정된 준거법을 본국법, 주소지법, 일상거소지법이라 한다. 근대 속인법으로 당사자의 국적과 주소를 연결점으로 하는 본국법주의와 주소지법주의가 대립하였고, 대륙법계국가들은 본국법주의를, 영미법계국가들은 주소지법주의를 주로 채택하였으나 국제적 교류의 증대로 인하여 주소지법의 비중이 커져오던 추세이었다. 한편 주소지법은 현대에 이르러 일상거소지법으로 대체되는 추세에 있는바 우리 국제사법은 속인법에 있어서 국적을 기준으로 하는 본국법주의를 원칙으로 하면서 일상거소지법을 부분적으로 도입하고 있다.

　　라. **주소지법**(lex dominicilli): 섭외사법관계의 당사자가 주소를 가지고 있는 나라의 법률을 말한다.

　　마. **소재지법**(lex sitae): 물건이 존재하는 나라의 법률을 말한다. 국제사법 제33조는 "① 동산 및 부동산에 관한 물권 또는 등기하여야 하는 권리는 그 동산·부동산의 소재지법에 따른다. ② 제 1 항에 규정된 권리의 취득·상실·변경은 그 원인된 행위 또는 사실의 완성 당시 그 동산·부동산의 소재지법에 따른다."라고 규정하고 있다.

　　바. **행위지법**(lex loci actus): 법률행위가 행하여진 나라의 법률을 말한다.

법률행위가 계약인 경우에는 그 나라의 법률을 계약지법(lex loci contractus)이
라고도 한다. 과거 섭외사법 제 9 조는 법률행위의 준거법으로서 행위지법을 보
충적으로 인정하였었다.

사. **불법행위지법**(lex loci delictus): 불법행위가 행하여진 나라의 법률을 말
한다. 한편 부당이득·사무관리가 행하여진 나라의 법률을 각각 부당이득지법·
사무관리지법이라고 하는데, 이상의 세 가지를 묶어 사실발생지법이라고 한다.
국제사법에 의하여 각각 불법행위(52조)·부당이득(51조)·사무관리(50조)의 준거
법이 된다.

아. **이행지법**(lex solutionis): 채무의 이행을 행하여야 하거나 또는 이미 행
한 나라의 법률을 말한다. 국제사법은 이행지법의 일종으로서 어음·수표의 지
급지법이라는 표현을 쓰고 있다(81조 1항 이하).

자. **연결점**(point of contact; **연결소**, connecting factor): 섭외사법관계에 국제
사법을 적용하여 준거법을 지정할 때에 그 법률관계와 준거법을 연결하여 주는
요소를 말한다. 이는 동산·부동산의 소재지, 법정지와 같이 단순한 사실관계일
수도 있고, 국적·주소·불법행위지·행위지·서명지·발행지·당사자의 의사와 같
은 법률개념(이를 특히 연결개념이라고 부른다)일 수도 있다. 예컨대 미국인 A와 일
본인 B가 중국에 있는 부동산에 관하여 필리핀에서 매매계약을 체결하였는데 위
매매계약관계가 한국에서 문제된 경우, 이 중 연결점은 A와 B의 국적, 부동산의
소재지, 법률행위지 등이며 이에 따라 당사자의 본국법인 미국법·일본법, 부동산
의 소재지법인 중국법, 행위지법인 필리핀법 등의 준거법이 결정되는 것이다. 동
산·부동산의 소재지와 같은 사실상의 연결점은 그 확정에 어려움이 없으나, 국
적과 같은 법률상의 연결점(연결개념)은 국가에 따라 다를 수 있으므로 그 확정
의 문제가 제기된다. 이러한 연결개념을 어떤 국가의 어떤 법에 의하여 확정할 것
인가의 문제를 연결개념의 확정문제라고 한다(이에 대하여는 164면 이하 참조). 한
편 2001년 국제사법 개정시 그 이전까지 사용하여 오던 '주소(domicile)'를 대체
하여 '상거소(常居所, habitual residence)'를 새로운 연결점으로 도입함으로써 국제
사법상 연결점으로서의 주소의 의미는 없어졌으며, 2022년 국제사법 개정시 '상
거소(habitual residence)'의 국문표기를 '일상거소(日常居所)'로 변경하였다.

차. **법역**(jurisdiction)**과 준국제사법**: 일정한 법률이 시행되고 있는 구역을
법역(法域)이라고 한다. 한국은 단일법역을 이루고 있으나 미국은 일국수법(一國

數法) 또는 불통일법국가이다. 미국과 같은 불통일법국가에서 문제된 사법관계에 어느 지방의 법을 적용할 것이냐를 결정하는 법을 준국제사법이라고 하는데 국제사법과 동일한 원리에 의하여 지배된다.

제 2 장   국제사법 총론

제 1 절   국제사법의 목적

【제 1 조】(목적)
이 법은 외국과 관련된 요소가 있는 법률관계에 관하여 국제재판관할과 준거법(準據法)을 정함을 목적으로 한다.

　　우리 국제사법은 외국과 관련된 요소가 있는 법률관계에 관하여 국제재판관할과 준거법을 정함을 목적으로 한다(1조).
　　'외국과 관련된 요소가 있는 법률관계'는 국제사법의 전신(前身)인 섭외사법에서의 '섭외적 생활관계'(섭외사법 1조) 및 2022년 개정 전 국제사법의 '외국적 요소가 있는 법률관계'(2001년 개정 국제사법 1조)와 같은 맥락의 개념이다. 그 개념에 대하여는 외국적 요소가 포함된 모든 사법적 생활관계 또는 외국과 관련이 있는 사법관계로 폭넓게 이해하는 입장(김문환, "해외 한국인노동자의 국제사법상 문제", 「국제사법연구」, 1995, 50면; 이호정 2)과 단순히 외국적 요소를 포함하는 것만으로는 부족하고 외국적 성격이 상당한 정도에 이르러 그 관계에 막연히 국내법을 적용하는 것은 부당하고 국제사법을 적용하는 것이 합리적이고 타당하다고 할 경우에 한한다는 입장(이재홍, "국제계약에 관한 일반적인 문제", 「재판자료 제33집」, 1986, 37면)이 있다. 한편 2022년 국제사법 개정 이전의 대법원은 '외국적 요소'가 있는지 여부는 거래당사자의 국적뿐만 아니라 주소, 물건 소재지, 행위지, 사실발생지 등이 외국과 밀접하게 관련되어 있는지 등을 종합적으로 고려하여야 하고, 그 결과 곧바로 내국법을 적용하기보다는 국제사법을 적용하여 그 준거법을 정하는 것이 더 합리적이라고 인정되는 법률관계에 대하여는 국제사법의 규정을 적용하여 준거법을 정하여야 한다고 판시하였다(대법원 2014. 12. 11. 선고 2012다119443 판결; 대법원 2008. 1. 31. 선고 2004다26454 판결).

▶ 대법원 2014. 12. 11. 선고 2012다119443 판결
원심판결 이유에 의하면, 원심은, ① 원심판시 이 사건 양도약정의 당사자에는 원고은행
과 주식회사 봉신 외에도 파나마국 법률에 따라 설립되어 파나마국에 주소를 두고 있는
파보람쉽핑이 포함되어 있고, 원고은행의 경우에도 국내지점이 아니라 홍콩지점이 직접
관련되어 있는 점, ② 이 사건 양도약정의 대상이 된 원심판시 이 사건 용선료채권 등은
원심판시 이 사건 연속항해용선계약을 원인으로 발생하였는데, 이 사건 연속항해용선계
약은 국제화물운송을 목적으로 하는 원심판시 이 사건 선박의 용선에 관한 것으로서 이
를 원인으로 하여서는 이 사건 용선료채권 이외에도 체선료채권, 임금채권, 각종 손해배
상채권 등이 발생할 수 있고, 경우에 따라 이들 채권의 발생지는 외국일 수 있는 점, ③
당사자들이 이 사건 연속항해용선계약 및 양도약정의 준거법을 영국법으로 정하기로 합
의한 점 등을 종합하여 보면, 이 사건에는 외국적 요소가 있다고 보이고, 따라서 곧바로
대한민국법을 적용하기보다 국제사법을 적용하여 그 준거법을 정하는 것이 더 합리적이
라고 판단하였다. … 위 법리에 비추어 기록을 살펴보면, 원심의 위와 같은 판단은 정당
한 것으로 수긍할 수 있고(하략)

제 2 절 국제재판관할권

I. 국제재판관할권의 의의와 종류

1. 국제재판관할권의 의의

국제재판관할권(jurisdiction, 일반관할권)은 문제된 섭외사법관계에 대하여
특정 국가의 법원이 이를 재판할 수 있는 자격 내지 권한을 말한다. 관련된 여
러 국가 중에서 특정 국가에게 국제재판관할권이 인정되면 다음으로 그 국가의
국내(민사소송)법에 의하여 그 국가 내의 어떤 법원이 관할권을 가지는가의 문
제가 대두되는데 이것을 국제재판관할권과 구별하여 '국내재판관할권(venue, 특
별관할권)'이라고 부른다.

> * 엄밀하게 구분하면 '관할(venue)'은 국내민사소송법상의 개념(재판권을 가지는
> 해당 국가 내 '법원'을 기준으로 하는 개념)이고, '재판권(jurisdiction)'은 국제민
> 사소송법상의 개념(국제사회 내 '국가'를 기준으로 정해지는 개념)이므로 양자는
> 구분되어야 한다. '재판권'은 특정한 법률적 쟁송사건에 대하여 세계 각국 중 어
> 느 국가가(엄밀하게는 어느 국가의 사법권이) 이를 재판할 수 있는 권능을 가지
> 는가의 문제인 데 반하여 '관할'은 해당 국가가 재판권을 가지는 것을 전제로 하

여 그 국가 내의 어느 법원이 재판권을 행사할 지에 대한 분담관계를 말하기 때문이다. 각국의 (국내)민사소송법상의 관할규정에 따라 어느 법원이 재판권을 가지게 될 경우 그 법원에 관할'권'이 인정되는 것이다. 국제사법 제 2 조는 '관할(권)'과 '재판권'의 개념이 혼용되고 있는 현실을 감안하여 '재판권'이라고 표현하지 않고 '국제재판관할' 또는 '국제재판관할권'이라는 두 가지 표현을 사용하고 있으나 양자는 별개가 아니라 같은 개념이다.

2. 직접적 일반관할권과 간접적 일반관할권

국제재판관할권을 한 국가의 입장에서 보면 자국이 재판권을 행사하기 위한 전제로서 관할권을 가지느냐의 문제와 외국의 재판을 자국에서 승인·집행하기 위한 전제요건으로서 그 외국이 관할권을 가지고 있었느냐의 여부가 문제되는데 프랑스의 바르탱(Bartin)은 전자를 '직접적 일반관할권', 후자를 '간접적 일반관할권'이라고 구별하되 양자는 동일한 원칙에 따라 규율될 것이라고 주장하였다. 이는 직접적 일반관할권에 관한 규정이 간접적 일반관할권의 경우에도 전용(轉用)될 수 있다는 것을 의미하며 양 원칙은 그 성질상 동일한 추상적 표준에 따라 결정되는 것이라는 것이다. 따라서 예컨대 불법행위지가 국내에 있음을 근거로 하여 우리나라 법원에 관할권을 인정한 이상 불법행위지가 외국에 있는 경우에는 이를 근거로 외국법원에 관할권을 인정하여야 한다(이를 일반관할권 규정의 쌍방적 성격이라고 부른다. 최공웅 269).

II. 국제재판관할 결정의 일반원칙

1. 개   관

세계 각국이 국제재판관할의 결정에 대하여 취하고 있는 입장은 국가주의, 국제주의, 보편주의의 세 가지로서 이는 국제민사소송법의 기본이념을 어떻게 파악할 것이냐 하는 관점에 따른 것이다.

2. 국제민사소송법의 기본이념에 대한 세 가지 입장

가. **국가주의**: 자국의 국제재판관할의 결정은 하등의 국제적 배려를 할 필요 없이 자국 및 자국민의 이익 보호에 주안점을 두어 그 귀속을 결정하여야 한다는 입장이다.

나. **국제주의**: 국제재판관할의 문제를 그것이 민사나 상사에 관한 경우에도 국가주권의 사법관할 상호간의 저촉문제로 보아 대인주권 및 영토주권이라는

국제법상의 원칙에 따라 해결하려는 입장이다.

다. **보편주의**: 각국의 재판기관은 국제적 사법관계로부터 생기는 민사·상사에 관한 분쟁의 처리를 분담하여야 하기 때문에 국제재판관할의 결정은 국제사회에 있어서 재판기능을 각국의 재판기관에 분배하는 것이라고 보는 입장으로 토지관할의 배분과 본질적으로 다르지 않다는 견해이다.

> Note 국제주의와 보편주의의 구별: 국제주의는 그 해결을 주권을 기준으로 함에 반하여 보편주의는 적정·공평·신속·경제라고 하는 민사소송법의 기본이념을 통하여 어느 나라의 법원이 재판을 담당하는 것이 가장 합리적인가를 기준으로 하는 점에서 차이가 있다.

3. 국제재판관할 결정기준에 관한 학설

구체적으로 국제재판관할을 어떤 기준에 따라 결정할 것인가에 대하여 종래 다음과 같은 세 가지 견해가 제시되어 왔는데 이러한 학설대립을 살펴보는 것은 신설된 국제사법 제 2 조의 의미 이해에 도움이 될 것이다.

가. **역추지설**: 민사소송법의 토지관할(재판적)에 관한 규정을 역으로 추지(推知)하여 국내에 재판적이 인정되면 원칙적으로 국제재판관할권도 인정된다는 견해이다. 이 견해에서는 국제토지관할에 관한 민사소송법의 규정은 조리에 부합하는 것으로 본다.

나. **관할배분설**(조리설): 국제재판관할 결정은 국제민사소송법의 기본이념인 조리에 의하여야 한다는 입장으로서 민사소송법의 규정을 참고로 한다고 하더라도 이는 어디까지나 국내적인 관점에서 제정된 것이므로 재판관할의 국제적인 배분의 관점에서 합리적으로 수정하여 독자적인 국제재판관할의 원칙을 세워야 한다는 입장이다.

다. **수정역추지설**(특별사정설): 역추지설에 대하여는 일본 최고재판소의 말레이시아 항공 여객기사건에 대한 판결을 계기로 하위개념인 국내토지관할로부터 상위개념인 국제재판관할을 도출하는 논리적 모순이 있고, 민사소송법상의 재판적이 국내에 있으면 항상 국제재판관할이 긍정되어 별도로 국제재판관할이라는 요건을 정립할 실질적인 필요가 없을 뿐만 아니라 과잉관할의 위험마저 있다는 비판이 가하여졌는바 민사소송법이 규정하는 재판적이 국내에 있을 때에는 원칙적으로 국내법원에 재판관할을 인정하되 국내에서 재판을 하는 것이 재판의 적정, 당사자의 공평, 소송의 신속 등에 반하는 특수한 사정이 있는 경우에는 관할을 부정한다는 수정역추지설 또는 특별사정설이 대두되었다.

> Cf. 말레이시아 항공 여객기사건: 1981년 10월 16일 일본 최고재판소는 말레이시아 항공의 여객기가 말레이시아 국내에서 추락하여 사망한 일본인 유족이 일본에서 제기한 여객운송계약상의 채무불이행을 이유로 한 손해배상청구소송에서 위 항공회사의 영업소가 일본에 있다는 이유만으로 여객운송계약이 일본 국내영업소에서 체결되지 않았음에도 불구하고 일본 법원의 재판관할권을 인정하였다.

라. 결론: 법원은 법적 안정성의 측면에서라도 1차적으로는 민사소송법의 토지관할규정을 따르는 것이 타당하다. 다만 섭외사건의 특성상 국제적인 배려를 소홀히 할 수는 없는 것이므로 이에 관한 각 조약 등이 채택하고 있는 국제관할의 결정원칙에 유의하면서 민사소송법의 규정에만 의할 경우에 부딪치게 될 당사자의 공평, 재판의 적정과 신속이라는 기본이념에 반하는 특별한 사정이 없는 지를 신중히 검토하여야 할 것이다. 이러한 '특별한 사정'의 존부를 확정함에 있어서는 피고와 그 행위지 사이에 실질적인 관련이 있는 지의 여부, 쌍방의 증거수집의 용이성과 소송수행의 부담정도, 판결의 집행가능성 등을 종합적으로 고려하여야 한다. 2001년 개정시 국제사법은 제 2 조에 국제재판관할원칙에 대한 규정을 신설하였고, 2022년 개정시에는 국제재판관할 배분의 이념을 열거하는 등으로 이를 구체화하였는바 이에 관하여는 후술한다.

4. 미국의 재판관할이론

가. 미국법상 재판관할권의 개념: 대륙법에서 피고의 응소의 편의에 중점을 두고 재판적의 유무를 판단함에 대하여 공평과 실질적 정의의 면에서 적정한 법정지의 지정을 추구하려는 미국적 방법론은 각국의 재판관할권의 국제적 균형을 고려하고 국제적 관할권원칙을 확립하는 데 크게 기여하는 이론으로서 특히 국제사법의 기능적 분석론과 발맞춘 비형식적인 결정방법론(nonformal decision making process)이라는 데 검토의 가치가 있다. 특히 연방헌법의 보장 아래 각주의 재판권을 공평하게 분배하려는 미국 국내관할원칙은 국제관할에도 원칙으로 동일하게 적용하고 있다는 점에서 우리나라의 국제적 재판관할권원칙을 세우는 데 있어서 시사하는 바가 크다고 할 것이다.

> Cf. 영미재판관할의 종류: 영미법상 가장 대표적인 소송형태로 대물소송과 대인소송이 있고 이에 따라 관할 또한 대물관할과 대인관할로 나누어진다.

(1) **대물소송(action in rem)**   이것은 특정재산상의 이익만을 목적으로 한 청구로서 대세적 효력을 갖는 판결을 목적으로 하는 소송으로 판결의 효력은 특정재산의 권리관계에만 미친다. 채권 이외의 권리, 주로 물권이 이에 속하며 신분에 관한 소송은 신분을 물건으로 의제하여 대물소송으로 다룬다. 이러한 소송에서의 관할권을 대물관할(jurisdiction in rem)이라고 한다.

(2) **대인소송(action in personam)**   이것은 피고에 대하여 행하여지는 일반적인 청구사건으로 주로 당사자 상호간의 권리의무의 확정을 목적으로 하는 소송이다. 판결의 효력은 피고 본인에게만 개인적으로 미치며 채권에 관한 여러 가지 소권이 여기에 속한다. 대인관할(jurisdiction in personam)은 이러한 소송의 관할권을 말한다.

나. **현존의 원칙(Pennoyer원칙)**: 원고는 피고 소재지 법원에 제소하여야 한다는 로마법상의 'actor sequitur forum rei'의 원칙은 common law에 있어서는 현존의 원칙(presence theory)으로 나타난다. 즉, common law상 대인소송에 있어서는 관할의 기초는 피고가 주내에 현존(present)한 것을 전제로 한 현실적 송달이며 대물소송에서는 재산의 물리적 현존만이 유일한 관할의 기초였다. 이 원칙은 1878년 연방최고법원의 Pennoyer판결에서 천명되었다. 그 후 경제의 발전과 과학 및 교통통신기관의 발달로 인한 빈번한 주간(州間)활동에서 발생하는 분쟁에 대하여 Pennoyer원칙의 엄격한 적용으로 야기되는 불편함이 적지 않아 주외(州外) 피고에 대한 대인관할권의 범위를 확대시켜나가려는 노력이 시도되게 되었다.

> Cf. 보통법(common law)은 두 가지 의미로 사용된다. 하나는 civil law 또는 code law에 대비되는 말로서 성문법전이 아닌 판례법을 가리키고, 다른 하나는 형평법(equity law)에 대비되어 사용되는 것이다. 과거에는 common law와 equity 사이에 이를 다루는 법원과 절차에 있어서 큰 차이가 있었으나 오늘날에는 양자가 거의 통합되어 구별의 실익이 없다고 할 수 있다. 따라서 일반적으로 보통법은 영미에서 성문화된 법이 아닌 법, 즉 판례법을 뜻하는 것으로 사용된다.

다. **최소관련성의 원칙(minimum contacts theory)**: 이는 1945년의 International Shoe Co. 판결을 계기로 하여 이루어진 획기적인 재판관할권 확대의 근거로서 공평(fair play)과 실질적 정의(substantial justice)의 전통적 관념에 반하지 않는 최소한의 관련만 있으면 대인적 재판관할권을 인정한다는 유연한 기준을 내세운 것이다. 이러한 최소관련성의 기준에 따라 그 이후 미국의 각 주는 최소한의 관련만 있으면 관할을 최대한으로 인정하는 Long-Arm Statute라고 불리는 법률들을 제정하게 되었다. 그러나 Long-Arm Statute의 제정으로 인한 재판관할권의 확대는 원고에게는 자유로운 법정지 선택이라는 편리를 제공하는 반면 피고에게는 불리한 타주(他州) 법원에서의 응소의무라는 부담을 지워준다는 비판을 받게 되었을 뿐 아니라 이로 인한 재판에 있어서의 현실적인 불편이 나타나게 되자 1947년 Gulf Oil Corp. v. Gilbert 사건을 계기로 어느 법원에 재판관할권이 있는 경우에도 법관의 재량에 의하여 그 행사를 자제할 수 있다는 불편한 법정(forum non conveniens)의 법리가 선언되었다.

　　라. **불편한 법정의 원칙**: '불편한 법정'은 종래 영국에서 인정되었던 법원칙으로 법원에 과도한 재량권을 부여할 뿐 아니라 외국인이 제소한 사건의 재판을 거부하는 구실이 되는 등의 불합리의 근거가 되는 단점도 가진다. 앞으로는 공평과 실질적 정의라는 관념 하에서 관련 당사자의 이해관계와 정책적 면을 고려하여 재판관할권의 문제를 단지 그 유무의 문제로서가 아니라 실질적으로 어느 법원이 그 소송에 관하여 가장 적당한 법원(소위 forum conveniens)이냐 하는 문제로 그 논의의 초점을 옮겨야 할 것이다(최공웅 288).

5. 국제사법상 국제재판관할권 분배의 일반원칙

【제 2 조】 (일반원칙)
① 대한민국 법원(이하 "법원"이라 한다)은 당사자 또는 분쟁이 된 사안이 대한민국과 실질적 관련이 있는 경우에 국제재판관할권을 가진다. 이 경우 법원은 실질적 관련의 유무를 판단할 때에 당사자 간의 공평, 재판의 적정, 신속 및 경제를 꾀한다는 국제재판관할 배분의 이념에 부합하는 합리적인 원칙에 따라야 한다.
② 이 법이나 그 밖의 대한민국 법령 또는 조약에 국제재판관할에 관한 규정이 없는 경우 법원은 국내법의 관할 규정을 참작하여 국제재판관할권의 유무를 판단하되, 제 1 항의 취지에 비추어 국제재판관할의 특수성을 충분히 고려하여야 한다.

　　국제사법은 2001년 개정시 제 2 조에 국제재판관할의 분배원칙만을 추상적으로 규정하고, 개별적 법률관계소송에 대한 특별재판관할규정은 소비자계약(27조 4항·5항)과 근로계약(28조 3항·4항)에 한정하였었다. 그러나 이번 2022년 개정시에는 민사소송법에 대응하는 국제재판관할규정(일반 및 특별관할)과 함께 개별적 법률관계에 관한 소송에 대한 특별재판관할규정을 신설하였고, 제 2 조의 일반원칙도 구체화하였다. 여기에서는 국제사법 제 2 조만을 살펴보고, 나머지 관할규정에 관하여는 관련부분에서 설명한다.

국제사법 제 2 조는 국제재판관할 분배의 일반원칙을 천명하고 있다.

가. 실질적 관련의 원칙: 당사자 또는 분쟁이 된 사안이 대한민국과 실질적인 관련을 가지는 경우에 우리나라 법원에 국제재판관할권이 인정되며, 실질적인 관련성 유무를 판단함에는 당사자 간의 공평, 재판의 적정, 신속 및 경제를 기한다는 국제재판관할 배분의 이념에 부합하는 합리적인 원칙에 따라야 한다고 규정한다(1항). 여기의 '실질적 관련'은 우리나라 법원이 재판관할권을 행사하는 것을 정당화할 수 있을 정도로 당사자 또는 분쟁의 대상이 우리나라와 관련성을 갖는 것을 말하며, 그 인정 여부는 법원이 구체적인 사건마다 종합적인 사정을 고려하여 판단하여야 한다(서울중앙지방법원 2007. 8. 30. 선고 2006가합 53066 판결). 개정 전에는 국제재판관할을 가지기 위한 요건으로 '실질적 관련성'만을 규정하고 그 구체적인 판단기준을 제시하지 않았으나 이번 개정시 실질적 관련 유무를 판단함에 있어서 '당사자 간의 공평, 재판의 적정, 신속 및 경제를 꾀한다'는 구체적 기준을 제시하였다.

나. 보칙: 국제사법이나 그 밖의 대한민국의 법령 또는 조약에 국제재판관할에 관한 규정이 없는 경우에 대한 보칙으로, 이 경우 법원은 국내법의 관할규정을 참작하여 국제재판관할권의 유무를 판단하도록 하고, 이때에도 위 제 1 항의 취지에 비추어 국제재판관할의 특수성을 충분히 고려하여야 한다고 규정하고 있다(2항). 국제사법 제 2 조 제 2 항에서 국제재판관할과 국제재판관할권을 혼용하고 있는데 같은 의미로 사용하는 것으로 해석하여야 한다.

6. 대법원의 국제재판관할결정기준

가. 국제사법 제 2 조 제 1 항의 실질적 관련성의 원칙: 대법원은 이번 2022년 국제사법 개정 이전부터 국제재판관할을 결정함에 있어서 법원이 실질적 관련성 여부를 판단할 때에는 당사자의 공평, 재판의 적정, 신속과 경제 등 국제재판관할 배분의 이념에 부합하는 합리적인 원칙에 따라야 한다는 전제 하에 구체적으로는 당사자의 공평, 편의, 예측가능성과 같은 개인적인 이익뿐만 아니라, 재판의 적정, 신속, 효율, 판결의 실효성과 같은 법원이나 국가의 이익도 함

께 고려하여야 하며, 이처럼 다양한 국제재판관할의 이익 중 어떠한 이익을 보호할 필요가 있을지는 개별 사건에서 실질적 관련성 유무를 합리적으로 판단하여 결정하여야 한다는 입장을 밝혀왔다(대법원 2019. 6. 13. 선고 2016다33752 판결; 대법원 2014. 5. 16. 선고 2013므1196 판결; 대법원 2012. 5. 24. 선고 2009다22549 판결; 대법원 2010. 7. 15. 선고 2010다18355 판결; 대법원 2008. 5. 29. 선고 2006다71908, 71915 판결).

　　나. 국제사법 제 2 조 제 2 항의 보칙: 민사금전청구소송에 대하여 대법원은 2019. 6. 13. 선고 2016다33752 판결(피고가 자연인인 대여금청구사건)과 2021. 3. 25. 선고 2018다230588 판결(피고가 법인인 물품대금청구사건)에서 '실질적 관련성'을 판단하는 구체적 기준 또는 방법 몇 가지를 제시하였다.

　　(1) **민사소송법의 관할규정**　　국제사법 제 2 조 제 2 항은 "법원은 국내법의 관할 규정을 참작하여 국제재판관할권의 유무를 판단하되, 제 1 항의 규정의 취지에 비추어 국제재판관할의 특수성을 충분히 고려하여야 한다."라고 정하여 제 1 항에서 정한 실질적 관련성을 판단하는 구체적 기준 또는 방법으로 국내법의 관할규정을 제시한다. 따라서 민사소송법 관할규정은 국제재판관할권을 판단하는 데 가장 중요한 판단 기준으로 작용한다. 다만 이러한 관할규정은 국내적 관점에서 마련된 재판적에 관한 규정이므로 국제재판관할권을 판단할 때에는 국제재판관할의 특수성을 고려하여 국제재판관할 배분의 이념에 부합하도록 수정하여 적용해야 하는 경우도 있다. ① 피고가 자연인인 경우에 민사소송법 제 3 조 본문은 "사람의 보통재판적은 그의 주소에 따라 정한다."라고 정한다. 따라서 당사자의 생활 근거가 되는 곳, 즉 생활관계의 중심적 장소가 토지관할권의 가장 일반적·보편적 발생근거라고 할 수 있다. 민사소송법 제 2 조는 "소는 피고의 보통재판적이 있는 곳의 법원이 관할한다."라고 정하고 있는데, 원고에게 피고의 주소지 법원에 소를 제기하도록 하는 것이 관할 배분에서 당사자의 공평에 부합하기 때문이다. 국제재판관할에서도 피고의 주소지는 생활관계의 중심적 장소로서 중요한 고려요소이다. 그리고 ② 피고가 법인인 경우에 민사소송법 제 2 조는 "소는 피고의 보통재판적이 있는 곳의 법원이 관할한다."라고 정하고 있고, 민사소송법 제 5 조 제 1 항 전문은 "법인, 그 밖의 사단 또는 재단의 보통재판적은 이들의 주된 사무소 또는 영업소가 있는 곳에 따라 정한다."라고 정하고 있다. 이는 원고에게 피고의 주된 사무소 또는 영업소가 있는 법원에 소를

제기하도록 하는 것이 관할 배분에서 당사자의 공평에 부합하기 때문이므로, 국
제재판관할에서도 피고의 주된 사무소가 있는 곳은 영업관계의 중심적 장소로
서 중요한 고려요소가 된다.

　　(2) 피고 재산의 대한민국 소재 여부　　　국제재판관할에서 특별관할을 고려
하는 것은 분쟁이 된 사안과 실질적 관련이 있는 국가의 관할권을 인정하기 위
한 것이다. 민사소송법 제11조는 "대한민국에 주소가 없는 사람 또는 주소를 알
수 없는 사람에 대하여 재산권에 관한 소를 제기하는 경우에는 청구의 목적 또
는 담보의 목적이나 압류할 수 있는 피고의 재산이 있는 곳의 법원에 제기할 수
있다."라고 정한다. 원고가 소를 제기할 당시 피고의 재산이 대한민국에 있는
경우 대한민국 법원에 피고를 상대로 소를 제기하여 승소판결을 얻으면 바로
집행하여 재판의 실효를 거둘 수 있다. 이와 같이 피고의 재산이 대한민국에 있
다면 당사자의 권리구제나 판결의 실효성 측면에서 대한민국 법원의 국제재판
관할권을 인정할 수 있다. 그러나 그 재산이 우연히 대한민국에 있는 경우까지
무조건 국제재판관할권을 인정하는 것은 피고에게 현저한 불이익이 발생할 수
있다. 따라서 원고의 청구가 피고의 재산과 직접적인 관련이 없는 경우에는 그
재산이 대한민국에 있게 된 경위, 재산의 가액, 원고의 권리구제 필요성과 판결
의 실효성 등을 고려하여 국제재판관할권을 판단해야 한다.

　　(3) 예측가능성　　　예측가능성은 피고와 법정지 사이에 상당한 관련이 있
어서 법정지 법원에 소가 제기되는 것에 대하여 합리적으로 예견할 수 있었는
지를 기준으로 판단해야 한다. ① 자연인인 피고가 대한민국에서 생활 기반을
가지고 있거나 재산을 취득하여 경제활동을 할 때에는 대한민국 법원에 피고를
상대로 재산에 관한 소가 제기되리라는 점을 쉽게 예측할 수 있고, ② 법인인
피고가 대한민국에 주된 사무소나 영업소를 두고 영업활동을 할 때에는 대한민
국 법원에 피고를 상대로 재산에 관한 소가 제기되리라는 점을 쉽게 예측할 수
있다.

　　(4) 병존가능성　　　국제재판관할권은 배타적인 것이 아니라 병존할 수도
있다. 지리, 언어, 통신의 편의 측면에서 다른 나라 법원이 대한민국 법원보다
더 편리하다는 것만으로 대한민국 법원의 재판관할권을 쉽게 부정할 수는 없다.
이러한 병존가능성 기준은 가사소송 판결에서도 그대로 채택되었는데 대법원
2021. 2. 4. 선고 2017므12522 판결(이혼 및 위자료 청구사건)은 원고와 피고가

모두 국적과 주소지가 캐나다국이고 원고와 피고가 각각 대한민국에서 일정기간 체류한 사안에서 이 사건은 캐나다국 법원에서 판단하여야 하고 대한민국 법원에는 국제재판관할권이 없다는 피고의 주장에 대하여 "국제재판관할권에 관한 국제사법 제 2 조는 가사사건에도 마찬가지로 적용된다. 따라서 가사사건에 대하여 대한민국 법원이 재판관할권을 가지려면 대한민국이 해당 사건의 당사자 또는 분쟁이 된 사안과 실질적 관련이 있어야 한다. 그런데 가사사건은 일반 민사사건과 달리 공동생활의 근간이 되는 가족과 친족이라는 신분관계에 관한 사건이거나 신분관계와 밀접하게 관련된 재산, 권리, 그 밖의 법률관계에 관한 사건으로서 사회생활의 기본토대에 중대한 영향을 미친다. 가사사건에서는 피고의 방어권 보장뿐만 아니라 해당 쟁점에 대한 재판의 적정과 능률, 당사자의 정당한 이익 보호, 가족제도와 사회질서의 유지 등 공적 가치를 가지는 요소도 고려할 필요가 있다. 따라서 <u>가사사건에서 '실질적 관련의 유무'는 국내법의 관할 규정뿐만 아니라 당사자의 국적이나 주소 또는 상거소(2022년 개정 국제사법의 일상거소에 해당함, 筆者 註), 분쟁의 원인이 되는 사실관계가 이루어진 장소(예를 들어 혼인의 취소나 이혼사유가 발생한 장소, 자녀의 양육권이 문제 되는 경우 자녀가 생활하는 곳, 재산분할이 주요 쟁점인 경우 해당 재산의 소재지 등), 해당 사건에 적용되는 준거법, 사건 관련 자료(증인이나 물적 증거, 준거법 해석과 적용을 위한 자료, 그 밖의 소송자료 등) 수집의 용이성, 당사자들 소송 수행의 편의와 권익보호의 필요성, 판결의 실효성 등을 종합적으로 고려하여 판단하여야 한다.</u> …(중략)… 재판상 이혼과 같은 혼인관계를 다투는 사건에서 대한민국에 당사자들의 국적이나 주소가 없어 대한민국 법원에 국내법의 관할규정에 따른 관할이 인정되기 어려운 경우라도 이혼청구의 주요 원인이 된 사실관계가 대한민국에서 형성되었고(부부의 국적이나 주소가 해외에 있더라도 부부의 한쪽이 대한민국에 상당 기간 체류함으로써 부부의 별거상태가 형성되는 경우 등) 이혼과 함께 청구된 재산분할사건에서 대한민국에 있는 재산이 재산분할대상인지 여부가 첨예하게 다투어지고 있다면, 피고의 예측가능성, 당사자의 권리구제, 해당 쟁점의 심리 편의와 판결의 실효성 차원에서 대한민국과 해당 사안 간의 실질적 관련성을 인정할 여지가 크다."라고 판시함에 이어 "나아가 피고가 소장 부본을 적법하게 송달받고 실제 적극적으로 응소하였다면 이러한 사정은 대한민국 법원에 관할권을 인정하는 데 긍정적으로 고려할 수 있다(대법원 2006. 5. 26. 선고 2005므884

판결 참조). 국제재판관할권은 배타적인 것이 아니라 병존할 수도 있다. 다른 나라 법원에 재판관할권이 인정될 수 있다는 이유만으로 대한민국 법원의 재판관할권을 쉽게 부정해서는 안 된다(위 대법원 2016다33752 판결 참조)."라고 판시하였다.

> Cf. 가사소송의 국제재판관할 결정에 있어서 '피고의 적극적 응소'가 대한민국 법원에 관할권을 인정하는 데 고려요소가 된다고 판시한 위 2017므12522 판결과 같은 취지의 대법원 2021. 10. 28. 선고 2019므15425 판결(이혼 및 양육자지정 청구사건)은 2022년 국제사법 개정으로 변론관할규정(9조)이 신설되기 이전의 판결이다.

다. 구체적 적용사례

(1) 인정례

⑺ **도메인이름 관련 손해배상청구소송**   대한민국 내에 주소를 두고 450개의 도메인을 가지고 회원들에게 이메일 주소를 제공하는 서비스업을 영위하는 원고가 미국의 도메인 이름등록기관에 등록·보유 중인 도메인이름(hpweb.com)에 대하여, 피고(HP)가 국제기구인 인터넷주소관리기구(ICANN)가 승인한 분쟁해결기관 중의 하나인 미국 국가중재위원회(NAF)로부터 받은 위 도메인이름을 피고에게 이전하라는 판정에 불복하여 제기한 소송에서 ① 원고의 웹사이트 영업의 주된 이용언어와 서비스권이 한국어 및 대한민국이고, 도메인이름에 대한 이전판정으로 인하여 영업상의 손해가 발생한 곳 역시 원고의 사업본거지이므로, 그러한 이용행위가 침해행위인지 여부 및 손해의 유무를 판정하기 위한 증거들이 모두 대한민국에 소재하는 점, ② 피고가 위 판정을 신청할 당시 원고의 주소지를 중심지로 하는 영업에 영향을 미치게 된다는 점을 충분히 알 수 있었을 것이므로 대한민국 법원에 소송이 제기될 가능성을 충분히 예견할 수도 있었던 점, ③ 위 인터넷주소관리기구가 정한 도메인이름분쟁해결을 위한 규정상으로도 분쟁의 양쪽 당사자들이 적법한 관할권을 가진 법원에 제소할 가능성을 열어두고 있는 점 등에 비추어 대한민국 법원에 국제재판관할권이 있다고 인정하는 데에 방해가 되지 않는다고 판시하였다(대법원 2005. 1. 27. 선고 2002다59788 판결).

⑷ **중국항공기추락사고 관련 손해배상청구소송**   2002년 김해공항 인근의 중국 항공기 추락사고로 사망한 중국인승무원의 유가족이 대한민국에도 영업소를 두고 있는 중국 항공사를 피고로 대한민국 법원에 제기한 손해배상청구소송

에 대하여 ① 원고들의 이 사건 청구원인은 피고의 불법행위 또는 근로계약상 채무불이행으로 인한 손해배상청구이므로, 불법행위지(이 사고의 행위지 및 결과 발생지 또는 이 사건 항공기의 도착지) 및 피고의 영업소소재지가 속한 대한민국 법원에 민사소송법상 토지관할권이 존재한다고 봄이 상당한데, 당사자 또는 분쟁이 된 사안이 대한민국과 실질적 관련이 있는지를 판단하는 데 있어서 민사소송법상 토지관할권 유무가 여전히 중요한 요소가 됨을 부인할 수 없는 점, ② 국제재판관할권은 배타적인 것이 아니라 병존할 수 있으므로, 지리상, 언어상, 통신상의 편의 측면에서 중국 법원이 대한민국 법원보다 피고에게 더 편리하다는 것만으로 대한민국 법원의 재판관할권을 쉽게 부정하여서는 곤란하고, 원고가 대한민국 법원에서 재판을 받겠다는 의사를 명백히 표명하여 재판을 청구하고 있는 점도 쉽사리 외면하여서는 아니 되며, 피고의 영업소가 대한민국에 존재하고 피고의 항공기가 대한민국에 취항하며 영리를 취득하고 있는 이상, 피고가 그 영업활동을 전개하는 과정에서 대한민국 영토에서 피고 항공기가 추락하여 인신사고가 발생한 경우 피고로서는 대한민국 법원의 재판관할권에 복속함이 상당하고, 피고 자신도 이러한 경우 대한민국 법원에 피고 회사를 상대로 손해배상소송이 제기될 수 있다는 점을 충분히 예측할 수 있다고 보아야 하므로, 개인적인 이익 측면에서도 대한민국 법원의 재판관할권이 배제된다고 볼 수 없는 점, ③ 일반적으로 항공기사고가 발생한 국가의 법원에 사안과 증거조사가 편리하다는 재판관할의 이익이 인정된다고 할 것인데, 관련 사건에서 이미 증거조사가 마쳐졌다든지 관련 사건에서 당사자가 책임 자체를 인정하고 있다든지 하는 사정(다른 탑승객들도 피고를 상대로 대한민국 법원에 손해배상청구소송을 제기, 제 1 심과 제 2 심법원이 피고의 책임을 인정하여 일부인용판결을 선고하였고, 이에 유가족측만이 상고하였음)은 소송 제기 시점에 따라 좌우되는 우연적인 사정에 불과하므로 이러한 우연적인 사정에 의하여 재판관할권 유무가 달라진다는 것은 합리적이라고 할 수 없으며, 그리고 준거법은 어느 국가의 실질법 질서에 의하여 분쟁을 해결하는 것이 적절한가의 문제임에 반하여, 국제재판관할권은 어느 국가의 법원에서 재판하는 것이 재판의 적정, 공평을 기할 수 있는가 하는 서로 다른 이념에 의하여 지배되는 것이기 때문에, 국제재판관할권이 준거법에 따라서만 결정될 수는 없는 점, 더구나 오늘날 외국적 요소가 있는 법률관계에 관하여 재판관할과 별도로 준거법에 관한 합의를 하는 경우가 드물지 않은 점에 비추어 보면, 우리나라의 국제사법상 이 사건에 적용될 준거법이 중국법이라고 하더라도 그러한 사정만으로 이 사건 소와 대한민국 법원과의 실질적 관련성을 부정하는 근거로 삼기에 부족하다는 점, 또한 피고의 영업소가 대한민국에 있음에 비추어 대한민국에 피고의 재산이 소재하고 있거나 장차 재산이 형성될 가능성이 있고, 따라서 원고들은 대한민국에서 판결을 받아 이를 집행할 수도 있을 것이며, 원고들도 이러한 점을 고려하여 이 사건 소를 대한민국 법원에 제기한 것으로 볼 수 있으므로, 법원의 이익 측면에서도 대한민국 법원에 재판관할권을 인정할 여지가 충분하다고 할 것인 점, ④ 국제재판관할권은 주권이 미치는 범위에 관한 문제라고 할 것이므로, 형식적인 이유를 들어 부당하게 자국의 재판관할권을 부당하게 넓히려는 시도는 타당하지 않지만, 부차적인 사정을 들어 국제재판관할권을 스스로 포기하는 것 또한 신중할 필요가 있으며, 같은 항공기에 탑승하여 같은 사고를 당한 사람의 손해배상청구에 있어서 단지 탑승객의 국적과 탑승근거가 다르다는 이유만으로 국제재판관할권을 달리하게 된다면 형평성에 있어서도 납득하기 어려운 결과가 될 것인 점에 비추어 원고들의 이 사건 소는 대한민국과 실질적 관련이 있다고 보기에 충분하다고 판시하였다(대법원 2010. 7. 15. 선고 2010다18355 판결).

　　⒟ 제조물(고엽제)책임에 기한 손해배상청구소송　　　베트남전에 파병되어 복무한 군인들 또는 그 유족들이 고엽제를 제조·판매한 피고회사들을 상대로 제조물책임을 묻는 사안에 관하여 물품을 제조·판매하는 제조업자에 대한 제조물책임소송에서 손해발생지 법원에 국제재판관할권이 있는지를 판단하는 경우에는 제조업자가 손해발생지에서 사고가 발생하여 그 지역의 법원에 제소될 것임을 합리적으로 예견할 수 있을 정도로 제조업자와 손해발생지 사이에 실질적 관련성이 있는지를 고려하여야 함을 전제로 하여, 피고회사들이 대한민국 군인들이 귀국한 후 질병이 발생할 경우 대한민국에서 피고들을 상대로 제조물책임을 묻는 소를 제기할 수 있음을 충분히 예견할 수 있었던 점 등의 사정에 비추어 손해발생지 겸 당사자의 생활근거지인 대한민국은 이 사안 및 당사자와 실질적인 관련성이 있다고 판시하였다(대법원 2013. 7. 12. 선고 2006다17539 판결).

　　⒠ 이혼소송　　　대한민국 국적을 가진 원고가 스페인 국적을 보유하고 있는 피고를 상대로 제기한 이혼소송에서 ① 국제재판관할권은 배타적인 것이 아니라 병존할 수 있는 것이므로, 스페인 법원이 대한민국 법원보다 심리에 더 편

리하다는 것만으로 대한민국 법원의 재판관할권을 쉽게 부정하여서는 곤란하고, 원고가 대한민국 법원에서 재판을 받겠다는 의사를 명백히 표명하여 재판을 청구하고 있는 점도 고려하여야 하는 점, ② 원고 및 사건본인이 대한민국 국적을 가지고 있고, 사건본인이 대한민국에서 출생하여 현재 대한민국 유치원에 다니고 있으며, 결혼식과 혼인신고가 원·피고가 대한민국에 거주할 때 이루어졌으므로 피고 역시 이혼소송이 대한민국에서 제기될 수 있음을 예측할 수 있었다고 보이는 점, ③ 원고는 혼인기간 내내 사건본인과 함께 대한민국에 주민등록이 되어 있었고, 실제 혼인 중 상당기간 대한민국에서 거주하였을 뿐만 아니라, 2011. 6. 29.경부터 현재까지 대한민국에서 생활하고 있어 원고의 상거소가 대한민국에 존재하는 점, ④ 국제사법 제39조(2022년 개정 국제사법 66조에 해당함, 筆者 註) 단서는 이혼의 준거법을 정함에 있어 "부부 중 일방이 대한민국에 상거소가 있는 대한민국 국민인 경우에는 이혼은 대한민국 법에 의한다."고 규정하고 있어 이 사건 소송의 준거법은 대한민국 법이 되므로, 대한민국 국민인 원고의 이익을 위해서도 대한민국 법원에 재판관할권을 인정할 필요가 있는 점, ⑤ 원고의 이 사건 청구에는 대한민국 국적을 가지고, 대한민국에 거주하며, 대한민국 국민에 의하여 양육되고 있는 사건본인에 대한 친권자 및 양육자 지정청구도 포함되어 있는데, 그러한 사항까지도 대한민국 법원이 관할할 수 없다는 것은 대한민국 국민에 대한 법의 보호를 포기하는 결과가 되는 점, ⑥ 피고가 소유하고 있는 재산이 대한민국 내에 존재하고, 원고가 위 재산을 가압류한 상황에서 원고의 위자료 및 재산분할청구의 실효성 있는 집행을 위해서도 대한민국 법원에 이혼소송을 제기할 실익이 있는 점 등의 사정을 근거로 원고의 이 사건 청구는 대한민국과 실질적 관련성이 있으므로 대한민국 법원에 국제재판관할권이 인정된다고 판시하였다(대법원 2014. 5. 16. 선고 2013므1196 판결).

⒨ **대여금청구소송**   일본국에 주소를 둔 재외동포 甲(원고)이 일본국에 주소를 둔 재외동포 乙(피고)을 상대로 3건의 대여금채무(수액이 다른 세 건의 대여금을 편의상 A엔, B원, C엔으로 약칭함)에 대한 변제를 구하는 소를 대한민국 법원에 제기한 사안에서, A엔은 피고가 공동대표이사인 주식회사 원우주택이 추진하던 순천시 문화테마파크 개발 등 사업과 관련하여 지급된 돈으로 채권의 발생 자체가 대한민국 내 개발사업과 직접 관련이 있고, 원고 甲이 가압류집행한 피고 乙 소유의 부동산 역시 위 개발사업의 부지로서 당해 재산과 분쟁의

사안 사이에 실질적 관련도 있다고 판시하고, B은행은 원고 甲이 대한민국 내 거주자인 소외인 명의의 계좌로 2천만 원에 해당하는 일본국 돈 1,938,699엔을 송금한 후 대한민국 수표로 인출된 돈으로서, 돈의 수령 및 사용 장소가 대한민국이고 수령인도 대한민국 내 거주자라는 점에서 B은행에 대한 청구 역시 대한민국과 실질적 관련이 있다고 판시하였으며, C엔은 그에 관한 분쟁의 합의관할이 일본국 내 원고 甲의 주소지 법원인 사실을 알 수 있고, 달리 당사자 또는 분쟁이 된 사안이 법정지인 대한민국과 어떠한 실질적 관련이 있다고 볼 만한 근거를 찾기가 어려우나 "피고 乙이 제 1 심법원에서 국제재판관할권의 존부에 관한 관할위반 항변을 하지 아니한 채 본안에 관한 변론만을 하였고, 그 결과 본안에 관한 사항만을 쟁점으로 한 제 1 심판결이 선고되었으며, 피고 乙은 원심에 이르러서야 국제재판관할권에 관한 관할위반 주장을 하였는바, 국제재판관할에서 민사소송법 제30조에 규정된 바와 같은 변론관할을 인정하더라도 당사자 사이의 공평을 해칠 우려가 없는 점, 오히려 같은 당사자 사이의 분쟁을 일거에 해결할 수 있고 효과적인 절차의 진행 및 소송경제에도 적합한 점 등에 비추어 보면, 이 부분 C엔 청구에 관하여 비록 당사자 또는 분쟁이 된 사안과 법정지인 대한민국 사이에 실질적 관련성이 없다 하더라도 이에 관하여 제 1 심법원에 국제재판관할권이 생겼다고 봄이 상당하다."라고 판시하였다(대법원 2014. 4. 10. 선고 2012다7571 판결). 그리고 중국 국적으로 중국에서 사채업에 종사하다가 대한민국에서 영업을 하려고 입국한 갑이, 중국 국적의 부부로 중국에서 부동산개발사업을 영위하다가 대한민국에 거주지를 마련한 을 등을 피고로 하여 과거 갑이 중국에서 을 등에게 빌려준 대여금의 반환을 구하는 소를 대한민국 법원에 제기한 사안에서, ① 을 등이 대한민국에 있는 부동산과 차량을 구입하여 소유·사용하고, 위 소 제기 당시 대한민국에 생활의 근거를 두고 자녀를 양육하면서 취득한 부동산에서 실제로 거주해 온 사실 등과 갑도 위 소 제기 무렵 대한민국에 입국하여 변론 당시까지 상당한 기간을 대한민국에서 거주하면서 향후 대한민국에서 영업활동을 수행할 계획을 가지고 있는 사실 등을 종합하면 갑과 을 등이 모두 위 소 제기 당시 대한민국에 실질적인 생활 기반을 형성하였다고 볼 수 있는 점, ② 을 등은 중국을 떠난 뒤 대한민국에 생활 기반을 마련하고 재산을 취득하였으므로 갑이 자신들을 상대로 대한민국 법원에 위 소를 제기할 것을 예상하지 못했다고 보기 어렵고, ③ 을 등이 대한민국에 부동산과 차량 등

재산을 소유하고 있어 갑이 이를 가압류한 상황에서 청구의 실효성 있는 집행을 위해서 대한민국 법원에 소를 제기할 실익이 있는 점, ④ 중국 국적인 갑이 중국 국적인 을 등을 상대로 스스로 대한민국 법원에 재판을 받겠다는 의사를 명백히 표시하여 재판을 청구하고 있고, 을 등도 대한민국에서 소송대리인을 선임하여 응소하였으며, 상당한 기간 대한민국 법원에서 본안에 관한 실질적인 변론과 심리가 이루어졌는데, 위 사건의 요증사실은 대부분 계약서나 계좌이체 내역 등의 서증을 통해 증명이 가능하고 반드시 중국 현지에 대한 조사가 필요하다고 보기 어렵고, 대한민국에서 소송을 하는 것이 을 등에게 현저히 불리하다고 볼 수 없는 반면, 위 사건에 관하여 대한민국 법원의 국제재판관할을 부인하여 중국 법원에서 다시 심리해야 한다면 소송경제에 심각하게 반하는 결과가 초래되는 점, ⑤ 위 사건에 관한 법률관계의 준거법이 중국법이라 하더라도 국제재판관할과 준거법은 서로 다른 이념에 의해 지배되는 것이므로 그러한 사정만으로 위 소와 대한민국 법원의 실질적 관련성을 부정할 수는 없는 점 등에 비추어 위 소는 대한민국과 실질적 관련성이 있으므로 대한민국 법원이 국제재판관할권을 가진다고 본 원심[광주고등법원 2016. 7. 6. 선고 (제주)2014나1166 판결]의 판단이 정당하다고 판시하였다(대법원 2019. 6. 13. 선고 2016다33752 판결).

㈐ **한정후견 개시 및 한정후견인 선임**　　사건본인이 "자신은 대한민국에 거소를 둔 외국인이 아니므로, 대한민국 법원에는 국제재판관할이 없고, 대한민국 민법이 준거법으로 적용될 여지가 없으므로 이 사건 신청은 부적법하여 각하되어야 한다"는 본안전항변을 제출한 데 대하여, 사건본인이 대한민국 국적을 상실한 후 그의 외국인등록이 말소되기는 하였으나 ① 대한민국 국적을 상실한 이후에도 주로 대한민국에 거주하여 왔고(국적 상실 이후 대한민국 이외의 지역에서 20일 이상 머문 사실이 없다), 2017. 10. 12. 대한민국에 입국한 이후 현재까지 대한민국에 거주하고 있으므로 최소한 대한민국에 거소가 있는 외국인에 해당한다 할 것인 한편 ② 서울 소재 상가지분을 보유하는 등 대한민국 내에서 재산을 소유하고 있을 뿐 아니라 위 상가 등에 관한 임대차계약을 체결하거나, 금융기관으로부터 금원을 차용하는 등의 법률행위를 하고 있고, 현재 대한민국 내에서 배우자와 이혼소송을 진행하고 있으며, 아버지의 사망으로 인하여 그 상속과 관련한 법률적 분쟁의 당사자가 될 가능성이 높은 점에서 볼 때 피후견인을 보호하여야 할 긴급한 필요가 있는 경우에 해당하므로, 국제사법 제48조(2022년

개정 국제사법 75조에 해당함, 筆者 註) 제 2 항 제 3 호에 의하여 대한민국 법원이 국제재판관할을 가지고, 대한민국 민법이 준거법으로 적용되며, 이에 반하는 사건본인의 본안전항변은 이유 없다고 판시하였다[서울가정법원 2018. 1. 17. 자 2017브30016 결정. 이는 대법원결정이 아니나 참고를 위하여 여기에 인용하였음(筆者 註)].

(2) **부정례**   국내기업인 B주식회사가 미국 뉴욕 주에 본점을 둔 A기업과의 주문자상표부착방식의 판매계약에 따라 2회에 걸쳐 전기압력밥솥을 공급하였는데 A기업은 이를 미국 플로리다 주에 본점을 두고 홈쇼핑사업을 하는 C기업(원고)에 판매하였고, 원고는 이를 다시 미국 전역에 판매하였는데 위 밥솥의 하자로 화상을 입은 소비자들로부터의 소송과 손해배상요구에 대하여 손해배상금을 지급하고 합의한 다음 B회사와 그로부터 분할·설립된 D주식회사(피고)를 상대로 미국 뉴욕 남부 연방지방법원에 구상금청구소송을 제기하여 D회사로 하여금 구상금 지급을 명하는 판결을 선고받은 사안에서, 제조물의 결함으로 인하여 발생한 손해를 배상한 제조물 공급자 등이 제조업자를 상대로 외국 법원에 구상금청구소송을 제기한 경우에도 제조업자가 그 외국 법원에 구상금 청구의 소를 제기당할 것임을 합리적으로 예견할 수 있을 정도로 제조업자와 그 법정지 사이에 실질적 관련성이 있는지를 고려하여야 함을 전제로 하여 B기업이 미국에 주소나 영업소, 판매대리점 등을 두거나 미국 소비자에게 위 밥솥에 관하여 상품광고 또는 구매상담 등의 영업행위를 한 것이 전혀 없는 이상 위 밥솥의 결함으로 인하여 손해를 입은 피해자 중 일부가 미국 뉴욕주에 거주하고 있다는 사정만으로는 피고가 이 사건 뉴욕법원에 그 구상금 청구의 소를 제기당할 것임을 합리적으로 예견할 수 있을 정도로 피고와 미국 뉴욕 주 사이에 실질적 관련성이 있다고 보기 어려워 뉴욕법원에 국제재판관할권이 없다고 판시하였다(대법원 2015. 2. 12. 선고 2012다21737 판결).

7. 국제사법상 국제재판관할규정

【제 3 조】 (일반관할)
① 대한민국에 일상거소(habitual residence)가 있는 사람에 대한 소(訴)에 관하여는 법원에 국제재판관할이 있다. 일상거소가 어느 국가에도 없거나 일상거소를 알 수 없는 사람의 거소가 대한민국에 있는 경우에도 또한 같다.
② 제 1 항에도 불구하고 대사(大使)·공사(公使), 그 밖에 외국의 재판권 행사대상

에서 제외되는 대한민국 국민에 대한 소에 관하여는 법원에 국제재판관할이 있다.
③ 주된 사무소·영업소 또는 정관상의 본거지나 경영의 중심지가 대한민국에 있는
법인 또는 단체와 대한민국 법에 따라 설립된 법인 또는 단체에 대한 소에 관하여
는 법원에 국제재판관할이 있다.

　　가. 일반관할: 2022년 국제사법 개정시 민사소송법 제 2 조(보통재판적)에 대
응하는 국제재판관할의 일반관할규정을 신설하였다. 대한민국에 일상거소가 있
는 사람에 대한 소(訴)에 관하여는 대한민국 법원에 국제재판관할이 있고, 일상
거소가 어느 국가에도 없거나 이를 알 수 없는 사람의 거소가 대한민국에 있는
경우에 대한민국 법원에 국제재판관할이 있다(1항). 대사(大使)·공사(公使), 그
밖에 외국의 재판권 행사대상에서 제외되는 대한민국 국민에 대한 소에 관하여
는 제 1 항에 불구하고 대한민국 법원에 국제재판관할이 있다(2항). 대한민국에
주된 사무소 또는 영업소, 정관상의 본거지나 경영의 중심지가 있는 법인 또는
단체와 대한민국 법에 따라 설립된 법인 또는 단체에 대한 소에 관하여는 대한
민국 법원에 국제재판관할이 있다(3항).

【제 4 조】 (사무소·영업소 소재지 등의 특별관할)
① 대한민국에 사무소·영업소가 있는 사람·법인 또는 단체에 대한 대한민국에 있
는 사무소 또는 영업소의 업무와 관련된 소는 법원에 제기할 수 있다.
② 대한민국에서 또는 대한민국을 향하여 계속적이고 조직적인 사업 또는 영업활동
을 하는 사람·법인 또는 단체에 대하여 그 사업 또는 영업활동과 관련이 있는 소
는 법원에 제기할 수 있다.

【제 5 조】 (재산소재지의 특별관할)
재산권에 관한 소는 다음 각 호의 어느 하나에 해당하는 경우 법원에 제기할 수 있다.
　 1. 청구의 목적 또는 담보의 목적인 재산이 대한민국에 있는 경우
　 2. 압류할 수 있는 피고의 재산이 대한민국에 있는 경우. 다만, 분쟁이 된 사안
　　　이 대한민국과 아무런 관련이 없거나 근소한 관련만 있는 경우 또는 그 재산
　　　의 가액이 현저하게 적은 경우는 제외한다.

　　나. 특별관할: 2022년 국제사법 개정시 국제사법 제 4 조와 제 5 조에 민사
소송법 제 7 조(근무지의 특별재판적)와 제11조(재산이 있는 곳의 특별재판적)에
대응한 특별관할을 신설하였다.

(1) **근무지·영업활동지**: 근무지는 사무소 또는 영업소에 계속 근무하는 사람 등에 대한 소에서의 특별관할이다. 대한민국에 사무소 또는 영업소가 있는 사람, 법인 또는 단체에 대한 사무소 또는 영업소의 업무와 관련된 소는 대한민국 법원에 제기할 수 있다(4조 1항). 그리고 그러한 근무지가 없더라도 인터넷 홈페이지 등을 이용하여 대한민국에서 또는 대한민국을 향하여 계속적이고 조직적인 사업 또는 영업 활동을 하는 사람, 법인 또는 단체에 대한 그 사업 또는 영업 활동과 관련이 있는 소는 대한민국 법원에 제기할 수 있다(4조 2항).

(2) **재산소재지**: 재산권에 관한 소의 경우 집행의 신속성과 확실성을 도모하기 위하여 재산소재지의 관할을 신설하였다. 즉, 청구의 목적 또는 담보의 목적인 재산이 대한민국에 있는 경우(5조 1호) 및 압류할 수 있는 피고의 재산이 한국에 있는 경우(5조 2호 본문) 재산권에 관한 소는 대한민국 법원에 제기할 수 있다. 다만, 압류할 수 있는 피고의 재산이 한국에 있는 경우에도, 분쟁이 된 사안이 대한민국과 아무런 관련이 없거나 근소한 관련만 있는 경우 또는 재산의 가액이 현저하게 적은 경우에는 과잉관할 및 당사자의 예측가능성 침해방지 차원에서 대한민국 법원에 소를 제기할 수 없도록 하였다(5조 2호 단서).

> Cf. 우리 민사소송법 제11조는 "대한민국에 주소가 없는 사람 또는 주소를 알 수 없는 사람에 대하여 재산권에 관한 소를 제기하는 경우에는 청구의 목적 또는 담보의 목적이나 압류할 수 있는 피고의 재산이 있는 곳의 법원에 제기할 수 있다." 라고 규정하여 '대한민국에 주소가 없는(또는 알 수 없는) 사람에 대하여'라는 보충성이 명시되어 있음에 반하여 우리 국제사법 제 5 조 제 2 호에는 위와 같은 보충성의 전제 없이 '압류할 수 있는 피고의 재산이 대한민국에 있는 경우'라고만 규정하고 있다. 따라서 이를 문리해석하면 대한민국이 일반관할을 가지는 경우에도 재산소재지의 특별관할이 인정될 여지가 있다[석광현(국제재판관할법) 87].

【제 6 조】(관련사건의 관할)
① 상호 밀접한 관련이 있는 여러 개의 청구 가운데 하나에 대하여 법원에 국제재판관할이 있으면 그 여러 개의 청구를 하나의 소로 법원에 제기할 수 있다.
② 공동피고 가운데 1인의 피고에 대하여 법원이 제 3 조에 따른 일반관할을 가지는 때에는 그 피고에 대한 청구와 다른 공동피고에 대한 청구 사이에 밀접한 관련이 있어서 모순된 재판의 위험을 피할 필요가 있는 경우에만 공동피고에 대한 소를 하나의 소로 법원에 제기할 수 있다.
③ 다음 각 호의 사건의 주된 청구에 대하여 제56조부터 제61조까지의 규정에 따라

법원에 국제재판관할이 있는 경우에는 친권자·양육자 지정, 부양료 지급 등 해당 주된 청구에 부수되는 부수적 청구에 대해서도 법원에 소를 제기할 수 있다.
  1. 혼인관계 사건
  2. 친생자관계 사건
  3. 입양관계 사건
  4. 부모·자녀 간 관계 사건
  5. 부양관계 사건
  6. 후견관계 사건
④ 제 3 항 각 호에 따른 사건의 주된 청구에 부수되는 부수적 청구에 대해서만 법원에 국제재판관할이 있는 경우에는 그 주된 청구에 대한 소를 법원에 제기할 수 없다.

다. 관련사건의 관할: 민사소송법 제25조(관련재판적)에 대응하여 관련사건의 관할을 인정함으로써 증거자료의 수집 편의 등 효율적인 심리를 도모하고, 상이한 국가에서 소송이 계속됨으로써 초래될 수 있는 판결의 모순·저촉을 피하는 한편 피고에 대한 부당한 응소 강요 및 과잉관할을 방지하고자 국제사법 제 6 조를 신설하였다.

(1) **청구병합의 경우**: 상호 밀접한 관련이 있는 여러 개의 청구 가운데 하나에 대하여 대한민국 법원에 국제재판관할이 있으면 그 여러 개의 청구를 하나의 소로 대한민국 법원에 제기할 수 있다(1항).

(2) **공동소송의 경우**: 공동피고 중 1인의 피고에 대하여 대한민국 법원이 국제사법 제 3 조에 따른 일반관할을 가지는 때에는 그 피고에 대한 청구와 다른 공동피고에 대한 청구 사이에 밀접한 관련이 있어서 모순된 재판의 위험을 피할 필요가 있는 경우에만, 공동피고에 대한 소를 하나의 소로 대한민국 법원에 제기할 수 있다(2항).

(3) **가사사건의 경우**: ① 혼인관계 사건, ② 친생자관계 사건, ③ 입양관계 사건, ④ 부모·자녀 간 관계 사건, ⑤ 부양관계 사건, ⑥ 후견관계 사건에 있어서 위 각 사건에 대한 국제사법 제56조부터 제61조까지의 특별관할규정에 따라 대한민국 법원에 국제재판관할이 있는 경우에는 친권자·양육자 지정, 부양료 지급 등 해당 주된 청구에 부수되는 부수적 청구에 대해서도 대한민국 법원에 소를 제기할 수 있다(3항). 그러나 반대로 위 사건의 주된 청구에 부수되는 부수적 청구에 대해서만 대한민국 법원에 국제재판관할이 인정되는 경우에는 그 주

된 청구에 대한 소를 대한민국 법원에 제기할 수 없다(4항).

【제7조】(반소관할)
본소(本訴)에 대하여 법원에 국제재판관할이 있고 소송절차를 현저히 지연시키지 아니하는 경우 피고는 본소의 청구 또는 방어방법과 밀접한 관련이 있는 청구를 목적으로 하는 반소(反訴)를 본소가 계속(係屬)된 법원에 제기할 수 있다.

　　라. 반소관할: 국제사법 제7조는 민사소송법 제269조(반소)에 대응하여 본소에 대해 대한민국 법원에 국제재판관할이 있는 경우 일정한 요건 하에 반소에 대한 국제재판관할을 인정하는 규정을 신설하였다. 이는 밀접한 관련이 있는 청구에 대한 재판 진행 과정에서 소송경제를 도모하고 판결의 모순·저촉을 피하기 위한 것이다. 즉, 본소에 대하여 대한민국 법원에 국제재판관할이 있고 소송절차를 현저히 지연시키지 아니하는 경우 본소의 청구 또는 방어방법과 밀접한 관련이 있는 청구를 목적으로 하는 피고의 반소는 본소가 계속된 대한민국 법원에 제기할 수 있다.

【제8조】(합의관할)
① 당사자는 일정한 법률관계로 말미암은 소에 관하여 국제재판관할의 합의(이하 이 조에서 "합의"라 한다)를 할 수 있다. 다만, 합의가 다음 각 호의 어느 하나에 해당하는 경우에는 효력이 없다.
　　1. 합의에 따라 국제재판관할을 가지는 국가의 법(준거법의 지정에 관한 법규를 포함한다)에 따를 때 그 합의가 효력이 없는 경우
　　2. 합의를 한 당사자가 합의를 할 능력이 없었던 경우
　　3. 대한민국의 법령 또는 조약에 따를 때 합의의 대상이 된 소가 합의로 정한 국가가 아닌 다른 국가의 국제재판관할에 전속하는 경우
　　4. 합의의 효력을 인정하면 소가 계속된 국가의 선량한 풍속이나 그 밖의 사회질서에 명백히 위반되는 경우
② 합의는 서면[전보(電報), 전신(電信), 팩스, 전자우편 또는 그 밖의 통신수단에 의하여 교환된 전자적(電子的) 의사표시를 포함한다]으로 하여야 한다.
③ 합의로 정해진 관할은 전속적인 것으로 추정한다.
④ 합의가 당사자 간의 계약 조항의 형식으로 되어 있는 경우 계약 중 다른 조항의 효력은 합의 조항의 효력에 영향을 미치지 아니한다.
⑤ 당사자 간에 일정한 법률관계로 말미암은 소에 관하여 외국법원을 선택하는 전속적 합의가 있는 경우 법원에 그 소가 제기된 때에는 법원은 해당 소를 각하하여

야 한다. 다만, 다음 각 호의 어느 하나에 해당하는 경우에는 그러하지 아니하다.
  1. 합의가 제 1 항 각 호의 사유로 효력이 없는 경우
  2. 제 9 조에 따라 변론관할이 발생하는 경우
  3. 합의에 따라 국제재판관할을 가지는 국가의 법원이 사건을 심리하지 아니하기
     로 하는 경우
  4. 합의가 제대로 이행될 수 없는 명백한 사정이 있는 경우

【제13조】 (적용 제외)
제24조, 제56조부터 제59조까지, 제61조, 제62조, 제76조 제 4 항 및 제89조에 따라
국제재판관할이 정하여지는 사건에는 제 8 조 및 제 9 조를 적용하지 아니한다.

마. **합의관할:** 국제재판관할합의에 관한 명문규정을 둠으로써 국제거래 등
에서 관할에 대한 예측가능성을 확보하기 위하여 민사소송법 제29조(합의관할)
에 대응하여 국제사법 제 8 조에 국제재판관할에 대한 합의규정을 신설하였다.

(1) **국제재판관할합의의 의의와 유효성:** 국제재판관할합의는 특정한 국가 또
는 주의 법원에게 당사자간의 국제소송을 심판할 자격 내지 권한을 부여하기로
하는 합의이다. 이 합의는 특별한 사정이 없는 한 유효하며, 우리 민사소송법에
도 명문의 규정을 두어 이러한 합의를 허용하고 있다(민사소송법 29조).

(2) **종   류:** 국제재판관할합의를 분류하면 전속성 여부에 따라 전속적 국
제재판관할합의와 부가적 국제재판관할합의, 효과에 따라 설정적(창설적) 국제
재판관할합의와 배제적 국제재판관할합의로 나눌 수 있다. 설정적 국제재판관할
합의는 법률상 국제재판관할권을 가지고 있지 않은 국가에 국제재판관할권을
부여하는 합의이고, 배제적 국제재판관할합의는 그와 반대로 국제재판관할권을
가지는 국가로부터 국제재판관할권을 배제하는 합의이다. 설정적 국제재판관할
합의의 결과 그 국가가 전속적 국제재판관할권을 가지는지 아니면 부가적인 국
제재판관할권을 가지는지 여부는 당사자의 의사를 우선적으로 고려하여 결정할
사항이나, 2022년 개정 국제사법은 전속적 합의로 추정한다(8조 3항).

(3) **전속적 국제재판관할합의의 서면성 요건:** 당사자는 일정한 법률관계로 말
미암은 소에 관하여 국제재판관할합의를 할 수 있는데, 이 경우 서면으로 하여
야 한다. 이때의 서면에는 전보(電報), 전신(電信), 팩스, 전자우편 또는 그 밖의
통신수단에 의하여 교환된 전자적(電子的) 의사표시가 포함된다(8조 1항 본문, 8
조 2항; 2022년 국제사법이 명문으로 규정하기 전부터 판례는 전자적 방식의 유효성

을 인정하여 왔었다. 아래 판결 참조).

> ▶ 서울고등법원 2020. 6. 9. 선고 2019나2044652 판결은 <u>전자적 방식으로 체결된 국제</u>
> <u>거래 계약에 포함된 전속적 국제재판관할합의가 유효한지 여부</u>는 국제사법 제 2 조 제 2
> 항에 따라 민사소송법 제29조 제 2 항을 참작하되 국제재판관할의 특수성을 충분히 고
> 려하여 판단하여야 하는 점, 관할합의의 방식으로 서면을 요구하는 민사소송법 제29조
> 제 2 항의 취지는 민사소송 관할합의의 성립에 있어 당사자의 의사를 명확히 함으로써
> 분쟁을 방지하려는 데에 있는 점, 서로 다른 국가에 거주하는 당사자가 인터넷 가상공
> 간에서 체결하는 국제거래 계약의 경우에는 그 특수성을 충분히 고려하여 전자적 방식
> 에 의한 국제재판관할합의를 긍정할 필요가 큰 점, 국제재판관할합의의 방식은 법정지
> 법에 따라 판단할 사항으로서, 위 소송이 계속된 곳이자 관할이 배제된 법정지는 대한
> 민국인데, 대한민국의 전자문서 및 전자거래 기본법 제 4 조 및 민사소송 등에서의 전자
> 문서 이용 등에 관한 법률 제13조 제 1 항에 따라 전자문서는 민사소송법 제29조 제 2
> 항에서 정한 관할합의에 필요한 서면요건을 구비한 것으로 봄이 타당한 점 등을 종합
> 하여 보면, <u>전자문서의 방식으로 이루어진 위 관할합의는 유효</u>라고 판시하여, 한국법인
> 인 원고가 외국법인인 피고와 전자적 방식에 의한 개발자 배포계약상 계약에 관련한 모
> 든 법적 문제는 미국 캘리포니아주 산타클라라 카운티의 법원을 전속관할로 하기로 하
> 는 계약조항을 민사소송법 제29조 제 2 항에서 정한 '서면에 의한 관할합의'가 아니므로
> 무효라는 주장을 배척하였다.

   (4) **합의무효사유**: 국제사법은 ① 합의에 따라 국제재판관할을 가지는 국가
의 법(준거법의 지정에 관한 법규를 포함한다)에 따를 때 그 합의가 효력이 없는
경우, ② 합의를 한 당사자가 합의를 할 능력이 없었던 경우, ③ 대한민국의 법
령 또는 조약에 따를 때 합의의 대상이 된 소가 합의로 정한 국가가 아닌 다른
국가의 국제재판관할에 전속하는 경우 및 ④ 합의의 효력을 인정하면 소가 계
속된 국가의 선량한 풍속이나 그 밖의 사회질서에 명백히 위반되는 경우 해당
국제재판관할합의는 효력이 없다(8조 1항 1호~4호).

   Cf. 2022년의 국제사법 개정 전까지는 전속적 국제재판관할합의에 대한 명문의
   규정이 없었던 한편 우리 대법원은 외국법원의 관할을 배제하고 대한민국 법원
   을 관할법원으로 하는 전속적인 국제관할의 합의는 ① 당해 사건이 외국법원의
   전속관할에 속하지 아니하고, ② 대한민국법원이 대한민국법상 당해 사건에 대
   하여 관할권을 가지며, ③ 당해 사건이 대한민국법원에 대하여 합리적인 관련성

을 가지고, ④ 그와 같은 전속적인 관할합의가 현저하게 불합리하고 불공정하여 공서양속에 반하는 법률행위에 해당하지 않을 것을 전제로 유효하다는 입장을 취하여 왔었다(대법원 2011. 4. 28. 선고 2009다19093 판결, 위의 네 가지 요건 외에 그 합의가 서면에 의하여야 하나 이는 민사소송법 29조 2항에 따라 당연한 전제이었다). 이와 반대로 대한민국 법원의 관할을 배제하고 외국법원을 관할법원으로 하는 전속적 국제관할의 합의는 ① 당해 사건이 대한민국 법원의 전속관할에 속하지 아니하고, ② 지정된 외국법원이 그 외국법상 당해 사건에 대하여 관할권을 가져야 하며, ③ 당해 사건이 그 외국법원에 대하여 합리적인 관련성을 가질 것이 요구되고, ④ 그와 같은 전속적인 관할 합의가 현저하게 불합리하고 불공정하여 공서양속에 반하는 법률행위에 해당하지 않는 한 유효하다고 판시하여 왔었다(대법원 2010. 8. 26. 선고 2010다28185 판결; 대법원 1997. 9. 9. 선고 96다20093 판결). 2022년 국제사법 개정시 '합리적인 관련성'을 배제한 것은 헤이그관할협약(제 6 조)의 입장을 따른 것이다. 2022년 국제사법 개정 전의 전속적 국제재판관할합의의 유효요건 중 ③의 '합리적인 관련성'에 대한 학설과 판례의 논의에 대하여는 안강현, 「국제거래법(제 7 판)」, 박영사, 2021, 136~138면 참조.

(5) **재판관할합의의 독립성**: 국제재판관할합의가 포함된 계약 중 다른 조항의 효력은 관할합의조항의 효력에 영향을 미치지 않는 것으로 하여 관할합의조항의 독립성을 명시하였다(8조 4항).

(6) **외국법원을 선택하는 전속적 합의가 있는 경우 법원의 조처**: 당사자 간에 일정한 법률관계로 말미암은 소에 관하여 외국법원을 선택하는 전속적 합의가 있는 경우 대한민국 법원에 그 소가 제기된 때에는 ① 합의가 제 1 항 각 호의 사유로 효력이 없는 경우, ② 제 9 조에 따라 변론관할이 발생하는 경우, ③ 합의에 따라 국제재판관할을 가지는 국가의 법원이 사건을 심리하지 아니하기로 하는 경우 및 ④ 합의가 제대로 이행될 수 없는 명백한 사정이 있는 경우 외에는 대한민국 법원은 해당 소를 각하하여야 한다(8조 5항).

(7) **적용배제**: 국제사법 제24조(실종), 제56조~제59조·제61조·제62조(이상 친족), 제76조 제 4 항(상속) 및 제89조(선박소유자의 책임제한)에 따라 국제재판관할이 정하여지는 사건에는 합의관할에 관한 국제사법 제 8 조를 적용하지 아니한다(13조). 이는 당사자의 의사와 관계없이 법원의 개입이 요구되는 가사사건 및 정책적 차원에서 특별한 취급이 필요한 선박소유자 등의 책임제한 사건에 관하여 합의에 의한 국제재판관할의 창설을 배제함으로써 당사자의 의사에 의한 무분별한 관할 확대를 방지하기 위한 것이다.

(8) **채권양도와 합의관할의 승계 여부**: 국제재판관할합의와 관련하여 채권의 발생시에 당사자가 합의한 관할이 채권의 양도시 승계되는지 여부가 논의된다. 대법원은 소외인이 피고 2에게 금전을 대여하고 피고1(소외인과 피고들 모두 일본국인)은 위 대여금채무를 연대보증하면서 작성한 금전차용증서에 "본건에 관하여 분쟁이 생긴 때에는 채권자의 주소지 법원을 제 1 심 관할법원으로 하기로 합의한다"는 취지가 인쇄되어 있었는데 이후 소외인이 한국에 주소를 둔 원고에게 위 채권을 양도한 사안에 대하여 "위 관할합의는 일본국에서 재판이 이루어질 경우를 예상하여 일본국 내에 있는 채권자의 주소지 법원을 관할법원으로 한정하는 취지의 전속적 관할합의로 봄이 상당하므로, 이후 이 사건 대여금채권이 대한민국에 주소가 있는 원고에게 양도되어, 원고가 피고들을 상대로 위 대여금의 반환을 구하는 소를 대한민국 법원에 제기한 이 사건에 대하여는 위 관할합의의 효력이 미치지 아니한다고 볼 것"이라고 판시하였다(대법원 2008. 3. 13. 선고 2006다68209 판결). 이와 관련하여 국제사법이 경제적 약자인 소비자 또는 근로자의 보호를 위하여 소비자의 일상거소가 대한민국에 있는 경우 또는 근로자가 대한민국에서 일상적으로 노무를 제공하는 경우 소비자의 상대방(사업자) 또는 근로자의 사용자에 대한 소송을 대한민국에 제기할 수 있도록 하는 특칙(소비자계약은 42조 1항; 근로계약은 43조 1항)에 따라 인정되는 관할이 소비자 또는 근로자가 그 채권을 소비자 또는 근로자가 아닌 제 3 자에게 양도하는 경우에도 승계되는지 여부의 문제가 있다. 예컨대 일상거소가 한국에 있는 한국인이 일본국법인인 여행사가 운영하는 관광여행상품을 구매하는 소비자계약을 체결하고 일본국에서 여행 중에 위 여행사측의 귀책사유로 입은 손해배상채권 또는 일본국법인에 고용되어 한국에서 업무를 수행하던 근로자가 직무수행 중 입은 상해에 관한 손해배상채권을 지급받기 위하여 위 소비자 또는 근로자는 국제사법 제42조 제 1 항 또는 제43조 제 1 항에 따라 일상거소 또는 일상노무지 국가인 대한민국에서 소를 제기할 수 있는바 만약 위 각 채권을 제 3 자에게 양도한 경우 위 각 채권의 양수인인 제 3 자도 재판관할을 승계하여 대한민국 법원에 제소할 수 있는지의 문제이다. 생각건대 위 각 국제사법의 재판관할 규정은 소비자 또는 근로자 보호를 위한 특칙이므로 그 규정의 향유자는 소비자 또는 근로자에 국한된다고 할 것이어서 채권양도로 인하여 위 관할에 관한 특칙이 승계되지 않는다고 본다(국내관할의 문제이기는 하나 국민은행이 피고에게 한 대출금 상환이 지체되자 한국자산관리공사에게 그 채권을 양도한 사안에서 위 공사의 국

민은행과 피고 사이의 대출약관에 정한 부가적 관할합의의 효력 승계 주장에 대하여 "계약상 지위의 인수가 아닌 계약상 채권의 양도에 불과한 이 사건에 있어서는, 계약에 수반하여 이루어진 관할합의의 효력까지 채권양도에 수반하여 승계되는 것은 아니라 할 것"이라고 판시한 서울고등법원 2005. 8. 11.자 2005라363 결정, 이에 반하여 "관할의 합의는 소송법상의 행위로서 합의 당사자 및 그 일반승계인을 제외한 제3자에게 그 효력이 미치지 않는 것이 원칙이지만, 관할에 관한 당사자의 합의로 관할이 변경된다는 것을 실체법적으로 보면, 권리행사의 조건으로서 그 권리관계에 불가분적으로 부착된 실체적 이해의 변경이라 할 수 있으므로, 지명채권과 같이 그 권리관계의 내용을 당사자가 자유롭게 정할 수 있는 경우에는, 당해 권리관계의 특정승계인은 그와 같이 변경된 권리관계를 승계한 것이라고 할 것이어서, 관할합의의 효력은 특정승계인에게도 미친다고 할 것"이라고 하여 위 2005라363 결정을 파기환송한 대법원 2006. 3. 2.자 2005마902 결정 참조).

【제 9 조】 (변론관할)
피고가 국제재판관할이 없음을 주장하지 아니하고 본안에 대하여 변론하거나 변론준비기일에서 진술하면 법원에 그 사건에 대한 국제재판관할이 있다.

【제13조】 (적용 제외)
제24조, 제56조부터 제59조까지, 제61조, 제62조, 제76조 제4항 및 제89조에 따라 국제재판관할이 정하여지는 사건에는 제8조 및 제9조를 적용하지 아니한다.

   바. 변론관할: 국제사법은 대한민국 법원에 국제재판관할이 인정되지 않는 경우에도 피고가 임의로 출석하여 국제재판관할 위반을 주장하지 않고 본안에 관하여 변론하거나, 변론준비기일에서 진술한 경우, 분쟁의 효율적이고 신속한 해결을 도모하기 위하여 대한민국 법원이 그 사건에 관하여 국제재판관할을 가지도록 하는 규정을 신설하였다(9조, 대법원 2014. 4. 10. 선고 2012다7571 판결 참조). 실종과 친족, 상속 및 선박소유자책임제한에 따라 국제재판관할이 정하여지는 사건에는 합의관할의 경우와 같이 변론관할(9조)도 적용되지 않는다(13조).

【제10조】 (전속관할)
① 다음 각 호의 소는 법원에만 제기할 수 있다.
  1. 대한민국의 공적 장부의 등기 또는 등록에 관한 소. 다만, 당사자 간의 계약

에 따른 이전이나 그 밖의 처분에 관한 소로서 등기 또는 등록의 이행을 청구하는 경우는 제외한다.

2. 대한민국 법령에 따라 설립된 법인 또는 단체의 설립 무효, 해산 또는 그 기관의 결의의 유효 또는 무효에 관한 소

3. 대한민국에 있는 부동산의 물권에 관한 소 또는 부동산의 사용을 목적으로 하는 권리로서 공적 장부에 등기나 등록이 된 것에 관한 소

4. 등록 또는 기탁에 의하여 창설되는 지식재산권이 대한민국에 등록되어 있거나 등록이 신청된 경우 그 지식재산권의 성립, 유효성 또는 소멸에 관한 소

5. 대한민국에서 재판의 집행을 하려는 경우 그 집행에 관한 소

② 대한민국의 법령 또는 조약에 따른 국제재판관할의 원칙상 외국법원의 국제재판관할에 전속하는 소에 대해서는 제 3 조부터 제 7 조까지 및 제 9 조를 적용하지 아니한다.

③ 제 1 항 각 호에 따라 법원의 전속관할에 속하는 사항이 다른 소의 선결문제가 되는 경우에는 제 1 항을 적용하지 아니한다.

사. 전속관할

(1) **의의와 유효성**: 전속관할은 명문으로 특정한 법원만이 배타적으로 관할을 가지는 것으로 정하는 것이다. 이는 재판의 적정 등 고도의 공익적 필요가 있는 경우에 정하여진다. 전속관할은 직권조사사항으로서 합의관할이나 변론관할이 생길 여지가 없다. 국제사법은 분쟁의 성질상 외국법원에 국제재판관할을 인정하는 것이 부적절한 경우 대한민국 법원의 전속적 국제재판관할을 인정함으로써 판결의 모순·저촉을 방지하고, 분쟁의 효율적인 해결 및 판결의 원활한 집행을 보장하기 위하여 전속관할규정을 신설하였다(10조, 대법원 2011. 4. 28. 선고 2009다19093 판결 참조).

(2) **전속관할이 인정되는 경우**: ① 대한민국의 공적 장부의 등기 또는 등록에 관한 소(1항 1호), ② 대한민국 법령에 따라 설립된 법인 또는 단체의 설립 무효, 해산 또는 그 기관의 결의의 유효 또는 무효에 관한 소(1항 2호), ③ 대한민국에 있는 부동산의 물권에 관한 소 또는 부동산의 사용을 목적으로 하는 권리로서 공적 장부에 등기나 등록이 된 것에 관한 소(1항 3호), ④ 등록 또는 기탁에 의하여 창설되는 지식재산권이 대한민국에 등록되어 있거나 등록이 신청된 경우 그 지식재산권의 성립, 유효성 또는 소멸에 관한 소(1항 4호) 및 ⑤ 대한민국에서 재판의 집행을 하려는 경우 그 집행에 관한 소(1항 5호)는 대한민국 법원에만 제기할 수 있다. 국제사법은 이상과 같이 대한민국 법원이 국제재판관

할권을 가지는 경우만을 규정하는 편면적 방식을 채택하고 있으나, 위 규정의 반대해석으로 대한민국 법원의 국제재판관할을 부정하는 근거로 사용할 수 있다. 예를 들면 외국 소재 부동산에 대한 물권에 관한 소를 대한민국 법원에 제기한 경우 국제사법 제10조 제 1 항 제 3 호의 반대해석으로 대한민국 법원의 국제재판관할을 부인할 수 있다(이필복, "전속적 국제재판관할 개관", 「국제사법연구」, 2018, 307).

(3) **전속관할의 예외**: 공적 장부의 등기 또는 등록에 관한 소(1항 1호)에 있어서 당사자 간의 계약에 따른 이전이나 그 밖의 처분에 관한 소로서 등기 또는 등록의 이행을 청구하는 경우는 제외한다(1항 1호 단서). 대한민국의 법령 또는 조약에 따른 국제재판관할의 원칙상 외국법원의 국제재판관할에 전속하는 소에 대해서는 일반관할규정을 적용하지 아니한다(2항). 또한 국제사법 제10조 제 1 항 각호에 따라 법원의 전속관할에 속하는 사항이 다른 소의 선결문제가 되는 경우에도 전속관할을 인정하지 않는다(3항).

【제11조】 **(국제적 소송경합)**
① 같은 당사자 간에 외국법원에 계속 중인 사건과 동일한 소가 법원에 다시 제기된 경우에 외국법원의 재판이 대한민국에서 승인될 것으로 예상되는 때에는 법원은 직권 또는 당사자의 신청에 의하여 결정으로 소송절차를 중지할 수 있다. 다만, 다음 각 호의 어느 하나에 해당하는 경우에는 그러하지 아니하다.
  1. 전속적 국제재판관할의 합의에 따라 법원에 국제재판관할이 있는 경우
  2. 법원에서 해당 사건을 재판하는 것이 외국법원에서 재판하는 것보다 더 적절함이 명백한 경우
② 당사자는 제 1 항에 따른 법원의 중지 결정에 대해서는 즉시항고를 할 수 있다.
③ 법원은 대한민국 법령 또는 조약에 따른 승인 요건을 갖춘 외국의 재판이 있는 경우 같은 당사자 간에 그 재판과 동일한 소가 법원에 제기된 때에는 그 소를 각하하여야 한다.
④ 외국법원이 본안에 대한 재판을 하기 위하여 필요한 조치를 하지 아니하는 경우 또는 외국법원이 합리적인 기간 내에 본안에 관하여 재판을 선고하지 아니하거나 선고하지 아니할 것으로 예상되는 경우에 당사자의 신청이 있으면 법원은 제 1 항에 따라 중지된 사건의 심리를 계속할 수 있다.
⑤ 제 1 항에 따라 소송절차의 중지 여부를 결정하는 경우 소의 선후(先後)는 소를 제기한 때를 기준으로 한다.

아. 국제적 소송경합

(1) 의   의: 동일한 사건에 대하여 외국법원과 국내법원에 각각 소가 제기된 경우 국제적 소송경합(또는 국제적 중복소송)이라고 한다. 국제적 소송경합의 중복소송금지원칙 저촉 여부에 대하여 종래 ① 양 소송물의 동일성 판단 및 외국판결의 승인가능성에 대한 예측곤란을 이유로 이를 허용하는 규제소극설, ② 외국판결의 승인 가능성이 예측되는 때에는 중복소송이 된다는 승인예측설 및 ③ 사안별로 비교형량하여 외국법원이 보다 적절한 법정지인 경우 국내소송을 중복소송으로 인정한다는 비교형량설이 대립하여 왔다.

(2) **국제사법 규정**: 국제사법은 서로 다른 국가의 법원에서 동일한 소송이 제기되는 경우 발생할 수 있는 판결의 모순·저촉을 피하기 위하여 승인예측설의 입장에서 국제적 소송경합에 대한 규정을 신설하였다(11조). 즉, 국제적 소송경합을 '같은 당사자 간에 외국법원에 계속 중인 사건과 동일한 소가 대한민국 법원에 다시 제기된 경우에 외국법원의 재판이 대한민국에서 승인될 것으로 예상되는 때'로 정의하고, 이 경우 대한민국 법원은 ① 전속적 국제재판관할의 합의에 따라 대한민국 법원에 국제재판관할이 있는 경우와 ② 대한민국 법원에서 해당 사건을 재판하는 것이 외국법원에서 재판하는 것보다 더 적절함이 명백한 경우를 제외하고는 직권 또는 당사자의 신청에 의하여 결정으로 소송절차를 중지할 수 있도록 하였다(1항). 이 중지결정에 대하여는 즉시항고를 할 수 있다(2항). 또한 국제적 소송경합의 경우 대한민국 법령 또는 조약에 따른 승인요건을 갖춘 외국의 재판이 있는 경우 대한민국 법원은 대한민국에 제기된 소를 각하하여야 한다(3항). 한편 외국법원이 본안에 대한 재판을 하기 위하여 필요한 조치를 하지 아니하는 경우 또는 외국법원이 합리적인 기간 내에 본안에 관하여 재판을 선고하지 아니하거나 선고하지 아니할 것으로 예상되는 경우에 당사자의 신청이 있으면 대한민국 법원은 제 1 항에 따라 중지된 사건의 심리를 계속할 수 있다(4항). 소송절차 중지 여부 결정에 있어서 소의 선후(先後)는 '소를 제기한 때'를 기준으로 하나(5항) 날짜선에 대한 규정은 두지 않았다.

【제12조】(국제재판관할권의 불행사)
① 이 법에 따라 법원에 국제재판관할이 있는 경우에도 법원이 국제재판관할권을 행사하기에 부적절하고 국제재판관할이 있는 외국법원이 분쟁을 해결하기에 더 적

절하다는 예외적인 사정이 명백히 존재할 때에는 피고의 신청에 의하여 법원은 본안에 관한 최초의 변론기일 또는 변론준비기일까지 소송절차를 결정으로 중지하거나 소를 각하할 수 있다. 다만, 당사자가 합의한 국제재판관할이 법원에 있는 경우에는 그러하지 아니하다.

② 제 1 항 본문의 경우 법원은 소송절차를 중지하거나 소를 각하하기 전에 원고에게 진술할 기회를 주어야 한다.

③ 당사자는 제 1 항에 따른 법원의 중지 결정에 대해서는 즉시항고를 할 수 있다.

　　자. 국제재판관할권의 불행사: 2022년 국제사법 개정시 불편한 법정(forum non conveniens)의 법리를 도입하였다(12조). 국제사법에 따라 대한민국 법원에 국제재판관할이 있는 경우에도 법원이 국제재판관할권을 행사하기에 부적절하고 국제재판관할이 있는 외국법원이 분쟁을 해결하기에 더 적절하다는 예외적인 사정이 명백히 존재할 때에는 피고의 신청에 의하여 법원은 본안에 관한 최초의 변론기일 또는 변론준비기일까지 소송절차를 결정으로 중지하거나 소를 각하할 수 있다(1항 본문). 단, 당사자가 합의한 국제재판관할이 대한민국 법원에 있는 경우에는 예외이다(1항 단서). 소송절차를 중지하거나 각하하기 전에 법원은 원고에게 진술할 기회를 주어야 하고(2항), 중지결정에 대하여는 즉시항고를 할 수 있다(3항).

【제14조】(보전처분의 관할)

① 보전처분에 대해서는 다음 각 호의 어느 하나에 해당하는 경우 법원에 국제재판관할이 있다.

　1. 법원에 본안에 관한 국제재판관할이 있는 경우

　2. 보전처분의 대상이 되는 재산이 대한민국에 있는 경우

② 제 1 항에도 불구하고 당사자는 긴급히 필요한 경우에는 대한민국에서만 효력을 가지는 보전처분을 법원에 신청할 수 있다.

　　차. 보전처분의 관할: 2022년 국제사법 개정시 보전처분에 관한 국제재판관할 규정을 신설하였다(14조). 즉, ① 대한민국 법원에 본안에 관한 국제재판관할이 있는 경우에 보전처분에 대하여도 국제재판관할을 가지며, ② 국제재판관할을 가지지 않더라도 보전처분의 대상이 되는 재산이 대한민국에 있는 경우 보전처분의 재판관할을 가진다(1항 1호·2호). 이에 해당되지 않으나 긴급히 필요

한 경우 당사자는 대한민국에서만 효력을 가지는 보전처분을 대한민국 법원에 신청할 수 있다(2항).

【제15조】(비송사건의 관할)
① 비송사건의 국제재판관할에 관하여는 성질에 반하지 아니하는 범위에서 제 2 조부터 제14조까지의 규정을 준용한다.
② 비송사건의 국제재판관할은 다음 각 호의 구분에 따라 해당 규정에서 정한 바에 따른다.
　　1. 실종선고 등에 관한 사건: 제24조
　　2. 친족관계에 관한 사건: 제56조부터 제61조까지
　　3. 상속 및 유언에 관한 사건: 제76조
　　4. 선박소유자 등의 책임제한에 관한 사건: 제89조
③ 제 2 항 각 호에서 규정하는 경우 외에 개별 비송사건의 관할에 관하여 이 법에 다른 규정이 없는 경우에는 제 2 조에 따른다.

　　카. 비송사건의 관할: 2022년 국제사법 개정시 소송사건과 구별되는 비송사건의 국제재판관할에 관한 규정을 신설하였다(15조). 즉, 비송사건의 국제재판관할은 ① 실종선고 등에 관한 사건은 국제사법 제24조, ② 친족관계에 관한 사건은 국제사법 제56조부터 제61조까지, ③ 상속 및 유언에 관한 사건은 국제사법 제76조, 그리고 ④ 선박소유자 등의 책임제한에 관한 사건은 국제사법 제89조에서 정한 바에 따르며(2항), 위 규정 외의 개별 비송사건의 관할에 관하여 국제사법에 다른 규정이 없는 경우에는 국제사법 제 2 조의 국제재판관할에 관한 일반원칙에 따른다(3항). 그리고 비송사건의 국제재판관할에 관하여는 성질에 반하지 아니하는 범위에서 국제사법 제 2 조부터 제14조까지의 규정을 준용한다(1항).

제 3 절　준거법의 확정 및 적용

제1관 서　　설

Ⅰ. 개　　관

　　어떤 섭외사법관계가 어떤 나라의 법원에서 문제되었을 때 국제사법규정의 특수성으로 인하여 몇 가지 단계를 거쳐야 준거법을 확정하여 최종적으로 적용할 수 있다. 국제사법의 적용단계를 구체적으로 보면 다음과 같다. 문제된 법률관계가 섭외적 요소를 가지고 있는 경우 먼저 그 법률관계의 성질을 결정하여야 한다. 다음으로 그 섭외적 법률관계와 준거법을 연결하는 연결점을 확정하게 된다. 연결점의 확정과 관련하여 당사자가 자신에게 불리한 준거법이 지정되는 것을 회피하기 위하여 연결점을 고의로 변경하는 법률의 회피와 준거법이 2개 이상 지정되거나 지정되는 준거법이 없는 적응(조정)문제를 논의하게 된다. 이러한 준거법의 지정단계를 넘어서면 준거법의 확정단계의 문제로서 선결문제와 반정, 그리고 준거법 지정의 예외의 문제를 검토하여야 하고, 확정된 준거법을 적용하는 단계에서 그 준거법이 외국법일 경우 외국법의 성질, 공법적 성격의 외국법 적용의 가부, 공서 및 대한민국법의 강행적 적용의 문제를 살펴보아야 한다.

Ⅱ. 국제사법규정의 종류

1. 서   론

국제사법규정은 기준에 따라 여러 가지로 나눌 수 있으나 여기서는 준거법을 지정하는 방법을 기준으로 살펴보기로 한다.

> Cf. 여기에서 말하는 '국제사법규정'은 섭외사법관계에 적용할 준거법을 지정하는 구체적인 규정의 의미로 쓰이는 것으로서 각국의 사법규정 사이의 저촉문제를 해결하기 위한 규범이라는 의미에서 '저촉규정'이라고도 한다.

2. 준거법 지정방법에 의한 분류

국제사법규정 또는 저촉규정은 준거법을 지정하는 방법을 기준으로 완전쌍방적 저촉규정, 일방적 저촉규정 및 불완전쌍방적 저촉규정으로 나눌 수 있다.

가. 완전雙방적 저촉규정(일반적 저촉규정): 이는 국제사법상 특정한 섭외사법관계에 적용할 준거법을 지정함에 있어서 내국법이 적용되는 경우만을 규정하는 것이 아니라 내·외국법을 구별함이 없이 널리 일반적으로 준거법을 지정하는 규정을 말한다. 국제사법 제28조 제1항 제1문의 "사람의 행위능력은 그의 본국법에 따른다."와 같은 경우로 국제사법의 본질과 기능에 비추어 가장 이상적이며 대개의 국제사법규정은 이 방식을 취한다.

나. 일방적 저촉규정(개별적 저촉규정): 이는 준거법으로 내국법이 적용될

경우만을 규정하는 것을 말한다. 이혼에 관한 국제사법 제66조 단서의 "부부 중 한쪽이 대한민국에 일상거소가 있는 대한민국 국민인 경우 이혼은 대한민국법에 따른다."와 같은 경우를 말한다. 우리 국제사법에는 이외에도 제27조(실종과 부재) 제 2 항, 제30조(법인 및 단체) 단서, 제63조(혼인의 성립) 제 2 항 단서, 제73조(부양) 제 4 항, 제75조(후견) 제 2 항이 있다.

다. **불완전쌍방적 저촉규정**: 이는 내국법과 일정한 관계가 있는 경우에 한하여 내·외국법의 적용을 인정하는 규정을 말한다. 예컨대 독일 구민법시행법 제13조 제 1 항의 "혼인의 체결은 예약자의 일방만이 독일인인 때에는 예약자 각인에 대하여 그가 속하는 국가의 법률에 의한다."와 같은 규정이 그 예가 될 것으로, 우리 국제사법에는 이에 속하는 규정이 없다.

Ⅲ. 국제사법규정의 해석 및 흠결

1. 국제사법규정의 해석

국제사법도 법이기 때문에 다른 국내법과 마찬가지로 일반해석원칙에 따라야 할 것이나 국제사법의 특수성을 고려하여 다음의 두 가지가 고려되어야 할 것이다. 첫째, 국제사법은 섭외사법관계의 안정과 원활을 목적으로 하는 것이므로 그 해석은 국제주의적 입장에서 행하여져야 한다. 둘째, 국제사법은 준거법인 실질법을 지정하는 법이므로 그 해석은 실질법의 입장이 아니라 국제사법 자체의 입장에서 행하여져야 한다.

2. 국제사법규정의 흠결

국제사법규정의 흠결은 특정한 섭외사법관계에 적용할 준거법을 지정하는 저촉규정이 없는 경우를 말한다. 특정 사안과 무관하게 국제사법규정 자체만을 볼 때 그 흠결은 전부흠결과 일부흠결로 나누어볼 수 있다. 전자는 약혼과 같이 국제사법에 아무런 규정을 두고 있지 않은 경우이고, 후자는 실종선고(27조 2항)와 같이 일방적 저촉규정이나 불완전쌍방적 저촉규정을 두고 있는 경우를 말한다. 이러한 흠결은 각국 국제사법규정의 불완전성에 기인한다. 특정한 섭외사법관계에 적용할 국제사법규정이 없는 경우 그 해결에 관하여는 견해가 대립한다.

가. **내국법적용설**: 베히테르(Wächter)의 "의심스러울 때는 법정지법에 의한

다(in dubio lex fori)."라는 원칙에 따라 내국법에 의하여야 한다는 주장이다. 이에 대하여는 섭외사법관계에서 법정지법인 내국법과 외국법은 동등한 가치와 자격을 갖고 평등하게 취급하는 국제사법의 근본정신에 어긋난다는 비판이 있다.

> Cf. 섭외사법관계에 대하여 되도록 내국법을 적용하고자 하는 경향을 '내국법에의 지향(homeward trend; Heiwärtsstreben)'이라고 한다.

　　나. 유추적용 내지 조리적용설: 약혼에 관하여 그와 가장 가까운 혼인에 관한 규정을 유추하거나 그러한 규정도 없는 경우에는 조리에 의하여야 한다는 견해로서 타당하다(서희원 27, 김연 107, 신창선 79).

Ⅳ. 준거법의 의의

　　준거법(governing law, applicable law)은 국제사법규정에 의하여 문제된 섭외사법관계에 실제로 적용되는 특정국가의 실질사법을 말한다. 국제사법이 규정하는 준거법으로는 본국법, 일상거소지법, 거소지법, 동산·부동산의 소재지법, 행위지법, 계약지법, 혼인거행지법, 사실발생지법, 이행지법, 법정지법, 발행지법, 지급지법, 서명지법, 선박충돌지법 등이 있다. 이는 모두 내국실질법 또는 외국실질법을 의미한다. 여기서 유의할 것은 ① 준거법은 그 국가의 전체 사법질서를 의미하는 것이고, ② 하나의 법률관계에 반드시 하나의 준거법이 적용되는 것은 아니라는 점이다.

> ▶ 대법원 1991. 12. 10. 선고 90다9728 판결【계약상법률관계부존재확인】
> 우리의 섭외사법이 섭외적 생활관계에 관하여 규정하고 있는 <u>준거법은</u>, 같은 법 제 4 조가 규정하고 있는 반정의 경우 및 어음행위능력에 관하여 규정하고 있는 같은 법 제34조의 경우를 제외하고는, <u>그 국가의 실질법을 지칭하는 것</u>이지 그 국가의 국제사법 규정을 지칭하고 있는 것은 아니다.

제 2 관 법률관계의 성질결정

I. 의의와 연혁

1. 법률관계의 성질결정의 의의

어떤 섭외사법관계에 국제사법을 적용하여 국제재판관할[특히 24조, 25조, 38조, 39조, 41조~44조, 56조~62조, 76조, 79조, 89조~93조의 (특별)관할] 및 준거법을 정하기 위하여는 우선 그 법률관계가 어떤 성질의 것인가에 대한 결정이 전제되어야 한다. 예컨대 국적을 달리하는 부부 중 남편이 사망하여 그 처가 남편의 유산에 대한 일정한 권리를 주장하는 경우 이를 국제사법에 의하여 해결하기 위하여는 그 주장권리가 국제사법상 상속의 법률관계에 해당하는 것인가 아니면 부부재산제의 법률관계에 해당하는 것인가를 먼저 결정하여야 한다. 그 결과 상속의 문제라면 국제재판관할에 대하여는 국제사법 제76조가 적용되고, 준거법에 대하여는 국제사법 제77조가 적용되어, 사망 당시의 피상속인의 본국법, 즉 남편의 본국법이 준거법이 될 것인 한편 부부재산제의 문제라면 국제재판관할에 대하여는 국제사법 제56조가 적용되고, 준거법에 대하여는 국제사법 제65조가 적용되어 부부의 동일한 본국법, 부부의 동일한 일상거소지법, 부부와 가장 밀접한 관련이 있는 곳의 법의 순서로 그 준거법이 결정될 것이다. 국제사법규정의 적용 전에 생기는 이 문제를 법률관계의 성질결정(qualification, classification, characterization)이라고 한다.

> Note: 법률관계의 성질결정론은 이와 같이 국제재판관할과 준거법에 공통되는 개념이기는 하지만 주로 준거법과 관련되어 논의되어 왔으므로 이하 준거법을 기준으로 설명한다.

2. 연 혁

이는 1891년 칸(Kahn)의 "잠재적인 법률충돌", 1897년 바르탱(Bartin)의 "법률충돌의 결정적 제거 불가능에 관하여"라는 논문에서 문제 제기되어 국제사법상 하나의 근본적인 문제가 되었다.

Ⅱ. 학   설

이에 대한 주요한 학설로는 다음과 같은 것이 있다.

1. 법정지법설

법률관계의 성질은 법정지의 실질법에 의하여 결정된다는 견해이다. 이 견해에 대하여는 법정지의 실질법상의 개념을 국제사법상의 개념으로 원용하는 것은 부당하며, 내국의 실질법에 우선적 지위를 부여할 합리적인 근거가 없다는 비판이 가해진다.

2. 준거법설

공공질서의 경우 외에는 그 법률관계에 적용될 법률(준거법)에 의하여 그 법률관계의 성질도 결정되어야 한다는 입장이다. 이에 대하여는 법률관계의 성질이 확정되어야 준거법이 결정되는 데도 법률관계의 성질결정을 준거법에 의존함은 순환론으로서 모순이라는 비판이 가해진다.

3. 국제사법자체설

법정지법설과 준거법설은 법률관계의 성질결정을 어느 나라의 실질법에 의하여 결정하려는 견해임에 반하여 이 학설은 법정지의 국제사법 자체의 입장에서 독자적으로 행하여져야 한다고 주장한다. 이 학설은 그 구체적 기준에 따라 몇 가지로 나뉜다.

가. **비교법설**: 여러 나라의 실질법을 비교 연구하여 공통적인 법개념을 도출하여 이를 국제사법상의 법개념으로 이용하여야 한다고 주장한다.

나. **저촉규정목적설**: 저촉규정상의 단위법률개념은 각각의 저촉규정이 추구하는 목적, 즉 각각의 저촉규정이 실현하고자 하는 국제사법적 이익이 무엇인가를 파악하여 그에 맞추어 해석되어야 한다고 한다.

다. **신법정지법설**: 이 입장에서는 국제사법상의 법개념을 법정지 국제사법의 해석문제로 보고 법정지의 국제사법의 정신과 목적, 지도원리를 파악한 후 법정지의 문제된 국제사법규정과 다른 규정과의 상호관계, 법정지의 실질법, 그 법과 동일법계에 있는 타국의 실질법 및 타국의 국제사법 등을 비교법적으로 검토하여 개념을 도출하여야 한다고 주장한다(신창선 85, 김연 117, 서희원 61).

Ⅲ. 구체적 사례의 검토

1. 실체와 절차의 구별

문제된 섭외사법관계가 절차(procedure)의 문제인지 아니면 실체(substance)에 관련된 문제인지의 구별도 법률관계의 성질결정의 문제이다. 법률관계가 실체문제인 경우에는 국제사법에 의하여 정하여지는 준거법에 의하는 한편 절차의 문제로 결정되면 "절차는 법정지법에 따른다."라는 법정지법원칙(lex fori principle)이 적용된다. 섭외사법관계의 절차적 측면에 대하여 준거법을 적용하지 않고 법정지법을 적용하는 이유는 법정지국 법원에서 외국절차법을 적용함에 현실적 어려움이 있을 뿐 아니라 절차에 관한 법정지법 적용에 대한 신뢰보호의 문제가 있기 때문이다. 우리 대법원도 같은 입장을 취하고 있다.

▶ 대법원 2015. 5. 28. 선고 2012다104526,104533 판결
외국적 요소가 있는 계약을 체결한 당사자에 대한 회생절차가 개시된 경우, 계약이 쌍방미이행 쌍무계약에 해당하여 관리인이 이행 또는 해제·해지를 선택할 수 있는지, 그리고 계약의 해제·해지로 인하여 발생한 손해배상채권이 회생채권인지는 도산법정지법(도산법정지법)인 채무자 회생 및 파산에 관한 법률에 따라 판단되어야 하지만, <u>계약의 해제·해지로 인한 손해배상의 범위에 관한 문제는 계약 자체의 효력과 관련된 실체법적 사항으로서 도산전형적인 법률효과에 해당하지 아니하므로 국제사법에 따라 정해지는 계약의 준거법이 적용된다.</u>

▶ 대법원 1988. 12. 13. 선고 87다카1112 판결 【대여금】
준거법인 욜단국법에 의하면, 은행에 대하여 부담하는 채무나 기타 일반채무의 면제를 입증하기 위한 증거로서 오직 서면증거만이 증거능력이 있고 구두증거는 증거능력이 없으며, 또 무상증여로 간주되는 증여는 이행 전까지 취소할 수 있고 은행의 채무면제는 이사회의 결의를 거쳐 공부에 기장되어야만 법률상 효력이 발생한다고 주장한다. 그러나 <u>국내에 제기된 재판의 소송절차에 관하여는 당연히 국내의 재판절차법규가 적용되는 것으로서 증거의 증거능력에 관한 규정은 위와 같은 재판절차법규에 다름 아니므로 구두증거의 증거능력을 제한한 욜단국법을 적용할 수는 없는 것이다.</u>

2. 구체적 사례

가. 소송촉진 등에 관한 특례법상의 연체이자: 지연손해금은 채무의 이행지체에 대한 손해배상으로서 본래의 채무에 부수하여 지급되는 것이므로, 본래의 채권채무관계를 규율하는 준거법에 따라 결정되어야 한다. 대법원은 소송촉진 등에 관한 특례법상의 법정이율규정이 소송절차와 관련이 있기는 하나 그 실질은 손해배상의 범위를 정하는 것이므로, 원본채권이 준거법이 외국법인 경우 그에 대한 지연손해금도 그 외국법상의 법정이율을 적용하여야 하는 것이지, 한국법인 위 특례법을 적용할 수는 없다고 한다. 이에 대하여는 지연손해금은 당사자의 권리의무에 관한 것이므로 절차가 아니라 실체에 속하지만 위 특례법상의 지연손해금은 한국에서 소송촉진이라는 정책적 고려에서 부과되는 것이므로 법정지의 절차법으로 적용되어야 한다는 반론이 있다(석광현 26).

▶ 대법원 2012. 10. 25. 선고 2009다77754 판결
한편 소송촉진 등에 관한 특례법(이하 '특례법'이라 한다) 제 3 조 제 1 항에서 정하는 법정이율에 관한 규정은 비록 소송촉진을 목적으로 소송절차에 의한 권리구제와 관련하여 적용되는 것이기는 하지만 절차법적인 성격을 가지는 것이라고만 볼 수는 없고 그 실질은 금전채무의 불이행으로 인한 손해배상의 범위를 정하기 위한 것이므로(대법원 1997. 5. 9. 선고 95다34385 판결, 대법원 2011. 1. 27. 선고 2009다10249 판결 등 참조), 본래의 채권채무관계의 준거법이 외국법인 경우에는 위 특례법 규정을 적용할 수 없다고 해석함이 상당하다.

나. 국제소송에서 입증의 정도(증명도): 입증의 정도의 준거법에 대하여 실체법설과 절차법설이 대립하는 한편 우리 민사소송상 사실의 증명에는 고도의 개연성(highly likelihood)에 의한 확신을 요하고(김홍엽 719~720; 대법원 2010. 10. 28. 선고 2008다6755 판결) 영미 민사소송에서는 증거의 우월(preponderance of evidence)로 족하다. 증명의 정도를 다른 국가의 법인 실체의 준거법에 따르도록 하는 것은 법관에게 과도한 부담이므로 절차법설이 타당하다(석광현 26 同旨). 대법원 2017. 6. 19. 선고 2016다270407 판결은 "영국해상보험법과 관습에 의하면, 보험의 목적에 생긴 손해가 그 부보위험인 해상 고유의 위험으로 인하여 발생한 것이라는 점에 관한 증명책임은 피보험자가 부담한다(대법원 2001. 5. 15. 선고 99다26221 판결 등 참조). … 그 증명의 정도는 피보험자와 보험자가 서

로 상반된 사실이나 가설을 주장할 경우, 그 양자의 개연성을 비교하여 이른바 '증거의 우월'에 의한 증명으로 충분하다."라고 판시하여 증명도의 문제를 실체의 문제로 파악하고 있다(대법원 2016. 6. 23. 선고 2015다5194 판결도 同旨).

　　다. 담보권의 실행방법: 대법원은 담보권의 실행방법은 절차의 문제로서 우리나라 법에 의하여 결정된다는 입장이다.

▶ 대법원 2011. 10. 13. 선고 2009다96625 판결 【선박우선특권이있는채권의부존재확인】
국제사법 제60조(2022년 개정 국제사법 94조에 해당함, 筆者 註) 제 1 호는 해상에 관한 '선박의 소유권 및 저당권, 선박우선특권 그 밖의 선박에 관한 물권'은 선적국법에 의한다고 규정하고 있으므로 선박우선특권의 성립 여부는 선적국법에 의하여야 할 것이나, 선박우선특권이 우리나라에서 실행되는 경우에 실행기간을 포함한 실행방법은 우리나라의 절차법에 의하여야 한다.
원심판결 이유를 위 법리와 기록에 비추어 살펴보면, 원심이 같은 취지에서 선박우선특권의 제척기간을 규정한 우리나라 상법 제786조를 적용하여 피고의 선박우선특권은 피고가 2008. 11. 18. 울산지방법원에 그 실행을 위한 경매를 신청하기 전에 이미 소멸하였다는 이유로 원고의 선박우선특권 부존재확인 청구를 인용한 것은 정당하고, 거기에 상고이유에서 주장하는 바와 같이 선박우선특권 실행기간에 관한 준거법의 법리를 오해하는 등의 위법이 없다.

　　Cf. 위 판결의 항소심인 부산고등법원 2009. 11. 4. 선고 2009나10577 판결은 선박우선특권의 실행기간이 선박우선특권의 실행방법 등 절차문제인 이유에 대하여 "선박우선특권제도는 각국의 고유한 물권법의 원칙으로부터 쉽게 벗어나기 어려운 선박담보제도와 관계되어 있고 더욱이 종국적으로 각국의 상이한 강제집행제도와 깊이 관련되어 있어 선박우선특권을 행사하는 방법이나 요건에 관하여는 국제적으로 통일되어 있지 않은 점, 우리나라의 경우 선박우선특권을 행사하여 우선변제를 받기 위해서는 채권자 스스로 경매신청을 하거나 다른 채권자에 의하여 개시된 경매절차에서 배당요구를 하는 방법이 있는 점, 채권자의 경매신청권은 경매절차개시의 요건으로서 제척기간을 도과한 경매신청에 대하여는 이를 각하하여야 하고, 제척기간을 도과한 배당요구에 대하여는 우선변제의 효력이 미치지 않는 점, 경매신청권이나 배당요구권한의 행사시기는 집행절차에 관련된 사항으로서 법정지의 법에 따라야 할 것인 점 등에 비추어 볼 때 선박우선특권의 실행기간은 선박우선특권의 실행방법 등 절차에 관한 것이라고 할 것이다. 따라서 선박우선특권이 우리나라에서 실행되는 경우에는 그 행사기간은 우리나라의 절차법에 따라야 할 것인데, 우리나라 상법 제786조는 선박채권자의 우선특권은 그 채권이 생긴 날로부터 1년 내에 실행하지 아니하면 소멸한다고 규정하고 있고, 위 기간의 성질은 제척기간으로서 그 기간의 합의에 의한 연장, 중단 또는 정지가 허용되지 않으므로, 피고로서는 위 연료유대금채권이 생긴 날로부터 1년 내에 이 사건 선박에 대한 우선특권을 행사하여야 할 것인데, 피고가 위 연료유대금채권이 생긴 날 즉, 위 연료유대금채권의 이행기가 도래한 날인 2007. 5. 1. 및 같은 해 5. 31.부터 1년이 경과한 후임이 역수상 명백한 2008. 11. 18.에 이르러서야 비로소 울산지방법원에 위 선박우선특권의 실행을 위한 경매를 신청하였음은 앞서 본 바와 같으므로, 위 선박우선특권은 위 경매신청 이전에 이미 소멸하였다."라고 판시하였다.

▶ **부산지방법원 2008. 4. 30. 선고 2007가합4762 판결**
국제사법 제60조 국제사법 제60조(2022년 개정 국제사법 94조에 해당함, 筆者 註) 제 1 호에 따르면 선박의 소유권 및 저당권, 선박우선특권 그 밖의 선박에 관한 물권에 관한 사항은 선적국법에 의하도록 하고 있으며, 이 사건 선박의 국적이 러시아연방임은 당사자간에 다툼이 없으므로, 이 사건 선박의 소유권에 관한 판단에 대해서는 러시아연방 법률의 적용을 받게 되나, 절차법은 법정지법에 따른다("lex fori" rule)는 것이 국제적으로 확립된 법원칙으로, 외국국적인 선박에 대하여 대한민국에서 경매절차가 진행되는 경우 그 집행절차는 법정지법인 대한민국 법률의 적용을 받게 된다. 이에 따라 원고와 피고는 각자 절차법적인 측면과 실체법적인 측면을 강조하면서 이 사건 선박의 소유권이 자신에게 있다고 주장하고 있으므로 살피건대, 경매절차가 대한민국에서 진행된 이상 그 집행절차에 대하여는 대한민국 민사집행법의 규정에 따르는 것이 당연하지만 그 집행절차에 따른 소유권의 취득은 절차법이 아닌 실체법적 영역이므로 선적국법인 러시아연방 법률에 따라 판단되어야 하는 것인바, 러시아연방 상선법 제33조는 선박에 대한 소유권은 선박등기부의 기재에 따라서만 증명될 수 있다고 규정
하고 있으므로, 이 사건 선박의 소유권은 러시아연방 선박등기부에 소유권자로 기재되어 있는 피고에게 있다고 보아야 한다.

제3관 연결점의 확정

I. 연 결 점

1. 연결점의 개념

연결점은 기술한 바와 같이 문제된 섭외적 법률관계와 준거법을 연결시켜 주는 요소를 말한다. 저촉규정은 각종의 단위법률관계를 기준으로 하여 그 준거법을 지정하는 것으로 이때의 지정은 법률관계에 내포된 어떤 요소를 매개로 하여 이루어지는데 이 요소를 연결점이라고 하는 것이다. 예컨대 문제된 섭외사법관계가 행위능력에 관련한 문제로 성질결정이 되면 국제사법 제28조(행위능력) 제1항 제1문은 "사람의 행위능력은 그의 본국법에 따른다."라고 규정하고 있으므로 결과적으로 이 법률관계는 준거법인 본국법에 의하여 판단되게 된다. 이 경우 법률관계와 준거법을 연결하는 요소인 연결점은 당사자의 국적인데 문제된 당사자의 국적이 어느 국가에 있는 것인지를 확정하는 작업을 '연결점의 확정'이라고 한다. 이러한 연결점의 확정은 법정지의 국제사법을 적용하기 위하여 그 규정을 해석하는 문제이므로 법정지의 국제사법 자체의 입장에서 이루어져야 할 것이다(신창선 90, 서희원 65~66).

2. 연결점의 종류

연결점에는 물건의 소재지, 사실의 발생지, 법정지 등과 같은 사실상의 개념이 있는 반면 국적, 일상거소, 선적국, 주소 등과 같이 각국의 법에 따라 달리 규정될 수 있는 개념들이 있다. 전자를 좁은 의미의 연결점이라고 하고 후자를 특별히 연결개념이라고 구분하여 부르기도 한다. 우리 국제사법에서 인정되고 있는 연결점으로는 국적(16조 1항), 가장 밀접한 관련이 있는 지역(16조 3항), 일상거소지(16조 2항), 거소지(17조), 행위지(31조 2항), 동산·부동산의 소재지(33조), 국적소속국·운행허가국(34조), 목적지(36조), 침해지(40조), 당사자의 의사(45조 1항), 사실의 발생지(50조~52조), 혼인거행지(63조 2항), 지급지(81조 1항, 87조, 88조), 서명지(82조 1항, 83조 1항·2항), 발행지(83조 3항, 84조), 선적국(94조), 충돌지(95조 1항) 등이 있다.

3. 연결점의 주장 및 입증책임

연결점의 확정은 문제된 섭외사법관계에 적용할 준거법을 지정하기 위한 필수적인 전제이므로 이는 법원이 직권으로 조사할 사항이지 당사자의 주장·입증을 기다려서 판단할 사항이 아니다.

4. 연결점의 기준시점

가. **문제의 소재:** 연결점에는 행위지, 불법행위지, 침해지 등과 같이 변경이 불가능한 것이 있는 반면에 국적이나 일상거소, 물건의 소재지 등과 같이 변경이 가능한 것이 있다. 후자의 경우와 같이 당해 연결점이 사후 변경가능한 동시에 실제로 사후변경된 경우에 있어서 연결점은 어떤 시점을 기준으로 확정할 것인가가 문제된다.

나. **입법주의:** 이에 대하여는 변경주의와 불변경주의의 두 가지 입법주의가 있으나 어느 한 입장만을 취할 것이 아니라 단위법률관계의 성질에 따라 달리 보아야 할 것이다. 첫째, 어떠한 법률관계의 형성에 관련된 것이면 그 요건 완성 시점에 확정되고 그에 따른 법률효과가 부여될 것이므로 불변경주의를 취하게 될 것이다. 물권의 취득·상실·변경(33조 2항)의 경우 그 원인된 행위 또는 사실의 완성 당시 그 동산·부동산의 소재지법에 따르는 것이 그 예가 된다. 그 외에도 행위능력(28조), 무기명증권(35조), 혼인중의 친자(부모·자녀)관계(67조 1항), 혼인외의 친자(부모·자녀)관계(68조 1항), 혼인외의 출생자에 대한 준정(69조), 입양 및 파양(70조), 상속(77조), 유언(78조) 등에서 불변경주의를 채택하고 있다. 둘째, 이미 발생한 법률관계를 고정할 필요가 없는 경우에는 변경주의를 취하여도 무방할 것이다. 예컨대 후견(75조 1항)과 같은 경우이다.

II. 준거법의 연결방법

1. 개   관

법률관계를 연결점을 매개로 하여 준거법에 연결시키는 경우 대개는 하나의 법률관계가 단일한 준거법에 연결되는 것이 보통이다. 예컨대 권리능력은 본국법에 연결되고(26조), 물권의 법률관계는 동산·부동산의 소재지법에 연결되는 것(33조)과 같다. 그러나 하나의 법률관계가 복수의 준거법에 연결되거나 종국적으로 단일한 준거법에 연결되는 과정에서 여러 준거법이 고려되는 경우가 있는데 그 연결방법에 대하여 살펴보기로 한다.

2. 각종의 연결방법

가. 누적적(중복적) 연결: 이는 하나의 법률관계가 복수의 준거법에 따라 누적적 또는 중복적으로 연결되는 경우이다. 예컨대 혼인외의 친자(부모·자녀)관계, 혼인외 출생자에 대한 준정, 입양 및 파양의 각 규정에 의한 친자(부모·자녀)관계의 성립에 관하여 자녀의 본국법이 자녀 또는 제3자의 승낙이나 동의 등을 요건으로 할 때에는 그 요건도 갖출 것을 요구하고 있는데(71조), 이 경우 각 친자(부모·자녀)관계의 성립의 준거법[예컨대 혼인외의 친자(부모·자녀)관계의 경우 자녀의 출생 당시 어머니의 본국법, 68조 1항 본문] 외에 자녀의 본국법에서 정한 요건이 충족되는 경우에 친자(부모·자녀)관계가 성립하게 되는 경우를 들 수 있다.

나. 배분적(결합적) 연결: 이는 하나의 법률관계에 대하여 복수의 당사자가 관련된 경우 각 당사자에게 요건을 구비하도록 연결하는 방법이다. 예컨대 혼인의 성립요건은 각 당사자에 관하여 그 본국법에 따르도록 하므로(63조 1항), 부(夫)의 본국법과 처(妻)의 본국법에 각각 따라야 하는 것이다.

다. 선택적(택일적) 연결: 이는 하나의 법률관계에 대하여 준거법을 복수로 정하고 그 중 하나의 준거법에서 정한 요건이 충족되면 그 법률관계의 성립을 인정하는 방법이다. 예컨대 법률행위의 방식은 그 행위의 준거법이나 행위지법 중 어느 것에 따르든 효력이 인정되는 것(31조 1항·2항)을 들 수 있다. 혼인의 방식(63조 2항), 부부의 합의에 의한 부부재산제의 준거법선택(65조 2항)도 이에 해당한다.

라. 임의적 연결: 이는 법률관계의 성립과 효력에 대하여 연결하여야 하는 준거법을 당사자의 임의의 선택에 맡겨 결정하도록 하는 방법이다. 이 방법은 당사자의 의사를 연결점으로 하는 것이다. 채권계약에 관하여 당사자가 선택한 법에 따르도록 하는 것(45조 1항)이 그 예이다.

마. 단계적(보충적) 연결: 이는 하나의 법률관계에 적용될 수 있는 복수의 준거법이 단계적으로 순위가 정하여져 있는 경우의 연결방법이다. 혼인의 일반적 효력에 관한 제64조가 그 예로서 이에 의하면 ① 부부의 동일한 본국법, ② 부부의 동일한 일상거소지법, ③ 부부와 가장 밀접한 관련이 있는 곳의 법의 순위로 준거법이 결정된다.

바. 보정적 연결: 이는 하나의 법률관계의 성립에 대하여 1단계의 준거법

이 있고, 그에 따라 법률관계가 성립되지 않을 경우 2단계의 준거법에 따르고, 만약 2단계의 준거법에 따라도 성립되지 않을 경우 3단계의 준거법에 따르는 방법이다. 예로서 부양의무는 1단계로 부양권리자의 일상거소지법에 따르나 그 법에 따르면 부양권리자가 부양의무자로부터 부양을 받을 수 없을 때에는 당사자의 공통 본국법에 따르도록 규정되어 있는 것(73조 1항)을 들 수 있다.

사. **종속적 연결**: 이는 하나의 법률관계가 다른 법률관계에 종속하는 경우 그 법률관계의 준거법과 동일한 준거법을 연결시키는 방법이다. 예컨대 사무관리는 사무관리가 행하여진 곳의 법에 따르나 사무관리가 당사자간의 법률관계에 근거하여 행하여진 경우에는 그 법률관계의 준거법에 따르도록 하는 것(50조 1항)을 들 수 있다.

아. **가중적 연결**: 이는 하나의 법률관계에 적용될 준거법을 지정함에 있어서 복수의 연결점 중 가중적으로 연결될 것을 요구하는 방법이다. 제조물책임의 준거법에 관한 헤이그조약 제 4 조에서 제조물책임은 손해발생지가 ① 직접피해자의 일상거소지, ② 책임을 추궁당하고 있는 자의 주된 영업소소재지 또는 ③ 직접피해자가 당해 제조물을 취득한 곳 중 어느 하나에 해당하는 경우 손해발생지의 법률에 의한다고 규정하고 있는 것이 그 예이다. 국제사법에는 이러한 연결방법을 취하는 규정은 없다.

Ⅲ. 연결점으로서의 국적과 일상거소의 확정

1. 총   설

연결점의 확정은 연결개념의 결정과 연결점의 저촉에 관한 문제이다. 전자는 국적, 일상거소 등의 개념이 나라마다 다르기 때문에 발생하는 문제이며, 후자는 예컨대 이중국적, 무국적을 가진 자의 본국법은 어느 나라 법이냐의 문제이다. 우리 국제사법은 총론에서 국적과 일상거소의 결정에 대하여 상세히 규정하고 있다.

2. 국적의 확정

【제16조】(본국법)
① 당사자의 본국법에 따라야 하는 경우에 당사자가 둘 이상의 국적을 가질 때에는 그와 가장 밀접한 관련이 있는 국가의 법을 그 본국법으로 정한다. 다만, 국적 중 하

나가 대한민국일 경우에는 대한민국 법을 본국법으로 한다.
② 당사자가 국적을 가지지 아니하거나 당사자의 국적을 알 수 없는 경우에는 그의 일상거소가 있는 국가의 법[이하 "일상거소지법"(日常居所地法)이라 한다]에 따르고, 일상거소를 알 수 없는 경우에는 그의 거소가 있는 국가의 법에 따른다.
③ 당사자가 지역에 따라 법을 달리하는 국가의 국적을 가질 경우에는 그 국가의 법선택규정에 따라 지정되는 법에 따르고, 그러한 규정이 없는 경우에는 당사자와 가장 밀접한 관련이 있는 지역의 법에 따른다.

가. 국적의 적극적 저촉

(1) **내외국적의 저촉** 내외국적이 저촉하는 경우에는 동시취득(同時取得)이든 이시취득(異時取得)이든 내국국적이 우선한다(16조 1항 단서). 이는 섭외사법에서도 동일하였다(섭외사법 2조 1항 후단).

(2) **외국국적의 저촉** 당사자가 둘 이상의 외국국적을 가지고 있는 경우에는 그와 가장 밀접한 관련이 있는 국가의 법을 본국법으로 한다(16조 1항 본문).

> Cf. 섭외사법 시절에는 이시취득(異時取得)의 경우에는 최후의 국적이 우선하였으나(섭외사법 2조 1항 전단), 동시취득(同時取得)의 경우에는 규정을 두고 있지 않아 견해의 대립이 있었고 이 경우 대개 주소가 있는 본국이 우선하되 주소가 없는 경우에는 거소 또는 혈통 등 당사자와 밀접한 관계가 있다고 인정되는 쪽의 본국의 법으로 해석하였다. 그러나 국제사법 제16조 제1항 본문에 따르면 '그와 가장 밀접한 관련이 있는 국가의 법'이 본국법이 되므로 동시취득과 이시취득을 구별할 필요가 없어졌다.

나. 국적의 소극적 저촉

섭외사법 시절에는 무국적의 원인이 선천적인지 또는 후천적인지 구별 없이 주소지법(주소가 없을 때에는 거소지법)으로써 본국법을 삼았으나(섭외사법 2조 2항), 국제사법은 일상거소(日常居所)를 주소를 대체하는 연결점으로 도입하였으므로 당사자의 일상거소가 있는 국가의 법에 따르도록 하고, 만약 일상거소가 없는 경우에는 그의 거소가 있는 국가의 법에 따르도록 하였다(16조 2항).

다. 일국수법(一國數法)의 경우의 본국법

국적저촉의 경우는 아니지만 그 본국이 미국, 영국, 캐나다와 같은 일국수법국가(一國數法國家) 또는 불통일법국가(不統一法國家)인 경우 어떤 법을 가지고 본국법을 삼아야 할 것인가의 문제에 대하여 섭외사법은 이 경우 '당사자가 속하는 지방의 법'에 의하여 결정하게 하였는데(섭외사법 2조 3항), 여기의 '당사자가 속하는 지방의 법'의 의미에 대하여 직접지정설과 간접지정설의 해석상 대립이 있었다. 직접지정설은 법정지의 국제사법이 명시적 또는 묵시적으로 직접 본국법으로 적용할 본국의 특정한 지역의 법을 지정하여야 한다는 입장인 반면 통설인 간접지정설은 이는 법정지의 국제사법이 결정할 것이 아니라 본국의 법제에 의하여 간접적으로 지정하여야 한다는 입장이었다. 국제사법은 간접지정설의 입장을 반영하여 우선 그 국가의 법역간 충돌문제를 해결하는 법선택규정(준국제사법)에 따라 지정되는 법에 따르도록 규정하였다. 다만, 그 국가에 그러한 준국제사법이 없는 경우를 대비하여 그 경우에는 당사자와 가장 밀접한 관련이 있는 지역의 법에 따르도록 하였다(16조 3항). 여기의 '가장 밀접한 관련이 있는 지역'은 당사자의 일상거소나 거소 등을 참고로 하여 확정될 것이다(신창선 125).

3. 일상거소의 확정

> **【제17조】** (일상거소지법)
> 당사자의 일상거소지법에 따라야 하는 경우에 당사자의 일상거소를 알 수 없는 경우에는 그의 거소가 있는 국가의 법에 따른다.

가. 일상거소의 개념: 2001년 국제사법 개정시 각종 법률관계의 연결점으로 '상거소'의 개념을 도입하였고 2022년 국제사법 개정시 이를 '일상거소'로 표기 변경하였는바 이는 일응 생활의 중심지로 이해되고 있다. 따라서 일정한 장소에서 상당기간 동안 정주(定住)한 사실이 인정되면 그 곳이 일상거소(日常居所)로 인정될 것이다. 일상거소는 그 요건으로 정주의사(animus manendi)라는 주관적 요소를 요하지는 않으며, 법적 개념인 주소(domicile)에 반하여 사실적 개념이라고 할 수 있다. 일상거소의 존재 여부는 구체적인 상황에 따라 당사자의 체류기간, 체류목적, 가족관계, 근무관계 등 관련 요소를 종합적으로 고찰하여 판단해야 할 것이다. 이 개념은 헤이그국제사법회의에서 채택한 제 협약을 비롯한 각종 국제조약 및 대다수의 입법례에서 연결점으로 널리 사용되고 있다. '일상거소'라는 개념은 과거 국가마다 '주소'의 개념이 달라 조약상 주소지법의 적용을 요구하여도 국제적인 통일을 기할 수 없었던 상황에 대한 개선책으로서 채택된 개념이다. 일상거소는 사실개념이므로 연결개념의 확정문제는 발생하지 않는다.

> Cf. 우리 민법은 "생활의 근거되는 곳을 주소로 한다."라고 규정함으로써(민법 18조 1항), 정주의사(定住意思)를 필요로 하지 아니하는 객관주의를 취하고 있는 것으

로 이해된다. 그러므로 우리 민법상의 주소(住所)의 개념과 국제사법상의 일상거소(日常居所)의 개념은 별다른 차이가 없는 것으로 보이며, 실무상 일상거소는 대부분 주소와 일치할 것으로 보인다. 한편 일상거소는 거소(居所)보다 장기간에 걸쳐 지속적으로 거주할 것을 필요로 하는 등 장소적 밀접도가 높다는 측면에서 거소와 구분되며, 국제사법에서도 양자를 구분하여 사용하고 있다(16조 2항, 17조 등).

나. **일상거소의 정의규정의 문제**: 국제사법은 과거 섭외사법에는 없었던 일상거소(日常居所) 개념을 도입하였으나 그에 대한 정의규정을 두지 아니하였다. 그 이유는 일상거소(日常居所)에 관하여 국제적으로 통일된 개념을 사용하는 것이 바람직하고, 정의규정을 둘 경우 그 개념이 고착화될 우려가 있기 때문이다. 현행 조약과 대다수 입법례도 이러한 점을 고려하여 일상거소(日常居所)에 대한 개념 정의규정을 두지 않고 있는 실정이다. 또한 당사자가 복수의 일상거소(日常居所)를 가질 수 있는가에 관하여 논란이 있으므로 일상거소(日常居所)의 적극적 저촉에 관한 규정도 두지 아니하였다(법무부 31).

다. **일상거소지법에 대한 규정**: 국제사법 제17조는 당사자의 일상거소지법(日常居所地法)에 따라야 하는 경우에 당사자의 일상거소를 알 수 없는 경우, 즉 일상거소의 소극적 저촉의 경우에 거소지법에 따른다고 규정하고 있다.

> Note 주의할 것으로 일상거소지법에 따라야 하는 경우에 일상거소를 알 수 없는 경우에는 항상 거소지법에 따르는 것은 아니라는 점이다. 예컨대 혼인의 일반적 효력에 관하여 제64조에 따라 부부의 동일한 본국법이 1순위로 적용되고, 그것이 없을 때 2순위로 부부의 동일한 일상거소지법이 적용되며, 다음으로 부부와 가장 밀접한 관련이 있는 곳의 법이 적용되도록 규정되어 있는데 2순위의 부부의 동일한 일상거소지를 알 수 없다고 하여 거소지법을 적용하는 것이 아니라 위 법문의 순위대로 부부와 가장 밀접한 관련이 있는 곳의 법을 적용하여야 한다. 이는 이혼에 관한 제66조 제1항 단서의 "부부 중 한쪽이 대한민국에 일상거소가 있는 대한민국 국민인 경우 이혼은 대한민국 법에 따른다."라는 규정 중의 '일상거소'에 대하여도 마찬가지이다.

Ⅳ. 법률의 회피

1. 개   념

당사자가 국제사법규정에 따라 원래 적용될 국가의 법률에 의하면 불이익을 받게 될 경우 그 법률의 적용을 면하기 위하여 연결점을 고의로 변경함으로써 유리한 준거법의 적용을 받으려는 경우를 법률의 회피라고 한다. 법률사기,

연결점의 사기적 창설, 준거법의 회피라고도 부른다. 예컨대 근친혼을 위하여 한국의 남녀가 일본으로 국적을 옮기고 혼인하는 경우인데 이 경우 그 국제사법상 유효성에 대하여 견해의 대립이 있다.

> Cf. 그레트나 그린 결혼(Gretna Green Marriage): 19세기 초반부터 중반까지 영국에서 스코틀랜드로 들어가는 입구의 그레트나 그린이라는 마을에서 성행하였던 영국남녀의 결혼을 말한다. 그 당시 영국에서는 혼인을 위하여 부모의 동의와 목사 주재의 의식이 요건이었던 반면 스코틀랜드에서는 당사자의 합의만으로 족하였다. 따라서 부모의 동의를 얻지 못하거나 비용이 없는 영국의 남녀들이 혼인의 방식은 거행지법에 따라도 된다는 국제사법의 규정을 이용하여 스코틀랜드의 그레트나 그린에서 혼인하였던 것이다.

2. 효 력

법률의 회피의 효력에 대하여는 무효설과 유효설의 대립이 있어왔다. 무효설은 "사기는 모든 것을 부패하게 한다."라는 포르투갈의 법언이 말하듯이 법권위의 침해, 비윤리성, 결과의 불공정, 국익의 손상 등을 이유로 한다. 그러나 오늘날에는 내심의 법률회피 의사를 확인하는 것이 쉽지 않을 뿐 아니라 그러한 의사까지 문제 삼을 경우 준거법 결정에 있어서 안정성이 결여되는 결과가 초래된다는 이유로 유효라고 보는 것이 다수의 견해이다(신창선 114~115, 김연 154~155).

V. 적응(조정)문제

1. 적응문제의 의의

국제사법규정에 의하여 지정되는 준거법은 보통은 하나이나 사안에 따라서는 국제사법의 두 개 이상의 규정에 해당되어 준거법이 두 개 이상 지정되는 경우(준거법의 중첩)와 국제사법의 어느 규정에도 해당이 없어 준거법이 없는 경우(준거법의 흠결)가 있다. 이러한 준거법의 충돌의 경우에 발생하는 모순과 부조화를 해결하고 준거법의 흠결의 경우에 발생하는 공백을 보완하는 문제를 적응(adaptation) 또는 조정(coordination)의 문제라고 한다.

2. 적응문제의 성질

적응문제는 한 국가의 국제사법원칙에 의하여 준거법이 결정된 후에 준거법을 확정하는 단계에서 발생하는 준거법 상호간의 충돌문제로서(김연 165), 준거법의 지정단계에서 발생하는 법률관계의 성질결정의 문제와 구별된다.

3. 적응문제의 구체적 예시

가. 준거법 중첩의 경우: 미성년자라도 혼인하면 성년으로 의제하는 성년의 제규정(민법 826조의2 참조)을 가진 A국의 남자 甲과 성년의제규정이 없는 B국의 미성년의 여자 乙이 혼인하여 A국에 살고 있다. 만약 乙의 신분상의 지위가 우리나라에서 문제가 되었다고 할 경우 국제사법에 의하면 혼인의 효력에 대하여는 부부의 국적이 다르므로 부부가 같이 살고 있는 일상거소지법(64조 2호)인 A국법이 준거법이 되어 乙은 A국의 성년의제규정에 따라 부모의 친권에서 벗어나는 반면 친권에 대하여는 부모와 자녀의 동일한 본국법(72조)인 B국법이 준거법이 되어 乙에 대하여 그 부모의 친권이 여전히 행사되는 충돌이 발생하게 되는 것이다.

나. 준거법 흠결의 경우: 남편이 혼인 당시에는 A국인이었으나 사망 당시에는 B국인이었고, 처(妻)는 혼인 당시에는 B국인이었으나 남편의 사망 당시에는 A국인이었으며 그들의 일상거소는 A국이었다. A국의 실질사법에 의하면 미망인에게 상속은 인정하나 부부재산분배는 인정하지 않는 한편 B국의 실질사법에 의하면 미망인에게 부부재산분배는 인정되나 상속은 인정되지 않는다. 남편의 재산에 대한 처의 권리가 우리나라 법원에서 문제가 되었다고 할 경우 국제사법 제65조 제1항과 제64조에 따라 부부재산제에 대하여는 부부의 동일한 본국법이 없으므로 부부의 동일한 일상거소지법인 A국법이 준거법이 될 것인데 A국의 실질사법에 의해서는 부부재산분배가 인정되지 않는 한편 처의 상속에 관하여는 국제사법 제77조 제1항에 따라 사망 당시 피상속인의 본국법인 B국법에 의하게 될 것인데 B국의 실질사법은 상속을 인정하지 않는다. 따라서 이 사안의 경우 처(妻)는 부부재산분배도, 상속도 받지 못하게 되는 것이다.

4. 적응문제의 해결방안

적응문제의 해결에 대하여는 학자들의 의견이 대체로 일치하고 있다. 즉, 국제사법에 명문의 규정이 있는 경우에는 그에 따를 것이나 우리나라의 경우처럼 그러한 규정이 없는 경우에는 국제사법규정을 종합적으로 고찰하고 문제된 법률관계의 성질을 고려하여 가장 합리적이라고 생각되는 바에 따라 해결하여야 할 것이다(서희원 119, 김연 168, 신창선 119). 따라서 전항의 예에서 중첩의

경우에는 친자공동체보다 부부공동체가 더 밀접한 관계가 있으므로 이를 우선
시켜 처의 행위능력을 인정하여야 할 것이고, 흠결의 경우에는 최소한도의 처의
보호를 인정하여야 할 것이다.

제 4 관 준거법의 확정

Ⅰ. 개   관

준거법의 확정단계에서 짚어볼 논점으로는 선결문제, 반정 및 준거법 지정
의 예외의 문제가 있다.

Ⅱ. 선결문제

1. 선결문제의 의의

전제된 법률관계의 결과에 따라 특정한 섭외사법관계의 결론이 달라지는
경우가 있다. 예컨대 A국 국적의 피상속인이 사망하자 B국 국적의 P가 피상속
인의 양자라고 주장하면서 우리나라 법원에 상속지분청구소송을 제기하였다. 우
리 국제사법 제77조 제 1 항에는 "상속은 사망 당시 피상속인의 본국법에 따른
다."라고 규정하고 있으므로 상속문제의 준거법은 A국의 실질사법이 될 것이다.
그런데 A국의 실질사법에 의하면 양자의 상속권이 인정되지만 입양의 유효성에
대하여는 A국의 국제사법에 의하면 A국의 실질사법이 적용되는 것이 아니라 B
국의 실질사법이 적용되는 한편 A국의 실질사법에 의하면 P에 대한 입양은 유
효하나 B국의 실질사법에 의하면 그 입양은 무효가 된다. 이러한 경우에 있어서
P의 청구에 대한 판단을 위하여는 먼저 입양의 유효성이 전제되어야 할 것이고,
그것이 전제되어야만 상속문제에 대한 결론이 내려질 것이다. 위의 예에서 입양
의 유효성 문제를 선결문제(preliminary question, Vorfrage)라고 하고, 상속권 문
제를 본문제(Hauptfrage)라고 한다. 이러한 선결문제(위의 예에서 입양의 유효성
문제)는 어느 법에 의하여 해결할 것인가(위의 예에서 A국의 실질사법 또는 B국의
실질사법)에 대하여는 국제사법에는 아무런 규정이 없으므로 학설로써 해결하여
야 한다.

2. 전제조건

선결문제가 있다고 하여 모든 선결문제가 의미가 있는 것이 아니라 다음의 조건을 갖출 경우에만 논의의 실익이 있다고 할 것이다. 즉, ① 본문제의 준거법이 외국법일 것(위의 예에서 상속의 준거법은 우리나라법이 아닌 A국의 실질사법), ② 본문제의 준거법 소속국의 국제사법규정이 선결문제에 대하여 법정지의 국제사법과 다른 준거법을 지정하고 있을 것(위의 예에서 입양의 유효성은 우리 국제사법 70조에 따라 입양 당시 양부모의 본국법인 A국의 실질사법에 의하여야 할 것이나 A국의 국제사법에 의하면 B국의 실질사법에 의함) 및 ③ 선결문제의 준거법으로서 문제된 두 실질사법의 내용이 다를 것(위의 예에서 A국의 실질사법에 의하면 입양이 유효이나 B국의 실질사법에 의하면 입양이 무효임)이다. 만약 이러한 요건을 갖추지 않은 경우에는 논의의 실익이 없다. 예컨대 일본인이 일본에서 사망하였는데, 그 양자인 한국인의 상속문제가 우리나라 법원에 제기된 경우 상속문제도 피상속인의 본국법인 일본법, 입양의 유효성도 일본법에 의하여 결정될 것이기 때문이다.

3. 학   설

선결문제의 해결방법에 대하여는 다음과 같은 학설들이 있다.

가. 법정지법설(법정지국제사법설): 이는 국제사법적 법률관계가 본문제이든 선결문제이든 법정지의 국제사법규정에 의하여 규율되어야 한다는 입장이다(신창선 129). 이에 의하면 본문제와 선결문제의 준거법을 별도로 정하게 되므로 독립연결설이라고도 한다. 이 입장에 의하면 위의 예에서 본문제인 상속의 준거법은 국제사법 제77조 제 1 항에 의하여 사망 당시 피상속인의 본국법인 A국법에 따르고, 선결문제인 입양의 준거법은 국제사법 제70조에 의하여 입양 당시 양친의 본국법인 A국법에 따르게 된다. 이에 대하여는 본문제의 준거법을 지정하는 것이 법정지 국제사법의 임무이지 선결문제까지 법정지 국제사법이 결정하는 것은 국제사법의 규율범위를 벗어나는 것이라는 비판이 있다.

나. 본문제준거법설(준거법소속국국제사법설): 선결문제는 본문제 준거법을 적용한 결과 생긴 본문제의 준거법상의 문제이기 때문에 본문제 준거법 소속국의 국제사법에 따라야 한다는 입장이다. 이에 의하면 선결문제를 본문제에 종속적으로 연결하여 취급하므로 종속연결설이라고도 한다. 이 입장에 의하면 위의

예에서 입양의 준거법은 A국의 국제사법에 따라 B국의 실질사법이 적용되게 된다. 이에 대하여는 동일한 선결문제가 본문제를 달리함에 따라 그 준거법이 달라질 수 있다는 비판이 있다.

　　다. **실질법설**(본문제실질법설): 선결문제도 본문제의 준거법 소속국의 실질법이 결정하여야 한다는 입장이다. 이 입장에 의하면 위의 예에서 입양의 준거법은 본문제인 상속의 준거법 소속국인 A국의 실질사법에 의하게 된다. 이에 대하여는 순수한 국내적 사법관계가 아닌 국제사법적 요소를 내포하고 있는 선결문제의 해결은 어디까지나 저촉법적인 관점에서 해결되어야 한다는 비판이 있다.

　　라. **절충설**: 선결문제의 해결은 법정지 국제사법과 본문제 준거법의 어느 한쪽의 입장을 취할 것이 아니라 구체적인 상황에 따라 국제사법적 이익을 고려하여 해결하여야 한다는 입장이다(서희원 117, 김연 163~164). 이는 다시 법정지 국제사법을 원칙으로 하는 입장과 본문제 준거법을 원칙으로 하는 입장으로 나뉜다. 이에 대하여는 기준의 불명확으로 인한 판결의 부조화를 지적하는 비판이 있다.

　　마. **국제절차법설**: 선결문제를 절차법적 관점에서 재판관할권과 연관시켜 해결하려는 입장이다. 즉, 선결문제에 대하여 법정지국이 재판관할권을 가지고 있을 때에는 법정지 국제사법이 결정하고, 재판관할권이 없는 경우에는 외국판결의 승인에 준하여 간접적 일반관할권을 가진 나라의 국제사법규정이 결정하여야 한다는 입장이다. 이에 대하여는 선결문제에 대한 재판관할권 기준의 설정이 어렵다는 점과 절차법상의 재판관할권의 기준이 준거법 결정의 기준이 되는 이유가 불분명하다는 비판이 있다.

Ⅲ. **반정**(renvoi)

【제22조】 (외국법에 따른 대한민국 법의 적용)
① 이 법에 따라 외국법이 준거법으로 지정된 경우에 그 국가의 법에 따라 대한민국 법이 적용되어야 할 때에는 대한민국의 법(준거법의 지정에 관한 법규는 제외한다)에 따른다.
② 다음 각 호의 어느 하나에 해당하는 경우에는 제1항을 적용하지 아니한다.
　 1. 당사자가 합의로 준거법을 선택하는 경우
　 2. 이 법에 따라 계약의 준거법이 지정되는 경우
　 3. 제73조에 따라 부양의 준거법이 지정되는 경우

4. 제78조 제3항에 따라 유언의 방식의 준거법이 지정되는 경우
5. 제94조에 따라 선적국법이 지정되는 경우
6. 그 밖에 제1항을 적용하는 것이 이 법의 준거법 지정 취지에 반하는 경우

1. 국제사법의 저촉 또는 충돌

국제사법이 제대로 그 기능을 수행하기 위하여는 각국의 국제사법이 동일하게 규정되어야 할 것이나 각국의 국내법으로 입법하는 결과 실제는 그 내용에 차이가 있게 된다. 이렇게 각국의 국제사법의 내용이 서로 다른 까닭에 동일한 법률관계라 하더라도 법정지가 어디냐에 따라 준거법을 달리하는 경우가 있다. 예컨대 A국의 국제사법에 의하면 A국법이 적용되나 B국의 국제사법에 의하면 B국법이 적용되는 경우(이를 국제사법의 적극적 저촉이라고 한다)도 있고 이와 달리 A국의 국제사법에 의하면 B국법이 적용되나 B국의 국제사법에 의하면 A국법 또는 C국법이 적용되는 경우(이를 국제사법의 소극적 저촉이라고 한다)도 있다. 전자(前者)의 경우는 각국의 국제사법의 통일에 의하여서만 해결할 수 있으나, 후자(後者)의 경우는 반정에 의하여 해결할 수 있다.

2. 반정의 의의

반정(renvoi)은 문제된 섭외사법관계에 대하여 법정지의 국제사법은 외국법을 준거법으로 지정하고 있으나 그 외국의 국제사법에 의하면 법정지법 또는 제3국법을 준거법으로 지정하고 있는 경우 그 외국의 국제사법규정에 따라 법정지법, 제3국법 또는 외국법을 준거법으로 지정하는 것을 말한다. 반정을 인정하는 주의를 반정주의라고 하고 반정을 인정하는 규정을 반정조항이라고 한다.

3. 반정의 연혁과 입법례 및 반정부인론

가. 반정의 연혁과 입법례: 19세기 영국의 Collier v. Rivaz(1841), Frere v. Frere(1847) 그리고 The Goods of Lacroix(1877)의 세 판결과 프랑스의 Forgo판결(1882)을 계기로 하여 반정에 대한 논의가 활발히 진행되게 되었다. 현재 오스트리아, 스위스, 폴란드, 독일, 네덜란드, 핀란드, 헝가리, 포르투갈, 대만, 일본, 영국, 미국, 프랑스, 이탈리아 등 다수 국가의 입법과 판례가 이를 인정하고 있는 반면 스웨덴, 덴마크, 루마니아, 그리스, 스페인, 이집트, 브라질 등은 명문으로 반정을 금하고 있다.

Cf. Forgo사건: 독일 바이에른 지역에서 출생한 사생자 Forgo는 5세에 프랑스로 이주하여 대부분의 삶을 프랑스에서 살았으나 프랑스법과 무관하게 살아온 까닭에 프랑스의 공식주소(official domicile)도 취득하지 못하여 법적으로는 바이에른에 사는 주민으로 되어 있었다. 그가 다수의 중요한 동산들을 남기고 사망하자 그의 방계친족들이 프랑스법원에 상속청구를 하였다. 프랑스법에 의하면 동산상속은 망인의 국법(바이에른법)에 의하는데 바이에른법에는 모계혈통의 방계친족의 상속을 규정하고 있었다. 그러나 프랑스법원은, 바이에른의 충돌규정에 의하면 동산상속은 망인의 실제주소(real domicile)지법에 따른다고 되어 있으므로 동산상속에 대하여는 프랑스법에 의한다고 판결하였다. 결국 모계혈통에 대한 동산상속을 부정하는 프랑스법에 의하여 Forgo의 프랑스에 소재한 유산은 프랑스에 귀속되었다.

나. 반정부인론: 반정에 대하여는 ① 자국의 의사로써 정립한 국제사법규정에 대한 확신의 결핍을 나타내는 것이고, ② 외국의 의사를 고려하는 것은 자국의 주권을 포기하는 것이 되며, ③ 저촉규정은 실질법을 지정하는 것인데 다시 저촉규정을 고려하는 것은 국제사법의 본래의 기능을 무시하는 것이고, ④ 사안에 따라 외국의 국제사법을 고려하는 것은 일관성이 결여되며, ⑤ 법정지법과 외국법 사이의 순환론에 빠지게 될 위험성이 있고, ⑥ 협의의 반정의 경우 자국법 편중주의에 빠지게 됨으로써 국제주의에 충실하지 못하다는 이유로 이를 부인하는 견해가 있다.

4. 반정의 이론적 근거

반정에 대하여는 대체로 찬성하고 있는바 그 근거로서 다음과 같은 학설이 있다.

가. 총괄지정설: 이는 국제사법이 외국법을 준거법으로 지정하는 경우 그 외국법은 실질법만이 아니라 국제사법규정을 포함하여 총괄하여 지정하는 것이므로 반정을 허용하여야 한다는 입장이다. 그러나 이 입장에서는 준거법이 결정될 수 없으므로 '국제적 테니스경기', '끝없는 순환론', '논리적 반사경'이라는 비판이 있다.

Cf. **총괄지정설의 오류:** 예컨대 A국 국제사법에 의하면 B국법에 의하도록 규정되어 있는 경우 이 입장에서는 B국법에는 실질법 외에 국제사법도 포함된다고 하므로 B국의 국제사법에 의하면 A국법에 의하도록 되어 있는데 이 A국법에는 국제사법도 포함되므로 A국의 국제사법에 의하면 다시 B국법을 지정하게 되어

끝없는 왕복만 있을 뿐 적용할 준거법을 결정할 수 없게 되는 것이다.

나. 외국의사존중설(기권설): 이는 외국이 스스로 자기의 법적용을 원하지 않을 경우에는 그 외국법을 적용해서는 안 되므로 반정을 허용하여야 한다는 입장이다. 바르의 견해이다. 그러나 외국법을 적용하는 것은 그 외국이 자기의 법을 적용하기를 원해서가 아니라 법정지의 입장에서 그 외국법을 적용하는 것이 섭외사법관계의 안정을 보장해 주기 때문이라는 점을 간과하였다는 비판이 있다.

다. 내외판결통일설(내외규정조화설): 이는 반정을 인정하면 동일한 섭외사법관계에 대하여 내외법원이 동일한 판결을 내리게 되므로 국제사법규정의 불통일로 인한 불합리를 해결할 수 있다는 입장이다. 그러나 일방국가만이 반정을 인정할 경우에는 내외판결의 통일이 이루어질지 모르지만 국가 쌍방이 반정을 인정할 경우에는 준거법의 교환만이 있을 뿐 내외판결의 통일은 기할 수 없다는 비판이 있다.

라. 내국법적용확대설: 이는 외국법을 적용하여야 함에도 불구하고 내국법을 적용하게 되면 법정지법의 적용범위가 확장되므로 외국법 적용에서 오는 부담(외국법의 내용확인, 해석 등에서 오는 경제적·시간적 부담)이 줄어드는 이익이 있다는 입장이다. 이는 프랑스법의 자국법우위의 관념에서 비롯된 것으로 국제주의에 위배된다는 비판이 있으며, 외국법에서 반정을 인정하고 있는지 여부 등에 대한 조사의 부담은 여전히 남는다는 비판도 받고 있다.

마. 판결집행설: 반정을 인정함으로써 자국의 판결의 효력을 외국에 승인시킬 수 있다는 이유로 반정을 인정하여야 한다는 입장이다. 반정에 의하여 외국법이 지정하는 준거법에 따라 판결하면 그 외국은 판결을 승인할지는 모르지만 제3국도 승인할지 여부는 알 수 없는 문제라는 비판이 있다.

5. 반정의 유형

가. 직접반정(협의의 반정): A국의 국제사법에 의하면 B국의 실질법이 적용되나 B국의 국제사법에 의하면 A국의 실질법이 적용되는 경우 A국 법원에서 A국의 실질법을 적용하는 경우를 말한다. 협의의 반정이라고도 한다. 반정의 결과 법정지의 실질사법이 적용되게 된다.

나. 전정(轉定): A국의 국제사법에 의하면 B국의 실질법이 적용되나 B국의 국제사법에 의하면 C국의 실질법이 적용되는 경우 A국 법원에서 C국의 실질법을 적용하는 경우를 말한다. 재정(再定), 2차적 반정이라고도 한다.

다. **간접반정**: A국의 국제사법에 의하면 B국의 실질법이 적용되고, B국의 국제사법에 의하면 C국의 실질법이 적용되며 C국의 국제사법에 의하면 A국의 실질법이 적용되는 경우 A국 법원이 A국의 실질법을 적용하는 경우를 말한다. 이 경우 직접반정과 같이 법정지의 실질사법이 준거법으로 적용되게 된다.

라. **이중반정**: 직접반정의 경우와 같이 A국의 국제사법에 의하면 B국의 실질법이 적용되고 B국의 국제사법에 의하면 A국의 실질법이 적용되는데 B국의 국제사법에는 (직접)반정을 인정하는 조항이 있으므로 A국 법원이 이것을 고려하여 B국의 실질법을 적용하는 경우를 말한다.

6. 국제사법 규정

가. 직접반정

(1) **원   칙**   국제사법 제22조 제 1 항은 "이 법에 따라 외국법이 준거법으로 지정된 경우에 그 국가의 법에 따라 대한민국 법이 적용되어야 할 때에는 대한민국의 법(준거법의 지정에 관한 법규는 제외한다)에 따른다."라고 규정하여 직접반정을 인정하고 있다. 여기의 '대한민국의 법'에 '준거법의 지정에 관한 법규는 제외한다'는 의미는 대한민국의 실질법만을 가리킨다는 것이다.

> Cf. 섭외사법은 제 4 조에서 반정의 원칙을 채택하여 "당사자의 본국법에 의하여야 할 경우에 그 당사자의 본국법이 대한민국의 법률에 의할 것인 때에는 대한민국의 법률에 의한다."라고 규정하여 반정이 인정되는 범위를 섭외사법상 본국법이 적용될 경우에 한정하였으나 국제사법은 본국법 외의 다른 법이 적용되는 경우로 확대하였으므로 본국법이 적용되는 친족·상속분야만이 아니라 물권과 법정채권분야에도 반정이 허용된다.

(2) **예   외**   국제사법은 반정의 부당한 확대를 방지하기 위하여 반정을 허용하는 것이 국제사법의 취지에 반하는 경우에는 반정이 허용되지 않음을 명시하고 있다(22조 2항 1호~6호).

⑺ **당사자가 합의로 준거법을 선택하는 경우**   이 경우 반정을 인정하는 것은 당사자의 의사에 반하기 때문에 제외하였다. 법문의 '합의로'는 당사자자치가 적용되는 경우를 의미하는 것으로 해석하여야 한다. 따라서 국제사법 제77조 제 2 항에 따라 피상속인이 상속의 준거법을 선택한 경우에도 반정은 허용되지 않는다고 본다(석광현 166).

⑷ **이 법에 따라 계약의 준거법이 지정되는 경우**   국제사법에 따라 계약의

준거법이 지정되는 경우(46조, 47조 2항·3항, 48조 2항) 계약상 채무의 준거법에 관한 EC협약(일명 로마협약) 등 관련 국제조약이 반정을 배제하고 있음을 고려하여 제외하였다. 또한 로마협약에 따라 계약의 준거법만이 아니라 채권양도(54조)와 법률에 의한 채권의 이전(55조)의 경우에도 반정이 배제되는 것으로 해석하여야 할 것이다(석광현 166).

(다) 제73조의 규정에 따라 부양의 준거법이 지정되는 경우　부양에 관한 제73조의 규정은 부양의무의 준거법에 관한 헤이그협약(1973년)의 내용을 수용한 것인데 위 협약이 반정을 배제하고 있으므로 이를 고려하여 제외하였다.

(라) 제78조 제 3 항의 규정에 따라 유언의 방식의 준거법이 지정되는 경우　유언의 방식에 관한 제78조 제 3 항의 규정은 유언방식의 준거법에 관한 헤이그협약(1961년)의 내용을 수용한 것인데 위 협약이 반정을 배제하고 있으므로 이를 고려하여 제외하였다.

(마) 제94조의 규정에 따라 선적국법이 지정되는 경우　선박에 관한 물권의 준거법을 선적국법으로 정한 이유는 선박에 관한 이해관계인들의 예측가능성을 높이고자 하는 데 있는데, 반정이 적용될 경우 이러한 예측가능성이 깨져 버릴 뿐 아니라 반정이 적용될 경우에 선적국의 국제사법규정을 확인하여야 하고 이러한 경우 해상분쟁 처리의 신속성의 요청에 부응할 수 없기 때문이다. 주의를 요하는 것은 제95조(선박충돌)와 제96조(해난구조)의 경우에는 반정이 허용된다는 점이다. 선박충돌은 불법행위와, 해난구조는 사무관리와 각각 그 성질이 유사한데 불법행위와 사무관리의 경우에는 반정을 인정하고 있다.

(바) 그 밖에 제 1 항을 적용하는 것이 이 법의 준거법 지정 취지에 반하는 경우

독일 국제사법을 모델로 하여 반정이 허용되지 않는 경우를 포괄적으로 규정하였다. 이 규정의 적용 여부는 개별사안에서 논의되어야 할 것이나 일응 다음 몇 가지를 생각해 볼 수 있을 것이다.

가) 선택적 연결의 경우에 반정이 제한될 수 있다. 당사자의 편의를 위하여 법률행위 또는 유언의 방식에 관하여 국제사법은 다양한 선택적 연결을 인정함으로써 'favor negotii(법률행위에 유리하게)' 원칙에 따르고 있는데(31조, 78조 3항), 만약 반정에 의하여 선택적 연결이 부정된다면 그 취지에 반하게 되기 때문이다.

나) 종속적 연결의 경우 반정이 제한될 수 있다. 예컨대 불법행위를 계약

의 준거법에 연결하는 것(52조 3항)과 같이 그 취지가 복잡한 법률관계를 하나의 법질서에 연결하고자 하는 경우에 반정을 허용하면 양자를 동일한 준거법에 연결하고자 하는 취지가 몰각될 수 있기 때문이다.

다) 제 9 장(어음·수표)의 조항들의 경우에는 반정이 허용되지 않는다고 할 것이다. 위 조항들은 당해 분야의 저촉규범을 통일하기 위한 국제조약에 근거한 것이기 때문이다. 물론 명시적으로 전정을 허용하는 조항(80조 1항 단서)은 예외이다.

나. **전정**: 어음·수표의 행위능력의 경우에는 예외적으로 전정(轉定)까지 인정하고 있다(80조). 이는 섭외사법에서도 마찬가지였다.

다. **숨은 반정론**: 숨은 반정(hidden renvoi)은 외국의 국제재판관할규정 등에 숨겨져 있는 저촉규정에 의하여 우리나라로 반정을 인정하는 경우이다. 이에 반하여 외국의 저촉법규정에 의하여 우리나라로 반정하는 경우를 '명시적 반정'이라고 한다. 예컨대 법정지인 A국의 국제사법에 의하면 B국법을 준거법으로 적용하도록 규정되어 있는 한편 B국의 재판관할권규정에 의하면 A국이 관할권을 가지는 경우 그 관할권 속에 준거법의 지정에 관한 내용이 숨어 있는 것으로 보아 A국 법원이 법정지의 실질법을 적용하는 경우이다. 대법원은 국제이혼사건에서 원고의 주소가 우리나라에 있을 경우 주소지법원에 이혼관할권을 인정하는 미국의 리스테이트먼트규정과 우리나라의 반정조항(22조)을 유추적용하여 우리나라 민법에 의한 이혼을 허용하였다.

▶ 대법원 2006. 5. 26. 선고 2005므884 판결

나아가 이 사건에 적용될 준거법에 관하여 보건대, 국제사법 제39조(66조), 제37조(64조) 제 1 호에 의하면 이혼에 관하여는 부부의 동일한 본국법이 제 1 차적으로 적용되는데, 미국은 지역에 따라 법을 달리하는 국가이므로 국제사법 제 3 조(16조) 제 3 항에 따라서 미국국적을 보유한 원·피고 사이의 이혼청구사건 등에 대한 준거법을 결정함에 있어서는 종전 주소지를 관할하는 미주리주의 법규정 등을 검토해야 할 것인데, 위에서 살펴본 미주리주의 법과 미국의 국제사법에 관한 일반원칙 등에 의하면 미국국적을 보유한 원·피고가 모두 선택에 의한 주소(domicile of choice)를 대한민국에 형성한 상태에서 대한민국 법원에 제기된 이 사건 이혼, 친권자 및 양육자지정청구에 관해서는 원·피고의 현재 주소(domicile)가 소속된 법정지의 법률이 준거법이 되어야 할 것이므로, 결국 '준거법 지정시의 반정(反定)'에 관한 국제사법 제 9 조(22조) 제 1 항 등을 유추적용

한 '숨은 반정'의 법리에 따라서 이 사건에 대해서는 이혼, 친권자 및 양육자지정 등을 규율하는 법정지법인 우리 민법을 적용하여야 한다.

※ 위 판결은 2022년 국제사법 개정 전의 판결이므로 각 조문 뒤 괄호를 붙여 개정 국제사법 의 조문번호를 기재하였음(筆者 註).

Ⅳ. 준거법 지정의 예외(예외조항)

【제21조】(준거법 지정의 예외)
① 이 법에 따라 지정된 준거법이 해당 법률관계와 근소한 관련이 있을 뿐이고, 그 법률관계와 가장 밀접한 관련이 있는 다른 국가의 법이 명백히 존재하는 경우에는 그 다른 국가의 법에 따른다.
② 당사자가 합의에 따라 준거법을 선택하는 경우에는 제 1 항을 적용하지 아니한다.

1. 예외조항의 의의

예외조항은 법관으로 하여금 구체적인 사안에 대하여 국제사법규정이 지정하는 준거법보다 더 강한 관련을 가진 것으로 판단되는 다른 나라의 법이 존재하는 경우에 예외적으로 그 다른 법을 적용하는 것을 허용하는 조항을 말한다. 이는 우리 국제사법의 준거법 연결원칙인 '당해 사안과 가장 밀접한 관련을 가지는 법의 지향'이라는 원칙을 구현하기 위하여 스위스 국제사법을 모델로 하여 국제사법 제21조에 규정을 두게 된 것이다.

> Note   예외조항이 목표로 하는 바는 실질법적으로 보다 좋은 법(better law)이 아니 라 '밀접한 관련'이라는 연결체제의 유지에 있음을 유의하여야 한다(법무부 41~42).

2. 예외조항의 설치이유

국제사법에 이러한 예외조항을 신설할 당시 법적 안정성을 해한다거나 법관에게 과도한 부담을 준다는 비판도 있었으나, 예외조항을 둠으로써 국제사법이 규정하는 연결원칙의 경직화를 막음으로써 개별적인 사안에서 구체적으로 타당한 결과를 달성할 수 있는 장점에 더 무게를 두어 이를 도입하였다(법무부 42).

3. 예외조항 적용의 요건

예외조항의 발동을 위하여는 ① 국제사법에 따라 지정된 준거법과 해당 법률관계와의 관련이 근소할 것과 ② 그 법률관계와 가장 밀접한 관련이 있는 다른 국가의 법이 명백히 존재할 것의 요건이 충족되어야 한다(1항). 그리고 소극적 요건으로서 ③ 당사자의 합의에 따라 준거법을 선택한 경우가 아니어야 한다(2항). 당사자의 준거법 선택이 허용되는 경우에 당사자의 의사에 반하여서까지 예외조항을 인정할 것은 아니기 때문이다.

▶ 대법원 2006. 5. 26. 선고 2005므884 판결
미합중국국적을 보유하고 대한민국에 거주하는 부부인 원·피고가 모두 대한민국에 상거소(常居所)를 가지고 있을 뿐 아니라 종전 주소지인 미합중국 미주리주의 법에 따른 선택에 의한 주소(domicile of choice)를 대한민국에 형성하였으므로 대한민국의 법률인 민법은 원·피고 사이의 이혼, 친권자 및 양육자지정 등 청구사건에 대하여 충분한 관련성을 구비한 준거법으로 볼 수 있어 국제사법 제 8 조(2022년 개정 국제사법 21조에 해당함, 筆者 註) 제 1 항이 적용되지 않는다.

4. 예외조항 적용의 사례

가. 다양한 유형의 불법행위: 현대의 복잡다기한 섭외사법관계를 제한된 저촉규범으로 규율하는 데는 한계가 있고, 이는 특히 불법행위에서 현저하므로 다양한 불법행위의 유형에 대응하여 연결대상을 세분화하고 그에 적합한 연결원칙을 정립할 필요성이 있다. 그러나 국제사법은 불법행위의 준거법에 관하여 공통의 속인법(52조 2항), 종속적 연결(52조 3항) 및 준거법의 사후적 합의(53조) 등의 조항에 의하여 불법행위지법 원칙을 다소 완화하기는 하였으나 불법행위의 다양한 유형별로 그에 대한 특칙을 두지는 않았으므로 꼭 필요한 경우 예외조항을 활용함으로써 적절한 결론을 도출할 수 있다.

나. 선박의 편의치적(flag of convenience): 구체적인 사안에서 선적이 선적국과의 유일한 관련인 경우에는 예외조항에 의하여 선적국법 대신 가장 밀접한 관련이 있는 다른 국가의 법이 준거법으로 적용될 여지가 있다. 다만, 편의치적이라는 이유만으로 당연히 예외조항이 적용되는 것은 아니며, 예외조항의 적용에 있어서는 그 요건이 구비되었는지 여부를 확인하여야 할 것이다.

Cf. 선박의 편의치적(便宜置籍, flag of convenience): 선박에 관한 법률관계의 대부분이 선적국법을 준거법으로 규정하므로(94조), 선박의 실제 활동과는 무관하나 법적용상 유리한 국가에 선적(船籍)을 두는 경우를 편의치적이라고 한다.

▶ 대법원 1988. 11. 22. 선고 87다카1671 판결 【제 3 자이의】
선박회사인 갑, 을, 병이 외형상 별개의 회사로 되어 있지만 갑회사 및 을회사는 선박
의 실제상 소유자인 병회사가 자신에 소속된 국가와는 별도의 국가에 해운기업상의 편
의를 위하여 형식적으로 설립한 회사들로서 그 명의로 선박의 적을 두고 있고(이른바 편
의치적), 실제로는 사무실과 경영진 등이 동일하다면 이러한 지위에 있는 갑회사가 법률
의 적용을 회피하기 위하여 병회사가 갑회사와는 별개의 법인격을 가지는 회사라는 주
장을 내세우는 것은 신의성실의 원칙에 위반하거나 법인격을 남용하는 것으로 허용될
수 없다.
▶ 한편 헌법재판소 1998. 2. 5. 선고 96헌바96 전원재판부 결정은 '편의치적'을 내국인
이 외국에서 선박을 매수하고도 우리나라에 등록하지 않고 등록절차 조세 금융면에서
유리하고 선원 노임이 저렴한 제3의 국가에 서류상의 회사(paper company)를 만들어
그 회사 소유의 선박으로 등록하는 것으로 정의하였다.

▶ 대법원 2014. 7. 24. 선고 2013다34839 판결 【배당이의】
국제사법 제60조(2022년 개정 국제사법 94조에 해당함, 筆者 註) 제 1 호, 제 2 호와 국
제사법 제 8 조(2022년 개정 국제사법 21조에 해당함, 筆者 註) 제 1 항의 내용과 취지
에 비추어 보면, 선원의 임금채권을 근거로 하는 선박우선특권의 성립 여부나 선박우선
특권과 선박저당권 사이의 우선순위를 정하는 준거법은 원칙적으로 선적국법이라고 할
것이나, 선박이 편의치적이 되어 있어 그 선적만이 선적국과 유일한 관련이 있을 뿐이
고, …이 사건 선박의 소유자는 편의치적을 목적으로 설립된 서류상의 회사(이른바 페
이퍼컴퍼니)에 불과하여 선적국인 파나마국과 별다른 관련성이 없는 점, 이 사건 선박
의 실질적인 소유자이자 용선자는 대한민국 법인으로서 그 대표이사와 임원진 모두 대
한민국 사람인 점, 이 사건 선박은 주로 대한민국에서 싱가포르 등 동남아시아 지역을
항해하면서 화물을 운송하는 데 사용되었을 뿐이고 파나마국의 항구를 거점으로 운항한
것으로 보이지 않는 점, 이 사건 선박의 선장과 기관장인 원고들을 포함한 이 사건 선박
의 선원들은 대한민국 사람이거나 동남아시아 사람들이고 선원들 중 파나마국 사람은
없는 점, 위 용선자가 작성한 선원고용계약서에는 그 계약서에서 정한 것 이외의 사항
은 대한민국 선원법 및 근로기준법에 따른다고 규정되어 있어서 선장과 기관장인 원고
들의 고용관계에 관하여는 대한민국 법률이 적용되는 점, 이 사건 경매절차는 대한민국
에서 이루어지고 있으며, 피고를 포함하여 경매절차에서 배당에 참가한 채권자들 대부
분이 대한민국의 법인이거나 국민이고 파나마국과는 별다른 관련성이 없는 점 등의 사
정들을 종합하여 보면, 원고들의 임금채권을 근거로 하는 선박우선특권의 성립 여부 및

그 선박우선특권과 피고의 근저당권 사이의 우선순위와 가장 밀접한 관련이 있는 법은 선적국인 파나마국법이 아니라 대한민국 상법이라고 할 것…(하략)

제 5 관 준거법으로서의 외국법의 적용 및 배척

Ⅰ. 개   관

확정된 준거법이 외국법일 경우에 있어서의 외국법의 적용과 관련하여 외국법의 성질, 공법적 성격의 외국법의 적용 가부, 외국법의 흠결 또는 불명의 경우의 조처, 외국법의 해석과 적용위반의 효과를 검토한다. 그리고 외국법이 준거법으로 지정되었음에도 불구하고 그 적용단계에서 외국법이 배제되는 두 가지 경우가 있다. 공서조항(23조)과 대한민국법의 강행적 적용조항(20조)이다. 전자는 외국법의 반사회적 성질 때문에, 후자는 국내법의 강행적 성질 때문에 각각 외국법의 적용이 배척된다는 점에서 구별된다.

Ⅱ. 외국법의 성질

【제18조】(외국법의 적용)
법원은 이 법에 따라 준거법으로 정해진 외국법의 내용을 직권으로 조사·적용하여야 하며, 이를 위하여 당사자에게 협력을 요구할 수 있다.

1. 문제의 소재

준거법으로 지정된 외국법이 법정지법원에서 어떠한 성질을 갖는가 하는 문제로서 사실로 볼 것이라면 입증책임의 문제와 연관되고, 법률로 볼 경우 법원이 직권조사의무를 부담하는지 여부 및 외국법이 불명하거나 흠결된 경우의 처리방법도 달라질 것이다.

> Note 이하에서 논하는 외국법은 실정법을 말하는 것으로서 여기에는 성문법은 물론 불문법도 당연히 포함된다.

2. 학   설

가. **외국법사실설**: 영미의 학설과 판례가 취하는 입장으로서 외국법을 사실로 취급하는 견해이다. 따라서 당사자가 이를 주장 및 입증하여야 하며 법원은 이를

직권으로 조사하거나 적용해서는 아니 된다. 이에 대하여는 외국법도 재판규범으로서 이를 사실로 볼 수는 없으며 당사자가 주장 및 입증하지 않는 경우 이를 적용할 수 없다면 재판작용을 행할 수 없다는 불합리가 발생한다는 비판이 있다.

> Cf. Judicial Notice: 미국법에서 법원이 사실에 대한 주장 및 입증 없이도 재판할 수 있는 사항을 일컫는 용어로서 우리 민사소송법의 '현저한 사실'에 해당하는 개념이다.

나. 외국법법률설: 대륙법계에서 취하는 견해로서 외국법은 본래는 법정지에서 법으로서의 효력을 가지지 못하지만 국제사법의 지정에 의하여 법으로서 적용되는 것이라고 한다. 따라서 외국법도 법률이므로 법원은 직권으로 외국법을 조사하여 적용하여야 하지만 당사자에게도 그 내용을 입증할 수 있는 기회를 주어야 한다고 주장한다. 국내의 다수설이다(신창선 165, 김연 195, 서희원 99).

다. 외국법변질설: 국제사법규정에 의하여 준거법으로 지정된 외국법은 변질되어 내국 법률질서의 한 구성부분이 된다는 견해이다. 이 경우 외국법은 내국법과 같이 직권으로 조사하여야 한다. 이에 대하여는 국제사법규정에 의하여 외국법을 외국법으로서 적용하는 것이지 외국법이 내국법의 일부가 되는 것이 아니라는 비판이 있다.

3. 국제사법의 입장

국제사법은 제18조에서 외국법의 내용에 대하여 법원이 직권으로 조사·적용할 의무를 부과하고, 당사자에 대하여 그에 대한 협력을 요구할 수 있도록 규정함으로써 외국법법률설을 취하고 있다. 여기서 국제사법이 당사자에게 부담시킨 것은 협력의무일 뿐 입증책임을 부담시킨 것이 아님은 물론이다.

▶ 대법원 2022. 1. 13. 선고 2021다269388 판결 【물품대금】
<u>외국적 요소가 있는 법률관계에 관하여 적용되는 준거법으로서의 외국법은 사실이 아니라 법으로서 법원은 직권으로 그 내용을 조사하여야 한다.</u> 따라서 외국적 요소가 있는 사건이라면 준거법과 관련한 주장이 없더라도 법원으로서는 적극적으로 석명권을 행사하여 당사자에게 의견을 진술할 수 있는 기회를 부여하거나 필요한 자료를 제출하게 하는 등 그 법률관계에 적용될 국제협약 또는 국제사법에 따른 준거법에 관하여 심리, 조사할 의무가 있다.

Ⅲ. 외국법의 범위

1. 공법적 성격을 가진 외국법

【제19조】(준거법의 범위)
이 법에 따라 준거법으로 지정되는 외국법의 규정은 공법적 성격이 있다는 이유만
으로 적용이 배제되지 아니한다.

전통적 국제사법이론에 의하면 국제사법에 의하여 지정되는 준거법은 그
국가의 실질사법으로서 저촉규정은 물론 공법도 제외되는 것이 원칙이다(외국공
법부적용의 원칙). 그러나 최근에는 사법과 공법의 구별이 명확하지 않고 사법의
공법화 현상이 두드러지게 나타남에 따라 단순히 준거법으로 지정된 외국법의
내용이 공법적 성격을 가진다는 이유만으로 그 적용을 배제함은 부당하다는 주
장이 대두되었다. 즉, 준거법이 외국법으로 지정된 경우 당해 외국법에 속하는
노동관련 법규나 외국환거래법 또는 대외무역법과 같이 공법적 성격을 가지는
법도 적용되어야 한다는 것이다. 이러한 조류에 맞추어 국제사법 제19조는 준거
법으로 지정되는 외국법의 규정이 공법적 성격이 있다는 이유만으로 적용을 배
제할 수 없다고 규정하였다. 다만, 그 규정형식에 있어서 "외국법의 규정이 공
법적 성격을 띠더라도 적용하여야 한다."라는 적극적 형식을 취하지 않고 "공법
적 성격이 있다는 이유만으로 적용이 배제되지 아니한다."라는 소극적인 규정방
식을 취하고 있으므로, 외국공법이 준거법 소속국의 법이라고 하여 항상 당연히
적용될 수 있는 것은 아니고, 그 적용 여부는 국제사법적 고려에 의하여 판단되
어야 할 것이다(석광현 138).

2. 미승인국과 분단국의 경우

국제사법에 의하여 준거법으로 지정된 외국법이 국제법상 승인 받지 못한 국
가 또는 정부의 법인 경우 국내법원이 이를 준거법으로 적용할 수 있느냐의 문제
로서 이에 대하여는 견해가 대립하나 문제된 섭외사법관계에 가장 밀접한 법을
적용하는 것이 국제사법의 이념이고, 또한 국제법상의 승인과 국제사법의 준거법
은 별개의 것이라는 점에서 적용가능하다고 보는 견해가 많다(신창선 169, 서희원
100, 김연 190, 최공웅 385). 그리고 분단국의 경우에도 미승인국의 경우와 같이
보아 당사자에게 가장 밀접한 관련이 있는 법을 준거법으로 하면 될 것이다.

Ⅳ. 외국법의 흠결과 불명(不明)의 경우의 보완

1. 의   의

문제된 섭외사법관계에 대하여 외국법을 준거법으로 적용하여야 할 경우 법원의 직권조사나 당사자의 협력 등 모든 노력에도 불구하고 외국법의 내용을 알 수 없는 경우를 외국법의 불명이라고 하고, 외국법이 존재하지 않는 경우를 외국법의 흠결이라고 한다. 이러한 경우 법정지법원은 어떻게 조처해야 하는가 에 대하여 국제사법에는 규정이 없고 학설과 판례는 나뉘어져 있다.

> Cf. 외국법 흠결의 경우와 외국법 불명의 경우를 구분하여 외국법 흠결의 경우 에는 국제사법상의 법흠결에 대한 일반적인 보충문제로 다루면 된다는 견해(최 공웅 367, 김연 196)도 있으나, 결국 두 문제 모두 내국법을 적용할 것인가 아니 면 조리에 의할 것인가에 귀착할 문제로서 기본적으로 같은 맥락에서 고찰하여 야 할 것이다.

2. 학   설

가. **내국법적용설**: 내국법을 적용하여야 한다는 견해로서 "의심스러울 때에 는 법정지법에 의한다(in dubio lex fori)."라는 사고에 근거한다. 이 견해는 각국 의 법은 대체로 동일하다는 점, 내국법을 조리로 인정하여야 한다는 점, 재판거 부를 피하기 위하여 내국법적용이 불가피하다는 점 등을 이유로 한다. 이는 영 미에서 지지를 받은 견해로서 내용이 불명한 외국법은 국내법과 유사하다는 소 위 '동일성 추정(presumption of similarity)'의 원리로 발전하였다. 이에 대하여는 실제적인 편리함은 있지만 외국법과 내국법을 동일하다고 볼 근거가 없을 뿐 아니라 내국법 우선사상에 뿌리내리고 있으며 외국법을 조사함이 없이 외국법 불분명을 이유로 내국법을 적용할 위험이 있다는 비판이 있다.

나. **청구기각설**: 이는 외국법사실설을 바탕으로 하여 외국법 불명과 흠결의 경우 당사자가 사실입증을 못한 경우와 마찬가지로 취급하여 그 당사자의 청구 를 기각하여야 한다는 입장이다. 외국법을 법률로 파악함이 타당할 뿐 아니라 외국법의 불명을 청구기각사유로 삼는 것은 부당하다는 비판이 있다.

다. **조리적용설**: 이 경우 내국법 흠결의 경우와 마찬가지로 조리에 의하여 재판하여야 한다는 입장이다. 여기의 '조리에 의하여 재판한다.'라는 뜻은 법의 일반원칙과 같은 추상적·보편적인 원칙에 의한다는 것이 아니라 가능한 한 본

래 적용하도록 되어 있는 외국법에 의한 해결과 가장 가까운 해결방법을 취하여
야 한다는 것이고 이 점에서 이 견해를 최근사법설(最近似法說)이라고도 부른다.
케겔(Kegel)의 최대개연성의 원칙(Grundsatz der größten Wahrscheinlichkeit)도 같
은 맥락에 있다. 다수설이다(최공웅 372, 김연 199, 서희원 103).

> Cf. 케겔의 최대개연성의 원칙: 예컨대 외국에서 법이 개정되었는데 신법(新法)
> 의 내용을 알 수 없는 경우에는 부득이 구법(舊法)을 적용하며, 벨기에법의 내용
> 이 불명일 때에는 그 법의 모법(母法)이 된 법질서로서 프랑스법을 적용하는 등
> 으로 가장 유사한 법을 대체법으로 적용할 수 있다는 것이다.

3. 판례의 입장

이에 대하여 우리 대법원은 한때 법정지법을 적용한 경우도 있었으나(대법
원 1988. 2. 9. 선고 87다카1427 판결) 그 이후의 판결들을 보면 조리적용설의 입
장을 취한 것으로 보인다.

> ▶ 대법원 2019. 12. 24. 선고 2016다222712 판결
> 외국적 요소가 있는 법률관계에 관하여 적용되는 준거법으로서의 외국법은 사실이 아니
> 라 법으로서 법원은 직권으로 그 내용을 조사하고, 그러한 <u>직권조사에도 불구하고 외국</u>
> <u>법의 내용을 확인할 수 없는 경우에 한하여 조리 등을 적용해야 한다</u>(대법원 1990. 4.
> 10. 선고 89다카20252 판결, 대법원 2000. 6. 9. 판결 98다35037 판결 등 참조).

> ▶ 대법원 2000. 6. 9. 선고 98다35037 판결【신용장금액지급청구】
> 섭외적 사건에 관하여 적용될 외국법규의 내용을 확정하고 그 의미를 해석함에 있어
> 서는 그 외국법이 그 본국에서 현실로 해석·적용되고 있는 의미·내용대로 해석·적
> 용되어야 하는 것인데, 소송과정에서 적용될 외국법규에 흠결이 있거나 그 존재에 관
> 한 자료가 제출되지 아니하여 그 내용의 확인이 불가능할 경우 법원으로서는 법원(法
> 源)에 관한 민사상의 대원칙에 따라 외국 관습법에 의할 것이고, 외국 관습법도 그 내
> 용의 확인이 불가능하면 조리에 의하여 재판할 수밖에 없는바, 그러한 조리의 내용은
> 가능하면 원래 적용되어야 할 외국법에 의한 해결과 가장 가까운 해결 방법을 취하기
> 위해서 그 외국법의 전체계적인 질서에 의해 보충 유추되어야 하고, 그러한 의미에서
> 그 외국법과 가장 유사하다고 생각되는 법이 조리의 내용으로 유추될 수도 있을 것
> 이다.

V. 외국법의 해석

1. 외국법의 해석방법

이는 국내법원이 외국법의 해석을 어떻게 할 것인가의 문제이다. 외국법의 해석도 일반적인 법해석의 원리가 적용되는 것이나 국제사법규정이 문제된 섭외사법관계에 대하여 외국법의 적용을 명한 이상 법원은 외국법의 내용의 확정 및 해석에 있어서 국내법이 아닌 외국법으로서 해석하여야 한다. 여기의 '외국법으로서 해석하여야 한다'는 뜻은 외국법이 그 외국에서 현실적으로 적용되고 있는 의미 그대로, 당해 외국법원의 입장에서 해석하여야 한다는 것이다(대법원 2016. 5. 12. 선고 2015다49811 판결 등).

▶ 대법원 2015. 3. 20. 선고 2012다118846,118853 판결
외국적 요소가 있는 법률관계에 관하여 적용될 <u>외국법규의 내용을 확정하고 그 의미를 해석함에 있어서는 외국법이 그 본국에서 현실로 해석·적용되고 있는 의미와 내용에 따라 해석·적용하여야 하고,</u> 그 본국에서 최고법원의 법해석에 관한 판단은 특별한 사정이 없는 한 존중하여야 할 것이나, 소송과정에서 그에 관한 판례나 해석 기준에 관한 자료가 충분히 제출되지 아니하여 <u>그 내용의 확인이 불가능한 경우 법원으로서는 일반적인 법해석 기준에 따라 법의 의미와 내용을 확정할 수밖에 없다</u>(대법원 2007. 6. 29. 선고 2006다5130 판결 등 참조).
영국법원의 판례에 의하면, 해난사고(a casualty)가 이미 발생한 경우라도 피보험자가 계속담보에 의해 보호받을 자격(entitlement to be held covered)을 발생시키는 사건(the events)을 그 해난사고가 발생할 때까지 알지 못하였을 경우에는 계속담보조항이 소급하여 적용된다고 해석하고 있는 것으로 보인다. 그러나 이 사건과 같이 피보험자가 워런티 위반이 예정되어 있는 사실을 알면서 이를 사전에, 나아가 그 워런티 위반이 실제로 발생한 후에도 통지하지 않고 있다가 해난사고가 발생한 후에 비로소 통지를 한 사안에서 계속담보가 성립하는지 여부에 관한 영국 법원의 판례나 해석기준을 알 수 있는 자료는 기록상 찾을 수 없다.
이 사건에서 피고의 2010. 12. 13.자 통지가 계속담보가 성립하기 위한 유효한 통지인지 여부는 '피고가 워런티 위반사실, 즉 이 사건 선박이 2010. 12. 12. 이후에도 워런티 조항에서 항해를 허용하지 않는 태평양 쪽 남빙양 남위 60도 이남에서 조업을 계속한다는 사실을 인지한 후 즉각적인 통지를 한 것으로 평가될 수 있는가'에 달려 있다고 보인

다. 남위 60도 이남의 남빙양 조업은 위험이 현존하는 경우이므로 통지가 요구되는 합
리적인 시간은 짧은 시간이 되어야 하고, 이 사건 선박의 2010. 12. 12. 이후의 항해구
역 이탈은 갑자기 발생한 상황이 아니라 피고의 조업방침상 원래 예정된 것이었다는 점
등을 고려하면, 통지는 앞선 확장담보 기간이 경과하기 전에 이루어지거나 늦어도
2010. 12. 12.이 되자마자 지체없이 이루어졌어야 한다고 봄이 타당하다. 피고가 주장하
는 바와 같이 당시 피고의 업무 담당자가 2010. 12. 10. 출장 중이었다거나 2010. 12.
12.이 일요일이라는 사정이 있었다고 하더라도, 계속담보를 위한 통지는 다른 직원에
의해서도 충분히 이루어질 수 있는 성격의 업무이고 2010. 12. 13.자 통지 역시 원고의
영업시간 전인 새벽에 팩스 전송에 의해 원고의 영업장소에 이루어진 점 등에 비추어
보면, 피고의 위 주장과 같은 사정을 이유로 2010. 12. 13.자 통지가 계속담보가 성립하
기 위한 유효한 통지라고 보기는 어렵다.
따라서 2010. 12. 13.자 통지에 의한 계속담보 성립에 관한 피고의 주장을 배척한 원심
의 판단은 정당하고, 거기에 상고이유 주장과 같은 영국법상 계속담보의 통지에 관한
법리를 오해하여 판결에 영향을 미친 위법이 없다.

2. 외국법의 해석을 잘못한 것이 상고이유가 되는지 여부

다음으로 문제되는 것은 외국법의 해석을 잘못한 경우 상고이유가 되는가
여부이다. 이에 대하여는 외국법도 법률이기는 하나 국내법과 달리 상고심에서
외국법의 내용의 확정해석을 하는 것은 재판의 능률을 해치고 잘못 해석할 경
우 권위를 실추시킬 수 있다는 등을 이유로 하여 세계 각국의 재판실무는 대체
로 상고이유가 되지 않는다는 입장을 취하여 왔다. 이에 대하여는 국제화시대에
있어서의 섭외사건의 비약적인 증가와 함께 외국법이 준거법으로서 적용되는
사례가 급증하고 있는 만큼 국제적인 사법생활의 법적 안전을 보장하기 위해서
외국법 해석에 통일을 기하여야 하며, 외국법의 해석적용에 신중을 기하기 위해
서라도 상고심의 판단을 받도록 하여야 한다는 견해가 설득력을 얻고 있다(최공
웅 380, 김연 202, 서희원 104).

VI. 외국법의 적용위반

1. 문제의 소재

법관이 외국법의 적용을 잘못한 경우를 외국법의 적용위반이라고 하고 이
경우 상고이유가 되는가가 문제되는데, 이는 구체적인 적용위반의 태양에 따라

구분하여 살펴보아야 한다.

2. 적용위반의 태양

가. 내외국의 국제사법의 적용위반: 특정한 외국법의 적용을 명한 내국의 국제사법규정을 위반하여 예컨대 A국법을 적용하여야 함에도 B국법을 적용하거나 내국법을 적용한 경우에는 내국법의 적용위반의 경우와 조금도 다를 것이 없이 상고이유가 된다(민사소송법 423조).

나. 외국실질법의 적용위반: 이에는 ① 준거법으로 지정된 국가의 법 중에서 법조문을 잘못 적용한 경우와 ② 외국법의 해석을 잘못한 경우가 있다. 이 두 가지 경우 모두에 대하여 외국법의 해석을 잘못한 경우 상고이유가 되는지 여부에 대한 논의가 그대로 적용된다.

Ⅶ. 공서조항

【제23조】(사회질서에 반하는 외국법의 규정)
외국법에 따라야 하는 경우에 그 규정의 적용이 대한민국의 선량한 풍속이나 그 밖의 사회질서에 명백히 위반될 때에는 그 규정을 적용하지 아니한다.

1. 공서조항의 의의

국제사법규정에 의하여 외국법을 준거법으로 적용한 결과가 내국의 사법질서를 파괴할 염려가 있는 경우에는 그 외국법의 적용을 배척할 필요성이 있는데 이에 관한 논의를 공서(public policy)문제 또는 공서론(公序論)이라고 하고, 그러한 외국법의 적용을 배제하는 내국법을 공서법(公序法) 또는 금지법(禁止法)이라고 하며, 그러한 외국법 적용을 배제하는 경우를 규정하는 국제사법규정을 공서조항(유보조항, 금지조항, 배척조항이라고도 한다)이라고 한다. 예컨대 일부다처제를 허용하는 외국법을 적용하면 그로 인하여 우리법의 일부일처제의 원칙이 파괴되므로 이 경우 외국법의 적용을 배척하여야 할 것인데, 이 경우 그 근거가 되는 것이 공서조항인 것이다.

2. 공서조항의 유형

공서조항의 유형으로는 일반적 배척규정과 개별적 배척규정이 있다. 일반적 배척규정은 국제사법 제23조와 같이 섭외사법관계에 관하여 공서양속에 반하는 모든 외국법의 적용을 배제하는 규정을 말하고, 개별적 배척규정은 개별적

인 섭외사법관계에 관하여 공서양속에 반하는 외국법의 적용을 배제하는 개별
적인 규정으로서 특별배척조항이라고도 한다. 후자의 예로는 국제사법 제52조
제4항을 들 수 있다.

3. 공서조항의 표준

공서조항의 표준으로는 일반적 표준과 구체적 표준이 있다. 일반적 표준은
사회질서, 공공질서, 선량한 풍속, 내국법의 목적과 같은 포괄적·추상적 표준으
로서 국제사법 제23조의 규정형태가 이에 속한다. 구체적 표준은 외국법의 적용
을 제한하여야 하는 특정한 사유로서 경찰과 안녕에 관한 법률, 공법, 형법, 신
앙의 자유 등과 같이 구체적·개별적인 표준이다. 이러한 외국법적용제한의 표
준은 국가적 입장을 떠난 보편적 의미로서의 공서가 아니라 내국의 입장에서
판단되는 국가적 공서의 개념이다. 이러한 외국법의 적용제한은 국제사법의 일
반원칙의 예외로서 부득이 인정되는 것이므로 공서조항의 적용은 신중하고 엄
격하게 이루어져야 한다(서희원 107).

4. 외국법적용배척의 결과

공서조항이 적용되면 준거법인 당해 외국법은 적용할 수 없으므로 준거법
의 흠결이 생기게 되는데 이 경우 어떤 법을 대신 적용할 것인가가 문제된다.

가. **외국법보충설**: 공서조항은 당해 외국법의 적용을 배제하는 것이지 외국
법 질서 전체를 배제하는 것은 아니므로 외국법의 흠결에 준하여 가능한 한 유
추하여 그 외국법 중에서 적용할 보충법을 찾아야 한다는 입장이다.

나. **내국법보충설**: 외국법 적용의 배제는 내국의 공서를 유지하기 위한 것
이므로 배제 결과 생긴 공백은 내국법에 의하여 보충되어야 한다는 입장이다(김
연 210, 서희원 108, 신창선 181). 우리 법원도 외국법 적용 배척의 결과 법률의
흠결이 발생하게 될 경우에는 우리나라의 공서양속과 사회질서를 유지하기 위
해 예외적으로 외국법의 적용을 배제하는 취지에 비추어 우리나라의 법률로써
그 흠결을 보충하여야 한다는 입장이다(서울중앙지방법원 2007. 8. 30. 선고 2006
가합53066 판결; 서울지방법원 1999. 7. 20. 선고 98가합48946 판결; 서울가정법원
1989. 9. 22.자 89드16588 심판).

▶ 서울가정법원 1984. 2. 10.자 83드209 심판

공문서인 갑 1, 2호증(호적등본 및 결혼증명서)의 각 기재내용, 증인 C의 증언 및 변론의 전취지를 종합하여 보면 청구인은 우리나라 국민이고, 피청구인은 미합중국에 주소를 둔 필립핀공화국 국적을 가진 자로서 미합중국 군대에 구성원이 되어 우리나라에서 근무하던 자인데 위 양인이 1981. 12. 28. 우리나라에서 우리법에 따른 혼인신고를 마치고 그 무렵부터 동거를 시작한 사실 및 피청구인은 그후 청구인에게 자기가 먼저 미합중국에 돌아가서 청구인을 그곳으로 데려가도록 하는 절차를 밟겠다고 약속하고 1982. 5.초순경 단신 미합중국으로 떠나간 후 지금까지 생활비를 전혀 보내지 않은 것은 물론이고 소식마저 끊은 채 혼인생활을 계속할 아무런 성의도 보이지 않고 있는 사실을 인정할 수 있다.

사실관계가 위와 같다면 본건 이혼에 관하여 우리나라 법원에 재판권이 있고 본원이 그 관할권을 가지고 있음은 명백하다고 할 것이어서 먼저 그 준거법에 관하여 보건대, 부의 본국법인 필립핀공화국의 민법은 이혼을 금지하고 있는 것으로 해석되며 반정도 인정되지 아니하므로 결국 부의 본국법인 필립핀공화국의 법률이 준거법으로 적용되어야 할 것이나 이를 고집한다면 청구인은 여하한 경우에도 피청구인과 이혼할 수 없다는 부당한 결론에 도달하게 되는바 우리의 법률이 협의 이혼은 물론 재판상 이혼도 비교적 넓게 인정하고 있는 취지에 비추어 볼 때 필립핀공화국의 이혼에 관한 위 법제도는 우리의 선량한 풍속이나 사회질서에 위반하는 것이라고 할 수밖에 없어서 본건에서는 우리의 섭외사법 제5조(현행 국제사법 23조에 해당함, 筆者 註)에 의하여 필립핀공화국의 법률을 적용하지 아니하고 우리나라 민법을 적용하기로 한다. 다시 본건 이혼원인 사유를 판단하건대, 앞에서 인정한 사실에 의한 피청구인의 소위는 우리 민법 제840조 제2호가 정한 재판상 이혼사유에 해당하는 것이므로 이를 이유로 하는 청구인의 본건 이혼 심판청구는 정당하다 하여 이를 인용하기로 하고 심판절차 비용은 피청구인의 부담으로 하여 주문과 같이 심판한다.

▶ 서울중앙지방법원 2007. 8. 30. 선고 2006가합53066 판결

우리나라는 상표권에 관해서 속지주의의 원칙을 채용하고 있고, 그에 따르면 각국의 상표권은 해당국의 영역 내에서만 효력을 가짐에도 불구하고 이 사건 미국의 상표권에 기초하여 우리나라에서의 도메인이름의 등록말소(사용금지)나 이전등록을 인정하는 것은 이 사건 미국 상표권의 효력을 그 영역인 미국 이외인 우리나라에 미치게 하는 것과 실질적으로 동일한 결과를 가져오게 되어 우리나라가 채용하고 있는 속지주의의 원칙에 반하는 것이 된다. 또한, 우리나라와 미국 사이에서 서로 상대국의 상표권의 효력을 자

국에 있어서도 인정하여야 하는 내용을 정한 조약도 존재하지 않으므로, 이 사건 미국 상표권의 침해행위에 대하여 미국 ACPA(Anticybersquatting Consumer Protection Act: 소비자보호법, 筆者 註)를 적용한 결과 우리나라 국내에서 그 침해행위의 금지의 효과로서 도메인이름의 사용금지의무나 이전의무를 인정하는 것은 우리나라의 상표법 질서의 기본이념에 비추어 받아들일 수 없다. 따라서 미국 ACPA의 위와 같은 규정들을 적용하여 원고에게 이 사건 도메인이름의 사용금지의무와 이전등록의무를 인정하는 것은 국제사법 제10조(2022년 개정 국제사법 23조에 해당함, 筆者 註)에서 말하는 우리나라의 사회질서에 반하는 것이라고 봄이 상당하므로, 미국 ACPA를 적용하지는 않는다. 다만, <u>외국법의 적용이 우리나라의 사회질서에 반하여 당해 외국법을 문제된 법률관계에 적용할 수 없는 법률의 흠결이 발생하게 될 경우에는 우리나라의 공서양속과 사회질서를 유지하기 위해 예외적으로 외국법의 적용을 배제하는 취지에 비추어 우리나라의 법률로써 그 법률의 흠결을 보충해야 한다.</u> 따라서 우리나라의 부정경쟁방지법에 따라 원고의 이 사건 도메인이름의 사용이 피고에 대하여 부정경쟁행위에 해당하는지 여부를 살펴보아야 한다.

▶ 서울지방법원 1999. 7. 20. 선고 98가합48946 판결 【대여금반환】 (확정)
<사안의 요지> 원고는 미합중국 네바다주로부터 공인도박장개설면허를 받아 호텔과 카지노를 운영하고 있는 자인 한편 피고들은 위 카지노 내에서 신용도박을 하기 위해 칩을 빌리기에 앞서 신용신청서(credit application)에 서명하였고 위 신청서에는 신청자는 네바다 주법원의 관할권에 동의하며 강제행사가능성이 네바다주의 법에 의해서만 결정된다는 데 동의한다는 내용 등이 기재되어 있다. 원고는 피고들에 대하여 도박자금을 지급할 것을 구하고 있다.
<판결 요지> 섭외사법 제 9 조에 의하면 위 신용대부약정의 성립과 효력에 관하여 위 주법을 준거법으로 하기로 하였다고 봄이 상당하다. 한편 섭외사법 제 5 조의 규정은 외국법을 준거법으로 적용한 결과 대한민국의 사법적 사회질서를 중대하게 침해하는 경우 일정한 한도에서 그 외국법의 적용을 배제하는 데 그 목적이 있다고 할 것이므로, 위 제 5 조에 의하여 당사자들이 합의한 준거법인 위 주법의 적용을 배제하기 위하여는 ① 당사자들이 합의한 준거법인 위 주법의 규정 그 자체가 대한민국의 강행법규에 위반되는지 여부뿐만 아니라 ② 위 주법의 규정이 적용된 결과가 대한민국의 사법질서에 미치는 영향과 ③ 위 주법의 규정의 적용을 배척하는 것이 국제사법질서를 현저하게 무시하게 되는 결과가 되는지 여부 등을 종합적으로 고려하여 판단하여야 할 것이다. (중략) 위 주법의 규정은 도박행위를 엄격하게 제한하고 있는 대한민국의 강행법규에 명백히 위배

된다고 할 것이다. (중략) 따라서 위 신용대부약정의 성립 및 효력에 관하여는 섭외사법 제5조의 규정에 따라 당사자들이 합의한 준거법인 위 주법의 규정을 적용하지 아니하고 법정지법인 대한민국법의 규정을 적용함이 상당하다고 할 것이다.

▶ 서울가정법원 1989. 9. 22.자 89드16588 심판

미합중국의 경우 통상 입양의 요건을 엄격하게 제한하고 입양을 계기로 양자와 친생부모와의 친자관계를 소멸시키는 대신 양친자관계만을 존속시키며 따로 파양제도를 두고 있지 아니하므로 미합중국 국적을 가진 양친 갑과 대한민국 국적을 가진 양자 을 사이에 입양이 이루어졌다면 그들 사이의 양친자관계는 영속된다 할 것이나 위 갑이 입양 후 위 을을 유기한 채 행방을 감추어버리고 위 을은 생모의 보호아래 양육되고 있다면 그와 같이 허울만 남은 양친자관계를 존속시키는 것은 우리나라의 공서양속에 반하는 결과를 초래한다 할 것이므로 위 갑과 을 사이의 파양심판에 관한 준거법은 우리나라 민법으로 봄이 상당하다.

5. 국제사법 규정

국제사법 제23조는 "외국법에 따라야 하는 경우에 그 규정의 적용이 대한민국의 선량한 풍속이나 그 밖의 사회질서에 명백히 위반될 때에는 그 규정을 적용하지 아니한다."라고 규정하고 있다. 여기의 '선량한 풍속 그 밖의 사회질서'는 민법 제103조의 '선량한 풍속 기타 사회질서'와는 동일한 의미로 해석되어서는 아니 된다. 왜냐하면 민법의 강행규정은 모두 '사회질서'에 관한 규정이므로 양자를 동일한 의미로 해석할 경우 능력이나 친족 또는 상속에 관한 대부분의 국제사법상의 원칙은 무의미한 것이 되고 말 것이기 때문이다(서희원 108~109). 또한 외국법의 규정 자체가 우리의 선량한 풍속 그 밖의 사회질서에 반하기 때문에 그 외국법의 적용이 배제되는 것이 아니라 그러한 법을 적용하게 되면 우리나라의 선량한 풍속 그 밖의 사회질서를 해치는 결과를 가져오기 때문에 배제하는 것이며 공서조항의 남용을 막기 위하여 사회질서에 '명백히' 위반되는 경우에만 외국법의 적용이 배제되는 것이다. 이러한 점에서 보자면 예컨대 중혼을 허용하는 국가의 남자와 한국의 여자의 혼인의 유효성에 대하여는 이를 인정하는 경우 우리나라의 공서양속인 일부일처제(一夫一妻制)에 반하므로 부인되어야 할 것이지만, 일부다처제국가(一夫多妻制國家)의 제2, 제3의 처(妻)의 자녀(子女)가 우리나라에 있는 부(父)의 재산에 대한 상속권을 주장하는 경우에 이

를 부인할 필요까지는 없을 것이다(서희원 109). 공서위반 여부의 판단은 사실심의 변론종결시 또는 판결시를 기준으로 하여야 할 것이다.

▶ 대법원 2006. 5. 26. 선고 2005므884 판결 【이혼및위자료등】
국제사법 제10조(2022년 개정 국제사법 23조에 해당함, 筆者 註)는 "외국법에 의하여야 하는 경우에 그 규정의 적용이 대한민국의 선량한 풍속 그 밖의 사회질서에 명백히 위반되는 때에는 이를 적용하지 아니한다."라고 규정하고 있는데, 이는 대한민국 법원이 외국적 요소가 있는 소송사건에 대하여 준거법으로 외국법을 적용해야 할 경우에 이로 인하여 대한민국의 선량한 풍속 그 밖의 사회질서에 명백히 위반되는 결과가 발생하는지 여부 등을 심리해야 한다는 것일 뿐이고, 이와는 달리 대한민국 법원이 국내법을 적용함으로 인하여 외국법상의 공서양속에 위반하는 결과가 야기되는지 여부를 심리해야 한다는 취지는 아니다.

▶ 대법원 1991. 5. 14. 선고 90다카25314 판결 【보험금】
보험증권 아래에서 야기되는 일체의 책임문제는 외국의 법률 및 관습에 의하여야 한다는 외국법 준거약관은 동 약관에 의하여 외국법이 적용되는 결과 우리 상법 보험편의 통칙의 규정보다 보험계약자에게 불리하게 된다고 하여 상법 제663조에 따라 곧 무효로 되는 것이 아니고 동 약관이 보험자의 면책을 기도하여 본래 적용되어야 할 공서법의 적용을 면하는 것을 목적으로 하거나 합리적인 범위를 초과하여 보험계약자에게 불리하게 된다고 판단되는 것에 한하여 무효로 된다고 할 것인데, 해상보험증권 아래에서 야기되는 일체의 책임문제는 영국의 법률 및 관습에 의하여야 한다는 영국법 준거약관은 오랜 기간 동안에 걸쳐 해상보험업계의 중심이 되어 온 영국의 법률과 관습에 따라 당사자간의 거래관계를 명확하게 하려는 것으로서 우리나라의 공익규정 또는 공서양속에 반하는 것이라거나 보험계약자의 이익을 부당하게 침해하는 것이라고 볼 수 없으므로 유효하다.

▶ 대법원 1999. 12. 10. 선고 98다9038 판결
섭외법률관계에 있어서 당사자가 준거법으로 정한 외국법의 규정이나 그 적용의 결과가 우리 법의 강행규정들에 위반된다고 하더라도, 그것이 섭외사법 제 5 조가 규정하는 '선량한 풍속 기타 사회질서'에 관한 것이 아닌 한 이를 이유로 곧바로 당사자 사이의 섭외법률관계에 그 외국법의 규정을 적용하지 아니할 수는 없다.
    <해설> 이 사안에서는 우리 법원이 멕시코법의 해상물건운송인의 책임을 경감하는 특약

을 허용할 것인지 여부가 문제되었다. 우리 상법은 강행규정으로써 해상물건운송인의 책임 경감특약을 금지(상법 제799조)하고 있음에 반하여 멕시코법은 해상물건운송인의 배상책임감경을 허용하는바 이는 화물강도가 많은 그 나라의 특수한 사정을 고려한 때문이다. 이 판결의 취지는 멕시코법상 허용되는 해상물건운송인의 책임경감특약이 우리나라의 강행규정에 저촉되기는 하지만 우리나라의 선량한 풍속 기타 사회질서에 위반되는 것은 아니므로 국제사법 제23조의 공서조항을 적용해서는 안 된다는 것이다.

대리상의 보상청구권(상법 92조의2)과 운송인의 책임경감금지(상법 799조 1항) 규정이 국제적 강행규정인지 여부에 관하여 논의가 있으나 판례는 이를 부정한다(보상청구권에 관하여는 서울고등법원 2005. 1. 14. 선고 2004나14040 판결; 책임경감금지에 관하여는 위의 98다9038 판결 참조).

Ⅷ. 대한민국법의 강행적 적용

【제20조】 (대한민국 법의 강행적 적용)
입법목적에 비추어 준거법에 관계없이 해당 법률관계에 적용되어야 하는 대한민국의 강행규정은 이 법에 따라 외국법이 준거법으로 지정되는 경우에도 적용한다.

국제사법 제20조는 대외무역법, 외국환거래법, 독점규제 및 공정거래에 관한 법률, 문화재보호법 등과 같이 그 입법목적에 비추어 준거법에 무관하게 적용되어야 하는 법정지인 대한민국의 강행규정은 국제사법에 따라 외국법이 준거법으로 된 경우에도 적용됨을 규정하고 있다. 여기의 '대한민국의 강행규정'은 당사자의 합의에 의하여 그 적용을 배제할 수 없다는 의미의 '단순한 강행법규(상대적 강행법규)'가 아니라 당사자의 합의에 의하여 적용을 배제할 수 없을 뿐 아니라 준거법이 외국법이라도 그 적용이 배제되지 않는 '국제적 강행법규(절대적 강행법규)'를 말한다. 이렇게 우리나라의 국제적 강행규정이 적용될 수 있는 근거에 대하여는 공법의 속지주의, 강행법규의 특별연결이론, 공서이론 등이 있으나 제23조의 공서조항과 별도로 제20조를 두고 있으므로 공서이론은 그 근거가 되기 어렵다고 보아야 할 것이다.

Cf. (1) 공법의 속지주의: 법정지의 공법은 국제사법의 중개를 거칠 필요 없이 속지주의에 따라 법정지 내에서 당연히 적용된다는 이론을 말한다.
(2) 강행법규의 특별연결이론: 법정지의 강행법규는 국제사법상 통상의 연결원칙

에 의해 결정된 준거법의 일부로서가 아니라 독립적인 특별한 연결원칙에 따라 적용된다는 이론이다. 따라서 이 이론에 의하면 법정지의 강행법규는 당해 규정의 입법목적 등에 따라 필요한 경우 준거법의 여하에 관계없이 문제된 사안에 적용될 수 있다.

▶ 서울고등법원 2021. 10. 14. 선고 2021나2003630 판결 【보증채무금】: 확정

(1) **사안:** 스웨덴국에 설립된 갑 외국법인이 필리핀국 법인인 을 주식회사와 항공기 리스계약을 체결한 후, 을 회사의 국내 관계회사의 대표자인 대한민국 국민 병이 갑 법인과 사이에 을 회사의 리스료 등 채무를 보증하는 내용의 보증계약을 체결하면서 보증계약에 대한 준거법을 미합중국 뉴욕주 법으로 정하였는데, 그 후 을 회사가 리스료 등을 연체하여 갑 법인이 병을 상대로 연체된 리스료 등의 지급을 구하자 민법 제428조의3이 국제사법 제 7 조(2022년 개정 국제사법 제20조에 해당함, 筆者 註)의 이른바 '국제적 강행법규'로서 위 보증계약에 적용되는지 문제된 사안이다.

(2) **문제된 대한민국 민법 제428조의3(근보증) 규정:**　① 보증은 불확정한 다수의 채무에 대해서도 할 수 있다. 이 경우 보증하는 채무의 최고액을 서면으로 특정하여야 한다. ② 제 1 항의 경우 채무의 최고액을 제428조의2 제 1 항에 따른 서면으로 특정하지 아니한 보증계약은 효력이 없다.

(3) **판시내용:** 이 사건에 관하여 보건대, <u>국제사법 제 7 조(2022년 개정 국제사법 제20조에 해당함, 筆者 註)의 문언과 취지, 민법 제428조의3 규정의 의미와 목적, 이 사건 계약과 보증계약의 내용과 성격 등 제반 사정들을 종합하여 보면, 민법 제428조의3이 국제적인 계약관계에도 언제나 적용되어야 하는 국제적 강행법규에 해당한다고 보기 어렵다.</u> 따라서 이에 관한 피고의 위 주장은 더 나아가 살펴볼 필요 없이 이유 없다.

(가) '입법 목적에 비추어 준거법에 관계없이 적용되어야 하는 대한민국의 강행규정', 이른바 국제적 강행법규에 해당하는지 여부는 당해 법규의 의미와 입법 목적 등에 비추어 개별적으로 판단하여야 한다. 공정거래, 문화재 보호 등과 같이 공적인 이익에 봉사하는 법규인지, 아니면 계약관계에 관여하는 거래 당사자 사이의 이해관계를 조정하는 규정인지 등이 기준이 될 수 있다. 단지 당사자 합의에 의해 배제할 수 없는 국내 강행규정이라고 하여 곧바로 국제적 관계에도 적용되어야 하는 것은 아니다.

(나) 민법 제428조의3은 2015. 2. 3. 법률 개정으로 신설된 것으로서, 불확정한 다수의 채무에 대한 보증의 경우 보증인이 부담하여야 할 보증채무의 액수가 당초 보증인이 예상하였거나 예상할 수 있었던 것보다 지나치게 확대될 우려가 있으므로, 보증인이 보증을 함에 있어 자신이 지게 되는 법적 부담의 한도액을 미리 명확하게 알 수 있도록 보증인을 보호하려는 데에 그 입법 취지가 있다(대법원 2019. 3. 14. 선고 2018다282473 판결

등 참조).

㈐ 그런데 위와 같은 민법 개정이 국제적 거래관계에 따른 상사 보증도 고려하여 이루어졌다고 볼 만한 자료가 없고, 나라마다 강행법규가 다양한 상황에서 국제적 계약관계에 적용될 준거법을 계약 당사자 스스로 선택할 수 있도록 당사자 자치를 보장하는 국제사법 제25조(2022년 개정 국제사법 제45조에 해당함, 筆者 註) 등의 취지에 비추어도, 미합중국 뉴욕주 법을 준거법으로 명시하여 상세한 여러 조항을 두어 체결된 이 사건 보증계약에 대해 법정지인 대한민국의 위 민법 규정이 반드시 적용되어야 한다고 볼 만한 사정도 없다.

㈑ 나아가 이 사건 계약은 리스기간 60개월의 항공기 리스계약으로서 그에 따른 장기리스료, 추가 리스료, 지연손해금, 제13.3조에 따른 배상청구 등 채무는 최초 계약서에 이미 명시적으로 항목별로 상세히 규정되어 있다. 이 사건 보증계약에서도 피고가 주된 의무자(primary obligor)로서 독립된 채무를 지고 그 책임의 범위에 각종 수수료와 경비가 포함됨을 명시하고 있는바, 피고의 책임이 이 사건 보증계약 당시의 예상을 벗어나 지나치게 확대될 우려가 있다고 보이지도 않는다.

▶ 대법원 2015. 3. 20. 선고 2012다118846,118853 판결 【채무부존재확인·채무부존재확인】

국제사법 제27조(2022년 개정 국제사법 47조에 해당함, 筆者 註)에서 소비자 보호를 위하여 준거법 지정과 관련하여 소비자계약에 관한 강행규정을 별도로 마련해 두고 있는 점이나 약관규제법의 입법 목적을 고려하면, 외국법을 준거법으로 하여 체결된 모든 계약에 관하여 당연히 약관규제법을 적용할 수 있는 것은 아니다(대법원 2010. 8. 26. 선고 2010다28185 판결 등 참조). … (중략) … 원고가 영국법상 워런티 조항의 내용과 효력, 그 위반의 효과 등에 관하여 설명하지 아니하였으므로 약관규제법 제3조에 의하여 협회담보약관이 이 사건 선박보험에 편입되었다고 볼 수 없다는 피고의 주장에 대하여, 이 사건 선박보험에서 해상보험업계의 일반적 관행에 따라 영국법 준거약관을 사용하고 있고 그것이 대한민국의 공익이나 공서양속에 반한다거나 피고의 이익을 부당하게 침해하는 것이라고 볼 수 없으므로, 이 사건 선박보험과 관련된 모든 법률관계의 준거법은 영국법이고 달리 약관규제법을 적용하여야 할 사정이 없어, 이 사건 선박보험에는 약관규제법이 적용되지 않는다고 판단하여 피고의 위 주장을 배척하였다. 원심의 위와 같은 판단은 앞서 본 법리에 따른 것으로서 정당하다.

▶ 대전고등법원 2023. 2. 1. 선고 2017나10570 판결 【유체동산인도】

가) 원고는, 취득시효제도의 입법목적에 비추어 볼 때 이 사건 불상에 대한 피고보조참가인의 취득시효에 의한 소유권 취득 여부에 관하여는 국제사법 제20조에 따라 대한민국 법이 준거법이 되어야 한다고 주장한다.

섭외법률관계에 있어서 당사자가 준거법으로 정한 외국법의 규정이나 그 적용의 결과가 우리 법의 강행규정들에 위반된다고 하더라도, 그것이 구 섭외사법 제5조(현행 국제사법 23조에 해당함, 筆者 註)가 규정하는 '선량한 풍속 기타 사회질서'에 관한 것이 아닌 한 이를 이유로 곧바로 당사자 사이의 섭외법률관계에 그 외국법의 규정을 적용하지 아니할 수는 없다(대법원 1999. 12. 10. 선고 98다9038 판결 참조). 이에 비추어 보건대, 국제사법 제20조에서의 '입법목적에 비추어 준거법에 관계없이 적용되어야 하는 대한민국의 강행규정'은 당사자의 합의에 의한 적용 배제가 허용되지 않고 준거법이 외국법이라도 그 적용이 배제되지 않는 이른바 보편적 또는 국제적 강행규정을 의미하는 것으로 엄격히 해석되어야 하는바, 적어도 그 입법목적을 고려하였을 때 그 법 규정을 적용하지 아니하면 우리의 법체계와 사회질서 및 거래안전 등에 비추어 현저하게 불합리한 결과가 야기될 가능성이 있어 이를 강제적으로 적용하는 것이 필요한 경우이거나, 법 규정 자체에서 준거법과 관계없이 적용됨을 명시하고 있거나 혹은 자신의 국제적 또는 영토적 적용 범위를 스스로 규율하고 있는 경우 등을 의미한다고 보는 것이 타당하다. 그런데 우리 민법의 취득시효 규정 내지 그에 관한 해석이 국제사법 제20조에서 의미하는 보편적 또는 국제적 강행규정이라고 볼 아무런 근거가 없으므로, 원고의 이 부분 주장은 받아들이지 않는다.

나) 원고의 위 주장을 "불법적으로 반출된 이 사건 불상에 대하여 일본국 법에 따라 취득시효의 완성을 인정하는 것은 부당하므로 국제사법 제23조에 따라 일본국법이 아닌 대한민국 법이 준거법으로 적용되어야 한다."는 취지의 주장으로 선해하여 보더라도, 원고의 위와 같은 주장은 이 사건 불상에 관하여 일본국 민법을 적용한 결과가 대한민국의 선량한 풍속이나 그 밖의 사회질서에 명백히 위반된다는 것을 전제로 한 것인데, 아래에서 보는 바와 같이, 설령 이 부분 쟁점에 관하여 대한민국 법이 준거법으로 적용된다 하더라도 이 사건 불상에 관한 취득시효 완성 여부에 관한 판단의 결론이 달라지는 것도 아니어서 일본국 민법의 취득시효 규정을 적용한 결과가 대한민국의 선량한 풍속 기타 사회질서에 위반된다고 보기도 어렵다. 따라서 원고의 이 부분 주장도 받아들일 수 없다.

제 6 관 외국재판의 승인과 집행

I. 외국재판의 승인과 집행의 의의

소송의 최종적인 목표는 재판의 현실적 집행으로 이는 섭외사법관계소송에서도 마찬가지이다. 보통의 경우에는 집행의 편의를 위하여 피고의 재산이 있는 국가에서 소송을 제기하게 될 것이나 여러 가지 이유에서 부득이 다른 국가에서 재판을 받고 피고의 재산이 있는 국가에서 집행하여야 하는 경우도 있다. 한편 재판은 주권의 발현으로서 그 재판의 효력은 그 국가의 영토 내에서만 생기는 것이므로 외국법원의 재판은 다른 국가에서 아무런 효력이 없는 것이 원칙이다. 그러나 오늘날의 국제교류의 비약적인 증가에 비추어 외국재판의 효력을 전혀 인정하지 않는다면 결국 이미 재판을 받은 사안에 대하여 집행국가에서 다시 재판을 받아야 하는데 이 경우 생기는 비경제도 문제이지만 재판이 저촉되는 경우도 예상된다. 이러한 문제를 피하기 위하여 각국은 일정한 요건 하에서 외국재판을 승인하고 자국 내에서 그 효력을 인정하는 제도를 두고 있는데 이것이 외국재판의 승인과 집행(recognition and enforcement of foreign country judgement)의 문제이다. 우리나라도 민사소송법 제217조·제217조의2 및 민사집행법 제26조, 제27조에 외국재판의 승인과 집행에 관한 규정을 두고 있다.

II. 외국재판의 승인과 집행의 요건

우리나라의 외국재판의 승인과 집행의 요건에 대하여 살펴본다.

민사소송법 제217조(외국재판의 승인)
① 외국법원의 확정판결 또는 이와 동일한 효력이 인정되는 재판(이하 "확정재판 등"이라 한다)은 다음 각호의 요건을 모두 갖추어야 승인된다.
1. 대한민국의 법령 또는 조약에 따른 국제재판관할의 원칙상 그 외국법원의 국제재판관할권이 인정될 것
2. 패소한 피고가 소장 또는 이에 준하는 서면 및 기일통지서나 명령을 적법한 방식에 따라 방어에 필요한 시간 여유를 두고 송달받았거나(공시송달이나 이와 비슷한송달에 의한 경우를 제외한다) 송달받지 아니하였더라도 소송에 응하였을 것
3. 그 확정재판등의 내용 및 소송절차에 비추어 그 확정재판등의 승인이 대한민국의 선량한 풍속이나 그 밖의 사회질서에 어긋나지 아니할 것

4. 상호보증이 있거나 대한민국과 그 외국법원이 속하는 국가에 있어 확정재판등의
   승인요건이 현저히 균형을 상실하지 아니하고 중요한 점에서 실질적으로 차이가
   없을 것
② 법원은 제 1 항의 요건이 충족되었는지에 관하여 직권으로 조사하여야 한다.

민사소송법 제217조의2(손해배상에 관한 확정재판등의 승인)
① 법원은 손해배상에 관한 확정재판등이 대한민국의 법률 또는 대한민국이 체결한
국제조약의 기본질서에 현저히 반하는 결과를 초래할 경우에는 해당 확정재판등의
전부 또는 일부를 승인할 수 없다.
② 법원은 제 1 항의 요건을 심리할 때에는 외국법원이 인정한 손해배상의 범위에
변호사보수를 비롯한 소송과 관련된 비용과 경비가 포함되는지와 그 범위를 고려하
여야 한다.

민사집행법 제27조(집행판결)
① 집행판결은 재판의 옳고 그름을 조사하지 아니하고 하여야 한다.
② 집행판결을 청구하는 소는 다음 각호 가운데 어느 하나에 해당하면 각하하여야
한다.
1. 외국법원의 확정재판등이 확정된 것을 증명하지 아니한 때
2. 외국법원의 확정재판등이 민사소송법 제217조의 조건을 갖추지 아니한 때

1. 외국법원의 확정판결 또는 이와 동일한 효력이 인정되는 재판

여기의 '확정'은 그 판결을 한 외국의 절차에 있어 판결국법상 통상의 불복
방법으로는 더 이상 불복할 수 없게 된 상태로서, 외국재판이 재판국법상 우리
법의 형식적 확정력에 상응하는 효력을 가지는 것을 말한다. 외국재판에는 재산
관계에 관한 재판뿐 아니라 가족관계에 대한 재판도 포함되며 반드시 법원이
아니라 종교상의 기관(예컨대 회교국가의 권한 있는 종교기관)이라고 할지라도 법
원재판과 동일한 효력을 가지는 것이면 포함된다(서희원 123).

2. 외국법원의 국제재판관할

외국법원이 문제된 섭외사법관계에 대하여 민사소송법 제217조 제 1 항 제 1 호
의 국제재판관할권(간접적 일반관할권)을 가져야 한다. 외국법원의 재판관할권의
유무는 재판시가 아니라 우리 법원이 승인에 관하여 판단하는 시점을 기준으로
결정한다.

3. 피고에 대한 송달 또는 피고의 응소

패소한 피고의 방어권을 위한 실질적인 절차가 보장되었는지 여부에 관련한 요건이다. 여기의 '송달'은 적법한 방식에 따른 송달을 의미하는데 대법원에 의하면 민사소송법 제178조의 교부송달 외에 민사소송법 제186조 제 1 항과 제 2 항의 보충송달도 이에 포함된다(대법원 2021. 12. 23. 선고 2017다257746 전원합의체 판결). 이 요건에 관련하여 미국 켄터키 주의 미국 국적의 원고와 대한민국에 주소를 둔 피고 사이의 미국법원에서의 소송에서 피고에 대한 송달이 재판국법인 미국법에서 정한 송달방식을 따르지 아니하여 민사소송법 제217조 제 1 항 제 2 호의 적법한 방식에 따른 송달이 이루어지지 아니하였더라도 피고가 위 소송에서 소송대리인을 선임 및 개임하고, 소장과 소환장 등 소송 관련 서류를 송달받아 다양한 실체적 · 절차적 주장과 신청을 하는 등 자신의 이익을 방어할 기회를 실질적으로 보장받은 경우에는 피고가 위 소송에 응소하였다고 보는 것이 타당하다는 판결이 있다(대법원 2016. 1. 28. 선고 2015다207747 판결).

▶ 대법원 2021. 12. 23. 선고 2017다257746 전원합의체 판결【집행판결】
[다수의견] 민사소송법 제186조 제 1 항과 제 2 항에서 규정하는 보충송달도 교부송달과 마찬가지로 외국법원의 확정재판 등을 국내에서 승인·집행하기 위한 요건을 규정한 민사소송법 제217조 제 1 항 제 2 호의 '적법한 송달'에 해당한다고 해석하는 것이 타당하다.
보충송달은 민사소송법 제217조 제 1 항 제 2 호에서 외국법원의 확정재판 등을 승인·집행하기 위한 송달 요건에서 제외하고 있는 공시송달과 비슷한 송달에 의한 경우로 볼 수 없고, 외국재판 과정에서 보충송달 방식으로 송달이 이루어졌더라도 그 송달이 방어에 필요한 시간 여유를 두고 적법하게 이루어졌다면 위 규정에 따른 적법한 송달로 보아야 한다. 이와 달리 보충송달이 민사소송법 제217조 제 1 항 제 2 호에서 요구하는 통상의 송달방법에 의한 송달이 아니라고 본 대법원 1992. 7. 14. 선고 92다2585 판결, 대법원 2009. 1. 30. 선고 2008다65815 판결을 비롯하여 그와 같은 취지의 판결들은 이 판결의 견해에 배치되는 범위에서 이를 모두 변경하기로 한다.

4. 선량한 풍속이나 그 밖의 사회질서에 어긋나지 아니할 것

가. 공서 일반: 선량한 풍속 기타 사회질서를 공서양속 또는 공서(公序)라

고 한다. 공서는 대외적 관계에서의 국내법질서의 유지를 위한 최소한의 것을 의미한다. 이는 세계 각국의 입법이나 재판에서 인정되고 있는 개념으로서 국제사법 제23조에서 말하는 공서에 상응하는 것이다. 그러므로 국내적 질서를 유지하기 위한 민법 제103조의 공서양속 내지 공서와는 다르다. 민법상의 공서를 국내적 공서라고 한다면 민사소송법이 요구하는 공서는 국제적 공서라고 할 수 있다. 여기의 '공서'는 승인의 대상이 된 외국재판의 내용에 관한 실체적 공서와 그 성립절차에 관한 절차적 공서를 포함한다. 절차적 공서의 예로는 피고의 방어권, 소송사기, 법관의 중립과 독립 또는 공개원칙 등을 들 수 있다. 동일 사안에 대한 이중의 확정재판이 있는 경우도 여기에 해당한다. 동일 당사자간의 동일 사안에 관하여 한국에서 재판이 확정된 후에 다시 외국에서 재판이 선고되어 확정되었다면 그 외국재판은 대한민국 재판의 기판력에 저촉되는 것으로서 대한민국의 선량한 풍속 기타 사회질서에 위반되어 제217조 제 1 항 제 3 호에서 정하여진 외국재판의 승인요건을 흠결한 경우에 해당되어 대한민국에서는 효력이 없다. 공서위반 여부의 판단시점은 외국법원의 재판시가 아니고 우리나라에서 승인에 관하여 판단하는 때이다. 공서위반 여부의 심사에 있어서 재판내용의 공서위반과 같은 실체적 공서에 관련된 사항은 법원이 외국재판 자체로부터 직권으로 조사하여야 하지만 재판의 성립절차나 내외재판의 저촉에 관한 절차적 공서는 피고의 주장을 기다려 그 제출된 증거에 의하여 판단하면 족하다. 대법원은 확정재판 등을 승인한 결과가 대한민국의 선량한 풍속이나 그 밖의 사회질서에 어긋나는지는 그 판단시점에서 확정재판 등의 승인이 우리나라의 국내법 질서가 보호하려는 기본적인 도덕적 신념과 사회질서에 미치는 영향을 확정재판 등이 다룬 사안과 우리나라와의 관련성의 정도에 비추어 판단하여야 한다고 판시하였다(대법원 2015. 10. 15. 선고 2015다1284 판결).

▶ 대법원 2022. 3. 11. 선고 2018다231550 판결 【집행판결】

3. 상고이유 제2점에 대하여

가. 외국법원의 확정재판 등에 대한 집행판결을 허가하기 위해서는 이를 승인할 수 있는 요건을 갖추어야 한다. 민사소송법 제217조 제 1 항 제 3 호는 외국법원의 확정재판 등의 승인이 대한민국의 선량한 풍속이나 그 밖의 사회질서에 어긋나지 아니할 것을 외국재판 승인요건의 하나로 규정하고 있다. 여기서 그 확정재판 등을 승인한 결과가 대한민국의 선량한 풍속이나 그 밖의 사회질서에 어긋나는지 여부는 그 승인 여부를 판단

하는 시점에서 그 확정재판 등의 승인이 우리나라의 국내법 질서가 보호하려는 기본적인 도덕적 신념과 사회질서에 미치는 영향을 그 확정재판 등이 다룬 사안과 우리나라와의 관련성의 정도에 비추어 판단하여야 한다(대법원 2012. 5. 24. 선고 2009다22549 판결 참조).

민사소송법 제217조의2 제 1 항은 "법원은 손해배상에 관한 확정재판 등이 대한민국의 법률 또는 대한민국이 체결한 국제조약의 기본질서에 현저히 반하는 결과를 초래할 경우에는 해당 확정재판 등의 전부 또는 일부를 승인할 수 없다."라고 규정하고 있다. 이는 민사소송법 제217조 제 1 항 제 3 호와 관련하여 손해전보의 범위를 초과하는 손해배상을 명한 외국재판의 내용이 대한민국의 법률 또는 대한민국이 체결한 국제조약에서 인정되는 손해배상제도의 근본원칙이나 이념, 체계 등에 비추어 도저히 허용할 수 없는 정도에 이른 경우 그 외국재판의 승인을 적정 범위로 제한하기 위하여 마련된 규정이다.

또한 이러한 승인요건을 판단할 때에는 국내적인 사정뿐만 아니라 국제적 거래질서의 안정이나 예측가능성의 측면도 함께 고려하여야 하고, 우리나라 법제에 외국재판에서 적용된 법령과 동일한 내용을 규정하는 법령이 없다는 이유만으로 바로 그 외국재판의 승인을 거부할 것은 아니다.

나. 1) 우리나라 손해배상제도의 근본이념은 피해자 등이 실제 입은 손해를 전보함으로써 손해가 발생하기 전 상태로 회복시키는 것이었다(대법원 2003. 9. 5. 선고 2001다58528 판결 등 참조). 그러다가 2011년 처음으로 「하도급거래 공정화에 관한 법률」에서 원사업자의 부당한 행위로 발생한 손해의 배상과 관련하여 실제 손해의 3배를 한도로 하여 손해전보의 범위를 초과하는 손해배상을 도입하였다(제35조). 이어서 「독점규제 및 공정거래에 관한 법률」(이하 '공정거래법'이라 한다)에서도 사업자의 부당한 공동행위 등에 대하여 실제 손해의 3배를 한도로 하여 손해전보의 범위를 초과하는 손해배상 규정을 도입하였고, 계속해서 개인정보, 근로관계, 지적재산권, 소비자보호 등의 분야에서 개별 법률의 개정을 통해 일정한 행위 유형에 대하여 3배 내지 5배를 한도로 하여 손해전보의 범위를 초과하는 손해배상을 허용하는 규정을 도입하였다.

이처럼 개별 법률에서 손해전보의 범위를 초과하는 손해배상을 허용하는 것은 그러한 배상을 통해 불법행위의 발생을 억제하고 피해자가 입은 손해를 실질적으로 배상하려는 것이다.

2) 이와 같이 우리나라 손해배상제도가 손해전보를 원칙으로 하면서도 개별 법률을 통해 특정 영역에서 그에 해당하는 특수한 사정에 맞게 손해전보의 범위를 초과하는 손해배상을 허용하고 있는 점에 비추어 보면, 손해전보의 범위를 초과하는 손해배상을 명하는 외국재판이 손해배상의 원인으로 삼은 행위가 적어도 우리나라에서 손해전보의 범위

를 초과하는 손해배상을 허용하는 개별 법률의 규율 영역에 속하는 경우에는 그 외국재판을 승인하는 것이 손해배상 관련 법률의 기본질서에 현저히 위배되어 허용될 수 없는 정도라고 보기 어렵다. 이때 외국재판에 적용된 외국 법률이 실제 손해액의 일정 배수를 자동적으로 최종 손해배상액으로 정하는 내용이라고 하더라도 그것만으로 그 외국재판의 승인을 거부할 수는 없고, 우리나라의 관련 법률에서 정한 손해배상액의 상한 등을 고려하여 외국재판의 승인 여부를 결정할 수 있다.

요컨대, 손해전보의 범위를 초과하는 손해배상을 명한 외국재판의 전부 또는 일부를 승인할 것인지는, 우리나라 손해배상제도의 근본원칙이나 이념, 체계를 전제로 하여 해당 외국재판과 그와 관련된 우리나라 법률과의 관계, 그 외국재판이 손해배상의 원인으로 삼은 행위가 우리나라에서 손해전보의 범위를 초과하는 손해배상을 허용하는 개별 법률의 영역에 속하는 것인지, 만일 속한다면 그 외국재판에서 인정된 손해배상이 그 법률에서 규정하는 내용, 특히 손해배상액의 상한 등과 비교하여 어느 정도 차이가 있는지 등을 종합적으로 고려하여 개별적으로 판단하여야 한다.

　　나. **실질적 재심사 금지의 원칙과의 관계**: 공서에 관한 심사는 재판 주문에 한정할 것이 아니라 재판의 기초가 된 사실, 즉 재판 이유까지도 고려하여야 한다. 한편 민사집행법 제27조 제 1 항에 의하여 금지되는 외국재판의 당부에 대한 조사, 즉 실질적 재심사는 외국의 법원이 그 외국의 절차법과 실체법에 따라 바르게 재판을 하였는지 여부를 조사하는 것임에 반하여, 민사소송법 제217조 제 1 항 제 3 호의 공서요건의 심사는 외국법원이 인정한 사실을 전제로 하여 그 외국재판의 결과가 우리의 법질서에 비추어 우리나라에서 수용가능한 것인지 여부를 조사하는 것으로서 양자는 그 목적과 판단기준에 의하여 구별된다. 대법원은 확정재판 등을 승인한 결과가 선량한 풍속이나 그 밖의 사회질서에 어긋나는지를 심리한다는 명목으로 실질적으로 확정재판 등의 옳고 그름을 전면적으로 재심사하는 것은 민사집행법 제27조 제 1 항에 반할 뿐만 아니라, 외국법원의 확정재판 등에 대하여 별도의 집행판결제도를 둔 취지에도 반하는 것이므로 허용되지 아니한다고 판시하였다(위 2015다1284 판결).

　　다. **고액배상재판의 공서위반성**: 외국법원의 재판이라고 하더라도 그 재판이 당사자가 실제로 입은 손해를 전보하는 손해배상을 명한 경우에는 민사소송법 제217조의2 제 1 항을 근거로 그 승인을 제한할 수 없다(대법원 2016. 1. 28. 선고 2015다207747 판결). 그러나 미국의 징벌적 손해배상(punitive damages)이나 독점금지법상의 3배 배상(treble damages) 등은 우리나라에서의 승인·집행에 있어서 민감한 문제를 제기한다. 그 손해배상액은 동종 사안에 대하여 우리나라에서 인용되는 손해배상액에 비하여 현저히 고액일 뿐 아니라 우리 법상 일반적으로 받아들이고 있지 않은 법적 고려가 포함되어 있으므로 어떠한 형태로든 그 승인·집행을 제한할 필요가 있는데(민사소송법 217조의2 1항), 그렇다고 하여 이를 실질적 재심사로 파악할 것은 아니다. 이와 관련하여 징벌성이 내포된 손해배상에 대하여 내국관련성의 정도와 비례의 원칙을 고려하여 우리나라에서 인정될 만한 상당한 금액을 현저히 초과하는 부분에 한하여는 우리나라의 공서양속에 반한다고 보아 그 액수의 1/2만 승인한 하급심재판이 있다(서울지방법원 동부지원 1995. 2. 10. 선고 93가합19069 판결).

> Cf. **징벌적 손해배상(punitive damages)**: 이는 채무자에 대한 징벌적 차원에서 인정되는 손해배상으로 일반적으로는 불법행위의 경우에만 인정되나 예외적으로 채무자의 계약불이행이 동시에 불법행위를 구성하는 경우 또는 혼인계약·고용계약·보험계약 등에서 신의성실원칙을 위반하는 경우 등에는 계약불이행임에도 불구하고 인정되는 경우도 있다. 우리나라에서는 이를 일반적인 손해배상제도로 인정하지는 않고, 특정거래에 이를 도입하고 있을 뿐이다(예: 하도급거래 공정화에 관한 법률 35조).

5. 상호보증 또는 승인요건의 실질적 동일

상호보증이 있거나 대한민국과 그 외국법원이 속하는 국가에 있어 확정재판 등의 승인요건이 현저히 균형을 상실하지 아니하고 중요한 점에서 실질적으로 차이가 없을 것을 요한다. 이는 우리 법원이 일방적으로 외국재판을 승인·집행함으로써 입게 되는 불이익을 방지하기 위한 정책적 고려에서 요구되는 것이다. 우리나라와 외국 사이에 같은 종류의 재판의 승인요건이 현저히 균형을 상실하지 아니하고 외국에서 정한 요건이 우리나라에서 정한 그것보다 전체로서 과중하지 아니하며 중요한 점에서 실질적으로 거의 차이가 없는 정도라면 이 요건을 갖춘 것으로 보아야 하며, 이러한 상호보증은 외국의 법령, 판례 및 관례 등에 의하여 승인요건을 비교하여 인정되면 충분하고 반드시 당사국과의 조약이 체결되어 있을 필요는 없으며, 당해 외국에서 구체적으로 우리나라의 같은 종류의 재판을 승인한 사례가 없더라도 실제로 승인할 것이라고 기대할 수 있는 정도이면 충분하다(대법원 2021. 12. 23. 선고 2017다257746 전원합의체 판결; 대법원 2017.

5. 30. 선고 2012다23832 판결; 대법원 2016. 1. 28. 선고 2015다207747 판결; 대법원 2004. 10. 28. 선고 2002다74213 판결). 이와 같은 상호의 보증이 있다는 사실은 법원의 직권조사사항이다.

제 3 장 국제사법 각론

제 1 절 국제사법 각론의 구성

국제사법 각론은 제 2 장부터 제10장까지 9개의 장(章)으로 구성되어 있다. 이를 구체적으로 보면 제 2 장(사람), 제 3 장(법률행위), 제 4 장(물권), 제 5 장(지식재산권), 제 6 장(채권), 제 7 장(친족), 제 8 장(상속), 제 9 장(어음·수표), 제10장(해상)이다.

제 2 절 사   람

국제사법 제2장(사람)은 자연인과 법인의 국제재판관할(24조·25조)과 준거법(26조~30조)으로 구성되어 있다.

제1관 국제재판관할

Ⅰ. 실종선고 등 사건의 특별재판관할

【제24조】(실종선고 등 사건의 특별관할)
① 실종선고에 관한 사건에 대해서는 다음 각 호의 어느 하나에 해당하는 경우 법원에 국제재판관할이 있다.
  1. 부재자가 대한민국 국민인 경우
  2. 부재자의 마지막 일상거소가 대한민국에 있는 경우
  3. 부재자의 재산이 대한민국에 있거나 대한민국 법에 따라야 하는 법률관계가 있는 경우. 다만, 그 재산 및 법률관계에 관한 부분으로 한정한다.
  4. 그 밖에 정당한 사유가 있는 경우
② 부재자 재산관리에 관한 사건에 대해서는 부재자의 마지막 일상거소 또는 재산이 대한민국에 있는 경우 법원에 국제재판관할이 있다.

1. 실종선고의 특별재판관할

종전에는 실종선고에 관하여 외국인에 대한 예외적 관할권만을 규정하였으나 2022년 국제사법 개정시 실종선고에 대한 원칙적 국제재판관할을 명확하게 규정하였다. 즉, 실종선고에 관한 사건에 대하여 ① 부재자가 대한민국 국민인 경우, ② 부재자의 마지막 일상거소가 대한민국에 있는 경우, ③ 부재자의 재산이 대한민국에 있거나 대한민국 법에 따라야 하는 법률관계가 있는 경우(단, 그 재산 및 법률관계에 관한 부분으로 한정), ④ 그 밖에 정당한 사유가 있는 경우에 대한민국 법원에 국제재판관할이 있다(24조 1항).

2. 부재자 재산관리의 특별재판관할

2022년 국제사법 개정시 부재자 재산관리에 관한 사건에 대하여는 부재자의 마지막 일상거소 또는 재산이 대한민국에 있는 경우 대한민국 법원에 국제재판관할이 있다고 규정하였다(24조 2항).

Ⅱ. 사원 등에 대한 소의 특별재판관할

【제25조】(사원 등에 대한 소의 특별관할)
법원이 제3조 제3항에 따른 국제재판관할을 가지는 경우 다음 각 호의 소는 법원에 제기할 수 있다.
1. 법인 또는 단체가 그 사원 또는 사원이었던 사람에 대하여 소를 제기하는 경우로서 그 소가 사원의 자격으로 말미암은 것인 경우
2. 법인 또는 단체의 사원이 다른 사원 또는 사원이었던 사람에 대하여 소를 제기하는 경우로서 그 소가 사원의 자격으로 말미암은 것인 경우
3. 법인 또는 단체의 사원이었던 사람이 법인·단체의 사원에 대하여 소를 제기하는 경우로서 그 소가 사원의 자격으로 말미암은 것인 경우

2022년 국제사법 개정시 국제사법 제3조 제3항에 따라 대한민국 법원에 국제재판관할(일반관할)이 인정되는 경우 주된 사무소·영업소 또는 정관상의 본거지나 경영의 중심지가 대한민국에 있는 법인 또는 단체와 대한민국 법에 따라 설립된 법인 또는 단체에 대한 소에 관련하여, 사원의 자격으로 말미암은 다음의 소, 즉 ① 법인 또는 단체가 그 사원 또는 사원이었던 사람에 대하여 소를 제기하는 경우(1호), ② 법인 또는 단체의 사원이 다른 사원 또는 사원이었던

사람에 대하여 소를 제기하는 경우(2호) 또는 ③ 법인 또는 단체의 사원이었던 사람이 법인·단체의 사원에 대하여 소를 제기하는 경우(3호)에 대하여도 국제재판관할(특별관할)을 인정하였다(25조). 이는 법인 또는 단체에 대하여 대한민국에 일반관할이 있는 경우 사원 등에 대한 소의 특별관할을 인정함으로써 증거의 수집과 심리의 진행을 용이하게 하여 소송의 적정, 공평, 신속을 도모하고자 하는 취지를 반영한 것이다.

제2관 준거법

[1] 자연인

I. 권리능력

【제26조】(권리능력)
사람의 권리능력은 그의 본국법에 따른다.

1. 일반적 권리능력

섭외사법에는 이에 대한 규정이 없었으므로 학설이 대립하였으나 2001년 국제사법 개정시 이를 신설하여 사람의 권리능력은 그의 본국법에 따르도록 하였다. 일반적 권리능력의 시기(始期)와 종기(終期)에 대하여는 명시적으로 언급하지 않았으므로 학설에 의할 것이다.

2. 개별적 권리능력

토지소유권 또는 상속권 등 개개의 권리는 그 자체의 준거법(부동산물권에 관한 33조의 준거법 또는 상속에 관한 77조의 준거법)에 따라야 한다(법률관계준거법설: 신창선 206, 김연 223). 물론 이에 대하여 권리능력의 준거법인 당사자의 본국법에 따라야 한다는 견해(본국법설)도 있을 수 있다.

Ⅱ. 실종과 부재

【제27조】(실종과 부재)
① 실종선고 및 부재자 재산관리는 실종자 또는 부재자의 본국법에 따른다.
② 제 1 항에도 불구하고 외국인에 대하여 법원이 실종선고나 그 취소 또는 부재자 재산관리의 재판을 하는 경우에는 대한민국 법에 따른다.

1. 원   칙

실종선고 및 부재자 재산관리는 실종자 또는 부재자의 본국법에 따른다(27조 1항). 여기의 '실종선고'는 그 직접적 효력인 사망의 추정 또는 의제에 그치고, 간접적 효력(실종자의 혼인관계의 소멸, 상속 개시 등의 실체법적 효과)은 각각 문제된 혼인·상속 등의 법률관계의 준거법에 따르게 된다.

2. 예   외

외국인에 대하여 대한민국 법원이 실종선고나 그 취소 또는 부재자 재산관리의 재판을 하는 경우에는 대한민국 법에 따른다. 이 경우 실종선고와 부재자 재산관리의 직접적 효력은 물론 간접적 효력도 대한민국 법에 따르게 된다(신창선 209, 김연 231). 이는 대한민국과 관련 있는 불확정한 법률관계를 확정시키기 위함이다.

3. 외국에서 내린 실종선고의 효력

외국에서 내려진 실종선고는 국제사법이 관할권이 있다고 인정하는 나라에서 이루어지고 내국의 공서에 반하지 않는 이상 우리나라에서도 그 효력을 인정하여야 할 것이다.

Ⅲ. 행위능력

【제28조】(행위능력)
① 사람의 행위능력은 그의 본국법에 따른다. 행위능력이 혼인에 의하여 확대되는 경우에도 또한 같다.
② 이미 취득한 행위능력은 국적의 변경에 의하여 상실되거나 제한되지 아니한다.

【제29조】(거래보호)

① 법률행위를 한 사람과 상대방이 법률행위의 성립 당시 동일한 국가에 있는 경우에 그 행위자가 그의 본국법에 따르면 무능력자이더라도 법률행위가 있었던 국가의 법에 따라 능력자인 때에는 그의 무능력을 주장할 수 없다. 다만, 상대방이 법률행위 당시 그의 무능력을 알았거나 알 수 있었을 경우에는 그러하지 아니하다.

② 제 1 항은 친족법 또는 상속법의 규정에 따른 법률행위 및 행위지 외의 국가에 있는 부동산에 관한 법률행위에는 이를 적용하지 아니한다.

1. 의   의

행위능력은 단독으로 완전·유효한 법률행위를 할 수 있는 능력을 말한다. 이는 재산적 행위능력과 신분적 행위능력으로 나뉜다. 국제사법 제28조가 규정하는 행위능력은 재산적 행위능력 특히 연령에 의한 행위능력만을 의미하고, 신분적 행위능력은 각각의 신분행위에서 따로 정하여진다. 또한 어음·수표의 행위능력에 관하여는 특칙(80조)이 있다.

2. 연령에 의한 행위능력의 준거법

가. 원   칙: 국제사법 제28조 제 1 항 제 1 문은 대륙법계의 전통에 따라 본국법을 준거법으로 하고 있다. 그리고 같은 항 제 2 문은 혼인에 의한 성년의제의 경우 이를 행위능력의 문제로 보아 당사자의 본국법을 적용하도록 하였다. 여기의 '본국법'은 행위 당시의 것을 의미한다. 그리고 한번 취득한 행위능력은 국적변경에 의하여 상실되거나 제한되지 아니한다(2항).

나. 거래보호를 위한 예외: 국제사법 제29조 제 1 항은 거래보호를 위한 행위지법의 예외를 인정하여 법률행위를 한 사람과 상대방이 법률행위의 성립 당시 동일한 국가에 있는 경우에 그 행위자가 그의 본국법에 따르면 무능력자이더라도 법률행위가 있었던 국가의 법에 따라 능력자인 때에는 그의 무능력을 주장할 수 없도록 하였다. 다만, 상대방이 법률행위 당시 그의 무능력을 알았거나 알 수 있었을 경우에는 예외로 한다. 이러한 행위지법의 예외는 신분(친족과 상속) 및 행위지 외의 국가에 있는 부동산에 관한 행위에는 적용하지 않으므로 이 경우에는 원칙으로 돌아가 본국법주의에 따른다(2항).

[2] 법   인

【제30조】(법인 및 단체)
법인 또는 단체는 그 설립의 준거법에 따른다. 다만, 외국에서 설립된 법인 또는 단
체가 대한민국에 주된 사무소가 있거나 대한민국에서 주된 사업을 하는 경우에는
대한민국 법에 따른다.

Ⅰ. 논점의 정리

법인에 대하여 19세기 이래 자연인과 같이 국적을 인정하여 이를 기준으로
법인에 관련된 문제를 해결하려고 하였으나 현재 각국의 경향은 법인의 섭외적
활동에 관련된 문제를 국제사법상의 문제와 국내실질법상의 문제로 구별하여
다루는 것이 일반적이다. 전자는 특정법인의 법인격의 취득·설립·내부조직·소
멸·법인의 개별적 권리능력·행위능력 등의 준거법을 어떻게 정하느냐의 문제
이고, 후자는 외국의 법인이 내국에서 법인으로서 활동함에 있어서 국내실질법
(외인법)에 의하여 내국법인과 다른 취급을 받는 것을 말하는데, 이는 국제사법
에서 다룰 문제는 아니다.

Ⅱ. 법인의 국제사법상 문제

1. 법인의 속인법의 결정

법인의 속인법, 즉 일반적 권리능력의 준거법에 대하여 국제사법은 "법인
또는 단체는 그 설립의 준거법에 따른다."라고 규정하여 설립준거지법의 원칙을
취하고 있다(30조 본문). 다만, 설립준거법설을 따를 경우 발생할 수 있는 내국
거래의 불안정을 예방하기 위하여 외국에서 설립된 법인 또는 단체라도 대한민
국에 주된 사무소가 있거나 대한민국에서 주된 사업을 하는 경우에는 대한민국
법에 따르도록 하는 예외를 규정하였다(30조 단서). 여기의 '단체'에는 법인격 없
는 사단과 재단, 조합이 포함된다.

2. 속인법의 적용범위

법인의 설립에서 소멸까지 원칙적으로 법인에 인격을 부여한 국가의 법률
인 속인법의 적용을 받는다고 하여야 할 것이지만 제 3 자와의 관계에서는 거래

안전의 필요상 속인법의 적용이 제한되기도 한다.

　가. 법인설립 · 소멸 · 내부조직 등: 이에 대하여는 속인법에 따른다.

> ▶ 대법원 2018. 8. 1. 선고 2017다246739 판결
> 국제사법 제16조(2022년 개정 국제사법 30조에 해당함, 筆者 註) 본문은 "법인 또는 단체는 그 설립의 준거법에 의한다."라고 하여 법인의 준거법은 원칙적으로 설립 준거법을 기준으로 정하고 있다. 이 조항이 적용되는 사항을 제한하는 규정이 없는데, 그 적용 범위는 법인의 설립과 소멸, 조직과 내부관계, 기관과 구성원의 권리와 의무, 행위능력 등 법인에 관한 문제 전반을 포함한다고 보아야 한다. 따라서 법인의 구성원이 법인의 채권자에 대하여 책임을 부담하는지, 만일 책임을 부담한다면 그 범위는 어디까지인지 등에 관하여도 해당 법인의 설립 준거법에 따라야 한다.

　나. 법인의 당사자능력 · 소송능력: 당사자능력에는 속인법이 적용될 것이나 소송능력은 법정지법에 따를 것이다(신창선 220).

　다. 법인의 불법행위: 이는 법인의 능력보다는 불법행위의 문제이므로 불법행위지법에 따라야 한다(김연 248).

　라. 개별적 권리능력: 개별적 권리능력의 문제는 자연인의 개별적 권리능력의 문제와 같이 문제된 개개의 권리의 준거법에 따라야 할 것이다.

　마. 법인의 행위능력: 법인의 기관의 대표권의 유무 및 범위의 문제로서 원칙적으로 속인법에 따를 것이지만 제 3 자 보호가 문제된 경우에는 행위지법에 따른 제한이 필요한 경우도 있을 것이다(신창선 219).

제 3 절 법률행위

　국제사법 제 3 장(법률행위)은 법률행위의 방식(31조)과 임의대리(32조)의 2개 조문으로 구성되어 있다.

제1관 총   설

　국제사법상 법률행위의 준거법을 결정함에 있어서는 법률행위의 실질의 문제와 방식의 문제로 나누어 보아야 한다. 법률행위의 실질은 법률행위의 실질적

성립요건과 효력을 말하고, 법률행위의 방식은 법률행위의 형식적 성립요건을 말한다. 이 양자를 구별하는 이유는 전자에 대하여는 모든 법률행위에 공통하는 규칙이 없는 데 반하여 후자의 경우에는 모든 법률행위에 공통하는 규칙이 있기 때문이다(약간의 예외는 있다). 아래에서는 조문순서에 맞추어 법률행위의 방식과 실질에 대하여 살펴본다.

제 2 관 법률행위의 방식

Ⅰ. 의   의

법률행위의 방식은 법률행위의 형식적 성립요건, 즉 법률행위에 있어서 당사자가 그 의사를 표현하는 외부적 형식(예컨대 증여에 있어서의 서면형식, 유언에 있어서의 증인참여 등)을 말한다.

Ⅱ. 입 법 례

법률행위의 방식에 대하여는 "장소는 행위를 지배한다(locus regit actum)."라는 법언(法言)이 의미하듯이 법률행위는 행위지법이 규정하는 방식을 갖추었을 때에는 유효로 한다는 원칙이 폭넓게 인정되어 왔다. 각국의 국제사법이 이 원칙을 채용하는 입장에는 두 가지가 있다. 하나는 위 원칙을 절대적·강행적 규칙으로 규정하는 입장과 다른 하나는 임의적·선택적 규칙으로 규정하는 입장인데 우리 국제사법 제31조는 후자의 입장을 취하고 있다.

Ⅲ. 국제사법 규정

【제31조】(법률행위의 방식)
① 법률행위의 방식은 그 행위의 준거법에 따른다.
② 행위지법에 따라 한 법률행위의 방식은 제 1 항에도 불구하고 유효하다.
③ 당사자가 계약체결 시 서로 다른 국가에 있을 때에는 그 국가 중 어느 한 국가의 법에서 정한 법률행위의 방식에 따를 수 있다.
④ 대리인에 의한 법률행위의 경우에는 대리인이 있는 국가를 기준으로 행위지법을 정한다.
⑤ 제 2 항부터 제 4 항까지의 규정은 물권이나 그 밖에 등기하여야 하는 권리를 설정하거나 처분하는 법률행위의 방식에는 적용하지 아니한다.

1. 방식의 본칙

가. 국제사법의 규정: 국제사법 제31조 제 1 항은 본칙으로서 법률행위의 방식을 그 행위의 준거법에 따르도록 규정하고 있다. 법률행위의 방식은 법률행위의 실질과 밀접한 관계를 갖고 있기 때문에 실질의 준거법에 따르는 것이 타당하기 때문이다.

나. 별도의 규정이 있는 경우: 그러나 법이 별도의 규정을 두고 있는 경우에는 그 규정이 우선하는데, 이러한 경우로는 소비자계약의 방식에 관한 제47조 제 3 항, 혼인의 방식에 관한 제63조 제 2 항, 유언의 방식에 관한 제78조 제 3 항, 어음과 수표행위의 방식에 관한 제82조 제 1 항 등이 있다.

> Note 국제사법은 소비자계약에 관하여는 계약의 방식에 관한 규정(47조 3 항)을 두고 있으나 근로계약의 방식에 관하여는 특칙을 두지 않는다.

다. 준거법의 분할과의 관계: 제31조는 "법률행위의 방식은 그 행위의 준거법에 따른다."라고 규정할 뿐 성립의 준거법인지 아니면 효력의 준거법인지를 명시하지 않은 한편 제45조 제 2 항은 계약의 준거법의 분할지정을 인정하므로 예컨대 계약의 성립과 효력의 준거법이 상이한 경우, 즉 준거법 분할의 경우에 어느 법에 따라 계약의 방식을 정할 것인지가 문제된다. 준거법 분할에 의하여 법률행위의 준거법이 2개 이상인 경우에는 문제가 된 방식요건과 가장 밀접한 관련이 있는 부분의 준거법을 적용하도록 하는 것이 국제사법의 취지이다(석광현 225). 동일한 문제는 이혼이나 친자(부모·자녀)간의 법률관계에서도 생긴다. 그 중 친자(부모·자녀)관계의 경우를 예로 들면 제67조[혼인중의 친자(부모·자녀)관계], 제68조[혼인외의 친자(부모·자녀)관계], 제69조(혼인외 출생자에 대한 준정), 제70조(입양 및 파양)에 있어서와 같이 성립요건의 준거법과 효력의 준거법(72조)이 다른 경우 방식의 준거법은 어느 규정에 따를 것인가가 문제되는 것이다. 이 경우 법률행위의 방식은 실질적 성립요건과 밀접한 관계를 가지고 있으므로 국제사법 제31조 제 1 항의 '행위'를 법률행위의 실질적 성립요건으로 보아 법률행위의 방식은 실질적 성립요건의 준거법에 따라야 할 것이다. 즉, 위의 친자(부모·자녀)관계의 경우 효력의 준거법(72조)이 아닌 성립요건의 준거법(67조~69조)에 따라야 할 것이고, 물론 이 경우 제71조의 규정이 누적적으로 적용될 것이다(신창선 230~231).

2. 방식의 보칙

가. 행위지법에 의한 법률행위의 방식: 국제사법 제31조 제 2 항은 행위지법에 따라 한 법률행위의 방식은 제 1 항에도 불구하고 유효하다고 규정하여 "장소는 행위를 지배한다."라는 원칙을 보칙(補則)으로 인정하고 있다. 이때 이 규정의 적용을 위한 연결점으로서 '행위지'의 결정이 필요하게 된다.

나. 당사자가 다른 국가에 있는 경우의 행위지의 결정: 국제사법 제31조 제 3 항은 당사자가 계약 체결시 서로 다른 국가에 있는 때에는 그 국가 중 어느 한 국가의 법에서 정한 법률행위의 방식에 따를 수 있도록 규정하고 있다.

다. 대리의 경우에 있어서의 행위지의 결정기준: 국제사법 제31조 제 4 항은 대리인에 의한 법률행위의 경우에는 대리인이 있는 국가를 기준으로 위의 행위지법을 정하도록 한다.

3. 예   외

전항의 보칙(31조 2항~4항)은 물권이나 그 밖에 등기하여야 하는 권리를 설정하거나 처분하는 법률행위의 방식에는 적용하지 아니한다(5항).

4. 국제사법 제31조의 적용범위

국제사법 제31조는 '법률행위'의 방식에 대하여 규정하고 있으므로 이는 채권행위는 물론 물권행위와 친족·상속법상의 법률행위에도 적용되고, 계약뿐 아니라 단독행위(채무면제, 대리권 수여행위 등)에도 적용되며(신창선 230), 청약, 승낙, 계약의 해제·해지와 같은 계약에 관련된 일방적 의사표시에도 적용되어야 할 것으로 본다. 단독행위 또는 일방적 의사표시에 관련하여 문제되는 것으로는 행위지를 어디로 볼 것이냐 하는 것인데 수령한 곳이 아니라 발송한 곳으로 보아야 할 것이다(석광현 228).

제 3 관 법률행위의 실질

Ⅰ. 의   의

법률행위의 실질은 법률행위의 성립 및 효력의 문제에서 방식의 문제를 제외한 것을 말한다(법률행위의 실질 = 법률행위의 성립과 효력 - 법률행위의 방식).

법률행위의 실질에 관하여는 각종의 법률행위에 공통하는 규칙이 없다. 즉, 물권법상의 법률행위는 동산·부동산의 소재지법(33조), 채권법상의 법률행위는 당사자의 선택법(45조) 또는 그 계약과 가장 밀접한 관련이 있는 국가의 법(46조), 친족법상의 법률행위는 당사자의 본국법·일상거소지법·가장 밀접한 관련이 있는 곳의 법(63조~75조), 상속법상의 법률행위는 사망 당시 피상속인의 본국법(77조) 등으로 법률행위의 종류와 성질에 따라서 그 준거법을 달리하는데, 이에 대하여는 각 해당부분에서 살펴보게 될 것이다. 법률행위의 실질의 준거법인 성립의 준거법과 효력의 준거법은 재산적 법률행위에 있어서는 일치하나(통일주의), 신분적 법률행위에 있어서는 일치하지 않는다(분할주의). 예컨대 물권행위에 있어서는 성립요건도 효력도 모두 동산·부동산의 소재지법에 따르지만(33조), 혼인의 경우 성립요건은 각 당사자의 본국법에 따르고(63조 1항), 효력은 부부의 동일한 본국법, 동일한 일상거소지법, 가장 밀접한 관련이 있는 곳의 법의 순위(64조)에 따른다.

> Note 법률행위의 성립요건 중에서 재산적 법률행위에 관한 행위능력만은 국제사법 제28조에 따라 통일적으로 다루어짐에 대하여는 이미 살펴보았다.

Ⅱ. 준거법의 적용범위

1. 의사표시

의사표시의 성립과 효력, 의사표시 이외의 요건(동의나 허가 등), 법률행위의 조건과 기한 및 기간 등은 법률행위의 실질의 준거법에 의한다.

2. 대   리

가. 총   설: 어떤 법률행위에 대리가 허용되는가의 문제는 법률행위의 실질의 문제로서 그 법률행위의 준거법에 의한다. 예컨대 매매계약에 관하여 대리가 인정되느냐 하는 것은 매매의 준거법에 의한다. 국제사법은 임의대리에 관한 일반적 규정을 제32조에 두고, 선장의 대리권에 대하여는 제10장(해상) 제94조 제 6 호에 별도로 규정하고 있다.

나. 법정대리: 법정대리의 경우 대리권은 법률의 규정에 의하여 당연히 발생하는 것이므로 대리권의 발생·변경·소멸 등의 문제는 그 발생원인인 법률관계의 준거법(예컨대 친권자의 대리권은 친권의 준거법, 후견인의 대리권은 후견의 준거법)에 따른다. 이는 본인과 대리인 사이의 내부관계는 물론 외부관계, 즉 대리인과

제 3 자 사이 및 제 3 자와 본인 사이의 법률관계에도 일률적으로 적용된다.

　　다. **임의대리**: 국제사법은 제32조에 임의대리에 관하여 대리의 3면관계를 전제로 한 규정을 두고 있다.

【제32조】 (임의대리)
① 본인과 대리인 간의 관계는 당사자 간의 법률관계의 준거법에 따른다.
② 대리인의 행위로 인하여 본인이 제 3 자에 대하여 의무를 부담하는지 여부는 대리인의 영업소가 있는 국가의 법에 따르며, 대리인의 영업소가 없거나 영업소가 있더라도 제 3 자가 알 수 없는 경우에는 대리인이 실제로 대리행위를 한 국가의 법에 따른다.
③ 대리인이 본인과 근로계약 관계에 있고, 그의 영업소가 없는 경우에는 본인의 주된 영업소를 그의 영업소로 본다.
④ 본인은 제 2 항 및 제 3 항에도 불구하고 대리의 준거법을 선택할 수 있다. 다만, 준거법의 선택은 대리권을 증명하는 서면에 명시되거나 본인 또는 대리인이 제 3 자에게 서면으로 통지한 경우에만 그 효력이 있다.
⑤ 대리권이 없는 대리인과 제 3 자 간의 관계에 관하여는 제 2 항을 준용한다.

---

　　(1) **본인과 대리인 사이의 관계**(대리권)　　본인과 대리인 간의 수권행위(授權行爲), 즉 대리권을 수여하는 법률행위의 준거법에 따른다(1항). 따라서 수권행위 자체에 대한 준거법이 명시되어 있지 않은 한 위임계약, 도급계약, 고용계약 등 계약의 준거법에 따르게 된다.

　　(2) **본인과 제 3 자 간의 관계**(대리효과)　　대리인의 행위로 인하여 본인이 제 3 자에 대하여 의무를 부담하는지 여부는 대리인이 영업소를 가지고 있는 경우에는 그 영업소가 있는 국가의 법, 영업소가 없거나 있더라도 제 3 자가 이를 알 수 없는 경우에는 대리인이 실제로 대리행위를 한 국가의 법에 따른다(2항). 거래안전보호 차원의 규정이다. 만약 대리인이 본인과 근로계약관계에 있고, 그의 영업소가 없는 경우에는 본인의 주된 영업소를 그의 영업소로 본다(3항).

　　　Cf. 위 제 2 항은 우리나라 대법원 1990. 4. 10. 선고 89다카20252 판결, 대법원
　　　1988. 2. 9. 선고 84다카1003 판결, 대법원 1987. 3. 24. 선고 86다카715 판결 등
　　　에서 판시한 그간의 입장을 반영한 것이다.

▶ 대법원 2018. 11. 29. 선고 2016다18753 판결 【집행판결】
원고(네덜란드 법인)의 대리인(네덜란드 법률회사)이 피고(대한민국 법인)와 사이에 작성한 특허이전 양도증서의 효력에 관하여 표현대리가 문제된 사안에 대하여 대법원은

「여기에는 외국적 요소가 있으므로 국제사법에 따라 준거법을 정하여야 한다. 국제사법 제18조(2022년 개정 국제사법 32조에 해당함, 筆者 註) 제 1 항은 "본인과 대리인 간의 관계는 당사자 간의 법률관계의 준거법에 의한다."라고 정하고 있다. 같은 조 제 2 항 전문은 "대리인의 행위로 인하여 본인이 제 3 자에 대하여 의무를 부담하는지의 여부는 대리인의 영업소가 있는 국가의 법에 의한다."라고 정하고, 제 5 항은 대리권이 없는 대리인과 제 3 자 간의 관계에 관하여 제 2 항의 규정을 준용한다. 원고는 네덜란드 회사이고 원고 대리인은 네덜란드 법률회사이다. 원고와 원고 대리인 사이의 관계와 원고가 대리인의 행위로 피고에 대하여 의무를 부담하는지는 네덜란드 법에 따라 정하여야 한다.」라고 판시하였다.

대리인이 한 의사표시의 발송장소와 도달장소가 다른 경우의 대리행위지는 일반적으로 대리인이 의사표시를 한 곳(발송장소)을 의미한다(서울고등법원 2017. 4. 4. 선고 2016나2040321 판결).

(3) 대리인과 제 3 자 간의 관계(대리행위) 이에 대하여는 국제사법에 명문의 규정이 없으나 대리행위의 관계는 통상의 법률행위와 마찬가지이다. 이에 대하여는 법률행위, 특히 계약에 관한 제45조 이하의 규정이 적용된다(석광현 231).

(4) 임의대리의 준거법에 대한 당사자자치의 인정 제 2 항 및 제 3 항의 규정에 불구하고 당사자는 대리의 준거법을 선택할 수 있다. 다만, 준거법의 선택은 대리권을 증명하는 서면에 명시되거나 본인 또는 대리인이 제 3 자에게 서면으로 통지한 경우에만 그 효력이 있다(4항).

라. 무권대리 · 표현대리

(1) 본인과 무권대리인 간의 관계 무권대리를 본인이 추인하여 사무관리가 되는 경우에는 사무관리의 준거법(50조)에 따르고, 사무관리가 성립하지 않는 경우에는 불법행위(52조)가 문제될 것이다. 한편 대리의 준거법에 따라 표현대리가 인정되는 경우 대부분은 대리인과 본인 사이에 기초적 내부관계가 존재할 것이고 이 경우 그들 사이에는 기초적 내부관계의 준거법에 따른다(1항). 기초적 내부관계가 없는 표현대리의 경우에는 불법행위가 문제된다.

(2) 본인과 제 3 자 간의 관계 무권대리인이나 표현대리인이 한 대리행위에 대하여 본인이 제 3 자에 대하여 책임을 부담하는지 여부는 제32조 제 2 항에 따른다.

(3) 무권대리인과 제 3 자 간의 관계 무권대리인과 제 3 자의 관계에 대

하여는 제 2 항에 따른 본인과 제 3 자 간의 외부관계에 적용되는 법에 따르도록 하였다(5항). 이는 본인이 제 3 자에게 의무를 부담하는지 여부를 판단하는 준거법과 무권대리인의 제 3 자에 대한 관계를 규율하는 법을 동일하게 함으로써 양자간에 저촉이 발생하지 않도록 하기 위한 것이다.

제 4 절 물   권

국제사법 제 4 장(물권)은 물권(33조), 운송수단(34조), 무기명증권(35조), 이동중인 물건(36조), 채권 등에 대한 약정담보물권(37조)의 5개 조문으로 구성되어 있다.

제1관 물권에 관한 준거법 결정에 관한 입법주의

Ⅰ. 동칙주의와 이칙주의

법규분류학설이 인법(人法)과 물법(物法)을 분류한 이래 부동산물권은 소재지법에 의한다는 것은 거의 모든 나라에서 채용해 온 원칙이다. 한편 동산에 대해서는 부동산물권과는 달리 확립된 원칙은 없으나 "동산은 사람을 따른다."라는 법언에서도 볼 수 있듯이 동산에 관한 물권관계는 그 소유자의 주소지법에 따르는 것으로 인식되어 왔으나 사비니(Savigny)의 동산 3 분설 이래 동산물권에 있어서도 소재지법이 유력하게 되었다. 동산과 부동산에 관한 물권관계를 모두 동일한 준거법, 즉 동산·부동산의 소재지법에 따르게 하는 입장을 동칙주의(同則主義) 또는 통일주의라고 하고, 양자를 서로 다른 준거법에 따르게 하는 입장(예컨대 부동산은 소재지법, 동산은 주소지법)을 이칙주의(異則主義) 또는 구별주의라고 한다. 오늘날은 동칙주의가 지배적이다.

> Cf. 동산 3 분설: 사비니는 동산을 세 가지로 분류하여 ① 여행자의 수하물과 같은 이동중에 있는 동산은 소유자의 주소지법에 의하고, ② 가구와 같은 소재지가 확정되어 있는 동산은 소재지법에 의하며, ③ 양자의 중간에 있는 동산, 예컨대 외국에 일정기간 체류하는 경우의 여행자의 수하물과 같은 경우에는 체류기간의 장단(長短) 또는 법규의 성질 등을 고려하여 ① 또는 ②에 편입시켜야 한다고 주장하였다.

Ⅱ. 동칙주의와 이칙주의의 근거

1. 동칙주의의 근거

동칙주의의 근거로는 ① 동산과 부동산의 구별은 법률상의 구별이어서 국가마다 반드시 같지 않으므로 국제사법상 이를 구별하여 각기 다른 준거법에 따르게 하는 것이 쉬운 일이 아니고, ② 주소를 달리하는 사람이 동산에 관한 권리를 다투는 경우 또는 주소를 달리하는 여러 사람이 동산을 공유하는 경우에는 적용할 주소지법의 결정이 곤란하며, ③ 현재의 경제생활에서 동산의 소재지와 소유자의 주소지가 일치하지 않는 것이 보통이고 또한 소유자의 주소가 고정되어 있지 않으므로 거래의 안전 및 원활을 위하여 동칙주의를 취하여야 한다는 것이다.

2. 이칙주의의 근거

한편 이칙주의의 근거는 동산은 부동산과 달리 소재지가 쉽게 변경될 수 있으므로 현실의 소재지법에 의하게 될 경우 권리관계가 불안정 내지 불확정하게 될 우려가 있다는 것인데, 이는 동산의 종류도 많지 않고 동산의 소유자의 주소도 비교적 고정되어 있었던 과거에는 타당성이 있는 것이었다.

> Cf. 소재지법의 이론적 근거: 동칙주의 및 이칙주의가 부동산에 관하여 취하는 소재지법의 근거에 관하여는 ① 소재지법에의 임의복종에 구하는 임의복종설, ② 소재지국의 영토주권에 두는 영토주권설 등이 있으나 ③ 물권은 성질상 소재지의 경제·거래·공적 신용과 같은 공익과 밀접한 관계를 가지는 법률관계이므로 공익보호 특히 제 3 자에 대한 거래보호의 견지에서 물권관계는 소재지법에 따라야만 그 목적을 달성할 수 있다는 공익설이 지배적이다.

제 2 관 국제사법의 규정과 적용범위

Ⅰ. 물권의 준거법에 대한 국제사법의 입장

【제33조】(물권)
① 동산 및 부동산에 관한 물권 또는 등기하여야 하는 권리는 그 동산·부동산의 소재지법에 따른다.
② 제 1 항에 규정된 권리의 취득·상실·변경은 그 원인된 행위 또는 사실의 완성 당시 그 동산·부동산의 소재지법에 따른다.

1. 동칙주의와 소재지법주의

국제사법 제33조는 동칙주의 및 소재지법주의를 취하며 물권관계의 준거법을 물권의 존재 자체와 물권의 취득·상실·변경의 두 가지 면에서 규정하고 있다. 즉, 물권의 존재 자체에 대하여는 제1항에서 그 동산·부동산의 소재지법에 따르도록 하고, 물권의 취득·상실·변경에 대하여는 제2항에서 그 원인된 행위 또는 사실의 완성 당시 그 동산·부동산의 소재지법에 따르도록 규정하고 있다.

2. 물권의 준거법과 채권의 준거법과의 관계

물권의 준거법인 소재지법은 물권행위에만 적용되고 그 원인행위인 채권행위에는 적용되지 않는다. 예컨대 매매계약에 따른 물건의 소유권 이전의 경우 소유권의 이전은 당사자의 의사표시만으로 가능한가(의사주의) 아니면 인도 또는 등기를 요하는가(형식주의) 하는 물권변동의 문제만이 소재지법에 의하는 것이고, 매매계약 자체의 유효 여부 또는 채권채무의 내용의 문제는 채권행위에 관련된 문제이므로 매매계약 자체의 준거법(45조, 46조)에 따르게 된다.

> ▶ 대법원 2008. 1. 31. 선고 2004다26454 판결
> 필리핀국 국립노동위원회가 시행한 경매절차에서 필리핀국 법인에 대한 채권자로서 필리핀국 국민인 해고근로자들이 필리핀국 내에 있던 이 사건 기계를 낙찰받아 내국인 갑에게 매도하였고 그 후 위 기계가 국내로 반입된 사안에서 갑이 위 기계에 대한 소유권을 취득하였는지 유무는 위 매매계약이 체결된 당시 목적물인 이 사건 기계가 필리핀국 내에 있었으므로 필리핀국법에 의하여 판단하여야 한다.

> ▶ 서울중앙지방법원 2017. 8. 25. 선고 2017가합518187 판결(항소)
> 원고는 미국의 인터넷 경매사이트에서 '일본 석재 거북(Japanese Hardstone Turtle)'이라는 제목으로 경매에 부친 물건을 낙찰받아 국내로 반입하여 전문가들로부터 어보임을 확인받아 국립고궁박물관에 어보매수신청 후 어보를 인도하였는데, 위 박물관은 심의 결과 인조계비 장렬왕후 어보로서 도난품에 해당한다는 이유로 매입 및 반환을 거부하였고, 이에 원고는 대한민국을 상대로 하여 주위적으로 어보의 반환을 청구하였다. 이 사안에 대하여 법원은 위 어보는 대한민국이 소유·관리하던 중 6·25 전쟁 당시 도난당하여 해외로 반출된 것으로 추인되는 도품에 해당하는데, 원고가 경매사이트에서 어보를 낙찰받을 당시 어보가 미국 버지니아주에 있었고, 그 후 갑이 어보를 국내로 반입하였으므로, 갑이 어보에 관한 소유권을 취득하였는지 여부에 관한 준거법은 원인된 행위

또는 사실의 완성 당시 목적물의 소재지법인 미국 버지니아주법인바, 영미법에서는 도품에 관하여 '누구도 자신이 가지지 않는 것을 양도할 수 없다(nemo dat quod non habet)'는 원칙이 지배하고 있어 도품에 대한 선의취득을 인정하고 있지 않고, 버지니아주법 또한 도품에 대한 선의취득을 인정하지 않고 있어 갑이 비록 경매사이트에서 어보를 낙찰받았다고 하더라도 어보는 도품이어서 갑이 버지니아주법에 따라 어보에 관한 소유권을 취득하지 못하였으므로, 갑의 반환청구는 이유 없다고 판시하였다.

▶ 대법원 2011. 4. 28. 선고 2010도15350 판결

공소외 대한민국 국민이 미국 캘리포니아주에서 미국 리스회사와 미국 캘리포니아주의 법에 따라 준거법에 관하여는 명시적 또는 묵시적으로 선택한 바 없는 상태에서 차량에 대한 리스계약을 체결하였는데, 리스이용자가 리스기간 중에 임의로 처분한 차량을 피고인이 수입하였다. 이에 대하여 검사는 피고인을 장물취득죄로 공소제기하였고, 피고인은 위 리스계약이 환매특약부매매 내지 소유권유보부매매로서 위 차량은 리스이용자의 소유로서 장물이 아니므로 무죄라고 주장하였다. 이 사안에 대하여 대법원은 위 리스계약은 대한민국 국민과 미국 리스회사 사이의 계약이므로 외국적 요소가 있어 국제사법에 의하여 준거법을 정하여야 하는데 당사자가 준거법을 선택하지 않았으므로 국제사법 제26조 제 2 항 제 2 호에 따라 리스회사의 소재지법인 미국 캘리포니아주의 법이 위 리스계약과 가장 밀접한 관련이 있는 것으로 추정되어 준거법이 되는 한편 준거법인 미국 캘리포니아주법에 의하면, 이 사건 차량들의 소유권은 리스회사에 속하고, 리스이용자는 일정기간 차량의 점유·사용의 권한을 이전받을 뿐이므로 리스이용자는 차량에 관한 보관자의 지위에 있고, 따라서 이를 임의처분한 차량을 영득한 것은 장물에 해당된다고 판시하였다. 이는 위 리스계약상 차량에 대한 소유권을 리스이용자에게 이전하기로 하였는가 아닌가, 즉 리스계약(채권행위)의 내용이 문제된 사안이므로 계약의 준거법에 관한 국제사법 제26조가 적용된 것이다. 즉, 리스이용자가 차량에 대한 소유권을 취득하였는지 여부를 판단하는 국제사법 제19조는 이 사안의 쟁점이 아니다.

* 위 판결 중 '제26조'와 '제19조'는 각각 2022년 개정 국제사법 '제46조'와 '제33조'에 해당함 (筆者 註).

3. 물건·물권 및 등기하여야 하는 권리의 개념 결정

가. 물   건: 국제사법은 물권의 준거법 결정에 관하여 통일주의를 채택하고 있으므로 제33조의 적용을 위하여는 동산과 부동산을 구별할 필요 없이 양

자를 포함하는 물건의 개념만을 결정하면 된다. 동산과 부동산의 구별은 국제사법상의 개념 결정이 아니며 준거실질법이 확정해야 할 사항이다. 우리 민법상 물건은 유체물 및 전기 기타 관리할 수 있는 자연력으로 정의한다(민법 98조).

나. 물　권: 어떠한 권리가 물권인가 하는 것은 국제사법상의 개념결정문제이기는 하지만 여기의 '물권'은 동산·부동산인 물건에 관한 권리인 것이므로 물건에 관하지 않은 넓은 의미의 물권, 지식재산권은 제33조의 범위에 속하지 않는다.

다. 등기하여야 하는 권리: 법문상 개념정의가 없으나 부동산환매권(민법 590조)·부동산임차권(민법 618조)과 같이 물권은 아니지만 동산과 부동산에 관하여 등기함으로써 물권적 효력, 즉 대항력을 가지는 권리를 일컫는 것으로 해석된다. 이 경우 동산·부동산의 소재지법에 따르는 것은 등기에 의하여 생기는 물권적 대항력에 관한 문제뿐이고, 그 권리의 성립 및 효력의 문제는 그 권리의 발생원인인 법률관계, 즉 매매계약 또는 임대차계약의 준거법(45조 이하)에 따른다(신창선 243).

Ⅱ. 준거법의 적용범위

1. 물권의 존재

가. 물　건: 물권의 객체, 동산·부동산, 주물·종물, 융통물·불융통물, 독립물·비독립물의 구별과 관계는 모두 물건의 소재지법에 따른다.

나. 물　권

(1) **물권적 권리능력**　물권을 향유할 수 있는 능력은 개별적 권리능력의 문제로서 물권의 준거법, 즉 동산·부동산의 소재지법에 따른다.

(2) **물권의 종류와 내용**　물권의 종류·태양, 내용과 효력, 존속기간 등은 모두 동산·부동산의 소재지법에 따른다.

(3) **점유권·소유권**　점유의 물권성·태양·효과, 점유권의 양도·상속, 선의취득 및 소유권의 내용, 공동소유, 공유물의 분할, 상린관계 등은 동산·부동산의 소재지법에 따른다.

(4) **용익물권**　지상권, 지역권, 전세권의 종류·내용·효력·존속기간 등도 부동산의 소재지법에 따른다.

(5) **담보물권**

(개) **법정담보물권**   유치권과 같은 법정담보물권은 특정한 채권을 담보하기 위하여 법에 의하여 인정된 권리이므로 주된 채권의 준거법과 동산·부동산의 소재지법이 모두 이를 인정하는 경우에만 성립할 수 있다(김연 266, 서희원 193).

> **【제37조】(채권 등에 대한 약정담보물권)**
> 채권·주식, 그 밖의 권리 또는 이를 표창하는 유가증권을 대상으로 하는 약정담보물권은 담보대상인 권리의 준거법에 따른다. 다만, 무기명증권을 대상으로 하는 약정담보물권은 제35조에 따른다.

(내) **약정담보물권**   유형의 물건에 대한 질권·저당권과 같은 약정담보물권은 동산·부동산의 소재지법에 따른다. 채권(債券)·주식 기타의 권리 또는 이를 표창하는 유가증권에 대한 약정담보물권(예컨대 권리질, 주식질)의 경우 권리자체의 준거법이 유형의 물건에 대한 약정담보물권의 준거법인 물건의 소재지법에 상당하는 것이므로 이 경우의 약정담보물권은 담보대상인 권리의 준거법에 따르도록 규정하고 있다(37조 본문). 따라서 채권질은 채권의 준거법에 따르고, 주식질은 주식회사의 속인법에 따른다. 다만 무기명증권을 대상으로 하는 경우에는 무기명증권에 관한 제35조가 적용된다(37조 단서).

(6) **물권적 청구권**   물권적 청구권과 이에 따르는 문제, 소유물반환청구권, 점유보호청구권, 도품 또는 유실물에 대한 회복청구권 등의 문제는 영미에서는 소송법상의 문제로 보아 법정지법에 따르나, 대륙법계에서는 물권의 효력의 문제로 보고 동산·부동산의 소재지법에 따르며 국제사법도 대륙법계의 입장이다. 한편 물권적 청구권과 관련한 손해배상청구권, 대금상환청구권, 비용상환청구권의 준거법에 대하여는 ① 물권관계로부터 파생한 것이므로 물권적 청구권과 동일한 준거법에 따른다는 견해(신창선 240, 윤종진 335, 서희원 193, 김명기 291)와 ② 이를 일률적으로 결정할 것이 아니라 발생원인인 권리의 성질에 따라서 결정되는 준거법에 따라야 한다는 견해(김연 268)가 있다.

(7) **총괄재산**   부부재산제에 있어서의 부부의 재산, 친권에 있어서의 자녀의 재산, 후견에 있어서의 피후견인의 재산, 상속에 있어서의 상속재산 등은 총괄재산으로 개개의 재산의 준거법에 따르지 않고 총괄재산의 준거법인 국제사법 제65조, 제72조, 제75조, 제77조에 따라야 한다. 개개의 재산 중 어떤 물권

이 총괄재산의 구성부분이 되는가의 문제는 재산의 속성에 관한 문제이므로 동산·부동산의 소재지법에 따른다(김연 268~269).

2. 물권의 변동

가. 총　설: 물권의 취득·상실·변경은 그 원인된 행위 또는 사실의 완성 당시 그 동산·부동산의 소재지법에 따른다(33조 2항). 이 항이 적용되는 것은 물권의 취득·상실·변경의 효과만에 그치는 것이고, 그렇게 발생한 물권이 어떠한 내용과 효력을 가지는가는 제33조 제1항의 적용을 받게 된다.

나. 법률행위에 의한 물권변동

(1) **물권행위능력**　　물권변동을 일으키는 법률행위, 즉 물권행위의 성립과 효력은 동산·부동산의 소재지법에 따르게 되나 물권행위능력은 제28조에 따른다.

(2) **물권행위의 방식**　　물권행위의 방식에는 항상 동산·부동산의 소재지법이 적용되므로 행위지법이 적용될 여지가 없다(31조 5항).

(3) **물권행위의 원인행위**　　물권행위의 원인행위는 동산·부동산의 소재지법에 따르는 것이 아니라 고유의 준거법을 가진다. 여기의 원인행위가 준거법상 무효인 경우 물권행위의 효력이 발생하는가, 즉 물권행위의 유인성(有因性)·무인성(無因性)의 문제에 관하여는 동산·부동산의 소재지법에 따른다. 예컨대 프랑스에 있는 부동산에 관하여 독일에서 매매계약을 체결하였는데 그 계약이 무효인 경우 프랑스 민법은 유인성이론을 취하므로 부동산의 소재지인 프랑스에서 물권변동의 효과는 발생하지 않는다. 반대로 독일에 있는 부동산에 관한 매매계약을 프랑스에서 체결하였는데, 그 계약이 무효인 경우 부동산의 소재지법인 독일 민법은 무인성이론을 취하므로 물권변동의 효과가 발생한다.

다. 법률행위 이외의 사실에 의한 물권변동: 시효·혼동·유실물습득·무주물선점·부합·혼화·가공 등의 사실 또는 사실행위에 의한 물권변동에 관하여는 그러한 사실이 완성한 때의 동산·부동산의 소재지법에 따른다.

라. 국가행위에 의한 물권변동: 몰수·수용 등의 국가행위로 인한 물권변동의 경우 그러한 몰수나 수용이 사적 소유권의 상실의 한 태양(態樣)이라는 점에서 그러한 사실이 완성한 때의 동산·부동산의 소재지법에 따라야 한다(김연 271).

Ⅲ. 동산의 소재지 변경

1. 서   설

동산에 있어서는 그 물건의 소재지가 변경되는 경우가 발생한다. 이 경우 준거법의 결정문제가 동산의 소재지 변경의 문제이다.

2. 소재지 변경과 기존물권

동산의 소재지법에 따라 적법하게 성립된 물권인 이상 그 동산의 소재지가 변경되더라도 물권은 인정되어야 할 것이나 그 물권의 내용은 신소재지법에 따른다. 또 동산의 구소재지에서 취득한 물권을 신소재지에서 행사하기 위해서는 신소재지법의 요건을 갖추어야 한다.

3. 소재지 변경과 물권변동

가. 법률요건 충족 후의 소재지 변경: 구소재지법에 따라 물권변동의 요건을 충족한 후 동산의 소재지가 변경되었고 아직 신소재지법의 요건은 충족하지 못한 경우에도 물권변동의 효과는 인정된다. 예컨대 일본국 민법에 의하면 동산의 소유권 이전은 의사표시만으로 충분한데 일본국에서 동산의 소유권의 이전의 의사표시를 하였다면 그 동산이 우리나라로 옮겨진 후 우리 민법이 요구하는 인도가 이루어지지 않더라도 일본국법에 따라 취득된 소유권을 잃는 것은 아니다. 다만 그 물권이 어떠한 내용과 효력을 가지는가 하는 문제는 신소재지법에 따른다.

> Cf. **치환(置換) 또는 전치(轉置):** 조정 내지 적응문제의 한 모습으로 계속적 법률관계에 대한 준거법 변경의 경우에 발생한다. 동산의 소재지가 변경된 경우에는 국제사법 제33조에 따라 물권에 관한 준거법의 변경이 생기지만 그 물권은 신소재지법상의 동등의 권리로 치환된다. 독일에 소재하는 물건에 대하여 소유권을 취득한 후 그 물건이 대한민국으로 이동된 경우 구준거법인 독일법상의 소유권은 신준거법인 대한민국법상의 소유권으로 치환되는 것이 그 예이다. 이 경우 신소재지법상 동등의 권리는 아니지만 유사한 권리가 있는 경우에 어느 정도의 유사성이 있다면 이것에 치환될 것인가가 문제된다. 예컨대 영미법상의 mortgage가 우리나라에서 인정되고 있는 양도담보로 치환될 수 있는가와 같은 문제이다. 이때 조정이 필요하게 되는 것이다. 일반적으로 구소재지법이 인정하고 있는 것보다 강한 권리를 인정하고 있는 제도로의 치환은 인정되지 않는다 할 것이다(신창선 121).

나. **법률요건 충족 이전의 소재지 변경**: 물권변동의 원인된 사실이 충족되지 않은 상태에서 동산의 소재지가 변경된 경우 물권변동은 그 법률요건이 충족된 당시에 있어서의 동산의 소재지법에 따른다.

다. **취득시효**: 예컨대 甲이 A국에서 동산을 점유하기 시작하여 A국에서의 취득시효가 완성하기 전에 그 동산과 함께 B국으로 이동한 경우 취득시효의 인부(認否)·종류·시효기간·시효취득을 위한 점유의 요건(선의·평온·공연 등) 등에 대한 준거법에 대하여 논의가 있다. 이에 관하여는 ① 점유개시 당시의 동산의 소재지법설, ② 점유개시 당시 또는 시효완성 당시의 동산의 소재지법설, ③ 점유자의 주소지법설 등이 있으나 ④ 시효완성 당시의 동산의 소재지법에 따라야 할 것이다(김연 273, 신창선 247~248). 시효기간 산정에 대하여는 비례계산주의와 통산주의가 있다. 전자는 예컨대 A국의 시효기간은 5년이고, B국의 시효기간은 10년인 경우 A국에서 2년 6월 점유 후 B국으로 이전한 경우에 A국의 시효의 1/2이 경과하였으므로 이를 B국 시효기간의 1/2인 5년이 경과한 것으로 보아야 한다는 입장이나 이렇게 해석할 합리적인 이유가 없으므로 통산주의에 따라야 할 것이다. 따라서 위의 예에서 B국에서 7년 6월을 점유하여야 한다.

4. 이동중의 물건에 관한 물권

가. 항공기와 철도차량

【제34조】(운송수단)
항공기에 관한 물권은 그 항공기의 국적이 소속된 국가의 법에 따르고, 철도차량에 관한 물권은 그 철도차량의 운행을 허가한 국가의 법에 따른다.

항공기나 철도차량과 같은 운송수단은 계속적인 이동으로 인하여 물권에 대한 일반적인 준거법인 소재지법에 따를 경우 매순간 준거법이 변경되어 법적 안정성을 확보할 수 없고, 운송수단의 경우 그 소재지가 밀접한 연결점이라고 보기도 어렵다. 따라서 운송수단에 대하여는 준거법을 고정시킬 필요가 있으므로 소재지법에 대한 예외를 인정하여 항공기에 관한 물권은 그 국적소속국법에 따르고, 철도차량에 관한 물권은 그 운행허가국법에 따르도록 규정하였다(34조). 선박에 관하여는 선적국법에 따른다(94조). 자동차에 대하여는 보편화되어 있어 일반 동산과 같이 취급하여도 별 문제가 없으므로 별도의 규정을 두지 않고 있다.

나. 이동중의 물건

【제36조】(이동 중인 물건)

이동 중인 물건에 관한 물권의 취득·상실·변경은 그 목적지가 속하는 국가의 법에 따른다.

이동중인 물건에 관하여 소유권 이전이나 질권 설정과 같은 처분이 이루어진 경우 그 준거법이 문제된다. 소재지가 명백한 경우에는 물권행위 당시의 현실의 소재지를 찾아내서 그 소재지법을 적용하면 되지만 소재지가 명백하지 않은 경우에는 물권의 취득·상실·변경을 하나의 고정된 장소에 연결할 필요가 있다. 따라서 국제사법 제36조는 소재지법원칙에 대한 예외로서 이동중인 물건에 관한 물권의 취득·상실·변경은 그 물건이 향하고 있는 목적지가 속하는 국가의 법(lex destinationis, 도착지법)에 따르도록 규정하고 있다. 물건이 여러 장소를 경유하는 경우에는 최종 목적지국가의 법을 기준으로 판단하여야 할 것이다.

운송중의 물건에 관하여 선하증권, 화물상환증 등이 발행되어 이러한 증권의 수수에 의하여 물건의 처분이 이루어지는 경우에는 물권변동의 중심은 증권소재지로 이전되었다고 할 것이므로 물권변동의 준거법은 증권소재지법이 된다. 다만 이는 증권의 물권적 효력 측면일 뿐 운임의 지불, 운송품의 인도 등에 관한 운송인과 증권소지인 간의 채권관계는 운송계약의 준거법에 따르게 된다(서희원 203).

Ⅳ. 무기명증권

1. 무기명증권에 관한 권리

【제35조】(무기명증권)

무기명증권에 관한 권리의 취득·상실·변경은 그 원인된 행위 또는 사실의 완성 당시 그 무기명증권의 소재지법에 따른다.

무기명으로 발행된 주권(株券), 사채권(社債券), 물품증권 등은 그 자체로서 권리를 화체(化體)하고 있고 그 권리의 취득·상실·변경도 증권의 양도에 의하여 이루어지고 있기 때문에 그 취득·상실·변경에 관하여 일반 동산과 다를 바가 없다. 따라서 국제사법 제35조는 무기명증권에 관한 권리의 취득·상실·변경에 관하여는 일반 동산과 마찬가지로 그 원인된 행위 또는 사실의 완성 당시 무기명증권 자체의 소재지법에 따르도록 규정하였다. 여기의 '무기명증권에 관한 권리'에는 무기명증권 자체에 대한 권리와 무기명증권에 의하여 화체된 권리가 포함된다. 국제사법 제35조의 취지는 무기명증권의 경우 당해 증권과 그에 화체된 권리를 동일시할 수 있으므로 증권 자체뿐만 아니라 그에 화체된 권리도 증권의 소재지법에 따른다는 것이다(석광현 251~252). 물론 어느 유가증권이 무기명증권인지의 여부는 당해 증권에 화체된 권리의 준거법에 따라 결정되어야 할 것이다. 한편 무기명증권이 예탁원 등에 예치되고 그에 대한 권리변동이 증권의 교부에 의해서가 아니라 계좌이체에 의해 일어나는 경우에는 무기명증권의 소재지가 결정적인 의미를 가지지 아니하므로 이 조항이 적용되지 않는다고 볼 것이다(석광현 254).

2. 무기명증권을 대상으로 하는 약정담보물권

무기명증권을 약정담보물권의 대상으로 제공할 경우 그 준거법 결정에 대하여는 제37조 단서에서 제35조에 따르도록 하는 명문규정을 두었다.

제 5 절   지식재산권

Cf. 2011. 5. 19. 지식재산 기본법 제정에 따라 당시의 국제사법 제24조(2022년 개정 국제사법 40조)의 제목과 내용도 과거 '지적재산권'에서 '지식재산권'으로 개정되었다.

제1관   국제재판관할

2022년 국제사법 개정시 지식재산권 계약(38조)과 지식재산권 침해(39조)에 대한 국제재판관할규정을 신설하였다.

Ⅰ. 지식재산권 계약에 관한 소의 특별관할

【제38조】(지식재산권 계약에 관한 소의 특별관할)
① 지식재산권의 양도, 담보권 설정, 사용허락 등의 계약에 관한 소는 다음 각 호의

어느 하나에 해당하는 경우 법원에 제기할 수 있다.
1. 지식재산권이 대한민국에서 보호되거나 사용 또는 행사되는 경우
2. 지식재산권에 관한 권리가 대한민국에서 등록되는 경우
② 제 1 항에 따른 국제재판관할이 적용되는 소에는 제41조를 적용하지 아니한다.

1. 규정의 신설취지

2022년 국제사법 개정시 지식재산권이 그 권리를 허여한 국가의 영토 안에
서만 실체법적 효력을 가지는 특성을 반영하여 지식재산권 사건에 관한 소에
대한 특별관할규정을 신설하였다.

2. 국제사법 규정

가. 대한민국 법원이 특별관할권을 가지는 경우: 지식재산권의 양도, 담보권
설정, 사용허락 등의 계약에 관한 소는 ① 지식재산권이 대한민국에서 보호되거
나 사용 또는 행사되는 경우와 ② 지식재산권에 관한 권리가 대한민국에서 등
록되는 경우에 대한민국 법원이 특별관할권을 가진다(1항).

> Cf. 2022년 국제사법 개정 전의 판결로서 대법원 2018. 6. 21. 선고 2015후1454
> 전원합의체 판결은 미국 워싱턴 디시(Washington D.C.)에 위치한 종합대학교
> 'AMERICAN UNIVERSITY'의 운영자가 지정서비스업을 '대학교육업, 교수업' 등으
> 로 하여 "**AMERICAN UNIVERSITY**"로 구성된 서비스표를 등록출원하였는데, 특
> 허청 심사관이 출원서비스표가 구 상표법 제 6 조 제 1 항 제 4 호, 제 7 호에 해당
> 한다는 이유로 상표등록을 거절하는 결정을 한 사안에서, 출원서비스표가 현저
> 한 지리적 명칭인 'AMERICAN'과 기술적 표장인 'UNIVERSITY'가 결합하여 전체
> 로서 새로운 관념을 형성하고 있고 나아가 지정서비스업인 대학교육업 등과 관
> 련하여 새로운 식별력을 형성하고 있으므로 구 상표법 제 6 조 제 1 항 제 4 호,
> 제 7 호에 해당하지 않는 한편 상표권의 성립, 유·무효 또는 취소 등을 구하는
> 소가 등록국 또는 등록이 청구된 국가 법원의 전속관할에 속하며, 그에 관한 준
> 거법 역시 등록국 또는 등록이 청구된 국가의 법으로 보아야 한다고 판시하였고,
> 대법원 2011. 4. 28. 선고 2009다19093 판결은 특허권은 등록국법에 의하여 발
> 생하는 권리로서 (타국의) 법원은 다른 국가(특허권 등록국 또는 등록이 청구된
> 국가)의 특허권 부여행위와 그 행위의 유효성에 대하여 판단할 수 없으므로 등
> 록을 요하는 특허권의 성립에 관한 것이거나 유·무효 또는 취소 등을 구하는 소
> 는 일반적으로 등록국 또는 등록이 청구된 국가 법원의 전속관할로 볼 수 있으
> 나, 그 주된 분쟁 및 심리의 대상이 특허권의 성립, 유·무효 또는 취소와 관계

<u>없는 특허권 등을 양도하는 계약의 해석과 효력의 유무일 뿐인 그 양도계약의 이행을 구하는 소는 등록국이나 등록이 청구된 국가 법원의 전속관할로 볼 수 없다고 판시하였다.</u>

* 위 두 번째 판결 중 괄호 안의 내용은 독자의 이해를 위하여 필자가 임의로 기재한 것임.

나. 배타적 관할: 이러한 계약에 관한 소의 특별관할규정은 배타적으로 적용되므로, 일반 계약에 관한 소의 특별관할규정인 국제사법 제41조는 이 경우 적용이 없다(2항).

3. 입법효과

국제사법 제38조를 신설함으로써 대한민국에서 보호되거나, 사용 또는 행사되는 지식재산권의 계약사건에 대하여 증거 수집 등이 용이한 대한민국 법원에서 재판할 수 있게 되었다.

Ⅱ. 지식재산권 침해에 관한 소의 특별관할

【제39조】(지식재산권 침해에 관한 소의 특별관할)
① 지식재산권 침해에 관한 소는 다음 각 호의 어느 하나에 해당하는 경우 법원에 제기할 수 있다. 다만, 이 경우 대한민국에서 발생한 결과에 한정한다.
  1. 침해행위를 대한민국에서 한 경우
  2. 침해의 결과가 대한민국에서 발생한 경우
  3. 침해행위를 대한민국을 향하여 한 경우
② 제1항에 따라 소를 제기하는 경우 제6조 제1항을 적용하지 아니한다.
③ 제1항 및 제2항에도 불구하고 지식재산권에 대한 주된 침해행위가 대한민국에서 일어난 경우에는 외국에서 발생하는 결과를 포함하여 침해행위로 인한 모든 결과에 관한 소를 법원에 제기할 수 있다.
④ 제1항 및 제3항에 따라 소를 제기하는 경우 제44조를 적용하지 아니한다.

1. 규정의 신설취지

디지털 미디어 등 기술발전으로 지식재산권 침해에 있어 새로운 경향으로 나타나고 있는 편재적(ubiquitous) 침해에 대응하여 국제재판관할의 범위를 합리적으로 규율하는 규정을 신설하게 되었다.

2. 국제사법 규정

가. 원　칙: 지식재산권 침해에 관한 소는 ① 침해행위를 대한민국에서 한 경우, ② 침해의 결과가 대한민국에서 발생한 경우 및 ③ 침해행위를 대한민국을 향하여 한 경우에 대한민국에서 발생한 결과에 한정하여 대한민국 법원에 제기할 수 있다(1항). 침해행위가 외국에서 발생하고 또는 침해행위가 대한민국을 향하여 행하여진 결과 대한민국과 외국에서 모두 피해가 발생하더라도, 대한민국에서 발생한 결과에 대해서만 대한민국 법원에 소를 제기할 수 있는 것이다. 이 경우 국제사법 제6조 제1항은 적용이 배척되어 대한민국 법원은 다른 국가에서 발생한 침해결과에 대하여 관련사건의 관할(6조 1항)을 근거로 국제재판관할을 가질 수 없다(2항).

나. 예　외: 그러나 지식재산권에 대한 주된 침해행위가 대한민국에서 일어난 경우에는 외국에서 발생한 피해를 포함하여 침해행위로 인한 모든 결과에 관한 소를 대한민국 법원에 제기할 수 있다(3항).

다. 불법행위 관할규정의 부적용: 지식재산권 침해사건에 관한 소의 특별관할규정은 배타적이므로, 불법행위에 관한 소의 특별관할규정(44조)은 이 경우 적용하지 않는다(4항).

제2관 준 거 법

【제40조】 (지식재산권의 보호)
지식재산권의 보호는 그 침해지법에 따른다.

1. 지식재산권의 의의

지식재산권(지적재산권, 무체재산권)은 무체물(無體物)에 대한 배타적 권리이다. 이는 무체물을 대상으로 한다는 점에서 물권(物權)이 유체물(有體物)을 대상으로 하는 것에 대비된다. 지식재산권도 배타적 이익을 향유할 수 있는 권리라는 점에서 물권에 준하며, 성질이 허용하는 범위 내에서 물권의 규정이 유추적용될 수 있다. 지식재산권(지적재산권/무체재산권)은 산업재산권(공업소유권)과 문화재산권으로 나뉘고, 산업재산권은 다시 특허권(特許權)·실용신안권(實用新案

權)·디자인권(종래의 의장권)·상표권(商標權)으로 나뉜다. 또 넓게는 영업비밀·
반도체회로배치설계권·미등록주지상표권·전통지식 등 산업상 보호가치가 있
는 권리 전부를 포함한다. 문화재산권은 근래 사용되기 시작한 용어로 종래 저
작권으로 불리기도 하였으나 저작권보다는 그 범위가 넓다. 문화재산권에는 저
작권 외에 퍼블리시티권[right of publicity, 이에 대하여는 이론(異論)이 있다]이나
초상권을 비롯하여 한류(韓流)와 같은 대중문화에 대한 권리도 포함되는 것으
로 본다.

2. 지식재산권의 준거법

지식재산권의 준거법 결정에 관하여 ① 지식재산권은 대세적 권리로서 소
유권에 유사하므로 물권과 같이 소재지법이 적용되어야 한다는 소재지법주의,
② 지식재산권이 최초로 부여·등록·사용된 국가의 법, 즉 본원국법(本源國法)
을 적용하여야 한다는 본원국법설, ③ 지식재산권의 보호가 요구되고 있는 국가
의 법인 동시에 지식재산권의 이용행위 또는 침해행위가 행하여진 국가의 법,
즉 침해지법이 적용되어야 한다는 침해지법설 등이 대립하나 국제사법은 ③의
입장을 채택하여 지식재산권의 보호에 대하여 침해지법에 따르도록 하였다(40
조). 다만 지식재산권의 성립·이전 등의 전반적인 문제에 대하여는 국제사법이
아무런 규정을 두고 있지 않으므로 학설과 판례에 맡겨지게 되었다.

3. 불법행위와의 관계

가. 문제의 소재: 지식재산권의 침해가 기본적으로 불법행위의 성격을 지니
는 점에서 불법행위에 관련한 조항들과의 연결 여부가 문제된다.

나. 준 거 법: 대법원은 종래부터 불법행위지의 개념에 행동지뿐 아니라 결
과발생지도 포함되는 것으로 해석하여 왔다(대법원 1994. 1. 28. 선고 93다18167
판결). 따라서 지식재산권의 침해를 불법행위의 준거법에 연결하게 되면 행동지
법과 결과발생지법이 준거법이 될 수 있다(52조 1항 참조). 그러나 양법의 보호
가 다른 경우에 발생하는 문제를 해소하기 위하여서라도 지식재산권의 침해는
국제사법 제40조에 따라 해결할 것이지 일반 불법행위의 준거법에 연결하여서
는 아니 된다(법무부 87). 즉, 국제사법 제40조는 불법행위의 준거법(52조)에 대
한 특별규정으로 보아야 한다.

▶ 대법원 2004. 7. 22. 선고 2003다62910 판결

이 판결은 서울 광희시장에서 의류판매업을 하는 피고가 원고가 일본 및 대한민국 특허
청에 각 등록한 'X-GIRL'상표를 무단히 부착한 티셔츠를 일본 보따리상에게 판매한 행
위(대한민국 내에서는 그 생산·판매를 하지 않음)에 대하여 원고가 피고에게 상표권침
해행위로 인한 영업상 손해배상을 청구한 사안에 관한 것이다. 이에 대하여 대법원은
"국제사법 제24조(2022년 개정 국제사법 40조에 해당함, 筆者 註)에 의하면, 지적재산
권의 침해로 인한 불법행위의 준거법은 그 침해지법이 된다 할 것이므로 일본 보따리상
들의 일본에서의 일본 상표권 침해행위에 피고가 교사 또는 방조하였음을 이유로 하는
이 부분 손해배상청구의 당부는 침해지법인 일본 상표법 제37조 등의 해석에 따라야 할
것인데, 위조한 상표를 부착한 의류를 일본 보따리상들에게 대량으로 판매함으로써 일
본에서의 일본 상표권 침해행위를 용이하게 하여 준 피고의 행위가 위 침해행위에 대한
방조가 될 수 있다 하더라도, 기록에 나타난 지적재산권에 관한 일본 법원의 해석론에
비추어 보면, 속지주의 원칙을 채용하고 있는 일본 상표법 하에서는 상표권이 등록된
나라의 영역 외에서 당해 상표권의 등록국에서의 침해행위를 유도하는 등 이에 관여하
는 행위는 불법행위를 구성하지 아니하는 것으로 해석됨"을 전제로 피고의 공동불법행
위책임의 성립을 부인하였다.

다. 불법행위로 인한 손해배상책임의 제한 규정: 국제사법 제52조 제 4 항
을 지식재산권에도 적용할 수 있는가에 대하여는 지식재산권의 침해가 불법행
위로서의 법적 성질을 가지는 이상 적극적으로 해석하여야 한다는 견해(법무부
87~88)와 지식재산권의 침해를 불법행위로 성질결정하지 않고 지식재산권의 보
호라는 별개의 특수한 성질결정을 한다면 논리적으로 제52조 제 4 항을 적용할
수는 없으며 제52조 제 4 항의 입법취지가 내국보호에 있다는 점에 비추어보면
제한적으로 적용하여야 한다는 이유로 부정하는 견해(신창선 251)가 대립하고
있다.

라. 준거법에 관한 사후적 합의: 국제사법 제53조의 규정이 지식재산권의
침해에도 적용되는가에 대하여는 대체로 긍정한다(법무부 87~88, 신창선 251, 김
연 282).

4. 국제조약과의 관계

국제사법 제40조는 지식재산권에 관한 국제조약에 대하여 보충적인 저촉규
정으로서의 의미를 가진다. 즉, 특허·상표·저작권 등 지식재산권의 종류별로

관련 국제조약이 저촉규정을 두고 있는 경우에는 우선적으로 그에 따르고, 관련 국제조약이 존재하지 않거나 저촉규정을 두고 있지 않은 경우에 이를 적용한다.

5. 특허권과 실용신안 등의 직무발명의 준거법

특허나 실용신안 등의 직무발명에 관한 외국과 관련된 요소가 있는 법률관계에 적용되는 준거법은 그 발생의 기초가 된 근로계약에 관한 준거법으로서 국제사법 제48조에 따라 정하여진다.

▶ 대법원 2015. 1. 15. 선고 2012다4763 판결 【영업방해금지】
직무발명에서 특허를 받을 권리의 귀속과 승계, 사용자의 통상실시권의 취득 및 종업원의 보상금청구권에 관한 사항은 사용자와 종업원 사이의 고용관계를 기초로 한 권리의무관계에 해당한다. 따라서 직무발명에 의하여 발생되는 권리의무는 비록 섭외적 법률관계에 관한 것이라도 그 성질상 등록이 필요한 특허권의 성립이나 유·무효 또는 취소 등에 관한 것이 아니어서, 속지주의의 원칙이나 이에 기초하여 지식재산권의 보호에 관하여 규정하고 있는 국제사법 제24조(2022년 개정 국제사법 40조에 해당함, 筆者 註)의 적용대상이라 할 수 없다. 직무발명에 대하여 각국에서 특허를 받을 권리는 하나의 고용관계에 기초하여 실질적으로 하나의 사회적 사실로 평가되는 동일한 발명으로부터 발생한 것이며, 당사자들의 이익보호 및 법적 안정성을 위하여 직무발명으로부터 비롯되는 법률관계에 대하여 고용관계 준거법 국가의 법률에 의한 통일적인 해석이 필요하다. 이러한 사정들을 종합하여 보면, 직무발명에 관한 섭외적 법률관계에 적용될 준거법은 그 발생의 기초가 된 근로계약에 관한 준거법으로서 국제사법 제28조(2022년 개정 국제사법 48조에 해당함, 筆者 註) 제 1 항, 제 2 항 등에 따라 정하여지는 법률이라고 봄이 타당하다. 그리고 이러한 법리는 실용신안에 관하여도 마찬가지로 적용된다고 할 것이다.

제 6 절 채   권

채권은 그 발생원인에 따라서 계약채권(법률행위채권)과 법정채권으로 나누어진다. 전자는 채권적 법률행위에 의하여 발생한 채권이고, 후자는 사무관리·부당이득·불법행위 등의 법률의 규정에 의하여 발생한 채권이다.

국제사법 제 6 장(채권)은 두 개의 절로 구성되는데, 제 1 절(국제재판관할)은 계약·소비자계약·근로계약 및 불법행위에 관한 소의 특별관할(41조~44조)을 규정하고, 제2절(준거법)은 계약채권의 준거법(45조~49조)과 법정채권의 준거법 (50조~53조) 및 양자에 공통되는 채권양도·채무인수 및 법률에 따른 채권의 이전(54조·55조)을 규정하고 있다.

제 1 관   국제재판관할

Ⅰ. 계약에 관한 소의 특별관할

【제41조】 (계약에 관한 소의 특별관할)
① 계약에 관한 소는 다음 각 호의 어느 하나에 해당하는 곳이 대한민국에 있는 경우 법원에 제기할 수 있다.
  1. 물품공급계약의 경우에는 물품인도지
  2. 용역제공계약의 경우에는 용역제공지
  3. 물품인도지와 용역제공지가 복수이거나 물품공급과 용역제공을 함께 목적으로 하는 계약의 경우에는 의무의 주된 부분의 이행지
② 제 1 항에서 정한 계약 외의 계약에 관한 소는 청구의 근거인 의무가 이행된 곳 또는 그 의무가 이행되어야 할 곳으로 계약당사자가 합의한 곳이 대한민국에 있는 경우 법원에 제기할 수 있다.

1. 규정취지 및 입법효과

2022년 국제사법 개정시 계약에 관한 소에 있어서 계약의 유형에 따른 특징적 의무이행지가 대한민국에 있는 경우 대한민국 법원에 국제재판관할을 인정하는 제41조를 신설하였다. 이는 종래 의무이행지 관할을 둘러싼 논란을 해소하고 관할범위를 합리적으로 규율하기 위한 것이다.

2. 국제사법 규정

가. 특징적 의무이행지: 계약의 유형에 따른 의무의 특징적 이행지, 즉 ① 물품공급계약의 경우 물품인도지(1호), ② 용역제공계약의 경우 용역제공지(2호), ③ 물품인도지와 용역제공지가 복수이거나 물품공급과 용역제공을 함께 목적으로 하는 계약의 경우 의무의 주된 부분의 이행지(3호)가 대한민국에 있는 경우 각 계약에 관한 소를 대한민국 법원에 제기할 수 있다(41조 1항).

나. **기타의 계약**: 그 외의 계약에 관한 소는 청구의 근거인 의무가 이행된 곳 또는 그 의무가 이행되어야 할 곳으로 계약당사자가 합의한 곳이 대한민국에 있는 경우 대한민국 법원에 제기할 수 있다(41조 2항).

Ⅱ. 소비자계약의 관할

【제42조】(소비자계약의 관할)
① 소비자가 자신의 직업 또는 영업활동 외의 목적으로 체결하는 계약으로서 다음 각 호의 어느 하나에 해당하는 경우 대한민국에 일상거소가 있는 소비자는 계약의 상대방(직업 또는 영업활동으로 계약을 체결하는 자를 말한다. 이하 "사업자"라 한다)에 대하여 법원에 소를 제기할 수 있다.
  1. 사업자가 계약체결에 앞서 소비자의 일상거소가 있는 국가(이하 "일상거소지국"이라 한다)에서 광고에 의한 거래 권유 등 직업 또는 영업활동을 행하거나 소비자의 일상거소지국 외의 지역에서 소비자의 일상거소지국을 향하여 광고에 의한 거래의 권유 등 직업 또는 영업활동을 행하고 그 계약이 사업자의 직업 또는 영업활동의 범위에 속하는 경우
  2. 사업자가 소비자의 일상거소지국에서 소비자의 주문을 받은 경우
  3. 사업자가 소비자로 하여금 소비자의 일상거소지국이 아닌 국가에 가서 주문을 하도록 유도한 경우
② 제 1 항에 따른 계약(이하 "소비자계약"이라 한다)의 경우에 소비자의 일상거소가 대한민국에 있는 경우에는 사업자가 소비자에 대하여 제기하는 소는 법원에만 제기할 수 있다.
③ 소비자계약의 당사자 간에 제 8 조에 따른 국제재판관할의 합의가 있을 때 그 합의는 다음 각 호의 어느 하나에 해당하는 경우에만 효력이 있다.
  1. 분쟁이 이미 발생한 후 국제재판관할의 합의를 한 경우
  2. 국제재판관할의 합의에서 법원 외에 외국법원에도 소비자가 소를 제기할 수 있도록 한 경우

2001년 개정 국제사법 제27조는 소비자계약에 관한 국제재판관할과 준거법을 통합규정하고 있었는데 2022년 개정 국제사법은 이를 분리하였다.

1. 소비자계약의 범위

국제사법에서의 소비자계약은 소비자가 자신의 직업 또는 영업활동 외의 목적으로 체결하는 것으로서 다음 세 가지 중의 하나에 해당되어야 한다(42조 1항). ① 계약의 상대방(직업 또는 영업활동으로 계약을 체결하는 자로서 소비자계약

에 관하여는 '사업자'라 한다)이 계약체결에 앞서 소비자의 일상거소가 있는 국가 (이하 '일상거소지국'이라 한다)에서 광고에 의한 거래 권유 등 직업 또는 영업 활동을 행하거나 소비자의 일상거소지국 외의 지역에서 소비자의 일상거소지국 을 향하여 광고에 의한 거래의 권유 등 직업 또는 영업활동을 행하고 그 계약이 사업자의 직업 또는 영업활동의 범위에 속하는 경우이다. 예컨대 대한민국에 일 상거소를 두고 있는 소비자에게 미국사업자가 대한민국에서 광고에 의한 거래 의 권유 등 영업활동을 하거나 통신수단 또는 인터넷을 통하여 대한민국을 향 하여 광고에 의한 거래의 권유 등 영업활동을 한 경우(통신판매 또는 인터넷판매 와 같은 전자거래 포함)이다. ② 사업자가 소비자의 일상거소지국에서 소비자의 주문을 받은 경우이다. 예컨대 미국사업자가 대한민국에 일상거소를 두고 있는 소비자로부터 대한민국에서 주문을 받은 경우이다. ③ 사업자가 소비자로 하여 금 소비자의 일상거소지국이 아닌 국가에 가서 주문을 하도록 유도한 경우이다. 예컨대 미국사업자가 대한민국에 일상거소를 두고 있는 소비자에게 일본국에 가서 주문을 하도록 유도한 경우이다. 위의 세 가지 모두 수동적 소비자로서 국 제사법은 이들의 보호를 위하여 국제재판관할과 준거법에 특칙을 두고 있는 것 이다(준거법은 47조에 따로 규정함).

2. 소비자계약의 국제재판관할의 특칙

가. 소비자가 제기하는 소: 국제사법 제 2 조의 일반원칙에 따라 결정되는 재판관할에 추가하여, 대한민국에 일상거소가 있는 소비자는 사업자에 대하여 대한민국 법원에 소를 제기할 수 있다(42조 1항). 이는 대륙법계 민사소송법의 기본원칙인 "actor equitur forum rei(원고는 피고의 법정지를 따른다)."에 정면으 로 배치되나, 소비자보호를 위하여 이러한 특칙을 인정한 것이다.

나. 소비자를 상대로 하는 소: 소비자계약의 경우에 소비자의 일상거소가 대한민국에 있는 경우에는 사업자가 소비자에 대하여 제기하는 소는 대한민국 법원에만 제기할 수 있다(42조 2항). 이는 전속관할이다.

다. 관할 합의의 제한: 부당한 재판관할 합의를 막기 위하여 소비자계약의 당사자간의 재판관할 합의(8조)는 사후적 합의(42조 3항 1호) 또는 사전 합의일 경우에는 소비자에게 유리한 추가적 합의(42조 3항 2호)만을 인정한다. 국제재판 관할에 관한 합의는 서면에 의하지 않으면 효력이 없다(8조 2항).

Ⅲ. 근로계약의 관할

【제43조】(근로계약의 관할)

① 근로자가 대한민국에서 일상적으로 노무를 제공하거나 최후로 일상적 노무를 제공한 경우에는 사용자에 대한 근로계약에 관한 소를 법원에 제기할 수 있다. 근로자가 일상적으로 대한민국에서 노무를 제공하지 아니하거나 아니하였던 경우에 사용자가 그를 고용한 영업소가 대한민국에 있거나 있었을 때에도 또한 같다.

② 사용자가 근로자에 대하여 제기하는 근로계약에 관한 소는 근로자의 일상거소가 대한민국에 있거나 근로자가 대한민국에서 일상적으로 노무를 제공하는 경우에는 법원에만 제기할 수 있다.

③ 근로계약의 당사자 간에 제8조에 따른 국제재판관할의 합의가 있을 때 그 합의는 다음 각 호의 어느 하나에 해당하는 경우에만 효력이 있다.

  1. 분쟁이 이미 발생한 경우
  2. 국제재판관할의 합의에서 법원 외에 외국법원에도 근로자가 소를 제기할 수 있도록 한 경우

소비자계약의 경우와 마찬가지로 2001년 개정 국제사법 제28조는 근로계약에 관한 국제재판관할과 준거법을 통합규정하고 있었는데 2022년 국제사법 개정시 이를 분리하였다.

1. 근로계약의 범위

국제사법에 있어서의 근로계약은 개별적 근로계약만을 의미하고 단체협약 등 집단적 근로계약은 해당되지 않는다.

2. 근로계약의 국제재판관할의 특칙

가. 근로자가 제기하는 소: 국제사법 제2조의 일반원칙에 따라 결정되는 재판관할에 추가하여, 근로자가 대한민국에서 일상적으로 노무를 제공하거나 최후로 일상적 노무를 제공한 경우에는 사용자에 대한 근로계약에 관한 소를 대한민국 법원에 제기할 수 있다(43조 1항 1문). 근로자가 일상적으로 대한민국에서 노무를 제공하지 아니하거나 아니하였던 경우에 사용자가 그를 고용한 영업소가 대한민국에 있거나 있었을 때에도 또한 같다(43조 1항 2문).

나. 근로자를 상대로 하는 소: 사용자가 근로자에 대하여 제기하는 근로계약에 관한 소는 근로자의 일상거소가 대한민국에 있거나 근로자가 대한민국에

서 일상적으로 노무를 제공하는 경우에는 대한민국 법원에만 제기할 수 있다(43조 2항). 이는 전속관할이다.

　　다. 관할 합의의 제한: 부당한 재판관할 합의를 막기 위하여 근로계약의 당사자간의 재판관할 합의(8조)는 사후적 합의(43조 3항 1호) 또는 사전 합의일 경우에는 소비자에게 유리한 추가적 합의(43조 3항 2호)만을 인정한다. 국제재판관할에 관한 합의는 서면에 의하지 않으면 효력이 없다(8조 2항). 당사자 사이에 이미 분쟁이 발생한 후 전속적 관할합의를 한 경우(3항 1호)에는 국제사법 제43조 제 1 항·제 2 항의 특칙이 적용되지 않으므로 합의한 전속관할에만 제소하여야 한다. 예컨대 일상노무제공지가 대한민국에 있는 근로자와 일본국에 영업소를 둔 사용자 사이에 당해 근로계약에 관한 분쟁 발생 후 일본국을 전속관할로 하는 합의를 한 경우에는 근로자는 물론 사용자도 대한민국 법원에 제소할 수 없다.

> ▶ 대법원 2006. 12. 7. 선고 2006다53627 판결 【임금】
> 근로계약의 당사자가 분쟁이 발생하기 전에 대한민국 법원의 국제재판관할권을 배제하기로 하는 내용의 합의를 하였다고 하더라도, 그러한 합의는 국제사법 제28조 제 5 항 (2022년 개정 국제사법 43조 3항에 해당함, 筆者 註)에 위반하여 효력이 없다.

Ⅳ. 불법행위에 관한 소의 특별관할

> 【제44조】(불법행위에 관한 소의 특별관할)
> 불법행위에 관한 소는 그 행위가 대한민국에서 행하여지거나 대한민국을 향하여 행하여지는 경우 또는 대한민국에서 그 결과가 발생하는 경우 법원에 제기할 수 있다. 다만, 불법행위의 결과가 대한민국에서 발생할 것을 예견할 수 없었던 경우에는 그러하지 아니하다.

1. 규정취지 및 입법효과

　　2022년 국제사법 개정시 불법행위지에 대한 국제재판관할이 인정되는 경우를 명확하게 하기 위하여 특칙을 신설하였다.

2. 국제사법 규정

　　불법행위에 관한 소는 그 행위가 대한민국에서 행하여지거나 대한민국을 향하여 행하여지는 경우 또는 대한민국에서 그 결과가 발생하는 경우 대한민국

법원에 제기할 수 있으나, 대한민국이 결과발생지인 경우에 있어서 그 불법행위의 결과 발생을 예견할 수 없었던 경우에는 대한민국 법원에 소를 제기할 수 없다(44조 본문 및 단서). 불법행위의 경우 불법행위지와 결과발생지가 다를 수 있는데, 이 경우 불법행위지는 물론 결과발생지에도 관할을 인정하나 다만 불법행위의 결과발생에 대한 예견가능성이 없는 경우에는 관할을 부정하는 것이다.

제 2 관 준 거 법

Ⅰ. **계약채권**(법률행위채권)

1. 총   설

채권적 법률행위의 준거법의 결정에 관하여 채권적 법률행위의 성립과 효력의 준거법을 일률적 · 정형적으로 결정하고자 하는 객관주의(비의사주의)와 이를 당사자의 의사에 맡기고자 하는 주관주의(의사주의)가 대립하고 있다. 후자는 뒤물랭에 의하여 부부재산제에 관하여 제창된 후 국제채권법상 유력한 원칙으로서 많은 국가의 입법과 판례에서 채용되어 왔다. 주관주의를 인정하는 원칙을 당사자자치의 원칙 또는 의사자치의 원칙이라고 하는데 우리 국제사법도 이 입장을 취하고 있다.

2. 당사자자치의 원칙

가. 의   의: 당사자자치는 채권적 법률행위의 성립과 효력의 준거법의 결정에 관하여 당사자의 명시 또는 묵시의 지정을 허용하는 국제사법상의 원칙이다. 이러한 당사자의 지정에는 실질법적 지정과 저촉법적 지정의 두 가지가 있다. 실질법적 지정은 당사자가 계약의 내용을 직접 정하는 대신에 특정 국가의 법규나 관습을 원용하여 그로써 계약 내용을 보충하는 경우이고, 저촉법적 지정은 그 계약을 지배하는 국제사법상의 준거법을 당사자의 의사에 맡기는 것, 즉 당사자의 의사를 국제사법상의 연결점으로 인정하는 것을 말한다. 국제사법상 당사자자치의 원칙이란 후자의 지정을 허용하는 것을 뜻한다.

나. 근   거: 계약에 관하여 주관주의를 채택하는 이유에 대하여 ① 국내법상의 계약자유의 원칙에 대응하고, ② 채권관계의 성질상 계약의 체결지, 이행지, 채무자의 본국 등 여러 연결점 중에서 특별히 우월한 위치에 있는 연결점

이 없어 보편타당한 준거법 결정이 곤란하다는 점을 든다.

다. 당사자자치의 부인론: 당사자자치의 부인론은 당사자에 의한 준거법 지정행위의 유효성은 어떤 법률에 의하여 결정되어야 하는데 그것이 당사자가 지정한 법률이면 순환론에 빠지고, 그것이 미리 정하여진 법률이라면 준거법이 당사자에 의하여 지정된다는 것 자체가 무의미하므로 당사자자치는 국제사법상 성립할 수 없다는 견해이다. 이 견해에 의하면 당사자자치가 성립될 수 있는 것은 오직 실질법적 지정뿐이라고 한다. 그러나 이는 저촉법상의 문제와 실질법상의 문제를 혼동한 것이다. 준거법 지정행위 자체의 유효성 여부는 전적으로 국제사법이 결정할 문제이지 어느 실질법이 결정할 문제가 아니다.

라. 당사자자치의 한계: 당사자자치의 한계에 관련하여 다음과 같은 논의가 제기된다.

(1) 공서조항에 의한 제한: 국제사법 제23조에 의한 제한이다. 당사자가 채권의 준거법으로 선택한 법률을 적용할 경우 대한민국의 선량한 풍속이나 그 밖의 사회질서에 명백히 위반될 때에는 그 법률을 적용하지 아니한다.

(2) 질적 제한: 이는 당사자자치를 특정국가의 임의법의 범위 내로 한정시켜야 한다는 주장이다. 강행법과 임의법의 구별은 특정 실질법 질서상의 것일 뿐 세계보편적인 것은 아니다. 강행법에 반하지 않는 범위 내에서만 자치를 인정한다는 것은 결국 당사자자치를 부인하는 것과 다름이 없는 것이므로 이 주장은 설득력이 없다(김연 286).

(3) 양적 제한: 당사자가 준거법으로 선택할 수 있는 법률의 범위를 그 법률행위와 관련이 있는 일정한 법률질서(예컨대 본국법, 행위지법, 이행지법 등)에 한정시켜야 한다는 주장이다. 실질법적 지정의 경우에는 이러한 제한을 할 필요가 없다. 계약의 내용을 어느 국가의 법에 의하여 보충하느냐의 문제에 대하여 법이 관여할 필요가 없기 때문이다. 일부 국가의 입법과 판례에서 취하고 있는 입장이다.

(4) 법률의 회피에 의한 제한: 당사자가 법률행위채권에 관하여 일정한 법률의 적용을 면할 목적으로 다른 나라의 법률을 선택하는 법률회피는 허용되어서는 안 된다는 주장이다. 당사자자치는 준거법 지정의 자유를 허용하는 것이므로 법이 준거법 지정의 동기에 관여하지 않는 이상 법률의 회피는 논리적으로 발생할 수 없다.

(5) **부합계약에 대한 당사자자치의 제한**: 노사계약·운송계약·보험계약·부동산임대차계약·은행과의 금융계약 등과 같은 부합계약(adhesion contract)은 ① 당사자 일방만이 계약내용의 결정권을 가지므로 당사자자치 없이 조리상 업무의 본거지법을 준거법으로 하여야 한다는 견해, ② 부합계약은 사법영역을 벗어나 공법적 색채를 띠게 되었으므로 국제사법의 대상에서 제외시켜야 한다는 견해, ③ 경제적 약자의 보호라는 관점과 이러한 종류의 계약에 관하여는 당해 계약과 밀접한 관계를 가진 연결점을 찾을 수 있으므로 당사자자치의 적용에서 제외시켜야 한다는 견해(서희원 211) 및 ④ 이러한 부합계약도 사법상의 효과를 발생시키는 계약이므로 당사자간의 명시적인 준거법 지정이 있고, 그것이 공서조항에 반하지 않는 한 당사자자치가 허용되어야 할 것이라는 견해(김연 287)가 있다.

(6) **강행법규에 의한 제한**: 오늘날 세계 각국은 사회경제질서의 유지, 거래보호, 경제적 약자의 보호 등의 견지에서 강행법규를 제정하여 계약자유에 대한 제한을 가하고 있다. 예컨대 매도인이 우리나라 법원에 매매대금의 청구를 함에 대하여 매수인이 그 계약은 법정지의 강행법규인 외환관리법에 위반하여 무효라고 주장할 경우 그 사법상의 효력은 어떠한가가 문제된다. 이에 대하여는 계약준거법설, 공서조항에 의하여 법정지의 외환관리법이 적용된다는 설, 이행지법설 등이 대립된다. 국제사법은 제20조에서 입법목적에 비추어 준거법에 관계없이 적용되어야 하는 대한민국의 강행규정은 외국법이 준거법으로 지정되는 경우에도 적용됨을 선언하고 있다. 또 소비자와 근로자의 보호를 위하여 제47조와 제48조를 두고 있다.

3. 국제사법 규정

【제45조】 (당사자 자치)
① 계약은 당사자가 명시적 또는 묵시적으로 선택한 법에 따른다. 다만, 묵시적인 선택은 계약내용이나 그 밖의 모든 사정으로부터 합리적으로 인정할 수 있는 경우로 한정한다.
② 당사자는 계약의 일부에 관하여도 준거법을 선택할 수 있다.
③ 당사자는 합의에 의하여 이 조 또는 제46조에 따른 준거법을 변경할 수 있다. 다만, 계약체결 후 이루어진 준거법의 변경은 계약 방식의 유효 여부와 제3자의 권리에 영향을 미치지 아니한다.

④ 모든 요소가 오로지 한 국가와 관련이 있음에도 불구하고 당사자가 그 외의 다른 국가의 법을 선택한 경우에 관련된 국가의 강행규정은 적용이 배제되지 아니한다.
⑤ 준거법 선택에 관한 당사자 간 합의의 성립 및 유효성에 관하여는 제49조를 준용한다.

가. 총　설

섭외사법은 당사자자치의 원칙을 채택하고 있었으나 당사자의 의사에 의하여 결정되는 준거법, 즉 주관적 준거법에 관하여 아주 간단히 규정함으로써 해석상의 논란이 많았음에 반하여 국제사법은 제45조에서 과거 해석상 논란이 있었던 여러 논점들에 대하여 상세한 규정을 두고 있다.

> Cf. 섭외사법은 법률행위를 중심으로 규정하였으나 국제사법은 계약을 중심으로 당사자자치의 원칙을 규정하고 조문도 법률행위가 아닌 채권에 관한 제 5 장에 두었다.

나. 당사자자치의 원칙의 채택

(1) **당사자자치(주관적 준거법)**: 국제사법 제45조 제 1 항 본문은 계약에 있어서 당사자자치(party autonomy)를 도입하여 "계약은 당사자가 명시적 또는 묵시적으로 선택한 법에 따른다."라고 규정한다. 예컨대 연속항해용선계약의 당사자가 영국법을 준거법으로 선택한 경우 용선료채권의 성립이나 소멸 등에 관한 준거법은 영국법이 되는 것이다(대법원 2014. 12. 11. 선고 2012다119443 판결). 당사자의 준거법 선택은 명시적 선택뿐만 아니라 묵시적 선택도 가능하나 그 부당한 확대를 막기 위하여 묵시적인 선택은 계약내용이나 그 밖에 모든 사정으로부터 합리적으로 인정할 수 있는 경우로 한정한다(1항 단서).

* 대법원 2022. 7. 28. 선고 2019다201662 판결은 원고에게 주식반환채무를 부담하고 있는 소외회사를 피고가 합병한 후 원고와 소외회사 및 피고 이상 3자 사이에 소외회사의 주식반환채무를 피고가 병존적으로 인수하기로 하였으므로, 원고와 피고 사이의 법률관계는 소외회사와 원고 사이의 법률관계에 적용되는 준거법이 동일하게 적용되는(이에 대하여는 국제사법 54조에 관한 267~269면 참조) 한편 소외회사와 원고 사이에 준거법 선택에 관한 명시적 합의가 없는 사안에 대하여, 원고가 주식을 대여하면서 그 대가로 대한민국 법정통화인 원화를 기준으로 산정한 이자를 지급받기로 하였고, 그 주식대여

계약서는 한국어로 작성되어 있고 국문계약서 이외에 다른 언어로 작성된 계약서는 존재하지 않는 것으로 보이며, 원고의 국적이 대한민국이고 그 주소도 대한민국에 있으며, 소외회사의 설립 준거법이 대한민국 법이고 그 본점소재지 또한 대한민국에 있는 사정을 종합하면 위 주식대여계약에 관하여 적용할 준거법을 대한민국 법으로 정했다고 보는 것이 원고와 소외회사의 묵시적 의사에 부합하므로 원고가 소외회사를 합병한 피고를 상대로 위 주식의 반환을 구하는 이 사건에서 원고와 피고 사이의 법률관계에 적용되는 법은 대한민국 법이 된다고 판시하였다. 한편 대법원 2022. 1. 13. 선고 2021다269388 판결은 "국제사법 제25조(2022년 개정 국제사법 45조에 해당함, 筆者 註) 제 1 항에서 계약의 준거법을 당사자가 자유롭게 선택할 수 있도록 하면서도 그것이 부당하게 확대되는 것을 방지하기 위하여 묵시적인 선택은 계약 내용 그 밖에 모든 사정으로부터 합리적으로 인정할 수 있는 경우로 제한하고 있으므로, 준거법에 관한 명시적인 합의가 없더라도 묵시적인 합의를 인정할 수도 있으나 소송절차에서 당사자가 준거법에 관하여 다투지 않았다는 사정만으로는 준거법에 관한 묵시적 합의를 인정하기는 어렵다."고 판시하였다.

한편 미국과 같이 지역에 따라 법을 달리하는 연방국가에 있어서 당사자의 선택법은 주(州)법이 되어야 하는 것이나 당사자가 연방법을 선택한 경우 ① 그러한 준거법합의는 무효라는 견해와 ② 미국의 어느 주(州)법을 선택한 것이라는 범위 내에서는 효력을 인정하는 것이 당사자의 의사에 부합한다는 견해가 있다. 우리 대법원은 ②의 입장을 취하고 있다.

▶ **대법원 2012. 10. 25. 선고 2009다77754 판결 【손해배상(기)】**
당사자가 계약의 준거법으로 지역에 따라 법을 달리하는 이른바 연방제국가의 어느 특정지역의 법을 지정하지 않고 단순히 연방제국가의 법이라고만 약정한 경우, 선택된 법이 특정 지역의 법이 아니라 연방제국가의 법이라는 사정만으로 그러한 준거법 약정이 내용을 확정할 수 없는 것으로 당연 무효라고 보아서는 아니 되고 계약 문언, 계약 전후의 사정, 거래 관행 등 모든 사정을 고려하여 당사자가 그 국가의 어느 지역의 법을 지정한 것으로 합리적으로 인정되는지까지 살펴보아야 한다. 나아가 지역에 따라 법을 달리하는 연방제국가라고 하더라도, 어느 법률관계에 관하여 그 국가 전체에 통일적으로 적용되는 이른바 연방법이 존재한다면 적어도 그 법률관계에 관하여는 연방법이 적용되어 지역에 따라 법을 달리한다고 할 수는 없으므로, 당사자가 그 법률관계에 관한 준거법으로 연방제국가의 법을 준거법으로 선택한 약정은 그 국가의 연방법을 준거법으로 선택한 약정으로서 유효하다.

(2) **준거법의 분할(분열)**: 준거법의 분할(분열)은 분할가능한 계약의 구성부분에 대하여 각기 다른 준거법을 지정하는 것이다. 준거법의 결정 자체를 당사자의 선택에 맡기는 이상 그 범위에 관하여도 당사자에게 선택권을 부여하는 것이 일관성이 있으므로 국제사법은 준거법의 분할(분열)을 허용한다(2항). 준거법의 분할(분열)의 전제로서 분할가능성 외에 양립가능성도 요구된다. 따라서 예컨대 매도인의 권리의 준거법은 영국법으로 하고, 매수인의 의무의 준거법은 한국법으로 하는 것은 허용되지 않는다(석광현 298). 당사자가 계약의 일부에 관하여만 준거법을 선택한 경우에 해당 부분에 관하여는 당사자가 선택한 법이 준거법이 되지만, 준거법 선택이 없는 부분에 관하여는 계약과 가장 밀접한 관련이 있는 국가의 법이 준거법이 된다(대법원 2016. 6. 23. 선고 2015다5194 판결).

▶ 대법원 2018. 3. 29. 선고 2014다41469 판결 【구상금】

1) 국제계약에서 준거법 지정이 허용되는 것은 당사자자치(party autonomy)의 원칙에 근거하고 있다. 선하증권에 일반적인 준거법에 대한 규정이 있음에도 운송인의 책임범위에 관하여 국제협약이나 그 국제협약을 입법화한 특정 국가의 법을 우선 적용하기로 하는 이른바 '지상약관(Clause Paramount)'이 준거법의 부분지정(분할)인지 해당 국제협약이나 외국 법률규정의 계약 내용으로의 편입인지는 기본적으로 당사자의 의사표시 해석의 문제이다. 일반적 준거법 조항이 있음에도 운송인의 책임범위에 관하여 국제협약을 입법화한 특정 국가의 법을 따르도록 규정하고, 그것이 해당 국가 법률의 적용요건을 구비하였다면, 특별한 사정이 없는 한 운송인의 책임제한에는 그 국가의 법을 준거법으로 우선적으로 적용하는 것이 당사자의 의사에 부합한다.

2) 원심은 그 판시와 같은 이유로 아래와 같이 판단하였다.

가) 이 사건 선하증권 전문(前文)에 따라 이 사건 해상운송계약상 영국법을 준거법으로 규정한 조항이 이 사건 선하증권에 편입되었으므로, 이 사건 선하증권의 일반적·전체적 준거법은 영국법이다.

나) 이 사건 선하증권 후문(後文)은 명시적으로 운송인인 피고의 책임범위를 미국 해상화물운송법에 의하도록 규정하고 있다. 일반적 준거법 조항에도 불구하고 운송인의 책임제한에 관하여 특정 국가의 법으로 정하도록 하였다면, 특별한 사정이 없는 한 당사자의 의사는 운송인의 책임제한에 미국 해상화물운송법을 준거법으로 적용하고자 하는 것으로 보아야 한다.

다) 이 사건 선하증권 후문의 해석상 이 사건 화물의 선적항이 미국 프리포트항이고 미국 해상화물운송법은 '선적항이나 양륙항이 미국 내에 있는 모든 국제해상화물운송계약

에 적용된다'고 규정하고 있으므로, 이 사건 선하증권에 기한 피고의 책임제한에 관한 준거법은 미국 해상화물운송법이다. 미국 해상화물운송법을 준거법으로 적용할 경우에 앞서 본 적용요건 이외에는 법정지 국가의 법에서 선적항 소재지 법률을 준거법으로 적용하여야 하는 등의 다른 요건이 필요하지 않다. 또한 미국 해상화물운송법상 책임제한의 범위를 넓히기 위한 요건도 충족되지 아니하였다.

라) <u>이 사건 선하증권에 기한 운송인의 계약상 책임에 관하여 영국 해상화물운송법의 법리를 적용하면</u>, 이 사건 화물은 송하인으로부터 운송인에게 화물이 하자 없이 인도된 후 운송인의 해상운송 과정에서 사양이 이탈되어 손해가 발생하였으므로, <u>특별한 사정이 없는 한 피고가 선하증권 소지인인 원고들에게 손해배상책임을 부담한다.</u>

마) <u>피고의 손해배상책임제한에 관한 준거법인 미국 해상화물운송법에 따라 피고의 책임은 톤당 500달러로 제한된다.</u>

* 지상약관(至上約款, paramount clause): 예컨대 국제해상물품운송에 이용되는 선하증권의 이면(裏面)에 해당 운송의 준거법으로 국제해상운송에 관한 헤이그비스비규칙 또는 (위 사안의 경우와 같은) 미국해상화물운송법이 적용된다고 기재하는 것과 같이 특정한 법규나 약정이 해당 법률관계에 최우선적으로 적용된다는 내용의 약관(또는 조항)을 지상약관이라고 한다.
* 위 판시내용 중 원심판단 부분의 밑줄은 필자가 임의로 그은 것임.

(3) **준거법의 사후적 변경**: 당사자의 의사를 존중하기 위하여 당사자들이 그들의 선택 또는 제46조에 의하여 결정된 계약의 준거법을 사후적으로 변경하는 것을 허용한다(3항 본문). 사후적 변경은 당사자의 의사에 따라 소급효를 가질 수도 있고 그렇지 않을 수도 있다. 그러나 소급효를 가지는 경우에도 계약의 방식의 유효성 여부와 제3자의 권리에 영향을 미치지 아니한다(3항 단서).

(4) **국내계약에 대하여 외국법을 준거법으로 지정할 수 있는지 여부**: 순수한 국내계약에 대하여 외국법을 준거법으로 지정할 수 있는가에 관하여는 당사자자치를 존중하여 원칙적으로 허용하되, 국내법의 강행규정이 여전히 적용됨을 명확히 함으로써 그 폐해를 방지하였다. 즉, 모든 요소가 오로지 한 국가와 관련이 있음에도 불구하고 당사자가 그 외의 다른 국가의 법을 선택한 경우에 관련된 국가의 강행규정은 적용이 배제되지 아니한다(4항). 여기의 '강행규정'은 제47조 제1항, 제48조 제1항의 그것과 같이 '당사자의 계약에 의하여 배제될 수 없는 법규', 즉 단순한 강행규정을 의미한다. 이 점에서 제20조의 국제적 강행규정과는 구별된다.

(5) **준거법합의**: 준거법합의의 성립과 유효성에 관한 준거법에 대하여도 당사자자치의 원칙이 적용됨을 명시하였다(5항). 섭외사법 하에서는 계약준거법 자체에 의하여 준거법합의의 성립과 유효성을 판단하는 것은 순환론에 빠질 우려가 있다는 이유로 법정지의 국제사법에 의한다는 것이 유력한 견해였으나 국제사법은 이를 입법적으로 해결하였다. 법정지 국제사법에 의할 경우 법정지가 결정되기 전에는 준거법을 결정할 수 없게 되므로 계약 체결 시점에서 준거법 합의의 성립과 유효성 여부를 알 수 없게 되는 문제가 있는 반면 계약준거법에 의하게 되면 당사자의 합리적 기대에 부합되고 당해 계약을 둘러싼 문제 전반에 관하여 통일적 판단이 가능해지는 이점이 있다. 당사자의 의사를 존중한다면 당사자들이 선택한 준거법인 실질법에 따라 판단하는 것이 타당하다(법무부 91~92).

(6) **저촉법적 지정과 실질법적 지정**: 저촉법적 지정은 국제사법 제45조의 당사자의 준거법 선택이고, 실질법적 지정은 당사자들이 계약내용을 구체적으로 규정하는 대신 특정 외국법을 지정하여 그 법을 계약의 내용으로 편입하는 것이다. 실질법적 지정은 보험계약을 체결하면서 개별적이고 구체적인 약정 이외의 일반적인 내용에 대하여는 보험약관에 의하도록 약정함으로써 보험약관이 보험계약의 내용으로 되는 것과 같은 구조이다. 실질법적 지정의 경우에는 당사자는 그와 별도로 준거법을 약정할 수 있고, 만약 준거법을 선택하지 않은 경우에는 국제사법 제46조에 의하여 준거법이 결정되게 된다. 저촉법적 지정에 의하여 선택된 외국법은 원칙적으로 계약체결 시의 외국법으로 고정되지 않으므로 계약체결 이후 개정된 때에는 개정된 법이 적용되는데 반하여 실질법적 지정에 의하여 외국법이 계약의 내용이 되는 경우에는 계약체결 후에 당해 외국법이 개정되거나 폐지되더라도 그에 따라 변경되는 것이 아니다. 또한 저촉법적 지정의 경우 준거법으로 지정된 외국법은 법으로 취급되므로 법원이 직권으로 그 외국법을 조사하여야 함에 반하여 실질법적 지정의 경우 외국법은 계약의 내용으로 될 뿐이므로 당사자가 외국법의 내용을 입증하여야 하는 차이가 있다(석광현 304~305).

(7) **영국법준거약관**: 전항과 관련하여 영국법준거약관(또는 영국법준거문언, 영국법준거조항)에 대하여 본다. 먼저 영국법준거약관의 효력에 대하여 대법원은 오랜 기간 동안에 걸쳐 해상보험업계의 중심이 되어 온 영국의 법률과 관습에 따라 당사자간의 거래관계를 명확하게 하려는 것으로서 우리나라의 공익규정

또는 공서양속에 반하는 것이라거나 보험계약자의 이익을 부당하게 침해하는 것이라고 볼 수 없다고 하여 그 유효성을 인정해오고 있다(대법원 1996. 3. 8. 선고 95다28779 판결; 171면의 90다카25314 판결). 한편 적하보험계약실무에서 사용되는 영국법준거약관에는 다음 세 가지 유형이 있다.

① <u>이 건 보험계약은</u> 영국의 법과 실무에 따른다(The insurance is subject to English law and practice).

② 이 보험증권상 발생하는 <u>모든 책임 문제는</u> 영국의 법률과 관습에 의하여 규율되어야 한다(All questions of liability arising under this policy are to be governed by the laws and customs of England).

③ 이 보험증권에 포함되어 있거나 또는 이 보험증권에 첨부된 어떤 반대규정에도 불구하고 이 보험은 <u>모든 청구에 대한 책임과 결제에 관하여만</u> 영국의 법률과 관습에 의한다(Notwithstanding anything contained herein or attached hereto to the contrary, this insurance is understood and agreed to be subject to English laws and practice only as to liability for and settlement of any and all claims).

먼저 ①은 보험계약 전체에 대하여 영국법을 준거법으로 정한 저촉법적 지정이라는 점에 이론(異論)이 없다. 그리고 ③을 모든 청구에 대한 책임 및 결제에 관하여만 저촉법적 지정을 한 것으로서 이 경우 "영국법준거약관은 보험계약의 보험목적물이 무엇인지 여부에 관한 사항, 즉 보험계약의 성립 여부에 관한 사항에까지 영국의 법률과 실무에 따르기로 하기로 한 것으로는 볼 수 없으므로, 이와 같은 사항에는 우리나라의 법률이 적용되어야 한다."라고 하여 이를 준거법이 분열되는 경우로 본 대법원의 판시(대법원 1998. 7. 14. 선고 96다39707 판결)에도 동의한다[이에 대하여는 '전보청구 및 결제에 관한 저촉법적 지정으로 볼 것이 아니라 영국의 법률과 관습을 계약의 내용으로 편입한 것, 즉 실질법적 지정으로 보았어야 한다는 지적이 있다(석광현 299~300)].

▶ 대법원 1998. 7. 14. 선고 96다39707 판결
해상적하보험증권상 "이 보험증권에 포함되어 있거나 또는 이 보험증권에 첨부되는 어떠한 반대되는 규정이 있음에도 불구하고, 이 보험은 일체의 전보청구 및 결제에 관해서 영국의 법률과 관습에만 의한다"라는 영국법 준거약관은 보험계약의 보험목적물이 무엇인지 여부에 관한 사항, 즉 보험계약의 성립 여부에 관한 사항에까지 영국의 법률

과 실무에 따르기로 하기로 한 것으로는 볼 수 없으므로, 이와 같은 사항에는 우리나라의 법률이 적용되어야 한다.

　　문제는 ②의 경우이다. 종전의 판례는 이를 저촉법적 지정으로 해석하여 "고지의무위반으로 인한 보험계약의 해지에 관하여도 영국해상보험법이 적용되므로 우리 상법의 해당규정은 적용되지 않는다."라고 하였으나(대법원 1991. 5. 14. 선고 90다카25314 판결) 그 후 (전원합의체 판결을 거치지 않고) "이 약관은 보험계약 전부에 대한 준거법을 지정한 것이 아니라 보험자의 '책임'문제에 한정하여 영국의 법률과 관습에 따르기로 한 것이므로 보험자의 책임에 관한 것이 아닌 사항에 관하여는 보험계약과 가장 밀접한 관련이 있는 우리나라의 법이 적용된다"고 전제한 다음 "약관의 설명의무에 관한 사항은 약관의 내용이 계약내용이 되는지 여부에 관한 문제로서 보험자의 책임에 관한 것이라 볼 수 없으므로 이에 관하여는 영국법이 아니라 우리나라 약관규제법이 적용된다."라고 판시하여 입장을 변경하였다(대법원 2016. 6. 23. 선고 2015다5194 판결). 생각건대 ③의 경우에는 그 범위가 '모든 청구에 대한 책임과 결제'라고 구체적으로 기재되어 있으나 ②의 경우에는 '모든 책임'이라고 포괄적으로 기재되어 있는 차이가 있는 한편 보험계약에서 종국적으로 '책임'과 무관한 경우가 있는가 하는 의문을 고려할 때 위와 같은 대법원의 입장에 대하여는 반론의 여지가 있다.

다. 당사자가 준거법을 선택하지 않은 경우

【제46조】 (준거법 결정시의 객관적 연결)
① 당사자가 준거법을 선택하지 아니한 경우에 계약은 그 계약과 가장 밀접한 관련이 있는 국가의 법에 따른다.
② 당사자가 계약에 따라 다음 각 호의 어느 하나에 해당하는 이행을 하여야 하는 경우에는 계약체결 당시 그의 일상거소가 있는 국가의 법(당사자가 법인 또는 단체인 경우에는 주된 사무소가 있는 국가의 법을 말한다)이 가장 밀접한 관련이 있는 것으로 추정한다. 다만, 계약이 당사자의 직업 또는 영업활동으로 체결된 경우에는 당사자의 영업소가 있는 국가의 법이 가장 밀접한 관련이 있는 것으로 추정한다.
　1. 양도계약의 경우에는 양도인의 이행
　2. 이용계약의 경우에는 물건 또는 권리를 이용하도록 하는 당사자의 이행
　3. 위임·도급계약 및 이와 유사한 용역제공계약의 경우에는 용역의 이행

③ 부동산에 대한 권리를 대상으로 하는 계약의 경우에는 부동산이 있는 국가의 법이 가장 밀접한 관련이 있는 것으로 추정한다.

국제사법 제46조 제 1 항은 당사자가 준거법을 선택하지 아니한 경우의 준거법(객관적 준거법)의 결정에 관하여 섭외사법 하의 행위지법원칙을 폐기하고 그 계약과 가장 밀접한 관련이 있는 국가의 법에 따르도록 하였다[당사자가 계약의 일부에 관하여만 준거법을 선택한 경우 준거법 선택이 없는 부분에 대하여도 마찬가지임은 기술(既述)하였다. 250면 참조]. 그리고 '계약과 가장 밀접한 관련이 있는 국가의 법'을 결정함에 있어서 특징적 이행(characteristic performance)의 경우의 추정규정을 두고 있다. 계약의 특징적 이행을 하여야 하는 경우에는 당사자가 계약 체결시의 일상거소(자연인의 경우), 주된 사무소(법인 또는 단체의 경우) 또는 영업소(직업상 또는 영업상 계약의 경우)를 가지는 국가의 법이 당해 계약과 가장 밀접한 관련을 가지는 것으로 추정한다(2항). 국제사법은 직접 특징적 이행이라는 용어는 사용하지 아니하고 특징적 이행의 예를 열거하고 있는데, 이는 ① 양도계약에 있어 양도인의 이행(2항 1호), ② 이용계약의 경우에는 물건 또는 권리를 이용하도록 하는 당사자의 이행(2항 2호), ③ 위임ㆍ도급계약 및 이와 유사한 용역제공계약의 경우에는 용역의 이행(2항 3호)이다. 또한 부동산에 대한 권리를 대상으로 하는 계약의 경우 부동산 소재지국법이 당해 계약과 가장 밀접한 관련을 가지는 것으로 추정한다(3항).

대법원은 신용장매입은행의 신용장매입행위는 신용장개설은행과 매입은행 사이의 위임계약에 의하여 이루어지는 것이 아니므로 위임사무의 이행에 관한 준거법 추정규정인 국제사법 제46조 제 2 항 제 3 호를 적용할 수 없고, 매입대금의 지급의무를 부담하는 신용장개설은행의 소재지국법이 가장 밀접한 관련이 있는 국가의 법으로 준거법이 된다고 한다.

▶ 대법원 2011. 1. 27. 선고 2009다10249 판결 【신용장대금등】
국제사법 제26조 제 1 항은 외국적 요소가 있는 법률관계에서 당사자가 준거법을 선택하지 아니한 경우에 계약은 그 계약과 가장 밀접한 관련이 있는 국가의 법에 의하여야 한다고 규정하고, 제26조 제 2 항 제 3 호에서는 위임사무의 준거법은 위임사무 이행의무 당사자의 계약체결 당시의 주된 사무소 등의 소재지법을 가장 밀접한 관련이 있는 법으로 추정하고 있다. 그런데 <u>신용장에 기한 환어음 등을 매입하는 매입은행은 신용장</u>

개설은행의 수권에 의하여 매입하긴 하지만, 이는 어디까지나 자기의 계산에 따라 독자적인 영업행위로서 매입하는 것이고 신용장 개설은행을 위한 위임사무의 이행으로서 신용장을 매입하는 것은 아니므로, 신용장 개설은행과 매입은행 사이의 신용장대금 상환의 법률관계에 관한 준거법의 결정에는 위임사무의 이행에 관한 준거법의 추정 규정인 국제사법 제26조 제 2 항 제 3 호를 적용할 수 없고, 환어음 등의 매입을 수권하고 신용장대금의 상환을 약정하여 신용장대금 상환의무를 이행하여야 하는 신용장 개설은행의 소재지법이 계약과 가장 밀접한 관련이 있는 국가의 법으로서 준거법이 된다.

* 위 판결 중 제26조는 2022년 개정 국제사법 제46조에 해당함(筆者 註).

Cf. 신용장(letter of credit)을 통한 물품매매계약의 이행과정: 신용장통일규칙(UCP 600)에 의하면 신용장은 '표현에 관계없이 무역매매의 대금결제의 원활을 위하여 매수인의 거래은행이 그 지시에 따라 신용장을 개설하고 매도인인 수익자가 이에 명기된 제 조건에 일치한 서류를 제시하면 그 서류와 상환으로 직접 지급하거나, 신용장에 따라 발행된 환어음의 지급 또는 인수를 하거나, 혹은 타 은행에 지급·인수 또는 매입을 할 수 있도록 수권 하는 모든 약속증서'로 정의된다. 신용장은 크게 국제무역거래의 결제수단으로 이용되는 상업신용장(commercial letter of credit)과 계약이행의 보증수단으로 이용되는 보증신용장(standby letter of credit)으로 나뉜다. 상업신용장의 경우 격지국의 당사자 사이의 매매계약에서 신용장에 의한 결제를 약정하면 그에 따라 매수인이 그의 거래은행에 신용장개설신청을 하고, 신용장개설은행은 신용장을 개설하여 매도인의 거래은행(통지은행)을 통하여 신용장개설통지를 하게 된다. 이에 따라 매도인은 물품을 선적한 후 신용장에서 요구하는 서류를 구비하여 매도인의 거래은행에 신용장의 매입을 신청하면 그 은행은 자신의 위험부담과 판단에 따라 신용장을 매입하고(신용장매입은행), 수수료와 비용을 제외한 금액을 지급하면 매도인은 수출대금을 회수하게 된다. 그 후 신용장매입은행은 신용장개설은행으로부터 그 대금을 상환받게 되고, 매수인은 신용장개설은행으로부터 선적서류(선하증권)를 입수하여 도착항에서 물품을 수령하게 된다.

Cf. 국제상업회의소와 신용장통일규칙: 국제상업회의소(International Chamber of Commerce, ICC)는 1919년 설립된 민간기구로서 국제상거래의 원활화를 위하여 무역거래관습을 연구하여 규범화하는 작업을 추진하여 왔고, 그 중 중요한 성과로서 인코팀즈(Incoterms, 54~55면 참조)와 신용장통일규칙이 있다. 신용장통일규칙(Uniform Customs and Practice for Documentary Credits, UCP로 약칭)은 무역거래에서 신용장업무시의 준수사항과 해석기준을 정한 국제적인 통일규칙으로서 국제상업회의소에 의하여 1933년 제정되어 2006년까지 6차례 개정, 현재

version의 명칭은 ICC Publication No. 600(UCP 600이라 약칭)으로서 2007년 7월 1일부터 사용되고 있다. 신용장통일규칙의 법적 성질에 대하여는 일반거래약관설, 상관습설, 절충설 등의 견해가 있으나 위 규칙이 제정됨에 있어서 국제무역에 관한 장기간에 걸쳐 형성된 관행을 기초로 한 점에 비추어 국제적인 상관습으로서의 효력이 있다고 본다.

▶ 울산지방법원 2014. 2. 6. 선고 2012가합3810 판결
대한민국법에 따라 설립되어 대한민국에 주된 영업소를 둔 법인인 원고는 선적기국이 러시아인 피고를 상대로 피고의 과실로 이 사건 선박에 해수가 침습하여 이 사건 사고가 발생하였다고 주장하면서 손해배상을 구하고 있으므로, 이 사건에는 외국적 요소가 있어 국제사법에 따라 준거법을 결정하여야 한다.
국제사법은 계약은 당사자가 명시적 또는 묵시적으로 선택한 법에 의하고, 당사자가 준거법을 선택하지 아니한 경우에는 계약에 관한 준거법은 그 계약과 가장 밀접한 관련이 있는 국가의 법에 의하고, 불법행위는 그 행위가 행해진 곳의 법에 의한다고 규정하고 있다(제25조 제1항, 제26조 제1항, 제32조 제1항). 이 사건 선하증권 소지인인 원고와 운송인인 피고 사이에 적용될 법률관계에 관한 준거법을 정하였다고 볼 증거는 없다. 그런데 피고는 해상 운송업체로서 전 세계에 걸쳐 영업활동을 하고 있는 기업이고 원고는 대한민국 법인으로서 대한민국에 주소가 있고, 용선계약의 체결장소는 중국이며 양하지는 대한민국 울산으로 의무이행지는 대한민국이므로 계약과 가장 밀접한 관련이 있는 국가는 대한민국이라 할 것이다. 또한 위 조항에서 말하는 불법행위가 행해진 곳에는 행동지 이외에 결과발생지로서 법익침해 당시 법익의 소재지도 포함되는데(대법원 1983. 3. 22. 선고 82다카1533 전원합의체 판결 등 참조), 해수 침수로 인해 이 사건 화물이 손상된 장소는 대한민국이고 이로 인해 침해되는 원고의 법익 소재지 역시 대한민국이다. 따라서 원고와 피고 사이의 운송인의 채무불이행책임, 불법행위의 성립 및 효과, 피고의 손해배상책임의 발생 여부에 관하여는 대한민국법(민법, 상법)을 준거법으로 하여 판단한다.

※ 위 판결 중 괄호 안의 '제25조', '제26조', '제32조'는 2022년 개정 국제사법 '제45조', '제46조', '제52조'에 각 해당함(筆者 註).

▶ 대법원 2017. 10. 26. 선고 2015다42599 판결은 "외국적 요소가 있는 책임보험계약에서 제3자 직접청구권의 행사에 관한 법률관계에 대하여는 그 기초가 되는 책임보험계약에 적용되는 국가의 법이 가장 밀접한 관련이 있다고 보이므로, 그 국가의 법이 준거법으로 된다고 해석함이 타당하다(대법원 2016. 12. 29. 선고 2013므4133 판결 참조)." 고 판시하면서 위 사건의 해상적하책임보험계약상 보험자의 책임에 관하여 영국법을 적

용하기로 하는 영국법 준거조항이 포함되어 있으므로, 위 보험계약에 따른 보험자의 책임에 관한 준거법은 영국법이 되어 위 사건 피해자의 보험자에 대한 직접청구권 행사에는 위 사건 보험계약의 준거법인 영국법이 적용된다는 취지의 원심판단을 인용하였다.

4. 준거법의 적용범위

【제49조】(계약의 성립 및 유효성)
① 계약의 성립 및 유효성은 그 계약이 유효하게 성립하였을 경우 이 법에 따라 적용되어야 하는 준거법에 따라 판단한다.
② 제 1 항에 따른 준거법에 따라 당사자의 행위의 효력을 판단하는 것이 모든 사정에 비추어 명백히 부당한 경우에는 그 당사자는 계약에 동의하지 아니하였음을 주장하기 위하여 그의 일상거소지법을 원용할 수 있다.

가. 총   설

계약의 준거법이 규율하는 범위로서 거론되는 것으로는 계약의 성립과 유효성, 계약의 해석, 채무의 이행과 소멸, 채무불이행의 결과, 계약무효의 결과 등이 있다. 국제사법은 그 중 계약의 성립(formation)과 유효성(validity)에 관하여 계약의 준거법에 따라 규율됨을 명시하고 있다(49조 1항). 여기의 '계약의 성립'은 청약과 승낙에 의한 계약의 성립을 말하고, '계약의 유효성'은 계약의 방식상의 유효성과 대비되는 계약의 실질적 유효성으로서 청약 또는 승낙의 유효성(착오, 사기 또는 강박 등 의사표시의 하자에 의한 영향)과 계약의 적법성, 사회적 타당성 등을 포함하는 개념이다. 계약의 유효성(validity)은 계약에 따른 당사자들의 권리의무, 즉 효력(effect)과 구별하여야 한다. 또한 계약의 유효성에 관련되는 것이기는 하나 당사자의 능력(권리능력·행위능력)과 대리권의 존재는 국제사법 제26조, 제28조, 제32조에 의하여 규율될 것이지 계약의 준거법에 의하여 규율되는 것이 아니다.

나. 계약의 성립 및 유효성의 준거법

계약의 성립 및 유효성의 준거법은 당해 계약이 유효하게 성립하였을 경우 당해 계약의 준거법으로 될 법으로 규정하고 있다(49조 1항). 따라서 당사자들이 준거법합의를 하는 경우 당사자간에 유효한 계약이 존재하는가의 문제도 당사자들이 합의한 당해 준거법에 의하여 규율된다.

다. 계약의 성립을 부정하기 위한 일상거소지법의 원용 가능성

국제사법 제49조 제 1 항의 원칙을 관철할 경우 당사자 일방에게 예측하지 않은 불이익을 줄 수 있다. 예컨대 당사자들이 구두로 중요한 계약조건에 관하여 합의한 뒤에 일방당사자가 계약조건을 확인하는 서면을 송부하면서 자신의 약관을 첨부하여 그것이 적용됨을 선언한 데 대하여 상대방이 침묵한 경우, 준거법에 따라서는 상대방의 침묵이 확인서면에 첨부된 약관을 승낙한 것으로 해석될 수도 있는바 이를 막기 위하여 상대방은 일상거소지법을 원용할 수 있다. 즉, 제 1 항의 규정에 따라 어느 당사자의 행위의 효력을 판단하는 것이 모든 사정에 비추어 명백히 부당한 경우에는 계약에 동의하지 아니하였음을 주장하기 위하여 그의 일상거소지법을 원용할 수 있도록 하였다(2항). 제 2 항은 제 1 항과 달리 계약에 대한 동의, 즉 계약의 성립에만 적용되고 유효성에는 적용되지 아니한다.

라. 계약준거법의 경합과 계약의 성립

예컨대 채무이행지법에 의할 것을 합의하였는데, 물품인도의무의 이행지와 대금지급채무의 이행지가 다를 경우와 같이 두 개의 준거법이 경합하게 되는 경우에 청약과 승낙에 의한 계약의 성립의 문제에 관한 해결방법으로 두 가지가 있다. 첫째는 청약과 승낙의 의사표시를 양국의 법에 의하여 각각 검토하여 양국법에 의하여 인정되는 경우에만 계약이 성립한 것으로 보는 입장으로 중복적 적용주의라고 한다. 둘째는 의사표시 각각에 대하여 그 준거법에 의하여 충족되는 경우에 계약이 성립한 것으로 보는 입장으로 편면적 적용주의라고 한다. 이에 대하여는 국제사법에 규정이 없으나 학설로는 혼인 체결과 같은 중요한 법률행위도 각 당사자에 관하여 각자의 본국법의 요건을 갖추면 성립되는 것으로 보아(63조 1항) 이를 매매계약에 유추적용하여도 무방하다는 이유로 편면적 적용주의가 국제사법의 해석으로 타당하다는 견해가 있다(서희원 217).

5. 각종의 계약

가. 총   설

국제사법은 채권계약의 일반적 원칙을 제45조와 제46조에서 규정하고 소비자계약과 근로계약에 대하여는 특별한 규정을 두고 있다. 아래에서는 민법상의 계약 몇 가지에 대하여 살펴본 다음 소비자계약(47조)과 근로계약(48조)에 대하여 설명하기로 한다.

나. 민법상의 계약

(1) **매매계약**: 매매계약의 준거법은 제45조, 제46조에 따라 결정된다. 즉, 제45조에 따라 당사자의 선택에 의한 준거법에 따르고, 당사자가 준거법을 선택하지 않은 경우에는 제46조에 따라 그 계약과 가장 밀접한 관련이 있는 국가의 법에 따른다. 이 준거법은 매매의 성립과 효력에 관한 모든 문제를 결정한다. 다만, 등기로 물권적 효력을 일으키게 되는 환매권 등은 동산·부동산의 소재지법에 따르는데 이에 대하여는 이미 살펴보았다(227면).

(2) **증여계약**: 증여계약의 경우 그 무상성(無償性)으로 인하여 다른 계약과 달리 취급하는 입법례와 학설도 있으나 이 또한 채권계약이므로 국제사법 제45조와 제46조가 적용된다. 그러나 일정한 신분관계에 있는 사람들 사이의 증여에 대하여는 속인법의 적용을 받는 것으로 보아야 할 것이므로 부부간의 증여의 유효성은 혼인의 효력의 준거법(64조)에 따르고, 피후견인의 후견인에 대한 증여의 유효성은 후견의 준거법(75조)에 따르게 된다.

(3) **임대차계약**: 임대차의 경우에도 당사자의 선택이 없으면 그 계약과 가장 밀접한 관련이 있는 국가의 법에 따르지만 부동산임대차의 경우에는 부동산소재지국이 가장 밀접한 관련이 있는 것으로 추정한다(46조 3항). 부동산의 임대차에 대하여는 임차인 보호를 위한 강행법규의 적용이 문제되는데 이는 공서의 문제로 해결하여야 할 것이다(김연 297). 또 부동산임차권의 물권적 대항력은 제33조에 따라 부동산의 소재지법에 따름은 이미 살펴본 바와 같다(227면).

(4) **사용대차계약**: 무상성으로 인하여 임대차와 차이가 있기는 하지만 사용수익을 위한 계약이라는 점에서 임대차와 같이 취급하여야 할 것이다.

(5) **소비대차계약**: 제45조와 제46조에 따른다. 법정이자와 연체이자는 주된 채무의 준거법에 따른다. 이는 원금채무로부터 파생하는 이자의 속성상 당연하다. 약정이자는 이자계약에 기하여 발생하는 것인데 이 또한 원금채무에 의존하는 것이므로 이자계약의 준거법에 관하여 당사자의 지정이 없으면 주된 채무의 준거법에 따라야 할 것이다.

(6) **위임계약**: 이 또한 제45조와 제46조에 따른다. 위임과 관련한 임의대리에 관하여는 제32조에서 살펴보았다(221~222면).

(7) **보증계약**: 보증계약은 주된 채무의 담보를 목적으로 하는 계약이기는 하

나 독립한 계약이므로 제45조와 제46조에 따라 별도로 준거법을 정한다. 그러나 주채무가 그 준거법에 따라 무효가 되거나 소멸하면 보증채무도 불성립이 되거나 소멸한다.

다. 소비자계약

(1) **총   설**: 오늘날 각국의 실질법은 사회경제적인 약자인 소비자 보호를 위하여 강행법규를 두고 있다. 그런데 만약 당사자들이 외국법을 준거법으로 지정하여 이러한 실질법상의 제한을 회피할 수 있다면 그 입법취지가 몰각될 수 있으므로 소비자를 보호하기 위한 저촉법적 차원의 배려가 필요하다. 이러한 차원에서 국제사법 제47조는 소비자계약에 있어 당사자자치의 원칙을 제한하고(1항), 객관적 준거법의 결정 및 계약의 방식에 관하여도 일반원칙을 수정하여 소비자의 일상거소지법에 따르도록 하였다(2항·3항).

【제47조】(소비자계약)
① 소비자계약의 당사자가 준거법을 선택하더라도 소비자의 일상거소가 있는 국가의 강행규정에 따라 소비자에게 부여되는 보호를 박탈할 수 없다.
② 소비자계약의 당사자가 준거법을 선택하지 아니한 경우에는 제46조에도 불구하고 소비자의 일상거소지법에 따른다.
③ 소비자계약의 방식은 제31조 제 1 항부터 제 3 항까지의 규정에도 불구하고 소비자의 일상거소지법에 따른다.

---

(2) **당사자자치의 제한**: 소비자계약의 경우에도 당사자는 제45조의 당사자자치의 원칙에 따라 준거법을 자유로이 선택할 수 있으나 그로 인하여 소비자의 일상거소지국의 강행규정에 따라 소비자에게 부여되는 보호를 박탈할 수 없다(1항). 이는 준거법합의에도 불구하고 소비자의 환경을 이루고 있는 국가의 강행규정이 부여하는 보호를 관철시키고자 하는 것이다. 여기의 '강행규정'은 근로계약의 그것과 같이 '당사자의 계약에 의하여 배제될 수 없는 법규', 즉 국내적 강행규정(상대적 강행규정)을 의미하므로 이 점에서 제20조의 국제적 강행규정(절대적 강행규정)과는 구별된다(196~197면). 절대적 강행규정은 독자적 원리에 따라 그 적용 여부와 범위가 결정되기 때문이다(안춘수 264).

(3) **소비자계약에서의 객관적 준거법 결정**: 당사자가 준거법을 선택하지 않은 경우 소비자계약은 제46조의 객관적 준거법의 결정에 관한 일반원칙에 따르는

것이 아니라 소비자 보호를 위하여 소비자의 환경을 이루고 있는 그의 일상거소지법에 따른다(2항). 소비자의 일상거소지법이 적용되는 것은 이곳이 계약과 가장 밀접하게 관련된 것으로 평가되기 때문임과 더불어 국제사법 제46조의 객관적 연결의 추정원칙에 따를 경우 특징적 이행의무를 지는 사업자의 영업소 소재지법이 준거법이 되는 결과가 되어 소비자에게 불리하기 때문이다.

(4) **소비자계약의 방식**: 소비자계약의 방식은 소비자 보호를 위하여 법률행위의 일반적 방식에 관한 제31조 제 1 항 내지 제 3 항이 아니라 소비자의 환경을 이루고 있는 그의 일상거소지법에 따른다(3항).

라. 근로계약

(1) **총   설**: 소비자계약과 마찬가지로 사회경제적 약자인 근로자를 보호하기 위한 국제사법적 차원의 조처로서 당사자자치의 원칙을 제한하고(1항), 객관적 준거법의 결정에 관하여도 일반원칙을 수정하였다(2항).

【제48조】(근로계약)
① 근로계약의 당사자가 준거법을 선택하더라도 제 2 항에 따라 지정되는 준거법 소속 국가의 강행규정에 따라 근로자에게 부여되는 보호를 박탈할 수 없다.
② 근로계약의 당사자가 준거법을 선택하지 아니한 경우 근로계약은 제46조에도 불구하고 근로자가 일상적으로 노무를 제공하는 국가의 법에 따르며, 근로자가 일상적으로 어느 한 국가 안에서 노무를 제공하지 아니하는 경우에는 사용자가 근로자를 고용한 영업소가 있는 국가의 법에 따른다.

(2) **당사자자치의 제한**: 근로계약의 경우에도 당사자는 제45조 제 1 항에 따라 준거법을 자유로이 선택할 수 있으나, 당사자가 준거법을 선택하지 아니한 경우에 적용될 객관적 준거법의 강행규정에 따라 근로자에게 부여되는 보호를 박탈할 수 없다(1항).

(3) **근로계약에서의 객관적 준거법 결정**: 당사자가 준거법을 선택하지 아니한 경우 근로계약은 소비자계약과 마찬가지로 제46조의 객관적 준거법의 결정에 관한 일반원칙에 따르지 아니한다. 이때에는 근로자가 계약의 이행을 위하여 일상적으로 그의 노무를 제공하는 국가의 법 또는 근로자가 일상적으로 어느 하나의 국가 안에서 노무를 제공하지 아니하는 경우에는 사용자가 근로자를 고용한 영업소가 있는 국가의 법이 준거법으로 된다(2항). 선원근로계약, 즉 근로

자가 국제운송에 사용되는 선박에서 노무를 제공하는 경우의 준거법에 대하여
① 선적국이 근로자가 일상적으로 노무를 제공하는 국가이므로 선적국법이 준
거법이라는 견해와 ② 근로자가 일상적으로 노무를 제공하는 국가가 존재하지
않으므로 사용자가 근로자를 고용한 영업소가 소재하는 국가의 법이 준거법이
라는 견해 등이 있다. 대법원은 선원근로계약에 관하여는 선적국을 선원이 일
상적으로 노무를 제공하는 국가로 볼 수 있다고 판시함으로써 전자의 입장을
취하고 있다(대법원 2007. 7. 12. 선고 2005다47939 판결; 대법원 2007. 7. 12. 선고
2005다39617 판결).

Ⅱ. 법정채권

1. 총   설

법정채권은 법률의 규정에 의하여 성립하는 채권으로서 사무관리, 부당이득,
불법행위로 인한 채권이 이에 속한다. 이 세 가지는 당사자 사이의 정의와 형평
을 유지하고자 하는 목적에서 인정된 공익적인 제도이므로 그 법률관계는 속지
법의 관할에 속하게 하여야 하는바 국제사법 제50조 내지 제52조에 그 준거법을
규정하고 있다. 즉, 사무관리에 있어서는 '그 관리가 행하여진 곳'(50조), 부당이
득에 있어서는 '그 이득이 발생한 곳'(51조), 불법행위에 있어서는 '그 행위를 하
거나 결과가 발생하는 곳'(52조)의 법에 따른다. 다만 국제사법은 제50조 내지 제
52조의 규정에도 불구하고 사무관리·부당이득·불법행위가 발생한 후 합의에 의
하여 대한민국법을 그 준거법으로 선택할 수 있도록 규정하였다(53조 본문).

2. 사무관리

【제50조】(사무관리)
① 사무관리는 그 관리가 행하여진 곳의 법에 따른다. 다만, 사무관리가 당사자 간
의 법률관계에 근거하여 행하여진 경우에는 그 법률관계의 준거법에 따른다.
② 다른 사람의 채무를 변제함으로써 발생하는 청구권은 그 채무의 준거법에 따른다.

가. 총   설: 사무관리는 법률상 의무 없이 타인의 사무를 관리하는 행위로
서 그 준거법에 대하여는 학설과 입법례상 채무자의 본국법주의, 채무자의 주소
지법주의, 사무관리지법주의가 주장되고 있으나 사무관리지법주의가 유력하다.
우리 국제사법도 사무관리지법주의를 채택하고 있다.

나. 준거법의 결정

(1) **사무관리지법주의**: 국제사법 제50조 제 1 항 본문은 "사무관리는 그 관리가 행하여진 곳의 법에 따른다."라고 규정하여 사무관리지법주의를 취하고 있다. 여기의 '그 관리가 행하여진 곳'은 사무관리라는 법률관계를 성립하게 하는 사실로서의 관리행위가 현실적으로 행하여진 곳을 말한다. 중간에 관리지가 변경된 경우에는 처음에 관리를 시작한 당시의 장소를 기준으로 한다(이근식 128).

(2) **종속적 연결**: 국제사법은 사무관리지법주의에 대한 예외로서 종속적 연결을 인정하고 있다(1항 단서 및 2항). 사무관리에 있어 종속적 연결은 기본적으로 당사자간의 법률관계로 한정하고 있다(1항 단서). 예컨대 위임계약에 따라 수임인이 어떠한 사무를 집행하였는데 그것이 본래의 계약상 채무의 범위를 넘는다는 데 대한 다툼이 생긴 경우에 그 부분에 관하여는 사무관리지법이 아닌 계약의 준거법에 따라 사무관리의 성립 여부를 판단한다는 것이다. 이러한 경우 사무관리의 준거법을 계약의 준거법과 동일하게 한다면 법률관계의 성질결정 등과 관련된 어려운 문제를 피할 수 있으며 보다 밀접한 관련이 있는 법과의 연결을 확보하는 데도 도움이 된다. 이러한 종속적 연결은 제 3 자간의 법률관계에 있어서도 인정할 필요가 있다. 따라서 타인의 채무의 변제에 기한 청구권은 그 채무의 준거법에 따르도록 한다(2항).

다. 준거법의 적용범위: 사무관리지법은 능력에 관한 문제를 포함한 사무관리의 성립과 효력에 관한 문제를 지배한다. 그러나 사무관리로 행한 개개의 행위는 사무관리 자체와는 구별되어 그 행위의 준거법에 따른다. 즉, 물권행위이면 물권의 준거법인 동산·부동산의 소재지법에 따르고(33조), 채권행위이면 채권의 준거법인 당사자가 선택한 법(45조)이나 그것이 없으면 그 계약과 가장 밀접한 관련이 있는 국가의 법에 따른다(46조). 해난구조에 대하여는 특별규정(96조)이 있다.

3. 부당이득

【제51조】 (부당이득)
부당이득은 그 이득이 발생한 곳의 법에 따른다. 다만, 부당이득이 당사자 간의 법률관계에 근거한 이행으로부터 발생한 경우에는 그 법률관계의 준거법에 따른다.

가. 총   설: 법률상 원인 없이 타인의 재산 또는 노무로 인하여 이익을 얻

고 이로 인하여 타인에게 손해를 가한 경우 이득자로 하여금 손실자에게 그 이익을 반환하게 하는 부당이득의 준거법에 관한 학설과 입법례로는 법정지법주의, 채무자의 본국법주의, 채무자의 주소지법주의, 기본관계의 준거법주의, 부당이득지법주의가 있다. 국제사법은 부당이득지법주의를 채택하고 있다.

나. 준거법의 결정

(1) **부당이득지법주의**: 국제사법 제51조 본문은 "부당이득은 그 이득이 발생한 곳의 법에 따른다."라고 규정하여 부당이득지법주의를 취하고 있다. 여기의 '그 이득이 발생한 곳'은 이득의 직접적인 원인이 되는 재화의 이전이 현실로 행하여진 장소를 말한다. 따라서 대한민국에 주소를 둔 갑이 인터넷 도메인이름 'hpweb.com'을 등록·사용하던 중 미국 캘리포니아주에 본사를 둔 을회사가 미국에 등록되어 있던 'hp'로 구성된 자신의 상표 등에 대한 권리가 침해되었다는 이유로 인터넷주소 분쟁해결기관에 분쟁조정신청을 하여 도메인이름 등록을 이전받자, 갑이 을회사에 부당이득을 원인으로 도메인이름 반환을 구한 사안에서 이전등록으로 이득이 발생한 곳은 을회사 본사 소재지인 미국 캘리포니아주라고 할 것이다(대법원 2011. 5. 26. 선고 2009다15596 판결; 대법원 2008. 4. 24. 선고 2005다75071 판결).

(2) **종속적 연결**: 국제사법은 부당이득지법주의에 대한 예외로서 종속적 연결을 인정하고 있는데(51조 단서), 급부와 관련된 경우로 한정하고 있다. 예컨대 계약 이행 후 해제되어 청산의 방법으로 부당이득의 반환을 구하는 경우 부당이득은 그 계약 자체의 준거법에 따르게 되는 것이다. 이렇게 종속적 연결을 인정하는 취지는 하나의 법률관계에서 비롯된 다양한 법률관계 전체에 공통된 준거법을 정하는 것이 규범의 중첩이나 공백을 피하는 바람직한 방법이기 때문이다(법무부 114).

▶ 대법원 2015. 2. 26. 선고 2012다79866 판결 【선수금환급보증금】
가집행선고부 제 1 심판결에 기하여 금원을 지급하였다가 다시 상소심판결의 선고에 의해 가집행선고가 실효됨에 따라 금원의 수령자가 부담하게 되는 원상회복의무는 성질상 부당이득의 반환채무이지만, 이러한 원상회복의무는 가집행선고의 실효가 기왕에 소급하는 것이 아니기 때문에 본래부터 가집행이 없었던 것과 같은 원상으로 회복시키려는 공평의 관념에서 민사소송법이 인정한 법정채무이므로, 국제사법 제31조(2022년 개정 국제사법 51조에 해당함, 筆者 註) 단서에 정한 '부당이득이 당사자간의 법률관계에 기하여 행하여진 이행으로부터 발생한 경우'에 해당한다고 볼 수 없다.

원심이 가지급물은 그 성질이 당사자간의 법률관계에 기하여 행하여진 이행으로부터 발생한 경우가 아니라 법원의 가집행선고부 판결에 기한 것이라는 이유로 이 사건 가지급물반환신청의 지연손해금 비율에 관하여 영국법이 적용되어야 한다는 원고들의 주장을 배척하고 특례법 제 3 조 제 1 항을 적용한 조치는 정당하고, 거기에 상고이유 주장과 같이 국제사법 제31조(2022년 개정 국제사법 51조에 해당함, 筆者 註)에 관한 법리를 오해한 위법이 없다.

다. 준거법의 적용범위

부당이득의 성립과 효력에 관한 문제는 부당이득지법이 지배한다. 그러나 법률행위의 무효 또는 취소의 결과로 부당이득이 성립한 경우에는 그 무효 또는 취소의 원인은 문제된 법률행위의 준거법에 따르며, 또 첨부로 인한 부당이득의 경우에는 그 동산·부동산의 소재지법에 따라야 한다. 공동해손에 관하여는 국제사법 제94조 제 5 호에 별도의 규정을 두고 있다.

4. 불법행위

【제52조】(불법행위)
① 불법행위는 그 행위를 하거나 그 결과가 발생하는 곳의 법에 따른다.
② 불법행위를 한 당시 동일한 국가 안에 가해자와 피해자의 일상거소가 있는 경우에는 제 1 항에도 불구하고 그 국가의 법에 따른다.
③ 가해자와 피해자 간에 존재하는 법률관계가 불법행위에 의하여 침해되는 경우에는 제 1 항 및 제 2 항에도 불구하고 그 법률관계의 준거법에 따른다.
④ 제 1 항부터 제 3 항까지의 규정에 따라 외국법이 적용되는 경우에 불법행위로 인한 손해배상청구권은 그 성질이 명백히 피해자의 적절한 배상을 위한 것이 아니거나 그 범위가 본질적으로 피해자의 적절한 배상을 위하여 필요한 정도를 넘을 때에는 인정하지 아니한다.

가. 총   설: 불법행위는 고의 또는 과실로 인한 위법행위로 타인에게 손해를 입힌 경우 이를 배상하게 하는 제도로서 그 준거법에 관하여는 학설과 입법례상 법정지법주의, 불법행위지법주의, 양자의 절충주의가 있으나 이론상 불법행위지법주의가 타당하여 가장 널리 인정되고 있다. 국제사법도 불법행위지법주의를 채택하고 있다.

나. 국제사법 규정

(1) **불법행위지법주의**: 국제사법 제52조 제 1 항은 "불법행위는 그 행위를 하거나 그 결과가 발생하는 곳의 법에 따른다."라고 규정하여 불법행위지법주의를 취하고 있다. 즉, 불법행위의 성립 및 효력에 관한 문제는 모두 불법행위지법에 따른다. 따라서 불법행위능력, 불법행위요건에의 해당 여부, 손해배상청구권자, 손해배상의 범위와 방법, 손해배상청구권의 시효, 불법행위채권의 양도가능성 유무, 공동불법행위에 있어서의 책임의 분담 등의 모든 문제는 불법행위지법에 따른다. 불법행위채권의 상속성 유무에 대하여는 상속준거법에 따라야 한다는 견해(김인호 187)가 있으나 불법행위에 의하여 발생한 손해배상청구권의 상속 여부를 결정함에 있어서까지 상속준거법을 적용한다면 불법행위에 관한 문제는 불법행위지법이 결정한다는 의미가 상실되므로 불법행위지법에 따라야 할 것이다(미국 법충돌법에 관한 제2 Restatement 167조 참조). 다만, 불법행위지법상 불법행위를 구성하는 침해의 대상인 특정한 권리 자체의 존부는 그 권리 자체의 준거법에 따른다. 불법행위의 성질을 가지는 선박충돌에 관하여는 제95조에 별도의 규정을 두고 있다.

> Cf. ① 북극이나 남극과 같이 불법행위지에 전혀 법률이 존재하지 않을 경우 적용할 불법행위지법이 없다. 이 경우 법정지법을 적용하여야 한다는 학설도 있으나 당사자의 속인법에 의한다. 당사자가 속인법을 달리할 경우에는 가해자의 속인법설, 가해자의 속인법에 의하되 피해자의 속인법에 정한 한도를 초과할 수 없다는 설, 각자의 속인법의 중복적용설 등이 대립한다. ② 불법행위지가 명확하지 않은 경우에는 ①의 경우에 준하여 해결하여야 할 것이다. ③ 선박상의 불법행위지법은 선적국법이다.

A국에서 버린 오수(汚水)가 B국의 농작물을 고사(枯死)시킨 경우와 같이 불법행위의 행동지와 결과발생지가 다른 격지 불법행위의 경우의 준거법 결정에 관하여 학설로는 ① 손해발생의 원인행위를 한 곳을 불법행위지로 보는 행동지설과 ② 현실로 손해가 발생한 곳을 불법행위지로 보는 결과발생지설 및 ③ 과실책임원칙이 지배하는 개인간의 우발적인 일상의 불법행위에 관하여는 행동지설, 무과실책임원칙이 지배하는 기업에 의한 불법행위에 관하여는 결과발생지설에 의하여야 한다는 절충주의설(김연 322)이 있는 한편 판례는 불법행위의 '원인된 사실이 발생한 곳'에는 행동지뿐만 아니라 결과발생지도 포함된다는

입장이었는데 2022년 국제사법 개정시 이를 반영하였다. 불법행위지가 X국과 Y국에 걸쳐 있는 경우 그 준거법은 X국법 또는 Y국법이 되는데 이 경우 피해자는 자신에게 유리한 준거법을 선택할 수 있다(대법원 2012. 5. 24. 선고 2009다22549 판결 참조).

(2) **일상거소를 기초로 하는 공통의 속인법주의 채택**: 국제사법 제52조 제 2 항은 불법행위에 관하여 공통의 속인법을 존중하는 대법원판결(대법원 1981. 2. 10. 선고 80다2236 판결; 대법원 1979. 11. 13. 선고 78다1343 판결 등)의 취지에 따라 불법행위 당시의 가해자와 피해자의 공통 속인법을 우선 적용하되, 실질적인 연결가능성을 높이기 위하여 국적이 아닌 일상거소를 공통 속인법의 판단기준으로 하였다. 가해자 또는 피해자가 법인인 경우에는 사실상의 주된 사무소를 기준으로 일상거소를 판단하여야 할 것이다(석광현 398).

(3) **종속적 연결**: 국제사법은 불법행위에 있어서도 종속적 연결을 인정하고 있다(3항). 즉, 가해자와 피해자 간에 존재하는 법률관계가 불법행위에 의하여 침해되는 경우에는 제 1 항의 불법행위지법 및 제 2 항의 공통의 속인법에 우선하여 그 법률관계의 준거법에 따른다. 예컨대 임차인이 과실로 임대목적물을 소실케 한 경우 불법행위와 동시에 임대차계약불이행이 성립하는데 이 경우는 불법행위가 동시에 계약관계를 침해하는 때에 해당되므로, 이때의 불법행위는 임대차계약의 준거법(엄밀하게는 임대차계약의 준거법 소속국의 불법행위법)에 따른다. 이렇게 불법행위에 종속적 연결을 인정한 이유는 당사자간에 기왕에 존재하는 법률관계가 불법행위로 인하여 침해되는 경우에 당사자들은 그 법률관계에 적용되는 법규범에 의한 규율을 예견하고 있으므로 그에 따라 불법행위의 성립 여부 등을 판단하는 것이 가장 적절하다는 데 있다. 법문상 '법률관계'라고 하였으므로 계약관계만이 아니라 회사법상 또는 가족법상의 법률관계도 포함된다(석광현 400). 가해자와 피해자 간에 어떤 법률관계가 존재한다고 하여 그 법률관계와 무관한 불법행위에도 모두 종속적 연결이 적용되는 것이 아니라 불법행위가 동시에 그 계약관계를 침해하는 경우에만 종속적 연결이 적용된다(예컨대 대한민국 국적의 사용자 甲과 사이에 근로계약을 체결한 중국 국적의 피용인 丙의 업무가 일본국에 있는 영업소 내의 甲의 사업자금 및 유가증권 등의 보관인 경우 丙이 이를 횡령한 경우에는 종속적 연결이 적용되나, 丙이 업무와 무관한 여행 중에 싱가포르에 있는 甲의 개인주택에 침입하여 절도행위를 한 경우에는 종속적 연

결이 적용되지 않는다). 전자의 경우 불법행위의 준거법은 그 법률관계와 무관하게 독자적으로 결정되어야 한다. 그리고 종속적 연결의 경우 계약의 준거법이 불법행위의 준거법이 된다는 것이지 불법행위책임이 성립하지 않고 계약책임만이 인정되는 것은 아니다. 만약 계약의 준거법이 대한민국법이면 불법행위의 준거법도 대한민국법이 되고, 우리나라 대법원이 취하는 청구권경합설(구소송물이론)에 따라 계약책임과 불법행위책임을 모두 물을 수 있다(그러나 법조경합설의 입장을 취하는 외국의 법이 계약의 준거법인 경우 불법행위책임은 물을 수 없을 것이다).

> ▶ 대법원 2012. 10. 25. 선고 2009다77754 판결은 대한민국법에 의하여 설립된 주식회사인 원고와 미국 델라웨어법에 의하여 설립된 회사인 피고 사이에 선박을 위한 연료공급계약을 체결하였는데 피고가 원고에게 선박의 연료유로 사용하기에 부적합한 연료를 공급함으로써 선박의 엔진이 손상됨으로써 입은 손해에 대하여 피고에게 불법행위로 인한 손해배상을 청구한 사안에서 이 사건 연료공급계약 법률관계의 준거법인 미국 해사법이 적용된다고 판시하였다.

> ▶ 대법원 2018. 3. 29. 선고 2014다41469 판결 【구상금】
> 갑회사(대한민국 법인)가 을회사(스위스국 법인)와 매매계약을 체결하여 국내로 수입한 화물이 운송 중 상품성이 없을 정도로 사양이 이탈되는 사고가 발생하자, 위 화물에 관하여 갑회사와 해상적하보험계약을 체결한 병보험회사(원고, 대한민국 법인) 등이 갑회사에 보험금을 지급하고 갑회사가 소지하고 있던 선하증권을 교부받아 화물을 운송한 정회사(피고, 싱가포르국 법인)를 상대로 불법행위에 따른 손해배상책임을 구한 사안에서 대법원은 "국제사법 제32조(2022년 개정 국제사법 52조에 해당함, 筆者 註) 제 1 항, 제 3 항은 불법행위는 그 행위가 행하여진 곳의 법에 의하되, 가해자와 피해자 사이에 존재하는 법률관계가 불법행위에 의하여 침해되는 경우에는 그 법률관계의 준거법에 의한다고 규정한다. 이 사건 선하증권 소지자인 원고들과 운송인인 피고 사이의 법률관계는 원칙적으로 이 사건 선하증권의 준거법에 의하여야 하고, 그 법률관계가 피고의 불법행위에 의하여 침해된 경우에 적용할 준거법 역시 이 사건 선하증권의 준거법이 된다."라고 판시하였다.

(4) **불법행위 책임제한의 명문화**: 국제사법은 미국법에서 인정되는 징벌적 손해배상(punitive damages)과 같은 과도한 금액의 배상을 규제하는 규정을 두고

있다. 즉, 불법행위의 준거법 규정(52조 1항~3항)에 따라 외국법이 적용되는 경우에 불법행위로 인한 손해배상청구권은 그 성질이 명백히 피해자의 적절한 배상을 위한 것이 아니거나 그 범위가 본질적으로 피해자의 적절한 배상을 위하여 필요한 정도를 넘을 때에는 인정하지 아니한다(52조 4항). 한편 최근 대법원 판결은 하도급거래 공정화에 관한 법률, 독점규제 및 공정거래에 관한 법률을 비롯하여 개인정보, 근로관계, 지적재산권, 소비자보호 등의 분야에서 개별 법률의 개정을 통해 도입한 일정한 행위 유형에 대한 3~5배를 한도로 하여 손해전보의 범위를 초과하는 손해배상을 허용하는 규정은 그러한 배상을 통해 불법행위의 발생을 억제하고 피해자가 입은 손해를 실질적으로 배상하려는 것으로서 그 외국재판을 승인하는 것이 손해배상 관련 법률의 기본질서에 현저히 위배되어 허용될 수 없는 정도라고 보기 어렵다고 판시하였다(대법원 2022. 3. 11. 선고 2018다231550 판결).

다. 관련문제

(1) **제조물책임**: 제조물책임은 제조업자 또는 공급업자가 제조물의 결함으로 인하여 생명·신체 또는 재산에 대한 손해를 입은 자에게 배상하여야 하는 책임이다. 이러한 제조물책임의 성질결정에 대하여 일반적으로 불법행위로 파악하면서도 다른 불법행위와는 달리 제조업자의 영업소소재지, 사실상의 제조장소, 공급지, 취득지, 피해자의 일상거소지 등의 연결점 중 어느 것이 특히 우월하다고 할 수 없는 사정을 고려하여 국제사법 제52조의 범주에 속하지 않는 특수한 불법행위로서 조리에 따라 준거법을 정하는 것이 타당하다는 견해가 있다(김연 327).

▶ 서울고등법원 2006. 1. 26. 선고 2002나32662 판결은 "구 섭외사법(2001. 4. 7. 법률 제6465호 국제사법으로 전문 개정되기 전의 것) 제13조 제 1 항에 의하면, 불법행위로 인하여 생긴 채권의 성립 및 효력은 그 원인된 사실이 발생한 곳의 법에 의한다고 규정하고 있는바, 여기에서 원인된 사실이 발생한 곳이라 함은 불법행위를 한 행동지(가해행위지)뿐만 아니라 손해의 결과발생지도 포함하며, 불법행위의 행동지와 결과발생지가 상이한 경우에는 준거법으로 지정될 수 있는 행동지법과 결과발생지법은 각각 그 지정을 정당화하는 이익에 의하여 뒷받침되고 그 이익의 우열을 판단하기는 어렵다고 보아야 할 것이므로, 피해자인 원고는 다른 준거법을 적용할 때보다 더 유리한 판결을 받을 수 있다고 판단하는 준거법이 있다면 그 법률을 준거법으로 선택할 수 있다."고 전제한 후 "대한민국의 베트남전 참전군인들이 미국 법인인 제초제 제조회사들에 의하여 제조

되어 베트남전에서 살포된 고엽제의 유해물질로 인하여 각종 질병을 얻게 되었음을 이유로 위 참전군인들 또는 그 유족들이 위 고엽제 제조회사들을 상대로 대한민국 법원에 제조물책임 또는 일반불법행위책임에 기한 손해의 배상을 구하는 사안에 적용될 수 있는 준거법은 행동지법으로서 생산지법인 미국법과 사용지법인 베트남법, 결과발생지법으로서 대한민국법이라 할 것인데, 피해자인 원고들이 불법행위의 결과발생지인 대한민국의 법률에 근거하여 제조물책임 등에 기한 손해배상청구권의 성립과 효과를 주장하고 있으므로 대한민국법을 준거법으로 선택하였다고 볼 것"이라고 판시하였다.

(2) **보험자에 대한 직접청구권**: 불법행위의 피해자가 가해자와 책임보험계약을 체결한 보험자에 대하여 직접청구권을 행사하는 경우에 불법행위의 준거법에 따를 것인지, 아니면 보험계약의 준거법에 따를 것인지에 대하여 후자에 따라야 한다는 하급심판결(아래 2012나29269 판결)이 있다.

▶ 서울고등법원 2015. 6. 9. 선고 2012나29269 판결
우리 국제사법에는 이 사건과 같이 피해자가 보험자에 대하여 직접청구권을 주장하는 경우에 관한 규정은 존재하지 아니한다. 따라서 불법행위 등의 피해자가 보험계약에 기하여 보험자에게 직접청구권을 행사하는 경우 보험계약에 관한 준거법이 적용될 것인지 여부가 결국 이 사건의 준거법 결정에 있어서의 핵심이라고 할 것이다.
살피건대 ① 피해자가 보험자에 대하여 직접청구를 하는 것은 보험자가 보험계약을 체결하였다는 것에 그 직접적인 근거를 두고 있는 점, ② 직접청구권이 인정될 경우 그 내용(보상의 범위, 지급시기 등) 역시 보험계약에 따라 정해질 수밖에 없는 점, ③ 피보험자의 보험금지급청구권의 인정 여부는 보험계약의 준거법에 의하고, 피해자의 직접청구권은 다른 준거법에 따른다면 하나의 계약관계에서 파생되는 밀접한 법률효과에 있어 준거법을 분리시키게 되어 보험계약 당사자의 의사에도 반할 뿐만 아니라 법해석에 있어 모순 및 충돌의 가능성이 있는 점, ④ 우리 국제사법은 '연결점'이라는 개념을 중심으로 준거법을 정하고 그러한 연결점을 정하는 여러 기준을 제시하되 그와 별도로 당사자 사이에서 국제사법이 정한 준거법과 다른 준거법을 정하는 것의 효력을 인정하면서, 당사자의 의사 합치가 준거법에 있어서 가장 중요한 요소로 작용하는 것을 허용하고 있는데, 피해자의 직접청구권에 있어서 보험자와 피보험자 사이에 합의된 준거법과 다른 법을 적용하는 것은 피해자의 직접청구권이 보험자의 의무 범위와 직결되어 있는 점에 비추어 위와 같은 국제사법의 규정 취지에도 부합하지 않는 점 등을 종합하여 보면, 피해자가 보험자에 대하여 직접청구권을 행사하는 경우에는 '보험계약에 따른 준거법'에 의하는 것이 상당하다.

5. 법정채권에 있어서의 준거법에 관한 사후적 합의

【제53조】 (준거법에 관한 사후적 합의)
당사자는 제50조부터 제52조까지의 규정에도 불구하고 사무관리·부당이득·불법행위가 발생한 후 합의에 의하여 대한민국 법을 그 준거법으로 선택할 수 있다. 다만, 그로 인하여 제 3 자의 권리에 영향을 미치지 아니한다.

국제사법은 법정채권 전반에 있어 당사자들이 사후적 합의에 의하여 대한민국법을 준거법으로 선택할 수 있도록 허용하고 그에 대하여 우선적 효력을 인정하였다(53조 본문). 법정채권 분야에 있어서도 당사자자치 원칙을 도입한 것인데 법률관계의 안정을 위하여 그 선택의 범위를 대한민국법으로 한정하였다. 준거법에 관한 사후적 합의는 제 3 자의 권리에 영향을 미치지 않는다(53조 단서). 예컨대 당사자들의 사후적 합의에 의하여 대한민국 법을 불법행위의 준거법으로 선택한 경우, 당사자 사이에는 대한민국 법이 준거법으로 적용된다. 그런데 여기에 제 3 자의 손해배상책임이 관련되는 한편 대한민국 법에 의하면 제 3 자의 책임이 인정되고, 국제사법 제52조에 따른 준거법에 의하면 제 3 자의 책임이 부정될 경우 제 3 자의 손해배상책임은 인정되지 않는 것이다(석광현 422는 예로서 당사자들이 사후적으로 대한민국 법을 준거법으로 합의하더라도 제 3 자인 보험회사의 책임은 객관적인 준거법이 손해배상책임을 인정하는 경우에만 인정된다고 한다).

> Note 불법행위에 있어서 준거법의 우선순위: ① 준거법의 사후적 합의(53조) → ② 종속적 연결(52조 제 3 항) → ③ 공통의 속인법(52조 2항) → ④ 불법행위지법 (52조 1항)

Ⅲ. 채권채무관계

1. 총   설

계약 또는 법률의 규정에 의하여 발생하는 채권채무관계의 준거법에 관련하여 특별히 고려하여야 할 점에 대하여 살펴보기로 한다.

2. 채권의 대외적 효력

가. 채권자대위권: 채권자대위권에 관하여는 채권자의 권리의 준거법과 채권자에 의하여 대위권이 행사될 채무자의 권리의 준거법이 누적적으로 적용되어야

하며 양자에 의하여 인정되는 경우에만 대위권을 행사할 수 있다(이근식 130).

나. **채권자취소권**: 학설은 채권자대위권과 같다고 본다[김연(3판) 349, 석광현(국제민사소송법) 171]. 그러나 판례는 채권자취소권의 성립과 효력에 관한 준거법은 취소의 대상인 사해행위에 적용되는 준거법이라는 입장이다[대법원 2016. 12. 29. 선고 2013므4133 판결, 이 판결은 채권자취소권의 준거법에 대하여 당사자가 준거법을 선택한 바가 없고, 국제사법에도 이에 대하여 규정이 없으므로 법률관계와 가장 밀접한 관련이 있는 국가의 법에 따라야 하는데(26조: 개정 국제사법 46조에 해당함, 筆者 註), 채권자취소권의 행사에서 피보전권리는 단지 권리행사의 근거가 될 뿐이고 취소 및 원상회복의 대상이 되는 것은 사해행위이며, 사해행위 취소가 인정되면 채무자와 법률행위를 한 수익자 및 이를 기초로 다시 법률관계를 맺은 전득자 등이 가장 직접적으로 이해관계를 가지게 되므로 거래의 안전과 제 3 자의 신뢰를 보호할 필요도 있다는 점 등을 감안할 때 외국적 요소가 있는 채권자취소권의 행사에서 가장 밀접한 관련이 있는 국가의 법은 취소대상인 사해행위에 적용되는 국가의 법이라고 판시하였다].

3. 채권의 양도

【제54조】 (채권의 양도 및 채무의 인수)
① 채권의 양도인과 양수인 간의 법률관계는 당사자 간의 계약의 준거법에 따른다. 다만, 채권의 양도가능성, 채무자 및 제 3 자에 대한 채권양도의 효력은 양도되는 채권의 준거법에 따른다.
② 채무인수에 관하여는 제 1 항을 준용한다.

채권의 양도는 양도인과 양수인 간의 법률행위에 의한 채권의 이전이다. 이는 채권의 이전 그 자체를 목적으로 하는 준물권행위로서 채권양도의 원인행위인 매매, 증여 등과 구별하여야 한다. 국제사법은 제54조 제 1 항에 채권양도의 준거법을 규정하고 있는데, 이는 계약채권만이 아니라 법정채권의 양도에 대하여도 적용된다.

가. **채권양도인과 양수인 간의 관계**: 채권양도인과 양수인 간의 관계에 있어서는 당사자자치를 인정하여 그들 간의 계약에 적용되는 법에 따르도록 하였다(1항 본문).

나. **채권의 양도가능성, 채무자 및 제 3 자에 대한 채권양도의 효력**: 채권의

양도가능성, 채무자 및 제 3 자에 대한 채권양도의 효력은 양도의 목적인 채권의
준거법에 따르도록 하였다(1항 단서). 채권양도는 채권의 성립에서부터 소멸에
이르기까지 당해 채권과 관련하여 발생하는 문제로서 당해 채권과 가장 밀접한
관련이 있다고 볼 수 있고, 특히 채무자와 제 3 자에 대한 관계에서도 제 3 자의
이익만이 아니라 양도인, 양수인, 채무자 및 제 3 자 간의 이익을 균형 있게 고
려하기 위하여 양도의 목적인 채권 자체의 준거법에 따르도록 한 것이다.

> Note 무기명채권의 양도는 증권과 분리될 수 없는 것이므로 국제사법 제54조
> 의 지명채권의 양도와는 달리 취급된다. 즉, 제35조에 의하여 무기명증권에 관한
> 권리의 취득·상실·변경은 그 원인된 행위 또는 사실의 완성 당시 그 무기명증
> 권의 소재지법에 따른다.

4. 채무인수

채무인수는 채권양도와 구조에 있어서 유사하므로 채권양도 규정을 준용한
다(54조 2항). 여기의 '채무인수'에 대하여 학설은 면책적 채무인수를 의미하는
것으로 해석한다[안춘수 289, 석광현(국제사법해설) 428]. 병존적 채무인수는 기존
의 채권자와 채무자 및 제 3 자의 관계에 직접 영향을 미치지 않으므로 병존적
채무인수로 인하여 추가적으로 발생된 채권관계에 대한 준거법을 적용하면 족
하기 때문이다. 그러나 대법원은 여기에 병존적 채무인수도 포함된다고 해석한
다(대법원 2022. 7. 28. 선고 2019다201662 판결).

채무인수인과 채무자 간의 법률관계는 채무인수를 하게 된 원인관계의 준
거법에 따른다. 그리고 채무의 인수가능성, 채권자 및 제 3 자에 대한 채무인수
의 효력(예컨대 채무자가 채무를 면하는지 여부 등)은 인수되는 채무의 준거법에
따른다. 채권양도와 마찬가지로 계약상의 채무뿐 아니라 법정채무의 인수에도
적용된다(대법원 2017. 10. 26. 선고 2015다42599 판결). 채무인수의 방식은 국제
사법 제31조에 따른다.

> Cf. 계약인수의 준거법: 국제사법은 이에 대하여 규정을 두고 있지 않다. 계약인
> 수는 계약당사자로서의 지위 자체를 이전하는 법률행위로서 이에 따라 계약관계
> 의 당사자가 변경된다. 계약인수의 허용 여부와 요건 및 효과는 인수된 계약 자
> 체의 준거법에 따른다(대법원 1991. 12. 10. 선고 90다9728 판결 참조).

5. 법률에 따른 채권의 이전

【제55조】(법률에 따른 채권의 이전)
① 법률에 따른 채권의 이전은 그 이전의 원인이 된 구(舊)채권자와 신(新)채권자 간의 법률관계의 준거법에 따른다. 다만, 이전되는 채권의 준거법에 채무자 보호를 위한 규정이 있는 경우에는 그 규정이 적용된다.
② 제 1 항과 같은 법률관계가 존재하지 아니하는 경우에는 이전되는 채권의 준거법에 따른다.

법률에 따른 채권의 이전은 법률에 의하여 채권이 당연히 제 3 자에게 이전되는 경우(예컨대 물상보증인 · 보증인 · 공동저당에서 후순위자 · 제 3 자 변제 · 보험자의 법정대위 등)를 말한다. 국제사법 제55조는 ① 구채권자와 신채권자 간의 법률관계가 존재하는 경우에는 그 법률관계의 준거법에 따르도록 한다(1항 본문). 다만, 이전되는 채권의 준거법에 채무자 보호를 위한 규정이 있는 경우에는 그 규정이 적용된다(1항 단서). ② 구채권자와 신채권자 간의 법률관계가 존재하지 않는 임의대위의 경우에는 이전되는 채권 자체의 준거법에 따르도록 한다(2항).

▶ 대법원 2007. 7. 12. 선고 2005다39617 판결 【배당이의】
선박우선특권은 일정한 채권을 담보하기 위하여 법률에 의하여 특별히 인정된 권리로서 일반적으로 그 피담보채권과 분리되어 독립적으로 존재하거나 이전되기는 어려우므로, 선박우선특권이 유효하게 이전되는지 여부는 그 선박우선특권이 담보하는 채권의 이전이 인정되는 경우에 비로소 논할 수 있는 것인바, 국제사법 제60조 제 1 호, 제 2 호에서 선적국법에 의하도록 규정하고 있는 사항은 선박우선특권의 성립 여부, 일정한 채권이 선박우선특권에 의하여 담보되는지 여부, 선박우선특권이 미치는 대상의 범위, 선박우선특권의 순위 등으로서 선박우선특권에 의하여 담보되는 채권 자체의 대위에 관한 사항은 포함되어 있지 않다고 해석되므로, 그 피담보채권의 임의대위에 관한 사항은 특별한 사정이 없는 한 국제사법 제35조 제 2 항에 의하여 그 피담보채권의 준거법에 의하여야 한다.

※ 위 판결 중 국제사법 '제60조', '제35조'는 2022년 개정 국제사법 '제94조', '제55조'에 각각 해당함(筆者 註).

6. 채권의 소멸

가. 총 설: 채권의 소멸은 채권의 효력의 한 모습이므로 원칙적으로 그 채권의 준거법에 따른다. 몇 가지 문제되는 것을 살펴보기로 한다.

나. 변 제: 변제에 관한 모든 문제는 그 채권의 준거법에 따른다. 다만 지급수단인 화폐의 종류와 같은 변제의 태양에 관하여는 변제지법이 보조준거법으로 적용되는 경우가 있다.

> Cf. 보조준거법: 법률행위의 준거법이 허용하는 범위 내에서 그 법률행위를 구성하는 일정한 요소에 대하여 특별히 준거법 소속 국가 이외의 법률이 적용되는 경우를 말한다. 원래 계약관계는 그 성립에서부터 소멸에 이르기까지 하나의 계약준거법에 따라 통일적으로 규율되는 것이 원칙이지만, 계약의 이행에 있어서와 같이 다른 나라의 법률질서가 연관되어 있는 경우에는 특히 반대의 의사표시가 없는 한 그 나라의 법률도 함께 고려하는 것이 타당하기 때문이다. 구체적으로 다음과 같은 것이 있다. ① 이행의 보조준거법: 이행의 태양, 즉 거래일·거래시간·지급수단인 화폐의 종류·도량형 등과 같은 소위 지급방법에 관한 것들은 이행지법이 보조준거법으로 적용된다. ② 화폐(채권액)의 보조준거법: 준거법은 대한민국법으로 지정되었지만 그 채권액(화폐)이 준거법소속국인 대한민국 외의 국가의 화폐로 표시된 경우 그 화폐의 보조준거법으로는 대개 그 화폐의 소속국법이 적용된다. ③ 계약 해석의 보조준거법: 계약서가 준거법소속국 외의 언어로 작성된 경우 그 계약의 해석에 관한 보조준거법으로는 그 용어국의 법이 적용된다.

다. 상 계: 상계를 절차법상의 제도로 파악하고 있는 영미법계 국가에서는 법정지법에 따르도록 하나 상계를 실체법상의 제도로 파악하는 우리나라를 비롯한 대륙법계 국가에서는 채권의 준거법에 따르는 것이 타당하다. 상계로 채권이 소멸하기 위하여는 문제된 양 채권의 준거법상 소멸이 인정되어야 한다.

▶ 대법원 2015. 1. 29. 선고 2012다108764 판결 【추심금】
영국법상의 상계 제도는 보통법상 상계(legal set-off, 법률상 상계라고도 한다)와 형평법상 상계(equitable set-off)가 있는데, 그 중 보통법상 상계는 양 채권 사이의 견련관계를 요구하지 않는 등 형평법상 상계와 비교하여 상계의 요건을 완화하고 있지만 소송상 항변권으로만 행사할 수 있어 절차법적인 성격을 가진다고 해석된다. 그러나 영국 보통법상 상계 역시 상계권의 행사에 의하여 양 채권이 대등액에서 소멸한다는 점에서는 실체법적인 성격도 아울러 가진다고 할 것이므로 상계의 요건과 효과에 관하여 준거

법으로 적용될 수 있다. (중략)

외국적 요소가 있는 채권들 사이에서의 상계의 요건과 효과에 관한 법률관계가 상계의 준거법에 따라 해석·적용된다고 하더라도, 채권자가 대한민국의 민사집행법에 의하여 가압류명령 또는 채권압류명령 및 추심명령을 받아 채권집행을 한 경우에, 채권가압류명령 또는 채권압류명령을 받은 제 3 채무자가 채무자에 대한 반대채권을 가지고 상계로써 가압류채권자 또는 압류채권자에게 대항할 수 있는지는 집행절차인 채권가압류나 채권압류의 효력과 관련된 문제이므로, 특별한 사정이 없는 한 대한민국의 민사집행법 등에 의하여 판단함이 원칙이고 상계의 준거법에 의할 것은 아니다.

　　라. 면　　제: 면제에 의하여 채권이 소멸되는가는 채권의 효력의 문제이므로 채권 자체의 준거법에 따른다. 면제도 하나의 독립한 법률행위이므로 그 자체의 준거법을 가질 수 있다. 면제는 단독행위이지만 채무자의 승낙을 요하는가 또는 원인행위가 필요한가 여부는 면제되는 채무의 준거법에 따른다.

　　마. 경　　개: 경개의 요건 및 효력은 그 채권의 준거법에 따른다. 경개는 신채무의 성립에 의하여 기존의 채무를 소멸시키는 것이므로 신채무가 그 준거법에 따라 유효하게 성립하여야 기존의 채무가 소멸한다.

　　바. 혼　　동: 채권과 채무가 동일인에게 귀속함에 따라 채권이 소멸하는 혼동의 요건 및 효력도 그 채권의 준거법에 따른다.

　　사. 소멸시효: 소멸시효의 준거법에 관하여 법정지법설, 채권준거법설, 채무자의 주소지법설 등이 있으나 채권준거법설이 타당하다. 시효기간도 채권의 준거법에 따른다. 다만 시효기간에 관하여는 공서조항(23조)과의 문제가 있다. 우리나라의 시효기간보다 극단적인 장기인 경우 또는 시효제도가 없는 경우에는 법정지법에 따라야 할 것이다.

제 7 절 친　　족

　　국제사법 제 7 장(친족)은 두 개의 절로 구성되는데, 제 1 절(국제재판관할)은 혼인관계, 친생자관계, 입양관계, 부모·자녀간의 법률관계, 부양, 후견 및 가사조정 사건의 관할(56조~62조)을 규정하고, 제2절(준거법)은 혼인, 이혼, 혼인중의 부모·자녀관계, 혼인 외의 부모·자녀관계, 혼인 외의 출생자, 입양 및 파양, 부모·자녀간의 법률관계, 부양, 그 밖의 친족관계 및 후견(63조~75조)의 준거법을 규정하고 있다.

제1관　국제재판관할

Ⅰ. 혼인관계사건의 특별관할

【제56조】(혼인관계에 관한 사건의 특별관할)
① 혼인관계에 관한 사건에 대해서는 다음 각 호의 어느 하나에 해당하는 경우 법원에 국제재판관할이 있다.
  1. 부부 중 한쪽의 일상거소가 대한민국에 있고 부부의 마지막 공동 일상거소가 대한민국에 있었던 경우
  2. 원고와 미성년 자녀 전부 또는 일부의 일상거소가 대한민국에 있는 경우
  3. 부부 모두가 대한민국 국민인 경우
  4. 대한민국 국민으로서 대한민국에 일상거소를 둔 원고가 혼인관계 해소만을 목적으로 제기하는 사건의 경우
② 부부 모두를 상대로 하는 혼인관계에 관한 사건에 대해서는 다음 각 호의 어느 하나에 해당하는 경우 법원에 국제재판관할이 있다.
  1. 부부 중 한쪽의 일상거소가 대한민국에 있는 경우
  2. 부부 중 한쪽이 사망한 때에는 생존한 다른 한쪽의 일상거소가 대한민국에 있는 경우
  3. 부부 모두가 사망한 때에는 부부 중 한쪽의 마지막 일상거소가 대한민국에 있었던 경우
  4. 부부 모두가 대한민국 국민인 경우

　　국제결혼 등으로 인한 외국과 관련된 요소가 있는 혼인관계소송이 증가하는 현실을 감안하여 2022년 국제사법 개정시 혼인관계사건의 특별관할규정을 신설하였다. 국제사법 제56조는 혼인관계에 관한 사건(예: 부부의 한쪽이 상대방을 상대로 한 혼인무효 또는 이혼소송 등)에 대하여 ① 부부 중 한쪽의 일상거소가 대한민국에 있고 부부의 마지막 공동 일상거소가 대한민국에 있었던 경우, ② 원고와 미성년 자녀 전부 또는 일부의 일상거소가 대한민국에 있는 경우, ③ 부부 모두가 대한민국 국민인 경우, ④ 대한민국 국민으로서 대한민국에 일상거소를 둔 원고가 혼인관계 해소만을 목적으로 제기하는 사건의 경우 중 어느 하나에 해당하는 경우 대한민국 법원에 국제재판관할을 인정한다(1항). 그리고 부

부 모두를 상대로 하는 혼인관계에 관한 사건(예: 제 3 자가 부부를 상대로 한 혼인무효소송 등)에 대하여 ① 부부 중 한쪽의 일상거소가 대한민국에 있는 경우, ② 부부 중 한쪽이 사망한 때에는 생존한 다른 한쪽의 일상거소가 대한민국에 있는 경우, ③ 부부 모두가 사망한 때에는 부부 중 한쪽의 마지막 일상거소가 대한민국에 있었던 경우, ④ 부부 모두가 대한민국 국민인 경우 중 어느 하나에 해당하는 경우 대한민국 법원에 국제재판관할을 인정한다(2항).

Ⅱ. 친생자관계사건의 특별관할

【제57조】 (친생자관계에 관한 사건의 특별관할)
친생자관계의 성립 및 해소에 관한 사건에 대해서는 다음 각 호의 어느 하나에 해당하는 경우 법원에 국제재판관할이 있다.
  1. 자녀의 일상거소가 대한민국에 있는 경우
  2. 자녀와 피고가 되는 부모 중 한쪽이 대한민국 국민인 경우

2022년 국제사법 개정시 친생자관계사건에 대한 특별관할규정을 신설하였다. 친생자관계의 성립 및 해소에 관한 사건에 대하여 ① 자녀의 일상거소가 대한민국에 있는 경우 또는 ② 자녀와 피고가 되는 부모 중 한쪽이 대한민국 국민인 경우 대한민국 법원에 국제재판관할이 있다(57조).

Ⅲ. 입양관계사건의 특별관할

【제58조】 (입양관계에 관한 사건의 특별관할)
① 입양의 성립에 관한 사건에 대해서는 양자가 되려는 사람 또는 양친이 되려는 사람의 일상거소가 대한민국에 있는 경우 법원에 국제재판관할이 있다.
② 양친자관계의 존부확인, 입양의 취소 또는 파양(罷養)에 관한 사건에 관하여는 제57조를 준용한다.

2022년 국제사법 개정시 양친자(양부모·자녀)관계사건에 대한 특별관할규정을 신설하였다. 입양의 성립에 관한 사건에 대하여 양자가 되려는 사람 또는 양친(양부모)이 되려는 사람의 일상거소가 대한민국에 있는 경우 대한민국 법원에 국제재판관할이 있고(58조 1항), 양친자(양부모·자녀)관계의 존부확인, 입양의 취소 또는 파양(罷養)에 관한 사건에 관하여는 제57조를 준용하므로 ① 양자

의 일상거소가 대한민국에 있는 경우 또는 ② 양자와 피고가 되는 양부모 중 한쪽이 대한민국 국민인 경우 대한민국 법원에 국제재판관할이 있다(58조 2항).

Ⅳ. 친자(부모 · 자녀)간의 법률관계사건의 특별관할

【제59조】(부모 · 자녀 간의 법률관계 등에 관한 사건의 특별관할)
미성년인 자녀 등에 대한 친권, 양육권 및 면접교섭권에 관한 사건에 대해서는 다음 각 호의 어느 하나에 해당하는 경우 법원에 국제재판관할이 있다.
　　1. 자녀의 일상거소가 대한민국에 있는 경우
　　2. 부모 중 한쪽과 자녀가 대한민국 국민인 경우

　　2022년 국제사법 개정시 미성년자녀의 복리를 고려하여 미성년의 자녀 등에 대한 친권, 양육권 및 면접교섭권사건에 대한 특별관할규정을 신설하였다(미성년자녀에 대한 양육비를 포함한 부양의무에 대하여는 제60조에 별도로 규정하고 있다). 미성년인 자녀 등에 대한 친권, 양육권 및 면접교섭권에 관한 사건에 대하여 ① 자녀의 일상거소가 대한민국에 있는 경우 또는 ② 부모 중 한쪽과 자녀가 대한민국 국민인 경우 대한민국 법원에 국제재판관할이 있다(59조).

Ⅴ. 부양사건의 관할

【제60조】(부양에 관한 사건의 관할)
① 부양에 관한 사건에 대해서는 부양권리자의 일상거소가 대한민국에 있는 경우 법원에 국제재판관할이 있다.
② 당사자가 부양에 관한 사건에 대하여 제 8 조에 따라 국제재판관할의 합의를 하는 경우 다음 각 호의 어느 하나에 해당하면 합의의 효력이 없다.
　　1. 부양권리자가 미성년자이거나 피후견인인 경우. 다만, 해당 합의에서 미성년자이거나 피후견인인 부양권리자에게 법원 외에 외국법원에도 소를 제기할 수 있도록 한 경우는 제외한다.
　　2. 합의로 지정된 국가가 사안과 아무런 관련이 없거나 근소한 관련만 있는 경우
③ 부양에 관한 사건이 다음 각 호의 어느 하나에 해당하는 경우에는 제 9 조를 적용하지 아니한다.
　　1. 부양권리자가 미성년자이거나 피후견인인 경우
　　2. 대한민국이 사안과 아무런 관련이 없거나 근소한 관련만 있는 경우

1. 부양의 국제재판관할

2022년 국제사법 개정시 부양권리자의 보호필요성을 고려하여 부양사건에 대하여 부양권리자의 일상거소가 대한민국에 있는 경우 대한민국 법원에 국제재판관할을 인정하였다(60조 1항).

2. 부양에 관한 국제재판관할 합의의 허용 및 그 한계

부양사건의 재산법적 성격을 고려하여 국제재판관할합의를 원칙적으로 허용하면서도, ① 부양권리자가 미성년자이거나 피후견인인 경우(다만, 해당 합의에서 미성년자이거나 피후견인인 부양권리자에게 대한민국 법원 외에 외국법원에도 소를 제기할 수 있도록 한 추가적 합의가 있는 경우는 제외) 또는 ② 합의로 지정된 국가가 사안과 아무런 관련이 없거나 근소한 관련만 있는 경우에는 그 합의의 효력을 부정한다(60조 2항).

3. 변론관할 창설이 제한되는 경우

부양사건이 ① 부양권리자가 미성년자이거나 피후견인인 경우 또는 ② 대한민국이 사안과 아무런 관련이 없거나 근소한 관련만 있는 경우에는 변론관할의 창설이 부정된다(60조 3항, 9조).

Ⅵ. 후견사건의 특별관할

【제61조】(후견에 관한 사건의 특별관할)
① 성년인 사람의 후견에 관한 사건에 대해서는 다음 각 호의 어느 하나에 해당하는 경우 법원에 국제재판관할이 있다.
  1. 피후견인(피후견인이 될 사람을 포함한다. 이하 같다)의 일상거소가 대한민국에 있는 경우
  2. 피후견인이 대한민국 국민인 경우
  3. 피후견인의 재산이 대한민국에 있고 피후견인을 보호하여야 할 필요가 있는 경우
② 미성년자의 후견에 관한 사건에 대해서는 다음 각 호의 어느 하나에 해당하는 경우 법원에 국제재판관할이 있다.
  1. 미성년자의 일상거소가 대한민국에 있는 경우
  2. 미성년자의 재산이 대한민국에 있고 미성년자를 보호하여야 할 필요가 있는 경우

2022년 국제사법 개정시 피후견인의 보호 등을 위하여 성년후견과 미성년후견으로 나누어 각각의 특성에 부합하는 특별관할규정을 신설하였다.

1. 성년후견사건의 국제재판관할

성년인 사람의 후견에 관한 사건에 대하여 ① 피후견인(피후견인이 될 사람을 포함, 아래 ②와 ③의 경우에도 같음)의 일상거소가 대한민국에 있는 경우, ② 피후견인이 대한민국 국민인 경우, ③ 피후견인의 재산이 대한민국에 있고 피후견인을 보호하여야 할 필요가 있는 경우 중 어느 하나에 해당하는 경우에 대한민국 법원에 국제재판관할을 인정한다(61조 1항).

2. 미성년 자녀의 후견사건의 국제재판관할

미성년자의 후견에 관한 사건에 있어서 ① 미성년자의 일상거소가 대한민국에 있는 경우 또는 ② 미성년자의 재산이 대한민국에 있고 미성년자를 보호하여야 할 필요가 있는 경우 대한민국 법원에 국제재판관할이 있다(61조 2항).

Ⅶ. 가사조정사건의 관할

【제62조】(가사조정사건의 관할)
제56조부터 제61조까지의 규정에 따라 법원에 국제재판관할이 있는 사건의 경우에는 그 조정사건에 대해서도 법원에 국제재판관할이 있다.

친족사건의 국제재판관할권이 인정되는 사건에 있어서는 그 조정사건에 대하여도 대한민국 법원에 국제재판관할을 인정한다(62조).

제 2 관 준 거 법

친족에 관한 법률관계가 속인법의 관할에 따르는 것은 법규분류학설 이래 일반적으로 인정되는 원칙이다. 국제사법도 이 원칙에 따라서 친족관계는 속인법 중 본국법의 적용을 받는 것으로 하여 제63조 내지 제73조에 개별적인 규정을 두고 제74조에 보충적인 규정을 두고 있다. 그리고 제75조에는 후견에 관한 규정을 두고 있다.

Ⅰ. 약   혼

1. 총   설

국제사법은 약혼의 준거법에 관하여 규정을 두지 않았으므로 해석상 그 준거법을 정하여야 한다. 이에 관하여 약혼을 채권계약으로 보느냐 신분계약으로 보느냐에 따라 그 준거법이 달라지는데 일반적으로는 신분계약으로 본다(서희원 257, 김연 336, 신창선 315).

> Cf. 국제사법에는 약혼과 별거에 관한 규정을 두고 있지 않다. 이는 구체적인 결정기준을 정하기 어려울 뿐만 아니라 준거법 고정으로 인하여 부당한 결과가 초래될 수도 있기 때문이다. 또한 약혼은 혼인과, 별거는 이혼과 각각 유사성을 지니므로 별도의 규정이 없더라도 혼인과 이혼규정을 각 유추적용할 수 있기 때문이다(법무부 129).

2. 약혼의 실질적 성립요건

약혼의 실질적 성립요건은 혼인의 성립요건을 규정하는 제63조 제 1 항을 유추적용하여 각 당사자에 관하여 그의 본국법에 따르도록 하는 것이 타당하다.

3. 약혼의 방식

약혼의 형식적 성립요건, 즉 방식의 준거법에 관하여 ① 혼인에 관한 제63조 제 2 항을 유추하여 약혼거행지법 또는 당사자 한쪽의 본국법에 따를 것이라는 견해와 ② 혼인의 방식에 거행지법을 적용하는 것은 혼인거행지의 공서양속과 밀접한 관계가 있기 때문인데 약혼은 그러한 밀접성이 없어 거행지법을 적용할 이유가 없으므로 당사자의 편의를 고려하여 법률행위의 준거법과 행위지법의 선택적 적용을 인정하는 국제사법 제31조의 규정을 유추적용하여야 할 것이라는 견해(서희원 257, 신창선 315, 김연 337)가 있다.

4. 약혼의 효력

약혼의 효력은 혼인의 효력에 관한 제64조를 유추적용하는 것이 타당하다. 약혼의 부당파기에 대한 배상책임도 마찬가지이다. 만약 약혼의 효력으로서 혼인의 강제를 인정하는 준거법이 있는 경우 이는 공서양속에 반하는 것으로서 제23조에 따라 그 적용이 배척되어야 할 것이다.

II. 혼   인

1. 혼인의 실질적 성립요건

【제63조】(혼인의 성립)
① 혼인의 성립요건은 각 당사자에 관하여 그 본국법에 따른다.

　　가. 준거법의 결정(본국법주의): 혼인의 실질적 성립요건의 준거법 결정에 관하여 입법례상 혼인거행지법주의와 속인법주의가 대립하고 속인법주의는 다시 주소지법주의와 본국법주의로 나뉜다. 국제사법은 제63조 제1항에서 혼인의 성립요건을 각 당사자의 혼인 당시(불변경주의)의 본국법에 따르도록 함으로써 본국법주의 원칙을 채택하고 있다. 따라서 혼인의 각 당사자는 각기 자국법상의 혼인의 요건을 충족하면 된다.

▶ **대법원 2022. 1. 27. 선고 2017므1224 판결【혼인의무효및위자료】**
국제사법 제36조(2022년 개정 국제사법 제63조에 해당함, 筆者 註) 제1항은 "혼인의 성립요건은 각 당사자에 관하여 그 본국법에 의한다."라고 정하고 있다. 따라서 대한민국 국민인 원고와 베트남 국민인 피고 사이에 혼인의 성립요건을 갖추었는지를 판단하는 준거법은 원고에 관해서는 대한민국 민법, 피고에 관해서는 베트남 혼인·가족법이다. 대한민국 민법 제815조 제1호는 당사자 사이에 혼인의 합의가 없는 때에는 그 혼인을 무효로 한다고 정하고 있고, 베트남 혼인·가족법 제8조 제1항은 남녀의 자유의사에 따라 혼인을 결정하도록 정하고 있다. 따라서 원고에게만 혼인의 의사가 있고 상대방인 피고와 혼인의 합의가 없는 때에는 대한민국 민법과 베트남 혼인·가족법 어느 법에 따르더라도 혼인의 성립요건을 갖추었다고 볼 수 없다.
국제사법 제36조(2022년 개정 국제사법 제63조에 해당함, 筆者 註) 제1항은 실체법적인 혼인의 성립요건을 판단하기 위한 준거법을 정한 것이고, 성립요건을 갖추지 못한 혼인의 해소에 관한 쟁송 방법이나 쟁송 이후의 신분법적 효과까지 규율하고 있는 것은 아니다. 따라서 원고가 당사자 사이에 혼인의 합의가 없어 혼인이 성립되지 않았음을 이유로 혼인의 해소를 구하는 이 사건 소송에 관하여 법원은 대한민국 민법에 따라 혼인무효 여부를 판단할 수 있다.

　　나. 준거법의 적용범위: 혼인이 유효하게 성립하기 위하여 필요한 적극적 또는 소극적 요건, 즉 혼인연령·부모의 동의·근친혼 또는 중혼금지·혼인의사

의 흠결·사기나 강박 또는 착오로 인한 혼인성립의 장애 등 모든 문제에 관하여 당사자의 본국법이 적용된다. 특히 당사자의 본국법이 중혼이나 근친혼을 인정하거나 인종 또는 종교상의 이유로 혼인을 금지하고 있는 경우에는 국제사법 제23조의 공서의 문제가 생길 수 있을 것이다.

2. 혼인의 형식적 성립요건(방식)

> **【제63조】(혼인의 성립)**
> ② 혼인의 방식은 혼인을 한 곳의 법 또는 당사자 중 한쪽의 본국법에 따른다. 다만, 대한민국에서 혼인을 하는 경우에 당사자 중 한쪽이 대한민국 국민인 때에는 대한민국 법에 따른다.

가. 준거법의 결정: 혼인의 방식은 혼인거행지의 사회질서와 밀접한 관련을 가지므로 혼인거행지의 법에 의한다는 것이 일반적인 입법례이다. "장소는 행위를 지배한다."라는 원칙이 적용되는 경우의 하나이다. 혼인의 방식에 거행지법을 적용한다는 것을 절대적 원칙으로 하는 국가도 있으나 임의적·보충적으로만 적용되어 당사자의 속인법과의 선택을 인정하는 국가도 있다. 국제사법 제63조 제 2 항 본문은 혼인거행지법과 당사자 중 한쪽의 본국법의 방식을 모두 유효한 것으로 규정하였다. 또한 대한민국에서 혼인을 거행하는 경우에 당사자 한쪽이 대한민국 국민인 경우에는 대한민국법에 따른다('내국인 조항', 2항 단서). 이는 혼인관계를 우리나라 가족관계등록부에 명시하게 함으로써 부부의 신분관계와 자녀의 국적 등 법적 지위의 안정을 기하기 위하여 마련한 규정이다.

> Cf. 내국인 조항으로 인하여 동일한 남녀관계가 어떤 나라에서는 유효한 혼인관계로 인정되나 다른 나라에서는 무효인 혼인관계가 되는 소위 파행혼(limping marriage)이 생길 수 있다는 비판이 있으나 이는 불가피한 현상이다.

▶ 대법원 2019. 12. 27. 선고 2018두55418 판결
국제사법에 의하면, 혼인의 성립요건은 각 당사자에 관하여 그 본국법에 의하고(제36조 제 1 항), 혼인의 방식은 혼인거행지법 또는 당사자 일방의 본국법에 의한다(제36조 제 2 항 본문). 이 규정은 우리나라 사람들 사이 또는 우리나라 사람과 외국인 사이의 혼인이 외국에서 거행되는 경우 그 혼인의 방식, 즉 형식적 성립요건은 그 혼인거행지의 법에 따라 정하여야 한다는 취지이고, 그 나라의 법이 정하는 방식에 따른 혼인절차를 마친

경우에는 혼인이 유효하게 성립하는 것이고 별도로 우리나라의 법에 따른 혼인신고를 하지 않더라도 혼인의 성립에 영향이 없으며, 당사자가 「가족관계의 등록 등에 관한 법률」 제34조, 제35조에 의하여 혼인신고를 한다 하더라도 이는 창설적 신고가 아니라 이미 유효하게 성립한 혼인에 관한 보고적 신고에 불과하다(대법원 1994. 6. 28. 선고 94므413 판결 참조).

이러한 관련 규정과 법리에 비추어 앞서 본 사실관계를 살펴보면, 원고는 2006. 3. 30. 미국에서 그 나라의 법이 정하는 방식에 따른 혼인절차를 마침으로써 재혼의 효력이 발생하고 망인의 순직 관련 유족연금수급권(육군 소령으로 공무수행 중 순직한 원고의 전 남편의 배우자로서 수령하여 온 우리나라 군인연금법상의 유족연금수급권, 筆者 註)을 상실하였으며, 그 후 원고가 매월 지급받은 월별 유족연금액은 '연금수급권 상실신고를 하지 않고 급여를 과다 지급받은 경우'로서 군인연금법 제15조에 의한 환수처분의 대상에 해당한다고 보아야 한다.

* 위 판결 중 국제사법 제36조는 2022년 개정 국제사법 제63조에 해당하고, 군인연금법 제15조는 현행 군인연금법 제16조에 각 해당함(筆者 註).

나. 외교혼·영사혼: 외국에 있는 자국민(自國民)이 자국의 외교관에 의하여 자국법의 방식에 따라 행하는 혼인을 의미하며 거행지법원칙에 대한 예외로서 많은 나라가 그 유효성을 인정하고 있으며 국제사법 제63조 제 2 항 본문도 이를 규정한 것이다. 그러므로 우리나라에서 혼인하는 외국인이 우리나라법에 의하지 않고 자국의 외교관에 의한 혼인을 한 경우도 유효로 보아야 한다.

3. 혼인의 무효 및 취소

혼인의 실질적 성립요건은 각 당사자에 관하여 그 본국법에 따르므로 이러한 실질적 성립요건 흠결의 효과도 각각의 본국법에 따라야 한다. 또한 혼인의 방식이 준거법에 따른 방식을 갖추지 못한 경우 그 혼인의 효력 문제는 혼인의 방식의 준거법에 따라 결정된다. 사실혼존부확인의 준거법은 혼인의 방식의 준거법에 따른다. 무효·취소의 효과도 역시 무효·취소의 준거법에 따른다.

▶ 서울가정법원 2014. 6. 27. 선고 2013드단91378 판결 【혼인의 무효 확인】
원고가 대한민국 국적의 피고 B와 미국 국적의 피고 C를 상대로 피고들 사이의 혼인이 중혼에 해당함을 이유로 피고들 사이의 청구취지 기재 혼인의 무효를 구하는 이 사건은 이른바 섭외적 사법관계에 속하는 사건이라 할 것이고, 나아가 국제사법 제36조 제 1 항

(2022년 개정 국제사법 제63조에 해당함, 筆者 註)은 혼인 성립의 장해 요건인 혼인의 무효나 취소 사유를 포함한 혼인의 실질적 성립요건은 각 당사자에 관하여 그 본국법에 의하도록 정하고 있으므로, 피고 B에 대하여는 우리나라 민법을, 피고 C에 대하여는 미국 네바다주 혼인관계법에 따라 청구취지 기재 혼인신고의 효력을 판단하여야 할 것이다. 그런데 우리나라 민법 규정은 중혼을 혼인 취소 사유로 정하고 있고, 미국 네바다주법은 원칙적으로 중혼을 무효 사유로 정하고 있는 바, 위와 같이 중혼의 효력에 관하여 당사자의 본국법이 서로 다른 경우에는 일반적으로 혼인의 유효성을 보다 부정하는 나라의 법률을 적용함이 타당하다 할 것이다.

따라서 피고들 사이의 청구취지 기재 혼인은 중혼의 유효성을 보다 부정하고 있는 미국 네바다주 법을 적용하여 무효라 봄이 상당하다.

4. 혼인의 신분적 효력

【제64조】(혼인의 일반적 효력)
혼인의 일반적 효력은 다음 각 호의 법의 순위에 따른다.
1. 부부의 동일한 본국법
2. 부부의 동일한 일상거소지법
3. 부부와 가장 밀접한 관련이 있는 곳의 법

가. 준거법의 결정: 혼인의 일반적 효력은 주로 부부의 신분에 관한 문제로서 당사자의 이익을 존중하여 당사자의 속인법에 의하여 왔다. 섭외사법은 혼인의 효력을 부(夫) 단독의 본국법에 따르도록 하였는데, 이는 부(夫)의 우월적 지위를 인정하는 것으로서 헌법상 남녀평등의 원칙에 위배된다는 비판을 받아왔다. 국제사법 제64조는 남녀차별적 요소를 제거하고자 혼인의 효력의 제 1 단계 준거법을 부부의 동일한 속인법으로 변경하였다. 즉, 혼인의 효력의 준거법에 대하여 단계적 연결방법을 취하여, 1단계로 신분문제에 있어서의 기본원칙인 본국법주의에 따라 부부의 동일한 본국법에 따르도록 하고(1호), 이국적(異國籍) 부부인 관계로 동일한 본국법이 없는 경우에는 2단계로서 부부의 동일한 일상거소지법을 준거법으로 한다(2호). 만약 부부의 동일한 일상거소지법도 없는 경우에는 3단계로 부부와 가장 밀접한 관련이 있는 곳의 법을 준거법으로 한다(3호).

> Note 위 제 1 호에서 부부의 '공통' 본국법이라고 하지 않고 부부의 '동일한' 본국법이라는 표현을 사용한 점에 주의를 요한다. 국제사법은 공통 본국법(73조)과

동일한 본국법을 구별하여 각각 다른 의미로 사용하고 있는바 이는 당사자 중 중국적자(重國籍者)가 있는 경우 의미에 차이가 생길 수 있기 때문이다.

나. 준거법의 적용범위: 국제사법 제64조는 부부재산제(65조)를 제외한 혼인의 모든 효력을 그 대상으로 한다. 혼인의 효력에 관하여 국제사법 제23조가 문제되는 경우가 적지 않다.

(1) **동거의무**   이는 혼인의 일반적 효력의 문제로서 국제사법 제64조에 의하여 규율된다. 그러나 동거의무위반이 이혼원인이 되는가는 이혼의 준거법에 따른다(66조).

(2) **부양의무**   섭외사법에서와는 달리 국제사법은 이혼시의 부양의무(73조 2항)를 제외한 모든 부양의무의 준거법을 제73조에 따르도록 하고 있으므로 부부간의 부양의무에는 제73조가 적용된다(법무부 162~163, 신창선 327).

(3) **처의 행위능력**   혼인으로 인하여 처의 행위능력이 제한되는가 여부는 행위능력의 문제가 아니라 혼인의 효력의 문제이므로 제64조가 적용된다.

(4) **혼인에 의한 성년의제**   이에 관하여는 행위능력의 문제라는 입장과 혼인의 효력에 관한 문제라는 입장이 대립하고 있었으나 국제사법 제28조 제 1 항 제 2 문에서 입법적으로 해결하여 행위능력의 문제로 보고 있다.

(5) **일상가사대리권**(日常家事代理權)   혼인의 재산적 효력의 문제로서 제65조에 따라야 한다는 견해와 혼인의 일반적 효력의 문제로서 제64조에 따라야 한다는 견해가 대립하나 후자가 타당하다.

(6) **배우자인 피후견인 또는 미성년자에 대한 후견의무**   이는 혼인 그 자체의 효력이라고 하기보다는 후견개시심판 또는 미성년이라는 사실에 의하는 것이므로 후견의 준거법인 제75조에 따라야 할 것이다. 즉, 피후견인의 본국법에 따른다.

(7) **부부간의 계약**   부부간의 계약을 무효 또는 취소로 하는 법(예컨대 2012년 삭제 전의 민법 828조)을 가진 국가에서 부부간의 계약의 효력과 그 취소권의 문제는 일반계약의 문제인가 아니면 혼인의 효력의 문제인가에 대하여 후자로 보아 제64조에 따라야 할 것이다.

(8) **부부의 성**(姓)   부부의 성(姓)에 관한 문제는 혼인의 효력의 문제로 보아 제64조에 따라야 할 것이다.

5. 혼인의 재산적 효력(부부재산제)

【제65조】(부부재산제)
① 부부재산제에 관하여는 제64조를 준용한다.
② 부부가 합의에 의하여 다음 각 호의 어느 하나에 해당하는 법을 선택한 경우 부부재산제는 제1항에도 불구하고 그 법에 따른다. 다만, 그 합의는 날짜와 부부의 기명날인 또는 서명이 있는 서면으로 작성된 경우에만 그 효력이 있다.
  1. 부부 중 한쪽이 국적을 가지는 법
  2. 부부 중 한쪽의 일상거소지법
  3. 부동산에 관한 부부재산제에 대해서는 그 부동산의 소재지법
③ 대한민국에서 행한 법률행위 및 대한민국에 있는 재산에 관하여는 외국법에 따른 부부재산제로써 선의의 제3자에게 대항할 수 없다. 이 경우 외국법에 따를 수 없을 때에 제3자와의 관계에서 부부재산제는 대한민국 법에 따른다.
④ 제3항에도 불구하고 외국법에 따라 체결된 부부재산계약을 대한민국에서 등기한 경우에는 제3자에게 대항할 수 있다.

가. 준거법의 결정

(1) **입법주의**   부부재산제의 준거법에 관하여는 의사주의·속인법주의·동산부동산구별주의가 대립한다. 의사주의에 의하면 부부재산제를 채권계약과 동일하게 취급하여 당사자의 의사에 의하여 그 준거법을 결정할 것이라고 하고, 속인법주의는 부부재산계약이 혼인의 효력이라는 점을 중시하여 당사자의 속인법을 적용하고자 하며, 동산부동산구별주의는 부부의 재산 중 동산은 속인법에 따르고 부동산은 소재지법에 따를 것이라고 한다.

(2) **국제사법 규정**   국제사법 제65조는 부부재산제에 관하여 제64조를 준용함으로써 혼인의 일반적 효력의 준거법과 일치시키고(1항), 부부재산제에 관하여 부부 합의에 의한 당사자자치의 원칙을 도입하였으며(2항), 내국거래보호조항을 마련하였다(3항·4항).

(가) **혼인의 일반적 효력에 관한 준거법의 준용**   국제사법 제65조 제1항은 부부재산제에 관하여 제64조의 규정을 준용하도록 하고 있다. 즉, ① 부부의 동일한 본국법, ② 부부의 동일한 일상거소지법, ③ 부부와 가장 밀접한 관련이 있는 곳의 법의 순위(단계적 연결)에 따른다. 여기서의 연결시점에 대하여 국제사법은 현재를 기준으로 한 변경주의를 채택하였다.

Cf. 섭외사법(17조 1항)은 '혼인 당시 부(夫)의 본국법'이라고 하여 불변경주의를 채택하였다.

㈏ **당사자자치 원칙의 채택**　　부부재산제에 당사자자치 원칙을 도입하여 부부가 준거법을 선택하는 것을 허용하고, 준거법을 선택한 경우에는 이를 우선 적용하도록 하였다(2항 본문). 다만, 부부재산제의 신분법적 측면을 고려하여 ① 부부 중 한쪽이 국적을 가지는 법, ② 부부 중 한쪽의 일상거소지법, ③ 부동산에 관한 부부재산제에 대하여는 그 부동산의 소재지법 중에서 준거법을 선택하도록 제한을 가하였다(2항 1호~3호). 또한 준거법 선택 사실을 명확하게 하기 위하여 일자와 부부의 기명날인 또는 서명이 있는 서면에 따르도록 방식의 제한을 두고 있다(2항 단서).

㈐ **내국거래 보호조항의 마련**　　부부재산제는 거래상대방인 제 3 자의 이익에도 영향을 미치며, 특히 준거법이 외국법인 경우 내국에서의 거래보호문제가 발생하게 된다. 즉, 준거법이 외국법인 경우 그 외국법에 따라 부부재산계약이 체결되고 그것이 한국에서 등기된 경우에는 이를 제 3 자에게 주장할 수 있다(4항). 그러나 그러한 부부재산계약이 한국에서 등기되지 않았거나 또는 실제로 등기가 불가능한 법정재산제에 있어 외국법이 준거법으로 된 경우에는 대한민국에서 행하여진 법률행위 및 대한민국에 있는 재산에 관하여 선의의 제 3 자에게 대항할 수 없도록 하였고, 선의의 제 3 자가 이를 주장할 때에는 그 외국법에 의할 수 없으므로 대한민국법에 따른다(3항).

나. 준거법의 적용범위

(1) **부부재산계약**　　부부재산계약의 가능성·시기·내용·효력 등은 국제사법 제65조에 따른다. 다만, 부부재산계약도 하나의 계약이므로 행위능력은 제28조에 따르고, 방식은 법률행위의 방식에 관한 제31조에 따른다.

(2) **법정재산제**　　부부재산계약이 허용되지 않는 경우 또는 부부재산계약을 체결하지 않은 경우 법정재산제에 의하는데 이 경우 제65조가 적용된다.

(3) **부부재산관계의 소멸**　　혼인의 해소, 즉 부부의 한쪽이 사망하거나 이혼하였을 경우 부부재산관계에 어떠한 영향을 주는가는 제65조에 따른다.

6. 사 실 혼

사실혼에 관하여는 혼인의 준거법인 제63조와 제64조를 유추적용하여야 할 것이다(신창선 342, 김연 355).

> Cf. 우리나라의 경우 사실혼도 혼인에 준하는 관계로서 그 관계의 부당파기에 대하여는 불법행위 또는 채무불이행책임이 성립한다는 것이 판례의 입장이다(대법원 1998. 8. 21. 선고 97므544,551 판결 등).

Ⅲ. 이   혼

1. 이혼의 국제재판관할권

가. **학설과 대법원의 입장**: 이혼의 국제재판관할권에 관하여는 국적주의와 주소지주의가 대립하여 왔다. 우리 대법원은 피고주소지주의를 원칙으로 하고, 피고가 행방불명 등의 사유가 있거나 피고의 적극적인 응소가 있는 경우에는 예외적으로 원고의 주소지가 있는 국가가 관할권을 가진다는 입장을 취하여 왔다.

> ▶ **대법원 1975. 7. 22. 선고 74므22 판결**
> 외국인간의 이혼심판 청구사건에 대한 재판청구권의 행사는 소송절차상의 공평 및 정의 관념에 비추어 상대방인 피청구인이 행방불명 기타 이에 준하는 사정이 있거나 상대방이 적극적으로 응소하여 그 이익이 부당하게 침해될 우려가 없다고 보여져 그들에 대한 심판의 거부가 오히려 외국인에 대한 법의 보호를 거부하는 셈이 되어 정의에 반한다고 인정되는 예외적인 경우를 제외하고는 상대방인 피청구인의 주소가 우리나라에 있는 것을 요건으로 한다.

> Cf. 그 외 서울가정법원 1986. 12. 30. 선고 85드6506 판결 및 서울가정법원 1989. 9. 20. 선고 88드65835 판결 참조.

나. **특별관할규정**: 이혼에 관하여는 국제사법 제 2 조의 국제재판관할의 일반원칙이 적용되는 외에 2022년 국제사법 개정시 신설된 혼인관계에 관한 사건의 특별관할규정(56조)이 적용된다. 이혼에 있어서 대한민국과 관련이 있는 경우(56조 1항 1호~4호) 대한민국 법원에 특별관할이 인정된다(前述).

2. 준거법의 결정

> **【제66조】(이혼)**
> 이혼에 관하여는 제64조를 준용한다. 다만, 부부 중 한쪽이 대한민국에 일상거소가 있는 대한민국 국민인 경우 이혼은 대한민국 법에 따른다.

이혼의 준거법에 관하여는 이혼이 법정지의 공서양속과 밀접한 관련이 있다는 것을 근거로 한 법정지법주의, 이혼이 부부라는 신분관계의 소멸을 가져온다는 것을 근거로 한 속인법주의와 신분적 효력의 준거법주의가 대립한다. 국제사법은 이혼은 혼인관계의 해소이므로 혼인의 효력의 준거법에 연결시키는 것이 타당하다고 보아 혼인의 일반적 효력의 준거법에 관한 제64조를 준용한다(66조 본문). 즉, ① 부부의 동일한 본국법, ② 부부의 동일한 일상거소지법, ③ 부부와 가장 밀접한 관련이 있는 곳의 법의 순서(단계적 연결)에 따른다. 여기의 연결시점에 대하여는 제64조를 준용하는 결과 현재를 기준으로 한 변경주의의 입장을 채택하고 있다. 다만, 부부 중 한쪽이 대한민국에 일상거소가 있는 대한민국 국민인 경우 이혼은 대한민국 법에 따르도록 하는 일방적 저촉규정을 두고 있다(66조 단서).

3. 준거법의 적용범위

가. 이혼의 허부(許否): 이혼이 허용되는가 여부는 제66조에 따른다.

> Cf. 이혼의 허부와 관련하여 이혼을 금지하는 외국법이 준거법으로 지정된 경우에 공서조항(23조)에 의하여 적용을 배척할 수 있는지 여부에 대한 논의가 있다. 우리나라 하급심판결 중에는 대한민국인 처(妻)가 필리핀 부(夫)를 상대로 이혼을 청구한 사안에서 이혼을 허용하지 않는 필리핀 민법이 우리나라 공서에 반한다고 하여 우리 민법을 적용한 것이 있다(서울가정법원 1981. 3. 11. 선고 79드2574 판결). 이 판결에 대하여는 단순히 처가 대한민국인이라는 이유만으로 이혼금지의 외국법의 적용을 배척하는 것은 공서관념의 부당한 확장이라는 비판을 받을 여지가 있다는 입장(김연 358)과 대한민국인 처와 대한민국에 거주하고 있는 필리핀 남편이 처를 두고 본국에 돌아가 소재불명이 된 경우에는 우리나라와의 관련이 크기 때문에 필리핀법을 적용하여 처의 이혼청구를 인정하지 않는 것은 대한민국인 처의 재혼의 기회를 박탈하는 매우 잔혹한 결과를 가져오는 것으로 공서에 반한다는 입장(신창선 178)이 대립한다.

나. 이혼의 방법·기관 및 원인

(1) **이혼의 방법**　　대부분의 국가에서는 협의이혼과 기관이혼만을 인정한다. 기관이혼은 법원에 의한 재판상 이혼이 보편적이나 종교기관이나 국왕, 행정기관에 의한 이혼도 있다. 이러한 이혼의 방법은 이혼의 준거법에 따른다.

(2) **기관이혼의 방법**　　이혼의 준거법이 일정한 기관에 의한 이혼을 명한다고 하더라도 이혼지법이 그러한 기관을 인정하지 않는 경우가 문제로 된다.

예컨대 대한민국에는 종교기관에 의한 이혼이 인정되지 않으므로 대한민국에서는 효력이 없다. 즉, 이혼의 준거법에 따른 이혼방법은 이혼지법에 따라 제약을 받는다. 이 문제에 대하여 이를 엄격하게 적용하면 외국인의 대한민국에서의 이혼이 어렵게 되는 경우가 많으므로 이혼방법의 관념을 넓게 해석할 필요가 있을 것이다(신창선 335, 김연 359).

(3) **협의이혼의 방식**   이혼의 준거법이 협의이혼을 허용하는 경우 그 방식이 문제된다. 이를 단순히 방식의 문제로 보아 국제사법 제31조 제2항을 적용하여 이혼지법에 따른다고 하면 예컨대 대한민국인 부부가 일본국에서 이혼하는 경우 우리나라의 이혼의사의 확인절차(민법 836조의2 2항)를 거치지 않고 일본국의 방식에만 따르면 된다는 불합리한 결과가 초래될 수 있다. 따라서 이는 실질적인 성립요건의 문제로 보아 대한민국법에 따라 재외공관장의 확인을 받아야 할 것이다. 즉, 이혼방식의 문제는 여타의 법률행위와는 달리 이혼지에 의할 것이 아니라 이혼의 실질적 성립요건으로 보아 이혼의 준거법에 따라야 할 것이다(신창선 335).

(4) **이혼의 원인**   어떠한 사실이 이혼원인이 되는가는 이혼의 준거법에 따른다.

▶ **대법원 2021. 3. 25. 선고 2020므14763 판결【이혼및위자료】**
민법 제840조 제3호에서 정한 이혼사유인 '배우자로부터 심히 부당한 대우를 받았을 때'라 함은 혼인관계의 지속을 강요하는 것이 가혹하다고 여겨질 정도의 폭행이나 학대 또는 모욕을 받았을 경우를 말한다(대법원 1999. 2. 12. 선고 97므612 판결 참조).
민법 제840조 제6호에서 정한 이혼사유인 '혼인을 계속하기 어려운 중대한 사유가 있을 때'란 부부간의 애정과 신뢰가 바탕이 되어야 할 혼인의 본질에 상응하는 부부공동생활관계가 회복할 수 없을 정도로 파탄되고 혼인생활의 계속을 강제하는 것이 일방 배우자에게 참을 수 없는 고통이 되는 경우를 말한다. 이를 판단할 때에는 혼인계속의사의 유무, 파탄의 원인에 관한 당사자의 책임 유무, 혼인생활의 기간, 자녀의 유무, 당사자의 연령, 이혼 후의 생활보장, 기타 혼인관계의 여러 사정을 두루 고려하여야 하고, 이러한 사정을 고려하여 부부의 혼인관계가 돌이킬 수 없을 정도로 파탄되었다고 인정된다면 그 파탄의 원인에 대한 원고의 책임이 피고의 책임보다 더 무겁다고 인정되지 않는 한 이혼 청구를 인용해야 한다(대법원 1991. 7. 9. 선고 90므1067 판결, 대법원 2010. 7. 15. 선고 2010므1140 판결 등 참조).

피고는 대한민국 국민으로서 대한민국에 상거소(2022년 개정 국제사법의 일상거소에 해당함, 筆者 註)를 두고 있으므로 국제사법 제39조(2022년 개정 국제사법 66조에 해당함, 筆者 註) 단서에 따라 이혼에 관한 준거법은 대한민국 민법이다.

위에서 본 바와 같이 피고는 반복적으로 원고에게 폭력을 행사하였고, 특히 2019. 3. 14.자 폭행 당시에는 원고의 배와 머리를 발로 걷어차고 양손에 각각 부엌칼을 들고 원고의 생명에 위해를 가할 것처럼 협박까지 한 사실을 알 수 있어 그 폭력 행사의 정도도 무겁다.

원심은 피고의 폭력 행사에 관하여, 원고가 피고로부터 지속적으로 지적(이는 원고의 생산직 취업 후 직장동료들과 친분을 쌓게 되면서 피고와 약속한 귀가시간을 계속하여 어겨 온 것을 말함, 筆者 註)을 받으면서도 자신의 행동을 개선하려고 노력하기 보다는 피고에게 지속적인 이혼을 요구함으로써 피고를 자극하였다고 판단하여 원고에게 피고의 폭력 행사에 상당 부분의 책임이 있는 것으로 본 듯하다. 그러나 이러한 사정만으로는 원고의 이혼 청구를 배척할 사유가 된다고 볼 수 없다. (중략) 오히려 기록에 나타난 당사자의 혼인계속의사 유무, 파탄의 원인에 관한 당사자의 책임 유무와 경중, 혼인생활의 기간, 자녀의 유무, 당사자의 연령 등 원피고의 혼인관계에 관한 여러 사정을 두루 고려하면 원피고는 더 이상 피고의 폭력 행사 이전의 관계로 회복될 수 없다고 판단된다. 이러한 사정을 위에서 본 법리에 비추어 보면, 피고의 행위는 원고에 대한 부당한 대우에 해당할 뿐만 아니라, 원피고 사이의 혼인관계는 피고의 폭력 행사 이래 그 바탕이 되어야 할 애정과 신뢰가 상실되어 회복할 수 없을 정도로 파탄되었다고 봄이 타당하고, 민법 제840조 제 3 호 또는 제 6 호의 재판상 이혼사유에 해당한다.

　　　다. 이혼의 효력: 이혼의 효력은 제66조의 준거법에 따른다. 이혼의 주된 효력은 혼인관계의 법률상 소멸로서 어떤 국가에서도 인정되는 것이므로 이 점에 대한 준거법 결정의 필요는 없다.

　　　(1) 성(姓)의 회복　　　이에 관하여는 ① 이혼의 효력에 관한 문제로서 이혼의 준거법에 따라야 한다는 입장(서희원 287, 김연 360)과 ② 인격권의 문제로서 부부 각자의 속인법에 따라야 한다는 입장(신창선 336)이 대립한다.

　　　(2) 손해배상　　　어느 쪽이 유책배우자인지 여부 및 유책배우자의 위자료 책임에 관하여 ① 이혼원인이 된 부부 중 한쪽의 행위가 타방에 대하여 불법행위가 되는지 여부, 그리고 불법행위가 될 경우 어떠한 손해배상청구권을 취득하는지 여부는 불법행위의 문제라는 입장(서희원 288)과 ② 이혼의 효력에 관한 문제로서 이혼의 준거법에 따라야 한다는 입장(김연 360, 신창선 336)이 대립하

나 후자가 타당하다.

> Cf. 서울고등법원 2017. 7. 11. 선고 2016르22226 판결은 이혼으로 인한 위자료
> 청구에 대하여 불법행위의 준거법에 관한 국제사법 제32조(2022년 개정 국제사
> 법 제52조에 해당함, 筆者 註) 제3항을 적용하였다.

(3) **이혼 배우자간의 부양의무**　　이 문제에 대하여는 부양의무에 관한 일
반규정인 제73조 제1항이 적용되지 않고 이혼의 효력의 문제로서 이혼의 준거
법에 따른다(73조 2항).

(4) **이혼과 부부재산제**　　이혼이 부부재산제에 미치는 효과(예: 이혼에 따
른 부부재산제의 청산)는 부부재산제의 소멸에 관한 문제이므로 이혼의 준거법이
아니라 부부재산제의 준거법(65조)에 따라야 한다(서희원 289, 김연 361, 신창선
337).

(5) **이혼에 따른 재산분할**　　이는 부부재산제의 청산이 아니라 이혼의 재
산적 효력의 문제이므로 이혼의 준거법에 따라야 할 것이다(신창선 337).

> Cf. 현실적으로 이혼 시의 재산분할, 이혼 후의 부양청구와 위자료 청구는 종종
> 뒤섞여 있다는 문제가 있다[석광현(국제사법 해설) 470~471]. 대법원 2001. 5.
> 8. 선고 2000다58804 판결이 "이혼에 있어서 재산분할은 부부가 혼인 중에 가지
> 고 있었던 실질상의 공동재산을 청산하여 분배함과 동시에 이혼 후에 상대방의
> 생활유지에 이바지하는 데 있지만, 분할자의 유책행위에 의하여 이혼함으로 인
> 하여 입게 되는 정신적 손해(위자료)를 배상하기 위한 급부로서의 성질까지 포
> 함하여 분할할 수도 있다고 할 것"이라는 판시는 이와 같은 현실을 잘 나타낸다.
> 한편 서울고등법원 2017. 7. 11. 선고 2016르22226 판결은 재산분할 청구에 대
> 하여 부부재산제에 관한 국제사법 제38조(2022년 개정 국제사법 제65조에 해당
> 함, 筆者 註)를 적용하였다.

(6) **자에 대한 친권·감호권**　　부부가 이혼한 경우의 미성년자에 대한 친
권이나 감호권의 귀속·분배의 문제는 그 법률관계의 성질을 이혼의 효력이 아
니라 부모·자녀간의 법률관계로 보아 제72조에 따라야 할 것이다(서희원 289,
김연 361, 신창선 337).

(7) **성년의제의 경우 이혼자의 행위능력**　　혼인에 의하여 성년자의 지위를
취득한 미성년자가 이혼한 경우 다시 미성년자로 복귀하는가 아니면 성년자의
지위를 그대로 유지하는가에 관하여 ① 이혼의 효과의 문제로서 이혼의 준거법
에 따른다는 견해(김연 362, 서희원 289)와 ② 제28조 제1항 후문의 취지에 비

추어 일반적 행위능력의 준거법에 따라야 한다는 견해(신창선 337)가 대립한다.

　(8) **재혼의 금지**　　재혼금지기간, 이혼자의 재혼능력의 문제는 이혼의 결과로 발생하는 문제이기는 하지만 국제사법상으로는 당해 재혼, 즉 혼인의 실질적 성립요건(63조 1항)의 문제로 보아 각 당사자의 본국법에 따라야 할 것이다(신창선 338, 김연 362, 서희원 289).

4. 관련문제

　가. 별　　거: 우리나라 법은 별거라는 제도를 인정하지 않는다. 기술한 바와 같이 별거는 그 성질상 이혼과 유사하므로 이혼에 관한 국제사법 제66조는 가능한 한 별거에도 유추적용되어야 할 것이다. 준거법이 별거를 인정하는 경우에 우리나라에서 별거의 재판을 할 수 있는가에 대하여 과거 섭외사법 제18조의 이혼원인의 누적적용 원칙의 입법취지를 근거로 한 부정설(서희원 295)이 있었으나 국제사법 제66조에는 그와 같은 누적적용 규정이 없으므로 그 주장의 근거가 상실되었다고 본다. 따라서 공서(23조)에 반하지 않는 한 별거재판을 할 수 있다고 할 것이다.

　나. 외국이혼의 승인

　(1) **협의이혼**　　국제사법 제66조에서 정하고 있는 이혼의 준거법에 따라 유효하게 성립한 경우에는 어느 나라에서 성립한 것이라도 우리나라에서 승인된다. 협의이혼의 방식도 이혼의 준거법에 따라야 함은 기술한 바와 같다.

　(2) **이혼판결**　　외국의 이혼판결의 승인에 대하여는 민사소송법 제217조 제 1 호 내지 제 3 호의 요건만을 갖추면 우리나라에서 그 효력이 인정되어야 할 것이다(서희원 293, 신창선 341). 민사소송법 제217조 제 1 항 제 4 호의 상호보증 등의 요건은 형성판결인 이혼판결에는 집행이 요구되지 않으므로 불필요하다고 본다. 그러나 이혼에 따른 위자료나 부양료의 청구에 관한 외국판결은 재산상의 청구로서 집행이 요구되므로 상호보증의 요건이 충족되어야 할 것이다.

Ⅳ. **친자**(부모·자녀)

　　Cf. 2022년 국제사법 개정 이전까지 사용하였던 '친자(親子)'라는 표현을 2022년 개정시 '부모·자녀'로 변경하였고, '부(父)'는 '아버지'로, '모(母)'는 '어머니'로, '부(夫)'는 '남편'으로, '자(子)'는 '자녀'로, '양친(養親)'은 '양부모'로 각각 변경하였다(물론 아직도 '친생자'라는 표현을 쓰고 있기도 하다, 57조). 위의 표현 중에

서 '친자'와 '양친'에 관한 한 혼란방지를 위하여 앞으로 상당기간 동안 개정 전
후의 표현을 병기하기로 한다.

1. 총   설

국제사법상 친자(親子, 부모·자녀)의 문제는 친자(부모·자녀)관계 성립의
문제와 효력의 문제로 나뉜다. 국제사법은 제67조 내지 제71조에 혼인중의 출생
자(적출자), 혼인외의 출생자(비적출자), 양자, 준정에 대한 성립의 준거법과 동
의요건에 대하여 규정하고, 제72조에는 앞의 각 규정에 의하여 성립된 친자(부
모·자녀)관계의 효력의 준거법에 관하여 규정하고 있다.

2. 혼인중의 출생자

【제67조】 (혼인 중의 부모·자녀관계)
① 혼인 중의 부모·자녀관계의 성립은 자녀의 출생 당시 부부 중 한쪽의 본국법에
따른다.
② 제1항의 경우에 남편이 자녀의 출생 전에 사망한 때에는 남편의 사망 당시 본국
법을 그의 본국법으로 본다.

가. 준거법의 결정: 혼인중의 친자(부모·자녀)관계의 성립에 관한 각국의
입법과 판례는 이를 신분에 관한 문제로 보아 속인법에 의하여 왔다. 국제사법
도 부부 중 한쪽의 본국법을 혼인중의 친자(부모·자녀)관계의 준거법으로 규정
하고 있다(67조 1항). 즉, 부부의 본국법 중 어느 하나에 의해서라도 혼인중의
친자(부모·자녀)관계가 성립하면 이를 인정하는 선택적 연결방법을 취함으로써
모(母)의 부(夫)의 본국법에 의하였던 섭외사법(19조)보다 혼인중의 친자(부모·
자녀)관계의 성립을 용이하게 하고 있다. 이때의 연결시점은 신분관계의 고정성
을 위하여 신분관계가 성립되는 '자녀의 출생 당시'로 한다(1항). 혼인중의 친자
(부모·자녀)관계의 부인(否認)의 점에 관하여 법문상 명시가 없으나 친자(부모·
자녀)관계의 성립의 문제에는 부인(否認) 문제도 포함되는 것으로 볼 것이다(법
무부 145). 자녀의 출생 전에 남편이 사망하는 경우를 대비하여 그 사망 당시의
본국법을 남편의 본국법으로 간주한다(2항).

나. 준거법의 적용범위

(1) **친생추정과 부인**   이에 관한 문제는 국제사법 제67조에 따른다.

(2) **오상(誤想)혼인**   각국의 입법 중에는 유효한 혼인이 아니더라도 그 출생자를 친생자로 인정하는 경우가 있다. 국제사법 제67조는 혼인중의 친자(부모·자녀)관계를 전제로 한 규정이므로 이 경우에는 적용될 수 없고 구체적 사정에 따라 제68조 또는 제69조가 적용될 수 있을 것이다(신창선 345).

3. 혼인외의 출생자

【제68조】(혼인 외의 부모·자녀관계)
① 혼인 외의 부모·자녀관계의 성립은 자녀의 출생 당시 어머니의 본국법에 따른다. 다만, 아버지와 자녀 간의 관계의 성립은 자녀의 출생 당시 아버지의 본국법 또는 현재 자녀의 일상거소지법에 따를 수 있다.
② 인지는 제 1 항에서 정하는 법 외에 인지 당시 인지자의 본국법에 따를 수 있다.
③ 제 1 항의 경우에 아버지가 자녀의 출생 전에 사망한 때에는 사망 당시 본국법을 그의 본국법으로 보고, 제 2 항의 경우에 인지자가 인지 전에 사망한 때에는 사망 당시 본국법을 그의 본국법으로 본다.

【제71조】(동의)
제68조부터 제70조까지의 규정에 따른 부모·자녀관계의 성립에 관하여 자녀의 본국법이 자녀 또는 제 3 자의 승낙이나 동의 등을 요건으로 할 때에는 그 요건도 갖추어야 한다.

가. 총   설: 혼인외의 친자(부모·자녀)관계의 성립에 관한 입법으로 출생사실에 의하여 인정하는 혈통주의와 일정한 방식에 따른 부모의 인지를 요하는 인지주의가 있다. 국제사법은 섭외사법이 취하였던 인지주의에서 벗어나 인지 외에도 혼인외의 친자(부모·자녀)관계가 성립할 수 있는 일반적 규정을 신설하였고, 섭외사법에 없던 준정(準正)에 관한 규정도 두고 있다.

나. 혼인외의 친자(부모·자녀)관계의 성립에 관한 일반규정: 국제사법 제68조는 혼인외의 친자(부모·자녀)관계의 성립의 준거법으로 자녀의 출생 당시 어머니의 본국법을 원칙으로 규정한다(1항 본문). 그리고 아버지와 자녀 간의 친자(부모·자녀)관계의 성립을 용이하게 하기 위하여 자녀의 출생 당시 아버지의 본국법과 현재 자녀의 일상거소지법 중의 어느 하나에 따를 수 있게 하는 선택적 연결을 허용하고 있다(1항 단서). 혼인중의 친자(부모·자녀)관계의 성립과 달리 혼인외의 친자(부모·자녀)관계의 성립에 현재 자녀의 일상거소지법을 추가하게 된 것은 전자는 신분관계의 고정성에 중점이 있는 반면에 후자는 주로 부양이나

상속 등의 선결문제에 적용된다고 보아 그 기능성에 중점을 두었기 때문이다.

다. 인지(認知)

(1) **준거법의 결정**   우리 민법이 인지주의를 채택하고 있으므로(민법 855 조) 국제사법도 인지의 준거법을 특별히 규정하고 있다(68조 2항). 즉, 국제사법 제68조 제 1 항이 정하는 준거법 외에 인지자의 본국법에 따라서도 인지가 가능하도록 하는 선택적 연결방법을 채택하고 있다. 따라서 ① 어머니가 인지하는 경우에는 ㉮ 자녀의 출생 당시 어머니의 본국법과 ㉯ 인지 당시 어머니의 본국법이 선택적으로 적용되고, ② 아버지가 인지하는 경우에는 ㉮ 자녀의 출생 당시 어머니의 본국법, ㉯ 자녀의 출생 당시 아버지의 본국법, ㉰ 현재 자녀의 일상거소지법, ㉱ 인지 당시 아버지의 본국법 중 어느 한 법이 선택적으로 준거법이 될 수 있다. 이상의 경우 아버지가 자녀의 출생 전에 사망한 때에는 사망 당시 본국법을 아버지의 본국법으로 보고, 인지자의 본국법에 의할 경우 인지자가 인지 전에 사망한 때에는 사망 당시 본국법을 인지자의 본국법으로 본다(3항). 국제사법은 이렇게 인지가 용이하도록 하는 한편으로 자녀가 인지받고 싶지 않을 경우를 대비하여 인지 당시 자녀의 본국법이 자녀 또는 제 3 자의 승낙이나 동의 등을 요건으로 한 때에는 그 요건을 갖추지 못하면 인지할 수 없도록 하고 있다(71조).

(2) **준거법의 적용범위**

㉮ **인지의 요건**   인지의 허용 여부, 유언에 의한 인지의 가능 여부 등은 제68조에 따른다.

㉯ **인지의 방식**   이에 관하여 특별한 규정이 없으므로 법률행위의 방식에 관한 제31조가 적용된다. 따라서 그 행위의 준거법인 제68조에 따르거나, 행위지법에 따를 수도 있다. 유언에 의한 인지의 경우 그 유언의 방식에는 제78조 제 3 항이 적용된다.

㉰ **인지의 효력**   국제사법 제68조는 친자(부모·자녀)관계의 성립만을 다루는 것이고 인지 후의 친자(부모·자녀)관계는 제72조의 적용을 받게 된다. 인지의 효력에 대하여는 제68조와 제72조 중 어느 규정에 의할 것인가가 문제된다. 인지의 효력은 인지의 직접적 효력에 관한 문제로서 예컨대 인지된 자가 어떠한 신분을 취득하는가(적자인가 서자인가), 그러한 신분의 취득시기는 언제인가(출생시로 소급하는가 아니면 인지된 때인가) 등의 문제만을 의미하므로 이는

제68조에 따르고, 인지의 간접적 효력인 아버지 또는 어머니와 인지된 자 사이의 법률관계는 국제사법 제72조에 따르게 된다(서희원 302, 김연 371, 신창선 347).

라. 준 정

> **【제69조】(혼인 외의 출생자)**
> ① 혼인 외의 출생자가 혼인 중의 출생자로 그 지위가 변동되는 경우에 관하여는 그 요건인 사실의 완성 당시 아버지 또는 어머니의 본국법 또는 자녀의 일상거소지법에 따른다.
> ② 제1항의 경우에 아버지 또는 어머니가 그 요건인 사실이 완성되기 전에 사망한 때에는 아버지 또는 어머니의 사망 당시 본국법을 그의 본국법으로 본다.
>
> **【제71조】(동의)**
> 제68조부터 제70조까지의 규정에 따른 부모·자녀관계의 성립에 관하여 자녀의 본국법이 자녀 또는 제3자의 승낙이나 동의 등을 요건으로 할 때에는 그 요건도 갖추어야 한다.

국제사법 제69조는 준정(準正)에 대한 준거법으로 그 요건인 사실의 완성 당시 아버지 또는 어머니의 본국법 또는 자녀의 일상거소지법 중 선택할 수 있도록 규정하고 있다(1항). 그 연결시점은 요건인 '사실의 완성 당시'로 한다. 아버지 또는 어머니가 그 요건인 사실이 완성되기 전에 사망한 때에는 사망 당시 본국법을 그의 본국법으로 본다(2항). 준정에 있어서 자녀의 본국법이 자녀 또는 제3자의 승낙이나 동의 등을 요건으로 할 때에는 그 요건도 갖추어야 한다(71조).

> Cf. 준정(準正)은 혼인외의 출생자가 부모의 혼인을 원인으로 하여 혼인중의 출생자의 신분을 취득하는 제도를 말한다. 준정에는 ① 혼인에 의한 준정: 혼인 전에 출생하여 아버지로부터 인지를 받은 자녀가 부모의 혼인에 의하여 준정되는 것으로 우리 민법에 명문의 규정이 있는 것(민법 855조 2항), ② 혼인중의 준정: 혼인외의 자녀가 부모의 혼인중에 비로소 부모로부터 인지를 받음으로써 준정되는 것, ③ 혼인해소 후의 준정: 혼인외의 자녀가 부모의 혼인중에는 인지되지 않고 있다가 부모의 혼인이 취소되거나 해소된 후에 인지됨으로써 준정되는 것이 있다. ①의 경우에는 부모가 혼인한 때에 준정의 효과가 발생한다는 명문의 규정이 있고(민법 855조 2항), 나머지 ②와 ③의 경우에는 명문의 규정이 없으나 마찬가지로 해석하고 있다.

4. 입양 및 파양

【제70조】(입양 및 파양)
입양 및 파양은 입양 당시 양부모의 본국법에 따른다.

【제71조】(동의)
제68조부터 제70조까지의 규정에 따른 부모·자녀관계의 성립에 관하여 자녀의 본국법이 자녀 또는 제 3 자의 승낙이나 동의 등을 요건으로 할 때에는 그 요건도 갖추어야 한다.

가. 입 양

(1) **입양의 실질적 성립요건**   국제사법 제70조는 입양의 준거법을 입양 당시 양부모(양친)의 본국법으로 규정하고 있다. 여기에 자녀의 본국법이 자녀 또는 제 3 자의 승낙이나 동의 등을 요건으로 할 때에는 그 요건도 갖추어야 함은 물론이다(71조). 이 준거법은 입양의 허부, 입양당사자의 연령, 입양절차 및 입양의 무효·취소의 경우에 적용된다.

(2) **입양의 방식**   입양의 형식적 성립요건에 관하여는 국제사법에 특별한 규정이 없으므로 방식에 관한 일반원칙인 제31조의 적용을 받는다. 따라서 그 행위의 준거법인 제70조에 따라 양부모(양친)의 본국법에 따르거나 행위지법인 입양지법에 따르게 된다.

(3) **입양의 효력**   입양의 효력은 입양의 성립에 의하여 생기는 법률효과, 즉 입양에 의한 양부모(양친)와 양자녀 사이의 입양관계의 발생 및 확정을 말한다. 이러한 입양의 효력은 '입양 당시' 양부모(양친)의 본국법에 따른다. 양부모(양친)인 부부가 국적을 달리하는 경우에는 양친자(양부모·자녀)관계의 성립은 양부와 양모 각각의 본국법에 따르는 것으로 된다(김연 377).

나. 파양(罷養): 국제사법 제70조는 입양과 파양의 준거법을 통일하여 '입양 당시 양부모(양친)의 본국법'에 따르도록 규정하고 있다.

5. 친자(부모·자녀)간의 법률관계

【제72조】(부모·자녀 간의 법률관계)
부모·자녀 간의 법률관계는 부모와 자녀의 본국법이 모두 동일한 경우에는 그 법에 따르고, 그 외의 경우에는 자녀의 일상거소지법에 따른다.

가. 의   의: 국제사법 제68조·제69조·제70조에 따라 발생한 혼인중의 친자(부모·자녀)관계, 혼인외의 친자(부모·자녀)관계, 양친자(양부모·자녀)관계를 기초로 하여 이러한 친자(부모·자녀)가 신분상·재산상 어떠한 권리의무관계에 서는가, 즉 친자(부모·자녀)관계의 효력에 관한 문제를 규율하기 위하여 국제사법 제72조를 두었다.

나. 준거법의 결정: 친자(부모·자녀)관계의 준거법 결정에는 속인법주의·친권행사지법주의·재산소재지법주의가 있으나 다수의 입법례는 속인법주의를 취하고 있다. 국제사법 제72조는 부모와 자녀의 본국법이 모두 동일한 경우에는 그 법에 따르고, 그 외의 경우에는 자녀의 일상거소지법에 따르도록 규정하고 있다.

다. 준거법의 적용범위: 친권의 당사자, 친권의 내용, 친권의 박탈·소멸, 부양의무, 자녀의 성(姓) 등에 대하여 제72조가 적용된다.

V. 부양의무

> **【제73조】(부양)**
> ① 부양의 의무는 부양권리자의 일상거소지법에 따른다. 다만, 그 법에 따르면 부양권리자가 부양의무자로부터 부양을 받을 수 없을 때에는 당사자의 공통 본국법에 따른다.
> ② 대한민국에서 이혼이 이루어지거나 승인된 경우에 이혼한 당사자 간의 부양의무는 제 1 항에도 불구하고 그 이혼에 관하여 적용된 법에 따른다.
> ③ 방계혈족 간 또는 인척 간의 부양의무와 관련하여 부양의무자는 부양권리자의 청구에 대하여 당사자의 공통 본국법에 따라 부양의무가 없다는 주장을 할 수 있으며, 그러한 법이 없을 때에는 부양의무자의 일상거소지법에 따라 부양의무가 없다는 주장을 할 수 있다.
> ④ 부양권리자와 부양의무자가 모두 대한민국 국민이고, 부양의무자가 대한민국에 일상거소가 있는 경우에는 대한민국 법에 따른다.

1. 준거법의 결정

가. 부양권리자의 일상거소지법주의 채택: 국제사법은 부양을 신분적 측면보다는 재산적 측면이 강한 독립한 법률관계로 파악하여 그 준거법을 부양권리자를 중심으로 규정하고 있다. 즉, 국제사법 제73조 제 1 항은 부양의무를 원칙적으로 부양권리자의 일상거소지법에 따르도록 하였고, 그 법에 따르면 부양권

리자에게 부양청구권이 없는 경우에는 당사자의 공통 본국법에 따르도록 하였다. 이렇게 규정함으로써 부양권리자에게 실효적인 보호를 부여할 수 있고 동일국 내에 있는 부양권리자들에게 동일한 기준이 적용되며, 부양의무자가 복수인 경우에도 부양의 기준이 하나로 되는 이점이 있다.

> Note 국제사법 규정 중 '동일한 본국법'(64조 1호)과 '공통 본국법'(73조 1항, 3항)은 양 당사자가 하나의 국적만을 가지고 있을 경우에는 그 의미가 서로 같을 수 있으나 당사자 중 2개 이상을 국적을 가지는 중국적자(重國籍者)가 있는 경우에는 달라질 수 있다. 중국적자의 경우 '동일한 본국법'은 국제사법 제16조 제 1 항에 따라 결정된 그의 본국법과 상대방의 본국법이 일치하여야 한다는 의미이며, '공통 본국법'이란 그의 여러 국적 중 상대방과 공통되는 국적이 있을 경우의 본국법을 의미한다. 예컨대 부(夫)가 대한민국과 미국국적을 가지고 있고, 처(妻)는 미국국적을 가지고 있는 경우 이중국적자인 부(夫)의 본국법은 제16조 제 1 항에 따라 대한민국법이 되므로 부부간에 동일한 본국법은 존재하지 않는 것이 된다. 한편 부부간에 미국국적은 서로 공통되므로 미국법이 공통 본국법이 된다. 국제사법이 동일한 본국법을 요구하는 것은 당사자간에 가장 밀접한 법을 정해주기 위한 경우이며, 공통 본국법은 준거법 결정을 보다 널리 인정할 필요가 있을 때 요구된다. 즉, 혼인의 효력에 있어서는 형식적으로 국적이 공통된다는 이유만으로 그 법을 준거법으로 하는 것이 아니라 당사자간에 가장 밀접한 준거법을 정해 줄 필요가 있으므로 당사자의 본국법간의 완전한 동일성을 요구하는 것이며, 이에 반하여 부양의 경우에는 부양당사자가 국적을 가지는 법 중 어느 하나의 법에서 부양이 인정되면 그 법에 따르도록 하는 것이 부양권리자의 보호를 도모하는 것이므로 '동일한' 본국법보다 그 인정범위가 넓은 '공통의' 본국법으로 정한 것이다(법무부 133, 163).

나. 이혼시의 부양: 이혼시의 부양에 관하여는 예외적인 규정을 두고 있다. 즉, 대한민국에서 이혼이 이루어지거나 승인된 경우에 이혼한 당사자간의 부양의무는 그 이혼에 관하여 적용된 법에 따르도록 규정하고 있다(73조 2항). '이혼에 관하여 적용된 법'은 국제사법에 따라 지정된 이혼의 준거법이 아니라 실제로 이혼에 적용된 법을 말한다. 따라서 본래의 이혼의 준거법인 외국법이 공서(23조)에 따라 배척된 경우 내국법이 '이혼에 관하여 적용된 법'이 되는 것이다.

다. 방계친족간·인척간 부양의무에 있어서의 부양의무자의 이의제기권: 방계친족과 인척은 먼 신분관계이므로 그 부양의무를 부정하는 국가도 있고, 범위에 차등을 두는 국가도 있다. 국제사법도 이 점을 고려하여 방계혈족간 또는 인척간의 부양의무와 관련하여 부양의무자는 부양권리자의 청구에 대하여 당사자의 공통 본국법에 따라 부양의무가 없다는 주장을 할 수 있으며, 그러한 법이 없을 때에는 부양의무자의 일상거소지법에 따라 부양의무가 없다는 주장을 할 수 있다고 규정하고 있다(73조 3항).

　　라. 내국법이 적용되는 특례: 부양권리자와 부양의무자가 모두 대한민국 국민이고, 부양의무자가 대한민국에 일상거소가 있는 경우에는 대한민국법에 따른다(73조 4항). 당사자의 신뢰와 예측가능성을 고려한 규정이다.

　　마. 반정의 불허: 국제사법 제22조 제 2 항 제 3 호에서 부양의 준거법에 관하여 반정을 허용하지 않는다.

2. 준거법의 적용범위

　　부양권리자와 부양의무자, 그 순위, 부양의무발생의 요건, 부양의 정도와 방법 등은 모두 국제사법 제73조에 따른다.

VI. 후　　견

【제75조】(후견)
① 후견은 피후견인의 본국법에 따른다.
② 법원이 제61조에 따라 성년 또는 미성년자인 외국인의 후견사건에 관한 재판을 하는 때에는 제 1 항에도 불구하고 다음 각 호의 어느 하나에 해당하는 경우 대한민국 법에 따른다.
1. 피후견인의 본국법에 따른 후견개시의 원인이 있더라도 그 후견사무를 수행할 사람이 없거나, 후견사무를 수행할 사람이 있더라도 후견사무를 수행할 수 없는 경우
2. 대한민국에서 후견개시의 심판(임의후견감독인선임 심판을 포함한다)을 하였거나 하는 경우
3. 피후견인의 재산이 대한민국에 있고 피후견인을 보호하여야 할 필요가 있는 경우

　　Cf. 2022년 개정 전의 국제사법 제14조는 "법원은 대한민국에 상거소 또는 거소가 있는 외국인에 대하여 대한민국법에 의하여 한정치산 또는 금치산선고를 할 수 있다."라고 규정하였으나 민법 개정에 의하여 한정치산과 금치산제도는 폐지되고 한정후견 또는 특정후견제도로 대치됨에 따라 위 제14조를 삭제하였다.

1. 준거법의 결정

　　후견의 준거법에 관하여는 재산소재지법주의, 피후견인의 주소지법주의, 피후견인의 본국법주의가 있다. 국제사법 제75조는 후견은 피후견인의 본국법에

따르도록 함으로써 후견에 대한 피후견인의 본국법주의 원칙을 규정하고 있다. 여기의 '본국법'은 현재의 본국법을 의미한다.

* 대법원 2021. 7. 21. 선고 2021다201306 판결은 미합중국 시민권자인 갑에 대해 미국법원에서 후견심판을 하여 갑의 아들 을이 후견인으로 선임되었는데, 후견기간 중에 갑의 동생 병이 갑의 대리인임을 주장하면서 갑 소유의 부동산에 관하여 매매계약 등을 체결하여 등기를 마쳤고, 이에 을이 위 매매계약 등은 을의 동의 없이 이루어진 것으로써 무효이므로 위 등기의 말소를 구한 사안에서, 국제사법에 의하면 행위능력은 그 본국법에 의하고[제13조(2022년 개정 국제사법 28조에 해당함, 筆者 註) 제 1 항], 후견은 피후견인의 본국법에 의하도록[제48조(2022년 개정 국제사법 75조에 해당함, 筆者 註) 제 1 항] 각 규정되어 있는바 미합중국인인 갑의 행위능력과 후견은 미합중국의 법률에 따라야 하므로 재산권에 관한 계약을 체결할 권리에 대해 행위무능력자가 된 갑의 재산에 관해 그 후견인인 을의 동의 없이 체결된 계약은 모두 무효라고 한 원심판단을 인용하였다.

2. 준거법의 적용범위

후견개시의 원인, 후견인의 선임·사임·해임, 결격사유, 후견사무, 후견종료의 원인, 법원에 의한 후견감독 등의 모든 문제는 국제사법 제75조 제 1 항에 따른다.

3. 내국법 적용의 특례

후견에 대하여 피후견인의 본국법주의를 관철할 경우 피후견인의 보호에 미흡하게 되거나 또는 공익을 해치게 될 경우를 대비하여 다음 세 가지 경우, 즉 ① 피후견인의 본국법에 따른 후견개시의 원인이 있더라도 그 후견사무를 수행할 사람이 없거나, 후견사무를 수행할 사람이 있더라도 후견사무를 수행할 수 없는 경우, ② 대한민국에서 후견개시의 심판(임의후견감독인선임 심판을 포함한다)을 하였거나 하는 경우 또는 ③ 피후견인의 재산이 대한민국에 있고 피후견인을 보호하여야 할 필요가 있는 경우에는 대한민국 법에 따르도록 규정하고 있다(75조 2항 1호~3호).

Ⅶ. 그 밖의 친족관계

【제74조】(그 밖의 친족관계)
친족관계의 성립 및 친족관계에서 발생하는 권리의무에 관하여 이 법에 특별한 규정이 없는 경우에는 각 당사자의 본국법에 따른다.

국제사법 제74조는 "친족관계의 성립 및 친족관계에서 발생하는 권리의무에 관하여 국제사법에 특별한 규정이 없는 경우에는 각 당사자의 본국법에 따른다."라고 하여 친족관계에 있어서 발생할 수 있는 법의 흠결에 대비하고 있다.

제 8 절   상   속

국제사법 제 8 장(상속)은 두 개의 절로 구성되는데, 제 1 절(국제재판관할)은 상속 및 유언사건의 관할(76조)을 규정하고, 제 2 절(준거법)은 상속과 유언의 준거법(77조·78조)을 규정하고 있다.

제1관   국제재판관할

다양한 이해관계인이 존재하고 재산법적 성격이 강한 상속과 유언사건의 특성을 고려하여 2022년 국제사법 개정시 상속과 유언에 대한 국제재판관할규정을 신설하였다.

Ⅰ. 상속사건의 관할

【제76조】(상속 및 유언에 관한 사건의 관할)
① 상속에 관한 사건에 대해서는 다음 각 호의 어느 하나에 해당하는 경우 법원에 국제재판관할이 있다.
  1. 피상속인의 사망 당시 일상거소가 대한민국에 있는 경우. 피상속인의 일상거소가 어느 국가에도 없거나 이를 알 수 없고 그의 마지막 일상거소가 대한민국에 있었던 경우에도 또한 같다.
  2. 대한민국에 상속재산이 있는 경우. 다만, 그 상속재산의 가액이 현저하게 적은

경우에는 그러하지 아니하다.
② 당사자가 상속에 관한 사건에 대하여 제 8 조에 따라 국제재판관할의 합의를 하
는 경우에 다음 각 호의 어느 하나에 해당하면 합의의 효력이 없다.
  1. 당사자가 미성년자이거나 피후견인인 경우. 다만, 해당 합의에서 미성년자이
     거나 피후견인인 당사자에게 법원 외에 외국법원에도 소를 제기하는 것을 허
     용하는 경우는 제외한다.
  2. 합의로 지정된 국가가 사안과 아무런 관련이 없거나 근소한 관련만 있는 경우
③ 상속에 관한 사건이 다음 각 호의 어느 하나에 해당하는 경우에는 제 9 조를 적용
하지 아니한다.
  1. 당사자가 미성년자이거나 피후견인인 경우
  2. 대한민국이 사안과 아무런 관련이 없거나 근소한 관련만 있는 경우
⑤ 제 1 항에 따라 법원에 국제재판관할이 있는 사건의 경우에는 그 조정사건에 관
하여도 법원에 국제재판관할이 있다.

1. 상속사건 및 그 조정사건의 국제재판관할

상속사건에 있어서 ① 피상속인의 사망 당시 일상거소가 대한민국에 있는
경우(피상속인의 일상거소가 어느 국가에도 없거나 이를 알 수 없고 그의 마지막 일
상거소가 대한민국에 있었던 경우 포함) 또는 ② 대한민국에 상속재산이 있는 경
우(다만, 그 상속재산의 가액이 현저하게 적은 경우는 제외) 대한민국 법원에 국제
재판관할이 있다(76조 1항). 국제사법 제76조 제 1 항에 따라 대한민국 법원에
상속사건에 대한 국제재판관할이 있는 경우 그 조정사건에 관하여도 대한민국
법원에 국제재판관할이 있다(76조 5항).

2. 상속에 관한 국제재판관할합의의 허용 및 그 한계

상속사건에 대한 국제재판관할합의를 허용하면서도, ① 당사자가 미성년자
이거나 피후견인인 경우(다만, 해당 합의에서 미성년자이거나 피후견인인 당사자에
게 대한민국 법원 외에 외국법원에도 소를 제기하는 것을 허용하는 추가적 합의가
있는 경우는 제외)와 ② 합의로 지정된 국가가 사안과 아무런 관련이 없거나 근
소한 관련만 있는 경우 그 합의는 효력이 없다(76조 2항, 8조).

3. 변론관할의 창설 제한

상속사건이 ① 당사자가 미성년자이거나 피후견인인 경우 또는 ② 대한민
국이 사안과 아무런 관련이 없거나 근소한 관련만 있는 경우에는 변론관할의

창설이 부정된다(76조 3항, 9조).

Ⅱ. 유언사건의 관할

【제76조】(상속 및 유언에 관한 사건의 관할)
④ 유언에 관한 사건은 유언자의 유언 당시 일상거소가 대한민국에 있거나 유언의 대상이 되는 재산이 대한민국에 있는 경우 법원에 국제재판관할이 있다.

유언사건은 유언자의 유언 당시 일상거소가 대한민국에 있거나 유언의 대상이 되는 재산이 대한민국에 있는 경우 대한민국 법원에 국제재판관할이 있다(76조 4항).

제 2 관   준 거 법

Ⅰ. 상   속

【제77조】(상속)
① 상속은 사망 당시 피상속인의 본국법에 따른다.
② 피상속인이 유언에 적용되는 방식에 의하여 명시적으로 다음 각 호의 어느 하나에 해당하는 법을 지정할 때에는 상속은 제 1 항에도 불구하고 그 법에 따른다.
 1. 지정 당시 피상속인의 일상거소지법. 다만, 그 지정은 피상속인이 사망 시까지 그 국가에 일상거소를 유지한 경우에만 효력이 있다.
 2. 부동산에 관한 상속에 대해서는 그 부동산의 소재지법

1. 준거법의 결정

가. 상속분할주의와 상속통일주의: 상속의 준거법에 관한 학설과 입법례는 상속분할주의와 상속통일주의로 대립한다. 상속분할주의는 부동산상속과 동산상속을 구별하여 전자에 대하여는 소재지법을 적용하고 후자에 대하여는 피상속인의 주소지법 또는 본국법을 적용하는 주의이다. 상속통일주의는 부동산과 동산을 구별하지 않고 상속을 피상속인의 속인법에 의하여 통일적으로 규율하고자 하는 주의이다. 상속제도는 신분법과 재산법의 양면적 성격을 가지는데 이 중 신분법적인 측면에서 피상속인과 상속인의 보호라는 관점에서는 통일주의가 타당하고, 재산법적인 측면에서 재산소재지법에 있어서의 공익보호라는 견지에

서 보면 분할주의가 타당하다고 할 수 있다. 실제에서는 통일주의가 우수하다
(이근식 181, 김연 396).

나. 국제사법 규정

(1) **상속통일주의의 원칙**   국제사법 제77조 제 1 항은 "상속은 사망 당시
피상속인의 본국법에 따른다."라고 규정하여 상속통일주의를 채택하고 있다. 여
기의 '피상속인의 본국법'은 사망 당시를 연결시점으로 한다(불변경주의). 실종선
고에 의하여 상속이 개시되는 경우에는 실종선고 당시의 본국법에 따른다.

(2) **당사자자치의 도입**   상속은 신분적 측면뿐만 아니라 재산의 이전이
라는 재산적 측면도 가지고 있으므로 피상속인의 일상거소지나 재산소재지와도
밀접한 관련을 가지게 되므로 단일한 본국법주의 원칙을 고집할 경우의 문제점
을 해결하기 위하여 피상속인의 상속 준거법 선택을 허용한다. 피상속인은 준거
법 선택시에 존재하는 자신의 일상거소지법을 선택할 수 있다(2항 1호). 이러한
준거법 선택은 피상속인이 생활의 근거지로 되어 온 곳의 법을 적용받고자 하
는 의도에 부응하도록 한 것이다. 다만, 사망시까지 피상속인의 일상거소는 그
곳에 유지되어야 한다. 또한 부동산 상속의 경우에는 피상속인으로 하여금 그
소재지법을 선택할 수 있게 하였다(2항 2호). 이 경우 상속과 부부재산제 및 물
권의 준거법이 일치될 수 있어 이들 관계에서 발생하는 복잡한 법률문제를 회
피할 수 있으며 실효적이고 신속한 유산채무의 해결이 가능하게 된다. 이러한
준거법 지정의 명확을 기하기 위하여 유언에 적용되는 방식에 따라 명시적으로
지정하도록 규정하였다(2항 본문).

(3) **상속의 개념**   국제사법 제77조의 '상속'은 재산상속과 신분상속, 포
괄상속과 특정상속, 법정상속과 유언상속을 구별하지 않는다.

(4) **유보조항의 적용**   피상속인의 본국법이 우리나라의 공서(23조)에 반
하는 경우 그 적용이 배제된다. 예컨대 종교상의 사망을 원인으로 한 상속의 개
시를 인정하는 것은 공서에 반한다 할 것이다(서희원 327).

2. 준거법의 적용범위

가. **상속의 개시**: 상속개시의 원인·시기·장소, 실종선고가 상속개시의 원
인이 되는가 여부 등도 피상속인의 본국법에 따른다. 그러나 국제사법 제27조
제 2 항에 따라 외국인이 대한민국 법원에서 실종선고를 받은 경우에는 대한민
국에 있는 재산에 관한 한 상속의 개시 여부·시기 등에 관하여는 대한민국 법

에 따른다(이근식 182). 상속회복청구권에 관한 문제, 즉 상속회복청구권의 당사자, 상속회복청구권의 효력 등은 상속의 준거법에 따른다.

나. 상 속 인: 누가 상속인이 되는가, 법정상속인을 피상속인의 의사로써 변경할 수 있는가, 태아의 상속능력, 상속결격, 상속의 포기, 상속순위 등의 문제는 피상속인의 본국법에 따른다. 그러나 상속인이 되기 위하여 전제될 피상속인과의 혼인관계, 친자(부모·자녀)관계, 친족관계 등의 유무는 선결문제로서 각각 별도의 준거법에 따라 정하여진다.

다. 상속재산: 상속재산의 구성과 그 이전에 관한 문제도 피상속인의 본국법에 따른다. 그러나 그 재산의 고유의 준거법이 상속재산으로 인정하지 않거나 또는 상속재산으로 인정은 하지만 이전을 인정하지 않는 경우 상속 또는 이전되지 않는다("개별준거법은 총괄준거법을 깨뜨린다").

라. 상속분·유류분: 상속분과 유류분의 문제도 피상속인의 본국법에 따른다.

마. 상속의 승인 및 포기: 상속의 승인 및 포기도 피상속인의 본국법에 따름은 물론이다. 피상속인의 본국법상으로는 포기가 인정되지 않고 상속인의 본국법상으로는 이것이 인정되는 경우가 문제되나 피상속인의 본국법이 인정하지 않는 이상 포기는 인정되지 않는다고 보아야 한다(이근식 182~183).

바. 사인증여: 사인증여에 대하여는 채권계약의 준거법규정이 적용되어야 한다는 견해와 상속의 준거법에 따라야 한다는 견해가 대립한다. 이 또한 법률관계의 성질결정의 문제인데, 사인증여에 따른 상속인의 의무에 유증에 관한 규정이 적용되고(민법 562조 참조), 사인증여도 결국 증여자 사후의 재산에 대한 처리문제라는 점에서 볼 때 상속의 준거법을 적용하는 것이 타당하다(안춘수 326).

사. 상속인의 부존재: 상속인의 부존재의 경우 각국은 상속재산이 국고 또는 공공단체에 귀속되는 것으로 하고 있다. 이러한 재산귀속의 성질에 관하여는 ① 국고 또는 공공단체가 최후의 법정상속인으로서 유산을 취득하는 것으로 보는 상속권주의와 ② 영토권의 작용에 따라 선점하는 것으로 보는 선점권주의가 있다. 이에 따라 상속의 준거법에 따라 상속인의 부존재가 확인된 경우의 그 재산귀속의 준거법에 대하여는 ① 상속의 문제로 보아 국제사법 제77조가 정하는 상속의 준거법에 따라야 한다는 견해와 ② 법규흠결의 문제로 보아 속지법, 즉 재산소재지법의 관할에 속한다는 견해가 대립한다. 국제사법에서 말하는 '상속'

은 친족관계를 중심으로 하는 재산의 승계를 의미하는 것이므로 그 성질이 다른 것으로 보아 후설이 타당하다고 본다(이근식 183, 김연 401, 신창선 367).

Ⅱ. 유　언

【제78조】(유언)
① 유언은 유언 당시 유언자의 본국법에 따른다.
② 유언의 변경 또는 철회는 그 당시 유언자의 본국법에 따른다.
③ 유언의 방식은 다음 각 호의 어느 하나의 법에 따른다.
　1. 유언자가 유언 당시 또는 사망 당시 국적을 가지는 국가의 법
　2. 유언자의 유언 당시 또는 사망 당시 일상거소지법
　3. 유언 당시 행위지법
　4. 부동산에 관한 유언의 방식에 대해서는 그 부동산의 소재지법

1. 총　설

국제사법상 유언의 문제는 '유언의 실질적 내용'의 문제와 의사표시의 하나의 형식으로서의 '유언 자체'의 문제로 구분하여야 한다. 전자는 인지(認知), 후견인의 지정, 유증 등의 성립과 효력의 문제로서 그 내용인 법률관계의 준거법에 따른다. 이 준거법은 유언의 실질적 내용에 따라 다르므로 국제사법상 통일적으로 규정할 수 없다. 한편 후자는 유언 그 자체의 성립과 효력의 문제, 즉 유언 고유의 문제로서 국제사법상 통일적 취급이 가능하다. 국제사법 제78조의 규정은 이러한 의미의 규정이다. 국제사법 제78조 제 1 항은 유언 자체의 성립과 효력에 관하여 규정하며, 엄격한 유언방식의 흠결로 인한 유언의 무효화를 가급적 방지하기 위하여 제78조 제 3 항을 두어 유효성이 인정될 가능성을 넓혔다.

2. 유언의 성립과 효력

유언의 준거법에 관한 입법례로는 유언 성립 당시 유언자의 본국법주의, 피상속인의 사망 당시 본국법주의, 유언자의 사망 당시 본국법주의, 재산소재지법주의 등이 있다. 국제사법 제78조는 '유언 당시 유언자의 본국법'에 따른다고 하여 유언 성립 당시의 유언자의 본국법주의를 채택하고 있다. 유언의 성립은 유언능력, 의사표시의 하자, 유언의 방식 등을 말하고, 유언의 효력은 유언의 효력 발생시기를 의미하는 것으로서 유언의 실질적 내용의 문제는 포함하지 않는다. 유언능력은 의사표시의 형식으로서의 유언을 할 수 있는 능력이며 이에는 국제

사법 제28조가 아니라 제78조가 적용된다.

3. 유언의 방식

유언의 방식은 유언의 성립에 포함되는 것이다. 국제사법은 유언의 보호를 위하여 유언방식의 준거법에 관한 헤이그협약을 수용하여 아래의 여러 법 중에서 어느 하나의 방식요건을 충족하면 유효한 것으로 규정하고 있다(3항). 즉, 유언의 방식은 ① 유언자가 유언 당시 또는 사망 당시 국적을 가지는 국가의 법, ② 유언자의 유언 당시 또는 사망 당시 일상거소지법, ③ 유언 당시 행위지법, ④ 부동산에 관한 유언의 방식에 대해서는 그 부동산의 소재지법 중 어느 하나의 법에 따르면 되고, 이 경우 반정은 허용되지 아니한다(22조 2항 4호).

4. 유언의 변경 · 철회

유언의 변경 또는 철회는 그 당시 유언자의 본국법에 따른다(불변경주의, 2항).

지금까지 민사에 관하여 우리 민법상의 체제순에 따른 각 분야에 대한 국제사법의 규정을 검토하였다. 체계적으로 보면 상사에 관하여도 민사에서와 같이 총칙, 상행위, 회사, 어음·수표, 보험, 해상의 순으로 각 분야에 대한 고찰을 하여야 할 것이지만 실제로는 국제사법은 상사 영역에서는 어음·수표 및 해상분야에 한하여만 규정을 두고 있다. 이렇게 민사와 달리 상사에서 제한적으로만 규율하고 있는 까닭으로는 다음 몇 가지를 들 수 있다. 첫째, 국제상거래의 정형성, 기술성, 보편성으로 인하여 상사법 분야에서는 국제적으로 실질법을 통일하는 많은 협약들이 마련됨으로써 민사법 분야에 비하여 법의 저촉이 발생할 경우가 적다는 점이다. 둘째, 상사법 영역이 저촉법 분야에서 독자성을 인정받고 있지 못하다는 데 있다. 그 결과 상사법 문제는 그 내용의 실질에 따라 민사법 분야의 저촉법 체계 속에서 해결되고 있다. 예컨대 상행위는 채권행위로, 상행위의 대리나 위임은 일반대리권의 문제로, 회사문제도 법인의 문제로 해결되고 있다. 이러한 이유로 국제사법이 별도로 다루어야 할 분야가 어음·수표 및 해상분야에 국한된 것이다. 이하 어음·수표(9장) 및 해상(10장)의 순으로 살펴보기로 한다.

제 9 절 어음 · 수표

제1관 국제재판관할

【제79조】 (어음·수표에 관한 소의 특별관할)
어음·수표에 관한 소는 어음·수표의 지급지가 대한민국에 있는 경우 법원에 제기할 수 있다.

발행인, 배서인 등 다양한 이해관계인이 존재하는 어음·수표에 관한 소에 대하여 지급지에 특별관할을 인정함으로써 분쟁의 통일적 해결에 이바지하기 위하여 2022년 개정 국제사법은 지급지가 대한민국에 있는 경우 대한민국 법원에 국제재판관할을 인정하는 규정을 신설하였다(79조).

제 2 관 준 거 법

I. 어음 · 수표행위능력

【제80조】(행위능력)
① 환어음, 약속어음 및 수표에 의하여 채무를 부담하는 자의 능력은 그의 본국법에 따른다. 다만, 그 국가의 법이 다른 국가의 법에 따르도록 정한 경우에는 그 다른 국가의 법에 따른다.
② 제 1 항에 따르면 능력이 없는 자라 할지라도 다른 국가에서 서명을 하고 그 국가의 법에 따라 능력이 있을 때에는 그 채무를 부담할 수 있는 능력이 있는 것으로 본다.

1. 준거법의 결정

어음 · 수표행위능력의 준거법에 관하여는 일반법률행위능력이 본국법을 준거법으로 하는 이상 증권상 행위능력도 본국법에 따라야 한다는 본국법주의, 거래지의 거래안전을 도모하기 위하여는 행위지법에 따라야 한다는 행위지법주의, 본국법주의를 원칙으로 하고 본국법상 무능력자라고 하더라도 행위지법에 따르면 능력자인 경우에는 예외적으로 행위지법에 따른다는 절충주의가 있다.

2. 국제사법의 입장

가. **본국법주의의 원칙**: 국제사법 제80조 제 1 항 본문은 환어음, 약속어음 및 수표에 따라 채무를 부담하는 자의 능력은 그의 본국법에 따른다고 규정하고 있다.

나. **본국법주의의 예외**(행위지법주의의 보충): 국제사법은 본국법주의의 예외로서 행위지법에 의한 보충을 허용하고 있다. 즉, 행위자가 본국법에 따르면 능력이 없는 자라 할지라도 서명을 한 국가의 법에 따라 능력이 있을 때에는 그 채무에 대한 부담능력이 있는 것으로 본다(2항).

다. **반정의 허용**: 어음 · 수표행위에 대하여 본국법이 다른 국가의 법에 따르도록 정한 경우에는 그 다른 국가의 법에 따른다고 하여 전정(轉定)을 포함한 반정을 허용하고 있다(1항 단서). 우리나라 국제사법상 전정은 어음 · 수표행위능력에만 인정된다.

Ⅱ. 지급인의 자격

> **【제81조】(수표지급인의 자격)**
> ① 수표지급인이 될 수 있는 자의 자격은 지급지법에 따른다.
> ② 지급지법에 따르면 지급인이 될 수 없는 자를 지급인으로 하여 수표가 무효인 경우에도 동일한 규정이 없는 다른 국가에서 한 서명으로부터 생긴 채무의 효력에는 영향을 미치지 아니한다.

수표지급인이 될 수 있는 자의 자격은 지급지법에 따른다(81조 1항). 지급지법에 의하면 지급인이 될 수 없는 자를 지급인으로 하여 수표가 무효인 경우에도 동일한 규정이 없는 다른 국가에서 행한 서명으로부터 생긴 채무의 효력에는 영향을 미치지 아니한다(2항). 이는 거래안전의 보호를 위한 규정이다.

Ⅲ. 어음·수표행위의 방식

> **【제82조】(방식)**
> ① 환어음·약속어음의 어음행위 및 수표행위의 방식은 서명지법에 따른다. 다만, 수표행위의 방식은 지급지법에 따를 수 있다.
> ② 제 1 항에서 정한 법에 따를 때 행위가 무효인 경우에도 그 후 행위지법에 따라 행위가 적법한 때에는 그 전 행위의 무효는 그 후 행위의 효력에 영향을 미치지 아니한다.
> ③ 대한민국 국민이 외국에서 한 환어음·약속어음의 어음행위 및 수표행위의 방식이 행위지법에 따르면 무효인 경우에도 대한민국 법에 따라 적법한 때에는 다른 대한민국 국민에 대하여 효력이 있다.

1. 준거법결정에 관한 학설과 입법례

통상의 법률행위에는 "장소는 행위를 지배한다."라는 행위지법원칙이 적용되나, 어음·수표행위에는 그 특수성으로 인하여 학설과 입법례상 이행지법주의, 행위지법주의 그리고 행위지법주의를 원칙으로 하되 특별한 경우에 예외를 인정하는 절충주의가 대립한다.

2. 국제사법의 입장

가. 행위지법 원칙: 국제사법 제82조 제 1 항은 환어음·약속어음의 어음행

위 및 수표행위의 방식은 서명지법에 따르되 수표행위의 방식은 지급지법에 따를 수 있도록 한다.

나. 예 외

(1) **어음·수표행위의 독립성**　제1항에서 정한 법에 따를 때 행위가 무효인 경우에도 그 후 행위지법에 따라 행위가 적법한 때에는 그 전 행위의 무효는 그 후 행위의 효력에 영향을 미치지 아니한다(2항). 이는 어음·수표의 유통성을 보호하기 위한 규정이다.

(2) **대한민국 국민간의 어음·수표행위의 특칙**　대한민국 국민이 외국에서 한 환어음·약속어음의 어음행위 및 수표행위의 방식이 행위지법에 따르면 무효인 경우에도 대한민국 법에 따라 적법한 때에는 다른 대한민국 국민에 대하여 효력이 있다(3항).

IV. 어음·수표행위의 효력

> **【제83조】** (효력)
> ① 환어음의 인수인과 약속어음의 발행인의 채무는 지급지법에 따르고, 수표로부터 생긴 채무는 서명지법에 따른다.
> ② 제1항에 규정된 자 외의 자의 환어음·약속어음에 의한 채무는 서명지법에 따른다.
> ③ 환어음, 약속어음 및 수표의 상환청구권을 행사하는 기간은 모든 서명자에 대하여 발행지법에 따른다.

1. 준거법의 결정

어음·수표행위의 효력에 관하여는 발행지법주의, 지급지법주의, 서명지법주의, 주된 의무자에 대하여는 지급지 또는 서명지의 법을 적용하고 그 밖의 채무자에 대하여는 각각 서명지의 법을 적용하여야 한다는 절충주의가 있다.

2. 국제사법의 입장

가. **인수인·발행인의 의무**: 환어음의 인수인과 약속어음의 발행인의 채무는 지급지법에 따르고, 수표로부터 생긴 채무는 서명지법을 준거법으로 한다(83조 1항).

나. **기타 서명자의 의무**: 제1항에 규정된 자 외의 자의 환어음·약속어음에 의한 채무는 서명지법을 준거법으로 한다(2항). 예컨대 배서에 의한 권리이

전의 효력도 서명지법에 따라야 한다.

　다. 상환청구권행사기간: 환어음, 약속어음 및 수표의 상환청구권(소구권)을 행사하는 기간은 모든 서명자에 대하여 발행지법을 준거법으로 한다(3항).

【제84조】(원인채권의 취득)
어음의 소지인이 그 발행의 원인이 되는 채권을 취득하는지 여부는 어음의 발행지법에 따른다.

　라. 원인채권의 취득: 환어음과 약속어음의 소지인이 그 발행의 원인이 되는 채권을 취득하는지 여부는 어음의 발행지법에 따른다(84조).

Ⅴ. 어음·수표에 관한 기타 사항

【제85조】(일부인수 및 일부지급)
① 환어음의 인수를 어음 금액의 일부로 제한할 수 있는지 여부 및 소지인이 일부지급을 수락할 의무가 있는지 여부는 지급지법에 따른다.
② 약속어음의 지급에 관하여는 제1항을 준용한다.

1. 일부인수 및 일부지급

　환어음의 인수를 어음 금액의 일부에 제한할 수 있는지 여부 및 소지인이 일부지급을 수락할 의무가 있는지 여부는 지급지법에 따른다(85조 1항). 제1항은 약속어음의 지급에 준용한다(85조 2항).

【제86조】(권리의 행사·보전을 위한 행위의 방식)
환어음, 약속어음 및 수표에 관한 거절증서의 방식, 그 작성기간 및 환어음, 약속어음 및 수표상의 권리의 행사 또는 보전에 필요한 그 밖의 행위의 방식은 거절증서를 작성하여야 하는 곳 또는 그 밖의 행위를 행하여야 하는 곳의 법에 따른다.

2. 권리의 행사·보전을 위한 행위의 방식

　환어음, 약속어음 및 수표에 관한 거절증서의 방식, 그 작성기간 및 환어음, 약속어음 및 수표상의 권리의 행사 또는 보전에 필요한 그 밖의 행위의 방식은 거절증서를 작성하여야 하는 곳 또는 그 밖의 행위를 행하여야 하는 곳의 법에 따른다(86조).

【제87조】(상실·도난)
환어음, 약속어음 및 수표의 상실 또는 도난의 경우에 수행하여야 하는 절차는 지급지법에 따른다.

3. 어음·수표의 상실 또는 도난

환어음, 약속어음 및 수표의 상실 또는 도난의 경우에 수행하여야 하는 절차는 지급지법에 따른다(87조).

【제88조】(수표의 지급지법)
수표에 관한 다음 각 호의 사항은 수표의 지급지법에 따른다.
1. 수표가 일람출급(一覽出給)이 필요한지 여부, 일람 후 정기출급으로 발행할 수 있는지 여부 및 선일자수표(先日字手標)의 효력
2. 제시기간
3. 수표에 인수, 지급보증, 확인 또는 사증을 할 수 있는지 여부 및 그 기재의 효력
4. 소지인이 일부지급을 청구할 수 있는지 여부 및 일부지급을 수락할 의무가 있는지 여부
5. 수표에 횡선을 표시할 수 있는지 여부 및 수표에 "계산을 위하여"라는 문구 또는 이와 동일한 뜻이 있는 문구의 기재의 효력. 다만, 수표의 발행인 또는 소지인이 수표면에 "계산을 위하여"라는 문구 또는 이와 동일한 뜻이 있는 문구를 기재하여 현금의 지급을 금지한 경우에 그 수표가 외국에서 발행되고 대한민국에서 지급하여야 하는 것은 일반횡선수표의 효력이 있다.
6. 소지인이 수표자금에 대하여 특별한 권리를 가지는지 여부 및 그 권리의 성질
7. 발행인이 수표의 지급위탁을 취소할 수 있는지 여부 및 지급정지를 위한 절차를 수행할 수 있는지 여부
8. 배서인, 발행인, 그 밖의 채무자에 대한 상환청구권 보전을 위하여 거절증서 또는 이와 동일한 효력을 가지는 선언이 필요한지 여부

4. 지급지법에 따르는 수표사항

현금의 지급에 갈음하는 수표의 중점은 그 성질상 지급인에게 있는 것으로 볼 수 있으므로 국제사법에 있어서도 지급지법주의가 원칙으로 되어 있다(88조). 구체적인 사항은 제88조 제 1 호 내지 제 8 호에 기재된 내용과 같다.

표-3	어음·수표관계의 준거법		

본 국 법	지급지법	서명지법	발행지법
-어음·수표행위 능력(80조 1항)	-수표지급인의 자격 (81조 1항) -수표행위의 방식(보충 적, 82조 1항 단서) -환어음 인수인 및 약 속어음 발행인의 채무 (83조 1항 전단) -일부인수 및 일부지 급(85조) -상실 및 도난(87조) -선일자수표의 효력 등 (88조)	-어음·수표행위의 방식(82조 1항 본문) -수표로부터 생긴 채무 (예: 수표 발행인의 의 무)(83조 1항 후단) -환어음 인수인 및 약 속어음 발행인 외의 자의 채무(예: 환어음 발행인 또는 약속어 음 배서인의 의무)(83 조 2항)	-상환청구권(소구 권) 행사기간 (83조 3항) -원인채권의 취득 (84조)

제 10 절 해 상

국제사법 제10장(해상)은 두 개의 절로 구성되는데, 제 1 절(국제재판관할)은 선박소유자 등의 책임제한사건의 관할(89조)과 선박 또는 항해에 관한 소·공동해손에 관한 소·선박충돌에 관한 소·해난구조에 관한 소의 특별관할(90조~93조)을 규정하고, 제 2 절(준거법)은 해상·선박충돌·해난구조(94조~96조)의 준거법을 규정하고 있다.

제1관 국제재판관할

Ⅰ. 선박소유자 등의 책임제한사건의 관할

【제89조】(선박소유자등의 책임제한사건의 관할)
선박소유자·용선자(傭船者)·선박관리인·선박운항자, 그 밖의 선박사용인(이하 "선박소유자등"이라 한다)의 책임제한사건에 대해서는 다음 각 호의 어느 하나에 해당하는 곳이 대한민국에 있는 경우에만 법원에 국제재판관할이 있다.
  1. 선박소유자등의 책임제한을 할 수 있는 채권(이하 "제한채권"이라 한다)이 발생한 선박의 선적(船籍)이 있는 곳
  2. 신청인인 선박소유자등에 대하여 제 3 조에 따른 일반관할이 인정되는 곳

3. 사고발생지(사고로 인한 결과 발생지를 포함한다)
4. 사고 후 사고선박이 최초로 도착한 곳
5. 제한채권에 의하여 선박소유자등의 재산이 압류 또는 가압류된 곳(압류에 갈음하여 담보가 제공된 곳을 포함한다. 이하 "압류등이 된 곳"이라 한다)
6. 선박소유자등에 대하여 제한채권에 근거한 소가 제기된 곳

2022년 국제사법 개정시 선박소유자 등의 책임제한사건에 관하여 외국법원과의 합리적 관할배분 등을 위한 국제재판관할규정을 신설하였다. 선박소유자·용선자(傭船者)·선박관리인·선박운항자, 그 밖의 선박사용인(이하 "선박소유자등"으로 약칭)의 책임제한사건에 있어서 ① 선박소유자등의 책임제한을 할 수 있는 채권(이하 "제한채권"으로 약칭)이 발생한 선박의 선적(船籍)이 있는 곳, ② 신청인인 선박소유자등에 대하여 제3조에 따른 일반관할이 인정되는 곳, ③ 사고발생지(사고로 인한 결과 발생지 포함), ④ 제한채권에 의하여 선박소유자등의 재산이 압류 또는 가압류된 곳(압류에 갈음하여 담보가 제공된 곳을 포함. 이하 "압류등이 된 곳"으로 약칭), ⑥ 선박소유자등에 대하여 제한채권에 근거한 소가 제기된 곳 중 어느 하나에 해당하는 곳이 대한민국에 있는 경우에만 대한민국 법원에 국제재판관할이 있다(89조).

Ⅱ. 선박 또는 항해에 관한 소의 특별관할

【제90조】(선박 또는 항해에 관한 소의 특별관할)
선박소유자등에 대한 선박 또는 항해에 관한 소는 선박이 압류등이 된 곳이 대한민국에 있는 경우 법원에 제기할 수 있다.

2022년 국제사법 개정시 선박 자체를 목적으로 하거나 선박으로 말미암은 법률관계에 관한 소(선박에 관한 소) 또는 선박을 항해에 제공함으로써 생기는 모든 법률관계의 소(항해에 관한 소)에 관하여 압류등이 된 곳에 특별관할을 인정하는 규정을 신설하였다. 선박소유자등에 대한 선박 또는 항해에 관한 소는 선박이 압류등이 된 곳이 대한민국에 있는 경우 대한민국 법원에 제기할 수 있다(90조).

Ⅲ. 공동해손에 관한 소의 특별관할

【제91조】(공동해손에 관한 소의 특별관할)
공동해손(共同海損)에 관한 소는 다음 각 호의 어느 하나에 해당하는 곳이 대한민국에 있는 경우 법원에 제기할 수 있다.
  1. 선박의 소재지
  2. 사고 후 선박이 최초로 도착한 곳
  3. 선박이 압류등이 된 곳

2022년 국제사법 개정시 공동해손의 분담과 관련한 다양한 이해관계인 사이의 통일적 분쟁해결가능성 등을 고려하여 특별관할을 신설하였다. 공동해손(共同海損)에 관한 소는 ① 선박의 소재지, ② 사고 후 선박이 최초로 도착한 곳, ③ 선박이 압류등이 된 곳 중 어느 하나에 해당하는 곳이 대한민국에 있는 경우 대한민국 법원에 제기할 수 있다(91조).

Ⅳ. 선박충돌에 관한 소의 특별관할

【제92조】(선박충돌에 관한 소의 특별관할)
선박의 충돌이나 그 밖의 사고에 관한 소는 다음 각 호의 어느 하나에 해당하는 곳이 대한민국에 있는 경우 법원에 제기할 수 있다.
  1. 가해 선박의 선적지 또는 소재지
  2. 사고 발생지
  3. 피해 선박이 사고 후 최초로 도착한 곳
  4. 가해 선박이 압류등이 된 곳

2022년 국제사법 개정시 선박충돌과 관련된 다양한 이해관계인 사이의 통일적 분쟁해결가능성 등을 고려하여 특별관할을 신설하였다. 선박의 충돌이나 그 밖의 사고에 관한 소는 ① 가해 선박의 선적지 또는 소재지, ② 사고 발생지, ③ 피해 선박이 사고 후 최초로 도착한 곳, ④ 가해 선박이 압류등이 된 곳 중 어느 하나에 해당하는 곳이 대한민국에 있는 경우 대한민국 법원에 제기할 수 있다(92조).

V. 해난구조에 관한 소의 특별관할

【제93조】 (해난구조에 관한 소의 특별관할)
해난구조에 관한 소는 다음 각 호의 어느 하나에 해당하는 곳이 대한민국에 있는 경우 법원에 제기할 수 있다
1. 해난구조가 있었던 곳
2. 구조된 선박이 최초로 도착한 곳
3. 구조된 선박이 압류등이 된 곳

2022년 국제사법 개정시 해난구조소송에 대한 특별관할을 신설하였다. 해난구조에 관한 소는 ① 해난구조가 있었던 곳, ② 구조된 선박이 최초로 도착한 곳, ③ 구조된 선박이 압류등이 된 곳 중 어느 하나에 해당하는 곳이 대한민국에 있는 경우 대한민국 법원에 제기할 수 있다(93조).

제 2 관   준 거 법

I. 선박의 국적

입법례상 선박의 국적을 정하는 표준으로는 선박소유자주의와 선주(船主)·해원(海員) 및 조선국주의(造船國主義)가 있다. 우리나라 선박법 제 2 조는 대체로 선박소유자주의를 취하고 있는 것으로 이해된다(김연 433).

II. 선적국법주의의 적용

【제94조】 (해상)
해상에 관한 다음 각 호의 사항은 선적국법에 따른다.
1. 선박의 소유권 및 저당권, 선박우선특권, 그 밖의 선박에 관한 물권
2. 선박에 관한 담보물권의 우선순위
3. 선장과 해원(海員)의 행위에 대한 선박소유자의 책임범위
4. 선박소유자등이 책임제한을 주장할 수 있는지 여부 및 그 책임제한의 범위
5. 공동해손
6. 선장의 대리권

1. 선적국법주의

해상에 관한 ① 선박의 소유권 및 저당권, 선박우선특권 그 밖의 선박에 관한 물권, ② 선박에 관한 담보물권의 우선순위, ③ 선장과 해원(海員)의 행위에 대한 선박소유자의 책임범위, ④ 선박소유자등이 책임제한을 주장할 수 있는지 여부 및 그 책임제한의 범위, ⑤ 공동해손, ⑥ 선장의 대리권에 관한 사항은 선적국법에 따른다. 이는 예시적인 것이다(서희원 361). 이와 관련하여 선박우선특권의 성립 여부와 일정한 채권이 선박우선특권에 의하여 담보되는지 여부 및 선박우선특권이 미치는 대상의 범위는 국제사법 제94조 제1호에 따라 선적국의 법, 즉 선박소유자가 선박의 등기·등록을 한 곳이 속한 국가의 법이 준거법이 되는 것이고, 이는 그 선박이 선적국이 아니라 다른 국가에 나용선등록을 하고 있는 경우라고 하여 달라지지 않는다는 판결(대법원 2014. 11. 27. 자 2014마1099 결정)과 선적국의 헌법에 '국제조약과 국내법이 상이할 경우 국제조약이 우선한다.'는 규정이 있는 경우에는 선박우선특권에 관하여 그 국제조약이 선적국의 국내법에 우선하여 적용된다는 판결(대법원 2014. 10. 2. 자 2013마1518 결정)이 있다.

▶ 대법원 2014. 12. 24. 선고 2014다27128 판결
선박우선특권의 성립 여부, 일정한 채권이 선박우선특권에 의하여 담보되는지 여부 및 선박우선특권이 미치는 대상의 범위는 국제사법 제60조(2022년 개정 국제사법 94조에 해당함, 筆者 註) 제1호에 따라 선적국의 법이 준거법이 된다(대법원 2007. 7. 12. 선고 2005다39617 판결 참조).

▶ 대법원 2014. 12. 11. 선고 2013다203451 판결 【선박우선특권부존재확인】
선박우선특권의 성립 여부, 일정한 채권이 선박우선특권에 의하여 담보되는지 여부와 선박우선특권이 미치는 대상의 범위는 국제사법 제60조(2022년 개정 국제사법 94조에 해당함, 筆者 註) 제1호에 따라 선적국의 법이 준거법이 된다(대법원 2007. 7. 12. 선고 2005다39617 판결 참조).
몰타국 상선법이 선박우선특권이 인정되는 피담보채권의 범위를 법률에 명시된 것으로 엄격하게 제한하면서, 공급품 등 구입을 위한 계약의 경우 선박우선특권을 발생시킬 수 있는 당사자의 범위를 '선주, 선장 또는 선주로부터 권한을 부여받은 대리인'으로 한정하고 있는 것은, 선박소유자의 의사에 의하지 않은 거래로 말미암아 선박에 우선특권이 성립되어 선박소유자나 선박저당권자 등의 이익을 해하는 것을 방지하고, 채권자와 선

박소유자의 이익 사이에 합리적인 균형을 도모하기 위하여 법에 명문으로 규정된 당사자가 계약을 체결한 경우에만 그 계약으로부터 발생한 채권을 선박우선특권으로 보호하기 위한 취지라고 보아야 할 것이므로, <u>선박의 용선자가 체결한 계약으로부터 발생한 채권은 특별한 사정이 없는 한 몰타국 상선법 제50조 제m호에 의하여 선박우선특권으로 담보되는 채권에 해당한다고 볼 수 없다.</u>

2. 반정의 불허

국제사법 제22조 제 2 항 제 5 호에는 선적국법이 지정되는 경우에 반정의 적용이 배제됨을 명시하고 있다.

Ⅲ. 선박충돌

【제95조】 (선박충돌)
① 개항(開港)·하천 또는 영해에서의 선박충돌에 관한 책임은 그 충돌지법에 따른다.
② 공해에서의 선박충돌에 관한 책임은 각 선박이 동일한 선적국에 속하는 경우에는 그 선적국법에 따르고, 각 선박이 선적국을 달리하는 경우에는 가해선박의 선적국법에 따른다.

1. 개항·하천 또는 영해에서의 선박충돌

개항·하천 또는 영해에서의 선박충돌에 관한 책임은 그 충돌지법에 따른다 (95조 1항).

2. 공해에서의 선박충돌

공해에서의 선박충돌에 관한 책임은 각 선박이 동일한 선적국에 속하는 경우에는 그 선적국법에 따르고, 각 선박이 선적국을 달리하는 경우에는 가해선박의 선적국법에 따른다(2항).

Ⅳ. 해난구조

【제96조】 (해난구조)
해난구조로 인한 보수청구권은 그 구조행위가 영해에서 있는 경우에는 행위지법에 따르고, 공해에서 있는 때에는 구조한 선박의 선적국법에 따른다.

해난구조로 인한 보수청구권은 그 구조행위가 영해에서 있는 경우에는 행위지법에 따르고, 공해에서 있는 경우에는 구조한 선박의 선적국법에 따른다(96조). 해난구조가 계약에 의한 것일 경우에는 당연히 국제사법 제45조, 제46조가 적용되어야 한다.

제 11 절 부　　칙

국제사법 부칙에는 다음 몇 가지 사항이 규정되어 있다.

1. 시행일(부칙 1조)

이 법은 공포 후 6개월이 경과한 날부터 시행한다. 2022년 개정 국제사법은 2022. 1. 4. 법률 제18670호로 공포되었으므로 2022. 7. 5.부터 시행된다.

2. 계속 중인 사건의 관할에 관한 경과조치(부칙 2조)

이 법 시행 당시 법원에 계속(係屬) 중인 사건의 관할에 대해서는 종전의 규정에 따른다.

3. 준거법 적용에 관한 경과조치(부칙 3조)

이 법 시행 전에 생긴 사항에 적용되는 준거법에 대해서는 종전의 규정에 따른다. 다만, 이 법 시행 전후에 계속(繼續)되는 법률관계에 대해서는 이 법 시행 이후의 법률관계에 대해서만 이 법의 규정을 적용한다.

부 록

로스쿨
국제거래법

국제물품매매계약에 관한 국제연합협약(국문) 및 국제사법(신/구)

Law of International Business Transactions

<기출문제 모범답안 공부에 앞서 일러둘 사항>

　알다시피 국제거래법 시험범위는 국제물품매매계약에 관한 국제연합협약과 국제사법의 두 영역이다. 그 중 2022년 국제사법에 대하여 전부개정이 이루어졌다.

　따라서 국제사법에 관한 한 개정 전의 기출문제(1회~11회)와 그에 대한 모범답안을 그대로 참고하는 것은 2022년 개정 국제사법을 공부하여 시험을 치러야 하는 수험생에게 혼란을 가져올 수 있다. 그렇다고 하여 위 개정 전의 기출문제에 대하여 2022년 개정 국제사법을 적용한 모범답안을 만들 경우 또한 오류가 있을 수 있다. 왜냐하면 위 개정 전의 기출문제는 2022년 개정 전의 국제사법규정과 대법원판결의 입장을 전제로 출제된 것이기 때문이다.

　국제사법은 국제재판관할권에 관한 규정과 준거법에 관한 규정으로 대별(大別)되는데 이번 2022년의 개정은 국제재판관할권에 관하여 많은 규정을 신설한 한편 준거법에 관하여는 자구 및 조문번호 수정 외에는 큰 차이는 없다. 2022년 개정 전에는 국제재판관할권에 대하여 제 2 조의 일반원칙과 소비자계약과 근로계약에 관한 특별규정만을 두었었는데 이번 2022년 개정에서는 위 제 2 조와 소비자계약 및 근로계약의 재판관할규정 외에 민사소송법의 재판적에 대응한 재판관할규정을 신설함과 더불어 개개의 법률관계에 대한 특별관할규정을 신설하였다.

　따라서 아래의 국제사법 기출문제(1회~11회)의 모범답안 중 국제재판관할부분에는 기존의 답안 뒤에 개정 국제사법의 신설규정을 덧붙여 참고로 할 수 있게 하고, 준거법부분에 대하여는 (기출문제의 취지를 훼손하지 않는 범위 내에서) 개정 국제사법에 따른 모범답안으로 다시 작성하였다.

　끝으로 용어에 관하여 언급한다. 2022년 개정 국제사법은 개정 전의 '상거소'에 대한 표기를 '일상거소'로 변경하였다. 국제사법 문제는 원형대로 '상거소'로 표기하였으나, 답안에서는 이를 '일상거소'로 바꾸어 두었다.

제 1 회 변호사시험 기출문제 　　국제거래법

국제사법 문제

　　A주식회사는 대한민국 서울에 유일한 영업소를 두고 기계류의 판매와 유통을 주로 하는 회사로서, 일본 동경에 유일한 영업소를 두고 있는 B주식회사로부터 같은 회사가 제작하는 절삭용 공구를 매수하는 내용의 계약을 체결하였다. 그런데 B주식회사는 계약 직후 발생한 세계적 금융위기의 여파에 따른 원자재확보차질로 인하여 A주식회사에 대하여 기계의 인도를 지체하고 있다.

　　한편 B주식회사는 한국 내 판로확장을 위하여 담당 직원을 한국으로 보내어 한국인 근로자 甲과 乙에 대한 면접을 거쳐서 그들을 채용하기로 결정한 다음, 한국에서 그들과 사이에 계약기간을 1년으로 하는 근로계약을 각 체결하였다. 甲과 乙은 위 근로계약이 체결된 다음 일본으로 건너가 B주식회사의 동경 영업소에서 근무를 시작하였다. 甲과 乙이 근무를 시작한지 2주 후 휴일에 교외에 놀러 나가 공원에서 술을 마시던 중 개인적인 말다툼 끝에 乙이 甲을 폭행하여 甲에게 전치 2개월의 상해를 가하는 사태가 발생하자 B주식회사는 위 폭력 사건을 이유로 甲과 乙을 근로계약의 종료 이전에 해고하였다. 甲과 乙의 상거소는 모두 위 근로계약 이전부터 현재까지 서울에 있다.

　　A주식회사와 B주식회사 사이의 매매계약과 B주식회사와 甲, 乙 사이의 각 근로계약에 관하여 관련 당사자들이 명시적 또는 묵시적으로 준거법을 선택한 바는 없었음을 전제로 한다.

　1. A주식회사는 대한민국 법원에 B주식회사를 상대로 공구인도지연으로 인한 손해배상청구소송을 제기하고자 한다. 아래의 각 질문에 답하시오. (30점)

　　(1) A회사와 B회사 사이에 분쟁이 발생할 경우 일본 동경 소재 지방법원을 관할법원으로 하는 전속적인 국제관할의 서면합의가 있는 경우와 그러한 관할합의가 없는 경우로 나누어 각 경우에 대한민국의 법원이 관할권을 가지는지 여부에 대하여 논하시오. (15점)

　　(2) 대한민국의 법원이 관할권을 가지는 경우, 이때 적용될 준거법은 어떤 것인지에 대하여 논하시오. (15점)

　2. 甲은 乙을 상대로 상해로 인한 손해배상청구소송을 제기하고자 한다. 이 경우 적용될 준거법은 어떤 것인지에 대하여 논하시오. (20점)

3. 甲과 乙은 B회사를 상대로 근로계약의 종료를 다투는 소송을 제기하고자 한다. 이 경우 어느 국가의 법원에 제소할 수 있는지 및 이 경우 적용될 준거법은 어떤 것인지에 대하여 논하시오. (30점)

모범답안

<문제 1-1>

Ⅰ. 논점의 정리

외국법원을 관할법원으로 하는 전속적 국제재판관할 합의가 유효하기 위한 판례요건 및 국제사법 제2조에 의한 국제재판관할권을 검토한다.

Ⅱ. 전속적 국제재판관할 합의의 유효성

판례는 대한민국 법원의 관할을 배제하고 외국법원을 관할법원으로 하는 전속적 국제재판관할합의가 유효하기 위하여 ① 당해 사건이 대한민국 법원의 전속관할에 속하지 아니하고, ② 지정된 외국법원이 그 외국법상 당해 사건에 대하여 관할권을 가져야 하며, ③ 당해 사건이 그 외국법원에 대하여 합리적인 관련성을 가질 것이 요구되고, ④ 그와 같은 전속적인 관할합의가 현저하게 불합리하고 불공정하여 공서양속에 반하는 법률행위에 해당하지 않아야 한다는 입장이다. 또한 ⑤ 관할합의의 방식은 서면이어야 한다(민사소송법 29조 2항).

> ※ 2022년 개정 국제사법은 합의관할에 대한 규정(8조)을 신설하였는데 대법원판결이 요구하는 ③의 합리적 관련성을 요건으로 하지 않는 것 외에 대체로 위 대법원이 제시한 요건과 유사하다. 향후 전속적 국제재판관할합의에 대한 문제가 출제될 경우에는 대법원판결이 아니라 국제사법 제8조에 따라 서술하여야 한다.
>
> 국제사법 제8조(합의관할) ① 당사자는 일정한 법률관계로 말미암은 소에 관하여 국제재판관할의 합의(이하 이 조에서 "합의"라 한다)를 할 수 있다. 다만, 합의가 다음 각 호의 어느 하나에 해당하는 경우에는 효력이 없다.
> 1. 합의에 따라 국제재판관할을 가지는 국가의 법(준거법의 지정에 관한 법규를 포함한다)에 따를 때 그 합의가 효력이 없는 경우
> 2. 합의를 한 당사자가 합의를 할 능력이 없었던 경우
> 3. 대한민국의 법령 또는 조약에 따를 때 합의의 대상이 된 소가 합의로 정한 국가가 아닌 다른

국가의 국제재판관할에 전속하는 경우

4. 합의의 효력을 인정하면 소가 계속(係屬)된 국가의 선량한 풍속이나 그 밖의 사회질서에 명백히 위반되는 경우

② 합의는 서면[전보(電報), 전신(電信), 팩스, 전자우편 또는 그 밖의 통신수단에 의하여 교환된 전자적(電子的) 의사표시를 포함한다]으로 하여야 한다.

③ 합의로 정해진 관할은 전속적인 것으로 추정한다.

Ⅲ. 국제재판관할권

1. **의의**: 국제재판관할권은 문제된 섭외사법관계에 대하여 특정국가의 법원이 이를 재판할 수 있는 자격 내지 권한을 의미한다.

2. **결정기준에 관한 학설**: 민사소송법의 토지관할에 관한 규정을 역으로 추지하여 국내에 재판적이 인정되면 국제재판관할권이 인정된다는 역추지설 외에 관할배분설, 수정역추지설이 있다.

3. **국제사법 규정과 대법원의 입장**

가. **실질적 관련의 원칙**: 당사자 또는 분쟁이 된 사안이 대한민국과 실질적 관련을 가지는 경우에 대한민국 법원에 국제재판관할권이 인정되며, 실질적 관련성 유무를 판단함에 있어서는 국제재판관할배분의 이념에 부합하는 합리적인 원칙에 따라야 한다(2조 1항). 대법원은 여기의 '실질적 관련'은 대한민국 법원이 재판관할권을 행사하는 것을 정당화할 정도로 당사자 또는 분쟁이 된 사안과 관련성이 있는 것을 뜻하고, 이를 판단함에 있어서는 당사자의 공평, 재판의 적정, 신속과 경제 등 국제재판관할 배분의 이념에 부합하는 합리적인 원칙에 따라야 하며, 구체적으로는 당사자의 공평, 편의, 예측가능성과 같은 개인적인 이익뿐만 아니라, 재판의 적정, 신속, 효율, 판결의 실효성과 같은 법원이나 국가의 이익도 함께 고려하여야 하고, 이처럼 다양한 국제재판관할의 이익 중 어떠한 이익을 보호할 필요가 있을지는 개별 사건에서 실질적 관련성 유무를 합리적으로 판단하여 결정하여야 한다는 입장이다.

> * 2022년 국제사법 개정시 국제사법 제2조 제1항에 '당사자 간의 공평, 재판의 적정, 신속 및 경제'라는 국제재판관할 배분의 구체적 이념을 추가하였는데 이는 위와 같은 대법원판결의 내용을 반영한 것이다.

나. **국내법의 관할규정 참작**: 법원은 국내법의 관할규정을 참작하여 국제재판관할권의 유무를 판단하되, 국제재판관할의 특수성을 충분히 고려하여야 한다(2조 2항). 대법원은 국제재판관할권 인정 여부에 있어서 민사소송법의 관할규정을 중요기준

으로 제시하면서 개별사건에 있어서의 국제재판관할의 특수성에 따라 이를 수정하여 적용할 수 있다는 입장이다.

※ 2022년 개정 국제사법 제 2 조 제 1 항에 '실질적 관련성' 유무 판단의 구체적 기준을, 제 2 항에 국내법의 관할규정을 참작할 전제(보충성)를 각 추가한 데 개정 전과 차이가 있다(아래 각 밑줄 부분).

국제사법 제 2 조(일반원칙) ① 대한민국 법원(이하 "법원"이라 한다)은 당사자 또는 분쟁이 된 사안이 대한민국과 실질적 관련이 있는 경우에 국제재판관할권을 가진다. 이 경우 법원은 실질적 관련의 유무를 판단할 때에 <u>당사자 간의 공평, 재판의 적정, 신속 및 경제를 꾀한다는</u> 국제재판관할 배분의 이념에 부합하는 합리적인 원칙에 따라야 한다.
② <u>이 법이나 그 밖의 대한민국 법령 또는 조약에 국제재판관할에 관한 규정이 없는 경우</u> 법원은 <u>국내법의 관할 규정을 참작하여</u> 국제재판관할권의 유무를 판단하되, 제 1 항의 취지에 비추어 국제재판관할의 특수성을 충분히 고려하여야 한다.

Ⅳ. 사안에의 적용

대한민국 법인인 A회사와 일본국 법인인 B회사 사이의 이 소송은 외국과 관련된 요소(당사자)가 있으므로 국제사법에 의하여 국제재판관할을 정하여야 한다(1조).

1. 일본 동경 소재 지방법원을 관할법원으로 하는 전속적인 국제재판관할의 서면 합의가 있는 경우: A회사의 B회사를 상대로 한 공구인도지연으로 인한 손해배상청구소송은 대한민국 법원의 전속관할에 속하지 않는다. 일본 동경 소재 지방법원이 일본국 법상 본 사안에 대하여 관할권을 갖는지 여부에 대하여 제시된 사실관계만으로는 판단하기 어려우나, 일본 동경 소재 지방법원은 피고 B회사의 영업소 소재지를 관할하는 법원으로서 관할권을 가질 것으로 판단된다. 또한 피고 B회사의 영업소 소재지가 일본 동경이라는 점을 고려할 때, 일본 동경 소재 지방법원은 본 사안에 대하여 합리적인 관련성을 가진다. 위 전속적 국제재판관할 합의는 현저하게 불합리하고 불공정하여 공서양속에 반한다고 볼 수 없으며, 서면에 의한 합의이다. 따라서 위 전속적 국제재판관할합의는 유효하므로 일본 동경 소재 지방법원만 관할권을 가지고, 대한민국 법원은 관할권을 가지지 않는다.

2. 전속적 국제재판관할의 합의가 없는 경우: ① 이행지체로 인한 손해배상청구의 소는 재산권에 관한 소로서 의무이행지의 법원에 제기할 수 있는데(민사소송법 8조) 이행지체로 인한 손해배상채무는 지참채무이므로 그 의무이행지는 채권자인 A회사의 영업소 소재지인 대한민국이라는 점, ② 원고 A회사의 영업소가 대한민국 서울에 소재하고 있는 점을 고려하면, 당사자 및 분쟁이 된 사안이 대한민국과 실질적 관련이 있다(2조 1항). 따라서 대한민국 법원이 관할권을 가진다.

> ※ 2022년 개정시 신설된 국제사법 제41조(계약에 관한 소의 특별관할) 제 1 항 제 1 호에 의하면 물품공급계약의 경우 물품인도지가 대한민국인 경우 대한민국 법원에 계약에 관한 소를 제기할 수 있다.

V. 결론

일본 동경 소재 지방법원을 관할법원으로 하는 전속적 국제재판관할의 서면합의가 있는 경우 대한민국 법원은 관할권을 가지지 않으나, 그러한 관할합의가 없는 경우에는 대한민국 법원이 관할권을 가진다.

<문제 1-2>

I. 논점의 정리

계약의 준거법에 관한 국제사법 제45조 및 제46조를 검토한다.

II. 계약의 준거법

1. 당사자자치 원칙의 채택: 계약은 당사자가 명시적 또는 묵시적으로 선택한 법에 따른다(45조 1항 본문). 다만 묵시적인 선택의 부당한 확대를 막기 위하여 묵시적인 선택은 계약내용 그 밖의 모든 사정으로부터 합리적으로 인정할 수 있는 경우로 한정한다(45조 1항 단서).

2. 준거법의 객관적 연결: 당사자가 준거법을 선택하지 않은 경우, '계약과 가장 밀접한 관련이 있는 국가의 법'이 준거법이 된다(46조 1항). 계약의 특징적 이행을 하여야 하는 경우, 즉 양도계약에 있어서 양도인이 이행을 하여야 하는 경우 등에는 계약 체결시의 그의 일상거소(자연인인 경우), 주된 사무소(법인 또는 단체의 경우) 또는 영업소(직업 또는 영업활동으로 계약이 체결된 경우)가 있는 국가의 법이 당해 계약과 가장 밀접한 관련을 가지는 것으로 추정한다(46조 2항). 한편 부동산에 대한 권리를 대상으로 하는 계약의 경우 부동산 소재지국법이 가장 밀접한 관련이 있는 것으로 추정한다(46조 3항).

III. 사안에의 적용

대한민국 법인인 A회사와 일본국 법인인 B회사 사이의 이 소송은 외국과 관련된 요소(당사자)가 있으므로 국제사법에 의하여 준거법을 정하여야 한다(1조). A회사와 B회사는 사안의 매매계약에 관하여 명시적 또는 묵시적으로 준거법을 선택한 바 없

다. 따라서 위 계약과 가장 밀접한 관련이 있는 국가의 법이 준거법이 된다(46조 1
항). 위 계약에서는 매도인인 B회사가 특징적 이행을 하여야 하고, 위 계약은 영업활
동으로 체결된 경우에 해당하므로 B회사의 영업소가 있는 국가의 법이 위 계약과
가장 밀접한 관련을 가지는 것으로 추정된다(46조 2항 1호). 따라서 B회사의 영업소
가 있는 국가의 법인 일본국법이 준거법이다.

Ⅳ. 결론

대한민국 법원이 관할권을 가지는 경우, 사안에 적용될 준거법은 일본국법이다.

<문제 2>

Ⅰ. 논점의 정리

불법행위의 준거법에 관한 국제사법 제52조, 제53조를 검토한다.

Ⅱ. 불법행위의 준거법

불법행위의 준거법은 다음의 순서에 따라 단계적으로 연결된다.

1. **준거법의 사후적 합의**: 국제사법은 불법행위 등 법정채권에 있어서 당사자들이 사후
   적 합의에 의하여 대한민국법을 준거법으로 선택할 수 있도록 허용하고 그에 대하
   여 우선적 효력을 인정하고 있다(53조 본문). 준거법에 관한 사후적 합의는 제 3 자
   의 권리에는 영향을 미치지 아니한다(53조 단서).
2. **종속적 연결**: 가해자와 피해자 간에 존재하는 법률관계가 불법행위에 의하여 침해되
   는 경우에는 불법행위지법 및 공통의 속인법에 우선하여 그 법률관계의 준거법에
   따른다(52조 3항).
3. **일상거소를 기초로 하는 공통의 속인법**: 불법행위가 행하여진 당시 동일한 국가 안에
   가해자와 피해자의 일상거소가 있는 경우에는 그 국가의 법이 불법행위지법에 우선
   하여 준거법이 된다(52조 2항).
4. **불법행위지법**: 불법행위는 그 행위를 하거나 그 결과가 발생하는 곳의 법에 따른다
   (52조 1항). 이때의 '불법행위지'에는 결과발생지를 포함하며, 종래의 대법원의 입장
   도 이와 같다.

Ⅲ. 사안에의 적용

甲과 乙의 국적은 모두 대한민국이나 양자 모두 일본국 법인인 乙회사와의 근로계

약에 따라 일본국(동경영업소)에서 근무를 하는 중에 이 사건 폭행이 발생하였고, 그 폭행지 역시 일본국(동경 교외)라는 점에서 이 소송에는 외국과 관련된 요소(불법행위지)가 있으므로 국제사법에 의하여 준거법을 정하여야 한다(1조).

乙이 甲을 폭행한 이후에 甲과 乙 사이에 합의에 의하여 대한민국법을 준거법으로 선택하였다는 사실관계의 제시는 없다(53조). 甲과 乙 사이의 법률관계는 없는 것으로 판단되며, 만약 법률관계가 있다고 하더라도 그 법률관계가 乙의 불법행위에 의하여 침해된다고 볼 수는 없다(52조 3항). 불법행위가 행하여진 당시 甲과 乙은 모두 대한민국 서울에 일상거소를 두고 있었으므로 공통의 속인법인 대한민국법(52조 2항)이 불법행위지법인 일본국법에 우선하여 준거법이 된다.

Ⅳ. 결론

甲의 乙을 상대로 한 상해로 인한 손해배상청구소송에서 적용될 준거법은 대한민국법이다.

<문제 3>

Ⅰ. 논점의 정리

근로계약에 있어서 국제재판관할권의 특칙(43조 1항~3항) 및 국제사법 제 2 조에 의한 국제재판관할권을 검토하고, 근로계약의 준거법(48조 1항·2항)을 살펴본다.

Ⅱ. 국제재판관할권

1. 의의: 국제재판관할권은 문제된 섭외사법관계에 대하여 특정 국가의 법원이 이를 재판할 수 있는 자격 내지 권한을 의미한다.

2. 결정기준에 관한 학설: 민사소송법의 토지관할에 관한 규정을 역으로 추지하여 국내에 재판적이 인정되면 국제재판관할권이 인정된다는 역추지설 외에 관할배분설(조리설), 수정역추지설(특별사정설)이 있다.

3. 국제사법 규정과 대법원의 입장

가. 실질적 관련의 원칙: 당사자 또는 분쟁이 된 사안이 대한민국과 실질적 관련을 가지는 경우에 대한민국 법원에 국제재판관할권이 인정되며, 실질적 관련성 유무를 판단함에 있어서는 국제재판관할배분의 이념에 부합하는 합리적인 원칙에 따라야 한다(2조 1항). 대법원은 여기의 '실질적 관련'은 대한민국 법원이 재판관할권을 행사하는 것을 정당화할 정도로 당사자 또는 분쟁이 된 사안과 관련성이 있는 것을 뜻하고, 이를 판단함에 있어서는 당사자의 공평, 재판의 적정, 신속과 경

제 등 국제재판관할 배분의 이념에 부합하는 합리적인 원칙에 따라야 하며, 구체적으로는 당사자의 공평, 편의, 예측가능성과 같은 개인적인 이익뿐만 아니라, 재판의 적정, 신속, 효율, 판결의 실효성과 같은 법원이나 국가의 이익도 함께 고려하여야 하고, 이처럼 다양한 국제재판관할의 이익 중 어떠한 이익을 보호할 필요가 있을지는 개별 사건에서 실질적 관련성 유무를 합리적으로 판단하여 결정하여야 한다는 입장이다.

> * 2022년 국제사법 개정시 국제사법 제 2 조 제 1 항에 '당사자 간의 공평, 재판의 적정, 신속 및 경제'라는 국제재판관할 배분의 구체적 이념을 추가하였는데 이는 위와 같은 대법원판결의 내용을 반영한 것이다.

나. 국내법의 관할규정 참작: 법원은 국내법의 관할규정을 참작하여 국제재판관할권의 유무를 판단하되, 국제재판관할의 특수성을 충분히 고려하여야 한다(2조 2항). 대법원은 국제재판관할권 인정 여부에 있어서 민사소송법의 관할규정을 중요기준으로 제시하면서 개별사건에 있어서의 국제재판관할의 특수성에 따라 이를 수정하여 적용할 수 있다는 입장이다.

> ※ 2022년 개정 국제사법 제 2 조 제 1 항에 '실질적 관련성' 유무 판단의 구체적 기준을, 제 2 항에 국내법의 관할규정을 참작할 전제(보충성)를 각 추가한 데 개정 전과 차이가 있다(아래 각 밑줄 부분).
>
> 국제사법 제 2 조(일반원칙) ① 대한민국 법원(이하 "법원"이라 한다)은 당사자 또는 분쟁이 된 사안이 대한민국과 실질적 관련이 있는 경우에 국제재판관할권을 가진다. 이 경우 법원은 실질적 관련의 유무를 판단할 때에 당사자 간의 공평, 재판의 적정, 신속 및 경제를 꾀한다는 국제재판관할 배분의 이념에 부합하는 합리적인 원칙에 따라야 한다.
> ② 이 법이나 그 밖의 대한민국 법령 또는 조약에 국제재판관할에 관한 규정이 없는 경우 법원은 국내법의 관할 규정을 참작하여 국제재판관할권의 유무를 판단하되, 제 1 항의 취지에 비추어 국제재판관할의 특수성을 충분히 고려하여야 한다.

4. 근로계약에 있어서 국제재판관할권의 특칙

가. 근로자가 제기하는 소: 근로자는 국제사법 제 2 조에 의한 관할에 추가하여 근로자가 대한민국에서 일상적으로 노무를 제공하거나 최후로 일상적 노무를 제공한 경우에는 사용자에 대한 근로계약에 관한 소를 대한민국 법원에 제기할 수 있으며, 근로자가 일상적으로 대한민국에서 노무를 제공하지 아니하거나 아니하였던 경우에 사용자가 그를 고용한 영업소가 대한민국에 있거나 있었을 때에도 또한 대한민국 법원에 사용자에 대한 소를 제기할 수 있다(43조 1항).

나. 근로자를 상대로 하는 소: 사용자가 근로자에 대하여 제기하는 근로계약에 관한

소는 근로자의 일상거소가 대한민국에 있거나 근로자가 대한민국에서 일상적으로 노무를 제공하는 경우에는 대한민국 법원에만 제기할 수 있다(43조 2항). 이는 전속관할이다.

다. 관할합의의 제한: 부당한 재판관할합의를 방지하기 위하여 근로계약의 당사자의 국제재판관할합의는 사후적 합의이거나, 사전적 합의인 경우에는 근로자에게 유리한 추가적 합의인 경우에 한하여 그 효력이 인정된다(43조 3항 단서). 이 때 국제재판관할합의는 반드시 서면에 의하여야 한다(43조 3항 본문, 8조 2항).

Ⅲ. 근로계약의 준거법

1. 당사자자치의 제한: 근로계약의 경우에도 당사자는 국제사법 제45조에 따라 준거법을 자유롭게 선택할 수 있다. 그러나 당사자가 준거법을 선택하더라도 준거법을 선택하지 않는 경우에 적용될 객관적 준거법의 강행규정이 근로자에게 부여하는 보호를 박탈할 수 없다(48조 1항).

2. 근로계약에서 객관적 준거법의 결정: 당사자가 준거법을 선택하지 않는 경우 근로계약은 국제사법 제26조의 객관적 준거법의 결정에 관한 일반원칙을 따르지 않는다. 이 경우 근로자가 일상적으로 노무를 제공하는 국가의 법이 준거법이 되며, 근로자가 일상적으로 어느 한 국가 안에서 노무를 제공하지 아니하는 경우에는 사용자가 근로자를 고용한 영업소가 있는 국가의 법이 준거법이 된다(48조 2항).

Ⅳ. 사안에의 적용

대한민국 국적의 근로자 甲, 乙과 일본국 법인인 B회사 사이의 근로관계에 관한 이 사건 소송은 외국과 관련된 요소(당사자)가 있으므로 그 국제재판관할과 준거법은 국제사법에 의하여 정하여야 한다(1조).

1. 국제재판관할권: 위 소송은 근로자인 甲, 乙이 사용자인 B회사를 상대로 제기하는 소로서, 甲과 乙은 일상적 노무제공지 또는 최후의 일상적 노무제공지에서도 B회사에 대하여 소를 제기할 수 있다(43조 1항). 甲, 乙은 B회사의 일본 동경영업소에서 근무를 하였으므로 일상적 노무제공지는 일본이다. 따라서 국제사법 제43조 제 1 항에 따라 일본국법원도 국제재판관할권을 가진다.

한편 ① 원고 甲, 乙이 모두 대한민국 국적을 가지고 있고, ② 대한민국에서 甲, 乙에 대한 면접을 거쳐 甲, 乙 및 B회사 간에 근로계약을 각 체결하였으며, ③ 원고 甲, 乙의 일상거소도 모두 대한민국 서울인 점을 고려할 때, 대한민국 법원은 당사자 및 분쟁이 된 사안과 실질적 관련을 가진다. 따라서 국제사법 제 2 조에 따라 대한민국 법원은 국제재판관할권을 가진다. 또한 피고 B회사는 일본에 영업소를 두고 있는바 피고의 영업소 소재지를 관할하는 일본국법원은 당사자 및 분쟁이 된 사안과 실질적 관련을 가지므로 국제사법 제2조에 의하여도 관할권이 인정된다.

2. **준거법**: 甲, 乙이 대한민국 법원에 제소한 경우 甲, 乙과 B회사 사이의 각 근로계약에 적용될 준거법에 대하여 명시적 또는 묵시적으로 선택한 바 없으므로 근로자인 甲, 乙이 일상적으로 노무를 제공하는 국가의 법이 준거법이 된다(48조 2항). 甲, 乙의 일상적 노무제공지는 일본이므로 국제사법 제48조 제2항에 따라 일본국법이 준거법으로서 위 소송에 적용된다.

Ⅴ. 결론

甲, 乙이 B회사를 상대로 근로계약의 종료를 다투는 소송을 제기하는 경우에 대한민국 법원(2조) 외에 일본국법원(43조 1항)에도 소를 제기할 수 있으며, 대한민국 법원에 소를 제기한 경우에 위 소송에 적용될 준거법은 일본국법이다(48조 2항).

유엔협약 문제

X회사는 자동차용 대나무 카시트를 수입하여 판매하는 회사로 대한민국 서울에만 영업소를 두고 있다. X회사의 대표이사인 甲은 최근 중국 북경에서 개최된 무역박람회에서, 대나무 카시트를 제조하여 판매하는 회사로 중국 북경에만 영업소를 두고 있는 Y회사 대표이사 乙과 사이에 Y회사가 제작한 대나무 카시트에 대하여 X회사가 대한민국 내 독점수입판매권을 갖기로 합의하였다.

대한민국에 돌아온 甲은 위 합의에 근거하여 2010년 12월 1일 Y회사에게 이메일을 통하여 대나무 카시트의 종류(규격과 색상), 수량 및 대금을 기재하여 주문하였는데, 그 이메일에는 대나무 카시트는 여름계절상품이므로 2011년 3월 1일까지 인도가 완료되어야 한다는 점이 기재되어 있었다.

이에 대하여 Y회사는 거래조건을 경쟁사 등 외부에 공개하지 말아 달라는 요청을 부가하는 것 이외에는 X회사의 이메일 내용을 수락한다는 내용의 이메일을 발송하였다. X회사는 즉시 이를 수령하였고, 이후 이에 대하여 아무런 이의를 제기하지 않았다.

X회사는 2011년 3월 1일 이후까지도 대나무 카시트가 인도되지 아니하자 Y회사에 항의하였던바, Y회사는 동남아시아로부터의 원자재(대나무) 공급이 기후변화로 인하여 차질을 빚게 되어 다른 지역으로부터 원자재(대나무)를 대체확보하여 제작하려면 7개월 정도의 기간이 더 소요될 것으로 예상되므로 2011년 10월 1일까지 인도하겠다고 통보하였다. 이에 대하여 X회사는 Y회사에 대하여 Y회사가 계약을 위반하였다고 주장하였다.

대한민국과 중국은 모두 국제물품매매계약에 관한 국제연합협약의 체약국이다.

1. X회사와 Y회사 사이에 위 대나무 카시트의 매매계약이 성립하였는지 여부 및 성립하였다면 그 계약은 어떠한 조건으로 성립하였는지를 논하시오. (40점)

2. X회사가 Y회사에 대하여 취할 수 있는 구제방법은 어떠한 것이 있는지를 논하시오. (40점)

모범답안

<문제 1>

Ⅰ. 논점의 정리

이 사안에 있어서 X회사와 Y회사 사이에 매매계약이 성립되었는지 여부 및 성립한 경우 그 계약조건에 관하여 협약 제14조, 제19조를 검토한다.

Ⅱ. 청약의 요건 및 변경된 승낙의 효력

1. **청약의 요건**: 협약 제14조 제1항에 의하면 1인 또는 그 이상의 특정인에 대한 계약 체결의 제안은 충분히 확정적이고, 승낙시 그에 구속된다는 의사가 표시되어 있는 경우에 청약이 되는 한편 제안이 물품을 표시하고, 명시적 또는 묵시적으로 수량과 대금을 지정하는 경우 그 제안은 충분히 확정적인 것으로 한다.

2. **변경된 승낙**

   가. **원칙**: 승낙은 청약의 조건에 대하여 완전히 일치하는 동의의 표시일 경우에 승낙이 되고(mirror image rule), 만약 청약의 조건과 다른 내용이 포함된 승낙은 승낙으로서의 효력이 없으며, 이는 청약에 대한 거절인 동시에 새로운 청약으로 평가되는 것이 원칙이다(협약 19조 1항).

   나. **예외**: 그러나 변경된 승낙의 경우에도 그것이 승낙을 의도하고 있고, 청약의 조건을 실질적으로 변경하지 아니하는 부가적 조건이나 상이한 조건이 포함된 청약에 대한 응답인 경우에는 청약자가 지체없이 그에 대한 이의를 제기하지 아니하는 한 승낙으로서의 효력을 가진다(협약 19조 2항 1문, 2문). 이 경우에는 승낙에 포함된 변경이 가하여진 청약조건이 계약조건이 된다(협약 19조 2항 3문). 협약 제19조 제3항은 청약조건을 실질적으로 변경하는 것으로 보는 경우로서 대금, 대금지급, 물품의 품질과 수량, 인도의 장소와 시기, 당사자 일방의 상대방에 대한 책임범위 또는 분쟁해결에 관한 부가적 조건 또는 상이한 조건을 열거하고 있다.

3. **계약의 성립시기**: 협약 제23조에 의하면 계약은 청약에 대한 승낙이 이 협약에 따라 효력을 발생하는 시점에 성립된다. 또한 협약 제18조 제2항 제1문에 의하면 청약에 대한 승낙은 동의의 의사표시가 청약자에게 도달하는 시점에 효력이 발생한다.

Ⅲ. 사안에의 적용

X회사의 대표이사인 甲이 2010년 12월 1일 Y회사에게 이메일을 통하여 대나무 카시트의 종류(규격과 색상), 수량 및 대금을 기재하여 한 주문은 충분히 확정적인 제안이고 승낙시 그에 구속된다는 의사도 표시되어 있으므로 협약 제14조 제1항에 의하여 청약으로 평가된다. 이에 대하여 Y회사는 거래조건의 비공개 요청을 추가하는 것 외에는 X회사의 청약조건을 모두 수락한다는 이메일을 발송하였으므로 '거래조건의 비공개요청'이 협약 제19조 제2항의 '청약의 조건을 실질적으로 변경'하는 것인가 여부에 따라 Y회사의 수락이메일이 승낙을 구성하는지 여부가 결정될 것이다. 거래조건의 비공개요청은 협약 제19조 제3항에서 열거한 실질적 변경에 해당되지 않을 뿐 아니라 실제상으로도 청약조건에 대한 중대한 변경으로 인정되지 아니한다. 또한 Y회사의 수락이메일에 대하여 X회사는 아무런 이의를 제기한 바 없다. 따라서 Y회사의 수락이메일이 승낙이 되고, 승낙이 도달한 그 즈음 매매계약이 성립하였으며, 거래조건의 비공개는 이 건 매매계약의 내용이 된다.

Ⅳ. 결론

1. 매매계약의 성립 여부 및 성립시기: 이 사안의 경우 X회사의 매수청약에 대하여 Y회사의 매도승낙으로써 계약이 성립되었다. 또한 매매계약의 성립시기는 수락이메일이 도달한 수일 후(X회사의 이의기간 경과시점)가 될 것이다.

2. 매매계약의 내용: 성립한 매매계약은 X회사의 매수청약시의 조건과 Y회사의 거래조건의 비공개가 그 내용으로 된다.

<문제 2>

Ⅰ. 논점의 정리

매도인 Y회사의 계약위반에 대하여 협약이 인정하고 있는 매수인 X회사의 구제방법(협약 45조 1항)에 대하여 검토한다.

Ⅱ. 협약상 매수인의 구제방법

1. 구제방법 개관: 일반적으로 협약상 매도인의 계약위반에 대한 매수인의 구제방법으로 의무이행청구권, 대체물인도청구권, 수리에 의한 부적합치유청구권, 부가기간지정권, 계약해제권, 대금감액권 및 손해배상청구권이 인정된다.

2. 의무이행청구권(협약 46조 1항): 매수인은 매도인에게 의무의 이행을 청구할 수 있

다. 그러나 매수인이 해제와 같은 그 청구와 양립할 수 없는 구제를 구한 경우에는 청구할 수 없다.

3. 대체물인도청구권(협약 46조 2항): 물품이 계약에 부적합하고 그 부적합이 본질적 계약위반을 구성하는 경우에 매수인은 대체물의 인도를 청구할 수 있다. 본질적 계약위반은 예견가능성을 전제로 하여 그 계약에서 상대방이 기대할 수 있는 바를 실질적으로 박탈할 정도의 손실을 상대방에게 주는 경우를 말한다(협약 25조).

4. 수리에 의한 부적합치유청구권(협약 46조 3항): 물품이 계약에 부적합한 경우에 매수인은 매도인에게 수리에 의한 부적합의 치유를 청구할 수 있다.

5. 부가기간지정권(협약 47조 1항): 매수인은 매도인의 의무이행을 위하여 합리적인 부가기간을 정할 수 있다.

6. 계약해제권(협약 49조 1항): 매수인은 ① 매도인의 의무불이행이 본질적 계약위반으로 되는 경우와 ② 부가기간 내 물품을 인도하지 않거나 또는 인도하지 않겠다고 선언한 경우 계약을 해제할 수 있다(49조 1항). 매매계약 해제의 의사표시는 상대방에 대한 통지로 해야만 유효하다(26조).

7. 대금감액권(협약 50조): 물품이 계약에 부적합한 경우에 매수인은 현실로 인도된 물품이 인도시에 가지고 있던 가액이 계약에 적합한 물품이 그때에 가지고 있었을 가액에 대하여 가지는 비율에 따라 대금을 감액할 수 있다.

8. 손해배상청구권[협약 45조 1항 (나)호]: 매도인이 매매계약상의 의무를 이행하지 아니하는 경우에 매수인은 협약 제74조 내지 제77조에서 정한 손해배상의 청구를 할 수 있다. 계약위반으로 인한 손해배상액은 이익의 상실을 포함하여 그 위반의 결과 상대방이 입은 손실과 동등한 금액으로 하며, 그 손해배상액은 예견가능한 손해이어야 한다.

Ⅲ. 사안에의 적용 및 결론

1. 이 사안에 있어서 실효성 있는 구제수단 개관: 이 사안의 경우 매매물품이 매도인과 매수인이 공히 지실하고 있는 계절용품인 대나무카시트이고, 매도인이 이미 위 물품의 판매시기인 여름을 지난 10월 1일에야 공급하겠다는 입장을 명백히 하고 있는 이상 조속한 기일 내의 공급을 위한 부가기간의 지정이나 의무이행의 청구는 무의미하고, 인도를 전제로 하는 대체물인도청구권이나 수리에 의한 부적합치유청구권 및 대금감액권도 비현실적이다. 따라서 이 사안의 경우에 매수인 X회사가 취할 수 있는 구제방법으로는 ① 계약해제권과 ② 손해배상청구권이 있을 뿐이다.

2. 계약해제권: 이 사안의 경우 매매물품인 대나무카시트는 여름계절용품임에도 불구하고, 매도인인 Y회사가 인도시기로 약정한 2011. 3. 1.로부터 7개월 후인 동시에 성수기인 여름이 완전히 경과한 시점인 2011. 10. 1.에야 인도하겠다고 통보하였는바

이는 이 매매계약을 통하여 매수인 X회사가 기대하는 바를 실질적으로 박탈할 정도의 손실을 주는 경우, 즉 본질적 계약위반(25조)에 해당한다 할 것이다. 따라서 X회사는 Y회사에 대한 통지(26조)로써 이 건 매매계약을 해제할 수 있다.

3. 손해배상청구권: 매수인 X회사는 매도인 Y회사에 대하여 협약 제74조에 따른 손해배상을 청구할 수 있다. 만약 계약을 해제한 후 합리적인 대체구매를 한 경우에는 협약 제75조에서 규정하는 차액의 배상도 청구할 수 있다.

Ⅳ. 여론(餘論) — 협약 제79조의 면책주장가능성

매수인 X회사의 매도인 Y회사의 계약불이행 주장에 대하여 Y회사의 입장에서는 예상하지 못한 기후변화를 이유로 협약 제79조의 면책을 주장할 가능성이 있다. Y회사가 면책되기 위하여는 위의 기후변화가 통제불가능한 장애라는 사실 외에도 계약체결시에 그러한 장애를 고려, 회피 또는 극복하는 것이 합리적으로 기대될 수 없었음을 Y회사가 증명하여야 할 것이다. 그러나 카시트용 대나무를 확보하지 못하여 매매계약상의 인도기한보다 7개월이 더 소요된다는 주장은 아무리 기후변화가 있었음을 감안하더라도 일반적으로 설득력을 가지지 못할 것으로 판단된다. 따라서 그 면책주장은 실당한 것으로 판단된다.

| 제 2 회 변호사시험 기출문제 | 국제거래법 |

국제사법 문제

폐암 말기로 甲국 병원에 입원해 있던 X(대한민국에 상거소를 두고 있으며 국적은 乙국)는 자신을 극진히 간병해 준 간병인 Y(甲국 국적)에게 대한민국에 소재한 X의 집에 보관 중인 X 소유의 그림 1점(유명화가의 작품으로 시가 2,000만 원 상당)을 증여한다는 내용의 유언을 하였다.

X는 유언을 함에 있어서 증인 1인의 참여 하에 공증인의 면전에서 유언의 취지를 구수(口授)하고, 위 공증인이 이를 필기낭독하여, X와 그 증인이 그 정확함을 승인한 후 각자 서명하였다. X는 1주일 후 사망하였고, Y는 유증을 승인하였다.

유언이 있은 날로부터 1개월 후, Y는 위 그림을 M(대한민국 국적)에게 판매하기로 하고, M과 그 그림에 관한 매매계약을 체결하였다. 매매계약 체결시, 그림의 인도 1개월 후 대한민국에 있는 M의 주소지에서 대금을 지급하기로 하였으며, 매매계약의 준거법을 甲국법으로 지정하였다. 그 후 Y는 매매계약이 정한 인도일에 위 그림을 M에게 인도하였고, 약정한 대금지급일의 15일 전에 M에 대한 대금지급청구권을 P(乙국 국적)에게 양도하였다. 양도인 Y와 양수인 P사이에는 금전소비대차계약이 이미 체결되어 있었고, 금전소비대차계약 체결시 乙국법을 준거법으로 지정하였으며, Y와 P는 대금지급청구권 양도계약의 준거법도 乙국법으로 지정하였다. 양수인 P는 양도인 Y와 아무런 상의 없이 확정일자 있는 서면으로 M에게 채권양도의 통지를 하였다.

그런데, 대금지급일이 되어도 M이 대금을 지급하지 아니하자, P는 M을 상대로 대한민국 법원에 대금 및 그 지연이자의 지급을 구하는 소를 제기하였다. M은 대한민국에서 위 사건의 소장 부본을 적법하게 송달받고 기일에 출석, 본안에 관하여 변론하였다.

위 사례에 대하여 다음을 전제로 질문에 답하시오.

1. 공정증서에 의한 유언에 있어 甲국의 민법은 '증인 1인', 乙국 및 대한민국의 민법은 '증인 2인'의 참여를 요구하고 있으며, 증인의 수를 제외한 나머지 요건은 甲국, 乙국 및 대한민국의 민법이 모두 동일하게 규정하고 있다. X의 유언에 관하여 증인의 수를 제외한 나머지 공통된 요건은 모두 충족된 것으로 본다.

2. 甲국의 국제사법은 "유언의 방식에 관하여는 유언자의 유언 당시 상거소지법에 의한다."라고 규정하고 있다.

3. 지명채권의 양도통지와 관련하여 甲국의 민법은 양도통지의 주체를 '양도인'으로 한정하고 있는 반면, 乙국의 민법은 '양도인 또는 양수인'으로 규정하고 있다.

[질 문]

1. 대한민국 법원은 양수인 P가 채무자 M을 상대로 제기한 대금 및 그 지연이자의 지급을 구하는 소에 대하여 국제재판관할권을 가지는가? (25점)

2. X의 유언이 방식에 위배되는지 여부는 어느 국가의 법에 의하여 판단되어야 하는가? 그리고, 그 법에 의하면 X의 유언의 방식이 유효한 것으로 인정되는가? (30점)

3. P는 M에 대하여 채권양도의 효력을 주장할 수 있는가? (25점)

* 필자 주: 위 문제 2, 3을 검토함에 있어서 대한민국 법원에 유언방식의 유효성과 채권양도의 효력이 각각 본문제로서 제기되어 있음과 아울러 대한민국 법원이 각 본문제에 대하여 국제재판관할권을 가지는 것을 전제로 한다.

모범답안

<문제 1>

I. 논점의 정리

대한민국이 이 사건 소에 대하여 국제재판관할권을 가지는지 여부에 관련하여 국제재판관할권에 관한 학설 및 국제사법 제2조의 규정을 검토한다.

II. 국제재판관할권

1. 의의: 국제재판관할권은 문제된 섭외사법관계에 대하여 특정 국가의 법원이 이를 재판할 수 있는 자격 내지 권한을 의미한다.

2. 결정기준에 관한 학설: 이에 대하여는 ① 민사소송법의 토지관할규정을 역으로 추지하여 국내에 재판적이 인정되면 국제재판관할권을 인정하는 역추지설, ② 국제민사소송법의 기본이념인 조리에 의하여 국제재판관할원칙을 세워야 한다는 관할배분설(조리설) 및 ③ 기본적으로 국내민사소송법의 토지관할에 따르되 재판의 적정과 공평, 신속에 반하는 특별사정이 있는 경우 관할을 부정한다는 수정역추지설(특별사정

설)이 있다.

3. 국제사법 규정과 대법원의 입장

가. **실질적 관련의 원칙**: 당사자 또는 분쟁이 된 사안이 대한민국과 실질적 관련을 가지는 경우에 대한민국 법원에 국제재판관할권이 인정되며, 실질적 관련성 유무를 판단함에 있어서는 국제재판관할배분의 이념에 부합하는 합리적인 원칙에 따라야 한다(2조 1항). 대법원은 여기의 '실질적 관련'은 대한민국 법원이 재판관할권을 행사하는 것을 정당화할 정도로 당사자 또는 분쟁이 된 사안과 관련성이 있는 것을 뜻하고, 이를 판단함에 있어서는 당사자의 공평, 재판의 적정, 신속과 경제 등 국제재판관할 배분의 이념에 부합하는 합리적인 원칙에 따라야 하며, 구체적으로는 당사자의 공평, 편의, 예측가능성과 같은 개인적인 이익뿐만 아니라, 재판의 적정, 신속, 효율, 판결의 실효성과 같은 법원이나 국가의 이익도 함께 고려하여야 하고, 이처럼 다양한 국제재판관할의 이익 중 어떠한 이익을 보호할 필요가 있을지는 개별 사건에서 실질적 관련성 유무를 합리적으로 판단하여 결정하여야 한다는 입장이다.

> * 2022년 국제사법 개정시 국제사법 제 2 조 제 1 항에 '당사자 간의 공평, 재판의 적정, 신속 및 경제'라는 국제재판관할 배분의 구체적 이념을 추가하였는데 이는 위와 같은 대법원판결의 내용을 반영한 것이다.

나. **국내법의 관할규정 참작**: 법원은 국내법의 관할규정을 참작하여 국제재판관할권의 유무를 판단하되, 국제재판관할의 특수성을 충분히 고려하여야 한다(2조 2항). 대법원은 국제재판관할권 인정 여부에 있어서 민사소송법의 관할규정을 중요기준으로 제시하면서 개별사건에 있어서의 국제재판관할의 특수성에 따라 이를 수정하여 적용할 수 있다는 입장이다.

> ※ 2022년 개정 국제사법 제 2 조 제 1 항에 '실질적 관련성' 유무 판단의 구체적 기준을, 제 2 항에 국내법의 관할규정을 참작할 전제(보충성)를 각 추가한 데 개정 전과 차이가 있다(아래 각 밑줄 부분).
>
> 국제사법 제 2 조(일반원칙) ① 대한민국 법원(이하 "법원"이라 한다)은 당사자 또는 분쟁이 된 사안이 대한민국과 실질적 관련이 있는 경우에 국제재판관할권을 가진다. 이 경우 법원은 실질적 관련의 유무를 판단할 때에 <u>당사자 간의 공평, 재판의 적정, 신속 및 경제를 꾀한다는</u> 국제재판관할 배분의 이념에 부합하는 합리적인 원칙에 따라야 한다.
> ② <u>이 법이나 그 밖의 대한민국 법령 또는 조약에 국제재판관할에 관한 규정이 없는 경우</u> 법원은 국내법의 관할 규정을 참작하여 국제재판관할권의 유무를 판단하되, <u>제 1 항의 취지에 비추어</u> 국제재판관할의 특수성을 충분히 고려하여야 한다.

Ⅲ. 사안에의 적용

외국(乙국) 국적의 P가 대한민국 국적의 M을 피고로 한 이 사건 대금 등 청구의 소는 외국과 관련된 요소(당사자)를 가지므로 국제사법에 의하여 국제재판관할을 정하여야 한다(1조).

양수인 P가 채무자 M을 상대로 제기한 대금 및 그 지연이자의 지급을 구하는 소에 있어서 ① 피고 M의 주소지가 대한민국에 있는 점(민사소송법 2조, 3조), ② 피고 M이 대한민국 국적을 가지는 점, ③ 원고 P가 양수받은 채권은 X소유의 그림에 대한 대금지급청구권인데, 그 그림의 소재지가 대한민국이라는 점, ④ 양도된 대금지급청구권에 있어 변제의 장소가 M의 주소지로서 대한민국이라는 점, ⑤ 피고 M이 대한민국에서 소장 부본을 적법하게 송달받고 기일에 출석하여 본안에 관하여 변론한 점 등을 고려하면, 당사자 및 분쟁이 된 사안이 대한민국과 실질적 관련이 있다(2조 1항).

따라서 대한민국 법원은 국제재판관할권을 가진다.

> ※ 2022년 개정시 신설된 국제사법 제41조(계약에 관한 소의 특별관할) 제 2 항에 의하면 청구의 근거인 의무가 이행되어야 할 곳으로 계약당사자가 합의한 곳이 대한민국에 있는 경우 대한민국 법원에 계약에 관한 소를 제기할 수 있다.

Ⅳ. 결론

대한민국 법원은 양수인 P가 채무자 M을 상대로 제기한 대금 및 그 지연이자의 지급을 구하는 소에 대하여 국제재판관할권을 가진다.

<문제 2>

Ⅰ. 논점의 정리

유언의 방식에 관한 준거법(78조 3항) 및 반정의 금지(22조 2항 4호)를 검토한다.

Ⅱ. 유언의 방식에 관한 준거법

국제사법은 가능한 한 유언이 방식상 유효한 것으로 하기 위하여 유언방식의 준거법에 관한 헤이그협약의 내용을 수용, 유언의 방식에 관한 준거법의 결정에 있어서 선택적 연결을 인정하고 있다. 즉, 유언의 방식은 ① 유언자가 유언 당시 또는 사망 당시 국적을 가지는 국가의 법(78조 3항 1호), ② 유언자의 유언 당시 또는 사망 당시 일상거소지법(78조 3항 2호), ③ 유언 당시 행위지법(78조 3항 3호), ④ 부동산에 관

한 유언의 방식에 대하여는 그 부동산의 소재지법(78조 8항 4호) 중 어느 하나의 법
에 의하면 된다.

Ⅲ. 유언의 방식에 관한 반정 금지

국제사법은 원칙적으로 직접반정을 허용하고 있으나(22조 1항), 예외적으로 반정의
부당한 확대를 방지하기 위하여 반정을 허용하는 것이 국제사법의 취지에 반하는
경우에는 반정을 허용하지 않는다(22조 2항 1호~6호). 국제사법 제78조 제3항의 규
정에 의하여 유언의 방식의 준거법이 지정되는 경우에는 반정이 금지된다(22조 2항
4호).

Ⅳ. 사안에의 적용

대한민국에 일상거소를 두고 있던 외국(乙국) 국적의 X의 유언에는 외국과 관련된
요소가 있으므로 국제사법에 의하여 정하여지는 준거법(1조)에 따라 위 유언방식의
유효성을 검토한다.

1. X의 유언의 방식에 관한 준거법의 결정: X는 그림을 증여한다는 유언을 하였는바 이
   는 동산에 관한 유언이므로 부동산에 관한 유언의 방식(78조 3항 4호)은 적용될 여
   지가 없다. 따라서 X의 유언의 방식은 ① 유언자가 유언 당시 또는 사망 당시 국적
   을 가지는 국가의 법(78조 3항 1호), ② 유언자의 유언 당시 또는 사망 당시 일상거
   소지법(78조 3항 2호), ③ 유언 당시 행위지법(78조 3항 3호) 중에서 어느 하나의 방
   식요건을 충족하면 유효하다.

   가. 유언자의 국적(78조 3항 1호): 유언자인 X가 유언 당시 또는 사망 당시 국적을 가
       지는 국가의 법(78조 3항 1호)은 乙국법으로, 乙국의 민법에 의하면 공정증서에
       의한 유언에 있어서 '증인 2인'의 참여를 요구하고 있으므로 증인 1인의 참여 하
       에 이루어진 X의 유언의 방식은 유효하지 않다.

   나. 유언자의 일상거소지법(78조 3항 2호): 유언자인 X의 유언 당시 또는 사망 당시
       일상거소지법(78조 3항 2호)은 대한민국법으로, 대한민국 민법은 '증인 2인'의 참
       여를 요구하므로 증인 1인의 참여 하에 이루어진 X의 유언의 방식은 유효하지
       않다.

   다. 유언 당시 행위지법(78조 3항 3호): 유언자인 X의 유언 당시 행위지법(78조 3항 3
       호)은 甲국법으로, 甲국의 민법은 '증인 1인'의 참여를 요구하므로 증인 1인의 참
       여 하에 이루어진 X의 유언의 방식은 유효하다. 따라서 X의 유언의 방식은 유언
       당시 행위지법(78조 3항 3호)의 요건을 충족하므로, 국제사법 제78조 제3항에 따
       라 준거법은 甲국법이 된다.

2. 유언의 방식에 관한 반정 금지: 대한민국 법원에 제기된 이 사건 소에 있어서 대한민

국의 국제사법에 의하면 유언의 방식의 준거법은 甲국법이나, 甲국의 국제사법은 유언의 방식에 관하여 유언자의 유언 당시 일상거소지법, 즉 대한민국법을 준거법으로 지정하고 있는바 직접반정이 인정된다면 대한민국법이 준거법이 될 것이다. 그러나 국제사법 제78조 제3항의 규정에 의하여 유언의 방식의 준거법이 지정되는 경우에는 반정이 금지되므로(22조 2항 4호) 甲국법이 준거법이 된다.

V. 결론

X의 유언이 방식에 위배되는지 여부는 甲국법에 의하여 판단하여야 하며, 甲국법에 의하면 X의 유언의 방식은 유효하다.

<문제 3>

Ⅰ. 논점의 정리

채무자에 대한 채권양도의 효력의 준거법에 관한 국제사법 제54조 제1항 단서를 검토한다.

Ⅱ. 채권양도

1. 의의: 채권의 양도는 양도인과 양수인 간의 법률행위에 의한 채권의 이전이다. 이는 채권의 이전 그 자체를 목적으로 하는 준물권행위로서 채권양도의 원인행위인 매매, 증여 등과 구별하여야 한다. 채권양도의 준거법에 관한 국제사법 제54조는 계약채권만이 아니라 법정채권의 양도에 대하여도 적용된다.

2. 채권양도의 준거법

가. **채권양도인과 양수인 간의 법률관계**: 국제사법은 채권양도인과 양수인 간의 법률관계에 있어서는 당사자 자치를 인정하여 당사자 간의 계약의 준거법에 따르도록 하고 있다(54조 1항 본문).

나. **채권양도 가능성, 채무자 및 제3자에 대한 채권양도의 효력**: 채권의 양도가능성, 채무자 및 제3자에 대한 채권양도의 효력은 양도되는 채권의 준거법에 따른다(54조 1항 단서). 이는 채권의 성립에서부터 소멸에 이르기까지 일어나는 당해 채권 자체의 문제로서 당해 채권과 가장 밀접한 관련이 있다고 보기 때문이다. 특히 제3자에 대한 관계에서도 제3자의 이익만이 아니라 양도인, 양수인, 채무자, 제3자의 이익을 균형 있게 고려하여 양도의 목적인 채권 자체의 준거법에 따르도록 한다.

Ⅲ. 사안에의 적용

외국(乙국) 국적의 P와 대한민국 국적의 M 사이의 채권양도의 효력문제에는 외국과 관련된 요소가 있으므로 국제사법에 의하여 준거법을 정하여야 한다(1조).

채권양수인 P가 채무자 M에 대하여 채권양도의 효력을 주장할 수 있는지 여부는 채무자에 대한 채권양도의 효력의 준거법에 따라 판단되어야 한다. 채무자에 대한 채권양도의 효력의 준거법은 양도되는 채권의 준거법에 따른다(54조 1항 단서). 이 사안에서 양도되는 채권은 Y와 M 사이의 매매계약에 기한 대금지급청구권으로, Y와 M은 위 매매계약의 준거법을 甲국법으로 합의하였으므로 양도되는 채권의 준거법은 甲국법이다. 양수인 P는 양도인 Y와 아무런 상의 없이 확정일자 있는 서면으로 채무자 M에게 채권 양도의 통지를 하였는바 甲국의 민법은 양도통지의 주체를 '양도인'으로 한정하고 있으므로 양수인 P의 채무자 M에 대한 채권양도의 통지는 甲국법에 의하면 효력이 없다.

Ⅳ. 결론

P는 M에 대하여 채권양도의 효력을 주장할 수 없다.

UN협약 문제

대한민국 인천에 영업소를 두고 있는 A회사(매수인)와 중국 항주에 영업소를 두고 있는 B회사(매도인)는 2012년 7월 10일 순도 100%의 오리털 합계 100,000kg을 kg당 미화 10달러로 A회사의 지정에 따라 분할하여 지정한 곳으로 공급하기로 하고, A회사가 오리털을 공급받은 후 10일 이내에 그 대금을 지급하기로 하였으며, 계약의 준거법을 대한민국 법으로 지정하는 계약을 체결하였다.

B회사와 계약 체결 전에 A회사는 거래처인 C회사에 오리털을 가공하여 만든 방한복을 공급하는 계약을 체결한 상태였으며, B회사도 A회사와 계약 체결시 그 사실을 알고 있었다.

A회사는 오리털 10,000kg을 8월 20일까지 미얀마 양곤에 있는 공장에 공급하도록 지정하였다(제 1 차 공급). B회사는 8월 10일 중국 상해에서 선적하였는데 8월 15일 싱가포르에서 선박회사의 실수로 환적되지 아니하여 공급일인 8월 20일이 지나서까지 싱가포르에 그대로 남아 있게 되었다. 이에 A회사가 항공편으로 신속히 운송하여 줄 것을 요구하였으나 B회사는 항공운송비용이 미화 50,000달러에 이르는 고액이라는 이유로 이에 응하지 아니하였고, A회사가 재차 항공편으로 운송을 요구하였으나 B회사는 다시 이에 응하지 아니하였다. A회사는 베트남에 있는 다른 공급자로부터 9월 10일 오리털 10,000kg을 kg당 미화 15달러로 대금 미화 150,000달러에 구입하였는데 C회사에 대한 공급일이 촉박하여 A회사가 항공운송비용 미화 50,000달러를 부담하여 공급받았다. 또한 A회사는 C회사에 오리털로 가공한 방한복을 지체하여 공급한데 대한 손해배상으로 미화 10,000달러를 지급하였다.

A회사는 B회사와의 위 계약에 따라 9월 15일까지 오리털 8,000kg을 미얀마 양곤에 있는 공장에 공급하도록 지정하였는데, B회사가 9월 15일 공급한 오리털의 순도는 50%에 불과하여 방한복을 만드는데 부적합하였다(제 2 차 공급).

A회사는 미얀마 양곤에 있는 공장에 8월 20일까지 공급하도록 지정한 오리털을 B회사가 미얀마 양곤에 있는 공장에 운송하지 아니한 사실을 이유로 9월 20일 제 1 차 공급 부분에 대하여 계약을 해제한다는 통지를 하였고 9월 23일 B회사에 그 통지가 도달하였다.

대한민국과 중국은 모두 국제물품매매계약에 관한 국제연합협약(이하 '협약'이라고 함)의 체약국이다.

1. A회사와 B회사의 계약에 협약이 적용되는지 여부를 논하시오. (10점)

2. 제 1 차 공급 부분에 대하여

가. A회사의 계약해제가 정당한지를 논하시오. (20점)

나. A회사의 손해배상청구가 인정되는지 여부와 그 범위를 논하시오. (20점)

3. 제2차 공급 부분에 대하여 A회사가 변호사에게 구제방법에 관하여 법적 조언을 구하는 경우, 어떠한 법적 의견을 제시할 것인지를 논하시오. (30점)

모범답안

<문제 1>

Ⅰ. 논점의 정리

이 사안에 대하여 국제물품매매계약에 관한 국제연합협약이 적용되는지 여부에 관하여 협약 제1조, 제2조, 제3조 및 제6조를 검토하기로 한다.

Ⅱ. 협약의 적용범위

1. **협약의 직접적용요건**: 협약은 영업소가 서로 다른 체약국에 소재하는 당사자 사이의 물품매매계약에 적용된다[협약 1조 1항 ㈎호].

   가. **국제성**: 당사자의 영업소가 서로 다른 체약국에 소재할 것이 요구된다. 이 국제성은 계약 체결 전이나 체결시까지 당사자 쌍방이 이를 인식하였어야 한다(협약 1조 2항).

   나. **물품성**: 물품은 일반적으로 유체동산을 의미한다.

   다. **매매성**: 매매계약에 적용된다. 이는 물품을 원상 그대로 판매하는 것만을 의미하는 것이 아니라 제조하여 판매하는 경우에도 물품을 주문한 매수인이 그 제조에 필요한 재료의 중요한 부분을 공급한 경우가 아닌 한 매매에 포함된다(협약 3조 1항). 또한 물품을 공급하는 당사자의 의무의 주된 부분이 노무 그 밖의 서비스의 공급에 있는 계약에는 협약이 적용되지 아니한다(협약 3조 2항).

2. **협약의 적용배제**: 협약은 매매계약에 적용되나 매매계약이라고 하더라도 가사용이나 경매 등 매매의 성격 또는 주식이나 전기와 같은 물품의 성질에 따라 협약의 적용이 배제되는 경우가 있다(협약 2조).

3. **당사자의 합의에 의한 적용배제**: 당사자는 협약의 적용을 배제하는 합의를 할 수 있다(협약 6조).

Ⅲ. 사안에의 적용

이 사안의 경우 매수인 A회사는 체약국인 한국(인천)에 영업소를 두고 있고, 매도인 B회사도 체약국인 중국(항주)에 영업소를 두고 있으며 이에 대하여 양 회사가 이를 인식하고 있었다고 할 것이므로 국제성 요건이 구비되고, 계약물품이 '오리털 100,000kg'으로서 협약 제2조와 제3조에 의하여 협약의 적용이 배제되지 않는 물품의 매매계약이어서 물품성과 매매성이 모두 충족된다. 또한 협약을 배제하기로 하는 A회사와 B회사 사이의 특약이 있었다는 사실관계의 제시도 없다.

Ⅳ. 결론

따라서 이 사안에는 협약이 직접적용된다. 이 사안의 매매계약의 당사자인 A회사와 B회사 모두가 서로 다른 체약국에 영업소를 두고 있고 그들 사이에 이 협약의 적용을 배제하기로 약정한 바 없는 이상 협약이 적용되는 것이고, 위 양 회사 사이의 이건 매매계약의 준거법 지정(대한민국법)에 의하여 그 결론이 달라지지 않는다.

<문제 2>

Ⅰ. 논점의 정리

이 사안의 1차공급분에 대한 A회사의

1. 계약해제의 정당 여부에 관하여 협약 제73조 제1항과 제25조,

2. 손해배상의 인정 여부와 그 범위에 관하여 협약 제74조, 제75조를 각 검토한다.

Ⅱ. 분할인도계약의 해제

1. **분할인도계약의 의의:** 분할인도계약은 물품을 수회로 나누어 인도하기로 한 계약이다.

2. **분할인도계약과 해제:** 협약 제73조는 이러한 분할인도계약에 있어서 어느 분할부분에 관한 불이행이 그 분할부분에 관하여 본질적 계약위반이 되는 경우에 그 분할부분만의 계약해제를 가능하게 하고(당회분할이행의 해제, 1항), 그 분할부분에 대한 불이행이 장래의 분할부분에 대한 본질적 계약위반 추단의 합리적인 근거가 되는 경우에는 장래의 미이행부분에 대하여 계약을 해제할 수 있도록 한다(장래분할이행의 해제, 2항).

3. **본질적 계약위반:** 협약 제25조는 본질적인 위반에 대하여 원칙적으로 '상대방이 그

계약에서 기대할 수 있는 바를 실질적으로 박탈할 정도의 손실을 상대방에게 주는 경우'로 정의하고 있다.

Ⅲ. 손해배상

1. **손해배상청구권의 발생:** 매도인이 계약상의 의무를 이행하지 않은 경우에 매수인은 협약 제74조 내지 제77조에서 정한 손해배상청구를 할 수 있다[협약 45조 1항 ㈏호].

2. **손해배상의 범위:** 당사자 일방의 계약불이행으로 인한 손해배상액은 이익의 상실을 포함하여 그 위반의 결과 상대방이 입은 손실과 동등한 금액이다(협약 74조 1문). 다만, 그 손해액은 위반당사자가 계약 체결시에 알았거나 알 수 있었던 사정을 기초로 하여 계약위반으로부터 발생할 가능성이 있는 것으로 예견하였거나 예견할 수 있었던 손실을 초과할 수는 없다(협약 74조 2문). 이는 예견가능성(foreseeability)을 기준으로 하여 손해액의 무한한 확대를 막고 상당인과관계 있는 손해로 한정하기 위함이다.

3. **대체거래시의 손해배상액:** 계약이 해제된 후 합리적인 방법과 기간 내에 매수인이 대체물을 매수하거나 매도인이 물품을 재매각한 경우에 손해배상을 청구하는 당사자는 계약대금과 대체거래대금과의 차액과 제74조의 손해액을 배상받을 수 있다(협약 75조).

Ⅳ. 사안에의 적용

1. **계약해제의 가부:** A회사와 B회사는 오리털 100,000kg을 분할하여 지정한 곳으로 공급하기로 하였으므로 이는 분할인도계약에 해당한다. B회사가 1차 공급부분에 관하여 그 인도기일인 8월 20일까지 인도하지 않은 것은 선박회사의 실수에 의한 것으로 이는 B회사의 과실로 보아야 하고, A회사의 항공운송 요구를 거절함으로써 A회사는 C회사에 대하여 이행을 지체하게 되었는바 B회사의 계약위반은 A회사의 계약 하에서의 합리적 기대를 실질적으로 박탈할 정도의 손실을 주는 것이라 할 것이다. 또한 B회사는 A회사와의 이 건 계약 체결시에 A회사와 C회사 사이의 계약내용을 알고 있었으므로 그 손해의 발생을 예견할 수 있었다. 따라서 1차 공급분에 관한 B회사의 의무불이행은 그 분할부분에 관하여 본질적 계약위반에 해당하며, 따라서 협약 제73조 제1항에 의하여 A회사는 1차 공급분에 대하여 계약을 해제할 수 있다.

2. **손해배상:** 1차 공급분에 대하여 매도인인 B회사의 계약상 인도의무위반이 있으므로 A회사는 계약해제와 별도로 손해배상을 청구할 수 있다[45조 1항 ㈏호]. 손해배상의 범위는 그 위반의 결과 상대방이 입은 손실과 동등한 금액으로 하므로(74조) ① 항공운송비용 미화 50,000달러, ② C회사에 대한 손해배상액 미화 10,000달러 및 ③ 대체거래대금 차액(150,000-100,000) 미화 50,000달러의 합계 미화 110,000달

러(50,000＋10,000＋50,000)이다.

Ⅴ. 결론

1. A회사의 계약해제는 정당하다.
2. A회사는 B회사에 대하여 손해배상을 청구할 수 있고, 그 손해배상의 범위는 미화 110,000달러이다.

<문제 3>

Ⅰ. 논점의 정리

순도 100%의 오리털을 인도하기로 약정하고 실제로는 순도 50%의 오리털을 인도한 매도인에 대한 매수인의 구제방법(협약 45조 1항)에 관하여 검토한 다음 A회사를 위한 법적 의견을 제시하기로 한다.

Ⅱ. 협약상 매수인의 구제방법

1. **구제방법 개관**: 협약상 매도인의 계약위반에 대한 매수인의 구제방법으로 의무이행 청구권, 대체물인도청구권, 수리에 의한 부적합치유청구권, 부가기간지정권, 계약해 제권, 대금감액권 및 손해배상청구권이 인정된다.

2. **의무이행청구권**(협약 46조 1항): 매수인은 매도인에게 의무의 이행을 청구할 수 있다. 그러나 매수인이 해제와 같은 그 청구와 양립할 수 없는 구제를 구한 경우에는 청구할 수 없다.

3. **대체물인도청구권**(협약 46조 2항): 물품이 계약에 부적합하고 그 부적합이 본질적 계약위반을 구성하는 경우에 매수인은 대체물의 인도를 청구할 수 있다. 본질적 계약위반은 예견가능성을 전제로 하여 그 계약에서 상대방이 기대할 수 있는 바를 실질적으로 박탈할 정도의 손실을 상대방에게 주는 경우를 말한다(협약 25조).

4. **수리에 의한 부적합치유청구권**(협약 46조 3항): 물품이 계약에 부적합한 경우에 매수인은 매도인에게 수리에 의한 부적합의 치유를 청구할 수 있다.

5. **부가기간지정권**(협약 47조 1항): 매수인은 매도인의 의무이행을 위하여 합리적인 부가기간을 정할 수 있다.

6. **계약해제권**(협약 49조 1항): 매수인은 ① 매도인의 의무불이행이 본질적 계약위반으로 되는 경우와 ② 부가기간 내 물품을 인도하지 않거나 또는 인도하지 않겠다고 선언한 경우 계약을 해제할 수 있다(49조 1항). 매매계약 해제의 의사표시는 상대방

에 대한 통지로 해야만 유효하다(26조).

7. **대금감액권**(협약 50조): 물품이 계약에 부적합한 경우에 매수인은 현실로 인도된 물품이 인도시에 가지고 있던 가액이 계약에 적합한 물품이 그때에 가지고 있었을 가액에 대하여 가지는 비율에 따라 대금을 감액할 수 있다.

8. **손해배상청구권**[협약 45조 1항 (나)호]: 매도인이 매매계약상의 의무를 이행하지 아니하는 경우에 매수인은 협약 제74조 내지 제77조에서 정한 손해배상의 청구를 할 수 있다. 계약위반으로 인한 손해배상액은 이익의 상실을 포함하여 그 위반의 결과 상대방이 입은 손실과 동등한 금액으로 하며, 그 손해배상액은 예견가능한 손해이어야 한다.

9. **분할인도계약의 해제**(협약 73조): 분할인도계약에서 어느 분할부분에 관한 당사자 일방의 의무 불이행이 그 분할부분에 관하여 본질적 계약위반이 되는 경우에는, 상대방은 그 분할부분에 관하여 계약을 해제할 수 있고(1항), 어느 분할부분에 관한 당사자 일방의 의무 불이행이 장래의 분할부분에 대한 본질적 계약위반의 발생을 추단하는 데에 충분한 근거가 되는 경우에는, 상대방은 합리적인 기간 내에 장래에 향하여 계약을 해제할 수 있다(2항). 그리고 어느 인도에 대하여 계약을 해제하는 매수인은, 이미 행하여진 인도 또는 장래의 인도가 그 인도와의 상호 의존관계로 인하여 계약 체결시에 당사자 쌍방이 예상했던 목적으로 사용될 수 없는 경우에는, 이미 행하여진 인도 또는 장래의 인도에 대하여도 동시에 계약을 해제할 수 있다(3항).

Ⅲ. 이 사안에서의 현실적 구제방법

1. **이 사안에 있어서 실효성 있는 구제방법 개관**: B회사가 이미 인도를 한 경우이므로 A회사가 다시 부가기간을 정하여 의무이행을 청구하는 것(46조 1항, 47조)은 사실상 의미가 없고, 순도 50%의 오리털에 대하여 수리는 불가능하므로 수리에 의한 부적합치유청구권(46조 3항)을 행사하는 것도 부적절하며, 순도 50%인 오리털로 방한복 제작이 불가능한 이상 오리털을 그대로 보유하면서 대금감액을 청구하는 것(50조)도 의미가 없다. 따라서 A회사가 행사할 수 있는 실효성 있는 구제방법으로는 대체물인도청구권, 계약해제권 및 손해배상청구권이 있다.

2. **대체물인도청구권**: 순도 50%의 오리털로는 방한복 제작이 불가능하므로 그러한 오리털 인도는 본질적 계약위반에 해당한다. 따라서 협약 제39조 제1항에 따라 부적합한 성질을 특정, 통지하여 대체물의 인도를 청구할 수 있고(46조 2항), 이를 위하여 합리적인 부가기간을 정할 수 있다(47조 1항).

3. **계약해제권**

   가. **계약해제권의 행사범위**: 2차 공급분의 인도는 본질적 계약위반에 해당하므로 이에

대하여 계약해제가 가능하다(73조 1항). 그러나 B회사가 장래의 분할부분도 역시 계약에 부적합한 오리털을 인도할 개연성이 높다고 할 수 없으므로 장래를 향하여 계약을 해제할 수는 없는 것으로 판단되고(73조 2항), 이 사안의 계약의 각 분할부분이 상호의존관계에 있다고는 할 수 없으므로 전체 계약을 해제할 수는 없다(73조 3항).

나. **해제 후의 조처**: A회사는 2차 공급분을 수령상태와 실질적으로 동일한 상태로 반환할 수 있도록 하여야 하고, 그렇지 않은 경우 해제권을 상실한다(82조 1항, 이는 대체물인도청구에도 같다). 또한 A회사는 2차 공급분을 보관할 의무가 있으며, 보관비용을 상환받을 때까지 이를 보유할 수 있다(86조 1항).

4. **손해배상청구권**: A회사는 대체물인도청구 또는 계약해제와 병렬적으로 손해배상청구를 할 수 있다[45조 1항 ㈏호, 74조 내지 77조]. 그리고 만약 A회사가 2차 공급분에 관한 계약을 해제한 후 합리적인 대체구매를 하였다면 계약대금과 대체거래대금과의 차액도 배상받을 수 있다(75조). 한편 A회사는 손해경감의무를 진다(77조).

Ⅳ. **법적 의견**

전항에서 검토한 바와 같이 대체물인도청구권, 계약해제권 및 손해배상청구권과 그에 따르는 의무로서 보관의무, 손해경감의무에 관하여 법적 조언을 하여야 할 것이다.

제3회 국제거래법 기출문제   국제거래법

국제사법 문제

A국 국적의 남성 甲은 B국에 이민하여 B국의 국적을 취득하고 B국에서 사업을 하면서 살던 중, A국의 국적을 가지고 A국에 살고 있던 여성 乙과 결혼중개업체를 통하여 만나 A국에서 결혼한 후 乙과 함께 B국에서 생활하였다. 甲은 B국 국적을 취득한 후에도 A국 국적을 포기하지 않았으며, 乙은 甲과의 혼인에도 불구하고 B국 국적을 취득한 일이 없다. 甲은 乙과 혼인한 후에도 계속 B국에 거주하면서 사업활동을 계속하고 있다. 甲은 결혼 후에도 사업활동으로 취득한 재산 모두를 자신의 명의로 하였고, 가사에 전념하고 있던 乙은 이에 대하여 별다른 이의를 제기하지 않았다. 그런데 乙은 甲이 결혼생활에 충실하지 않고 성격상의 차이도 커 갈등하던 끝에 별거를 결심하고, 甲과 아무런 상의 없이 자신의 부모가 살고 있는 A국으로 돌아와 부모와 함께 생활하고 있다. 경제적 능력이 없는 乙은 A국에서 생활하면서 甲에게 경제적 지원을 요청하였으나 甲은 이를 거절하였다. 결국 이혼을 결심한 乙은 A국 법원에 이혼을 구하는 소를 제기하면서 혼인 중 취득한 재산의 분할을 청구하였다.

또한 甲과 乙의 혼인 중에 출생한 자녀인 丙은 B국 국적의 丁과 혼인하여 B국에서 丁과 함께 살고 있다. 丙은 A국의 국적법과 B국의 국적법에 의하여 양국의 국적을 각기 취득하여 현재까지 보유하고 있다. A국법과 B국법의 어느 쪽에 의하든, 丙은 아직 성년연령에 이르지 못하였지만 혼인으로 인하여 성년자로 의제되었다. 경제적으로 생활에 어려움을 겪고 있는 丙은 B국에서 부(父)인 甲을 상대로 부양을 청구하는 소를 제기하였다.

한편 乙은 A국에 살면서 극심한 스트레스로 인한 탈모 증세로 고민하던 중, A국을 대상으로 B국에서 광고를 하고 있는 B국 소재 X회사의 탈모치료제 광고를 보고 X회사로 주문서를 발송하여 A국의 자신의 거주지로 탈모치료제를 배송받았다. 乙과 X회사 간에는 준거법선택에 관하여 아무런 합의가 없었다. 乙은 배송받은 탈모치료제를 개봉하여 자신의 머리에 발랐던바 타는 듯한 통증에 이어 2~3일 내에 심각한 탈모가 발생함과 아울러 피부의 변색과 부스럼 등의 부작용이 발생하므로 이에 바로 병원치료를 받았으나 영구적인 장애가 남게 되었다. 조사 결과 乙이 사용한 탈모치료제를 제조할 당시 X회사 제조담당자가 배합기계에 배합비율을 잘못 입력함으로써 배합이 잘못된 탈모치료제가 생산되었음이 밝혀졌다. 乙은 A국에서 X회사를 상대로 영구장애에 대한 손해배상청구소송을 제기하였다.

[전제사실]

1. A국과 B국의 국적법은 모두 복수국적을 허용한다.

2. A국과 B국의 국제사법, 민사소송법 및 가사소송법은 대한민국의 그것과 내용이 동일하다.

3. 甲과 乙의 혼인 및 丙과 丁의 혼인은 각기 그 준거법에 따라 유효하게 성립하였다.

4. A국법에 따르면 혼인 중 취득한 재산이라도 부부 일방의 명의로 된 재산은 각 명의자의 재산으로 간주되고, 이에 대하여 이혼시의 재산분할청구권은 인정되지 않는다. 또한 부모는 성년인 자(子)(혼인으로 성년의제된 자를 포함한다)에게도 부양의무를 진다.

5. B국법에 따르면 혼인 중 취득한 재산은 부부의 공유재산으로 간주하고, 이혼을 하는 경우에 이를 같은 비율로 분할하는 재산분할청구권이 인정된다. 또한 부모의 미성년인 자(子)에 대한 부양의무는 인정하지만, 그 외의 친족간의 부양의무는 인정하지 않는다.

[질 문]

1. A국은 乙의 이혼청구소송과 재산분할청구소송에 대하여, B국은 丙의 부양청구소송에 대하여 각각 국제재판관할권을 가지는가? (15점)

2. A국과 B국이 국제재판관할권을 가진다고 하였을 때, 다음 청구는 인용될 수 있는가?

   가. 乙의 甲에 대한 이혼청구가 인용된다는 전제 하에서, A국에 제기된 乙의 甲에 대한 재산분할청구 (25점)

   나. B국에 제기된 丙의 甲에 대한 부양청구 (15점)

3. 乙의 X회사에 대한 손해배상청구의 준거법에 관하여 논하시오. (乙과 X회사 사이에 준거법에 대한 사후적 합의는 없었음, 「국제물품매매계약에 관한 국제연합협약」은 고려하지 말 것) (25점)

모범답안

<문제 1>

Ⅰ. 논점의 정리

乙의 이혼 및 재산분할청구소송에 대하여 A국이, 丙의 부양청구소송에 대하여 B국이 각각 국제재판관할권을 가지는지 여부에 관하여 국제재판관할권에 관한 학설 및 국제사법 제 2 조의 규정을 검토한다.

Ⅱ. 국제재판관할권

1. 의의: 국제재판관할권(jurisdiction)은 문제된 섭외사법관계에 대하여 특정 국가의 법원이 이를 재판할 수 있는 자격 내지 권한을 말한다.

2. 결정기준에 관한 학설: 이에 대하여는 ① 민사소송법의 토지관할규정을 역으로 추지하는 역추지설, ② 국제민사소송법의 기본이념인 조리에 의하여 국제재판관할원칙을 세워야 한다는 관할배분설(조리설) 및 ③ 기본적으로 국내민사소송법의 토지관할에 따르되 재판의 적정과 공평, 신속에 반하는 특별사정이 있는 경우 관할을 부정한다는 수정역추지설(특별사정설)이 있다.

3. 국제사법 규정과 대법원의 입장

가. 실질적 관련의 원칙: 당사자 또는 분쟁이 된 사안이 대한민국과 실질적 관련을 가지는 경우에 대한민국 법원에 국제재판관할권이 인정되며, 실질적 관련성 유무를 판단함에 있어서는 국제재판관할배분의 이념에 부합하는 합리적인 원칙에 따라야 한다(2조 1항). 대법원은 여기의 '실질적 관련'은 대한민국 법원이 재판관할권을 행사하는 것을 정당화할 정도로 당사자 또는 분쟁이 된 사안과 관련성이 있는 것을 뜻하고, 이를 판단함에 있어서는 당사자의 공평, 재판의 적정, 신속과 경제 등 국제재판관할 배분의 이념에 부합하는 합리적인 원칙에 따라야 하며, 구체적으로는 당사자의 공평, 편의, 예측가능성과 같은 개인적인 이익뿐만 아니라, 재판의 적정, 신속, 효율, 판결의 실효성과 같은 법원이나 국가의 이익도 함께 고려하여야 하고, 이처럼 다양한 국제재판관할의 이익 중 어떠한 이익을 보호할 필요가 있을지는 개별 사건에서 실질적 관련성 유무를 합리적으로 판단하여 결정하여야 한다는 입장이다.

> * 2022년 국제사법 개정시 국제사법 제 2 조 제 1 항에 '당사자 간의 공평, 재판의 적정, 신속 및 경제'라는 국제재판관할 배분의 구체적 이념을 추가하였는데 이는 위와 같은 대법원판결의 내용을 반영한 것이다.

나. 국내법의 관할규정 참작: 법원은 국내법의 관할규정을 참작하여 국제재판관할권의 유무를 판단하되, 국제재판관할의 특수성을 충분히 고려하여야 한다(2조 2항). 대법원은 국제재판관할권 인정 여부에 있어서 민사소송법의 관할규정을 중요기준으로 제시하면서 개별사건에 있어서의 국제재판관할의 특수성에 따라 이를 수정하여 적용할 수 있다는 입장이다.

> ※ 2022년 개정 국제사법 제 2 조 제 1 항에 '실질적 관련성' 유무 판단의 구체적 기준을, 제 2 항에 국내법의 관할규정을 참작할 전제(보충성)를 각 추가한 데 개정 전과 차이가 있다(아래 각 밑줄 부분).
>
> 국제사법 제 2 조(일반원칙) ① 대한민국 법원(이하 "법원"이라 한다)은 당사자 또는 분쟁이 된 사안이 대한민국과 실질적 관련이 있는 경우에 국제재판관할권을 가진다. 이 경우 법원은 <u>실질적 관련의 유무를 판단할 때에 당사자 간의 공평, 재판의 적정, 신속 및 경제를 꾀한다</u>는 국제재판관할 배분의 이념에 부합하는 합리적인 원칙에 따라야 한다.
> ② <u>이 법이나 그 밖의 대한민국 법령 또는 조약에 국제재판관할에 관한 규정이 없는 경우</u> 법원은 국내법의 관할 규정을 참작하여 국제재판관할권의 유무를 판단하되, 제 1 항의 취지에 비추어 국제재판관할의 특수성을 충분히 고려하여야 한다.

Ⅲ. 사안에의 적용 및 결론

A국과 B국의 국제사법, 민사소송법 및 가사소송법이 대한민국의 그것과 내용이 동일하다고 하므로 아래의 판단에 있어서 우리나라의 국제사법(2조)과 민사소송법 및 가사소송법을 적용하여 판단하기로 한다.

1. **乙의 이혼 및 재산분할청구소송과 A국:** 이혼청구소송 등의 원고 을은 A국적, 피고 갑은 A, B 양 국적을 가지고 B국에 거주하고 있으므로 이 사안은 외국과 관련된 요소(당사자)가 있어 국제사법에 의하여 국제재판관할을 정하여야 한다(1조).

   A국은 甲과 乙의 공통의 본국이고, 혼인거행지이며, 乙의 일상거소지국에 불과한 한편 B국은 乙의 이혼 및 재산분할청구소송의 피고인 甲의 (상)거소지이고, 甲과 乙의 혼인생활이 이루어진 곳이며, 甲의 사업활동의 결과 취득한 재산의 소재지로 추정된다. 이에 우리 가사소송법 제22조 제 2 호, 제 3 호에 의하더라도 피고가 될 甲의 보통재판적 소재지의 가정법원에 전속관할이 인정될 뿐 아니라 이 사건 소송이 심리될 경우 피고 甲의 응소권의 보장 및 증거조사의 신속성을 종합하여 검토하

면 B국에 실질적 관련성이 인정된다. 따라서 A국은 乙의 이혼 및 재산분할청구소송에 대하여 국제재판관할권을 가지지 못한다.

> ※ 2022년 개정 국제사법 제56조(혼인관계에 관한 사건의 특별관할) 제 1 항에 대한민국 법원에 특별관할이 인정되는 규정이 신설되었으나 이 문제에는 해당이 없다(그나마 2호가 근접하나 미성년의 병이 혼인으로 인하여 성년자로 의제되어 해당이 없다).

2. 丙의 부양청구소송과 B국: 원고 병과 피고 갑은 모두 B국적을 보유하면서 B국에 거주하나 피고 갑이 A국적도 보유하고 있다는 점에서 이 사안은 외국과 관련된 요소(당사자)가 있어 국제사법에 의하여 국제재판관할을 정하여야 한다(1조).

우리 가사소송법 제46조 본문 및 제 2 조 제 1 항 제 2 호 마류의 1)목에 의하면 부양청구소송의 경우 상대방의 보통재판적이 있는 곳의 가정법원이 관할하고, 이 사건 원고 丙과 피고 甲의 거주지가 모두 B국(공통의 국적이기도 하다)이므로 甲과 丙의 소송수행의 편의나 증거조사를 포함한 재판의 진행의 원활에 비추어 B국이 이 사건과 실질적 관련을 가지는 것으로 판단된다. 따라서 B국은 丙의 부양청구소송에 대하여 국제재판관할권을 가진다.

> ※ 2022년 개정시 신설된 국제사법 제60조(계약에 관한 소의 특별관할) 제 1 항에 의하면 부양 권리자인 병의 일상거소가 B국에 있으므로 B국 법원에 국제재판관할이 인정된다.

<문제 2>

Ⅰ. 논점의 정리

이혼에 따른 재산분할의 준거법(국제사법 66조) 및 부양의 준거법(국제사법 73조)에 따른 재산분할청구와 부양청구의 인용가능성에 대하여 검토한다.

Ⅱ. 이혼에 따른 재산분할의 준거법

이혼에 따른 재산분할은 부부재산제의 청산이 아니라 이혼의 재산적 효력의 문제이므로 이혼의 준거법에 따라야 한다. 국제사법 제66조는 이혼에 관하여 국제사법 제64조의 규정을 준용하되(39조 본문), 부부 중 한쪽이 대한민국에 일상거소가 있는 대한민국 국민인 경우 대한민국 법에 따른다고 규정한다(66조 단서).

Ⅲ. 부양청구의 준거법

국제사법 제73조에 의하면 부양의 의무는 원칙적으로 부양권리자의 일상거소지법에 따르나(1항 본문), 만약 부양권리자와 부양의무자가 모두 대한민국 국민이고, 부양의무자가 대한민국에 일상거소가 있는 경우에는 대한민국 법에 따른다(4항).

Ⅳ. 사안에의 적용 및 결론

1. **이혼에 따른 재산분할청구**: 법정지인 A국을 기준으로 할 때 내국인 乙과 A·B 양국의 국적을 보유하고 있는 甲 사이의 이혼청구소송은 외국과 관련된 요소(당사자)가 있으므로 대한민국의 국제사법과 내용이 동일한 A국의 국제사법에 의하여 준거법을 정하여야 한다(1조). A국의 국제사법에 의하면 부부 甲과 乙 중의 일방인 乙이 A국에 일상거소를 두고 있는 A국 국민인 경우에는 이혼은 A국법에 따라야 한다. A국법에 따르면 혼인 중 취득한 재산이라도 부부 중 한쪽의 명의로 된 재산은 각 명의자의 재산으로 간주되고, 이에 대하여 이혼시의 재산분할청구권은 인정되지 않는다. 이 건 사실관계에 의하면 甲은 결혼 후에도 사업활동으로 취득한 재산 모두를 자신의 명의로 하였고 乙은 이에 대하여 별다른 이의를 제기하지 않았으므로 A국법에 의하면 乙의 재산분할청구는 인용될 수 없다.

2. **부양청구**: 법정지인 B국을 기준으로 할 때 내국 국적과 외국 국적(A국)을 같이 보유하고 있는 丙과 甲 사이의 부양청구소송은 외국과 관련된 요소(당사자)가 있으므로 대한민국의 국제사법과 내용이 동일한 B국의 국제사법에 의하여 준거법을 정하여야 한다(1조). B국의 국제사법에 의하면 부양권리자와 부양의무자가 모두 B국 국민이고, 부양의무자가 B국에 일상거소가 있는 경우에는 B국법에 따라야 한다. B국법에 의하면 부모의 미성년인 자에 대한 부양의무는 인정하지만, 그 외의 친족간의 부양의무는 인정하지 않는다. 이 건 사실관계에 의하면 丙은 아직 성년연령에 이르지 못하였지만 혼인으로 인하여 성년자로 의제되었으므로 甲은 丙에 대하여 부양의무를 부담하지 않는다. 따라서 丙의 부양청구는 인용될 수 없다.

<문제 3>

Ⅰ. 논점의 정리

소비자계약에 기한 손해배상청구의 준거법에 관하여 국제사법 제47조 제 2 항 및 제52조 제 3 항에 대하여 검토한다.

Ⅱ. 소비자계약의 준거법

1. **소비자계약의 의의**: 소비자계약은 소비자가 직업 또는 영업활동 외의 목적으로 체결하는 계약으로서 ① 계약의 상대방(직업 또는 영업활동으로 계약을 체결하는 자: 이하

'사업자')이 계약 체결에 앞서 소비자의 일상거소가 있는 국가(이하 '일상거소지국')에서 광고에 의한 거래 권유 등 직업 또는 영업활동을 행하거나 소비자의 일상거소지국 외의 지역에서 소비자의 일상거소지국을 향하여 광고에 의한 거래의 권유 등 직업 또는 영업활동을 행하고 그 계약이 사업자의 직업 또는 영업활동의 범위에 속하는 경우, ② 사업자가 소비자의 일상거소지국에서 소비자의 주문을 받은 경우, ③ 사업자가 소비자로 하여금 소비자의 일상거소지국이 아닌 국가에 가서 주문을 하도록 유도한 경우를 말한다(국제사법 42조 1항).

  2. 소비자계약의 준거법: 소비자계약의 준거법은 당사자가 준거법을 선택하지 아니한 경우에는 소비자의 일상거소지법에 따른다(국제사법 47조 2항).

Ⅲ. 불법행위의 준거법

불법행위의 준거법은 4단계의 단계적 연결방식을 취하고 있다. 즉, 당사자는 불법행위가 발생한 후 합의에 의하여 대한민국 법을 그 준거법으로 선택할 수 있고(53조 본문), 준거법에 관한 사후적 합의가 없는 경우에는 가해자와 피해자간에 존재하는 법률관계가 불법행위에 의하여 침해되는 경우에는 그 법률관계의 준거법에 따르며(52조 3항), 불법행위를 한 당시 동일한 국가 안에 가해자와 피해자의 일상거소가 있는 경우에는 그 국가의 법에 따르고(52조 2항), 마지막으로 불법행위를 하거나 그 결과가 발생하는 곳의 법에 따른다(52조 1항).

Ⅳ. 사안에의 적용 및 결론

법정지인 A국을 기준으로 할 때 내국인 乙과 B국 소재 X회사 사이의 이 사건 손해배상청구소송은 외국과 관련된 요소(당사자)가 있으므로 대한민국의 국제사법과 내용이 동일한 A국의 국제사법에 의하여 준거법을 정하여야 한다(1조).

한편 X는 B국에서 乙이 살고 있는 A국으로 광고를 통한 영업활동을 행하였고, 乙은 A국에서 계약 체결을 위한 주문서를 발송하여 A국에서 탈모치료제를 배송받았는바 이 탈모치료제매매계약은 A국의 국제사법 제47조 제1항 제1호의 소비자계약에 해당한다. 이 사안의 경우 X회사의 과실로 인하여 乙이 입은 손해에 대하여는 소비자계약에 따른 채무불이행 손해배상청구소송과 불법행위에 기한 손해배상청구소송의 두 가지 청구권이 경합한다(우리 민사소송법과 동일). 이 사안에 있어서의 불법행위에 기한 손해배상청구소송의 준거법은 국제사법 제52조 제3항에 의하여 가해자와 피해자 사이에 존재하는 법률관계(소비자계약)가 불법행위에 의하여 침해된 경우로서 이 경우 그 법률관계의 준거법에 따르므로 결국 위 손해배상청구소송의 준거법은 소비자계약의 준거법인 A국법(소비자인 乙의 일상거소지법)이 될 것이다.

UN협약 문제

甲회사는 핸드백을 생산하는 회사로 한국에 영업소를 두고 있다. 甲의 대표이사는 바이어를 발굴하기 위해 영국에서 개최되는 핸드백 박람회에 참석하였다. 미국 내 영업소를 두고 있는 핸드백 판매업체인 乙회사의 대표이사도 핸드백 박람회에 참석하였다가 甲의 대표이사를 만나게 되었고, 甲의 샘플 핸드백 디자인이 마음에 들어 박람회 현장에서 핸드백 매매계약을 체결하였다. 이 계약의 내용은, 甲은 자신이 제시한 샘플과 같은 디자인의 핸드백(이하, '이 사건 핸드백'이라 한다)을 개당 100 달러씩 10,000 개를 乙에게 판매하고, 乙은 이 핸드백에 자사의 상표를 부착하여 미국 내에서 150 달러에 판매한다는 것이다. 이 계약에는 명시적이거나 묵시적으로 준거법에 관한 합의는 없었다. 甲은 약속한 물량의 핸드백을 인도기일에 맞추어 인도하였고, 그 핸드백은 특이한 디자인 덕에 미국 내에서 절찬리에 판매되어 판매개시 한 달 만에 5,000개가 판매되었다.

그러던 중 갑자기 미국에 영업소를 두고 있는 신생 핸드백 업체인 丙이 이 사건 핸드백이 자신의 디자인특허(한국의 디자인권에 상응함)를 침해하였다고 주장하며 乙을 상대로 미국 법원에 판매금지가처분과 100만 달러의 손해배상을 구하는 소송을 제기하였다. 乙은 바로 甲에게 이 사실을 통보하고, 20만 달러의 비용을 들여 소송에 대응하였으나, 이 사건 핸드백의 디자인이 丙의 디자인특허를 침해한 것으로 입증되어 나머지 핸드백 5,000개의 미국 내 판매를 중단하고, 丙이 청구한 손해배상액 중 70만 달러를 지급하는 것으로 합의하게 되었다. 乙은 나머지 핸드백 5,000개를 반품하였으나 乙이 보관하는 과정에서 관리 소홀로 2,000개에 탈색이 발생하였다. 甲은 탈색되지 않은 3,000개의 핸드백을 재가공하여 丙의 디자인특허를 침해하지 않도록 디자인을 대폭 변경한 후 한국 내에서 개당 50 달러에 전량 처분하였으며, 탈색된 2,000개는 폐기처분하였다. 乙은 이 계약으로 인한 손해를 만회하기 위하여 甲을 상대로 한국 법원에 소송을 제기하였다.

< 전제 >
한국과 미국은 「국제물품매매계약에 관한 국제연합협약」(이하, '협약'이라 한다)의 체약국이다.
영국은 협약의 비체약국이다.
미국은 협약 제95조에 따른 유보를 선언한 국가이다.

< 질문 >
1. 위 계약에 협약이 적용되는지 논하시오. (15점)

(아래 2, 3번 문제는 위 계약에 협약이 적용됨을 전제로 답하시오)

2. (1) 甲의 계약위반 여부 및 (2) 乙이 행사할 수 있는 구제 수단을 열거한 후 각각의 수단이 상황에 비추어 볼 때 적절한 구제 수단인지 논하고, (3) 乙이 청구할 수 있는 손해배상액을 항목별로 언급하고, 甲은 그 손해배상액을 줄이기 위해 어떤 주장을 할 수 있는지 논하시오. (지연손해금은 고려하지 말 것) (50점)

3. 만약 乙이 丙의 디자인특허 침해 소송 제기 시점에 이를 甲에게 바로 통지하지 않고 만연히 미루다가 11개월이 지나서야 甲을 상대로 손해배상청구소송을 제기하였고, 甲은 그때 비로소 자신의 디자인이 丙의 디자인특허를 침해했다는 사실을 처음으로 알게 되었다면, 甲은 어떤 주장을 할 수 있는지 논하시오. (15점)

모범답안

<문제 1>

Ⅰ. 논점의 정리

이 사안에 대하여 국제물품매매계약에 관한 국제연합협약이 적용되는지 여부에 관하여 협약 제1조, 제2조, 제3조 및 제6조를 검토하기로 한다.

Ⅱ. 협약의 적용범위

1. **협약의 직접적용요건**: 협약은 영업소가 서로 다른 체약국에 소재하는 당사자 사이의 물품매매계약에 적용된다[협약 1조 1항 ㈎호].

가. **국제성**: 당사자의 영업소가 서로 다른 체약국에 소재할 것이 요구된다. 이 국제성은 계약 체결 전이나 체결시까지 당사자 쌍방이 이를 인식하였어야 한다(협약 1조 2항). 국제성의 표지는 양 당사자의 영업소이고, 매매계약의 체결지와는 무관하다.

나. **물품성**: 물품은 일반적으로 유체동산을 의미한다.

다. **매매성**: 매매계약에 적용된다. 이는 물품을 원상 그대로 판매하는 것만을 의미하는 것이 아니라 제조하여 판매하는 경우에도 물품을 주문한 매수인이 그 제조에 필요한 재료의 중요한 부분을 공급한 경우가 아닌 한 매매에 포함된다(협약 3조 1항). 또한 물품을 공급하는 당사자의 의무의 주된 부분이 노무 그 밖의 서비스의 공급에 있는 계약에는 협약이 적용되지 아니한다(협약 3조 2항).

2. **협약의 적용배제:** 협약은 매매계약에 적용되나 매매계약이라고 하더라도 가사용이나 경매 등 매매의 성격 또는 주식이나 전기와 같은 물품의 성질에 따라 협약의 적용이 배제되는 경우가 있다(협약 2조).

3. **당사자의 합의에 의한 적용배제:** 당사자는 협약의 적용을 배제하는 합의를 할 수 있다(협약 6조).

Ⅲ. 사안에의 적용

1. **국제성:** 매도인 甲회사는 한국(체약국)에 영업소를 두고 있고, 매수인 乙회사는 미국(체약국)에 영업소를 두고 있으며 이에 대하여 양 회사가 이를 인식하고 있었다고 할 것이므로 국제성 요건이 충족된다.

2. **물품성과 매매성:** 계약물품이 '핸드백 10,000개'로서 협약 제 2 조와 제 3 조에 의하여 협약의 적용이 배제되지 않는 물품의 매매계약이어서 물품성과 매매성이 모두 충족된다.

3. **협약의 배제 여부:** 협약을 배제하기로 하는 甲회사와 乙회사 사이의 특약이 있었다는 사실관계의 제시도 없다.

Ⅳ. 결론

따라서 이 사안에는 협약이 직접적용된다. 이 사안의 매매계약의 당사자인 甲회사와 乙회사 모두가 서로 다른 체약국에 영업소를 두고 있고 그들 사이에 이 협약의 적용을 배제하기로 약정한 바 없는 이상 협약이 적용되는 것이고, 이 결론은 양 회사 사이에 준거법 합의가 없었다거나 미국이 협약 제95조를 유보한 사실에 의하여 달라지지 않는다.

<문제 2>

Ⅰ. 논점의 정리

이 사안에 관련하여

1. 매도인 甲의 계약위반 여부에 관하여 권리적합성 중 지적재산권[1] 침해물품의 인도에 대한 협약 제42조,

2. 매수인 乙의 구제수단 및 그 적절성에 관하여 협약 제45조,

---

1) 지'적'재산권에 대한 표기는 2011. 5. 19. 국제사법 개정시 지'식'재산권으로 변경되었다.

3. 매수인 乙이 청구가능한 손해배상항목에 대하여는 협약 제74조, 그리고 매도인 甲의 손해배상액 감액을 위한 주장에 대하여는 협약 제77조를 각 검토한다.

Ⅱ. 권리적합성을 갖춘 물품을 인도할 매도인의 의무

1. 원칙: 매도인은 계약 체결시에 자신이 알았거나 모를 수 없었던 공업소유권 그 밖의 지적재산권에 기초한 제3자의 권리나 권리주장의 대상이 아닌 물품을 인도하여야 한다(협약 42조 1항 본문). 이때 당사자 쌍방이 계약 체결시에 물품이 어느 국가에서 전매되거나 그 밖의 방법으로 사용될 것을 예상하였던 경우에는 물품이 전매되거나 그 밖의 방법으로 사용될 국가의 법, 그 밖의 경우에는 매수인이 영업소를 가지는 국가의 법을 제3자의 권리나 권리주장의 기초로 한다[협약 42조 1항 단서 및 ㈎호·㈏호].

2. 예외: 그러나 ① 매수인이 계약 체결시에 그 권리나 권리주장을 알았거나 모를 수 없었던 경우 또는 ② 그 권리나 권리주장이 매수인에 의하여 제공된 기술설계, 디자인, 방식 그 밖의 지정에 매도인이 따른 결과로 발생한 경우에는 매도인은 위와 같은 의무를 부담하지 아니한다(협약 42조 2항).

Ⅲ. 매도인의 계약위반에 대한 매수인의 구제방법

1. 구제방법 개관: 일반적으로 협약상 매도인의 계약위반에 대한 매수인의 구제방법으로는 의무이행청구권, 대체물인도청구권, 수리에 의한 부적합치유청구권, 부가기간지정권, 계약해제권, 대금감액권 및 손해배상청구권이 인정된다.

2. 의무이행청구권(협약 46조 1항): 매수인은 매도인에게 의무의 이행을 청구할 수 있다. 그러나 매수인이 해제와 같은 그 청구와 양립할 수 없는 구제를 구한 경우에는 청구할 수 없다.

3. 대체물인도청구권(협약 46조 2항): 물품이 계약에 부적합하고 그 부적합이 본질적 계약위반을 구성하는 경우에 매수인은 대체물의 인도를 청구할 수 있다. 본질적 계약위반은 예견가능성을 전제로 하여 그 계약에서 상대방이 기대할 수 있는 바를 실질적으로 박탈할 정도의 손실을 상대방에게 주는 경우를 말한다(협약 25조).

4. 수리에 의한 부적합치유청구권(협약 46조 3항): 물품이 계약에 부적합한 경우에 매수인은 매도인에게 수리에 의한 부적합의 치유를 청구할 수 있다.

5. 부가기간지정권(협약 47조 1항): 매수인은 매도인의 의무이행을 위하여 합리적인 부가기간을 정할 수 있다.

6. 계약해제권(협약 49조 1항): 매수인은 ① 매도인의 의무불이행이 본질적 계약위반으로 되는 경우와 ② 부가기간 내 물품을 인도하지 않거나 또는 인도하지 않겠다고 선언한 경우 계약을 해제할 수 있다(49조 1항). 매매계약 해제의 의사표시는 상대방

에 대한 통지로 해야만 유효하다(26조).

7. **대금감액권**(협약 50조): 물품이 계약에 부적합한 경우에 매수인은 현실로 인도된 물품이 인도시에 가지고 있던 가액이 계약에 적합한 물품이 그때에 가지고 있었을 가액에 대하여 가지는 비율에 따라 대금을 감액할 수 있다.

8. **손해배상청구권**[협약 45조 1항 (나)호]: 매도인이 매매계약상의 의무를 이행하지 아니하는 경우에 매수인은 협약 제74조 내지 제77조에서 정한 손해배상의 청구를 할 수 있다. 계약위반으로 인한 손해배상액은 이익의 상실을 포함하여 그 위반의 결과 상대방이 입은 손실과 동등한 금액으로 하며, 그 손해배상액은 예견가능한 손해이어야 한다.

Ⅳ. 손해배상의 범위와 손실경감의무 및 매수인의 보관의무

1. **손해배상의 범위**(협약 74조): 당사자 일방의 계약위반으로 인한 손해배상액은 이익의 상실을 포함하여 그 위반의 결과 상대방이 입은 손실과 동등한 금액으로 한다. 그 손해배상액은 위반당사자가 계약 체결시에 알았거나 알 수 있었던 사실과 사정에 비추어 계약위반의 가능한 결과로서 발생할 것을 예견하였거나 예견할 수 있었던 손실을 초과할 수 없다.

2. **손실경감의무**(협약 77조): 계약위반을 주장하는 당사자는 이익의 상실을 포함하여 그 위반으로 인한 손실을 경감하기 위하여 그 상황에서 합리적인 조치를 취하여야 한다. 계약위반을 주장하는 당사자가 그 조치를 취하지 아니한 경우에는 위반당사자는 경감되었어야 했던 손실액만큼 손해배상액의 감액을 청구할 수 있다.

3. **매수인의 보관의무**

가. **보관의무의 내용**: 매수인이 물품을 수령한 후 그 물품을 거절하기 위하여 계약 또는 이 협약에 따른 권리를 행사하려고 하는 경우에는, 매수인은 물품을 보관하기 위하여 그 상황에서 합리적인 조치를 취하여야 한다(협약 86조 1항 1문).

나. **보관의무해태의 효과**: 매수인이 물품을 수령한 상태와 실질적으로 동일한 상태로 그 물품을 반환할 수 없는 경우에는, 매수인은 계약을 해제하거나 매도인에게 대체물을 청구할 권리를 상실하는 것이 원칙이다(협약 82조 1항).

Ⅴ. 사안에의 적용과 결론

1. **甲의 계약위반 여부**: 이 사건 계약 체결 당시 甲회사의 대표이사는 甲회사가 제조판매하는 이 사건 핸드백이 전량 미국에서 전매될 것임을 예상하고 매도한 것이므로 협약 제42조 제 1 항 (가)호에 따라 미국법에 의하여 지적재산권의 침해 여부에 대한 악의 또는 중과실을 판단하여야 할 것이다. 甲의 대표이사가 바이어를 발굴하기 위하여 영국에서 개최되는 핸드백 박람회에 참석하는 것으로 보아 甲의 제조물품을

세계시장에 판매할 것을 예정하고 있고, 실제로 이 건 계약의 매수인 乙회사도 미국 내 영업소를 두고 있을 뿐 아니라 전량 미국 내에서 전매될 것임을 甲이 알고 있었으며, 위 핸드백이 특이한 디자인을 갖고 있다는 점을 종합하여 보면 甲이 丙의 디자인특허에 대하여 알았거나 적어도 모를 수 없었던 것으로 판단할 수 있다. 따라서 甲은 권리적합성이 없는 물품을 乙에게 인도함으로써 계약을 위반한 것으로서 이는 본질적 계약위반(협약 25조)에 해당한다.

2. 乙이 행사할 수 있는 적절한 구제수단

가. **구제수단 개관**: 이 사안의 경우 이미 핸드백의 인도가 완료되었으므로 부가기간의 지정이나 의무이행의 청구는 무관하고, 이 사건 매매계약이 甲의 핸드백 디자인이 마음에 들어 이루어졌던 것인데 그 핸드백이 전매예상국가인 미국의 디자인특허를 침해한 것으로 입증되어 향후 미국 내 판매의 중단과 손해배상이 명하여진 상황이므로 대체물인도청구권이나 수리에 의한 부적합치유청구권 및 대금감액권도 무의미하다. 따라서 이 사안의 경우에 매수인 乙회사가 취할 수 있는 구제방법으로는 ① 계약해제권과 ② 손해배상청구권이 있을 뿐이다.

나. **계약해제권**: 이 사안의 경우 甲이 丙이 가진 미국 내 디자인특허를 침해한 물품을 인도함으로써 乙이 판매중단과 함께 손해배상 등의 책임을 부담하게 된 것은 이 매매계약을 통하여 매수인 乙이 기대하는 바를 실질적으로 박탈할 정도의 손실을 주는 경우, 즉 본질적 계약위반(25조)에 해당한다 할 것이다. 따라서 乙은 甲에 대한 통지(26조)로써 이 건 매매계약을 해제할 수 있다. 다만, 乙의 관리소홀로 인하여 탈색된 2,000개분량은 수령한 상태와 실질적으로 동일한 상태로 반환할 수 없으므로 乙은 이 부분에 한하여는 계약을 해제할 수 없다.

다. **손해배상청구권**: 매수인 乙은 매도인 甲에 대하여 협약 제74조에 따른 손해배상을 청구할 수 있다. 그 구체적인 손해배상액에 대하여는 다음 항에서 서술한다.

3. 乙이 청구가능한 항목별 손해배상액과 그에 대하여 제출가능한 甲의 주장

가. **乙의 항목별 손해배상액**: 乙은 甲의 위와 같은 계약위반으로 인하여 입은 손해, 즉 ① 판매중단된 5,000개의 판매에 대한 기대이익상실분 미화 25만달러(50×5,000), ② 소송비용 미화 20만달러 및 ③ 합의금 미화 70만달러의 합계 미화 115만달러(25만+20만+70만)에 대한 배상을 청구할 수 있다. 이에 관련하여 乙이 甲에게 이 사건 매매계약에 기한 대금지급을 완료한 경우임을 전제로 하여 판매중단된 5,000개 분량에 대한 지급대금의 반환은 손해배상과 무관할 뿐 아니라 탈색하여 폐기된 2,000개에 대한 처리결과에 따라 확정될 부분이므로 논의에서 제외하였다.

나. **甲이 제출 가능한 주장**: 甲은 乙에 대하여 ① 위 소송비용과 합의금 항목에 대한 협약 제77조의 손실경감의무위반 주장 또는 ② 탈색하여 폐기처분한 2,000개의

핸드백에 대한 손해액을 자동채권으로 하여 乙이 청구하는 손해배상액에 대한 상계를 주장할 수 있을 것이다.

<문제 3>

Ⅰ. 논점의 정리

이 사안에서 매도인이 제출가능한 주장에 관하여 협약 제42조 제1항 본문, 제43조 제1항, 제44조를 검토한다.

Ⅱ. 권리부적합사실 지연통지에 대한 매도인의 제출가능한 주장

1. **매도인이 권리부적합사실을 알지 못한 경우:** 매도인이 인도한 물품이 공업소유권 그 밖의 지적재산권에 기초한 제3자의 권리나 권리주장의 대상인 경우에도 매도인이 계약 체결시에 이를 알지 못하였거나 알 수 없었던 경우에는 책임을 지지 아니한다 (협약 42조 1항 본문의 반대해석).

2. **권리부적합원용권 상실:** 매수인이 제3자의 권리나 권리주장을 알았거나 알았어야 했던 때로부터 합리적인 기간 내에 매도인에게 제3자의 권리나 권리주장의 성질을 특정하여 통지하지 아니한 경우에는, 매수인은 협약 제42조를 원용할 권리를 상실한다 (협약 43조 1항). 즉, 계약해제[협약 49조 2항 (나)호 (1)목], 대체물인도청구(협약 46조 2항), 수리에 의한 부적합치유청구(협약 46조 3항)를 할 수 없다. 다만, 매도인이 제3자의 권리나 권리주장 및 그 성질을 알고 있었던 경우에는 그렇지 아니하다(협약 43조 2항).

3. **손해배상청구권의 상실주장:** 매수인이 합리적인 이유 없이 협약 제43조 제1항에 정하여진 통지를 하지 못한 경우에는 대금감액 또는 손해배상을 청구할 수 없다(협약 제44조의 반대해석).

Ⅲ. 사안에의 적용 및 결론

이 사안에서 乙이 丙의 디자인특허 침해소송 제기시점에 이를 甲에게 바로 통지하지 않고 만연히 미루다가 11개월이 지나서야 甲을 상대로 손해배상청구소송을 제기하였고, 甲은 그때 비로소 자신의 디자인이 丙의 디자인특허를 침해하였다는 사실을 처음으로 알게 되었다면 甲은 乙에 대하여 ① 침해사실을 몰랐거나 알 수 없었다고 주장할 수 있고, ② 협약 제42조를 원용할 권리 상실 및 ③ 손해배상청구권의 상실을 주장할 수 있을 것이다.

제 4 회 국제거래법 기출문제 | 국제거래법

국제사법 문제

甲은 대한민국 법에 의하여 설립된 발전회사로 대한민국에만 영업소를 두고 있고, 乙은 연방제국가인 A국의 B주 법에 의하여 설립된 천연가스를 추출하여 판매하는 회사로 같은 주에 주된 사무소를, 대한민국 내에 영업소를 두고 있으며, 丙은 대한민국 법에 의하여 설립된 은행으로 대한민국에만 영업소를 두고 있고, 丁은 A국의 B주 법에 의하여 설립된 은행으로 같은 주에만 영업소를 두고 있다.

甲과 乙은 대한민국 서울에서 천연가스공급계약을 체결하였는데, 이에 의하면 "乙은 甲이 운영하고 있는 대한민국 해안에 위치한 천연가스복합화력 발전소에서 천연가스를 인도하여야 하고 액체 상태인 천연가스를 기체 상태로 전환하는 일련의 기술적 지원을 하여야 한다. 이 계약과 관련하여 또는 이 계약으로부터 발생하는 모든 분쟁에 대한 소는 모두 C국 법원에만 제기하여야 한다. 이 계약과 관련하여 또는 이 계약으로부터 발생하는 모든 분쟁은 A국 법에 따라 해석되고 규율되며 국제물품매매계약에 관한 국제연합협약은 적용되지 아니한다."라고 규정되어 있다.

甲은 위 천연가스의 매매대금의 지급을 위하여 丙은행에 乙을 수익자로 하는 신용장개설을 요청하였고, 丙은행은 乙을 수익자로 한 신용장을 개설하였다. 丁은행은 乙로부터 신용장을 매입하였다.

甲은 위 천연가스공급계약에 기하여 乙로부터 공급받은 천연가스를 발전소의 연료로 사용하였는데 乙이 공급한 천연가스의 품질이 위 천연가스공급계약에서 정한 품질과 달라 발전소 연소실에 손상이 생겨 발전소 가동을 중단하고 수리를 하였다.

[전제사실]

1. 연방제국가인 A국의 연방법인 '에너지 자원 무역거래법'에 의하면, 천연가스를 포함한 모든 에너지 자원 등의 무역거래에 대해서는 위 연방법이 연방 전체에 통일적으로 적용되며, 위 연방법은 천연가스를 포함한 모든 에너지 자원과 관련된 계약을 규율하고 있다.

2. 위 연방법은 같은 법의 적용을 받는 손해배상채무에 대하여 "당사자가 달리 약정하지 않는 한, 불이행 시부터 실제 이행할 때까지 연 7%의 이율에 따른 지연손해금을 지급하여야 한다."라고 규정한다.

3. C국은 이 사건 계약이나 당사자와 아무런 관련이 인정되지 아니한다.

4. 丙은행과 丁은행 사이에 위임계약을 체결한 사실은 없다.

[질 문]

1. 甲이 乙을 상대로 대한민국 법원에 손해배상청구의 소를 제기한 경우와 丁은행이 丙은행을 상대로 대한민국 법원에 신용장대금지급청구의 소를 제기한 경우 대한민국 법원이 각각 국제재판관할권을 가지는지를 논하시오. (30점)

2. 甲이 乙을 상대로 대한민국 법원에 채무불이행으로 인한 손해배상청구의 소를 제기한 경우 손해배상청구의 준거법은 무엇인지를 논하시오. (25점)

3. 丁은행이 丙은행을 상대로 대한민국 법원에 신용장대금지급청구의 소를 제기한 경우 신용장대금지급청구의 준거법은 무엇인지를 논하시오. (15점)

4. 2.와 3.의 경우에 대한민국 법원이 각각 지연손해금을 산정함에 있어서 대한민국 법인「소송촉진 등에 관한 특례법」에 의한 이율을 적용하여야 하는지를 논하시오. (10점)

모범답안

<문제 1>

Ⅰ. 논점의 정리

1. 甲의 乙에 대한 손해배상청구의 소에 관하여는 국제적 전속관할합의의 유효요건을,

2. 丁은행의 丙은행에 대한 신용장대금지급청구의 소에 관하여는 국제재판관할권에 관한 학설 및 국제사법 제2조의 규정을 중심으로 하여 각각의 경우에 대한민국이 국제재판관할권을 가지는지 여부에 대하여 검토한다.

Ⅱ. 국제재판관할권

1. **의의**: 국제재판관할권(jurisdiction)은 문제된 섭외사법관계에 대하여 특정 국가의 법원이 이를 재판할 수 있는 자격 내지 권한을 말한다.

2. **결정기준에 관한 학설**: 이에 대하여는 ① 민사소송법의 토지관할규정을 역으로 추지하는 역추지설, ② 국제민사소송법의 기본이념인 조리에 의하여 국제재판관할원칙을 세워야 한다는 관할배분설(조리설) 및 ③ 기본적으로 국내민사소송법의 토지관할

에 따르되 재판의 적정과 공평, 신속에 반하는 특별사정이 있는 경우 관할을 부정
한다는 수정역추지설(특별사정설)이 있다.

3. 국제사법 규정과 대법원의 입장

가. **실질적 관련의 원칙:** 당사자 또는 분쟁이 된 사안이 대한민국과 실질적 관련을 가
  지는 경우에 대한민국 법원에 국제재판관할권이 인정되며, 실질적 관련성 유무를
  판단함에 있어서는 국제재판관할배분의 이념에 부합하는 합리적인 원칙에 따라
  야 한다(2조 1항). 대법원은 여기의 '실질적 관련'은 대한민국 법원이 재판관할권
  을 행사하는 것을 정당화할 정도로 당사자 또는 분쟁이 된 사안과 관련성이 있
  는 것을 뜻하고, 이를 판단함에 있어서는 당사자의 공평, 재판의 적정, 신속과 경
  제 등 국제재판관할 배분의 이념에 부합하는 합리적인 원칙에 따라야 하며, 구체
  적으로는 당사자의 공평, 편의, 예측가능성과 같은 개인적인 이익뿐만 아니라, 재
  판의 적정, 신속, 효율, 판결의 실효성과 같은 법원이나 국가의 이익도 함께 고려
  하여야 하고, 이처럼 다양한 국제재판관할의 이익 중 어떠한 이익을 보호할 필요
  가 있을지는 개별 사건에서 실질적 관련성 유무를 합리적으로 판단하여 결정하
  여야 한다는 입장이다.

> * 2022년 국제사법 개정시 국제사법 제2조 제1항에 '당사자 간의 공평, 재판의 적정, 신속
> 및 경제'라는 국제재판관할 배분의 구체적 이념을 추가하였는데 이는 위와 같은 대법원판결의
> 내용을 반영한 것이다.

나. **국내법의 관할규정 참작:** 법원은 국내법의 관할규정을 참작하여 국제재판관할권의
  유무를 판단하되, 국제재판관할의 특수성을 충분히 고려하여야 한다(2조 2항). 대
  법원은 국제재판관할권 인정 여부에 있어서 민사소송법의 관할규정을 중요기준
  으로 제시하면서 개별사건에 있어서의 국제재판관할의 특수성에 따라 이를 수정
  하여 적용할 수 있다는 입장이다.

> ※ 2022년 개정 국제사법 제2조 제1항에 '실질적 관련성' 유무 판단의 구체적 기준을, 제2
> 항에 국내법의 관할규정을 참작할 전제(보충성)를 각 추가한 데 개정 전과 차이가 있다(아래 각
> 밑줄 부분).
>
> 국제사법 제2조(일반원칙) ① 대한민국 법원(이하 "법원"이라 한다)은 당사자 또는 분쟁이 된
> 사안이 대한민국과 실질적 관련이 있는 경우에 국제재판관할권을 가진다. 이 경우 법원은 실질
> 적 관련의 유무를 판단할 때에 <u>당사자 간의 공평, 재판의 적정, 신속 및 경제를 꾀한다는</u> 국제재
> 판관할 배분의 이념에 부합하는 합리적인 원칙에 따라야 한다.
> ② <u>이 법이나 그 밖의 대한민국 법령 또는 조약에 국제재판관할에 관한 규정이 없는 경우</u> 법원
> 은 국내법의 관할 규정을 참작하여 국제재판관할권의 유무를 판단하되, <u>제1항의 취지에 비추어</u>
> 국제재판관할의 특수성을 충분히 고려하여야 한다.

4. 전속적 국제재판관할 합의의 유효성: 판례는 대한민국 법원의 관할을 배제하고 외국 법원을 관할법원으로 하는 전속적 국제재판관할합의가 유효하기 위하여는 ① 당해 사건이 대한민국 법원의 전속관할에 속하지 아니하고, ② 지정된 외국법원이 그 외국법상 당해 사건에 대하여 관할권을 가져야 하며, ③ 당해 사건이 그 외국법원에 대하여 합리적인 관련성을 가질 것이 요구되고, ④ 그와 같은 전속적인 관할합의가 현저하게 불합리하고 불공정하여 공서양속에 반하는 법률행위에 해당하지 않아야 한다는 입장이다. 또한 ⑤ 관할합의의 방식은 서면이어야 한다(민사소송법 29조 2항).

> ※ 2022년 개정 국제사법은 합의관할에 대한 규정(8조)을 신설하였는데 대법원판결이 요구하는 ③의 합리적 관련성을 요건으로 하지 않는 것 외에 대체로 위 대법원이 제시한 요건과 유사하다. 향후 전속적 국제재판관할합의에 대한 문제가 출제될 경우에는 대법원판결이 아니라 국제사법 제 8 조에 따라 서술하여야 한다.
>
> 국제사법 제 8 조(합의관할) ① 당사자는 일정한 법률관계로 말미암은 소에 관하여 국제재판관할의 합의(이하 이 조에서 "합의"라 한다)를 할 수 있다. 다만, 합의가 다음 각 호의 어느 하나에 해당하는 경우에는 효력이 없다.
> 1. 합의에 따라 국제재판관할을 가지는 국가의 법(준거법의 지정에 관한 법규를 포함한다)에 따를 때 그 합의가 효력이 없는 경우
> 2. 합의를 한 당사자가 합의를 할 능력이 없었던 경우
> 3. 대한민국의 법령 또는 조약에 따를 때 합의의 대상이 된 소가 합의로 정한 국가가 아닌 다른 국가의 국제재판관할에 전속하는 경우
> 4. 합의의 효력을 인정하면 소가 계속(係屬)된 국가의 선량한 풍속이나 그 밖의 사회질서에 명백히 위반되는 경우
> ② 합의는 서면[전보(電報), 전신(電信), 팩스, 전자우편 또는 그 밖의 통신수단에 의하여 교환된 전자적(電子的) 의사표시를 포함한다]으로 하여야 한다.
> ③ 합의로 정해진 관할은 전속적인 것으로 추정한다.

Ⅲ. 사안에의 적용 및 결론

1. 甲의 乙에 대한 손해배상청구의 소에 관한 국제재판관할권 유무: 대한민국 법인 甲과 A국 법인 乙 사이의 이 소송은 외국과 관련된 요소(당사자)가 있으므로 국제사법에 의하여 국제재판관할을 정하여야 한다(1조). 이 사안에서 甲과 乙 사이에 체결된 천연가스공급계약에 의하면 "이 계약과 관련하여 또는 이 계약으로부터 발생하는 모든 분쟁에 대한 소는 모두 C국 법원에만 제기하여야 한다."라고 규정되어 있는바 이는 전속적 국제재판관할합의로서 위 합의가 유효하다면 이 사건 소는 C국에만 제기되어야 하고, 따라서 대한민국에 제기된 경우에는 국제재판관할권이 없는 국가에 대한 제소가 될 것이다. 전속적 국제재판관할합의의 유효요건 중 ③ 당해 사건

이 그 외국법원에 대하여 합리적인 관련성을 가질 것에 관하여 전제사실 제 3 항에 의하면 C국은 이 사건 계약이나 당사자와 아무런 관련이 인정되지 아니한다는 것 이므로 나머지 유효요건에 대한 충족 여부를 살펴볼 필요도 없이 위 관할합의는 무 효이다. 다음으로 대한민국 법원이 이 사건에 관하여 국제재판관할권을 가지는지 여부에 대하여 국제사법 제 2 조는 당사자 또는 분쟁이 된 사안이 대한민국과 실질 적인 관련을 가지는 경우에 우리나라 법원에 국제재판관할권이 인정된다고 하는바 ① 원고 甲은 이 사건 계약의 당사자(매수인)로서 대한민국에만 영업소를 두고 있는 대한민국법에 의하여 설립된 회사이고, ② 이 사건 피고 乙회사의 주된 사무소는 A 국의 B주에 두고 있으나, 대한민국에도 영업소를 두고 있으며, ③ 이 사건 손해배 상청구가 채무불이행에 기한 것이든 불법행위에 기한 것이든 그 손해의 발생과 발 생원인 및 손해의 범위에 대하여는 원고의 발전소가 있는 대한민국에서 증거조사를 하는 것이 소송경제나 신속의 측면에서 효율적인 동시에 피고에게도 크게 불리하지 않은 점 및 ④ 이 사건 청구가 불법행위에 기한 경우 지참채무로서 의무이행지가 甲의 영업소 소재지인 대한민국인 점 등에 비추어보면 이 사건 소는 대한민국과 실 질적 관련성이 있으므로 대한민국 법원은 이 사건 소에 대하여 국제재판관할권을 가진다.

2. 丁은행의 丙은행에 대한 신용장대금지급청구의 소에 관한 국제재판관할권 유무: 대한민 국 법인 丙과 A국 법인 丁 사이의 이 소송은 외국과 관련된 요소(당사자)가 있으므 로 국제사법에 의하여 국제재판관할을 정하여야 한다(1조). 이 사안에서 ① 이 사건 피고 丙은행은 대한민국법에 의하여 설립된 은행으로 대한민국에만 영업소를 두고 있고, ② 이 사건 신용장대금지급채무는 추심채무이므로 그 의무이행지는 채무자인 丙은행의 영업소 소재지인 대한민국이며, ③ 만약 이 사건 소송에서 원고가 승소할 경우 그 집행도 대한민국에서 이루어져야 할 것인 점 등에 비추어보면 이 사건 신 용장대금지급청구의 소에 관하여 대한민국은 실질적 관련성을 가진다. 따라서 대한 민국 법원은 이 소에 대하여 국제재판관할권을 가진다.

<문제 2>

Ⅰ. 논점의 정리

매수인 甲과 매도인 乙 사이의 천연가스공급계약상의 채무불이행으로 인한 손해배 상청구소송의 준거법에 관하여 국제사법 제45조와 제46조 및 판례2)의 입장을 검토

---

2) 대법원 2012. 10. 25. 선고 2009다77754 판결.

한다.

Ⅱ. 계약의 준거법

1. 당사자자치(party autonomy)의 원칙: 국제사법은 계약에 관하여 당사자가 명시적 또는 묵시적으로 선택한 법에 따르도록 규정한다(45조 1항 본문). 다만, 묵시적 선택은 계약내용 그 밖에 모든 사정으로부터 합리적으로 인정할 수 있는 경우로 한정한다(45조 1항 단서).

2. 당사자가 준거법을 선택하지 않은 경우: 이때는 계약과 가장 밀접한 관련이 있는 국가의 법에 따른다(46조 1항). 이를 준거법의 객관적 연결이라고 한다. 국제사법은 '계약과 가장 밀접한 관련이 있는 국가의 법'을 결정함에 있어서 특징적 이행(characteristic performance)의 경우의 추정규정을 두고 있다(46조 2항 1호~3호 및 3항).

3. 연방제국가의 법을 준거법으로 약정한 경우: 미국과 같이 지역에 따라 법을 달리하는 연방국가의 경우 통상 주법이 계약의 준거법이 될 것이나 그럼에도 불구하고 당사자들이 연방법을 계약의 준거법으로 합의한 경우 ① 그런 합의는 무효라는 견해와 ② 미국의 어느 주법을 선택한 것으로 합리적으로 인정되는 경우에는 유효하다는 견해가 대립한다. 대법원은 당사자가 연방제국가의 어느 특정 지역의 법을 지정하지 않고 단순히 연방제국가의 법이라고만 약정한 경우에 있어서 "선택된 법이 특정 지역의 법이 아니라 연방제국가의 법이라는 사정만으로 그러한 준거법 약정이 내용을 확정할 수 없는 것으로 당연 무효라고 보아서는 아니 되고 계약 문언, 계약 전후의 사정, 거래 관행 등 모든 사정을 고려하여 당사자가 그 국가의 어느 지역의 법을 지정한 것으로 합리적으로 인정되는지까지 살펴보아야 한다. 나아가 지역에 따라 법을 달리하는 연방제국가라고 하더라도, 어느 법률관계에 관하여 그 국가 전체에 통일적으로 적용되는 이른바 연방법이 존재한다면 적어도 그 법률관계에 관하여는 연방법이 적용되어 지역에 따라 법을 달리한다고 할 수는 없으므로, 당사자가 그 법률관계에 관한 준거법으로 연방제국가의 법을 준거법으로 선택한 약정은 그 국가의 연방법을 준거법으로 선택한 약정으로서 유효하다."라는 입장이다.

Ⅲ. 사안에의 적용 및 결론

대한민국 법인인 매수인 甲과 연방제국가인 A국 법인인 매도인 乙 사이의 이 소송은 외국과 관련된 요소(당사자)가 있으므로 국제사법에 의하여 준거법을 정하여야 한다(1조).

이 사안에서 A국은 연방제국가임에도 불구하고 甲과 乙 사이의 계약에 "이 계약과 관련하여 또는 이 계약으로부터 발생하는 모든 분쟁은 A국법에 따라 해석되고 규율되"는 것으로 규정되어 있다. 당사자 사이에 약정한 A국법이 甲이 乙을 상대로 대한

민국 법원에 제기한 채무불이행으로 인한 손해배상청구의 준거법이 되는가의 여부
에 대하여 선택된 A국법이 특정 지역의 법이 아니라 연방제국가라는 사정만으로 그
러한 준거법 약정이 내용을 확정할 수 없는 것으로 당연 무효라고 볼 것이 아니라
이 사안의 천연가스를 포함하여 A국 전체에 통일적으로 적용되는 연방법인 '에너지
자원 무역거래법'이 존재하는 이상 판례의 입장과 같이 이 사안의 채무불이행으로
인한 손해배상청구권의 존부에 관하여 위 연방법을 준거법으로 선택한 약정으로서
유효하다고 본다. 따라서 손해배상청구의 준거법은 A국의 연방법인 에너지 자원 무
역거래법이 된다.

<문제 3>

Ⅰ. 논점의 정리

丁은행의 丙은행에 대한 신용장대금지급청구의 준거법에 관하여 국제사법 제46조
제1항·제2항 및 판례의 입장을 검토한다.

Ⅱ. 신용장대금지급청구의 준거법

1. 신용장개설 및 매입: 신용장(letter of credit)은 수출상이 신용장에 명기된 조건과 일치
하는 서류(documents)를 제시하는 것을 조건으로 개설은행이 수출상(수익자)에게 신
용장 대금을 지급(honour)할 것을 약속하는 취소불능의 서면이다. 이는 수입상인 개
설의뢰인의 요청에 따라 개설은행이 수출상 앞으로 개설한다. 신용장개설에 따라
수출상은 약정된 물품을 선적하고 신용장대금지급조건에 맞는 선하증권 등 제반서
류를 구비하여 자신의 거래은행에 매입을 의뢰하게 된다. 신용장매입은행은 개설은
행에 의한 최종지급일까지의 이자 및 수수료를 공제하고 할인하여 수출상에게 수출
대금을 지급한다. 이러한 신용장매입(negotiation of letter of credit)은 개설은행으로부
터의 위임이 없이 매입은행이 자기의 계산에 따라 독자적인 영업행위로서 행하는
것이 일반적이다.

2. 매입은행의 개설은행에 대한 신용장대금청구의 준거법

가. 개설은행의 위임에 의하여 매입한 경우: 당사자가 선택한 준거법이 있으면 그에 따
를 것이고(45조 1항 본문), 당사자가 준거법을 선택하지 않은 경우에는 가장 밀접한
관련이 있는 국가의 법에 따르는(46조 1항) 한편 국제사법은 준거법의 객관적 연결
에 관한 추정규정을 두어 위임계약의 경우에는 용역의 이행당사자의 주된 사무소
가 있는 국가의 법을 가장 밀접한 관련이 있는 것으로 추정한다(46조 2항 3호).

나. 개설은행의 위임에 의하지 않은 매입의 경우: 이 경우에는 신용장대금의 상환을 약
정하여 신용장대금상환의무를 이행하여야 하는 신용장개설은행의 소재지법이 계
약과 가장 밀접한 관련이 있는 국가의 법으로서 준거법이 된다.3)

Ⅲ. 사안에의 적용 및 결론

이 사안의 경우 신용장매입은행인 丁은행은 丙은행으로부터의 위임계약 없이 乙로
부터 신용장을 매입한 것이므로, 丙은행에 대한 신용장대금지급청구의 준거법은 신
용장개설은행인 丙은행의 소재지인 대한민국의 법이 된다.

<문제 4>

Ⅰ. 논점의 정리

채권채무관계의 준거법이 외국법인 경우 그 지연손해금에 관하여 법정지인 대한민
국의 소송촉진 등에 관한 특례법상의 법정이율을 적용할 수 있는지 여부에 관하여
검토한다.

Ⅱ. 원본채권의 준거법과 법정지의 지연손해금에 관한 법령 적용의 가부

1. 문제의 소재: 어떤 법률관계가 '절차'로 성질결정된 경우 절차는 법정지법에 따른다
   는 법정지법 원칙이 적용되므로 원본채권의 준거법이 대한민국법인 경우에는 우리
   법원이 소송촉진 등에 관한 특례법을 적용하는 데 문제가 없으나 원본채권의 준거
   법이 외국법인 사건의 경우에도 우리 법원이 위 특례법상의 이율에 의한 지연손해
   금의 지급을 명할 수 있는가의 문제가 있다.

2. 견해의 대립

   가. 부정설: 위 특례법의 법정이율규정은 소송촉진을 목적으로 소송절차에 의한 권리
      구제와 관련하여 적용되는 것이나 그 실질은 금전채무의 불이행으로 인한 손해
      배상의 범위를 정하기 위한 것이므로 위 법정이율규정을 절차법적인 성격을 가
      지는 것이라고만 볼 수는 없다는 것을 이유로 하여, 이 경우 본래의 채권채무관
      계를 규율하는 준거법에 따라 지연손해금이 결정되어야 한다는 견해로서 우리
      대법원의 입장이기도 하다.

   나. 긍정설: 지연손해금은 당사자의 권리의무에 관한 것이므로 실체에 속하지만, 위

---

3) 대법원 2011. 1. 27. 선고 2009다10249 판결.

특례법상의 지연손해금은 대한민국에서의 소송촉진이라는 소송정책적 고려에 기하여 부과하는 소송상 제도이므로 실체와 관련됨에도 불구하고 법정지법인 대한민국법에 의한다는 견해이다.

다. **결론:** 지연손해금은 채무의 이행지체에 대한 손해배상으로서 본래의 채무에 부수하여 지급되는 것이므로 본래의 채권채무관계를 규율하는 준거법에 따라 결정되어야 한다. 부정설이 타당하다.

Ⅲ. 사안에의 적용 및 결론

1. 2항의 甲이 乙을 상대로 제기한 손해배상청구의 지연손해금의 이율: 이 경우에는 A국의 연방법인 에너지 자원 무역거래법이 손해배상청구의 준거법이므로 부정설(판례)에 따라 대한민국의 위 특례법을 적용하지 않고 지연손해금의 이율도 위 연방법에 따른 연 7%의 지연손해금 이율이 적용되어야 할 것이다.

2. 3항의 丁은행이 丙은행을 상대로 한 신용장대금지급청구의 지연손해금의 이율: 이 경우에는 대한민국법이 신용장대금지급청구의 준거법이므로 그 지연손해금도 위 특례법상의 이율이 적용되어야 할 것이다.

UN협약 문제

　　대한민국 대구에 영업소를 두고 스카프를 제조·판매하는 乙회사는 중국 하남성에 영업소를 두고 실크원단을 제조·판매하는 甲회사로부터 1야드당 C.I.F. 부산 조건 미화 10불로 50,000야드를 구입하기로 하고, 납기는 2014. 8. 30.로 하기로 하였다. 乙회사는 甲회사가 보낸 실크원단 사양에 대한 제품규격(이하 '스펙'이라 한다)에 동의하였다. 乙회사는 2014. 10. 30.까지 실크스카프를 제조하여 장당 미화 50불에 30,000장을 이탈리아 밀라노에 영업소를 두고 있는 丙회사에 주문자 상표 부착 방식으로 인도하기로 하였다는 사실을 甲회사에 설명하면서 납기일을 맞추어 줄 것을 요청하였다.

　　丙회사는 실크스카프의 매매대금·수량·규격 및 색상·개품포장 방법 등이 기재된 구매확약서를 乙회사에 메일로 보냈으나, 乙회사는 丙회사의 구매확약서에 대해 동의하면서 다만 乙회사가 보유하고 있는 상이한 개품포장 방법으로 포장하겠다는 답신을 메일로 보냈다. 그에 대하여 丙회사는 乙회사에 별다른 이의를 제기하지 않고 이행기일을 맞추어 줄 것만을 요청하는 메일을 보냈다.

　　乙은 2014. 8. 30. 부산항에서 원단을 수령한 후 물품검사를 하던 중 甲이 보내준 스펙과는 달리 세탁을 하면 원단의 색상이 변하고 丙이 요구하는 품질의 실크스카프를 제조하기에는 합당하지 아니하여 2014. 9. 7. 甲에게 이를 통지하면서 계약해제도 함께 표시하였다. 乙은 검사를 여러 번에 걸쳐서 하여 원단 10야드를 사용하였다. 乙은 반환하려던 원단을 창고업자인 戊에게 보관하였으나, 창고에 불이 나는 바람에 원단 1,000야드가 소실되었다. 나머지 원단은 반환하는 데 아무런 문제가 없었다. 한편 창고업자 戊는 창고에 임치된 물품에 대하여 화재보험에 가입하고 있었다.

　　乙은 丙과의 제품 납기일을 맞추기 위하여 여러 나라에 실크원단을 수소문하던 중 2014. 10. 1. 1야드당 미화 15불로 50,000야드의 실크원단을 베트남에서 긴급하게 수입하였다. 또한 乙은 제품 납기일이 촉박하였기 때문에 항공으로 공수하면서 운송비용으로 1만 불을 추가로 지급하였다.

　　크리스마스에 맞추어 실크스카프를 기획 상품으로 판매하려던 丙은 乙이 보내 온 스카프를 2014. 10. 30. 수령하여 검사하던 중 자신이 乙에게 보낸 제품규격상의 바느질 방법과 달라서 스카프에 미세한 틀림현상이 생김을 발견하였다. 그러나 丙은 크리스마스에 맞추어 판매하려던 당초의 계획에 따라 스카프를 수령하였고, 이러한 사실을 지체 없이 乙에게 통지하면서 매매대금을 감액하여 지급하겠다고 통지하였다. 乙은 이러한 丙의 통지에 반발하여 계약된 대로의 대금을 지급할 것을 청구하였다. 스카프의 인도 시 이탈리아에서는 같은 종류의 스카프가 장당 미화 80불에 판매되고 있었고, 품질에 하자가 있는 것은 미화 64불에 판매되고 있었다.

　　대한민국, 중국, 이탈리아는 국제물품매매계약에 관한 국제연합협약(이하 '협약'이라 한다)의 체약국이다.

[질 문]

1. 위의 사안에서 甲과 乙, 乙과 丙 사이의 매매계약에 협약이 적용되는가? (10점)

2. 乙과 丙 사이에 매매계약은 성립하였는가? (10점)

3. 乙이 甲에게 청구할 수 있는 손해배상의 근거와 액수는 어떻게 되는가? (25점)

4. 乙의 계약해제 후 甲·乙 간의 반환범위 및 반환방법은 어떻게 되는가? (25점)

5. 丙이 스카프의 미세한 틀림현상으로 인한 계약대금의 감액이 가능하다면, 그 근거는 무엇이며 얼마로 감액할 수 있는가? (10점)

모범답안

<문제 1>

Ⅰ. 논점의 정리

이 사안에서 甲과 乙, 乙과 丙 사이의 매매계약에 국제물품매매계약에 관한 국제연합협약이 적용되는지 여부에 관하여 협약 제1조, 제2조, 제3조 및 제6조를 검토하기로 한다.

Ⅱ. 협약의 적용범위

1. 협약의 직접적용요건: 협약은 영업소가 서로 다른 체약국에 소재하는 당사자 사이의 물품매매계약에 적용된다[협약 1조 1항 본문 및 ㈎호].

가. 국제성: 당사자의 영업소가 서로 다른 체약국에 소재할 것이 요구된다. 이 국제성은 계약 체결 전이나 체결시까지 당사자 쌍방이 이를 인식하였어야 한다(협약 1조 2항).

나. 물품성: 물품은 일반적으로 유체동산을 의미한다.

다. 매매성: 매매계약에 적용된다. 이는 물품을 원상 그대로 판매하는 것만을 의미하는 것이 아니라 제조하여 판매하는 경우에도 물품을 주문한 매수인이 그 제조에 필요한 재료의 중요한 부분을 공급한 경우가 아닌 한 매매에 포함된다(협약 3조 1항). 또한 물품을 공급하는 당사자의 의무의 주된 부분이 노무 그 밖의 서비스의 공급에 있는 계약에는 협약이 적용되지 아니한다(협약 3조 2항).

2. **협약의 적용배제**: 협약은 매매계약에 적용되나 매매계약이라고 하더라도 가사용이나 경매 등 매매의 성격 또는 주식이나 전기와 같이 물품의 성질에 따라 협약의 적용이 배제되는 경우가 있다(협약 2조).

3. **당사자의 합의에 의한 적용배제**: 당사자는 협약의 적용을 배제하는 합의를 할 수 있다(협약 6조).

Ⅲ. 사안에의 적용과 결론

1. 甲과 乙 사이의 매매계약

가. **국제성**: 매도인 甲회사는 중국(체약국)에 영업소를 두고 있고, 매수인 乙회사는 대한민국(체약국)에 영업소를 두고 있으며 이에 대하여 양 회사가 이를 인식하고 있었다고 할 것이므로 국제성 요건이 충족된다.

나. **물품성과 매매성**: 계약물품이 '실크원단 50,000야드'로서 협약 제 2 조와 제 3 조에 의하여 협약의 적용이 배제되지 않는 물품의 매매계약이어서 물품성과 매매성이 모두 충족된다.

다. **협약의 배제 여부**: 협약을 배제하기로 하는 甲회사와 乙회사 사이의 특약이 있었다는 사실관계의 제시도 없다.

라. **결론**: 협약이 직접적용된다.

2. 乙과 丙 사이의 매매계약

가. **국제성**: 매도인 乙회사는 대한민국(체약국)에 영업소를 두고 있고, 매수인 丙회사는 이탈리아(체약국)에 영업소를 두고 있으며 이에 대하여 양 회사가 이를 인식하고 있었다고 할 것이므로 국제성 요건이 충족된다.

나. **물품성과 매매성**: 계약물품이 '실크스카프 30,000장'으로서 협약 제 2 조와 제 3 조에 의하여 협약의 적용이 배제되지 않는 물품의 매매계약이어서 물품성과 매매성이 모두 충족된다.

다. **협약의 배제 여부**: 협약을 배제하기로 하는 乙회사와 丙회사 사이의 특약이 있었다는 사실관계의 제시도 없다.

라. **결론**: 협약이 직접적용된다.

<문제 2>

Ⅰ. 논점의 정리

乙회사와 丙회사 사이에 매매계약이 성립하였는지 여부에 관하여 협약 제14조의 청약 및 제19조의 변경된 승낙의 효력규정을 중심으로 살펴보기로 한다.

Ⅱ. 청약의 요건 및 변경된 승낙의 효력

1. **청약의 요건**: 협약 제14조 제 1 항에 의하면 1인 또는 그 이상의 특정인에 대한 계약 체결의 제안은 충분히 확정적이고, 승낙시 그에 구속된다는 의사가 표시되어 있는 경우에 청약이 되는 한편, 제안이 물품을 표시하고, 명시적 또는 묵시적으로 수량과 대금을 지정하는 경우 그 제안은 충분히 확정적인 것으로 한다.

2. **변경된 승낙**

   가. **원칙**: 승낙은 청약의 조건에 대하여 완전히 일치하는 동의의 표시일 경우에 승낙이 되고(mirror image rule), 만약 청약의 조건과 다른 내용이 포함된 승낙은 승낙으로서의 효력이 없으며, 이는 청약에 대한 거절인 동시에 새로운 청약으로 평가되는 것이 원칙이다(협약 19조 1항).

   나. **예외**: 그러나 변경된 승낙의 경우에도 그것이 승낙을 의도하고 있고, 청약의 조건을 실질적으로 변경하지 아니하는 부가적 조건이나 상이한 조건이 포함된 청약에 대한 응답인 경우에는 청약자가 지체없이 그에 대한 이의를 제기하지 아니하는 한 승낙으로서의 효력을 가진다(협약 19조 2항 1문, 2문). 이 경우에는 승낙에 포함된 변경이 가하여진 청약조건이 계약조건이 된다(협약 19조 2항 3문). 협약 제19조 제 3 항은 청약조건을 실질적으로 변경하는 것으로 보는 경우로서 대금, 대금지급, 물품의 품질과 수량, 인도의 장소와 시기, 당사자 일방의 상대방에 대한 책임범위 또는 분쟁해결에 관한 부가적 조건 또는 상이한 조건을 열거하고 있다.

3. **계약의 성립시기**: 협약 제23조에 의하면 계약은 청약에 대한 승낙이 이 협약에 따라 효력을 발생하는 시점에 성립된다. 또한 협약 제18조 제 2 항 제 1 문에 의하면 청약에 대한 승낙은 동의의 의사표시가 청약자에게 도달하는 시점에 효력이 발생한다.

Ⅲ. 사안에의 적용과 결론

이 사안에서 丙회사는 실크스카프의 매매대금·수량·규격 및 색상·개품포장방법 등이 기재된 구매확약서를 乙회사에 메일로 보냈고, 이에 대하여 乙회사는 위 구매확약서에 대하여 동의함과 아울러 乙회사가 보유하고 있는 상이한 개품포장방법으로 포장하겠다는 답신을 보냈으며, 이 답신에 대하여 丙회사는 별다른 이의를 제기하지 않고 이행기일을 맞추어 줄 것만을 요청하는 메일을 보냈다. 丙회사의 구매확약서는 특정인인 乙회사에 대하여 거래하고자 하는 물품과 수량 및 대금을 명시하고 있어 충분히 확정적이고 승낙시 그에 구속된다는 의사도 표시되어 있으므로 청약으로 평가된다(협약 14조 1항). 이에 대하여 乙회사는 청약자가 제안한 개품포장방법과 상이한 포장방법으로 포장하겠다고 답신하였는데 포장에 대한 상이한 조건을 제시하는 것은 물품의 품질에 관련된 것으로 실질적인 변경에 해당하는 것이므로(협약 19조 3항) 이 답신은 승낙이 될 수 없다(협약 19조 2항, 이에 대하여 丙회사가 이의를 제기하지 않았다고 하여 승낙으로 되지 아니한다). 따라서 이 답신은 청약에 대한 거절인 동시에 새로운 청약이 되는 것이고(협약 19조 1항), 이에 대하여 丙회사가 이의를 제기하지 않고 이행기일의 준수만을 요청하는 내용의 메일이 승낙이 되는 것이다. 따라서 丙회사의 승낙메일이 도착한 시점에 乙회사와 丙회사 사이에 실크스카프의 매매계약은 성립하였다.

<문제 3>

Ⅰ. 논점의 정리

乙이 甲에게 청구가능한 손해배상의 근거와 액수에 관하여 협약 제45조 제 1 항 (나)호, 제74조, 제75조를 검토한다.

Ⅱ. 매도인의 계약위반에 대한 매수인의 구제방법으로서의 손해배상

1. **손해배상의 근거**: 매도인이 매매계약상의 의무를 이행하지 아니하는 경우에 매수인은 협약 제74조 내지 제77조에서 정한 손해배상의 청구를 할 수 있다[협약 45조 1항 (나)호].

2. **손해배상의 범위**(협약 74조): 당사자 일방의 계약위반으로 인한 손해배상액은 이익의 상실을 포함하여 그 위반의 결과 상대방이 입은 손실과 동등한 금액으로 한다. 그 손해배상액은 위반당사자가 계약 체결시에 알았거나 알 수 있었던 사실과 사정에 비추어 계약위반의 가능한 결과로서 발생할 것을 예견하였거나 예견할 수 있었던 손실을 초과할 수 없다.

3. **계약해제시의 대체거래대금차액**(협약 75조): 계약이 해제되고 계약해제 후 합리적인 방법으로, 합리적인 기간 내에 매수인이 대체물을 매수한 경우에, 손해배상을 청구하는 당사자는 제74조에 따른 손해액 외에 계약대금과 대체거래대금과의 차액을 배상받을 수 있다.

Ⅲ. 사안에의 적용과 결론

1. **甲회사의 계약위반 여부:** 이 사건 계약 체결 당시 乙회사는 甲회사에게 甲회사가 매도하는 실크원단으로 실크스카프를 제조하여 2014. 10. 30.까지 이탈리아 밀라노에 인도하여야 한다는 사실을 고지하였음에도 불구하고 甲회사는 애초에 甲회사가 보낸 스펙과는 달리 세탁을 하면 원단의 색상이 변하는 등의 물품적합성이 없는 실크원단을 인도함으로써 계약을 위반한 것이고, 이는 본질적 계약위반(협약 25조)에 해당한다.

2. **乙이 청구가능한 손해배상의 근거와 액수**

  가. **계약대금과 대체거래대금과의 차액:** 계약대금이 야드당 미화 10불이고, 대체거래대금이 야드당 미화 15불이므로 50,000야드 전체에 대한 차액은 미화 250,000불 [(15-10)×50,000]로서 이는 협약 제75조를 근거로 한다. 다만, 乙이 丙에 대한 실크스카프 30,000장을 만드는 데 있어서 원단 50,000야드 모두가 필요한 것을 전제로 한다.

  나. **항공운송비용:** 항공운송비용 미화 10,000불은 납기일의 촉박에 기인한 것이므로 배상청구를 할 수 있고, 이는 협약 제74조에 근거한다.

  다. **합리적 범위의 상실이익:** 그 외 예상가능하였던 이익의 반환도 청구할 수 있으며, 이는 협약 제74조를 근거로 한다.

<문제 4>

Ⅰ. 논점의 정리

甲과 乙 사이의 계약해제에 따른 실크원단의 반환범위와 방법에 관하여 협약 제82조, 제84조를 검토한다.

Ⅱ. 계약해제와 반환

1. **계약해제와 반환의무:** 계약을 해제하면 손해배상의무를 제외하고 당사자 쌍방을 계약상의 의무로부터 면하게 한다(협약 81조 1항 전문). 그리고 계약의 전부 또는 일부를 이행한 당사자는 상대방에게 자신이 계약상 공급 또는 지급한 것의 반환을 청구할 수 있고, 쌍방이 반환하여야 하는 경우에는 동시에 반환하여야 한다(협약 81조 2항).

2. 물품의 반환불능과 계약해제권

가. 원칙: 매수인이 물품을 수령한 상태와 실질적으로 동일한 상태로 그 물품을 반환할 수 없는 경우에는 매수인은 계약을 해제할 권리를 상실한다(협약 82조 1항).

나. 예외: ① 매수인이 물품을 수령상태와 실질적으로 동일한 상태로 반환할 수 없는 것이 매수인의 작위 또는 부작위에 기인하지 아니한 경우와 ② 물품의 전부 또는 일부가 협약 제38조에 따른 검사의 결과로 멸실 또는 훼손된 경우 등에는 해제권을 상실하지 아니한다(협약 82조 2항).

3. 이자 또는 이익의 반환

가. 매도인의 이자반환의무: 매도인이 대금을 반환하여야 할 경우에 대금이 지급된 날로부터 그에 대한 이자도 지급하여야 한다(협약 84조 1항).

나. 매수인의 이익반환의무: 매수인이 물품의 전부 또는 일부를 반환하여야 하는 경우 또는 물품의 전부 또는 일부를 반환할 수 없거나 수령한 상태와 실질적으로 동일한 상태로 전부 또는 일부를 반환할 수 없음에도 불구하고, 매수인이 계약을 해제하거나 매도인에게 대체물의 인도를 청구한 경우에는 그로부터 발생한 모든 이익을 매도인에게 지급하여야 한다(협약 84조 2항).

4. 매수인의 보관의무: 매수인이 물품을 수령한 후 그 물품을 거절하기 위하여 계약 또는 이 협약에 따른 권리를 행사하려고 하는 경우 매수인은 물품을 보관하기 위하여 그 상황에서 합리적인 조치를 취하여야 한다(협약 86조 1항 1문).

Ⅲ. 사안에의 적용 및 결론

乙이 이 사건 계약을 해제하면 계약당사자인 甲과 乙은 서로에게 계약상 공급 또는 지급한 것을 반환하여야 한다(협약 81조 2항).

먼저 甲의 乙에 대한 반환의무에 관하여, 지문상 乙이 甲에게 매매대금을 지급하였는지 여부에 대한 언급이 없으나 만약 이미 매매대금을 지급하였다면 甲은 乙에게 매매대금의 원금 및 그에 대한 이자를 지급하여야 한다(협약 84조 1항).

그리고 이와 상환으로 乙은 甲에게 위 원단 50,000야드를 반환하여야 한다. 그러나 원단 10야드는 검사과정에서 사용되었고, 1,000야드는 소실되어 현재 반환할 수 없는 상태이며[검사에 소요된 원단 10야드는 반환불능이나 협약 제82조 제 2 항 (나)호에 의하여 해제가 가능하고, 1,000야드는 해제 당시에는 반환이 가능하였으므로 乙의 계약해제는 적법하다], 그 나머지 원단 48,990야드(50,000 - 10 - 1,000)는 반환이 가능한 상태이다. 검사에 소요된 원단 10야드는 그 사용의 불가피성이 인정되는 한 이를 반환하지 않아도 되나, 소실된 1,000야드에 대하여는 협약 제79조의 면책사유에 해당하지 않는 한 보관의무위반(협약 86조 1항)으로 인한 손해배상책임을 져야 한다(창고업자인 戊가 화재보험에 가입하고 있어 그에 대한 보험금이 지급될 것으로 예상된다). 즉, 乙은 甲에게 나머지 원단 48,990야드를 반환하여야 함과 아울러 소실된 1,000야드에 대한 손해배상을 하여야 한다.

<문제 5>

I. 논점의 정리

丙의 스카프 하자로 인한 계약대금 감액가능성과 감액의 범위에 관하여 협약 제50조를 검토한다.

II. 부적합한 물품과 대금감액권

물품이 계약에 부적합한 경우에, 대금의 지급 여부에 관계없이 매수인은 현실로 인도된 물품이 인도시에 가지고 있던 가액이 계약에 적합한 물품이 그때에 가지고 있었을 가액에 대하여 가지는 비율에 따라 대금을 감액할 수 있다(협약 50조 본문). 다만, 매도인이 제37조나 제48조에 따라 의무의 불이행을 치유하거나 매수인이 동 조항에 따라 매도인의 이행 수령을 거절한 경우에는 대금을 감액할 수 없다(협약 50조 단서).

III. 사안에의 적용 및 결론

이 사안에서 乙이 인도한 스카프에 계약과 다른 바느질방법에 의한 미세한 틀림현상이 있으므로 丙은 대금감액을 할 수 있다. 구체적인 감액은 현실로 인도된 물품이 인도시에 가지고 있던 가액이 계약에 적합한 물품이 그때에 가지고 있었을 가액에 대하여 가지는 비율에 따라 가능한 것이므로, 이를 계산하여 보면 인도시의 가액 미화 64불에 적합한 물품의 가액 미화 80불을 乙이 丙에게 매도하기로 한 장당 미화 50불에 비율적으로 계산하면 미화 40불($50 \times 64 \div 80$)이 된다. 따라서 이 건 계약대금의 감액은 협약 제50조에 의하여 가능하며, 구체적인 감액범위는 장당 미화 10불이다.

제 5 회 국제거래법 기출문제	국제거래법

국제사법 문제

甲은 미술품 매매업을 영위하는 법인으로 A국에만 영업소를 두고 있다. 甲은 대한민국에 상거소를 두고 있는 유명한 화가인 乙로부터 그가 그린 그림 1점을 팔아 달라는 의뢰를 받고 위 그림을 송부받았다. 甲은 곧바로 B국에만 영업소를 두고 있는 보험회사인 丙의 보험약관을 검토한 후 丙에게 위 그림의 멸실, 훼손, 분실, 도난, 횡령, 기타 제 3 자의 불법침해로 인한 손해를 담보하는 보험계약의 체결을 위한 청약을 하고 보험료를 납입하였다. 丙의 보험약관에는 "보험상 일체의 청구에 대한 책임 및 그 지급에 관하여 영국법 및 영국관습을 준거법으로 하여 해결하기로 한다."는 영국법 준거조항이 포함되어 있다. 그 후 甲은 A국에서 화랑을 경영하는 丁으로부터 위 그림의 구매희망자가 있다는 연락을 받고 위 그림의 매매를 중개하여 줄 것을 요청하면서 위 그림을 丁에게 송부하였다. 위 그림을 수령한 丁은 마치 자신의 소유인 양 가장하여 자신의 화랑에서 그 사정을 알지 못하는 자신의 고객인 戊에게 위 그림을 매각하고 그 대금을 유용하였다. 위 그림의 회수가 어려워지자 甲은 丙에 대하여 보험금을 지급해 줄 것을 청구하였다. 丙은 이 사건 보험사고는 보험계약의 청약을 받고 승낙 여부를 심사하는 중에 발생한 것이어서 보험계약이 성립하지 아니한 것이라고 주장하였다. 이에 대하여 甲은 보험계약의 체결을 위한 청약을 하면서 보험료를 납입하였으므로 보험회사의 승낙통지에 관계없이 1월의 기간이 경과하면 승낙으로 간주되는 것이고 이 사건의 경우 그 기간이 경과하였으므로 보험계약이 성립하였다고 주장하였다.

丁은 위 그림을 戊에게 처분하기 전에 정밀복사기로 위 그림을 대량으로 복제하여 두었다가 위 그림을 처분한 후 복제품을 대한민국으로 반입하여 수요자들에게 판매하였다. 대한민국에서 미술품에 대한 수요가 증가하여 미술품의 가격이 상승하자 戊는 대한민국으로 위 그림을 가져와서 위와 같은 착복사실을 모르는 己에게 위 그림을 매각하였다.

[전제사실]

1. 위 보험계약과 가장 밀접한 관련이 있는 국가는 A국으로 인정된다.

2. A국법에 의하면 보험계약을 체결함에 있어 보험계약자가 청약을 하면서 보험료를 납입하면 보험회사의 승낙통지에 관계없이 1월의 기간이 경과하면 승낙으로 간주되어 보험계약이 성립한다.

3. B국법에 의하면 보험회사가 보험계약의 청약을 받고 승낙 여부를 심사하는 중에 보험사고가 발생한 경우에는 보험계약은 성립하지 아니한다.

4. A국법에 의하면 선의취득이 인정되지 아니한다.

5. 저작권보호에 관한 국제조약은 고려하지 아니한다.

[질 문]

1. 甲이 丙을 상대로 대한민국 법원에 위 보험계약에 기한 보험금의 지급을 구하는 소를 제기한 경우 위 보험계약이 성립하였는지 여부에 대한 준거법은 무엇인지 논하시오. (30점)

2. 乙이 丁을 상대로 대한민국 법원에

   가. 丁이 위 그림을 착복하여 戊에게 처분한 불법행위로 인한 손해배상을 구하는 경우 그 준거법은 무엇인지 논하시오. (10점)

   나. 丁이 위 복제품을 대한민국으로 반입하여 판매한 것에 대하여 저작권침해로 인한 손해배상을 구하는 경우 그 준거법은 무엇인지 논하시오. (10점)

3. 乙이 己를 상대로 대한민국 법원에 소유권에 기하여 위 그림의 인도를 구하는 소를 제기한 경우

   가. 대한민국 법원이 국제재판관할권을 가지는지 논하시오. (10점)

   나. 己가 위 그림의 소유권을 취득하는지 여부를 논하되 戊가 위 그림을 매수한 시점, 戊가 위 그림을 대한민국으로 가져온 시점, 戊가 위 그림을 己에게 처분한 시점별로 구분하여 소유권의 변동을 순차적으로 설명하시오. (20점)

모범답안

<문제 1>

Ⅰ. 논점의 정리

영국법 준거조항에 대한 대법원의 입장, 계약의 준거법에 관한 국제사법 제45조·제46조, 계약의 성립 및 유효성의 준거법에 관한 제49조를 검토한다.

Ⅱ. 보험에 관한 영국법 준거조항의 법적 성질

1. 저촉법적 지정과 실질법적 지정: 저촉법적 지정은 국제사법 제45조의 당사자의 준거법 선택이고, 실질법적 지정은 당사자들이 계약내용을 구체적으로 규정하는 대신 특정 외국법을 지정하여 그 법을 계약의 내용으로 편입하는 것이다. 실질법적 지정인 경우에는 별도로 준거법을 약정할 수 있고, 만약 준거법을 선택하지 않은 경우에는 국제사법 제46조에 의하여 준거법이 결정되게 된다.

2. 영국법 준거약관에 대한 우리 대법원의 입장: 우리 대법원은 영국법 준거약관에 대하여 오랜 기간 동안에 걸쳐 해상보험업계의 중심이 되어 온 영국의 법률과 관습에 따라 당사자 간의 거래관계를 명확하게 하려는 것으로서 우리나라의 공익규정 또는 공서양속에 반하는 것이라거나 보험계약자의 이익을 부당하게 침해하는 것이라고 볼 수 없어 유효하다는 입장이다. 그리고 여러 가지 형태의 영국법 준거약관 중에서 "보험증권에 따라 발생하는 모든 책임 문제는 영국의 법률과 관습에 의하여 규율된다."라는 문언에 대하여는 보험계약 전부에 대한 준거법을 지정한 것이 아니라 보험자의 '책임'문제에 한정하여 영국의 법률과 관습에 따르기로 한 것으로 보고, 보험자의 책임에 관한 것이 아닌 사항에 관하여 당사자가 준거법을 선택하지 않은 경우 국제사법 제46조 제 1 항에 따라 보험계약과 가장 밀접한 관계에 있는 법이 적용된다고 판단하였다. 즉, 준거법이 분열되는 경우로 본다.

Ⅲ. 계약의 준거법과 성립 및 유효성의 준거법

1. 계약의 준거법

가. 당사자자치의 원칙(party autonomy): 국제사법은 계약에 관하여 당사자가 명시적 또는 묵시적으로 선택한 법에 따르도록 규정한다(45조 1항 본문). 다만, 묵시적 선택은 계약내용 그 밖에 모든 사정으로부터 합리적으로 인정할 수 있는 경우로 한정한다(45조 1항 단서).

나. 당사자가 준거법을 선택하지 않은 경우: 이때는 계약과 가장 밀접한 관련이 있는 국가의 법에 따른다(46조 1항). 이를 준거법의 객관적 연결이라고 한다. 국제사법은 '계약과 가장 밀접한 관련이 있는 국가의 법'을 결정함에 있어서 특징적 이행(characteristic performance)의 경우의 추정규정을 두고 있다(46조 2항 1호~3호 및 3항).

2. 계약의 성립 및 유효성의 준거법: 국제사법 제49조 제 1 항은 계약의 성립 및 유효성은 그 계약이 유효하게 성립하였을 경우 국제사법에 의하여 적용되어야 하는 준거법에 따라 판단하도록 규정하고 있다. 여기의 '계약의 성립'은 청약과 승낙에 의한

계약의 성립을 말한다.

Ⅳ. 사안에의 적용 및 결론

A국에만 영업소를 두고 있는 甲이 B국에만 영업소를 두고 있는 보험회사 丙을 상대로 한 보험금지급청구의 소는 외국과 관련된 요소(당사자)가 있으므로 국제사법에 의하여 준거법을 정하여야 한다(1조).

이 사안의 경우 丙의 보험약관에는 "보험상 일체의 청구에 대한 책임 및 그 지급에 관하여 영국법 및 영국관습을 준거법으로 하여 해결하기로 한다."라는 조항만 있을 뿐 보험계약의 당사자인 甲과 丙 사이에 이 사건 보험계약의 준거법을 선택하지 않았던 한편 위 보험계약과 가장 밀접한 관련이 있는 국가는 A국으로 인정된다고 한다. 우리 대법원에 의하면 위와 같은 영국법준거조항은 보험상 청구에 대한 책임 및 그 지급에 관하여만 영국법을 준거법으로 지정한 것일 뿐, 보험계약의 성립에 관하여는 준거법을 선택한 것이 아니다. 따라서 보험계약의 성립 여부에 관하여는 국제사법에 의하여 지정된 준거법을 적용하여야 할 것인데, 국제사법 제49조 제 1 항에 따라 이는 국제사법에 의하여 적용되는 준거법에 의하도록 되어 있는 한편 준거법에 대한 선택이 없는 이 사안에서 국제사법 제46조 제 1 항에 따라 보험계약과 가장 밀접한 관련이 있는 국가인 A국의 법이 준거법으로서 적용되게 된다. A국법에 의하면 甲의 주장과 같이 보험계약을 체결함에 있어 보험계약자가 청약을 하면서 보험료를 납입하면 보험회사의 승낙통지에 관계없이 1월의 기간이 경과함으로써 승낙으로 간주되어 보험계약이 성립한 것으로 판단될 것이다.

<문제 2>

Ⅰ. 논점의 정리

불법행위의 준거법에 관하여 국제사법 제52조·제53조, 지식재산권(저작권)침해의 준거법에 관하여 국제사법 제40조를 각 검토한다.

Ⅱ. 불법행위의 준거법

불법행위의 준거법은 다음의 순서에 따라 단계적으로 연결된다.

1. **준거법의 사후적 합의**: 국제사법은 불법행위 등 법정채권에 있어서 당사자들이 사후적 합의에 의하여 대한민국법을 준거법으로 선택할 수 있도록 허용하고 그에 대해 우선적 효력을 인정하고 있다(53조 본문). 준거법에 관한 사후적 합의는 제 3 자의

권리에 영향을 미치지 아니한다(53조 단서).

2. **종속적 연결**: 가해자와 피해자 간에 존재하는 법률관계가 불법행위에 의하여 침해되는 경우에는 불법행위지법 및 공통의 속인법에 우선하여 그 법률관계의 준거법에 따른다(52조 3항).

3. **일상거소를 기초로 하는 공통의 속인법**: 불법행위가 행하여진 당시 동일한 국가 안에 가해자와 피해자의 일상거소가 있는 경우에는 그 국가의 법이 불법행위지법에 우선하여 준거법이 된다(52조 2항).

4. **불법행위지법**: 불법행위는 그 행위를 하거나 그 결과가 발생하는 곳의 법에 따른다(52조 1항). 이때의 '불법행위지'에는 결과발생지를 포함하며, 종래의 대법원의 입장도 이와 같다.

Ⅲ. 저작권침해의 준거법

1. **국제사법 규정**: 국제사법 제40조는 지식재산권의 보호는 그 침해지법에 따른다고 규정한다.

2. **불법행위와의 관계**: 지식재산권의 침해가 기본적으로 불법행위의 성격을 지니는 점에서 불법행위에 관련한 조항들과의 연결 여부가 문제된다. 불법행위지에는 행위지 뿐 아니라 결과발생지도 포함되므로(52조 1항, 대법원의 입장도 같다) 지식재산권의 침해를 불법행위의 준거법에 연결하게 되면 행동지법과 결과발생지법이 준거법이 될 수 있다. 그러나 양법의 보호가 다른 경우 생기는 문제를 해소하기 위하여 지식재산권의 침해는 국제사법 제40조에 의하여 해결하여야 할 것이고, 일반 불법행위의 준거법에 연결하여서는 아니 된다. 그러나 국제사법 제53조의 준거법에 관한 사후적 합의규정은 지식재산권의 침해에도 적용된다고 본다.

Ⅳ. 사안에의 적용 및 결론

대한민국에 일상거소를 두고 있는 乙이 A국에서 화랑을 경영하는 丁에 대한 이 사안의 그림 및 그 복제품에 관련한 두 건의 손해배상청구의 소는 각각 외국과 관련된 요소(당사자)가 있으므로 국제사법에 의하여 준거법을 정하여야 한다(1조).

1. **그림 착복 처분에 기한 손해배상의 준거법**: 丁이 그림을 착복하여 戊에게 처분한 불법행위로 인한 손해배상을 구함에 있어서 그 불법행위 후에 준거법을 합의한 바 없고(53조), 가해자인 丁과 피해자인 乙 사이에 존재하는 법률관계도 없으며(52조 3항), 불법행위 당시 가해자인 丁과 피해자인 乙의 일상거소가 다르므로(52조 2항), 결국 불법행위지인 A국법이 준거법이 된다(52조 1항).

2. **복제품 반입 판매에 기한 손해배상의 준거법**: 丁은 A국에서 그림을 대량 복제한 후 대한민국으로 반입하여 수요자들에게 판매함으로써 乙의 저작권에 대한 침해를 하

였으므로 국제사법 제40조에 따라 그 저작권침해로 인한 손해배상의 준거법은 침해
지인 대한민국의 법이 된다.

<문제 3>

I. 논점의 정리

국제재판관할권에 관한 학설과 국제사법 제2조 및 물권의 준거법에 관한 국제사법
제33조를 검토한다.

II. 국제재판관할권

1. 의의: 국제재판관할권은 문제된 섭외사법관계에 대하여 특정국가의 법원이 이를
   재판할 수 있는 자격 내지 권한을 의미한다.

2. 결정기준에 관한 학설: 이에 대하여는 ① 민사소송법의 토지관할규정을 역으로 추
   지하여 국내에 재판적이 인정되면 국제재판관할권을 인정하는 역추지설, ② 국
   제민사소송법의 기본이념인 조리에 의하여 국제재판관할원칙을 세워야 한다는
   관할배분설(조리설) 및 ③ 기본적으로 국내민사소송법의 토지관할에 따르되 재판
   의 적정과 공평, 신속에 반하는 특별사정이 있는 경우 관할을 부정한다는 수정
   역추지설(특별사정설)이 있다.

3. 국제사법 규정과 대법원의 입장

   가. 실질적 관련의 원칙: 당사자 또는 분쟁이 된 사안이 대한민국과 실질적 관련을 가
      지는 경우에 대한민국 법원에 국제재판관할권이 인정되며, 실질적 관련성 유무를
      판단함에 있어서는 국제재판관할배분의 이념에 부합하는 합리적인 원칙에 따라
      야 한다(2조 1항). 대법원은 여기의 '실질적 관련'은 대한민국 법원이 재판관할권
      을 행사하는 것을 정당화할 정도로 당사자 또는 분쟁이 된 사안과 관련성이 있
      는 것을 뜻하고, 이를 판단함에 있어서는 당사자의 공평, 재판의 적정, 신속과 경
      제 등 국제재판관할 배분의 이념에 부합하는 합리적인 원칙에 따라야 하며, 구체
      적으로는 당사자의 공평, 편의, 예측가능성과 같은 개인적인 이익뿐만 아니라, 재
      판의 적정, 신속, 효율, 판결의 실효성과 같은 법원이나 국가의 이익도 함께 고려
      하여야 하고, 이처럼 다양한 국제재판관할의 이익 중 어떠한 이익을 보호할 필요
      가 있을지는 개별 사건에서 실질적 관련성 유무를 합리적으로 판단하여 결정하
      여야 한다는 입장이다.

> * 2022년 국제사법 개정시 국제사법 제 2 조 제 1 항에 '당사자 간의 공평, 재판의 적정, 신속 및 경제'라는 국제재판관할 배분의 구체적 이념을 추가하였는데 이는 위와 같은 대법원판결의 내용을 반영한 것이다.

나. 국내법의 관할규정 참작: 법원은 국내법의 관할규정을 참작하여 국제재판관할권의 유무를 판단하되, 국제재판관할의 특수성을 충분히 고려하여야 한다(2조 2항). 대법원은 국제재판관할권 인정 여부에 있어서 민사소송법의 관할규정을 중요기준으로 제시하면서 개별사건에 있어서의 국제재판관할의 특수성에 따라 이를 수정하여 적용할 수 있다는 입장이다.

> ※ 2022년 개정 국제사법 제 2 조 제 1 항에 '실질적 관련성' 유무 판단의 구체적 기준을, 제 2 항에 국내법의 관할규정을 참작할 전제(보충성)를 각 추가한 데 개정 전과 차이가 있다(아래 각 밑줄 부분).
>
> 국제사법 제 2 조(일반원칙) ① 대한민국 법원(이하 "법원"이라 한다)은 당사자 또는 분쟁이 된 사안이 대한민국과 실질적 관련이 있는 경우에 국제재판관할권을 가진다. 이 경우 법원은 실질적 관련의 유무를 판단할 때에 <u>당사자 간의 공평, 재판의 적정, 신속 및 경제를 꾀한다는</u> 국제재판관할 배분의 이념에 부합하는 합리적인 원칙에 따라야 한다.
> ② <u>이 법이나 그 밖의 대한민국 법령 또는 조약에 국제재판관할에 관한 규정이 없는 경우</u> 법원은 국내법의 관할 규정을 참작하여 국제재판관할권의 유무를 판단하되, 제 1 항의 취지에 비추어 국제재판관할의 특수성을 충분히 고려하여야 한다.

Ⅲ. 물권의 준거법

국제사법 제33조는 동산 및 부동산에 관한 물권 또는 등기하여야 하는 권리는 그 동산·부동산의 소재지법에 따르고(1항), 그 권리의 취득·상실·변경은 그 원인된 행위 또는 사실의 완성 당시 그 동산·부동산의 소재지법에 따른다(2항)고 규정한다.

Ⅳ. 사안에의 적용 및 결론

1. **국제재판관할권:** 乙이 己를 상대로 소유권에 기하여 그림의 인도를 구하는 소송에 있어서 ① 이 사건 그림이 현재 대한민국에 소재하고 있고, ② 피고 己의 일상거소도 대한민국에 소재하고 있는 것으로 보이며(민사소송법 2조 참조), ③ 원고 乙의 일상거소도 대한민국에 소재하고 있는 점을 고려하면, 당사자 및 분쟁이 된 사안이 대한민국과 실질적 관련이 있다(2조 1항). 따라서 대한민국 법원이 국제재판관할권을 가진다.[4]

---

4) 이 소송의 당사자와 목적물인 그림 모두가 대한민국에 소재하고 있으므로 문제된 그림의 매도수탁자(甲), 보험자(丙), 중개상(丁)의 영업소 그리고 매수인(戊)의 일상거소가 외국이라는 위 그림

> ※ 2022년 개정시 신설된 국제사법 제 3 조 제 1 항 제 1 문과 제 5 조 제 1 호 참조.
> 제 3 조(일반관할) ① 대한민국에 일상거소(habitual residence)가 있는 사람에 대한 소(訴)에 관하여는 (대한민국) 법원에 국제재판관할이 있다.
> 제 5 조(재산소재지의 특별관할) 재산권에 관한 소는 다음 각 호의 어느 하나에 해당하는 경우 법원에 제기할 수 있다.
> 1. 청구의 목적 또는 담보의 목적인 재산이 대한민국에 있는 경우

2. 그림에 대한 소유권 변동 및 己의 그림에 대한 소유권 취득 여부: 그림에 대한 소유권 변동상황을 아래와 같이 시점별로 나누어 살펴본다.

 가. 戊가 그림을 매수한 시점: 戊는 A국에서 화랑경영자인 丁으로부터 그림을 매수하였으나 丁이 진정한 소유자가 아니어서 그 소유권을 취득할 수 없고, 戊가 그림을 매수한 당시의 소재지법인 A국법에 의하면 선의취득도 인정되지 않으므로 그림에 대한 소유권은 여전히 乙에게 있게 된다.

 나. 戊가 그림을 대한민국으로 가지고 온 시점: 戊가 동산인 위 그림을 대한민국으로 이전하고 대한민국 민법상 선의취득(민법 249조)이 인정됨에도 불구하고 戊는 여전히 그림에 대한 소유권을 취득하지 못한다. 물권의 취득·상실·변경은 그 원인된 행위 당시 그 동산·부동산의 소재지법, 즉 A국법에 따르기 때문이다(33조 2항).

 다. 戊가 그림을 己에게 처분한 시점: 戊가 그림에 대한 소유권을 가지지 못하는 상태에서 己에게 그림을 매각하였으나 국제사법 제33조 제 2 항에 따라 己가 그림을 매수한 당시의 소재지법인 대한민국 민법은 선의취득을 인정하고 있으므로 己는 그림에 대한 소유권을 취득하게 된다.

의 처분과정의 이력을 제외하면 순수한 국내소송에 불과하다. 따라서 이 소송에 대하여 '국제재판'관할권의 문제를 논의함은 다소 무의미하다고 본다. 외국에서 이루어진 경매절차에서 목적물을 외국인이 낙찰받아 외국에서 내국인에게 매도하였고 위 목적물도 국내에 반입되었으며 위 목적물에 대한 권리주장자도 내국인인 경우와 같이 이 사건 채권자와 채무자가 모두 내국인이고, 목적물도 국내에 있다고 하여 그 전에 이루어진 모든 외국적 요소를 무시한 채 국제사법의 규정에 따르지 않고 곧바로 내국법을 적용하는 것은 합리적이라고 할 수는 없으나(대법원 2008. 1. 31. 선고 2004다26454 판결 참조), 이것은 준거법의 문제이지 국제재판관할권의 문제는 아니다.

UN협약 문제

甲은 러시아에만 영업소가 있는 식료품도매회사이고 乙은 대한민국에만 영업소가 있는 식료품회사이다. 2015. 5. 15. 甲은 대한민국에 둔 임시연락사무소를 통하여 乙과 냉장포장 김치와 진공포장 건사과 매매계약을 체결하였다. 그 계약의 내용은 甲이 중국에서 조달하여 공급하는 배추를 재료로 乙이 국내산 양념 재료를 사용하여 가공한 냉장포장 김치 10톤과 진공포장된 건사과 1톤을 乙이 甲에게 각 미화 5만 달러에 매도하되, 2015년 6월말까지는 선적항인 부산항에서 양 물품을 선적하여 운송인에게 인도하고, 준거법은 러시아법으로 한다는 것이었다. 甲, 乙은 위 계약 체결을 서면화하지는 않았다. 한편, 냉장포장 김치 가격에서 甲이 공급하는 중국산 배추의 가격이 차지하는 비중은 10%이다.

乙은 甲에게 위 물품을 인도할 때 송장(送狀, invoice)을 첨부하였는데, 이 송장 뒷면에는 여러 조항들이 영어로 기재되어 있었고 그 중 관할을 대한민국 법원으로 지정한다는 조항이 포함되어 있었다.

乙은 2015. 6. 30. 부산항에서 목적항인 러시아 보스토치니 항으로 향하는 선박에 계약한 물품을 선적하였다. 그런데 그 선박이 부산항을 출발하여 경유항인 나가사끼 항에 입항하였을 때 선박의 소유자가 연료유 대금을 지급하지 못하였다는 이유로 연료유 공급업자가 당해 선박을 압류하여, 결국 당해 선박은 예정된 운항기간을 훨씬 넘긴 2015. 8. 2.에야 보스토치니 항에 도착하였다. 2015. 8. 3. 냉장포장 김치는 모두 유통기한을 넘겨 검역과정에서 수입금지 조치를 받고 보스토치니 항에서 전량 폐기되었다. 한편 진공포장된 건사과는 2015. 8. 3. 식품검역증서가 위조되었다는 이유로 수입금지 조치를 받고 전량 몰수되었다.

2015. 8. 3. 乙이 매매대금의 지급을 청구하자 甲은 2015. 8. 4. 대금지급을 거절하고, 물품의 부적합과 서류교부의무 위반을 이유로 매매계약을 해제하는 통지를 하였다.

대한민국, 러시아는 모두 「국제물품매매계약에 관한 국제연합협약」(이하 '협약')의 체약국이다. 러시아는 협약 제96조에 따라 유보선언을 한 체약국이다.

1. 이 사건 계약에서 협약 적용과 관련된 논점들을 기술하라. (30점)

(이하 2, 3, 4문은 계약이 성립되었음을 전제로 함)

2. 乙이 보낸 송장의 내용 중 관할조항이 계약의 내용이 되는가? (10점)

3. 乙은 냉장포장 김치 매매대금의 지급을 받을 수 있는가? (20점)

4. 乙은 진공포장 건사과 매매대금의 지급을 받을 수 있는가? (20점)

모범답안

<문제 1>

Ⅰ. 논점의 정리

협약의 적용 여부와 관련하여 협약 제 1 조, 제 2 조, 제 3 조, 제 6 조, 제11조, 제12조 및 제96조를 검토한다.

Ⅱ. 협약의 적용범위

1. **협약의 직접적용요건**: 협약은 영업소가 서로 다른 체약국에 소재하는 당사자 사이의 물품매매계약으로서, 해당 국가가 모두 체약국인 경우에 직접적용된다[협약 1조 1항 본문 및 (가)호].

  가. **국제성**: 당사자의 영업소가 서로 다른 체약국에 소재할 것이 요구된다. 이 국제 성은 계약 체결 전이나 체결시까지 당사자 쌍방이 이를 인식하였어야 한다(협약 1조 2항).

  나. **물품성**: 물품은 일반적으로 유체동산을 의미한다.

  다. **매매성**: 매매계약에 적용된다. 이는 물품을 원상 그대로 판매하는 것만을 의미하 는 것이 아니라 제조하여 판매하는 경우에도 물품을 주문한 매수인이 그 제조에 필요한 재료의 중요한 부분을 공급한 경우가 아닌 한 매매에 포함된다(협약 3조 1 항). 또한 물품을 공급하는 당사자의 의무의 주된 부분이 노무 그 밖의 서비스의 공급에 있는 계약에는 협약이 적용되지 아니한다(협약 3조 2항).

2. **협약의 적용배제**: 협약은 매매계약에 적용되나 매매계약이라고 하더라도 가사용이나 경매 등 매매의 성격 또는 주식이나 전기와 같은 물품의 성질에 따라 협약의 적용 이 배제되는 경우가 있다(협약 2조).

3. **당사자의 합의에 의한 적용배제**

  가. **사적자치의 원칙**: 당사자는 합의에 의하여 협약 전체의 적용을 배제할 수 있고, 협약의 특정조항의 적용만을 배제할 수도 있다(협약 6조).

  나. **예외**: 당사자가 협약 제96조에 따라 유보선언을 한 체약국(매매계약의 체결 또는 입증에 서면을 요구하는 체약국)에 영업소를 가지고 있는 경우에는 매매계약, 합의 에 의한 매매계약의 변경이나 종료, 청약·승낙 그 밖의 의사표시를 서면 이외의 방식으로 할 수 있도록 허용하는 협약 제11조, 제29조 및 제 2 편은 적용되지 않 으며, 당사자는 이를 배제하는 합의를 하지 못한다(협약 12조). 당사자 일방이 협

약 제96조의 유보를 한 체약국에 영업소를 가지고 있는 경우, 그 국가의 방식규
정이 당연히 적용되는 것이 아니고, 법정지의 국제사법에 의하여 결정되는 방식
의 준거법에 의하게 된다.

Ⅲ. 협약 적용과 관련된 논점에 대한 구체적 검토

1. **국제성 및 그에 대한 인식**: 이 사안의 매매계약의 당사자 甲은 러시아(체약국)에만 영
   업소가 있고, 乙은 대한민국(체약국)에만 영업소가 있으므로 국제성이 충족된다. 또
   한 甲이 대한민국에 소재한 임시연락사무소를 통하여 乙과 계약을 체결하였다고 하
   더라도 위 계약의 내용(부산항에서 선적, 준거법을 러시아법으로 합의하는 등)에 비추어
   양자 공히 국제성에 대한 인식이 있는 것으로 보인다.
2. **물품성**: 이 사안의 매매계약의 목적물인 냉장포장김치 10톤과 진공포장 건사과 1톤
   은 그 수량과 물품의 성질면에서 협약 제2조에 정한 협약적용의 제외사유에 해당
   하지 않으므로 물품성이 인정된다.
3. **매매성**
   가. **냉장포장김치**: 이는 甲이 중국에서 조달하여 공급하는 배추를 재료로 乙이 국내
      산 양념재료를 사용하여 가공하는 것으로서 냉장포장 김치가격에서 甲이 공급하
      는 중국산 배추의 가격이 차지하는 비중은 10%이다. 물품을 원상 그대로 판매하
      는 것만을 의미하는 것이 아니라 제조하여 판매하는 경우도 물품을 주문한 매수
      인이 그 제조에 필요한 재료의 중요한 부분을 공급한 경우가 아닌 한 매매에 포
      함되는데(협약 3조 1항), 이 사안의 경우 甲이 공급하는 중국산 배추의 가격이 차
      지하는 비중이 10%인 점에 비추어 물품을 주문한 매수인이 그 재료의 중요한 부
      분을 공급한 경우에 해당하지 않으므로 매매성을 가진다고 본다. 이 사안에는 국
      내산 양념재료 및 냉장포장지의 가격이 냉장포장 김치가격에서 차지하는 비중이
      나타나 있지 않아 판단할 수 없으나 만약 그 비중(배추가격 포함)이 냉동포장김치
      가격의 50%를 하회하는 경우, 즉 김치를 만드는 노무가 주된 경우라면 협약 제3
      조 제2항에 의하여 협약이 적용되지 않을 수도 있다.
   나. **진공포장 건사과**: 이는 물품을 원상 그대로 판매하는 경우이므로 당연히 매매성이
      인정된다.
4. **협약의 일부적용배제**: 甲과 乙이 각각 체약국에 영업소를 두고 있는 이상 이 사안에
   는 협약이 적용되고, 甲과 乙이 러시아법을 준거법으로 합의한 것으로 인하여 결론이
   달라지지 않는다. 다만, 甲이 협약 제96조에 따른 유보선언을 한 러시아에 영업소를
   두고 있는 까닭에 매매계약의 체결 및 입증을 서면 기타의 방법으로 할 수 있도록 허
   용하는 협약 제11조, 제29조 및 제2편은 이 사안에 적용되지 아니한다(협약 12조).

Ⅳ. 결론

이상에서 검토한 바와 같이 이 사안에는 협약이 직접적용된다. 다만, 甲은 협약 제
96조에 따른 유보선언을 한 러시아에 영업소를 두고 있으므로 협약 제11조, 제29조
및 제2편은 적용되지 않으며, 서면화되지 않은 위 계약이 성립하였는지 여부에 관
하여는 법정지의 국제사법에 의하여 결정되는 방식의 준거법에 의한다.

<문제 2>

Ⅰ. 논점의 정리

乙이 보낸 송장에 포함된 관할조항이 계약의 내용이 되는지 여부에 관하여 협약 제
29조 및 제18조를 검토한다.

Ⅱ. 계약의 변경

계약은 당사자의 합의만으로 변경 또는 종료될 수 있다(협약 29조 1항). 그러나 계약
이 서면에 의하여 이루어진 경우 그 계약에서 합의에 의한 변경 또는 종료는 서면에
의하여야 한다고 약정한 경우에는 서면에 의하여야만 합의변경 또는 합의종료될 수
있다(협약 29조 2항).

Ⅲ. 승낙의 의의 및 효력발생시기

청약에 대한 동의를 표시하는 상대방의 진술 그 밖의 행위는 승낙이 된다(협약 18조
1항 1문). 그러나 침묵 또는 부작위는 그 자체만으로 승낙이 되지 않는다(협약 18조 2
항). 청약에 대한 승낙은 동의의 의사표시가 청약자에게 도달하는 시점에 효력이 발
생한다(협약 18조 2항 1문). 청약에 의하여 또는 당사자 간에 확립된 관례나 관행의
결과로 상대방이 청약자에 대한 통지 없이 물품의 발송이나 대금지급과 같은 행위
를 함으로써 동의를 표시할 수 있는 경우에는 승낙은 그 행위(의사실현행위)가 이루
어진 시점에 효력을 발생한다(협약 18조 3항).

Ⅳ. 사안에의 적용 및 결론

甲과 乙 사이의 계약이 성립된 후 乙이 보낸 송장에 관할을 대한민국 법원으로 지정
하는 조항이 포함되어 있는 경우, 위와 같은 관할조항이 포함된 송장의 송부는 乙이
甲에 대하여 관할법원을 대한민국 법원으로 지정하기로 하는 내용으로 위 계약을
변경할 것을 제안하는 계약변경의 청약이라고 할 수 있다. 그러나 甲은 동의를 표시

하는 진술 또는 그 밖의 행위를 한 바 없으므로 계약변경의 승낙이 있었다고 볼 수 없다(협약 18조 1항 1문·2항). 또한 甲은 대금지급을 거절하였으므로 의사실현에 의한 계약변경이 문제되지도 않는다. 즉, 甲과 乙 사이에는 계약변경에 대한 합의가 없었으므로, 위 관할조항은 계약의 내용이 되지 않는다(협약 29조).

<문제 3>

Ⅰ. 논점의 정리

매도인의 대금지급청구권에 관한 협약 제62조와 위험이전에 관한 협약 제66조, 제67조를 검토한다.

Ⅱ. 매도인의 대금지급청구권과 위험이전

1. 매도인의 대금지급청구권: 매도인은 매수인이 대금지급의무를 이행하지 않는 경우 매수인에게 대금의 지급, 인도의 수령 또는 그 밖의 의무의 이행을 청구할 수 있다(협약 62조 본문).

2. 위험의 이전: 위험이 매수인에게 이전된 후에 물품이 멸실 또는 훼손되더라도 그 멸실 또는 훼손이 매도인의 작위 또는 부작위로 인한 경우가 아닌 한 매수인은 대금지급의무를 면하지 못한다(협약 66조). 매도인이 특정한 장소에서 물품을 운송인에게 교부하여야 하는 경우에는, 위험은 그 장소에서 물품이 운송인에게 교부될 때까지 매수인에게 이전하지 아니한다(협약 67조 1항 2문).

Ⅲ. 사안에의 적용 및 결론

이 사안의 매매계약 중 냉장포장 김치는 2015년 6월말까지 부산항에서 운송인에게 인도하기로 한 약정에 따라 乙이 2015. 6. 30. 부산항에서 선박에 계약한 물품(협약 35조 1항)을 선적하였으므로, 그때 위험은 매도인 乙로부터 매수인 甲에게 이전하였다. 그 이후 위 선박이 경유항에서 압류당하였고, 그로 인하여 예정된 운항기간을 훨씬 넘긴 2015. 8. 2.에야 목적항에 도착, 그 다음날인 검역일에 유통기한 도과를 이유로 전량 폐기되었다고 하더라도 이는 매매목적물에 대한 위험이 매수인에게 이전된 이후의 매수인의 이행수령보조자인 운송인측의 사유로 인한 것이지 위 폐기에 관하여 매도인은 아무런 책임이 없다. 따라서 매도인 乙은 매수인 甲에게 위 김치매매대금을 지급받을 수 있다.

<문제 4>

I. 논점의 정리

매도인의 서류교부의무에 관한 협약 제30조, 제34조 및 매수인의 계약해제권에 관한 협약 제49조 제 1 항 ⑺호를 검토한다.

II. 매도인의 서류교부의무

1. 매도인의 의무: 매도인은 계약과 협약에 따라 물품을 인도하고, 관련 서류를 교부하며 물품의 소유권을 이전하여야 한다(협약 30조).

2. 매도인의 서류교부의무(협약 34조): 매도인이 물품에 관한 서류를 교부하여야 하는 경우에, 매도인은 계약에서 정한 시기, 장소 및 방식에 따라 이를 교부하여야 한다. 매도인이 교부하여야 할 시기 전에 서류를 교부한 경우에는, 매도인은 매수인에게 불합리한 불편 또는 비용을 초래하지 아니하는 한, 계약에서 정한 시기까지 서류상의 부적합을 치유할 수 있다. 다만, 매수인은 협약에서 정한 손해배상을 청구할 권리를 보유한다.

III. 매수인의 계약해제권

1. 매수인의 계약해제권: 매수인은 계약 또는 협약상 매도인의 의무불이행이 본질적 계약위반으로 되는 경우 계약을 해제할 수 있다[49조 1항 ⑺호]. 계약해제의 의사표시는 상대방에 대한 통지로 행하여진 경우에만 유효하다(협약 26조).

2. 본질적 계약위반: 협약 제25조는 당사자 일방의 계약위반이 그 계약에서 상대방이 기대할 수 있는 바를 실질적으로 박탈할 정도의 손실을 상대방에게 주는 경우에 본질적인 것으로 하되, 위반 당사자가 그러한 결과를 예견하지 못하였고, 동일한 부류의 합리적인 사람도 동일한 상황에서 그러한 결과를 예견하지 못하였을 경우 예외로 하고 있다.

3. 해제의 효과: 계약의 해제는 손해배상의무를 제외하고 당사자 쌍방을 계약상의 의무로부터 면하게 한다(협약 81조 1항 본문).

IV. 사안에의 적용 및 결론

사안의 경우 매도인 乙은 약정한 물품인 진공포장 건사과를 약정한 인도시기에 인도하였으나, 약정한 서류인 진정한 식품검역증서를 교부하지 않고 위조된 증서를 교부함으로써(지문상 명확하지 않으나 위 증서가 위조된 것을 전제로 한다) 수입국인 러시아 세관에서 수입금지조치를 받고 전량 몰수되었다. 이러한 매도인 乙의 서류교부의무위반은 매수인에게 본질적 계약위반이 되는 것으로서 매수인에게 해제권이 발생하고, 이에 따라 甲이 해제통지를 함으로써 위 건사과 매매계약부분은 적법히 해제되었으며, 해제의 효과에 따라 매수인은 계약상의 의무인 대금지급의무로부터 면하게 된다. 즉, 乙은 甲으로부터 위 건사과 매매대금을 지급받을 수 없다.

제 6 회 국제거래법 기출문제	국제거래법

국제사법 문제

A국인 甲과 A국인 乙은 대한민국에 상거소를 두고 있다. 甲과 乙은 100명의 하객이 참석한 가운데 서울에서 혼인식을 거행하였다. 甲은 유효한 유언장을 혼인 전에 작성하였고 자신의 재산상속에 관한 준거법으로 대한민국법을 지정하였다.

태국법에 따라 설립되고 태국에 주된 영업소를 둔 丙여행사는 한글 홈페이지를 개설하여 한국인을 대상으로 태국 신혼여행 상품을 홍보하고 있다. 甲과 乙은 인터넷 검색으로 동 상품에 만족하고 丙의 대한민국 지점을 방문하여 기획여행계약을 체결하였으나, 계약의 준거법은 지정되지 아니하였다. 이 여행계약에 따르면 丙의 직원이 현지에서의 선택관광 상품을 안내하도록 되어 있다. 그 후 甲과 乙은 예정대로 태국으로 신혼여행을 갔다.

한편 丙의 직원인 丁(국적은 A국이며 태국에 상거소를 두고 있음)은 현지에서 소형 선박을 소유하여 호객하는 무허가 불법업자인 戊로부터 뒷돈을 받고, 甲과 乙에게 戊의 선박을 안내하였다. 그런데 항해 도중 그들이 탑승한 소형 선박이 정비불량으로 침몰하여 甲과 乙 모두 실종되었다. 태국경찰은 실종자 수색 끝에 甲과 乙을 발견하였으나, 乙은 이미 사망한 상태였고 甲은 구조된 후 3일 뒤 사망하였다.

[전제사실]

1. 아래 질문 3., 4.에서 甲의 부모는 甲이 丙과 체결한 기획여행계약상 甲의 지위와 동일한 것으로 간주한다.

2. A국법상 자녀가 없는 부부 중 일방이 사망한 경우, 그의 재산 전부는 생존 배우자에게 상속된다.

[질문]

1. 乙의 부모는 甲과 乙의 혼인이 유효하게 성립하지 않았다고 주장하는바, 그 당부를 판단하는 준거법은 무엇인지 논하시오(대한민국 「국제사법」에 따라 답할 것). (10점)

2. 甲의 부모는 乙의 재산이 甲에게 상속된 뒤, 乙의 재산 및 甲의 재산 모두가 다시 甲의 부모에게 상속되었다고 주장한다. 甲과 乙의 유효한 혼인이 성립되

었음을 전제로, 이러한 甲의 부모의 주장에 대한 준거법은 무엇인지 논하시오
(대한민국 「국제사법」에 따라 답할 것). (15점)

3. 甲의 부모는 丙이 기획여행업자로서 甲에 대한 보호의무를 다하지 못하였다고
하면서 계약위반책임을 주장하고, 아울러 丙이 丁에 대한 지휘·감독을 소홀히
한 결과 甲의 생명을 침해하는 결과가 발생하였다고 하면서 불법행위책임을 주
장한다.

　가. 甲의 부모는 이러한 두 가지 근거로 발생한 손해배상청구권이 자신들에게
상속되었다고 주장하면서 丙을 상대로 손해배상청구의 소를 대한민국 법원
에 제기하였다. 대한민국 법원의 국제재판관할권의 당부를 논하시오. (15점)

　나. 대한민국 법원에 국제재판관할권이 인정됨을 전제로, 甲의 부모의 청구 각
각에 대한 준거법은 무엇인지 논하시오. (15점)

4. 대한민국 법원은 甲에 대한 丙의 계약위반책임과 불법행위책임을 모두 부정하
였다고 가정한다. 그러나 丙은 丁의 불법행위가 성립한다고 판단하여 선의로
甲의 부모에게 손해를 배상하였다. 그 후 丙은 변제자대위에 근거하여 丁을 상
대로 甲의 부모의 손해배상청구권을 주장한다. 대한민국 법원에서 재판한다면,

　가. 丙이 이전받았다고 주장하는 손해배상청구권 그 자체에 대한 준거법은 무
엇인지 논하시오. (10점)

　나. 丁을 상대로 한 상기 丙의 주장이 타당한지 여부에 대한 준거법은 무엇인
지 논하시오. (15점)

모범답안

<문제 1>

I. 논점의 정리

혼인 성립의 준거법에 관한 국제사법 제63조를 검토한다.

II. 혼인 성립의 준거법

1. 혼인의 실질적 성립요건의 준거법: 혼인의 성립요건은 각 당사자에 관하여 그 본국법

에 따른다(63조 1항).

2. **혼인의 형식적 성립요건의 준거법**: 국제사법은 혼인의 방식은 혼인을 한 곳의 법 또는 당사자 중 한쪽의 본국법의 방식을 모두 유효한 것으로 규정하고 있다(63조 2항 본문). 다만, 국제사법은 내국인조항을 두어 대한민국에서 혼인을 거행하는 경우에 당사자 중 한쪽이 대한민국 국민인 때에는 대한민국법에 따르도록 한다(63조 2항 단서).

Ⅲ. 사안에의 적용 및 결론

乙의 부모는 甲과 乙의 혼인이 유효하게 성립하지 않았다고 주장하는데, 이는 구체적으로 甲과 乙의 혼인이 그 실질적 성립요건 또는 형식적 성립요건을 흠결하였다고 주장하는 것이다. 따라서 乙의 부모의 주장의 당부를 판단하기 위한 준거법은 아래와 같이 나누어 살펴보아야 한다.

1. **혼인의 실질적 성립요건의 준거법**: 국제사법 제63조 제1항에 따라 각 당사자의 본국법에 따른다. 그런데 甲과 乙 모두 본국법이 A국법이므로 甲과 乙의 혼인의 실질적 성립요건의 준거법은 A국법이다.

2. **혼인의 형식적 성립요건의 준거법**: 국제사법 제63조 제2항 본문에 따라 甲과 乙의 혼인의 방식은 ① 혼인을 한 곳의 법인 대한민국법 또는 ② 甲과 乙 중 한쪽의 본국법인 A국법에서 정하는 방식에 따르면 유효하다. 즉, 甲과 乙의 혼인의 형식적 성립요건의 준거법은 대한민국법 또는 A국법이다. 그런데 문제에서 甲과 乙이 혼인신고를 하였다는 사실관계의 제시는 없다. 만약 대한민국법상 요구되는 혼인신고가 없었다면 A국법에 따라 그 혼인의 형식적 성립요건의 충족 여부가 결정될 것이다.

<문제 2>

Ⅰ. 논점의 정리

상속의 준거법에 관한 국제사법 제77조를 검토한다.

Ⅱ. 상속의 준거법

1. **상속통일주의의 원칙**: 상속은 사망 당시 피상속인의 본국법에 따른다(77조 1항). 즉, 국제사법은 부동산과 동산을 구별하지 않고 상속을 피상속인의 속인법에 의하여 통일적으로 규율하는 상속통일주의를 취하고 있다. 여기의 '피상속인의 본국법'은 사망 당시를 연결시점으로 한다(불변경주의).

2. 당사자자치의 도입: 국제사법은 상속이 피상속인의 일상거소지나 재산소재지와도 밀접한 관련을 가지게 된다는 점을 고려하여 피상속인의 상속 준거법의 지정을 허용한다. 피상속인은 지정 당시의 피상속인의 일상거소지법을 지정할 수 있다(77조 2항 1호). 다만, 그 지정은 피상속인이 사망시까지 그 국가에 일상거소를 유지한 경우에만 효력이 있다. 또한 부동산 상속의 경우 피상속인은 그 부동산의 소재지법을 지정할 수 있다(77조 2항 2호). 이러한 준거법 지정의 명확성을 기하기 위하여 국제사법은 유언에 적용되는 방식에 의하여 명시적으로 지정하도록 규정한다(77조 2항 본문).

Ⅲ. 사안에의 적용 및 결론

사안의 경우 乙이 먼저 사망하고 그 후에 甲이 사망하였다. 따라서 먼저 乙의 재산상속의 준거법은 국제사법 제77조 제 1 항에 따라 사망 당시 乙의 본국법인 A국법이 된다. A국법상 자녀가 없는 부부 중 일방이 사망한 경우 그의 재산 전부는 생존 배우자에게 상속되므로, 乙의 재산 전부는 乙의 사망 당시의 생존 배우자인 甲에게 상속된다.

다음으로 甲은 유효한 유언장을 혼인 전에 작성하였고, 자신의 재산상속에 관한 준거법으로 대한민국법을 지정하였는데, 이는 유언에 적용되는 방식에 의하여 명시적으로 피상속인의 일상거소가 있는 국가의 법을 지정한 것이다. 또한 甲은 사망시까지 대한민국에 일상거소를 유지하였다. 따라서 국제사법 제77조 제 2 항 제 1 호에 따라 甲의 재산상속의 준거법은 대한민국법이다. 甲의 사망 당시 甲은 乙의 재산 전부를 상속한 상태였으므로, 결국 甲의 부모가 주장하는 상속은 甲의 재산상속의 준거법인 대한민국법에 따른다.

<문제 3-가>

Ⅰ. 논점의 정리

소비자계약불이행 및 불법행위에 기한 손해배상청구소송에 있어서의 국제재판관할권의 당부에 관하여 국제사법 제 2 조와 제42조를 검토한다.

Ⅱ. 국제재판관할권

1. 의의: 국제재판관할권은 문제된 섭외사법관계에 대하여 특정 국가의 법원이 이를 재판할 수 있는 자격 내지 권한을 의미한다.

2. 결정기준에 관한 학설: 이에 대하여는 ① 민사소송법의 토지관할규정을 역으로 추지

하여 국내에 재판적이 인정되면 국제재판관할권을 인정하는 역추지설, ② 국제민사
소송법의 기본이념인 조리에 의하여 국제재판관할원칙을 세워야 한다는 관할배분설
(조리설) 및 ③ 기본적으로 국내민사소송법의 토지관할에 따르되 재판의 적정과 공
평, 신속에 반하는 특별사정이 있는 경우 관할을 부정한다는 수정역추지설(특별사정
설)이 있다.

3. 국제사법 규정과 대법원의 입장

가. **실질적 관련의 원칙**: 당사자 또는 분쟁이 된 사안이 대한민국과 실질적 관련을 가
지는 경우에 대한민국 법원에 국제재판관할권이 인정되며, 실질적 관련성 유무를
판단함에 있어서는 국제재판관할배분의 이념에 부합하는 합리적인 원칙에 따라
야 한다(2조 1항). 대법원은 여기의 '실질적 관련'은 대한민국 법원이 재판관할권
을 행사하는 것을 정당화할 정도로 당사자 또는 분쟁이 된 사안과 관련성이 있
는 것을 뜻하고, 이를 판단함에 있어서는 당사자의 공평, 재판의 적정, 신속과 경
제 등 국제재판관할 배분의 이념에 부합하는 합리적인 원칙에 따라야 하며, 구체
적으로는 당사자의 공평, 편의, 예측가능성과 같은 개인적인 이익뿐만 아니라, 재
판의 적정, 신속, 효율, 판결의 실효성과 같은 법원이나 국가의 이익도 함께 고려
하여야 하고, 이처럼 다양한 국제재판관할의 이익 중 어떠한 이익을 보호할 필요
가 있을지는 개별 사건에서 실질적 관련성 유무를 합리적으로 판단하여 결정하
여야 한다는 입장이다.

> ＊ 2022년 국제사법 개정시 국제사법 제 2 조 제 1 항에 '당사자 간의 공평, 재판의 적정, 신속
> 및 경제'라는 국제재판관할 배분의 구체적 이념을 추가하였는데 이는 위와 같은 대법원판결의
> 내용을 반영한 것이다.

나. **국내법의 관할규정 참작**: 법원은 국내법의 관할규정을 참작하여 국제재판관할권의
유무를 판단하되, 국제재판관할의 특수성을 충분히 고려하여야 한다(2조 2항). 대
법원은 국제재판관할권 인정 여부에 있어서 민사소송법의 관할규정을 중요기준
으로 제시하면서 개별사건에 있어서의 국제재판관할의 특수성에 따라 이를 수정
하여 적용할 수 있다는 입장이다.

> ※ 2022년 개정 국제사법 제 2 조 제 1 항에 '실질적 관련성' 유무 판단의 구체적 기준을, 제 2
> 항에 국내법의 관할규정을 참작할 전제(보충성)를 각 추가한 데 개정 전과 차이가 있다(아래 각
> 밑줄 부분).
>
> 국제사법 제 2 조(일반원칙) ① 대한민국 법원(이하 "법원"이라 한다)은 당사자 또는 분쟁이 된
> 사안이 대한민국과 실질적 관련이 있는 경우에 국제재판관할권을 가진다. 이 경우 법원은 실질
> 적 관련의 유무를 판단할 때에 당사자 간의 공평, 재판의 적정, 신속 및 경제를 꾀한다는 국제재

> 판관할 배분의 이념에 부합하는 합리적인 원칙에 따라야 한다.
> ② 이 법이나 그 밖의 대한민국 법령 또는 조약에 국제재판관할에 관한 규정이 없는 경우 법원은 국내법의 관할 규정을 참작하여 국제재판관할권의 유무를 판단하되, 제1항의 취지에 비추어 국제재판관할의 특수성을 **충분히** 고려하여야 한다.

4. 소비자계약에 있어서의 국제재판관할의 특칙

가. **소비자계약:** 소비자계약은 소비자가 직업 또는 영업활동 외의 목적으로 체결하는 계약으로서 ① 계약의 상대방(직업 또는 영업활동으로 계약을 체결하는 자: 이하 '사업자')이 계약 체결에 앞서 소비자의 일상거소가 있는 국가(이하 '일상거소지국')에서 광고에 의한 거래 권유 등 직업 또는 영업활동을 행하거나 소비자의 일상거소지국 외의 지역에서 소비자의 일상거소지국을 향하여 광고에 의한 거래의 권유 등 직업 또는 영업활동을 행하고 그 계약이 사업자의 직업 또는 영업활동의 범위에 속하는 경우, ② 사업자가 소비자의 일상거소지국에서 소비자의 주문을 받은 경우, ③ 사업자가 소비자로 하여금 소비자의 일상거소지국이 아닌 국가에 가서 주문을 하도록 유도한 경우를 말한다(국제사법 42조 1항).

나. **소비자계약의 국제재판관할의 특칙:** 소비자계약의 경우에 대한민국에 일상거소가 있는 소비자는 사업자에 대하여 대한민국 법원에 소를 제기할 수 있다(42조 1항 본문).

Ⅲ. 사안에의 적용

문제의 전제사실에서 이 사건 원고인 甲의 부모는 甲의 丙과 체결한 기획여행계약상 甲의 지위와 동일한 것으로 간주하므로 甲의 부모(이하 질문 3항에 대한 답안에서는 '甲'으로 약칭)는 A국인의 지위를 가지는 한편 피고 丙은 태국법인이다. 따라서 이 사건 계약위반 및 불법행위를 근거로 한 손해배상청구의 소는 외국과 관련된 요소(당사자)가 있으므로 국제사법에 의하여 국제재판관할을 정하여야 한다(1조).

1. **소비자계약의 특칙에 따른 국제재판관할:** 丙은 계약 체결에 앞서 한글 홈페이지를 개설하여 한국인을 대상으로 해당 여행상품을 홍보한 한편 甲과 乙은 직업 또는 영업활동의 목적이 아닌 신혼여행의 목적으로 甲과 乙의 일상거소인 대한민국에서 인터넷 검색을 통하여 위 여행상품 홍보에 의한 거래의 권유를 받아 이에 만족, 丙회사의 대한민국 지점을 방문하여 기획여행계약을 체결하였으므로 이는 제42조 제1항 제1호의 소비자계약에 해당한다. 따라서 甲이 丙을 상대로 한 손해배상청구소송에 있어서 甲의 일상거소인 대한민국 법원에 국제재판관할권이 인정된다(27조 1항 본문).

2. **국제사법 제2조에 따른 국제재판관할:** 계약위반 및 불법행위를 근거로 한 손해배상청구의 소에 있어서 ① 배우자인 乙과 함께 이 사건 여행계약을 체결한 당사자인

甲의 일상거소가 대한민국인 점, ② 丙이 한글 홈페이지를 개설하여 한국인을 대상으로 태국 신혼여행 상품을 홍보하였으므로 피고 丙으로서는 위 상품에 대하여 불만이 있는 신혼부부의 이의가 대한민국에서 제기될 수 있음을 예측할 수 있었다고 보이는 점, ③ 피고 丙이 대한민국에 지점을 두고 있고, 위 계약이 위 지점에서 체결되었으며, 甲과 丙 사이의 분쟁이 丙의 대한민국 지점의 영업에 관한 것이라는 점(민사소송법 5조, 12조 참조), ④ 丙의 甲에 대한 손해배상채무는 지참채무로서 그 의무이행지는 甲의 일상거소지인 대한민국이라는 점(민사소송법 8조 참조) 등을 고려하면 원고 甲의 부모의 이 사건 청구는 대한민국과 실질적 관련성이 있으므로 대한민국 법원에 국제재판관할권이 인정된다.

Ⅳ. 결론

이 사건 청구에 대하여 국제사법 제42조 제 1 항의 특칙뿐 아니라 국제사법 제 2 조의 일반원칙에 의하여도 대한민국 법원에 국제재판관할권이 인정된다.

<문제 3-나>

Ⅰ. 논점의 정리

소비자계약의 준거법에 관하여 국제사법 제45조, 제46조, 제47조, 불법행위의 준거법에 관하여 국제사법 제52조, 제53조를 각 검토한다.

Ⅱ. 계약의 준거법과 소비자계약의 특칙

1. **계약의 준거법의 일반원칙**: 계약은 당사자가 명시적 또는 묵시적으로 선택한 법에 따른다(당사자자치 원칙, 45조 1항 본문). 당사자가 준거법을 선택하지 않은 경우에는 '계약과 가장 밀접한 관련이 있는 국가의 법'이 준거법이 된다(준거법의 객관적 연결, 46조 1항).

2. **소비자계약의 특칙**: 소비자계약에 있어서는 당사자가 준거법을 선택하지 아니한 경우에 제46조(준거법의 객관적 연결)의 규정에 불구하고 소비자의 일상거소지법에 따른다(47조 2항).

Ⅲ. 불법행위의 준거법

불법행위의 준거법은 다음의 순서에 따라 단계적으로 연결된다.

1. **준거법의 사후적 합의**: 국제사법은 불법행위 등 법정채권에 있어서 당사자들이 사후

적 합의에 의하여 대한민국법을 준거법으로 선택할 수 있도록 허용하고 그에 대해 우선적 효력을 인정하고 있다(53조 본문). 준거법에 관한 사후적 합의는 제 3 자의 권리에 영향을 미치지 아니한다(53조 단서).

2. **종속적 연결**: 가해자와 피해자 간에 존재하는 법률관계가 불법행위에 의하여 침해되는 경우에는 불법행위지법 및 공통의 속인법에 우선하여 그 법률관계의 준거법에 따른다(52조 3항). 종속적 연결을 인정한 이유는 그 경우 당사자들은 그 법률관계에 적용되는 법규범에 의한 규율을 예견하고 있기 때문에 그에 따라 불법행위의 성립 여부 등을 판단하는 것이 가장 적절하다는 데 있다.

3. **일상거소를 기초로 하는 공통의 속인법**: 불법행위가 행하여진 당시 동일한 국가 안에 가해자와 피해자의 일상거소가 있는 경우에는 그 국가의 법이 불법행위지법에 우선하여 준거법이 된다(52조 2항).

4. **불법행위지법**: 불법행위는 그 행위를 하거나 그 결과가 발생하는 곳의 법에 따른다 (52조 1항). 이때의 '불법행위지'에는 결과발생지를 포함하며, 종래의 대법원의 입장도 이와 같다.

Ⅳ. 사안에의 적용 및 결론

A국인인 甲과 태국법인 丙 사이의 계약위반 및 불법행위에 기한 각 손해배상청구소송은 각각 외국과 관련된 요소(당사자)가 있으므로 국제사법에 의하여 준거법을 정하여야 한다(1조).

1. **소비자계약위반을 근거로 한 손해배상청구의 준거법**: 이 건 여행계약에서 준거법을 지정하지 않았으므로 제47조 제 2 항에 따라 소비자 甲의 일상거소지법인 대한민국법이 준거법이 된다.

2. **불법행위를 근거로 한 손해배상청구의 준거법**: 이 사건 사고 발생 후 당사자인 甲의 부모와 丙 사이에 준거법에 대한 사후적 합의가 있었다는 사실관계의 제시는 없다. 이 사안의 경우 丙이 그의 피용인인 丁의 지휘·감독을 태만한 과실에 기인하여 甲이 사망하였다는 것인데, 이는 피해자인 甲과 가해자인 丙 사이의 법률관계(기획여행계약관계)가 丙의 과실(민법 391조)에 의한 불법행위에 의하여 침해되는 경우에 해당한다. 그러므로 국제사법 제52조 제 3 항에 따라 위 계약의 준거법인 대한민국법이 불법행위의 준거법이 된다.

<문제 4-가>

Ⅰ. 논점의 정리

불법행위의 준거법에 관한 국제사법 제52조, 제53조를 검토한다.

Ⅱ. 불법행위의 준거법

불법행위의 준거법은 4단계의 단계적 연결방식을 취하고 있다. 즉, ① 당사자는 불법행위가 발생한 후 합의에 의하여 대한민국법을 그 준거법으로 선택할 수 있고(53조 본문), ② 준거법에 관한 사후적 합의가 없는 경우에는 가해자와 피해자 간에 존재하는 법률관계가 불법행위에 의하여 침해되는 경우에는 그 법률관계의 준거법에 따르며(52조 3항), ③ 불법행위가 행하여진 당시 동일한 국가 안에 가해자와 피해자의 일상거소가 있는 경우에는 그 국가의 법에 따르고(52조 2항), ④ 마지막으로 불법행위가 행하여진 곳(결과가 발생하는 곳 포함)의 법에 따른다(52조 1항).

Ⅲ. 사안에의 적용 및 결론

태국법인 丙과 A국적의 丁 사이의 손해배상청구소송은 외국과 관련된 요소(당사자)가 있으므로 국제사법에 의하여 준거법을 정하여야 한다(1조).

丙이 이전받았다고 주장하는 손해배상청구권은 '甲의 丁에 대한 불법행위로 인한 손해배상청구권'이다. 甲과 丁은 불법행위 후에 준거법을 합의한 바 없고, 甲과 丁 사이에 존재하는 법률관계도 없으며, 불법행위 당시 甲과 丁의 일상거소도 상이하므로, 결국 불법행위지인 태국법이 준거법이 된다(52조 1항).

<문제 4-나>

Ⅰ. 논점의 정리

법률에 따른 채권의 이전의 준거법에 관한 국제사법 제55조를 검토한다.

Ⅱ. 법률에 따른 채권의 이전의 준거법

1. **법률에 따른 채권의 이전의 의의**: 법률에 따른 채권의 이전은 법률에 따라 채권이 당연히 제3자에게 이전되는 것으로서 변제자대위 등이 이에 해당한다.

2. **준거법**

   가. 원인관계의 준거법에 따르는 경우: 구채권자와 신채권자 간의 법률관계가 존재하

는 경우에는 그 법률관계의 준거법에 따른다(55조 1항 본문). 다만 이전되는 채권의 준거법에 채무자 보호를 위한 규정이 있는 경우에는 그 규정이 적용된다(55조 1항 단서).

나. **채권 자체의 준거법에 따르는 경우:** 구채권자와 신채권자 간의 법률관계가 존재하지 않는 경우에는 이전되는 채권 자체의 준거법에 따른다(55조 2항).

Ⅲ. 사안에의 적용 및 결론

태국법인 丙이 A국적의 丁에 대하여 채권의 이전을 주장하는 이 사안은 외국과 관련된 요소(당사자)가 있으므로 국제사법에 의하여 정하여진 준거법(1조)에 따라 그 주장의 당부를 판단하여야 한다.

丙은 대한민국 법원이 丙의 계약위반책임과 불법행위책임을 모두 부정하였음에도 선의로 甲의 부모에게 손해를 배상하였는바 이는 구채권자인 甲의 부모와 신채권자인 丙 사이의 법률관계가 존재하지 않는 경우에 해당한다. 따라서 국제사법 제55조 제2항에 따라 이전되는 채권 자체의 준거법, 즉 甲의 丁에 대한 불법행위를 근거로 한 손해배상청구권의 준거법인 태국법에 따라야 한다. 결국 丙의 丁을 상대로 한 주장이 타당한지 여부에 대한 준거법은 태국법이다.

UN협약 문제

甲은 대한민국에서 택배업을 영위하는 회사로 서울에만 영업소를 두고 있다. 乙은 드론을 제작·판매하는 회사로 영국 런던에만 영업소를 두고 있다. 甲과 乙은 2016. 3. 2. 화물운송용 드론 100대의 매매계약(이하 '이 사건 계약'이라 한다)을 체결하였는데, 선적일은 2016. 6. 30., 가격은 1대당 미화 1만 달러로 약정하였다. 乙의 이 사건 계약상 의무에는 드론 운영체계 노하우를 甲에게 전수하고 甲의 임직원들을 교육시키는 것까지 포함되어 있으며, 甲은 이에 대하여 추가로 미화 20만 달러를 지급하여야 한다.

이 사건 계약에서 특정한 드론제작에는 X특허기술이 적용된 자동항법장치의 탑재가 필수적이다. 이에 乙은 X특허기술을 보유한 일본 도쿄에만 영업소를 둔 丙회사에게 자동항법장치의 탑재를 의뢰하였다. 그런데 2016. 5. 30. 동경 일원에 진도 7.5의 강진이 발생하여 丙의 생산공장 대부분이 파괴되었고, 이를 복구하기 위해서는 최소 1년의 기간이 소요될 것이 확실하다. 丙은 이러한 상황을 乙에게 2016. 6. 1. 통지하였다.

乙은 丙에게 의뢰한 부분을 제외한 드론 동체의 제작 및 그 밖의 공정을 거의 완료하였으나, 丙의 자동항법장치가 탑재되지 않은 상태에서 甲이 원하는 수준의 드론 화물운송은 불가능하다. 乙은 甲에게 위 사실을 2016. 6. 3. 상세히 통지하였다. 한편 乙은 대안을 찾으려 노력하였으나, 丙의 기술수준을 대체할 수 있는 다른 이행보조자를 찾을 수 없었다. 그로부터 2016. 6. 30.이 지나도록 乙은 甲에게 1대의 드론도 선적하지 못하였다. 乙이 드론 100대를 인도하지 않음으로써 甲이 입은 막대한 신용하락과는 별도로 영업상 손실은 미화 15만 달러에 달한다.

[전제사실]

1. 영국은 「국제물품매매계약에 관한 국제연합협약」(이하 '협약'이라 한다)의 비체약국이며, 법정지인 대한민국의 「국제사법」에 따라 이 사건 계약의 준거법으로 대한민국법이 결정되었다.

2. 丙은 乙의 독립적인 이행보조자로 간주한다.

3. 질문 2.를 해결함에 있어 질문 3.에서 제시된 사실관계는 고려하지 아니한다.

[질 문]

1. 이 사건 계약에 협약이 적용되는지 논하시오. (20점)

2. 2016. 7. 30. 甲은 乙을 상대로 위 미화 15만 달러의 영업상 손실에 대한 손해배상청구의 소를 서울중앙지방법원에 제기하였다. 甲이 乙을 상대로 제기한 손

해배상청구의 당부에 대하여 논하시오. (30점)

3. 甲의 손해배상청구의 소 제기 이후 다음 3가지 상황이 발생한 경우, 甲이 乙을 상대로 구할 수 있는 이 사건 계약상 구제수단에 대하여 논하시오(손해배상청구 구제수단은 논의에서 제외함). (30점)

　(1) 乙이 뒤늦게 丙이 오래전에 생산한 X특허기술 구 버전의 자동항법장치 재고품을 제3국에서 발견하여 이를 구매·탑재한 드론 50대를 甲에게 2016. 10. 30. 인도하였고, 甲은 이를 수령하였다.

　(2) 인도된 50대 드론의 가치는 1대당 미화 7,000달러에 해당한다.

　(3) 나머지 50대는 상기 강진의 영향으로 앞으로도 전혀 인도되지 못할 것이 확실하다.

모범답안

<문제 1>

Ⅰ. 논점의 정리

협약의 적용 여부와 관련하여 협약 제1조, 제2조, 제3조 및 제6조를 검토한다.

Ⅱ. 협약 적용의 공통요건

협약은 영업소가 서로 다른 국가에 소재하는 당사자 사이의 물품매매계약에 적용된다(협약 1조 1항 본문).

1. **국제성**: 당사자의 영업소가 서로 다른 국가에 소재할 것이 요구된다. 이 국제성은 계약 체결 전이나 체결시까지 당사자 쌍방이 이를 인식하였어야 한다(협약 1조 2항).

2. **물품성**: 물품은 일반적으로 유체동산을 의미한다. 물품 중에서도 주식, 선박, 전기 등 그 성질에 따라 협약 적용이 배제되는 경우가 있다(협약 2조 4호~6호).

3. **매매성**: 매매계약에 적용된다. 이는 물품을 원상 그대로 판매하는 것만을 의미하는 것이 아니라 제조하여 판매하는 경우에도 물품을 주문한 매수인이 그 제조에 필요한 재료의 중요한 부분을 공급한 경우가 아닌 한 매매에 포함된다(협약 3조 1항). 또한 물품을 공급하는 당사자의 의무의 주된 부분이 노무 그 밖의 서비스의 공급에 있는 계약에는 협약이 적용되지 아니한다(협약 3조 2항). 여기의 '주된'은 적어도

50% 이상의 가치를 가지는 경우를 의미하는 것으로 해석된다. 매매계약이라고 하더라도 가사용이나 경매 등 매매의 성격에 따라 협약의 적용이 배제되는 경우가 있다(협약 2조 1호~3호).

4. **협약적용배제합의가 없을 것**: 협약이 적용되기 위한 소극적 공통요건으로서 당사자 간에 협약의 적용을 배제하기로 하는 합의가 없어야 한다(6조).

Ⅲ. 직접적용과 간접적용의 추가요건

1. **직접적용요건**: 협약의 직접적용을 위하여는 매매계약 당사자의 국가가 모두 체약국이어야 한다[협약 1조 1항 ㈎호].

2. **간접적용요건**: 협약의 간접적용은 법정지의 국제사법에 의하여 체약국법이 준거법으로 선택되는 경우를 말한다[협약 1조 1항 ㈏호]. 협약이 간접적용되기 위하여는 ① 당해 국가의 전부 또는 일부가 비체약국일 것, ② 법정지국의 국제사법 규칙에 의하여 체약국법이 적용될 경우일 것(법정지국이 체약국인지 여부는 불문한다), ③ 협약 제95조에 의한 유보가 없을 것을 요한다.

Ⅳ. 협약 적용과 관련된 논점에 대한 구체적 검토

1. **협약 적용의 공통요건**: 이 사건 계약은 아래에서 살펴보는 바와 같이 영업소가 서로 다른 국가에 존재하는 당사자 사이의 물품매매계약이다.

  가. **국제성**: 매도인 乙은 영국에만 영업소가 있고, 매수인 甲은 대한민국에만 영업소가 있으며, 이에 대하여 양 회사가 인식하고 있었다고 할 것이므로 국제성의 요건이 충족된다.

  나. **물품성**: 계약물품은 '화물운송용 드론 100대'로서 유체동산이고, 물품의 성질 면에서 협약 제 2 조에서 정한 협약적용의 제외사유에 해당하지 않으므로 물품성이 인정된다.

  다. **매매성**: 이 사건 계약상 매도인 乙의 의무에는 화물운송용 드론 100대를 인도할 의무 외에 드론 운영체계 노하우를 甲에게 전수하고 甲의 임직원들을 교육시킬 의무까지 포함되어 있다. 즉, 이 사건 계약은 혼합계약(mixed contract)으로서 협약 제 3 조 제 2 항에 따라 물품을 공급하는 당사자인 乙의 의무의 주된 부분이 드론 운영체계 노하우 전수와 甲의 임직원 교육(이하 '이 사건 노무')에 있다면 협약이 적용되지 아니한다. 이 사건 계약대금에서 이 사건 노무가 차지하는 비중은 약 16%(≒20만 달러/120만 달러×100)로서 50% 미만의 가치를 가지므로 乙의 의무의 주된 부분이 이 사건 노무의 공급에 있다고 볼 수 없다. 따라서 이 사건 계약은 매매성이 인정된다.

  라. **협약의 적용배제 여부**: 협약의 적용을 배제하기로 하는 甲과 乙 사이의 특약이 있

었다는 사실관계의 제시도 없다.

2. 협약의 간접적용요건: ① 대한민국은 체약국이나 영국은 비체약국이고, ② 법정지인 대한민국의 국제사법에 의하여 체약국법인 대한민국법이 이 사건 계약의 준거법으로 적용되며, ③ 대한민국은 협약 제95조에 따른 유보를 한 바 없으므로, 협약 제1조 제1항 (내)호에 따라 협약이 간접적용된다.

V. 결론

이상에서 검토한 바와 같이 이 사건 계약에 협약이 간접적용된다.

<문제 2>

I. 논점의 정리

매수인 甲의 매도인 乙을 상대로 한 손해배상청구의 당부와 관련하여 손해배상에 관한 협약 제45조, 제74조를, 매도인 乙의 면책에 관하여 협약 제79조를 각 검토한다.

II. 손해배상

1. 손해배상청구권의 발생: 매도인이 계약상의 의무를 이행하지 않은 경우에 매수인은 협약 제74조 내지 제77조에서 정한 손해배상청구를 할 수 있다[협약 45조 1항 (내)호].

2. 손해배상의 범위: 당사자 일방의 계약불이행으로 인한 손해배상액은 이익의 상실을 포함하여 그 위반의 결과 상대방이 입은 손실과 동등한 금액이다(협약 74조 1문). 다만, 그 손해액은 위반당사자가 계약 체결시에 알았거나 알 수 있었던 사정을 기초로 하여 계약위반으로부터 발생할 가능성이 있는 것으로 예견하였거나 예견할 수 있었던 손실을 초과할 수는 없다(협약 74조 2문). 이는 예견가능성(foreseeability)을 기준으로 하여 손해액의 무한한 확대를 막고 상당인과관계 있는 손해로 한정하기 위함이다.

3. 대체거래시의 손해배상액: 계약이 해제된 후 합리적인 방법과 기간 내에 매수인이 대체물을 매수하거나 매도인이 물품을 재매각한 경우에 손해배상을 청구하는 당사자는 계약대금과 대체거래대금과의 차액과 제74조의 손해액을 배상받을 수 있다(협약 75조).

III. 면책

1. 통제불가능한 장애로 인한 면책: 당사자는 ① 그의 의무불이행이 통제할 수 없는 장

애(impediment beyond his control)에 기인하였다는 것(통제불가능성 및 인과관계)과 ②
계약 체결시에 그 장애를 고려하거나 그로 인한 결과를 회피하거나 극복하는 것이
합리적으로 기대될 수 없었다는 것(예견불가능성 및 회피불가능성)을 증명하는 경우
의무불이행책임을 면한다(협약 79조 1항). '통제할 수 없는 장애'는 채무자의 본래의
위험영역을 벗어나는 객관적인 상황으로서 외부적 급부장애를 의미하며, 의무불이
행의 유일한 원인일 것을 요한다.

2. **이행보조자에 의한 불이행으로 인한 면책**: 채무자가 계약을 이행하는 과정에서 사용
한 제 3 자(이행보조자)의 불이행으로 인하여 채무를 이행할 수 없게 된 경우에는 계
약당사자와 제 3 자(이행보조자) 양자 모두 협약 제79조 제 1 항의 면책요건을 구비하
는 경우에만 그 책임을 면하게 된다(협약 79조 2항). 여기의 '제 3 자'에는 종속적 이
행보조자는 포함되지 않으며, 독립적 이행보조자만 포함된다.

3. **장애발생의 통지**: 불이행당사자는 장애가 존재한다는 것과 그 장애가 자신의 이행능
력에 미치는 영향을 상대방에게 통지하여야 한다(79조 4항 1문). 불이행당사자가 장
애를 알았거나 알았어야 했던 때로부터 합리적인 기간 내에 상대방이 그 통지를 수
령하지 못한 경우 불이행당사자는 불수령으로 인한 손해에 대하여 책임이 있다(79
조 4항 2문).

4. **면책의 범위**: 면책은 장애가 존재하는 기간 동안 효력을 가진다(협약 79조 3항). 따라
서 장애사유가 해소되면 다시 이행할 의무를 부담하게 된다. 한편 장애로 인하여
면책되는 대상은 손해배상청구권만으로, 다른 구제수단(예컨대 의무이행청구, 계약해
제, 대금감액 등)에는 영향을 주지 않는다(협약 79조 5항).

Ⅳ. 사안에의 적용

이 사안에서 乙은 甲과의 매매계약에서 약정한 2016. 6. 30.까지 드론을 선적하지 못
하였고, 이로 인하여 甲이 미화 15만 달러의 영업손실을 입은 데 대하여 손해를 배
상할 의무를 부담한다. 그러나 乙은 협약 제79조에 따라 손해배상책임이 면제되어야
한다고 주장할 가능성이 있다. 乙은 그의 독립적 이행보조자인 丙의 불이행으로 인
하여 이 사건 계약상의 의무를 이행할 수 없게 되었으므로, 계약당사자인 乙과 이행
보조자인 丙 모두가 협약 제79조 제 1 항의 요건을 구비하는 경우에만 그 책임이 면
제된다. 아래에서는 乙과 丙의 면책요건 구비 여부를 나누어 살펴본다.

1. 乙의 면책요건 구비 여부

가. **통제불가능한 장애 및 인과관계**: 이행보조자인 丙의 불이행이 乙이 통제할 수 없
는 장애인지 여부가 문제된다. 종류물매매에 있어서 매도인은 조달위험을 부담하
므로 원칙적으로 매도인의 공급자가 물품을 공급하지 못하는 것이 '통제할 수 없
는 장애'에 해당되지 않으나, 예견할 수 없는 사태로 인하여 시장에서 물품을 조

달하는 것 자체가 불가능하게 되었다면 예외적으로 '통제할 수 없는 장애'에 해당된다. 드론 100대의 매매는 종류물매매로서 원칙적으로 매도인 乙이 조달위험을 부담하지만, 예견할 수 없었던 강진으로 인하여 시장에서 위 드론에 필수적으로 탑재되어야 하는 자동항법장치를 조달하는 것이 불가능하게 되었으므로 이는 '통제할 수 없는 장애'에 해당하고, 위 장애가 乙의 의무불이행의 유일한 원인이므로 인과관계도 인정된다.

나. **예견불가능성 및 회피불가능성**: 乙이 이 사건 계약 체결시에 이행보조자인 丙의 불이행을 고려하는 것은 합리적으로 기대될 수 없었다(예견불가능성). 또한 乙은 대안을 찾으려 노력하였으나 丙의 기술수준을 대체할 수 있는 다른 이행보조자를 찾을 수 없었으므로 장애로 인한 결과를 회피하거나 극복하는 것이 합리적으로 기대될 수도 없었다(회피불가능성).

다. **장애발생의 통지**: 乙은 丙의 2016. 6. 1.자 통지를 받음으로써 알았던 때로부터 2일 만인 같은 달 3.에 甲에게 장애가 존재한다는 것(이행보조자인 丙의 불이행)과 그 장애가 자신의 이행능력에 미치는 영향(丙의 자동항법장치가 탑재되지 않은 상태에서 甲이 원하는 수준의 드론 화물운송은 불가능하다는 것)을 상세히 통지하였으므로 통지의무를 이행하였다.

2. 丙의 면책요건 구비 여부

가. **통제불가능한 장애 및 인과관계**: 진도 7.5의 강진은 자연재해(act of God)로서 丙의 통제영역 밖에 있으므로 '통제불가능한 장애'에 해당되고, 위 장애가 의무불이행의 유일한 원인이므로 인과관계도 인정된다.

나. **예견불가능성 및 회피불가능성**: 丙이 乙로부터 자동항법장치의 탑재를 의뢰받을 당시 강진이 발생할 것을 고려하는 것은 합리적으로 기대될 수 없었다(예견불가능성). 또한 생산공장 대부분이 파괴되고 이를 복구하기 위해서는 최소 1년의 기간이 소요될 것이 확실하므로 丙이 장애로 인한 결과를 회피하거나 극복하는 것이 합리적으로 기대될 수도 없었다(회피불가능성).

다. **장애발생의 통지**: 丙은 지진이 발생한 2016. 5. 30. 이후 2일 만인 같은 해 6. 1.에 乙에게 장애가 존재한다는 것(강진이 발생하였다는 것)과 그 장애가 자신의 이행능력에 미치는 영향(생산공장 대부분이 파괴되었고, 이를 복구하기 위해서는 최소 1년의 기간이 소요될 것이 확실하다는 것)을 통지함으로써 통지의무를 이행하였다.

V. 결론

계약당사자인 乙과 이행보조자인 丙은 모두 협약 제79조 제 1 항이 규정한 요건을 구비하였으므로 乙은 협약 제79조 제 2 항에 따라 손해배상책임을 면한다. 따라서 甲이 乙을 상대로 제기한 손해배상청구는 기각될 것이다.[5]

<문제 3>

I. 논점의 정리

매도인의 계약위반에 대한 매수인의 구제방법에 관한 협약 제45조 제 1 항 및 물품
의 일부불이행 또는 일부부적합에 관한 협약 제51조에 대하여 검토한다.

II. 매도인의 계약위반에 대한 매수인의 구제방법

1. **구제방법 개관**: 협약상 매도인의 계약위반에 대한 매수인의 구제방법으로 의무이행
청구권, 대체물인도청구권, 수리에 의한 부적합치유청구권, 부가기간지정권, 계약해
제권, 대금감액권 및 손해배상청구권이 인정된다.

2. **의무이행청구권**(협약 46조 1항): 매수인은 매도인에게 의무의 이행을 청구할 수 있
다. 그러나 매수인이 해제와 같은 그 청구와 양립할 수 없는 구제를 구한 경우에는
청구할 수 없다.

3. **대체물인도청구권**(협약 46조 2항): 물품이 계약에 부적합한 경우에 ① 그 부적합이
본질적 계약위반을 구성하고, ② 그 청구가 협약 제39조의 부적합 통지와 동시 또
는 그 후 합리적인 기간 내에 행하여진 경우에 매수인은 대체물의 인도를 청구할
수 있다. 본질적 계약위반은 예견가능성을 전제로 하여 그 계약에서 상대방이 기대
할 수 있는 바를 실질적으로 박탈할 정도의 손실을 상대방에게 주는 경우를 말한다
(협약 25조).

4. **수리에 의한 부적합치유청구권**(협약 46조 3항): 물품이 계약에 부적합한 경우에 매수
인은 매도인에게 수리에 의한 부적합의 치유를 청구할 수 있다. 이 권리를 행사하
기 위하여는 ① 모든 상황을 고려하여 그 청구가 불합리하지 않아야 하고 ② 그 청
구가 협약 제39조의 부적합 통지와 동시 또는 그 후 합리적인 기간 내에 행하여져
야 한다.

5. **부가기간지정권**(협약 47조 1항): 매수인은 매도인의 의무이행을 위하여 합리적인 부
가기간을 정할 수 있다.

---

5) 출제자가 '손해배상청구의 당부', '진도 7.5의 강진', '복구하기 위해서는 최소 1년의 기간이 소요
될 것이 확실', 'X특허기술' 등의 표현을 사용하고 있는 것으로 보아 출제의도는 면책을 전제로
한 것으로 사료된다. 그러나 ① 도쿄가 이전부터 지진이 자주 발생하는 지역이라는 점, ② 그러
한 지역에서 공장을 건축할 경우에는 진도 7.5의 지진에 대비한 내진구조건축을 하여야 하고 또
할 수 있다는 점을 고려할 때 예견불가능성 및 회피불가능성의 요건이 충족된다고 보기 어려우
므로 면책이 부정될 가능성이 더 큰 것으로 판단된다(만약 X특허기술을 丙이 아닌 제 3 자도 보
유하고 있거나 그러한 자동항법장치 재고를 매입할 수 있는 다른 구매선이 존재한다면 면책가능
성은 더욱더 줄어들 것이다).

6. **계약해제권**(협약 49조 1항): 매수인은 ① 매도인의 의무불이행이 본질적 계약위반으로 되는 경우와 ② 부가기간 내 물품을 인도하지 않거나 또는 인도하지 않겠다고 선언한 경우 계약을 해제할 수 있다(49조 1항). 매매계약 해제의 의사표시는 상대방에 대한 통지로 해야만 유효하다(26조).

7. **대금감액권**(협약 50조): 물품이 계약에 부적합한 경우에 매수인은 현실로 인도된 물품이 인도시에 가지고 있던 가액이 계약에 적합한 물품이 그때에 가지고 있었을 가액에 대하여 가지는 비율에 따라 대금을 감액할 수 있다.

8. **손해배상청구권**[협약 45조 1항 (나)호]: 매도인이 매매계약상의 의무를 이행하지 아니하는 경우에 매수인은 협약 제74조 내지 제77조에서 정한 손해배상의 청구를 할 수 있다. 계약위반으로 인한 손해배상액은 이익의 상실을 포함하여 그 위반의 결과 상대방이 입은 손실과 동등한 금액으로 하며, 그 손해배상액은 예견가능한 손해이어야 한다.

Ⅲ. 물품의 일부불이행 또는 일부부적합

매도인이 물품의 일부만을 인도하거나 인도된 물품의 일부만이 계약에 적합한 경우에 그 불이행 또는 부적합 부분에 대하여 협약 제46조 내지 제50조의 규정이 적용된다(협약 51조 1항). 한편 일부불이행 또는 일부부적합이 본질적 계약위반으로 되는 경우에 한하여 매수인은 계약 전체를 해제할 수 있다(협약 51조 2항).

Ⅳ. 사안에의 적용 및 결론

이 사안의 매매계약에서 약정한 수량의 물품 100대 중 50대는 약정기일 이후이기는 하나 인도되어 甲이 수령하였고, 남은 50대는 앞으로 추가적으로 인도될 수 없을 것이 확실하다는 전제에서 살펴본다.

1. 수령한 50대에 관련한 구제수단 ― 대금감액권

제 3 국에서 발견한 자동항법장치 재고품을 탑재한 드론을 인도받아 甲이 수령하였으므로 의무미이행을 전제로 하는 의무이행청구(46조 1항) 및 이를 위한 부가기간의 지정(47조 1항)은 무의미하고, 드론의 가치가 약정물품에 비하여 낮기는 하나 대체불가할 뿐 아니라 수리로서 성능이 향상될 상황이 아니므로 대체물인도청구(46조 2항)와 수리에 의한 부적합치유청구(46조 3항) 및 이를 위한 부가기간의 지정(47조 1항)도 부적절하다. 그리고 이 사건 계약은 인도시기의 무조건적인 준수가 거래에 있어서 본질적 의미를 가지는 경우에 해당되지 않으므로 위 인도지체를 본질적 계약위반(25조)에 해당한다고 볼 수 없기 때문에 이 사건 계약을 해제(49조 1항)할 수도 없다. 한편 원래 약정한 드론의 가치는 1대당 미화 만 달러인데 인도된 드론의 가치는 1대당 미화 7천달러에 불과하므로 甲은 그 비율(30%)에 따라 대금을 감액할

수 있다(50조). 그 외 인도지연으로 인하여 甲이 손해를 입은 경우 그 배상을 청구
할 수 있을 것이나 이 부분은 문제에 따라 논의에서 제외한다.

2. 인도불가능한 50대에 관련한 구제수단 — 해제권

미인도분 50대는 앞으로도 전혀 인도되지 못할 것이 확실하므로 그 부분에 대한
의무이행청구(46조 1항), 대체물인도청구(46조 2항), 수리에 의한 부적합치유청구(46
조 3항) 및 이를 위한 부가기간의 지정(47조 1항), 그리고 대금감액권(50조)은 무의미
하다. 문제에서 논의대상에서 제외된 손해배상을 제외하면 甲이 乙에게 행사할 수
있는 구제수단으로는 계약해제권(49조 1항)이 유일하다. 미인도분 50대에 대한 매도
인 乙의 의무불이행은 본질적 계약위반으로서 이 부분에 대하여 계약해제가 가능하
고(51조 1항), 만약 이 계약이 100대의 드론 모두가 인도되지 않으면 계약 본래의 목
적을 달성할 수 없는 본질적 계약위반이 되는 경우에 해당한다면 이 사건 계약 전체
를 해제할 수 있다(51조 2항).

제 7 회 국제거래법 기출문제	국제거래법

국제사법 문제

甲회사는 대한민국 법률에 의하여 설립되어 대한민국에만 영업소를 두고 있는 전자회사이고, A국 국적의 乙은 甲회사의 서울 소재 기술개발팀에 소속되어 甲회사의 지휘감독 하에 기술개발업무에 종사하는 자이다. 甲회사와 乙 간의 근로계약서에서는 준거법에 대하여 규정하지 않고 있으며 당사자 간에 분쟁이 발생할 경우에는 甲회사 전자제품의 주된 시장인 B국에서만 소를 제기할 수 있다고 규정하고 있다. 乙은 기술개발팀에 근무하면서 전자제품에 사용될 청색발광다이오드에 관한 발명을 완성하였다. 乙은 해당 기술에 대하여 대한민국에 특허등록을 하였고 甲회사에 전용실시권을 설정하였다. 그 후 甲회사에 설정한 전용실시권에 대하여 乙에게 지급할 보상금액에 관한 분쟁이 발생하였고, 이를 이유로 해고 통지를 받아 퇴사한 乙은 계속하여 대한민국에 상거소를 두고 있다. 해고된 후 乙은 달리 소득이 없자 위 직무발명으로 인한 위 특허권의 우선권에 기초하여 B국에 특허등록을 한 후 甲회사의 동의 없이 그 특허권에 대한 통상실시권을 B국에 영업소를 두고 있는 전자회사인 丙회사에 설정하는 라이센스계약을 체결하였다. 라이센스계약에 의하면 乙은 丙회사로부터 실시료를 수령하고, 丙회사가 위 발명의 기술을 사용하여 전자제품을 제조하는 데 필요한 기술자의 교육훈련을 제공하며 생산된 제품이 B국 시장에서 향후 지속적으로 유통될 수 있도록 시장을 조성하는 데 협력할 의무가 있다. 乙과 丙회사가 라이센스계약을 체결하면서 그 준거법을 합의한 사실은 없다.

乙은 甲회사를 상대로 대한민국 법원에 전용실시권과 관련한 보상금의 지급을 구하는 소를 제기하였고, 甲회사는 乙이 B국에 있는 甲회사의 거래처에 "甲회사가 청색발광다이오드를 사용한 전자제품을 생산·판매하는 행위는 乙의 특허권을 침해한다."라는 허위사실을 유포하여 甲회사의 영업을 방해하는 결과를 초래하였다는 이유로 이에 대한 손해배상을 구하는 반소를 제기하였다.

한편, 乙은 丙회사가 乙에게 라이센스계약에 따른 실시료를 지급하지 아니하자 丙회사를 상대로 대한민국 법원에 그 지급을 구하는 소를 제기하였다.

[전제사실]

사안에 관하여 관련 국제조약은 고려하지 않는 것으로 하며, 대한민국·A국·B국의 직무발명 관련법은 다음과 같이 동일하게 규정하고 있다.

1. 직무발명이란 종업원이 그 직무에 관하여 발명한 것이 성질상 사용자의 업무 범위에 속하고 그 발명을 하게 된 행위가 종업원의 현재 또는 과거의 직무에 속하는 발명을 말한다.

2. 직무발명에 대하여 종업원이 특허를 받았거나 특허를 받을 수 있는 권리를 승계한 자가 특허를 받으면 사용자는 그 특허권에 대하여 통상실시권을 가진다.

3. 종업원은 직무발명에 대하여 특허를 받을 수 있는 권리나 특허권을 계약이나 근무규정에 따라 사용자에게 승계하게 하거나 전용실시권을 설정한 경우에는 정당한 보상을 받을 권리를 가진다.

4. 전용실시권: 특허권자는 그 특허권에 대하여 타인에게 전용실시권을 설정할 수 있다. 전용실시권을 설정받은 전용실시권자는 그 설정행위로 정한 범위에서 그 특허발명을 업으로서 실시할 권리를 독점한다.

5. 통상실시권: 특허권자는 그 특허권에 대하여 타인에게 통상실시권을 허락할 수 있다. 통상실시권자는 이 법에 따라 또는 설정행위로 정한 범위에서 특허발명을 업으로서 실시할 수 있는 권리를 가진다.

6. 특허를 받으려는 자는 자신이 특허를 받을 수 있는 권리를 가진 특허출원으로 먼저 한 출원의 출원서에 최초로 첨부된 명세서 또는 도면에 기재된 발명을 기초로 그 특허출원한 발명에 관하여 우선권을 주장할 수 있다.

[질 문]

1. 乙이 甲회사를 상대로 제기한 전용실시권과 관련한 보상금지급청구의 소에서,

   가. 대한민국 법원은 국제재판관할권을 가지는지 논하시오. (20점)

   나. 위 보상금지급청구의 준거법을 논하시오. (20점)

2. 대한민국 법원에 국제재판관할권이 있음을 전제로, 甲회사가 乙을 상대로 제기한 영업방해에 기한 손해배상청구의 소에서 해당 청구의 준거법을 논하시오. (20점)

3. 대한민국 법원에 국제재판관할권이 있음을 전제로, 乙이 丙회사를 상대로 제기한 실시료지급청구의 소에서 해당 청구의 준거법을 논하시오. (20점)

모범답안

<문제 1-가>

Ⅰ. 논점의 정리

근로계약에 있어서의 국제재판관할에 관하여 국제사법 제2조와 제43조를 검토한다.

Ⅱ. 국제재판관할

1. 의의: 국제재판관할권은 문제된 섭외사법관계에 대하여 특정 국가의 법원이 이를 재판할 수 있는 자격 내지 권한을 의미한다.

2. 결정기준에 관한 학설: 이에 대하여는 ① 민사소송법의 토지관할규정을 역으로 추지하여 국내에 재판적이 인정되면 국제재판관할권을 인정하는 역추지설, ② 국제민사소송법의 기본이념인 조리에 의하여 국제재판관할원칙을 세워야 한다는 관할배분설(조리설) 및 ③ 기본적으로 국내민사소송법의 토지관할에 따르되 재판의 적정과 공평, 신속에 반하는 특별사정이 있는 경우 관할을 부정한다는 수정역추지설(특별사정설)이 있다.

3. 국제사법 규정과 대법원의 입장

가. 실질적 관련의 원칙: 당사자 또는 분쟁이 된 사안이 대한민국과 실질적 관련을 가지는 경우에 대한민국 법원에 국제재판관할권이 인정되며, 실질적 관련성 유무를 판단함에 있어서는 국제재판관할배분의 이념에 부합하는 합리적인 원칙에 따라야 한다(2조 1항). 대법원은 여기의 '실질적 관련'은 대한민국 법원이 재판관할권을 행사하는 것을 정당화할 정도로 당사자 또는 분쟁이 된 사안과 관련성이 있는 것을 뜻하고, 이를 판단함에 있어서는 당사자의 공평, 재판의 적정, 신속과 경제 등 국제재판관할 배분의 이념에 부합하는 합리적인 원칙에 따라야 하며, 구체적으로는 당사자의 공평, 편의, 예측가능성과 같은 개인적인 이익뿐만 아니라, 재판의 적정, 신속, 효율, 판결의 실효성과 같은 법원이나 국가의 이익도 함께 고려하여야 하고, 이처럼 다양한 국제재판관할의 이익 중 어떠한 이익을 보호할 필요가 있을지는 개별 사건에서 실질적 관련성 유무를 합리적으로 판단하여 결정하여야 한다는 입장이다.

> * 2022년 국제사법 개정시 국제사법 제2조 제1항에 '당사자 간의 공평, 재판의 적정, 신속 및 경제'라는 국제재판관할 배분의 구체적 이념을 추가하였는데 이는 위와 같은 대법원판결의 내용을 반영한 것이다.

나. **국내법의 관할규정 참작**: 법원은 국내법의 관할규정을 참작하여 국제재판관할권의 유무를 판단하되, 국제재판관할의 특수성을 충분히 고려하여야 한다(2조 2항). 대법원은 국제재판관할권 인정 여부에 있어서 민사소송법의 관할규정을 중요기준으로 제시하면서 개별사건에 있어서의 국제재판관할의 특수성에 따라 이를 수정하여 적용할 수 있다는 입장이다.

> ※ 2022년 개정 국제사법 제 2 조 제 1 항에 '실질적 관련성' 유무 판단의 구체적 기준을, 제 2 항에 국내법의 관할규정을 참작할 전제(보충성)를 각 추가한 데 개정 전과 차이가 있다(아래 각 밑줄 부분).
>
> 국제사법 제 2 조(일반원칙) ① 대한민국 법원(이하 "법원"이라 한다)은 당사자 또는 분쟁이 된 사안이 대한민국과 실질적 관련이 있는 경우에 국제재판관할권을 가진다. 이 경우 법원은 실질적 관련의 유무를 판단할 때에 당사자 간의 공평, 재판의 적정, 신속 및 경제를 꾀한다는 국제재판관할 배분의 이념에 부합하는 합리적인 원칙에 따라야 한다.
> ② 이 법이나 그 밖의 대한민국 법령 또는 조약에 국제재판관할에 관한 규정이 없는 경우 법원은 국내법의 관할 규정을 참작하여 국제재판관할권의 유무를 판단하되, 제 1 항의 취지에 비추어 국제재판관할의 특수성을 충분히 고려하여야 한다.

4. 근로계약에 있어서의 국제재판관할의 특칙

가. **근로자가 제기하는 소**: 근로자는 국제사법 제 2 조에 의한 관할에 추가하여 근로자가 대한민국에서 일상적으로 노무를 제공하거나 최후로 일상적 노무를 제공한 경우에는 사용자에 대한 근로계약에 관한 소를 대한민국 법원에 제기할 수 있으며, 근로자가 일상적으로 대한민국에서 노무를 제공하지 아니하거나 아니하였던 경우에 사용자가 그를 고용한 영업소가 대한민국에 있거나 있었을 때에도 또한 대한민국 법원에 사용자에 대한 소를 제기할 수 있다(43조 1항).

나. **근로자를 상대로 하는 소**: 사용자가 근로자에 대하여 제기하는 근로계약에 관한 소는 근로자의 일상거소가 대한민국에 있거나 근로자가 대한민국에서 일상적으로 노무를 제공하는 경우에는 대한민국 법원에만 제기할 수 있다(43조 2항). 이는 전속관할이다.

다. **관할합의 제한**: 부당한 재판관할 합의를 막기 위하여 당사자 간의 재판관할 합의는 사후적 합의 또는 사전합의일 경우 근로자에게 유리한 추가적 합의만을 인정하였다(43조 3항). 국제재판관할의 합의는 서면에 의하지 않으면 효력이 없다(8조 2항).

Ⅲ. 사안에의 적용

甲회사는 대한민국 법률에 의하여 설립되어 대한민국에만 영업소를 두고 있는 회사인 한편 乙의 국적은 A국으로서, 乙이 甲회사를 상대로 제기한 전용실시권과 관련한 보상금지급청구의 소는 외국과 관련된 요소(당사자)가 있으므로 국제사법에 의하여 국제재판관할을 정하여야 한다(1조).

1. **근로자계약의 특칙에 따른 국제재판관할:** 甲회사와 乙 간의 근로계약서에는 당사자 간에 분쟁이 발생할 경우에는 B국에서만 소를 제기할 수 있다고 규정하고 있다. 위와 같은 규정은 국제재판관할의 사전합의이자 B국에서만 소를 제기할 수 있도록 하는 전속적 합의인데, 사전합의의 경우에는 근로자에게 유리한 추가적 합의일 경우에만 그 효력이 인정되므로(43조 3항) 위 관할합의는 효력이 없다. 따라서 乙은 위 관할합의에도 불구하고 국제사법 제43조 제 1 항이 규정하는 관할에서도 소를 제기할 수 있다. 乙은 甲회사의 서울 소재 기술개발팀에 소속되어 근무하였으므로 대한민국은 乙이 일상적으로 노무를 제공한 국가이다. 따라서 乙은 국제사법 제43조 제 1 항에 따라 일상적 노무제공지인 대한민국에서도 甲회사에 대한 소를 제기할 수 있다. 즉, 乙이 甲회사를 상대로 제기한 전용실시권과 관련한 보상금지급청구의 소에서 대한민국 법원은 국제재판관할권을 가진다.

2. **국제사법 제 2 조에 따른 국제재판관할:** 甲회사와 乙 사이의 관할합의는 앞서 살펴본 바와 같이 효력이 없으므로(43조 3항), 乙은 위 관할합의에도 불구하고 국제사법 제 2 조에 따른 관할에서도 소를 제기할 수 있다. ① 甲회사는 대한민국 회사로서 대한민국에만 영업소를 두고 있는 점, ② 乙은 甲회사의 서울 소재 기술개발팀에 소속되어 근무한 점, ③ 乙이 직무발명에 대하여 대한민국에 특허등록을 한 점, ④ 乙이 퇴사한 이후에도 계속 대한민국에 일상거소를 두고 있는 점 등을 고려하면, 乙이 甲회사를 상대로 제기한 전용실시권과 관련된 보상금지급청구는 대한민국과 실질적 관련성이 있으므로 대한민국 법원에 국제재판관할권이 인정된다.

Ⅳ. 결론

乙이 甲회사를 상대로 제기한 전용실시권과 관련된 보상금지급청구에 대하여 국제사법 제43조 제 1 항의 특칙뿐 아니라 국제사법 제 2 조의 일반원칙에 의하여도 대한민국 법원에 국제재판관할권이 인정된다.

<문제 1-나>

Ⅰ. 논점의 정리

직무발명의 준거법과 관련하여 근로계약의 준거법에 관한 국제사법 제48조 제 1 항·

제 2 항을 검토한다.

Ⅱ. 직무발명의 준거법

특허권 등 직무발명에 관한 외국과 관련된 요소가 있는 법률관계에 적용되는 준거법(1조)은 그 발생의 기초가 된 근로계약에 관한 준거법으로서 국제사법 제48조에 따라 정하여진다.

Ⅲ. 근로계약의 준거법

1. 당사자자치의 제한: 근로계약의 경우에도 당사자는 국제사법 제45조에 따라 준거법을 자유로이 선택할 수 있으나 당사자가 준거법을 선택하지 않는 경우에 적용될 객관적 준거법의 강행법규가 근로자에게 부여하는 보호를 박탈할 수 없다(48조 1항).

2. 근로계약에서의 객관적 준거법의 결정: 당사자가 준거법을 선택하지 않은 경우 근로계약은 국제사법 제46조의 객관적 준거법의 결정에 관한 일반원칙을 따르지 아니한다. 이때에는 근로자가 계약의 이행으로 일상적으로 노무를 제공하는 국가의 법 또는 근로자가 일상적으로 어느 한 국가 안에서 노무를 제공하지 아니하는 경우에는 사용자가 근로자를 고용한 영업소가 있는 국가의 법에 따른다(48조 2항).

Ⅳ. 사안에의 적용 및 결론

A국 국적의 乙과 대한민국 법인 甲회사 사이의 보상금지급청구소송은 외국과 관련된 요소(당사자)가 있으므로 국제사법에 의하여 준거법을 정하여야 한다(1조).

乙이 甲회사에게 설정한 전용실시권은 직무발명에 의한 것으로, 직무발명에 관한 준거법은 그 발생의 기초가 된 근로계약에 관한 준거법이다. 甲회사와 乙 간의 근로계약서에서는 준거법에 대하여 규정하지 않고 있으므로 국제사법 제48조 제 2 항에 따라 乙이 일상적으로 노무를 제공하는 국가의 법, 즉 대한민국법이 근로계약의 준거법이 된다. 결국 乙이 甲회사를 상대로 제기한 전용실시권과 관련한 보상금지급청구의 준거법은 대한민국법이다.

<問題 2>

Ⅰ. 논점의 정리

불법행위의 준거법에 관하여 국제사법 제52조, 제53조를 검토한다.

Ⅱ. 불법행위의 준거법

불법행위의 준거법은 다음의 순서에 따라 단계적으로 연결된다.

1. **준거법의 사후적 합의**: 국제사법은 불법행위 등 법정채권에 있어서 당사자들이 사후적 합의에 의하여 대한민국법을 준거법으로 선택할 수 있도록 허용하고 그에 대해 우선적 효력을 인정하고 있다(53조 본문). 준거법에 관한 사후적 합의는 제 3 자의 권리에는 영향을 미치지 않는다(53조 단서).

2. **종속적 연결**: 가해자와 피해자 간에 존재하는 법률관계가 불법행위에 의하여 침해되는 경우에는 불법행위지법 및 공통의 속인법에 우선하여 그 법률관계의 준거법에 따른다(52조 3항).

3. **일상거소를 기초로 하는 공통의 속인법**: 불법행위가 행하여진 당시 동일한 국가 안에 가해자와 피해자의 일상거소가 있는 경우에는 그 국가의 법이 불법행위지법에 우선하여 준거법이 된다(52조 2항).

4. **불법행위지법**: 불법행위는 그 행위를 하거나 그 결과가 발생하는 곳의 법에 따른다(52조 1항). 이때의 '불법행위지'에는 결과발생지를 포함하며, 종래의 대법원의 입장도 이와 같다.

Ⅲ. 사안에의 적용 및 결론

대한민국 법인인 甲회사가 A국 국적의 乙을 상대로 제기한 이 사건 손해배상청구소송은 외국과 관련된 요소(당사자)가 있으므로 국제사법에 의하여 준거법을 정하여야 한다(1조).

甲회사가 乙을 상대로 제기한 영업방해에 기한 손해배상청구의 소에서 그 불법행위 후에 甲회사와 乙이 준거법을 합의한 바 없다(53조). 甲회사가 주장하는 乙의 불법행위의 시점이 지문상 명확하게 제시되어 있지 않으나, 문맥상 乙의 퇴사 이후인 것으로 보이며, 퇴사 후에도 유효한 계약관계가 있다는 사실관계의 제시도 없다. 즉, 乙의 불법행위 당시 가해자인 乙과 피해자인 甲회사 사이에는 법률관계가 존재하지 않는다(52조 3항). 법인의 경우 자연인의 일상거소에 상당하는 것은 사실상의 주된 사무소로서 甲회사는 대한민국에만 영업소를 두고 있으므로 대한민국이 주된 사무소 소재지인 한편, 乙은 퇴사한 이후에도 계속하여 대한민국에 일상거소를 두고 있으므로 결국 공통의 속인법인 대한민국법이 위 손해배상청구의 소의 준거법이 된다(52조 2항).

<문제 3>

I. 논점의 정리

라이센스계약의 준거법과 관련하여 계약의 준거법에 관한 국제사법 제45조, 제46조를 검토한다.

II. 라이센스계약의 준거법

지식재산권 자체 및 그 지식재산권의 침해로 인한 불법행위의 준거법은 국제사법 제40조에 따라 그 침해지법이 된다. 그러나 지식재산권의 이용계약, 예컨대 라이센스계약의 준거법은 국제사법 제45조, 제46조에서 정한 계약의 준거법에 따른다.

III. 계약의 준거법

1. 당사자자치의 원칙: 국제사법은 계약에 관하여 당사자가 명시적 또는 묵시적으로 선택한 법에 따르도록 규정한다(45조 1항 본문). 다만, 묵시적인 선택은 계약내용이나 그 밖의 모든 사정으로부터 합리적으로 인정할 수 있는 경우로 한정한다(45조 1항 단서).

2. 준거법의 객관적 연결: 당사자가 준거법을 선택하지 않은 경우, '그 계약과 가장 밀접한 관련이 있는 국가의 법'이 준거법이 된다(46조 1항). 계약의 특징적 이행을 하여야 하는 경우에는 그 특징적 이행을 하는 당사자의 계약 체결시의 일상거소(자연인의 경우), 주된 사무소(법인 또는 단체의 경우) 또는 영업소(직업 또는 영업활동으로 계약이 체결된 경우)가 있는 국가의 법이 당해 계약과 가장 밀접한 관련이 있는 것으로 추정한다(46조 2항). 국제사법은 특징적 이행의 예로서 ① 양도계약의 경우 양도인의 이행(46조 2항 1호), ② 이용계약의 경우에는 물건 또는 권리를 이용하도록 하는 당사자의 이행(46조 2항 2호), ③ 위임·도급계약 및 이와 유사한 용역제공계약의 경우에는 용역의 이행(46조 2항 3호)을 열거하고 있다. 한편 부동산에 대한 권리를 대상으로 하는 계약의 경우에는 부동산 소재지국법이 당해 계약과 가장 밀접한 관련이 있는 것으로 추정한다(46조 3항).

IV. 사안에의 적용 및 결론

A국 국적의 乙이 B국에 영업소를 둔 丙회사를 상대로 제기한 실시료지급청구소송은 외국과 관련된 요소(당사자)가 있으므로 국제사법에 의하여 준거법을 정하여야 한다(1조).

乙의 丙회사를 상대로 한 실시료지급청구는 라이센스계약에 따른 것으로 위 청구의 준거법은 라이센스계약의 준거법이다. 乙과 丙회사가 라이센스계약을 체결하면서 그 준거법을 합의한 바 없으므로(45조) 라이센스계약의 준거법은 라이센스계약과 가장 밀접한 관련이 있는 국가의 법에 따른다(46조 1항). 라이센스계약은 국제사법 제 46조 제 2 항 제 2 호의 이용계약으로서 라이센스계약에 따른 권리를 이용하도록 하는 당사자가 특징적 이행을 하는 자인데, 라이센스계약에 따르면 乙은 丙회사가 발명의 기술을 사용하여 전자제품을 제조하는 데 필요한 기술자의 교육훈련을 제공하고 생산된 제품이 B국 시장에서 향후 지속적으로 유통될 수 있도록 시장을 조성하는 데 협력할 의무가 있으므로 라이센서(licensor)인 乙이 위 라이센스계약에 따른 권리를 이용하도록 하는 당사자에 해당한다. 따라서 라이센스계약 체결 당시 乙의 일상거소가 있는 국가의 법이 라이센스계약과 가장 밀접한 관련이 있는 국가의 법으로 추정된다(46조 2항). 乙은 퇴사 이후에도 계속하여 대한민국에 일상거소를 두고 있으므로, 대한민국법이 라이센스계약 체결 당시 乙의 일상거소가 있는 국가의 법으로서 라이센스계약의 준거법이 된다. 결국 乙이 丙회사를 상대로 제기한 실시료지급청구의 소에서 해당 청구의 준거법은 대한민국법이다.

UN협약 문제

甲회사는 A국에서 화력발전시설의 건설·유지·보수를 위한 목적으로 A국법에 의해 설립된 회사로서 A국에 본점, 대한민국에 지점을 두고 있으며, 乙회사는 발전소 보일러의 급수 공급용 파이프 생산·판매·설치를 전문으로 하는 회사로서 대한민국에만 영업소를 두고 있다. 甲회사는 乙회사에 발전소의 고온·고압에 견딜 수 있는 파이프의 추천을 의뢰하였고, 乙회사는 'X Type' 파이프가 적합하다고 추천하였다. 甲회사는 이를 신뢰하여 丙전력회사가 자신에게 발주한 A국의 발전소에 설치할 3톤 분량의 'X Type' 파이프를, 품질은 상급, 가격은 톤당 10억 원에 구매하는 매매계약을 2017. 3. 乙회사와 체결하였다. 이 계약의 주된 조건은 乙회사가 'X Type' 파이프 1톤씩 2017. 10. 31.(1차), 2017. 11. 30.(2차), 2018. 1. 31.(3차)까지 3회에 걸쳐서 각각 A국 현지 발전소 건설현장으로 운송해 와서 인도·설치하는 것이었다. 3회에 걸친 파이프 설치비용은 계약대금에 포함되어 있고, 그 금액은 총 3억 원이다. 계약 대상인 파이프는 A국 발전소에 특화된 파이프로서 다른 발전소에는 설치하여 사용할 수 없으며, 적시에 공급·설치되지 않으면 발전소 건설 공기지연이 불가피하다. 계약서에는 "본 계약의 준거법은 대한민국법이며, 乙회사는 판매하는 파이프의 결함이나 하자로 인한 결과적 손해와 우발적 손해는 배상하지 않는다."라고 규정되어 있다. A국은 「국제물품매매계약에 관한 국제연합협약」(이하 '협약')의 체약국이 아니다.

한편, 2017. 5.경 乙회사는 'X Type' 파이프보다 더 고온·고압에 강하며 내구성이 뛰어난 'Y Type' 파이프를 개발하였으나, 'Y Type' 파이프의 실제 활용성을 테스트해 보지는 못하였다. 乙회사는 1차 인도분으로 'Y Type' 파이프를 2017. 10. 25. 甲회사에 인도하였고, 甲회사는 인도분이 모두 'X Type' 파이프인 줄 알고 이를 수령하였다. 甲회사의 요청으로 건설현장에 상주하던 甲회사의 발주처인 丙전력회사의 기술자가 물품을 즉시 검사해 보니 파이프가 'X Type'이 아닌 'Y Type'인 것으로 밝혀졌다. 그 기술자는 'Y Type' 파이프가 고온·고압에 견디기 위해 필요한 '몰리브덴'성분의 함량이 충분하지 않다는 것을 제시하면서, 그 파이프를 설치하게 되면 고온·고압을 견디지 못하고 터질 것이라고 경고하였다. 전문 검사결과 위 기술자의 주장이 사실임이 밝혀졌다.

甲회사가 1차 인도분인 'Y Type' 파이프를 건설현장의 야적장에 그대로 방치해 두는 바람에 검사결과가 나오는 1주일간 해풍에 노출되어 1톤 분량의 파이프 중 1/4은 급속도로 부식되어 발전소용으로 사용이 어렵게 되었으나, 밑단에 쌓여 있던 나머지 3/4은 부식되지 않았다. 甲회사는 물품수령 1주일 후 최종 검사결과를 받고 乙회사에 그 하자를 즉시 통지하면서, 계약상 인도되어야 할 물품은 'X Type' 파이프라고 주장하며 이미 인도받은 1차 인도분인 'Y Type' 파이프를 수거해 가라고 요구하고, 1차 인도분 전량을 'X Type' 파이프로 교체하여 인도해 줄 것을 乙회사에 청구하였다.

그 후 乙회사는 2차 인도분을 전량 'X Type' 파이프로 2017. 11. 30.까지 甲회사에 인도하여 A국 발전소 건설현장에 설치를 완료하였다. 그러나 2차 인도분이 설치된 부분에 대한 시운전 도중 설치일로부터 10일 이내에 파이프에 균열이 발생하여, 확인 결과 파이프 제조상 결함으로 밝혀졌으며, 甲회사는 이러한 사실을 乙회사에 즉시 통지하였다. 甲회사는 3차 인도분에 대하여 이러한 문제에 대한 보완을 하여 줄 것을 乙회사에 요청하였으나, 乙회사는 3차 인도분도 동일한 공법으로 제조될 것이며 인도기일까지 제조공법을 변경하거나 보완하는 것이 불가능하다고 甲회사에 통지하였다. 아직 3차 인도분은 인도되지 않고 있는 상태이다.

한편, 甲회사는 화력발전소 건설 완료일정이 지연될 경우 丙전력회사에 대하여 지연기간에 상응하는 지체상금을 부담하도록 甲회사와 丙전력회사 간의 계약서에 규정되어 있다. 乙회사의 하자 있는 물품인도로 甲회사의 A국 화력발전소 건설 완료일정이 지연되었다. 甲회사는 乙회사를 상대로 계약위반을 이유로 대한민국 법원에 소를 제기하였다.

1. 甲회사와 乙회사 사이의 계약에 협약이 적용되는가? (20점)

2. 甲회사는 1차 인도분에 대하여 대체물인도청구권을 행사할 수 있는가? (20점)

3. 甲회사는 2차 및 3차 인도분에 대하여 계약을 해제할 수 있는가? (20점)

4. 甲회사가 丙전력회사에 대하여 지체상금을 부담하게 된 경우, 甲회사는 그 금액을 손해배상으로 乙회사에 청구할 수 있는가? (20점)

모범답안

<문제 1>

Ⅰ. 논점의 정리

협약의 적용 여부와 관련하여 협약 제 1 조, 제 2 조, 제 3 조 및 제 6 조를 검토한다.

Ⅱ. 협약 적용의 공통요건

협약은 영업소가 서로 다른 국가에 소재하는 당사자 사이의 물품매매계약에 적용된다(협약 1조 1항 본문).

1. 국제성: 당사자의 영업소가 서로 다른 국가에 소재할 것이 요구된다. 당사자가 복수

의 영업소를 가지고 있는 경우에는 '계약 체결 전이나 그 체결시에 당사자 쌍방에 게 알려지거나 예기된 상황을 고려하여 계약 및 그 이행과 가장 밀접한 관련이 있 는 영업소'가 해당 거래에 있어서의 영업소로 된다[협약 10조 ㈎항]. 한편 당사자 일 방이 영업소를 가지고 있지 아니한 경우에는 그의 상거소를 영업소로 본다[협약 10 조 ㈏항]. 이 국제성은 계약 체결 전이나 체결시까지 당사자 쌍방이 이를 인식하였 어야 한다(협약 1조 2항).

2. **물품성**: 물품은 일반적으로 유체동산을 의미한다. 물품 중에서도 주식, 선박, 전기 등 그 성질에 따라 협약 적용이 배제되는 경우가 있다(협약 2조 4호~6호).

3. **매매성**: 매매계약에 적용된다. 이는 물품을 원상 그대로 판매하는 것만을 의미하는 것이 아니라 제조하여 판매하는 경우에도 물품을 주문한 매수인이 그 제조에 필요 한 재료의 중요한 부분을 공급한 경우가 아닌 한 매매에 포함된다(협약 3조 1항). 또 한 물품을 공급하는 당사자의 의무의 주된 부분이 노무 그 밖의 서비스의 공급에 있는 계약에는 협약이 적용되지 아니한다(협약 3조 2항). 여기의 '주된'은 적어도 50% 이상의 가치를 가지는 경우를 의미하는 것으로 해석된다. 매매계약이라고 하 더라도 가사용이나 경매 등 매매의 성격에 따라 협약의 적용이 배제되는 경우가 있 다(협약 2조 1호~3호).

4. **협약적용배제합의가 없을 것**: 협약이 적용되기 위한 소극적 공통요건으로서 당사자 간에 협약의 적용을 배제하기로 하는 합의가 없어야 한다(협약 6조). 당사자는 합의 에 의하여 협약의 전체 또는 협약의 특정조항의 적용을 배제할 수 있다. 당사자가 비체약국의 법을 계약의 준거법으로 지정한 경우에는 협약의 적용이 배제되나, 단 순히 체약국법을 지정한 것만으로는 협약의 적용이 배제되지 않는다. 협약은 체약 국의 법의 일부로서 체약국의 민·상법 또는 계약법에 대한 특별법이기 때문이다.

Ⅲ. 직접적용과 간접적용의 추가요건

1. **직접적용요건**: 협약의 직접적용을 위해서는 매매계약 당사자의 국가가 모두 체약국 이어야 한다[협약 1조 1항 ㈎호].

2. **간접적용요건**: 협약의 간접적용은 법정지의 국제사법에 의하여 체약국법이 준거법으 로 선택되는 경우를 말한다[협약 1조 1항 ㈏호]. 협약이 간접적용되기 위해서는 ① 당해 국가의 전부 또는 일부가 비체약국일 것, ② 법정지국의 국제사법 규칙에 의 하여 체약국법이 적용될 경우일 것(법정지국이 체약국인지 여부는 불문한다), ③ 협약 제95조에 의한 유보가 없을 것을 요한다.

Ⅳ. 협약 적용과 관련된 논점에 대한 구체적 검토

1. **협약 적용의 공통요건**: 이 사건 계약은 아래에서 살펴보는 바와 같이 영업소가 서로

다른 국가에 존재하는 당사자 사이의 물품매매계약이다.

가. **국제성**: 매수인 甲회사는 A국에 본점, 대한민국에 지점을 두고 있다. 이 사건 계약 체결시 乙회사가 약정한 물품을 A국 현지 발전소 건설현장으로 운송해 와서 인도·설치하기로 한 것을 고려하면, 甲회사의 영업소 중 이 사건 계약 및 그 이행과 가장 밀접한 관련이 있는 영업소는 A국에 소재한 본점이다. 결국 매도인 乙회사는 대한민국에만 영업소가 있고, 매수인 甲회사는 A국에 영업소가 있으며, 이에 대하여 양 회사가 인식하고 있었다고 할 것이므로 국제성의 요건이 충족된다.

나. **물품성**: 이 사건 계약상 물품은 3톤 분량의 'X Type 파이프'(이하 '이 사건 파이프')로서 유체동산이고, 물품의 성질 면에서 협약 제2조에서 정한 협약적용의 제외 사유에 해당하지 않으므로 물품성이 인정된다.

다. **매매성**: 이 사건 계약에 의하면 乙회사는 이 사건 파이프를 A국 현지 발전소 건설현장으로 운송해 와서 인도·설치할 의무가 있다. 즉, 이 사건 계약은 혼합계약(mixed contract)으로서 협약 제3조 제2항에 따라 물품을 공급하는 당사자인 乙회사의 의무의 주된 부분이 이 사건 파이프의 설치(이하 '이 사건 노무')에 있다면 협약이 적용되지 아니한다. 이 사건 계약대금에서 이 사건 노무가 차지하는 비중은 약 10%(=3억원/30억원×100)로서 50% 미만의 가치를 가지므로 乙회사의 의무의 주된 부분이 이 사건 노무의 공급에 있다고 볼 수 없다. 따라서 이 사건 계약은 매매성이 인정된다.

라. **협약의 적용배제 여부**: 甲회사와 乙회사는 이 사건 계약의 준거법을 대한민국법으로 하기로 합의하였으나, 협약은 체약국법인 대한민국법의 일부이므로 위 합의에 의하여 협약의 적용이 배제되지 않는다.

2. **협약의 간접적용요건**: ① 대한민국은 체약국이나 A국은 비체약국이고, ② 법정지인 대한민국의 국제사법에 의하면 甲회사와 乙회사가 이 사건 계약의 준거법을 대한민국법으로 하기로 한 합의의 효력이 인정되므로(국제사법 45조) 체약국법인 대한민국법이 이 사건 계약의 준거법으로 적용되며, ③ 대한민국은 협약 제95조에 따른 유보를 한 바 없으므로, 협약 제1조 제1항 (내)호에 따라 협약이 간접적용된다.

V. 결론

이상에서 검토한 바와 같이 이 사건 계약에 협약이 간접적용된다.

<문제 2>

I. 논점의 정리

1차 인도분에 대한 甲회사의 대체물인도청구권의 행사 가부와 관련하여 물품의 계약적합성에 관한 협약 제35조, 제38조, 제39조, 대체물인도청구권에 관한 협약 제46조 제2항, 제82조를 검토한다.

II. 물품의 계약적합성

1. 물품적합성과 그 판단기준 및 면책

가. 계약에서 정한 물품의 인도의무: 매도인은 계약에서 정한 수량, 품질 및 종류에 적합하고, 계약에서 정한 방법으로 용기에 담겨지거나 포장된 물품을 인도하여야 한다(협약 35조 1항).

나. 물품적합성의 판단기준: 협약은 당사자 사이에 달리 합의가 없는 한 ① 동종 물품의 통상 사용목적에 맞지 아니한 경우[협약 35조 2항 ㉮호], ② 계약 체결시 매도인에게 명시적 또는 묵시적으로 알려진 특별한 목적에 맞지 아니한 경우[협약 35조 2항 ㉯호], ③ 매도인이 견본 또는 모형으로 매수인에게 제시한 물품의 품질을 가지고 있지 아니한 경우[협약 35조 2항 ㉰호], ④ 물품에 대하여 통상의 방법으로, 통상의 방법이 없는 경우에는 그 물품을 보존하고 보호하는 데 적절한 방법으로 용기에 담겨지거나 포장되어 있지 아니한 경우[협약 35조 2항 ㉱호]에 물품이 계약에 부적합한 것으로 한다. 다만 위 ②의 경우, 그러한 상황에서 매수인이 매도인의 기술과 판단을 신뢰하지 아니하였거나 또는 신뢰하는 것이 불합리하였다고 인정되는 경우에는 물품적합성이 결여된 것으로 보지 아니한다[협약 35조 2항 ㉯호].

다. 면책: 매수인이 계약 체결시에 물품의 부적합을 알았거나 모를 수 없었던 경우에는 매도인은 그 부적합에 대하여 책임을 지지 아니한다(협약 35조 3항).

2. 물품의 검사와 부적합 통지

가. 물품의 검사: 매수인은 ① 원칙적으로 그 상황에서 실행가능한 단기간 내에 물품을 검사하거나 검사하게 하여야 하나(협약 38조 1항), ② 계약에 물품의 운송이 포함되는 경우에는 물품이 목적지에 도착한 후까지 연기될 수 있으며(협약 38조 2항), ③ 매수인이 검사의 기회를 갖지 못한 상태에서 운송중 물품의 목적지의 변경 또는 전송이 있고 매도인이 그러한 가능성을 알았거나 알 수 있었던 경우에는 검사는 물품이 새로운 목적지에 도착한 후까지 연기될 수 있다(협약 38조 3항).

나. 부적합통지

(1) **통지의무의 내용 및 시기**: 매수인은 매도인에게 부적합한 성질을 특정, 즉 구체적으로 적시하여 통지하여야 한다(협약 39조 1항). 매수인은 물품의 부적합을 발견하였거나 발견할 수 있었던 때로부터 합리적인 기간 내에 통지하여야 하며(협약 39조 1항), 이 기간은 물품이 매수인에게 현실로 교부된 날로부터 2년을 넘지 못한다(협약 39조 2항 본문). 이 2년은 제척기간이다. 다만 계약상의 보증기간이 2년 이상인 경우에는 예외이다(협약 39조 2항 단서).

(2) **통지의무 해태의 효력**: 매수인이 규정된 기간 내에 매도인에게 통지할 의무를 해태한 경우 매수인은 부적합을 주장할 권리를 상실한다(협약 39조 1항). 그러나 다음의 두 가지 경우에는 예외가 인정된다.

㈎ **매도인의 악의(협약 40조)**: 부적합이 매도인이 알았거나 모를 수 없었던 사실에 관한 것이고, 매도인이 매수인에게 이를 밝히지 아니한 경우에는 매수인은 통지하지 아니하였더라도 부적합을 주장할 권리를 보유하게 된다.

㈏ **합리적인 이유(협약 44조)**: 매수인이 정하여진 통지를 하지 못한 데에 합리적인 이유가 있는 경우에는 매수인에게 일부의 권리, 즉 대금감액권(협약 50조)과 이익의 상실을 제외한 손해배상청구권(협약 74조)이 인정된다. 그러나 그 외의 권리, 예컨대 매도인에 대한 이행청구권과 계약해제권 등은 인정되지 아니한다.

Ⅲ. 대체물인도청구권

1. **대체물인도청구권의 행사요건**: 물품이 계약에 부적합한 경우에 ① 그 부적합이 본질적 계약위반을 구성하고, ② 그 청구가 협약 제39조의 부적합 통지와 동시 또는 그 후 합리적인 기간 내에 행하여진 경우에 매수인은 매도인에게 대체물의 인도를 청구할 수 있다[협약 45조 1항 ㈎호, 46조 2항]. 위 ①에서 본질적 계약위반은 당사자 일방의 계약위반이 그 계약에서 상대방이 기대할 수 있는 바를 실질적으로 박탈할 정도의 손실을 상대방에게 주는 경우를 의미한다(협약 25조 본문). 다만 위와 같은 손실을 상대방에게 주는 경우라고 하더라도 위반당사자가 그러한 결과를 예견하지 못하였고, 동일한 부류의 합리적인 사람도 동일한 상황에서 그러한 결과를 예견하지 못하였을 경우에는 예외적으로 본질적 계약위반이 되지 아니한다(협약 25조 단서).

2. **반환불능에 의한 대체물인도청구권의 상실**

가. **원칙**: 매수인이 물품을 수령한 상태와 실질적으로 동일한 상태로 그 물품을 반환할 수 없는 경우에는 매수인은 매도인에게 대체물을 청구할 권리를 상실한다(협약 82조 1항).

나. **예외**: ① 물품을 반환할 수 없거나 수령한 상태와 실질적으로 동일한 상태로 반환할 수 없는 것이 매수인의 작위 또는 부작위에 기인하지 아니한 경우, ② 협약

제38조에 의한 검사를 행한 결과 물품의 전부 또는 일부가 멸실 또는 훼손된 경우, ③ 매수인이 부적합을 발견하였거나 발견하였어야 했던 시점 전에 물품의 전부 또는 일부가 정상적인 거래과정에서 매각되거나 통상의 용법에 따라 소비 또는 변형된 경우에는 대체물을 청구할 권리를 상실하지 아니한다(협약 82조 2항).

Ⅳ. 사안에의 적용

甲회사가 1차 인도분에 대하여 대체물인도청구권을 행사하기 위해서는 ① 1차 인도분이 이 사건 계약에 부적합하고, 그 부적합이 본질적 계약위반을 구성하여야 하며, ② 대체물인도청구가 협약 제39조의 부적합 통지와 동시 또는 그 후 합리적인 기간 내에 행하여진 경우여야 한다[협약 45조 1항 ㈎호, 46조 2항]. 또한 ③ 甲회사가 1차 인도분을 수령한 상태와 실질적으로 동일한 상태로 乙회사에 반환할 수 있거나(협약 82조 1항) 위와 같은 상태로 반환할 수 없더라도 협약 제82조 제 2 항이 규정하는 대체물인도청구권의 상실의 예외사유에 해당하여야 한다. 아래에서 각 요건에 대하여 살펴본다.

1. 1차 인도분의 부적합 및 본질적 계약위반: 甲회사가 乙회사에 발전소의 고온·고압에 견딜 수 있는 파이프의 추천을 의뢰하자 乙회사는 'X Type' 파이프가 적합하다고 추천하였고, 甲회사는 이를 신뢰하여 이 사건 파이프를 구매하는 매매계약을 체결한 사실에 비추어 보면, 이 사건 계약 체결시 매도인 乙회사에게 이 사건 파이프가 발전소의 고온·고압에 견딜 수 있는 것이어야 한다는 점이 명시적으로 알려졌다고 할 것이다. 그럼에도 불구하고 乙회사가 1차 인도분으로 발전소의 고온·고압에 견디지 못하는 'Y Type' 파이프를 인도한 것은 '매도인에게 명시적으로 알려진 특별한 목적에 맞지 아니한 경우'로서 1차 인도분은 이 사건 계약에 부적합하다[협약 35조 2항 ㈏호 본문]. 乙회사는 발전소 보일러의 급수 공급용 파이프 생산·판매·설치를 전문으로 하는 회사이므로 甲회사가 乙회사의 기술과 판단을 신뢰하는 것이 불합리하였다고 인정되지도 아니한다[협약 35조 2항 ㈏호 단서]. 또한 甲회사가 이 사건 계약 체결시에 乙회사가 1차 인도분으로 이 사건 계약에 부적합한 파이프를 인도할 것을 알았거나 모를 수 없었던 경우도 아니므로 乙회사는 1차 인도분의 계약부적합에 대하여 책임을 져야 한다(협약 35조 3항). 1차 인도분의 계약부적합은 적어도 그 분할부분에 대해서는 이 사건 계약 하에서 甲회사가 기대하는 바를 실질적으로 박탈할 정도의 손실을 주는 것이므로 본질적 계약위반을 구성한다(협약 25조, 46조 2항).

2. 대체물인도청구의 행사시기: 이 사건 계약에는 이 사건 파이프의 운송이 포함되어 있으므로 매수인 甲회사는 1차 인도분이 목적지에 도착한 후 실행가능한 단기간 내에 1차 인도분에 대하여 검사하거나 검사하게 하여야 하는데(협약 38조 1항·2항), 甲회

사는 甲회사의 발주처인 丙전력회사의 기술자로 하여금 물품을 '즉시' 검사하게 하였으므로 협약상 물품검사의무를 다하였다. 나아가 甲회사는 물품수령 1주일 후 최종검사결과를 받고 乙회사에 그 하자를 '즉시' 통지하였으므로, 물품의 부적합을 발견하였던 때로부터 합리적인 기간 내에 통지한 것으로 인정된다(협약 39조 1항). 또한 통지의 내용에 대한 구체적인 사실관계의 제시는 없으나 '하자'는 '1차 인도분으로 수령한 Y Type 파이프가 발전소의 고온·고압을 견디지 못하고 터진다'라는 것으로서 甲회사는 부적합한 성질을 특정하여 乙회사에 통지한 것으로 판단된다(협약 39조 1항). 따라서 甲회사는 협약상 부적합통지의무를 다하였으므로 乙회사에 대하여 1차 인도분의 부적합을 주장할 권리를 가진다. 甲회사는 1차 인도분의 부적합통지를 하면서 1차 인도분 전량을 'X Type' 파이프로 교체하여 인도해 줄 것을 乙회사에 청구하였으므로, 甲회사의 1차 인도분에 대한 대체물인도청구는 협약 제39조의 부적합통지와 동시에 행하여졌다(협약 46조 2항).

3. 반환불능에 의한 대체물인도청구권의 상실 여부: 甲회사는 1차 인도분인 'Y Type' 파이프를 건설현장의 야적장에 그대로 방치해 두는 바람에 검사결과가 나오는 1주일간 해풍에 노출되어 1톤 분량의 파이프 중 1/4은 급속도로 부식되어 발전소용으로 사용이 어렵게 되었다. 즉, 甲회사는 위 1/4에 해당하는 파이프에 대해서는 수령한 상태와 실질적으로 동일한 상태로 乙회사에 반환할 수 없으므로 그 부분에 한하여 대체물인도청구권을 상실한다(협약 82조 1항). 위 1/4에 해당하는 파이프를 수령한 상태와 실질적으로 동일한 상태로 반환할 수 없게 된 것은 甲회사가 1차 인도분을 건설현장의 야적장에 그대로 방치해 두었기 때문이므로 협약 제82조 제2항이 열거하는 대체물인도청구권 상실의 예외사유에도 해당되지 아니한다. 따라서 위 1/4에 해당하는 파이프에 대해서는 대체물인도청구권을 행사할 수 없다. 그러나 나머지 3/4에 해당하는 파이프는 부식되지 않은 결과 甲회사가 수령한 상태와 실질적으로 동일한 상태로 乙회사에 반환할 수 있으므로 대체물인도청구권을 행사할 수 있다.

Ⅳ. 결론

甲회사는 1차 인도분에 해당하는 파이프 중 부식된 1/4에 대해서는 대체물인도청구권을 행사할 수 없으나, 부식되지 않은 나머지 3/4에 대해서는 대체물인도청구권을 행사할 수 있다.

<문제 3>

Ⅰ. 논점의 정리

甲회사가 2차 및 3차 인도분에 대하여 계약을 해제할 수 있는지 여부와 관련하여 분할인도계약의 해제에 관한 협약 제73조에 대하여 검토한다.

Ⅱ. 분할인도계약의 해제

1. 당회분할이행의 해제: 물품을 수회로 나누어 인도하기로 하는 계약, 즉 분할인도계약에 있어서 어느 분할부분에 관한 불이행이 그 분할부분에 관하여 본질적 계약위반이 되는 경우에는 그 분할부분만의 계약해제가 가능하다(협약 73조 1항). 이때 본질적 계약위반은 '상대방이 그 계약에서 기대할 수 있는 바를 실질적으로 박탈할 정도의 손실을 상대방에게 주는 경우'를 의미한다(협약 25조).

2. 장래분할이행의 해제: 어느 분할부분에 대한 불이행이 장래의 분할부분에 대한 본질적 계약위반의 발생을 추단하는 데에 충분한 근거가 되는 경우에는 장래의 미이행부분에 대하여 계약을 해제할 수 있다(협약 73조 2항 본문). 다만 그 해제는 합리적인 기간 내에 이루어져야 한다(협약 73조 2항 단서).

3. 관련성에 의한 해제: 어느 인도에 대하여 계약을 해제하는 매수인은 이미 행하여진 인도 또는 장래의 인도가 그 인도와의 상호 의존관계로 인하여 계약 체결시에 당사자 쌍방이 예상했던 목적으로 사용될 수 없는 경우에는 이미 행하여진 인도 또는 장래의 인도에 대하여도 동시에 계약을 해제할 수 있다(협약 73조 3항).

Ⅲ. 사안에의 적용 및 결론

1. 2차 인도분에 대한 해제: 2차 인도분은 파이프의 제조상 결함으로 인하여 시운전 도중 파이프에 균열이 발생하였으므로, 동종 물품의 통상 사용목적에 맞지 아니한 경우로서 이 사건에 계약에 적합하지 않다[협약 35조 1항, 35조 2항 ㈎호]. 甲회사는 2차 인도분의 시운전 도중 설치일로부터 10일 이내에 파이프에 균열이 발생하여 이를 확인하였는데, 이는 실행가능한 단기간 내에 2차 인도분에 대하여 검사한 것으로 판단된다(협약 38조 1항·2항). 나아가 甲회사는 2차 인도분에 결함에 대하여 '즉시' 통지하였으므로 물품의 부적합을 발견하였던 때로부터 합리적인 기간 내에 통지한 것으로 인정된다(협약 39조 1항). 따라서 甲회사는 2차 인도분에 대하여 그 부적합을 주장할 권리를 가진다. 乙회사가 이 사건 계약에 적합하지 않은 2차 인도분을 인도한 것은 2차 인도분에 관하여 이 사건 계약 하에서 甲회사가 기대할 수 있는 바를 실질적으로 박탈할 정도의 손실을 주는 것으로서 그 분할부분에 관하여 본

질적 계약위반이 된다(협약 73조 1항, 25조). 따라서 甲회사는 2차 인도분에 대하여 이 사건 계약을 해제할 수 있다(협약 73조 1항).

2. 3차 인도분에 대한 해제: 3차 인도분은 인도되지 않고 있는 상태이나, 乙회사는 3차 인도분도 2차 인도분과 동일한 공법으로 제조될 것이며 인도기일까지 제조공법을 변경하거나 보완하는 것이 불가능하다고 甲회사에 통지하였으므로 2차 인도분에 대한 乙회사의 의무불이행이 장래의 3차 인도분에 대한 본질적 계약위반의 발생을 추단하는 데 충분한 근거가 된다(협약 73조 2항 본문). 따라서 甲회사는 장래의 미이행부분인 3차 인도분에 대하여 이 사건 계약을 해제할 수 있다(협약 73조 2항 본문). 다만 그 해제는 합리적인 기간 내에 이루어져야 한다(협약 73조 2항 단서).

<문제 4>

Ⅰ. 논점의 정리

매수인의 손해배상청구권의 발생 및 범위에 관한 협약 제45조, 제74조와 더불어 당사자의 합의에 의한 협약의 적용배제에 관한 협약 제6조를 검토한다.

Ⅱ. 손해배상청구권

1. 손해배상청구권의 발생: 매도인이 계약상의 의무를 이행하지 않은 경우에 매수인은 협약 제74조 내지 제77조에서 정한 손해배상청구를 할 수 있다[협약 45조 1항 (나)호].

2. 손해배상의 범위: 당사자 일방의 계약불이행으로 인한 손해배상액은 이익의 상실을 포함하여 그 위반의 결과 상대방이 입은 손실과 동등한 금액이다(협약 74조 1문). 다만, 그 손해액은 위반당사자가 계약 체결시에 알았거나 알 수 있었던 사정을 기초로 하여 계약위반으로부터 발생할 가능성이 있는 것으로 예견하였거나 예견할 수 있었던 손실을 초과할 수는 없다(협약 74조 2문). 이는 예견가능성(foreseeability)을 기준으로 하여 손해액의 무한한 확대를 막고 상당인과관계 있는 손해로 한정하기 위함이다. 협약은 일실이익 외에 달리 손해의 유형을 언급하지 않는데, 직접손해뿐만 아니라 부수적 손해 및 결과적 손해도 협약상 배상하여야 할 손해에 포함된다. 그러나 정신적 손해에 대한 손해배상, 즉 위자료는 협약상 배상하여야 할 손해에 포함되지 않는다는 견해가 유력하다.

Ⅲ. 당사자의 합의에 의한 협약의 적용배제

당사자는 협약의 적용을 전체적으로 배제할 수 있고, 협약의 일부 규정의 적용을 배제하거나 그 효과를 변경할 수 있다(협약 6조). 그러나 당사자가 매매계약의 체결 또는 입증을 서면에 의하도록 한 체약국(협약 96조에 따라 유보선언을 한 체약국)에 영업소를 가지고 있는 경우에는 매매계약의 체결 또는 입증을 서면 이외의 방법으로 할 수 있도록 하는 합의를 하지 못한다(협약 12조).

Ⅳ. 사안에의 적용 및 결론

乙회사가 이 사건 계약위반으로 甲회사에 대하여 부담하게 되는 손해배상액은 그 위반의 결과 甲회사가 입은 손실과 동등한 금액이다(협약 74조 1문). 따라서 甲회사가 丙전력회사에 대하여 지체상금을 부담한 경우, 그 지체상금은 乙회사의 계약위반의 결과 甲회사가 제3자에게 배상하여야 할 손해, 즉 '결과적 손해'로서 원칙적으로 협약상 배상하여야 할 손해에 포함된다. 그러나 甲회사와 乙회사는 이 사건 계약 체결시 乙회사가 판매하는 파이프의 결함이나 하자로 인한 결과적 손해는 배상하지 않기로 합의하였으므로(협약 6조), 위 합의에 따라 甲회사는 丙전력회사에 대하여 부담하게 된 지체상금을 乙회사에 손해배상으로 청구할 수 없다.

| 제 8 회 국제거래법 기출문제 | 국제거래법 |

국제사법 문제

　　대한민국 법률에 의해 설립되고 주된 영업소를 대한민국에 두고 있는 甲회사는 그 소유의 파나마 선적인 로스토치호를 이용하여 남태평양 해상에서 참치를 어획하는 영업을 영위하고 있다. A국에 영업소를 두고 해상운송업을 영위하는 乙회사는 甲회사와, 甲회사가 남태평양에서 어획한 참치를 乙회사가 그 소유의 사이프러스 선적인 카주비호를 이용하여 부산항까지 해상운송하기로 하는 계약을 체결하였으나, 위 운송계약의 준거법에 관해서는 약정하지 아니하였다. 甲회사는 또한 위 참치의 해상운송에 관하여 B국에 영업소를 두고 있는 丙회사와 적하보험계약을 체결하였고, 위 보험계약의 준거법을 영국법으로 약정하였다. 부산항에서 위 참치의 하역작업을 하던 중 甲회사는 위 카주비호의 냉동장치 고장으로 인해 위 참치의 일부가 멸실되었고 나머지 참치도 냉동이 잘못되어 변질된 사실을 발견하였다(이하 '이 사건 보험사고'라 함).

　　丙회사는 甲회사에 이 사건 보험사고에 대한 보험금을 지급한 후 甲회사가 乙회사에 대하여 가지는 계약위반에 기한 손해배상청구권의 대위를 주장하며 대한민국 법원에 乙회사를 상대로 손해배상청구의 소를 제기하였다.

　　한편 甲회사는 동남아시아에 소재하는 여러 국적자들을 선원으로 고용하여 참치를 어획하는 업무에 종사하게 하였다. 甲회사와 위 선원들 사이에 체결된 선원근로계약에는 "이 계약의 준거법은 대한민국법으로 한다. 다만 국제사법의 원칙은 적용하지 아니한다."라고 기재되어 있었다.

　　선원 중 C국 국적인 丁의 어로활동이 미숙하자 위 로스토치호 선장인 戊가 징계를 명목으로 丁을 폭행하고 어창에 감금하여 丁에게 상해를 입혔다.

　　이에 따라 丁은 대한민국 법원에 甲회사를 상대로 불법행위에 기한 손해배상청구의 소를 제기하였다.

[질 문]

1. 대한민국 법원이 위 두 손해배상청구의 소에 대하여 국제재판관할권을 가지는지를 논하시오. (15점)

2. 丙회사가 乙회사를 상대로 제기한 소에서,

　　가. 甲회사가 乙회사에 대하여 가지는 계약위반에 기한 손해배상청구권의 준거법은 무엇인지를 논하시오. (15점)

나. 丙회사가 甲회사에 이 사건 보험사고에 대한 보험금을 지급한 후 甲회사가
   乙회사에 대하여 가지는 계약위반에 기한 손해배상청구권을 대위하는 경
   우, 대위의 준거법은 무엇인지를 논하시오. (15점)

3. 丁이 甲회사에 대하여 가지는 불법행위에 기한 손해배상청구권의 준거법을 논
   하시오. (35점)

모범답안

<문제 1>

I. 논점의 정리

① 丙회사가 乙회사를 상대로 한 손해배상청구의 소 및 ② 丁이 甲회사를 상대로 한
손해배상청구의 소에 대하여 대한민국 법원이 각 국제재판관할권을 가지는지 여부
에 관하여 국제재판관할권에 관한 학설 및 국제사법 제 2 조를 검토한다.

II. 국제재판관할

1. 의의: 국제재판관할권은 문제된 섭외사법관계에 대하여 특정 국가의 법원이 이를
   재판할 수 있는 자격 내지 권한을 의미한다.

2. 결정기준에 관한 학설: 이에 대하여는 ① 민사소송법의 토지관할규정을 역으로 추지
   하여 국내에 재판적이 인정되면 국제재판관할권을 인정하는 역추지설, ② 국제민사
   소송법의 기본이념인 조리에 의하여 국제재판관할원칙을 세워야 한다는 관할배분설
   (조리설) 및 ③ 기본적으로 국내민사소송법의 토지관할에 따르되 재판의 적정과 공
   평, 신속에 반하는 특별사정이 있는 경우 관할을 부정한다는 수정역추지설(특별사정
   설)이 있다.

3. 국제사법 규정과 대법원의 입장

   가. 실질적 관련의 원칙: 당사자 또는 분쟁이 된 사안이 대한민국과 실질적 관련을 가
      지는 경우에 대한민국 법원에 국제재판관할권이 인정되며, 실질적 관련성 유무를
      판단함에 있어서는 국제재판관할배분의 이념에 부합하는 합리적인 원칙에 따라
      야 한다(2조 1항). 대법원은 여기의 '실질적 관련'은 대한민국 법원이 재판관할권
      을 행사하는 것을 정당화할 정도로 당사자 또는 분쟁이 된 사안과 관련성이 있
      는 것을 뜻하고, 이를 판단함에 있어서는 당사자의 공평, 재판의 적정, 신속과 경

제 등 국제재판관할 배분의 이념에 부합하는 합리적인 원칙에 따라야 하며, 구체적으로는 당사자의 공평, 편의, 예측가능성과 같은 개인적인 이익뿐만 아니라, 재판의 적정, 신속, 효율, 판결의 실효성과 같은 법원이나 국가의 이익도 함께 고려하여야 하고, 이처럼 다양한 국제재판관할의 이익 중 어떠한 이익을 보호할 필요가 있을지는 개별 사건에서 실질적 관련성 유무를 합리적으로 판단하여 결정하여야 한다는 입장이다.

> ＊ 2022년 국제사법 개정시 국제사법 제 2 조 제 1 항에 '당사자 간의 공평, 재판의 적정, 신속 및 경제'라는 국제재판관할 배분의 구체적 이념을 추가하였는데 이는 위와 같은 대법원판결의 내용을 반영한 것이다.

- **나. 국내법의 관할규정 참작:** 법원은 국내법의 관할규정을 참작하여 국제재판관할권의 유무를 판단하되, 국제재판관할의 특수성을 충분히 고려하여야 한다(2조 2항). 대법원은 국제재판관할권 인정 여부에 있어서 민사소송법의 관할규정을 중요기준으로 제시하면서 개별사건에 있어서의 국제재판관할의 특수성에 따라 이를 수정하여 적용할 수 있다는 입장이다.

> ※ 2022년 개정 국제사법 제 2 조 제 1 항에 '실질적 관련성' 유무 판단의 구체적 기준을, 제 2 항에 국내법의 관할규정을 참작할 전제(보충성)를 각 추가한 데 개정 전과 차이가 있다(아래 각 밑줄 부분).
>
> 국제사법 제 2 조(일반원칙) ① 대한민국 법원(이하 "법원"이라 한다)은 당사자 또는 분쟁이 된 사안이 대한민국과 실질적 관련이 있는 경우에 국제재판관할권을 가진다. 이 경우 법원은 실질적 관련의 유무를 판단할 때에 당사자 간의 공평, 재판의 적정, 신속 및 경제를 꾀한다는 국제재판관할 배분의 이념에 부합하는 합리적인 원칙에 따라야 한다.
> ② 이 법이나 그 밖의 대한민국 법령 또는 조약에 국제재판관할에 관한 규정이 없는 경우 법원은 국내법의 관할 규정을 참작하여 국제재판관할권의 유무를 판단하되, 제 1 항의 취지에 비추어 국제재판관할의 특수성을 충분히 고려하여야 한다.

Ⅲ. 사안에의 적용 및 결론

B국에 영업소를 두고 있는 丙회사와 A국에 영업소를 두고 있는 乙회사 사이의 대위에 기한 손해배상청구소송과 C국 국적의 丁과 대한민국 법인 甲회사 사이의 불법행위에 기한 손해배상청구소송은 각각 외국과 관련된 요소(당사자)가 있으므로 각각 국제사법에 의하여 국제재판관할을 정하여야 한다(1조).

1. **丙회사의 乙회사를 상대로 한 손해배상청구의 소:** ① 피보험자인 소외 甲회사가 대한민국 법률에 의하여 설립되고 주된 영업소를 대한민국에 두고 있는 점, ② 피고 乙회사는 소외 甲회사와의 계약에 따라 목적물을 대한민국 부산항까지 해상운송할 의

무가 있는 점 등을 종합하면, 丙회사의 乙회사를 상대로 한 손해배상청구는 대한민
국과 실질적 관련성이 있으므로 대한민국 법원은 국제사법 제 2 조에 따라 국제재판
관할권을 가진다.

> ※ 2022년 개정 국제사법 제41조에 따른 국제재판관할: 이 문제는 계약에 관련한 손해배상청
> 구권의 대위에 관한 것이다. 2022년의 국제사법 개정 이전에는 계약에 관한 특별관할규정이 없
> 었으므로 위와 같이 제 2 조에 따른 국제재판관할권의 유무만을 판단하면 되었으나, 2022년의
> 개정으로 계약에 관한 특별관할규정인 제41조가 신설되었으므로 향후 변호사시험에서는 계약에
> 관한 특별관할이 인정되는지 여부에 대하여도 판단하여야 할 것이다.

2. 丁의 甲회사를 상대로 한 손해배상청구의 소: ① 피고 甲회사의 설립준거법국 및 주
된 영업소소재지국이 모두 대한민국인 점, ② 원고 丁과 피고 甲회사 사이에 대한
민국법을 선원근로계약의 준거법으로 합의한 점 등을 종합하면, 丁의 甲회사를 상
대로 한 손해배상청구는 대한민국과 실질적 관련성이 있으므로 대한민국 법원은 국
제사법 제 2 조에 따라 국제재판관할권을 가진다.

> 가. 2022년 개정 국제사법 제44조에 따른 국제재판관할권 유무: 丁의 甲회사를 상대로 한 불법
> 행위에 기한 손해배상청구의 소의 국제재판관할권은 불법행위에 관한 특별관할을 정하고 있
> 는 개정 국제사법 제44조에 따른다. 戊의 丁에 대한 불법행위는 파나마에 선적을 두고 남태
> 평양 해상에서 영업을 하고 있는 로스토치호 선내에서 행하여졌으므로 대한민국에서 행하여
> 진 것으로 볼 수 없고, 丁이 C국 국적이라는 점을 고려할 때 대한민국을 향하여 행하여진
> 것으로도 볼 수 없다. 나아가 戊의 丁에 대한 불법행위의 결과가 대한민국에서 발생하였다고
> 보기도 어렵다. 따라서 개정 국제사법 제44조에 의하면 대한민국 법원에 丁의 甲회사를 상
> 대로 한 손해배상청구의 소의 국제재판관할권이 있다고 볼 수 없다.
> 나. 2022년 개정 국제사법 제 5 조에 따른 국제재판관할: 피고 甲회사는 대한민국 법인으로서
> 주된 영업소를 대한민국에 두고 있으므로 압류할 수 있는 재산이 대한민국에 있는 것으로
> 추정된다. 분쟁이 된 사안은 대한민국과 관련이 있으므로 피고 甲회사의 대한민국에 있는 재
> 산의 가액이 현저하게 적은 경우를 제외하고는 대한민국 법원은 개정 국제사법 제 5 조 제 2
> 호에 의하여 丁의 甲회사를 상대로 한 손해배상청구의 소에 대하여 국제재판관할권을 가질
> 수 있을 것이다.
> 다. 2022년 개정 국제사법 제 4 조에 의한 국제재판관할: 피고 甲회사는 주된 영업소를 대한민
> 국에 두고 있는 법인이고 丁의 甲회사를 상대로 한 손해배상청구의 소는 대한민국에 있는
> 피고 甲회사의 주된 영업소의 업무와 관련된 소이므로 대한민국 법원은 丁의 甲회사를 상대
> 로 한 손해배상청구의 소에 대하여 개정 국제사법 제 4 조에 따라 국제재판관할권을 가진다.
> 라. 2022년 개정 국제사법 제 3 조에 따른 국제재판관할: 피고 甲회사는 주된 영업소가 대한민
> 국에 있는 법인이므로 대한민국 법원은 개정 국제사법 제 3 조 제 3 항에 따라 丁의 甲회사를
> 상대로 한 손해배상청구의 소에 대하여 국제재판관할권을 가진다.
> 마. 2022년 개정 국제사법 제 2 조에 따른 국제재판관할: ① 피고 甲회사의 설립준거법국 및 주

된 영업소소재지국이 모두 대한민국인 점, ② 원고 丁과 피고 甲회사 사이에 선원근로계약의
준거법을 대한민국법으로 합의한 점 등에 비추어 특별히 당사자 간의 공평이나 재판의 적정,
신속 및 경제이념에 반하는 사정이 보이지 않는 이 사안에 있어서 丁의 甲회사를 상대로 한
손해배상청구는 대한민국과 실질적 관련을 가지므로 개정 국제사법 제 2 조에 의할 때에도
丁의 甲회사를 상대로 한 손해배상청구의 소에 대한 대한민국 법원의 국제재판관할권이 인
정된다.

바. 결론: 丁의 甲회사를 상대로 한 손해배상청구의 소에 대하여 대한민국 법원은 2022년 개정
국제사법 제 5 조, 제 4 조, 제 3 조, 제 2 조에 따라 국제재판관할권을 가진다.

<문제 2-가>

Ⅰ. 논점의 정리

계약위반에 기한 손해배상청구권의 준거법과 관련하여 계약의 준거법에 관한 국제
사법 제45조, 제46조를 검토한다.

Ⅱ. 계약의 준거법

1. **당사자자치의 원칙:** 국제사법은 계약에 관하여 당사자가 명시적 또는 묵시적으로 선
택한 법에 따르도록 규정한다(45조 1항 본문). 다만, 묵시적인 선택은 계약내용이나
그 밖의 모든 사정으로부터 합리적으로 인정할 수 있는 경우로 한정한다(45조 1항
단서).

2. **준거법의 객관적 연결:** 당사자가 준거법을 선택하지 않은 경우, '그 계약과 가장 밀
접한 관련이 있는 국가의 법'이 준거법이 된다(46조 1항). 계약의 특징적 이행을 하
여야 하는 경우에는 그 특징적 이행을 하는 당사자의 계약 체결 당시의 일상거소
(자연인의 경우), 주된 사무소(법인 또는 단체의 경우) 또는 영업소(직업 또는 영업활동으
로 계약이 체결된 경우)가 있는 국가의 법이 당해 계약과 가장 밀접한 관련을 있는
것으로 추정한다(46조 2항 본문). 국제사법은 특징적 이행의 예로서 ① 양도계약에
있어 양도인의 이행(46조 2항 1호), ② 이용계약의 경우에는 물건 또는 권리를 이용
하도록 하는 당사자의 이행(46조 2항 2호), ③ 위임·도급계약 및 이와 유사한 용역제
공계약의 경우에는 용역의 이행(46조 2항 3호)을 열거하고 있다. 한편 부동산에 대한
권리를 대상으로 하는 계약의 경우 부동산이 있는 국가의 법이 당해 계약과 가장
밀접한 관련이 있는 것으로 추정한다(46조 3항).

Ⅲ. 사안에의 적용 및 결론

B국에 영업소를 두고 있는 丙회사가 A국에 영업소를 두고 있는 乙회사를 상대로 제기한 계약위반에 기한 손해배상청구소송은 외국과 관련된 요소(당사자)가 있으므로 국제사법에 의하여 준거법을 정하여야 한다(1조).

甲회사의 乙회사에 대하여 가지는 계약위반에 기한 손해배상청구권은 甲회사와 乙회사 사이의 계약의 준거법에 따라 규율된다. 甲회사와 乙회사는 운송계약을 체결하면서 운송계약의 준거법을 합의한 바 없으므로(45조) 위 운송계약과 가장 밀접한 관련이 있는 국가의 법이 운송계약의 준거법이 된다(46조 1항). 운송계약은 국제사법 제46조 제2항 제3호의 용역제공계약으로서 운송인인 乙회사가 운송계약의 특징적 이행을 하는 자이다. 乙회사는 해상운송업을 영위하는 회사로서 위 운송계약은 乙회사의 영업활동으로 체결된 것이므로, 국제사법 제46조 제2항에 따라 위 운송계약 체결 당시 乙회사의 영업소가 있는 국가의 법인 A국법이 위 운송계약과 가장 밀접한 관련이 있는 국가의 법으로 추정된다. 따라서 甲회사와 乙회사 사이의 계약의 준거법은 A국법이고, 따라서 甲회사가 乙회사에 대하여 가지는 계약위반에 기한 손해배상청구권의 준거법 또한 A국법이 된다.

<문제 2-나>

Ⅰ. 논점의 정리

대위의 준거법과 관련하여 법률에 의한 채권의 이전의 준거법에 관한 국제사법 제55조를 검토한다.

Ⅱ. 법률에 따른 채권의 이전의 준거법

1. **법률에 따른 채권의 이전의 의의**: 법률에 따른 채권의 이전은 법률에 따라 채권이 당연히 제3자에게 이전되는 것으로서 변제자대위 등이 이에 해당한다.

2. **준거법**

가. **원인관계의 준거법에 따르는 경우**: 구채권자와 신채권자 간의 법률관계가 존재하는 경우에는 그 법률관계의 준거법에 따른다(55조 1항 본문). 다만 이전되는 채권의 준거법에 채무자 보호를 위한 규정이 있는 경우에는 그 규정이 적용된다(55조 1항 단서).

나. **채권 자체의 준거법에 따르는 경우**: 구채권자와 신채권자 간의 법률관계가 존재하지 않는 경우에는 이전되는 채권 자체의 준거법에 따른다(55조 2항).

Ⅲ. 사안에의 적용 및 결론

B국에 영업소를 두고 있는 丙회사가 A국에 영업소를 두고 있는 乙회사를 상대로 제기한 대위에 기한 손해배상청구소송은 외국과 관련된 요소(당사자)가 있으므로 국제사법에 의하여 준거법을 정하여야 한다(1조).

보험자인 丙회사가 甲회사에 이 사건 보험사고에 대한 보험금을 지급한 후 甲회사가 乙회사에 대하여 가지는 계약위반에 기한 손해배상청구권을 대위하는 것은 위 손해배상청구권이 법률에 따라 보험자인 丙회사에게 이전되었기 때문이다. 구채권자인 甲회사와 신채권자인 丙회사 사이에는 보험계약관계가 존재하므로, 대위의 준거법은 위 보험계약의 준거법에 따른다(55조 1항 본문). 甲회사와 丙회사는 보험계약의 준거법을 영국법으로 약정하였으므로 대위의 준거법은 영국법이다. 다만 이전되는 채권의 준거법, 즉 甲회사가 乙회사에 대하여 가지는 계약위반에 기한 손해배상청구권의 준거법인 A국법에 채무자인 乙회사의 보호를 위한 규정이 있는 경우에는 그 규정이 적용될 것이다(55조 1항 단서).

> **< 문제 3 >**

Ⅰ. 논점의 정리

丁이 선장인 戊의 사용자인 甲회사를 상대로 하여 제기한 불법행위로 인한 손해배상청구소송에 관련하여 불법행위의 준거법에 관한 국제사법 제52조·제53조, 근로계약의 준거법에 관한 제48조와 더불어 선원근로계약에서의 객관적 준거법 결정 및 준거법 약정시 국제사법의 원칙 배제 합의의 효력을 검토한다.

Ⅱ. 불법행위의 준거법

불법행위의 준거법은 다음의 순서에 따라 단계적으로 연결된다.

1. 준거법의 사후적 합의: 국제사법은 불법행위 등 법정채권에 있어서 당사자들이 사후적 합의에 의하여 대한민국법을 준거법으로 선택할 수 있도록 허용하고 그에 대해 우선적 효력을 인정하고 있다(53조 본문). 준거법에 관한 사후적 합의는 제 3 자의 권리에 영향을 미치지 아니한다(53조 단서).

2. 종속적 연결: 가해자와 피해자 간에 존재하는 법률관계가 불법행위에 의하여 침해되는 경우에는 불법행위지법 및 공통의 속인법에 우선하여 그 법률관계의 준거법에 따른다(52조 3항).

3. 일상거소를 기초로 하는 공통의 속인법: 불법행위를 한 당시 동일한 국가 안에 가해

자와 피해자의 일상거소가 있는 경우에는 그 국가의 법이 불법행위지법에 우선하여 준거법이 된다(52조 2항).

4. **불법행위지법**: 불법행위는 그 행위를 하거나 그 결과가 발생하는 곳의 법에 따른다(52조 1항).

Ⅲ. 근로계약의 준거법

1. **당사자자치의 제한**: 근로계약의 경우 당사자는 국제사법 제45조에 따라 준거법을 자유로이 선택할 수 있으나 당사자가 준거법을 선택하지 않는 경우에 적용될 객관적 준거법 소속 국가의 강행규정이 근로자에게 부여하는 보호를 박탈할 수 없다(48조 1항).

2. **객관적 준거법의 결정**

가. **근로계약에서의 객관적 준거법 결정**: 당사자가 준거법을 선택하지 않은 경우 근로계약은 국제사법 제46조의 객관적 준거법의 결정에 관한 일반원칙을 따르지 아니한다. 이때에는 근로자가 계약의 이행으로 일상적으로 노무를 제공하는 국가의 법 또는 근로자가 일상적으로 어느 한 국가 안에서 노무를 제공하지 아니하는 경우에는 사용자가 근로자를 고용한 영업소가 있는 국가의 법이 준거법으로 된다(48조 2항).

나. **선원근로계약의 객관적 준거법**: 선원근로계약, 즉 근로자가 국제운송에 사용되는 선박에서 노무를 제공하는 경우의 객관적 준거법에 대하여 ① 선적국이 근로자가 일상적으로 노무를 제공하는 국가이므로 선적국법이 준거법이라는 견해와 ② 근로자가 일상적으로 노무를 제공하는 국가가 존재하지 않으므로 사용자가 근로자를 고용한 영업소가 소재하는 국가의 법이 준거법이라는 견해가 대립한다. 대법원은 선원근로계약에 관하여는 선적국을 선원이 일상적으로 노무를 제공하는 국가로 볼 수 있다고 판시함으로써 ①의 입장을 취하고 있다.[6]

다만 제1설의 입장을 취하더라도 편의치적(flag of convenience)의 경우, 국제사법 제8조에 따라 선적이 선적국과의 유일한 관련일 뿐이고 해당 법률관계와 가장 밀접한 관련이 있는 다른 국가의 법이 명백히 존재하는 경우에는, 선적국법 대신 해당 법률관계와 가장 밀접한 관련이 있는 다른 국가의 법이 준거법으로 적용될 수 있다(8조 1항).[7]

3. **준거법 약정시 국제사법의 원칙 배제 합의의 효력**: 당사자가 근로계약에 관하여 준거법을 선택하면서 국제사법의 원칙을 적용하지 않는다고 명시함으로써 국제사법의 원칙에 의하여 준거법약정의 효력이 부인되지 아니하도록 합의하였다고 하더라도 국제사법은 외국과 관련된 요소가 있는 법률관계에 관하여 준거법을 정하는 법률로

---

6) 대법원 2007. 7. 12. 선고 2005다47939 판결; 대법원 2007. 7. 12. 선고 2005다39617 판결.
7) 이 경우 당사자가 합의에 따라 준거법을 선택한 경우가 아니어야 한다(21조 2항).

서 당사자의 약정으로 국제사법의 원칙을 배제할 수 없으므로 국제사법의 원칙을 배제하는 합의는 효력이 없다. 판례의 입장도 같다.[8]

Ⅳ. 사안에의 적용

C국 국적의 丁이 대한민국 법인 甲회사를 상대로 한 불법행위에 기한 손해배상청구 소송은 외국과 관련된 요소(당사자)가 있으므로 국제사법에 의하여 준거법을 정하여야 한다(1조).

丁이 선장인 戊의 폭행에 관하여 그 사용자(민법 756조)인 甲회사를 상대로 제기한 불법행위에 기한 손해배상청구의 소에서 그 불법행위 후에 丁과 甲회사 사이에 준거법을 합의한 바 없다(53조). 甲회사의 불법행위에 의하여 甲회사와 丁 사이에 존재하는 근로계약관계가 침해되었다고 할 것이므로 근로계약의 준거법이 위 손해배상청구의 준거법이 된다(52조 3항). 甲회사와 丁은 선원근로계약 체결시 그 근로계약의 준거법을 대한민국법으로 합의하였으므로 대한민국법이 위 손해배상청구의 준거법이 된다(45조). 甲회사와 丁이 대한민국법을 준거법으로 선택하면서 국제사법의 원칙은 적용되지 않는다고 합의하였다고 하더라도 국제사법은 외국과 관련된 요소가 있는 법률관계에 관하여 준거법을 정하는 법률로서 당사자의 약정으로 국제사법의 원칙을 배제할 수 없으므로 국제사법의 원칙을 배제하는 합의는 효력이 없다.

다만 대한민국법이 위 손해배상청구의 준거법이라고 하더라도 甲회사와 丁이 준거법을 선택하지 않는 경우에 적용될 객관적 준거법 소속 국가의 강행규정이 丁에게 부여하는 보호를 박탈할 수는 없다(48조 1항). 甲회사와 丁이 준거법을 선택하지 않은 경우에 적용될 객관적 준거법은 丁이 일상적으로 노무를 제공하는 법인데(48조 2항), 앞서 살펴본 선원근로계약에서의 객관적 준거법 결정에 관한 대법원 판례의 입장에 따르면 로스토치호의 선적국인 파나마국의 법이 丁의 일상적 노무제공지국의 법이다.

Ⅴ. 결론

丁이 甲회사에 대하여 가지는 불법행위에 기한 손해배상청구권의 준거법은 대한민국법이며, 파나마국의 강행규정이 丁에게 부여하는 보호를 박탈할 수 없다.

---

8) 서울행정법원 2008. 6. 19. 선고 2007구합26322 판결.

UN협약 문제

　　A국에서 영업판촉물을 제작하여 공급하는 乙은 자사 제품의 가격과 제품사양이 기재된 광고카탈로그를 대한민국에 영업소를 둔 甲에게 송부하였다. 마침 고객사은품으로 USB메모리 1,000개가 필요했던 甲은 乙의 위 광고카탈로그에 소개된 제품 중 USB메모리에 관심을 갖게 되었다. 甲은 乙에게 USB메모리의 종류, 수량(1,000개), 가격(1개당 미화 10달러), 인도일과 인도조건 등이 담긴 구매제안서를 우편으로 보냈고 위 제안서는 2018. 3. 1. 乙에게 도달하였다. 乙은 2018. 3. 5. 甲의 구매제안서의 내용을 승낙하는 취지가 담긴 공급명세서를 발송하였다. 甲은 2018. 3. 6. 위 구매제안서를 철회한다는 취지가 담긴 서한을 乙에게 발송하여 위 서한은 같은 달 7일 乙에게 도달하였고, 乙의 공급명세서는 같은 달 10일 甲에게 도달하였다.

　　乙은 인도일인 2018. 7. 1. 甲에게 USB메모리를 공급하였으나 甲의 검수결과 공급된 물품 1,000개(이하 '이 사건 매매물품'이라 함) 모두 USB메모리의 휴대를 용이하게 하기 위한 끈을 매달 수 있는 구멍이 설치되어 있지 않은 하자가 있었고, 그중 500개의 USB메모리의 경우 자료를 저장하는 기능을 하지 못하였다.

　　甲은 2018. 7. 8. 乙에게 이 사건 매매물품 중 자료를 저장하는 기능을 하지 못하는 USB메모리 500개에 대한 매매계약의 해제통지를 발송하였고, 위 해제통지는 2018. 7. 12. 乙에게 도달하였다. 한편 甲이 위 USB메모리 500개를 외부 침입에 취약한 구조를 가지고 있는 자신의 창고에 보관하던 중, 위 USB메모리를 2018. 7. 15. 외부인에 의해 전부 도난당하였다(이하 '이 사건 도난사고'라 함).

　　甲은 이 사건 도난사고로 고객사은품의 수량이 부족해지자 USB메모리 500개를 확보하기 위하여, 2018. 8. 1. 丙으로부터 USB메모리 500개(1개당 미화 15달러)를 매수하는 계약을 체결하였다.

　　甲은 2018. 9. 5. 대한민국 법원에 乙을 상대로 손해배상을 구하는 소를 제기하였다.

[전제사실]

1. A국에서는 2018. 3. 7. 「국제물품매매계약에 관한 국제연합협약」(이하 '협약'이라 함)이 발효하였다.

2. 甲의 구매제안서에는 "이 매매계약의 준거법은 대한민국법으로 한다."라고 기재되어 있다.

3. 인도 시인 2018. 7. 1. 끈을 매달 수 있는 구멍이 있는 USB메모리는 시장가액이 1개당 미화 20달러이고, 구멍이 없는 USB메모리는 시장가액이 1개당 미화 16달러이다.

4. USB메모리에 끈을 매달 수 있는 구멍이 생략된 원인은, 乙이 甲에게 제공한 위 광고카탈로그에는 이 구멍이 달린 제품의 사진이 게시되어 있었지만 甲이 구매제안서에 이 구멍의 설치를 명확히 요청하지 않았고, 乙은 이를 甲에게 확인하지 않았기 때문이다. 이에 대한 과실비율은 甲 30%, 乙 70%로 판단된다.

[질 문]

1. 甲과 乙 사이의 매매계약에 협약이 적용되는지 및 甲과 乙 사이에 매매계약이 성립하는지를 논하시오. (25점)

2. 자료를 저장하는 기능을 하지 못하는 USB메모리 500개에 대하여,

   가. 甲의 乙에 대한 이 사건 매매계약 해제가 적법한지를 논하시오. (15점)

   나. 甲과 乙은 상대방에 대하여 각각 어떠한 손해배상을 구할 수 있는지를 논하시오. (15점)

3. 甲이 정상적 기능을 하는 나머지 USB메모리 500개에 대하여 대금감액을 구하는 경우 얼마만큼의 감액을 구[9]할 수 있는지를 논하시오. (25점)

모범답안

<문제 1>

Ⅰ. 논점의 정리

이 사안에서

1. 甲과 乙 사이의 매매계약에 국제물품매매계약에 관한 국제연합협약이 적용되는지 여부에 관하여 협약 제 1 조, 제99조, 제100조를,

2. 甲과 乙 사이에 매매계약이 성립하는지 여부에 관하여 협약 제14조, 제15조, 제16조, 제18조, 제23조를

   각 검토한다.

---

9) 이 질문에서 대금감액을 '구하는 경우', 감액을 '구할 수 있는지'라고 표기하고 있어서 마치 대금감액권이 형성권이 아니라 청구권인 듯한 인상을 줄 수 있으므로 '대금을 감액하는 경우 얼마만큼 감액할 수 있는지'라고 표기하는 것이 옳을 것이다.

Ⅱ. 협약의 적용요건, 효력발생시기 및 시간적 효력범위

1. **협약의 적용요건**: 해당 매매계약에 협약이 적용되는 경우로는 ① 직접적용, ② 간접 적용 및 ③ 준거법합의 이상의 세 가지 경우가 있다. 전 2 자는 협약 제 1 조에 따른 것이고, 후자는 당사자자치의 원칙에 의하여 인정되는 것이다. 이하에서는 협약이 적용되는 각 경우에 있어서 그 요건을 살펴본다.

가. **협약의 직접적용**: 영업소가 서로 다른 국가에 있는 당사자 사이의 물품매매계약에 있어서 관련당사자의 영업소가 있는 국가가 모두 체약국인 경우 협약은 직접적 용된다[협약 1조 1항 ⑺호].

나. **협약의 간접적용**: 영업소가 서로 다른 국가에 있는 당사자 사이의 물품매매계약에 있어서 계약당사자의 영업소가 있는 당해 국가의 전부 또는 일부가 비체약국인 경우에도 법정지국의 국제사법에 의하여 체약국법이 적용될 경우에는 협약이 간 접적용된다. 법정지국이 체약국인지 여부는 불문하나 법정지국의 국제사법에 의 하여 지정된 준거법소속국가인 체약국이 협약 제95조의 유보를 하지 않았어야 한다.

다. **준거법합의에 의한 협약의 적용**: 매매계약의 당사자들이 협약의 적용을 받기로 하 는 준거법합의를 한 경우에도 협약이 적용될 수 있다. 이 합의에는 체약국법을 적용하기로 하는 합의도 포함된다.

2. **협약의 효력발생시기 및 시간적 적용범위**

가. **협약의 효력발생시기**: 협약이 발효한 이후에 어느 국가가 협약을 비준, 수락, 승인 또는 가입하는 경우, 협약은 그 국가의 비준서 등 가입서면이 기탁된 날부터 12 월이 경과된 다음 달의 1일에 그 국가에 대하여 효력이 발생한다(협약 99조 2항).

나. **협약의 시간적 적용범위**

(1) **계약의 성립에 대한 협약의 적용**: 협약은 계약의 성립에 관하여는 협약 제 1 조 제 1 항 ⑺호 또는 ⑷호의 체약국에게 협약의 효력이 발생한 날 이후에 계약 체결 의 제안이 이루어진 경우에 한하여 적용된다(협약 100조 1항). 즉, 계약의 성립에 대하여 협약 제 2 편이 적용되기 위해서는 협약 제 1 조 제 1 항의 체약국에게 협 약의 효력이 발생한 날 이후에 청약이 도달되었을 것을 요한다(협약 15조 2항).

(2) **계약의 효력에 대한 협약의 적용**: 한편 협약은 계약의 효력에 관하여는 협약 제 1 조 제 1 항 ⑺호 또는 ⑷호의 체약국에게 협약이 효력이 발생한 날 이후에 체결 된 계약에 대하여만 적용된다(협약 100조 2항). 즉, 계약의 효력에 관하여 협약 제 3 편이 적용되기 위해서는 협약 제 1 조의 체약국에게 협약의 효력이 발생한 날 이후에 승낙이 도달하였어야 한다(협약 18조 2항, 23조).

Ⅲ. 청약과 청약의 철회 및 승낙과 계약의 성립시기

1. 청약

가. **청약의 의의**: 청약은 상대방의 승낙이 있으면 계약이 성립된다는 계약 체결을 위한 의사표시이다.

나. **청약의 요건**: 협약은 1인 또는 그 이상의 특정인에 대한 계약 체결의 제안은 충분히 확정적이고, 승낙시 그에 구속된다는 의사가 표시되어 있는 경우에 청약이 된다고 한다. 그리고 제안의 확정성에 대하여 제안이 물품을 표시하고, 명시적 또는 묵시적으로 수량과 대금을 지정하는 경우 충분히 확정적인 것으로 규정한다 (협약 14조 1항).

다. **청약의 효력발생**: 청약은 상대방에게 도달한 때에 효력이 발생한다(협약 15조 1항).

2. 청약의 철회

가. **청약철회의 의의**: 이는 청약의 효력이 발생한 후에 청약의 효력을 소멸시키려는 청약자의 의사표시이다.

나. **청약철회의 요건**: 청약은 계약이 체결되기까지는 철회될 수 있으나, 철회의 의사표시는 상대방이 승낙의 통지를 발송하기 전에 상대방에게 도달하여야 한다(협약 16조 1항).

다. **청약철회의 한계**: ① 승낙기간의 지정 그 밖의 방법으로 청약 자체에 철회불가표시가 있는 경우와 ② 청약불철회에 대하여 상대방의 신뢰가 형성된 경우에는 철회하지 못한다(협약 16조 2항).

3. 승낙(acceptance)

가. **승낙의 의의**: 승낙은 청약에 대한 동의를 표시하는 피청약자의 진술 또는 행위이다. 침묵 또는 부작위는 그 자체만으로 승낙이 되지 아니한다(협약 18조 1항).

나. **승낙의 효력발생**

(1) **승낙의 의사표시**: 그 의사표시가 승낙기간 내에 청약자에게 도달하는 시점에 효력이 발생한다(협약 18조 2항).

(2) **의사실현행위**: 피청약자가 청약자에 대한 통지없이 물품의 발송이나 대금지급과 같은 행위를 함으로써 동의를 표시하는 경우, 즉 의사실현행위에 의한 승낙인 경우에는 승낙기간 내에 그 행위가 이루어진 시점에 효력이 발생한다(협약 18조 3항).

4. 계약의 성립시기

계약은 청약에 대한 승낙이 이 협약에 따라 효력을 발생하는 시점에 성립된다(협약 23조).

Ⅳ. 사안에의 적용 및 결론

1. 협약의 적용 여부

가. 계약의 성립에 대한 협약의 적용 여부

(1) **직접적용 여부**: 대한민국은 체약국으로서 협약의 효력이 2005. 3. 1. 발생한 반면 A국은 체약국이지만 협약의 효력은 2018. 3. 7.에 발생하는 것으로 전제되어 있다. 다음 항에서 살펴보는 바와 같이 甲이 A국에 영업소를 둔 乙에게 발송한 계약 체결을 위한 제안(청약)이 도달한 시점은 2018. 3. 1.로서 이 시점에는 A국에서 협약의 효력이 발생하지 않았다(협약 100조 1항). 따라서 이 사건 매매계약의 성립에 관하여 협약이 직접적용될 수는 없다.

(2) **간접적용 여부**: 다음으로 협약의 간접적용 여부를 살펴본다. 협약이 간접적용되기 위하여는 법정지국의 국제사법에 의하여 체약국법이 적용되어야 한다[협약 1조 1항 ㈏호]. 甲이 대한민국 법원에 손해배상청구의 소를 제기하였는데 (국제재판관할권이 인정됨을 전제로) 대한민국 국제사법 제25조 제1항에 따라 당사자가 명시적으로 선택한 대한민국(체약국이자 협약 95조를 유보한 바 없다)의 법이 적용된다. 대한민국은 사안의 계약 체결을 위한 제안 이전 이미 체약국으로서 협약은 대한민국 법의 일부를 구성하고 있다. 따라서 이 사건 매매계약의 성립에 관하여 협약이 간접적용된다(협약 100조 1항).

(3) **준거법 합의**: 이 사안의 경우 甲의 구매제안서에 준거법을 대한민국 법으로 하는 내용이 기재되어 있었고, 이에 대하여 乙이 그 내용을 승낙하는 공급명세서의 발송을 통하여 계약이 성립하였는바 협약은 대한민국 법의 일부를 구성하고 있으므로 이 사건 매매계약의 성립에 관하여 협약이 적용된다(당사자 사이에 협약을 적용한다는 실질법적 지정을 한 경우에는 별 문제가 없는 반면 당사자 사이에 대한민국 법에 의한다는 저촉법적 지정을 한 경우에는 법정지의 국제사법에 따라야 한다는 문제가 제기될 수 있으나, 계약에 관한 당사자자치의 원칙을 인정함에 대하여 세계 각국의 국제사법이 일치하고 있으므로 이 또한 별 문제가 없다).

나. 계약의 효력에 대한 협약의 적용 여부: 협약은 대한민국에서 2005. 3. 1., A국에서 2018. 3. 7.에 각 효력이 발생한 한편 이 사건 매매계약은 다음 항에서 살펴보는 바와 같이 위 각 협약발효시점 이후인 2018. 3. 10. 체결되었으므로 이 사건 매매계약의 효력에 관하여 협약이 직접적용된다[협약 1조 1항 ㈎호, 100조 2항]. 또한 甲과 乙은 대한민국 법을 준거법으로 하기로 하는 합의를 하였고 협약은 대한민국 법의 일부를 구성하고 있으므로 이 준거법 합의에 따라 이 사건 매매계약의 효력에 관하여 협약이 적용된다.

2. 매매계약의 성립 여부

가. **청약**: 甲은 乙이 보낸 광고카탈로그를 받아 그 중 USB메모리에 대하여 종류, 수량, 가격 등을 담은 구매제안서를 우편으로 발송하였는바 물품과 수량과 대금을 지정하고 있으므로 이는 특정인에 대한 확정적인 제안으로서 승낙시 그에 구속된다는 의사도 표시되어 있으므로 청약으로 평가된다(협약 14조 1항). 한편 위 제안서는 2018. 3. 1. 乙에게 도달하였다.

나. **승낙**: 乙은 甲의 위 청약에 대하여 그 내용을 승낙하는 취지가 담긴 공급명세서를 2018. 3. 5. 발송하였는바 이는 甲의 청약에 대한 동의의 표시로서 승낙이 된다(협약 18조 3항).

다. **청약철회의 무효**: 甲은 2018. 3. 6. 위 구매제안서를 철회한다는 취지의 서한을 乙에게 발송하였으나(위 서한은 그 다음날인 7. 乙에게 도달) 그 전날에 乙이 이미 승낙의 통지를 발송하였으므로 위 청약의 철회는 효력이 없다(협약 16조 1항).

라. **계약의 성립**: 이 사안의 매매계약은 乙의 승낙(공급명세서)이 도달한 2018. 3. 10.에 성립하였다(협약 18조 2항, 23조).

<문제 2-가>

Ⅰ. 논점의 정리

협약상 매수인의 계약해제권에 관하여 협약 제49조 제 1 항 ㈎호와 제26조, 제82조 및 일부인도에 관한 협약 제51조를 검토한다.

Ⅱ. 매수인의 계약해제권

1. **매수인의 계약해제권**: 매수인은 계약 또는 협약상 매도인의 의무불이행이 본질적 계약위반으로 되는 경우 계약을 해제할 수 있다[협약 49조 1항 ㈎호].

2. **물품적합성**: 매도인은 계약에서 정한 수량, 품질 및 종류에 적합하고, 계약에서 정한 방법으로 용기에 담겨지거나 포장된 물품을 인도하여야 한다(협약 35조 1항).

3. **본질적 계약위반**: 협약 제25조는 당사자 일방의 계약위반이 그 계약에서 상대방이 기대할 수 있는 바를 실질적으로 박탈할 정도의 손실을 상대방에게 주는 경우에 본질적인 것으로 하되, 위반 당사자가 그러한 결과를 예견하지 못하였고, 동일한 부류의 합리적인 사람도 동일한 상황에서 그러한 결과를 예견하지 못하였을 경우 예외로 하고 있다.

4. **해제권의 상실:** 매수인이 물품을 수령한 상태와 실질적으로 동일한 상태로 그 물품을 반환할 수 없는 경우에는 매수인은 계약을 해제할 권리를 상실한다(협약 82조 1항). 그러나 ① 물품을 반환할 수 없거나 수령한 상태와 실질적으로 동일한 상태로 반환할 수 없는 것이 매수인의 작위 또는 부작위에 기인하지 아니한 경우(예컨대 압류나 도난 등), ② 협약 제38조에 정한 검사를 행한 결과 물품의 전부 또는 일부가 멸실 또는 훼손된 경우, ③ 매수인이 부적합을 발견하였거나 발견하였어야 했던 시점 전에 물품의 전부 또는 일부가 정상적인 거래과정에서 매각되거나 통상의 용법에 따라 소비 또는 변형된 경우에는 계약을 해제하거나 대체물품을 청구할 권리를 상실하지 않는다(협약 82조 2항).

5. **해제의 방법:** 계약해제의 의사표시는 상대방에 대한 사전통지로 하여야 한다(협약 26조). 즉, 협약은 해제의제를 인정하지 않는다.

6. **일부인도와 해제:** 일부인도의 경우 매도인이 물품의 일부만을 인도하거나 인도된 물품의 일부만이 계약에 적합한 경우 해제는 부족 또는 부적합한 부분에 적용된다(협약 51조 1항). 계약 전체의 해제는 인도가 완전하게 또는 계약에 적합하게 이루어지지 아니한 것이 본질적 계약위반으로 되는 경우에 한하여 가능하다(협약 51조 2항).

Ⅲ. 사안에의 적용 및 결론

乙이 甲에게 인도한 1,000개의 USB메모리 중 일부인 500개는 자료저장기능이 없는 하자품으로서(협약 35조 1항) 그 인도는 본질적 계약위반(협약 25조)을 구성한다. 甲은 이 부분에 대한 매매계약의 해제통지를 乙에게 발송하였고(협약 26조), 그 통지는 2018. 7. 12. 乙에게 도달하였다. 따라서 위 매매계약의 일부인 USB메모리 500개에 대한 매매계약은 적법히 해제되었다[협약 49조 1항 ㈎호, 51조 1항]. 위 매매계약이 일부해제된 이후인 2018. 7. 15. 해제대상 USB메모리 500개가 전부 도난당하였고, 그 도난이 외부 침입에 취약한 구조를 가지고 있는 甲의 창고에 보관하던 중 발생한 것이기는 하나 위 도난이 적어도 매수인 甲의 작위 또는 부작위에 기인한 것이 아니므로, 乙에 대한 손해배상(협약 86조 2항의 보관의무위반)은 별론으로 하더라도 이것이 매매계약의 해제에 영향을 미치지는 아니한다.

<문제 2-나>

Ⅰ. 논점의 정리

甲과 乙이 서로에 대하여 청구가능한 손해배상에 관하여 협약 제45조, 제61조, 제74조 및 제81조, 제82조를 검토한다.

Ⅱ. 계약위반에 대한 구제방법으로서의 손해배상

1. **손해배상의 근거**: 매매계약 일방이 매매계약상의 의무를 이행하지 아니하는 경우에 상대방은 협약 제74조 내지 제77조에서 정한 손해배상의 청구를 할 수 있다[협약 45 조 1항 ㈏호, 61조 1항 ㈏호].

2. **손해배상의 범위(협약 74조)**: 당사자 일방의 계약위반으로 인한 손해배상액은 이익의 상실을 포함하여 그 위반의 결과 상대방이 입은 손실과 동등한 금액으로 한다. 그 손해배상액은 위반당사자가 계약 체결시에 알았거나 알 수 있었던 사실과 사정에 비추어 계약위반의 가능한 결과로서 발생할 것을 예견하였거나 예견할 수 있었던 손실을 초과할 수 없다.

3. **계약해제시의 대체거래대금차액(협약 75조)**: 계약이 해제되고 계약해제 후 합리적인 방법으로, 합리적인 기간 내에 매수인이 대체물을 매수한 경우에, 손해배상을 청구하는 당사자는 제74조에 따른 손해액 외에 계약대금과 대체거래대금과의 차액을 배상받을 수 있다.

Ⅲ. 매수인의 계약해제와 반환의무불이행

1. **계약해제의 효과**: 계약을 해제하면 손해배상의무를 제외하고 당사자 쌍방을 계약상의 의무로부터 면하게 한다(협약 81조 1항 전문). 그리고 계약의 전부 또는 일부를 이행한 당사자는 상대방에게 자신이 계약상 공급 또는 지급한 것의 반환을 청구할 수 있고, 쌍방이 반환하여야 하는 경우에는 동시에 반환하여야 한다(협약 81조 2항).

2. **매수인의 보관의무**: 매수인이 물품을 수령한 후 그 물품을 거절하기 위하여 계약 또는 이 협약에 따른 권리를 행사하려고 하는 경우에는, 매수인은 물품을 보관하기 위하여 그 상황에서 합리적인 조치를 취하여야 한다(협약 86조 2항 1문).

3. **매수인의 이익반환의무**: 매수인이 물품의 전부 또는 일부를 반환하여야 하는 경우 또는 물품의 전부 또는 일부를 반환할 수 없거나 수령한 상태와 실질적으로 동일한 상태로 전부 또는 일부를 반환할 수 없음에도 불구하고, 매수인이 계약을 해제하거나 매도인에게 대체물의 인도를 청구한 경우에는 그로부터 발생한 모든 이익을 매도인에게 지급하여야 한다(협약 84조 2항).

Ⅳ. 사안에의 적용과 결론

1. **乙의 甲에 대한 손해배상(계약대금과 대체거래대금과의 차액)**: USB메모리 1개당 계약대금이 미화 10불이고, 대체거래대금이 미화 15불이므로 500개 전체에 대한 차액은 미화 2,500불[(15−10)×500]로서 이는 협약 제75조를 근거로 한다.

그 외 이 건 매수가 전매를 위한 것이었다면 예상가능하였던 이익의 반환도 청구할 수 있을 것이나(이 경우 협약 제74조를 근거로 한다) 고객사은품 용도이므로 이 부분 손해배상청구는 어려울 것으로 보인다.

2. 甲의 乙에 대한 손해배상: 갑은 이 사건 매매계약을 해제한 후 자료의 저장기능이 없는 USB메모리 500개를 외부침입에 취약한 자신의 창고에 보관하던 중 전부도난 당하여 이를 반환할 수 없게 되었는바 이는 협약 제86조 제 2 항의 보관의무를 위반한 것이다. 따라서 乙은 甲에게 그 시가상당의 손해배상을 청구할 수 있을 것이다 (단, 저장기능 없는 USB메모리의 시장가치가 존재함을 전제로 한다).

<문제 3>

Ⅰ. 논점의 정리

乙이 甲에게 납품하였던 정상적 기능의 USB메모리 500개에 대한 하자(끈을 매달 수 있는 구멍 미조치)로 인한 계약대금 감액의 범위에 관하여 협약 제50조를 검토한다.

Ⅱ. 대금감액권

1. 대금감액권의 의의: 매도인이 인도한 물품이 계약에 부적합한 경우 매수인은 적합한 물품이 인도시에 가지고 있었을 가액의 비율에 따라 대금을 감액할 권리를 가지는데(협약 50조 본문) 이를 대금감액권이라고 한다.

2. 대금감액권의 성질: 대금감액권은 형성권으로서, 매도인의 귀책사유 또는 대금의 지급 여부와 무관하게 인정되는 권리이다. 대금감액은 손해배상과 유사한 성격을 가지므로 계약부적합에 매수인의 과실이 경합한 경우 과실상계가 이루어져야 한다(협약 77조).

3. 대금감액권 행사요건: 대금감액권을 행사하기 위하여는 ① 계약에 부적합한 물품의 인도가 있어야 하고, ② 매도인의 추완이 없어야 하며(협약 37조, 48조), ③ 매수인이 제39조에 따라 매도인에게 계약위반(본질적일 것을 요하지 않음)을 적시에 통지하였어야 하고, ④ 매수인이 대금감액의 의사를 표시하여야 한다(발신주의, 협약 27조).

4. 대금감액권의 제한: 대금감액권은 ① 매도인이 의무의 불이행을 치유하거나(37조, 48조), ② 매수인이 매도인의 이행수령을 거절한 경우에는 허용되지 아니한다(50조 단서).

5. 대금감액의 계산: 인도받은 물품이 계약에 부적합한 경우(예: 수량부족, 품질 부적합 또는 다른 물품의 인도) 매수인이 적합한 물품이 인도시에 가지고 있었을 가액의 비율

에 따라 대금을 감액할 수 있다. 대금감액은 인도물품 및 계약적합물품 양자 모두 실제로 인도한 때와 장소의 가액을 기초로 하여 비율적·상대적으로 결정한다. 여기의 '인도한 때'의 의미는 '물품이 목적지에 도착한 후 매수인이 이용 가능할 때를 말한다.

6. 손해배상청구권과의 관계: 대금감액권은 손해발생을 요건으로 하지 않는 점에서 손해배상청구권과 구별된다. 여기의 '감액할 수 있다'는 의미는 불가항력의 경우와 같이 매도인에게 귀책사유가 없어 손해배상책임을 지지 않는 경우(협약 79조)에도 대금감액을 할 수 있고, 매도인에게 귀책사유가 있는 경우에는 대금감액과 손해배상청구를 선택적 또는 중첩적으로 할 수 있다는 것이다(45조 2항).

Ⅲ. 사안에의 적용 및 결론

이 사안에서 乙이 인도한 USB메모리 500개에는 끈을 매달 수 있는 구멍이 뚫려있지 않은 하자가 있으므로 甲은 乙에게 그 대금의 감액을 할 수 있다. 구체적인 감액은 현실로 인도된 물품이 인도시에 가지고 있던 가액이 계약에 적합한 물품이 그때에 가지고 있었을 가액에 대하여 가지는 비율에 따라 가능한 것이므로, 이를 계산하여 보면 인도시의 가액 미화 16불/적합한 물품의 가액 미화 20불을 乙이 甲에게 매도하기로 한 개당 미화 10불에 비율적으로 계산하면 미화 8불($10 \times 16 \div 20$)이 된다. 따라서 이 건 계약대금의 구체적인 감액범위는 개당 미화 2불($10 - 8$)이다.

한편 구멍의 설치를 명확히 요청하지 않은 甲의 과실이 구멍의 설치를 甲에게 확인하지 아니한 乙의 과실과 경합하여 USB메모리의 구멍이 미설치되게 되었던 원인에 비추어 甲의 과실비율만큼 감액범위에 계상되어야 할 것인바 甲의 과실비율 30%를 공제하면 개당 미화 1.4불(2×0.7)만큼 감액을 구할 수 있을 것이다.

제 9 회 국제거래법 기출문제	국제거래법

국제사법 문제

대한민국법에 의하여 설립되고 부산에 주된 사무소를 두고 있는 법인 甲은 대한민국 K은행으로부터 대출을 받아, 경남 통영 소재 조선소에서 선박 카카오호를 건조한 다음 파나마국 서류상의 회사(이른바 페이퍼컴퍼니)인 乙의 소유로 편의치적(便宜置籍) 하였다. 甲은 파나마국 선박등록 당시 K은행의 대출금을 담보하기 위해 카카오호에 선박저당권을 설정하였다. 甲은 형식상 선주인 乙과 카카오호에 대하여 선체용선(선박임대차) 계약을 체결하고, 사단법인 한국선급으로부터 선급(船級)을 받았다.

甲과 부산과 중국 상하이에 사무소를 두고 있는 한·중합작법인 丙은 甲이 카카오호를 5년간 丙으로 하여금 항해에 사용하게 하고, 丙이 甲에게 용선료를 지급하는 정기용선계약을 체결하였다. 이 정기용선계약서에는 "이 계약으로부터 또는 이 계약과 관련하여 발생하는 분쟁은 모두 영국법원에만 제기하여야 한다."라고 규정되어 있었다. 위 정기용선계약에 따라 丙은 주로 부산항에서 필리핀 세부항을 비롯한 동남아 항로를 오가는 카카오호를 이용하여 영업을 해 왔다.

甲은 丙과 선원송출에 대한 대리점계약을 체결하였고, 이에 따라 甲은 丙을 통해 카카오호의 선장인 대한민국 국적의 丁과 2015. 5.경 근로계약을 체결한 후, 丁의 의견을 들어 대한민국 국적의 선원 10명 및 필리핀 국적의 선원 2명과 승선근로계약을 체결하였다. 그런데 甲은 丁의 1년분 임금을 지급하지 않았다. 이에 丙은 甲과 체결한 정기용선계약의 안정적인 유지를 위하여 연체된 丁의 임금을 법률상 의무 없이 대신 지급하여 주었다.

네덜란드 국적의 선주 戊 소유 에메랄드호(선적국은 덴마크임)는 제주도 남단 20마일 공해상에서 자선(自船) 우현측에 카카오호를 두고 횡단하는 상태로 카카오호와 조우하였는데, 좌현 대 좌현으로 통과하기 위해서는 우회두해야 함에도 불구하고 좌회두함으로써 양 선박이 충돌하게 되었다. 당시 우연히 주변을 지나가던 말레이시아 법인 己 소유 호찌민호(선적국은 베트남임)가 위난에 빠진 카카오호를 공해상에서 구조하였고, 己와 甲은 사후적으로 구조료청구권의 준거법을 대한민국법으로 합의하였다.

이후 선박충돌 등으로 甲의 경영이 악화되자, 甲의 선박저당권자인 K은행이 카카오호에 대하여 부산지방법원에 임의경매를 신청하였다. 丙도 丁의 임금채권을 피담보채권으로 한 선박우선특권의 대위를 주장하며 임의경매에 참여하여 배당을 신청하였다.

[질 문]

1. 甲과 丙 사이의 정기용선계약에서 분쟁이 발생하는 경우 대한민국법원이 국제 재판관할권을 가지는지 논하시오. (20점)

2. 선박 카카오호에 대한 임의경매에서,

   가. 丙이 주장한 선박우선특권의 대위의 준거법은 무엇인지 논하시오. (30점)

   나. 丙의 선박우선특권의 실행방법의 준거법은 무엇인지 논하시오. (10점)

3. 甲이 구조료를 지급하지 않자 乙가 甲을 상대로 대한민국법원에 구조료지급청 구의 소를 제기하였고, 甲도 에메랄드호 선주 戊를 상대로 같은 법원에 손해배 상청구의 소를 제기하였다. 양 청구의 각 준거법은 무엇인지 논하시오. (대한민 국법원이 국제재판관할권을 가지는 것을 전제로 함) (20점)

모범답안

<문제 1>

I. 논점의 정리

정기용선계약의 국제재판관할에 관련하여 외국법원을 관할법원으로 하는 전속적 국 제재판관할 합의가 유효하기 위한 판례요건 및 국제사법 제 2 조에 의한 국제재판관 할권을 검토하기로 한다.

II. 전속적 국제재판관할합의

1. **국제재판관할합의의 의의 및 유효성:** 국제재판관할합의는 특정한 국가 또는 주의 법 원에게 당사자 간의 국제소송을 심판할 자격 내지 권한을 부여하기로 하는 합의이 다. 계약에 관하여 당사자 간의 합의에 의한 국제재판관할 결정이 유효하다는 점에 대하여는 이견이 없다.

2. **국제재판관할합의의 종류:** 기준에 따라 여러 가지 종류가 인정되나 전속성 여부에 따라 전속적 국제재판관할합의와 부가적 국제재판관할합의로 나뉜다.

3. **전속적 국제재판관할합의의 유효요건:** 판례는 대한민국 법원의 관할을 배제하고 외국 법원을 관할법원으로 하는 전속적 국제재판관할합의가 유효하기 위하여는 ① 당해

사건이 대한민국 법원의 전속관할에 속하지 아니하고, ② 지정된 외국법원이 그 외국법상 당해 사건에 대하여 관할권을 가져야 하며, ③ 당해 사건이 그 외국법원에 대하여 합리적인 관련성을 가질 것이 요구되고, ④ 그와 같은 전속적인 관할합의가 현저하게 불합리하고 불공정하여 공서양속에 반하는 법률행위에 해당하지 않아야 한다는 입장이다. 또한 ⑤ 관할합의의 방식은 서면이어야 한다(민사소송법 29조 2항).

※ 2022년 개정 국제사법은 합의관할에 대한 규정(8조)을 신설하였는데 대법원판결이 요구하는 ③의 합리적 관련성을 요건으로 하지 않는 것 외에 대체로 위 대법원이 제시한 요건과 유사하다. 향후 전속적 국제재판관할합의에 대한 문제가 출제될 경우에는 대법원판결이 아니라 국제사법 제 8 조에 따라 서술하여야 한다.

국제사법 제 8 조(합의관할) ① 당사자는 일정한 법률관계로 말미암은 소에 관하여 국제재판관할의 합의(이하 이 조에서 "합의"라 한다)를 할 수 있다. 다만, 합의가 다음 각 호의 어느 하나에 해당하는 경우에는 효력이 없다.
1. 합의에 따라 국제재판관할을 가지는 국가의 법(준거법의 지정에 관한 법규를 포함한다)에 따를 때 그 합의가 효력이 없는 경우
2. 합의를 한 당사자가 합의를 할 능력이 없었던 경우
3. 대한민국의 법령 또는 조약에 따를 때 합의의 대상이 된 소가 합의로 정한 국가가 아닌 다른 국가의 국제재판관할에 전속하는 경우
4. 합의의 효력을 인정하면 소가 계속(係屬)된 국가의 선량한 풍속이나 그 밖의 사회질서에 명백히 위반되는 경우
② 합의는 서면[전보(電報), 전신(電信), 팩스, 전자우편 또는 그 밖의 통신수단에 의하여 교환된 전자적(電子的) 의사표시를 포함한다]으로 하여야 한다.
③ 합의로 정해진 관할은 전속적인 것으로 추정한다.

Ⅲ. 국제재판관할권

1. **의의**: 국제재판관할권은 문제된 섭외사법관계에 대하여 특정 국가의 법원이 이를 재판할 수 있는 자격 내지 권한을 의미한다.

2. **결정기준에 관한 학설**: 이에 대하여는 ① 민사소송법의 토지관할규정을 역으로 추지하여 국내에 재판적이 인정되면 국제재판관할권을 인정하는 역추지설, ② 국제민사소송법의 기본이념인 조리에 의하여 국제재판관할원칙을 세워야 한다는 관할배분설(조리설) 및 ③ 기본적으로 국내민사소송법의 토지관할에 따르되 재판의 적정과 공평, 신속에 반하는 특별사정이 있는 경우 관할을 부정한다는 수정역추지설(특별사정설)이 있다.

3. **국제사법 규정과 대법원의 입장**

가. **실질적 관련의 원칙**: 당사자 또는 분쟁이 된 사안이 대한민국과 실질적 관련을 가

지는 경우에 대한민국 법원에 국제재판관할권이 인정되며, 실질적 관련성 유무를 판단함에 있어서는 국제재판관할배분의 이념에 부합하는 합리적인 원칙에 따라야 한다(2조 1항). 대법원은 여기의 '실질적 관련'은 대한민국 법원이 재판관할권을 행사하는 것을 정당화할 정도로 당사자 또는 분쟁이 된 사안과 관련성이 있는 것을 뜻하고, 이를 판단함에 있어서는 당사자의 공평, 재판의 적정, 신속과 경제 등 국제재판관할 배분의 이념에 부합하는 합리적인 원칙에 따라야 하며, 구체적으로는 당사자의 공평, 편의, 예측가능성과 같은 개인적인 이익뿐만 아니라, 재판의 적정, 신속, 효율, 판결의 실효성과 같은 법원이나 국가의 이익도 함께 고려하여야 하고, 이처럼 다양한 국제재판관할의 이익 중 어떠한 이익을 보호할 필요가 있을지는 개별 사건에서 실질적 관련성 유무를 합리적으로 판단하여 결정하여야 한다는 입장이다.

> * 2022년 국제사법 개정시 국제사법 제 2 조 제 1 항에 '당사자 간의 공평, 재판의 적정, 신속 및 경제'라는 국제재판관할 배분의 구체적 이념을 추가하였는데 이는 위와 같은 대법원판결의 내용을 반영한 것이다.

나. **국내법의 관할규정 참작**: 법원은 국내법의 관할규정을 참작하여 국제재판관할권의 유무를 판단하되, 국제재판관할의 특수성을 충분히 고려하여야 한다(2조 2항). 대법원은 국제재판관할권 인정 여부에 있어서 민사소송법의 관할규정을 중요기준으로 제시하면서 개별사건에 있어서의 국제재판관할의 특수성에 따라 이를 수정하여 적용할 수 있다는 입장이다.

> ※ 2022년 개정 국제사법 제 2 조 제 1 항에 '실질적 관련성' 유무 판단의 구체적 기준을, 제 2 항에 국내법의 관할규정을 참작할 전제(보충성)를 각 추가한 데 개정 전과 차이가 있다(아래 각 밑줄 부분).
>
> 국제사법 제 2 조(일반원칙) ① 대한민국 법원(이하 "법원"이라 한다)은 당사자 또는 분쟁이 된 사안이 대한민국과 실질적 관련이 있는 경우에 국제재판관할권을 가진다. 이 경우 법원은 실질적 관련의 유무를 판단할 때에 <u>당사자 간의 공평, 재판의 적정, 신속 및 경제를 꾀한다는</u> 국제재판관할 배분의 이념에 부합하는 합리적인 원칙에 따라야 한다.
> ② <u>이 법이나 그 밖의 대한민국 법령 또는 조약에 국제재판관할에 관한 규정이 없는 경우</u> 법원은 국내법의 관할 규정을 참작하여 국제재판관할권의 유무를 판단하되, 제 1 항의 취지에 비추어 국제재판관할의 특수성을 충분히 고려하여야 한다.

Ⅳ. 사안에의 적용 및 결론

甲은 대한민국법에 의하여 설립된 법인이고, 丙은 한중합작법인이며, 이들 사이의 정기용선계약의 구체적 내용은 부산항에서 필리핀 세부항을 비롯한 동남아 항로의 항해에 관련되어 있을 뿐 아니라 영국법원을 배타적 관할법원으로 하는 국제재판관할합의가 있는 점에서 이 건 소송은 외국과 관련된 요소가 있으므로 국제사법에 의하여 국제재판관할을 정하여야 한다(1조).

1. **영국법원을 관할법원으로 하는 전속적인 국제재판관할의 서면 합의의 유효성 여부:** 이 건 정기용선계약의 당사자는 대한민국 법인인 甲과 한중합작법인인 丙이다. 그리고 위 계약상 다툼이 발생할 경우에 영국법원에만 소송을 제기하기로 한 서면합의는 전속적 국제재판관할합의로 평가된다. 이러한 전속적 국제재판관할합의가 유효하기 위하여는 위에서 본 네 가지 요건이 모두 충족되어야 하며, 그 요건 중의 하나로서 해당 법원과 사건 사이의 합리적인 관련성이 요구된다. 한편 이 사안의 정기용선계약의 당사자인 甲과 丙은 각각 대한민국 법인 및 한중합작법인이고, 정기용선계약의 대상선박인 카카오호의 소유자는 파나마국 법인 乙이며, 이 건 정기용선계약의 영업은 부산항에서 필리핀 세부항을 오가며 이루어지는 것이다. 즉, 이 사안의 정기용선계약과 영국법원은 아무런 합리적 관련이 없다. 따라서 나머지 전속적 국제재판관할 합의의 유효요건 충족 여부를 판단할 필요 없이 위 관할합의는 효력을 가지지 않으므로 영국법원은 甲과 丙 사이의 정기용선계약상의 분쟁에 대하여 국제재판관할권을 가지지 않는다.

> 2022년 개정 국제사법은 '합리적인 관련성'을 요하지 않는다(8조 1항 1~4호 참조).

2. **대한민국 법원이 국제재판관할권을 가지는지 여부:** ① 이 사건 정기용선계약의 일방 당사자인 甲 법인의 설립준거법이 대한민국 법인 점, ② 甲이 대한민국 부산에 주된 사무소를 두고 있는 점, ③ 이 사건 정기용선계약의 타방 당사자인 丙 법인의 투자국이 대한민국인 점, ④ 丙의 사무소 중의 하나가 대한민국 부산에 소재하는 점, 그리고 ⑤ 위 카카오호의 영업지 중의 하나가 대한민국 내 부산항인 점, ⑥ 甲으로서는 丙이 연체된 丁의 임금을 대신지급한 것을 비롯한 정기용선계약상의 분쟁과 관련하여 대한민국 법원에 소를 제기당할 것임을 합리적으로 예견할 수 있었던 점, ⑦ 甲의 재산이 대한민국에 있어 丙의 승소시 실효성 있는 집행이 가능한 점 등을 종합하면 이 사건과 대한민국 법원은 실질적 관련이 있다. 따라서 대한민국 법원은 국제재판관할권을 가진다.

> 2022년 개정 국제사법에서는 제 2 조 외에 제 3 조 제 3 항, 제 4 조, 제 5 조 제 2 호, 제41조 제 2항 등에 대하여도 검토하여야 할 것이다.

<문제 2-가>

I. 논점의 정리

선박우선특권의 대위의 준거법에 관련하여 국제사법 제94조, 제48조, 제55조 및 관련 대법원 판례의 입장을 검토한다.

II. 선박우선특권에 관련한 준거법

1. **선박우선특권의 의의:** 선박우선특권은 선박에 관한 특정 채권에 관하여 채권자가 선박과 그 부속물에 대하여 다른 채권자보다 우선변제를 받을 수 있는 특수한 담보권을 말한다. 이는 해상의 특수성을 감안하여 해상기업금융의 원활을 기하기 위하여 인정된 제도이다.

2. **선박우선특권의 준거법에 관한 국제사법 규정:** 국제사법 제94조 제 1 호는 선박우선특권의 준거법은 선적국법에 따르도록 한다.

3. **선박우선특권의 준거법으로서 선적국법의 적용범위에 대한 판례의 입장:** 대법원은 선적국법이 적용되는 범위는 선박우선특권의 성립 여부, 일정한 채권이 선박우선특권에 의하여 담보되는지 여부 및 선박우선특권이 미치는 대상의 범위, 선박우선특권의 순서 등이고, 선박우선특권에 의하여 담보되는 채권 자체의 대위에 관한 사항은 포함되어 있지 않으므로 그 피담보채권의 임의대위에 관한 사항은 특별한 사정이 없는 한 국제사법 제55조 제 2 항에 의하여 그 피담보채권의 준거법에 따라야 한다는 입장이다.[10]

4. **법률에 따른 채권의 이전의 준거법에 대한 국제사법 규정:** 법률에 따른 채권의 이전은 법률에 따라 채권이 당연히 제 3 자에게 이전되는 경우이다. 이에 대하여 국제사법은 ① 구채권자와 신채권자 간의 법률관계가 존재하는 경우에는 그 법률관계의 준거법에 따르도록 하고(55조 1항 본문), ② 그러한 법률관계가 존재하지 않는 경우에는 이전되는 채권의 준거법에 따른다고 규정한다(55조 2항).

III. 근로계약의 준거법

1. **당사자자치의 제한:** 근로계약의 경우에도 당사자는 국제사법 제45조에 따라 준거법을 자유롭게 선택할 수 있다. 그러나 당사자가 준거법을 선택하더라도 준거법을 선택하지 않는 경우에 적용될 객관적 준거법의 강행규정이 근로자에게 부여하는 보호를 박탈할 수 없다(48조 1항).

---

10) 대법원 2007. 7. 12. 선고 2005다39617 판결.

2. **근로계약에서 객관적 준거법의 결정**: 당사자가 준거법을 선택하지 않는 경우 근로계약은 국제사법 제46조의 객관적 준거법의 결정에 관한 일반원칙을 따르지 않는다. 이 경우 근로자가 일상적으로 노무를 제공하는 국가의 법이 준거법이 되며, 근로자가 일상적으로 어느 한 국가 안에서 노무를 제공하지 아니하는 경우에는 사용자가 근로자를 고용한 영업소가 있는 국가의 법이 준거법이 된다(48조 2항).

3. **선원근로계약의 준거법**: 근로계약이 선원근로계약인 경우 그 준거법에 대하여 ① 선적국이 근로자가 일상적으로 노무를 제공하는 국가이므로 선적국법이 준거법이라는 견해와 ② 근로자가 일상적으로 노무를 제공하는 국가가 존재하지 않으므로 사용자가 근로자를 고용한 영업소가 소재하는 국가의 법이 준거법이라는 견해가 대립한다. 대법원은 ①의 입장이다.[11]

Ⅳ. 준거법 지정의 예외

1. **국제사법의 규정**: 국제사법에 의하여 지정된 준거법이 해당 법률관계와 근소한 관련이 있을 뿐이고, 그 법률관계와 가장 밀접한 관련이 있는 다른 국가의 법이 명백히 존재하는 경우에는 그 다른 국가의 법에 따르도록 한다(21조 1항). 단, 그 준거법은 당사자의 합의에 의하여 선택한 것이 아니어야 한다(21조 2항).

2. **선박의 편의치적**: 준거법지정의 예외는 선박의 편의치적에 적용될 가능성이 있다. 대법원은 선박이 편의치적되어 있어 그 선적만이 선적국과 유일한 관련이 있을 뿐이고, 그 선박의 소유자는 편의치적을 목적으로 설립된 서류상의 회사이며, 선박의 실질적 소유자가 대한민국 법인이고, 대한민국에서 동남아지역의 화물운송에만 선박이 이용된 점 등 이 지문과 유사한 사안에서 국제사법 제21조 제 1 항에 따라 지정된 준거법인 파나마국법을 배척하고 가장 밀접한 관련이 있는 대한민국 상법을 적용하여야 한다고 판시한 바 있다.[12]

Ⅴ. 사안에의 적용 및 결론

1. **외국과 관련된 요소**: 丙은 대한민국 부산에도 사무소를 두고 있는 한중합작법인이고, 丙 주장의 선박우선특권의 대상물이 파나마국의 법인인 乙의 소유이므로 이 사안은 외국과 관련된 요소를 가진다. 따라서 준거법은 국제사법에 의하여 정하여져야 한다(1조).

2. **법률관계의 성질결정**: 丙이 甲의 대리인으로서 근로계약을 체결한 丁에 대하여 甲이 체불한 연체임금을 법률상 의무 없이 지급한 데 대한 선박우선특권의 대위를 주장하는 것이므로 그 법적 성질은 법률에 따른 채권의 이전이다.

---

11) 대법원 2007. 7. 12. 선고 2005다47939 판결 등.
12) 대법원 2014. 7. 24. 선고 2013다34839 판결.

3. 이 사건 대위에 적용될 준거법: 甲은 한국법인, 丁도 한국국적이기는 하나 한중합작 법인인 丙을 통하여 근로계약을 체결한 점과 丁이 동남아 항로를 오가는 정기용선 영업에 투입된 점 등에 비추어 볼 때 위 근로계약을 만연히 국내계약으로 파악하여 서는 아니 될 것으로 판단된다. 한편 甲과 丁 사이에 근로계약의 준거법이 명시적 또는 묵시적으로 선택되었는지 여부에 대하여 지문상 아무런 언급이 없다. 그러므 로 국제사법에 따라 근로자가 일상적으로 노무를 제공하는 국가의 법이 준거법이 되어야 할 것인데(48조 2항 전단), 위 근로계약은 선원근로계약으로서 대법원 판례에 의하면 선적국법이 준거법이 된다. 따라서 준거법은 파나마국법이 된다.

4. 준거법 지정의 예외: 카카오호의 실질적 소유자인 甲이 대한민국 법인이고, 파나마 국법인인 乙회사는 편의치적을 위하여 甲이 설립한 서류상의 회사에 불과한 점, 위 선박은 부산항-필리핀 세부항의 동남아항로를 왕복할 뿐 파나마국과 무관하고 위 선박의 선장 丁과 선원들의 대부분의 국적이 대한민국이며 선원들 중 파나마국 국 적을 가진 사람은 없는 점 등에 비추어 이 사안에는 파나마국법이 아니라 가장 밀 접한 관련이 있는 대한민국 법이 적용되어야 할 것이다(21조 1항). 따라서 준거법은 대한민국 법이다.

<문제 2-나>

Ⅰ. 논점의 정리

선박에 대한 임의경매상 외국과 관련된 요소가 있는 선박우선특권의 실행방법에 관 련하여 법률관계의 성질결정의 문제를 검토한다.

Ⅱ. 실체와 절차의 구별 ─ 법률관계의 성질결정

1. 문제의 소재: 문제된 섭외사법관계가 절차(procedure)의 문제인지 아니면 실체(substance) 의 문제인지의 구별은 법률관계의 성질결정에 의한다. 그 결과 실체문제인 경우에는 국제사법에 의하여 정하여지는 준거법에 의하는 반면 절차의 문제일 경우 "절차는 법정지법에 따른다."는 법정지법 원칙에 의하게 된다. 섭외사법관계의 절차적 측면에 대하여 준거법을 적용하지 않고 법정지법을 적용하는 이유는 법정지국 법원에서 외 국절차법을 적용함에 현실적인 어려움이 있고, 또 절차에 관한 법정지법 적용에 대 한 신뢰보호의 문제가 있기 때문이다. 우리 대법원도 같은 입장을 취하고 있다.

2. 담보권의 실행방법의 경우: 대법원은 선박우선특권의 성립 여부는 선적국법(94조 1호) 에 의할 것이나, 선박우선특권이 우리나라에서 실행되는 경우에 실행기간을 포함한

실행방법은 우리나라의 절차법에 의하여야 한다는 입장이다.[13]

Ⅲ. 사안에의 적용 및 결론

우리 대법원에 의하면 카카오호에 대한 선박우선특권을 우리나라에서 실행하는 경우 그 실행방법은 대한민국의 절차법(민사집행법)에 따른다. 즉, 丙의 선박우선특권의 실행방법의 준거법은 우리나라 민사집행법이나, 우리나라 상법도 선박우선특권의 실행방법에 관한 절차적 규정(예컨대 선박우선특권의 실행기간에 관한 상법 786조)과 관련하여서는 준거법으로 적용될 수 있다.

<문제 3>

Ⅰ. 논점의 정리

해난구조로 인한 보수청구권의 준거법에 관하여 국제사법 제96조, 제53조, 제50조를, 그리고 선박충돌에 따른 책임의 준거법에 관하여 국제사법 제95조 제2항을 각 검토한다.

Ⅱ. 해난구조로 인한 보수청구권의 준거법

1. **국제사법 규정**: 해난구조가 사전계약에 의한 경우에는 국제사법 제45조가 적용된다 (50조 1항 단서). 한편 사법상의 의무 없이 구조하는 소위 협의의 해난구조의 본질은 사무관리(50조)이나 국제사법은 이에 관한 특칙을 두고 있다.

2. **국제사법 제96조의 내용**: 해난구조로 인한 보수청구권은 그 구조행위가

   가. **영해에서 있는 때**: 행위지법에 따르고(96조 전단),

   나. **공해에서 있는 때**: 구조한 선박의 선적국법에 따른다(96조 후단).

3. **사무관리에 관한 준거법의 사후적 합의**: 사무관리의 준거법은 사무관리가 행하여진 곳의 법이다(50조 1항 본문). 그러나 당사자는 위 규정에 불구하고 사무관리가 발생한 후 합의에 의하여 대한민국 법을 그 준거법으로 선택할 수 있다(53조 본문).

Ⅲ. 선박충돌의 준거법

1. **국제사법 규정**: 선박충돌은 불법행위의 한 유형이지만 그 특수성을 감안하여 특칙 (95조)을 두고 있다. 그러나 국제사법 제95조에 저촉되지 않는 한 불법행위의 준거법원칙(예컨대 국제사법 53조의 준거법에 관한 사후적 합의 또는 52조 4항의 배상책임제한

---

13) 대법원 2011. 10. 13. 선고 2009다96625 판결 등.

등)이 적용된다.

2. 국제사법 제95조의 내용: 선박충돌이 발생한 지역을 기준으로 하여

가. 개항·하천 또는 영해인 경우: 그 충돌지법에 따르고(95조 1항),

나. 공해인 경우: 각 선박이 동일한 선적국에 속하는 때에는 그 선적국법에 따르고, 각 선박이 선적국을 달리하는 때에는 가해선박의 선적국법에 따른다(95조 2항).

Ⅳ. 사안에의 적용 및 결론

1. 외국과 관련된 요소

가. 구조료지급청구의 소: 이 소송의 원고 己는 말레이시아 법인이고, 己 소유의 호찌민호의 선적국은 베트남인 한편 피고 甲은 대한민국 법인이므로 이 사안은 외국과 관련된 요소(당사자)를 가진다. 따라서 준거법은 국제사법에 의하여 정하여져야 한다(1조).

나. 손해배상청구의 소: 이 소송의 원고 甲은 대한민국 법인이나 피고 戊는 네덜란드 국적인이고 충돌을 일으킨 에메랄드호의 선적국은 덴마크이므로 이 사안은 외국과 관련된 요소(당사자)를 가진다. 따라서 준거법은 국제사법에 의하여 정하여져야 한다(1조).

2. 구조료지급청구의 소의 준거법: 공해상에서 위난에 빠진 카카오호를 구조한 선박인 호찌민호의 선적국은 베트남이다. 그러므로 원칙적으로는 국제사법 제96조에 의하여 구조한 선박인 호찌민호의 선적국인 베트남법에 따르게 된다. 한편 위 구조는 사전계약에 의한 것이 아니라 법률상 의무 없이 행하여진 것이므로 그 본질은 사무관리로서 국제사법은 사무관리가 발생한 후 합의에 의하여 대한민국 법을 준거법으로 선택하는 것을 허용하고 또한 실제로 己와 甲이 위 구조료청구권의 준거법을 대한민국 법으로 사후적 합의(53조)를 하였다. 그러므로 이 사안의 구조료청구권의 준거법은 대한민국 법이 된다.

3. 손해배상청구의 소의 준거법: 이 사안의 공해상에서의 서로 다른 선적국에 속하는 선박 사이의 충돌에 대하여는 불법행위의 특수유형으로서 국제사법은 제95조 제 2 항에 준거법 규정을 두어 이 경우 가해선박의 선적국법에 따르도록 한다. 지문상 선박충돌은 에메랄드호의 귀책사유에 기인한 것임이 제시되어 있으므로 가해선박인 에메랄드호의 선적국인 덴마크법이 준거법이 된다.

UN협약 문제

甲회사는 대한민국에만 영업소가 있는 회사로서, 비철금속 등을 수입하여 그대로 타 회사에 납품하거나 이를 가공하여 판매하는 회사이다. 甲회사는 영국에만 영업소를 두고 있는 乙회사로부터 ① 은수저 제작 납품용 은괴 1,000온스(순도 99% 이상, 온스당 미화 $20), ② 휴대전화기 제작에 사용되는 희토류 300톤(순도 99.99% 이상, 톤당 미화 $16,000)을 각각 CIF 인천항(인코텀즈 2010) 조건으로 매입하기 위한 주문서(Purchase Order)를 乙회사에 2018. 10. 1. 발송하였고, 乙회사는 2018. 10. 7. 이를 수령하였다.

乙회사는 甲회사에 주문서의 내용에 대하여 다른 조건은 그대로 하였으나 "준거법은 대한민국법으로 하고, 전체 물품 중 은괴는 2018. 11. 1.(1차), 희토류는 2018. 12. 1.(2차), 총 2회로 분할하여 영국 리버풀항에서 선적하며, 은괴에 대해서는 운송 중 습기에 의한 부식을 방지하기 위하여 방수포장을 하고, 대금지급조건은 신용장으로 한다."는 조건을 추가하는 주문승낙서(Order Acknowledgement)를 甲회사에 2018. 10. 8. 발송하였고, 甲회사는 2018. 10. 15. 이를 수령하였다. 이에 甲회사는 乙회사의 주문승낙서의 조건대로 신용장을 발행하여 2018. 10. 22. 乙회사에 제공하였다. 甲회사와 乙회사는 과거 10년간 주문서와 주문승낙서가 불일치하는 경우에도 이의를 제기하지 않고 매매대금을 신용장방식으로 지급함으로써 계속 거래해 왔다.

乙회사는 은괴에 대해서는 기일에 맞게 甲회사에 계약수량을 인도하였으나, 인도된 은괴 중 800온스는 그 순도가 70%에도 미치지 못하였고, 나머지 200온스는 순도의 기준은 충족하였으나 乙회사가 공장에서 행한 방수포장의 하자로 해상운송 도중에 습기가 침투하여 부식이 발생하였다. 그 결과 甲회사로부터 1,000온스의 은괴를 납품받은 거래처 丙은 순도미달과 부식으로 은수저를 제작할 수 없다는 이유로 은괴를 반품하였다. 甲은 乙로부터 은괴를 인도받을 당시 바로 이를 검사하였으나 위의 하자들은 즉시 발견할 수 없는 것으로서 이를 발견하지 못하였지만, 丙으로부터 은괴를 반품받자마자 그 사실을 명시하여 乙에게 통지하였다.

한편 희토류의 경우, 희토류의 국제시장가격이 폭등하자, 乙회사는 가격인상 없이는 이를 인도할 수 없다고 그 선적기일 전인 2018. 11. 10. 甲에게 통지하였다. 이러한 통지를 받자마자 甲회사는 중국으로부터 희토류를 톤당 미화 $20,000에 대체구매하여 거래처 丁에 납품하면서 납품지연에 따른 지체상금 미화 $50,000를 지급하였다. 甲회사는 乙회사에 대하여 대한민국법원에 계약위반을 이유로 손해배상을 청구하였다.

[전제조건]

대한민국은 「국제물품매매계약에 관한 국제연합협약」(이하 '협약'이라고 함)의 체약국이나, 영국은 체약국이 아니다.

CIF 조건(인코텀즈 2010): 매도인이 지정선적항에서 물품을 본선에 적재하여 인도하고, 물품이 본선에 적재된 때 위험이 매수인에게 이전한다. 매도인은 목적항까지 운송계약을 체결하고 운임을 지급하며, 운송 중의 위험에 대하여 보험계약을 체결한다.

[질 문]

1. 甲회사와 乙회사 간의 매매계약에 협약이 적용되는가? (10점)

2. 甲회사와 乙회사 간에 매매계약이 성립하였는가? 성립하였다면 그 성립시기는 언제인가? (20점)

3. 협약상, 甲회사는 乙회사에 대하여 은괴의 대체물인도청구를 할 수 있는가? (20점)

4. 협약상, 乙회사의 희토류 인도거부에 대하여 甲회사가 취할 수 있는 법적조치는 무엇인가? (30점)

▌모범답안

<문제 1>

Ⅰ. 논점의 정리

이 사안의 매매계약에 국제물품매매계약에 관한 국제연합협약이 적용되는지 여부에 관하여 협약 제1조, 제2조, 제3조, 제6조 및 제95조를 검토한다.

Ⅱ. 협약 적용의 공통요건

협약은 영업소가 서로 다른 국가에 소재하는 당사자 사이의 물품매매계약에 적용된다[협약 1조 1항 ㈎호].

 1. **국제성**: 당사자의 영업소가 서로 다른 국가에 소재할 것이 요구된다. 이 국제성은 계약 체결 전이나 체결시까지 당사자 쌍방이 이를 인식하였어야 한다(협약 1조 2항).

 2. **물품성**: 물품은 일반적으로 유체동산을 의미한다. 물품 중에서도 주식, 선박, 전기

등 그 성질에 따라 협약 적용이 배제되는 경우가 있다(협약 2조 4호~6호).

3. 매매성: 매매계약에 적용된다. 이는 물품을 원상 그대로 판매하는 것만을 의미하는 것이 아니라 제조하여 판매하는 경우에도 물품을 주문한 매수인이 그 제조에 필요한 재료의 중요한 부분을 공급한 경우가 아닌 한 매매에 포함된다(협약 3조 1항). 또한 물품을 공급하는 당사자의 의무의 주된 부분이 노무 그 밖의 서비스의 공급에 있는 계약에는 협약이 적용되지 아니한다(협약 3조 2항). 매매계약이라고 하더라도 가사용이나 경매 등 매매의 성격에 따라 협약의 적용이 배제되는 경우가 있다(협약 2조 1호~3호).

4. 협약적용배제합의가 없을 것: 소극적 공통요건으로서 당사자 간에 협약의 적용을 배제하는 합의가 없어야 한다(6조).

Ⅲ. 직접적용과 간접적용의 추가요건

1. 직접적용요건: 해당 당사자 국가가 모두 체약국이어야 한다[협약 1조 1항 ㉮호].

2. 간접적용요건

⑴ 당해 국가의 전부 또는 일부가 비체약국이어야 한다.

⑵ 법정지국의 국제사법에 의하여 체약국법의 법률이 적용될 경우이어야 한다[협약 1조 1항 ㉯호]. 법정지국이 체약국인지 여부는 불문한다.

⑶ 그 체약국이 협약 제95조의 유보를 하지 않았어야 한다.

Ⅳ. 사안에의 적용 및 결론

이 사안의 경우 매수인 甲회사는 대한민국에 영업소를 두고 있고, 매도인 乙회사는 영국에 영업소를 두고 있으며 이에 대하여 양 회사가 이를 인식하고 있었다고 할 것이므로 국제성 요건이 구비된다. 계약물품은 '은괴 1,000온스와 희토류 300톤'으로서 협약 제2조와 제3조에 의하여 협약의 적용이 배제되지 않는 물품의 매매계약이어서 물품성과 매매성이 모두 충족된다. 한편 대한민국은 체약국이나 영국은 비체약국이다. 甲회사와 乙회사 사이에 체결된 매매계약에 의하면(아래의 질문 2에 대한 모범답안 참조) 이 계약의 준거법을 대한민국 법으로 합의하였고, 법정지가 대한민국이므로 법정지인 대한민국의 국제사법 제45조 제1항에 따라 대한민국 법이 이 매매계약의 준거법이 된다. 대한민국은 체약국으로서 협약 제95조를 유보한 바 없으므로 이 사안에 협약이 적용된다[협약 1조 1항 ㉯호].

<문제 2>

I. 논점의 정리

이 사안에 있어서 甲회사와 乙회사 사이에 매매계약이 성립되었는지 여부 및 성립된 경우 그 성립시기에 관하여 협약 제14조, 제15조, 제18조, 제19조, 제23조를 검토한다.

II. 청약과 승낙 및 계약의 성립시기

1. 청약(offer)

가. **청약의 의의**: 청약은 상대방의 승낙이 있으면 계약이 성립된다는 계약 체결을 위한 의사표시이다.

나. **청약의 요건**: 협약은 1인 또는 그 이상의 특정인에 대한 계약 체결의 제안은 충분히 확정적이고, 승낙시 그에 구속된다는 의사가 표시되어 있는 경우에 청약이 된다고 한다. 그리고 제안의 확정성에 대하여 제안이 물품을 표시하고, 명시적 또는 묵시적으로 수량과 대금을 지정하는 경우 충분히 확정적인 것으로 규정한다(협약 14조 1항).

다. **청약의 효력발생**: 상대방에게 도달한 때에 효력이 발생한다(협약 15조 1항).

2. 승낙(acceptance)

가. **승낙의 의의**: 승낙은 청약에 대한 동의를 표시하는 피청약자의 진술 또는 행위이다(협약 18조 1항 1문). 침묵 또는 부작위는 그 자체만으로 승낙이 되지 아니한다(협약 18조 1항 2문).

나. **승낙의 효력발생**

(1) **승낙의 의사표시**: 그 의사표시가 승낙기간 내에 청약자에게 도달하는 시점에 효력이 발생한다(협약 18조 2항).

(2) **의사실현행위**: 피청약자가 청약자에 대한 통지 없이 물품의 발송이나 대금지급과 같은 행위를 함으로써 동의를 표시하는 경우, 즉 의사실현행위에 의한 승낙인 경우에는 승낙기간 내에 그 행위가 이루어진 시점에 효력이 발생한다(협약 18조 3항).

다. **변경된 승낙**

(1) **원칙**: 승낙은 청약의 조건에 대하여 완전히 일치하는 동의의 표시일 경우에 승낙이 되고(mirror image rule), 만약 청약의 조건과 다른 내용이 포함된 승낙은 승낙으로서의 효력이 없으며, 이는 청약에 대한 거절인 동시에 새로운 청약으로 평가되는 것이 원칙이다(협약 19조 1항).

(2) **예외:** 그러나 변경된 승낙의 경우에도 그것이 승낙을 의도하고 있고, 청약의 조건을 실질적으로 변경하지 아니하는 부가적 조건이나 상이한 조건이 포함된 청약에 대한 응답인 경우에는 청약자가 지체 없이 그에 대한 이의를 제기하지 아니하는 한 승낙으로서의 효력을 가진다(협약 19조 2항 1문·문). 이 경우에는 승낙에 포함된 변경이 가하여진 청약조건이 계약조건이 된다(협약 19조 2항 3문). 협약 제19조 제 3 항은 청약조건을 실질적으로 변경하는 것으로 보는 경우로서 대금, 대금지급, 물품의 품질과 수량, 인도의 장소와 시기, 당사자 일방의 상대방에 대한 책임범위 또는 분쟁해결에 관한 부가적 조건 또는 상이한 조건을 열거하고 있다. 협약 제19조 제 3 항의 열거는 한정적인 것이 아니라 예시적인 것이며, 위 열거사항에 해당한다고 하더라도 실질적 변경에 해당하는 것으로 추정될 뿐이다.

3. **계약의 성립시기:** 계약은 청약에 대한 승낙이 이 협약에 따라 효력을 발생하는 시점에 성립된다(협약 23조).

Ⅲ. 사안에의 적용 및 결론

1. **청약:** 甲회사는 2018. 10. 1. 乙회사에게 은괴 1,000온스와 희토류 300톤에 대하여 각각 일정 순도와 가격을 명시한 주문서를 발송하였는바 이는 물품과 수량과 대금을 지정하고 있으므로 확정적인 제안이고 승낙시 그에 구속된다는 의사도 표시되어 있으므로 청약으로 평가된다(협약 14조 1항).

2. **청약의 거절 및 수정청약:** 乙회사는 甲회사의 위 청약을 2018. 10. 7. 수령하고 위 주문서의 내용에 더하여 ① 준거법, ② 분할선적, 지정선적항 및 선적기일, ③ 방수포장 및 ④ 신용장을 통한 대금지급을 추가한 주문승낙서를 2018. 10. 8. 발송하였다. 위 ①은 분쟁해결, ②는 인도의 방법, 장소 및 시기, ③ 포장방법, ④ 대금지급에 관한 부가적 조건들로, 이 중 인도의 방법과 포장방법을 제외한 나머지 부가적 조건들은 甲회사의 청약의 조건을 실질적으로 변경하는 것으로 추정되며(협약 19조 3항), 이러한 추정을 번복할 만한 사정은 없다. 또한 분할선적, 즉 인도의 방법에 관한 부가적 조건은 인도의 시기에 영향을 주는 조건이고, 방수포장은 물품의 부식을 방지하기 위한 것으로 물품의 품질에 관련되는 조건이므로 협약 제19조 제 3 항이 열거하고 있지 않다고 하더라도 청약의 조건을 실질적으로 변경하는 것으로 보아야 한다. 따라서 乙회사의 위 주문승낙서상의 의사표시는 승낙이 될 수 없으며, 甲회사의 청약에 대한 거절인 동시에 새로운 청약이 된다(협약 19조 1항).

3. **승낙:** 甲회사는 2018. 10. 15. 乙회사의 위 주문승낙서(수정청약)를 수령하고 그 조건대로 신용장을 발행하여 2018. 10. 22. 乙회사에 제공하였다. 한편 甲회사와 乙회사는 과거 10년간 주문서와 주문승낙서가 불일치하는 경우에도 이의를 제기하지 않고 매매대금을 신용장방식으로 지급함으로써 계속 거래해온 관례가 있는바 이러한

관례에 비추어 볼 때 甲회사의 신용장 제공은 乙회사의 수정청약에 대한 동의의 표시로서 승낙으로 평가된다(협약 18조 3항).

4. 계약의 성립 여부 및 시기: 이 사안의 매매계약은 甲회사가 乙회사에게 신용장을 제공한 2018. 10. 22.에 성립하였다(협약 23조).

<문제 3>

Ⅰ. 논점의 정리

매도인의 의무에 관하여 협약 제30조, 제35조 제 1 항, 제38조 제 1 항, 제39조 제 1 항, 그리고 매도인의 의무위반에 대한 매수인의 구제방법(협약 45조 1항) 중 대체물 인도청구권(협약 46조 2항, 25조)에 관하여 검토한다.

Ⅱ. 매도인의 의무 및 매수인의 검사·통지의무

1. 매도인의 의무: 매도인은 계약과 협약에 따라 물품을 인도하고, 관련 서류를 교부하며 물품의 소유권을 이전하여야 한다(협약 30조). 매도인은 계약에서 정한 수량, 품질 및 종류에 적합하고, 계약에서 정한 방법으로 용기에 담겨지거나 포장된 물품을 인도하여야 한다(협약 35조 1항).

2. 매수인의 물품검사의무 및 물품부적합 통지의무: 매수인은 그 상황에서 실행가능한 단기간 내에 물품을 검사하여야 하고(협약 38조 1항), 물품의 부적합을 발견하였거나 발견할 수 있었던 때로부터 합리적인 기간 내에 매도인에게 그 부적합한 성질을 특정하여 통지하지 아니한 경우에는, 매수인은 물품의 부적합을 주장할 권리를 상실한다(협약 39조 1항).

Ⅲ. 대체물인도청구권

1. 개설: 협약은 매도인이 제공한 물품이 부적합한 경우 계약을 유지하는 차원에서의 권리구제방법으로 대체물인도청구권을 인정하고 있다(협약 46조 2항).

2. 요건: 대체물인도청구권이 인정되기 위하여는 ① 물품이 부적합하며 본질적 계약위반을 구성하여야 한다. ② 대체물인도청구가 협약 제39조의 부적합통지와 동시에 또는 그 후 합리적인 기간 내에 행하여져야 한다. 그리고 ③ 매수인이 물품을 수령 상태와 실질적으로 동일한 상태로 반환할 수 있어야 한다(협약 82조 1항. 단, 82조 2항 각호의 사유가 있는 경우에는 예외).

3. 본질적 계약위반: 본질적 계약위반은 당사자 일방의 계약위반이 그 계약에서 상대방

이 기대할 수 있는 바를 실질적으로 박탈할 정도의 손실을 상대방에게 주는 경우를 말한다(협약 25조 본문). 다만 위반 당사자가 그러한 결과를 예견하지 못하였고, 동일한 부류의 합리적인 사람도 동일한 상황에서 그러한 결과를 예견하지 못하였을 경우는 예외이다(협약 25조 단서).

Ⅳ. 사안에의 적용 및 결론

1. 대체물반환청구의 요건 충족 여부

가. **물품부적합 및 본질적 계약위반**: 사안의 경우 약정한 기일에 맞추어 은괴 1,000온스가 인도되기는 하였으나 그 중 800온스의 순도는 70%에 미치지 못하여 약정순도(99% 이상)에 어긋나고, 나머지 200온스는 순도기준은 충족하나 乙회사 공장에서 한 방수포장의 하자로 해상운송 중 부식되었다. 甲회사는 주문서에 은괴가 '은수저 제작 납품용'이어야 한다는 것과 은괴의 순도가 99% 이상이어야 한다는 것을 명시하고 이것은 그대로 계약의 내용이 되었으므로 계약 체결시 매도인 乙회사에게 은수저 제작 납품용이라는 특별한 목적이 명시적으로 알려졌다고 보아야 한다. 그럼에도 불구하고 乙회사가 순도미달의 은괴를 인도한 것은 물품의 계약적합의무의 위반이다[협약 35조 2항 ㈍호)]. 한편 방수포장의 하자는 물품을 보존하고 보호하는 데 적절한 방법으로 포장하지 않은 것으로 물품의 계약적합의무 위반에 해당한다[협약 35조 2항 ㈐호]. 위와 같은 乙회사의 물품의 계약적합의무 위반으로 인하여 甲회사는 위 은괴를 납품받은 丙으로부터 순도미달과 부식으로 은수저를 제작할 수 없다는 사유로 은괴를 반품받게 됨으로써 甲회사가 이 사건 계약에서 기대할 수 있는 바를 실질적으로 박탈할 정도의 손실을 입게 되었다. 따라서 乙회사의 물품의 계약적합의무 위반은 본질적 계약위반(25조)에 해당한다.

나. **통지**: 甲회사는 乙회사로부터 은괴를 인도받을 당시 바로 이를 검사함으로써 협약 제38조 제1항의 물품검사의무를 이행하였다. 위 은괴의 하자가 즉시 발견할 수 없는 것이어서 甲회사는 검사 당시 이를 발견하지 못하였으나 丙으로부터 은괴를 반품받은 즉시 하자를 명시하여 乙회사에게 통지하였다. 즉, 甲회사는 물품의 부적합을 발견할 수 있었던 때로부터 합리적인 기간 내에 그 부적합한 성질을 특정하여 통지하였으므로(39조 1항) 협약상의 통지의무를 이행한 것으로 판단된다.

다. **반환가능성**: 甲회사는 丙으로부터 반품받은 은괴 1,000온스 전체를 乙회사로부터 인도받은 상태대로 乙회사에게 반환할 수 있다(82조 1항).

2. 결론: 甲회사는 乙회사에 대한 계약부적합 통지와 동시에 또는 그 후 합리적인 기간 내에 乙회사로부터 인도받은 은괴 1,000온스를 반환하고 약정한 순도와 상태의

물품으로 대체하여 인도할 것을 乙회사에게 청구할 수 있다.

<문제 4>

Ⅰ. 논점의 정리

매도인이 경제적인 곤란을 이유로 이행기 전에 분할인도부분의 이행거절을 통지한 경우 매수인의 구제방법에 관련하여 협약 제30조, 제46조 제 1 항, 제72조, 제26조, 제73조, 제74조, 제75조, 제79조를 검토한다.

Ⅱ. 매도인의 인도의무

매도인은 계약과 협약에 따라 물품을 인도하고, 관련 서류를 교부하며 물품의 소유권을 이전할 의무를 부담한다(협약 30조).

Ⅲ. 매도인의 미이행(계약위반)에 대한 매수인의 의무이행청구권

매도인의 계약위반의 경우 매수인은 매도인에게 의무의 이행을 청구할 수 있다(협약 46조 1항 본문). 이 권리는 매수인이 해제와 같은 그 청구와 양립할 수 없는 구제를 구한 경우에는 인정되지 않는다(협약 46조 1항 단서).

Ⅳ. 이행기 전의 계약해제권

계약의 이행기일 전에 당사자 일방이 본질적 계약위반을 할 것이 명백한 경우에는, 상대방은 계약을 해제할 수 있다(협약 72조 1항). '본질적 계약위반'은 그 계약에서 상대방이 기대할 수 있는 바를 실질적으로 박탈할 정도의 손실을 상대방에게 주는 경우를 말하며(협약 25조 본문), 위반 당사자는 물론 동일한 부류의 합리적인 사람도 동일한 상황에서 그러한 결과를 예견할 수 있었던 경우를 전제한다(협약 25조 단서). 시간이 허용하는 경우 계약을 해제하려고 하는 당사자는 상대방이 이행에 관하여 적절한 보장을 제공할 수 있도록 상대방에게 합리적인 통지를 하여야 한다(협약 72조 2항). 그러나 상대방이 그 의무를 이행하지 아니하겠다고 선언한 경우에는 상대방에게 위와 같은 통지를 할 의무가 없다(협약 72조 3항). 협약상 계약해제의 의사표시는 상대방에 대한 통지로 행하여진 경우에만 효력이 있다(협약 26조).

Ⅴ. 분할인도계약의 해제

분할인도계약은 물품을 수회로 나누어 인도하기로 한 계약이다. 협약 제73조는 분할인도계약에 있어서 어느 분할부분에 관한 불이행이 그 분할부분에 관하여 본질적 계약위반이 되는 경우에 그 분할부분만의 계약해제를 가능하게 하고(당회분할이행의 해제, 1항), 그 분할부분에 대한 불이행이 장래의 분할부분에 대한 본질적 계약위반 추단의 충분한 근거가 되는 경우에는 장래의 미이행 분할부분에 대하여 계약을 해제할 수 있도록 한다(장래분할이행의 해제, 2항). 또한 이미 행하여진 인도 또는 장래의 인도가 해제하고자 하는 인도와의 상호 의존관계로 인하여 계약 체결시에 당사자 쌍방이 예상했던 방향으로 사용될 수 없는 경우에는 이미 행하여진 인도 또는 장래의 인도에 대하여도 동시에 계약을 해제할 수 있다(상호의존관계에 의한 해제, 3항).

Ⅵ. 매도인의 계약위반에 대한 매수인의 구제방법으로서의 손해배상

1. **손해배상청구의 근거**: 매도인이 매매계약상의 의무를 이행하지 아니하는 경우에 매수인은 협약 제74조 내지 제77조에서 정한 손해배상의 청구를 할 수 있다[협약 45조 1항 (나)호].

2. **손해배상의 범위**(협약 74조): 당사자 일방의 계약위반으로 인한 손해배상액은 이익의 상실을 포함하여 그 위반의 결과 상대방이 입은 손실과 동등한 금액으로 한다. 그 손해배상액은 위반당사자가 계약 체결시에 알았거나 알 수 있었던 사실과 사정에 비추어 계약위반의 가능한 결과로서 발생할 것을 예견하였거나 예견할 수 있었던 손실을 초과할 수 없다.

3. **계약해제시의 대체거래대금차액**(협약 75조): 계약이 해제되고 계약해제 후 합리적인 방법으로, 합리적인 기간 내에 매수인이 대체물을 매수한 경우에, 손해배상을 청구하는 당사자는 제74조에 따른 손해액 외에 계약대금과 대체거래대금과의 차액을 배상받을 수 있다.

Ⅶ. 면책

① 당사자는 그의 의무불이행이 통제할 수 없는 장애(impediment beyond his control)에 기인하였다는 것(통제불가능성 및 인과관계), ② 계약 체결시에 그 장애를 고려하거나 그로 인한 결과를 회피하거나 극복하는 것이 합리적으로 기대될 수 없었다는 것(예견불가능성 및 회피불가능성)을 증명하는 경우 의무불이행책임을 면한다(협약 79조 1항). 불이행당사자는 장애가 존재한다는 것과 그 장애가 자신의 이행능력에 미치는 영향을 상대방에게 통지하여야 하며(협약 79조 4항 1문), 불이행당사자가 장애를 알았거나 알았어야 했던 때로부터 합리적 기간 내에 상대방이 통지를 수령하지 못한 경우 불이행당사자는 불수령으로 인한 손해에 대하여 책임이 있다(협약 79조 4항 2문). 면책은 장애가 존재하는 기간 동안 효력을 가진다(협약 79조 3항). 장애로 인하여 면책되는 대상은 손해배상청구권만으로, 다른 구제수단에는 영향을 주지 않는다(협약 79조 5항).

경제적인 곤란이 통제할 수 없는 장애에 해당하는지 논란이 있으나, 시장변화의 위험은 조달위험의 일부이므로 매도인이 그 위험을 부담하는 것이 타당하다는 점에서 원칙적으로 경제적인 곤란은 면책사유가 될 수 없다고 본다. 다만 매도인의 희생한도를 인정하여 시장상황의 변화로 극도로 비정상적인 가격으로 조달할 수 있거나 또는 매매대금의 통화가 극도로 하락한 경우와 같은 예외적인 경우에는 경제적인 곤란도 면책사유가 될 수 있을 것이다.

Ⅷ. 사안에의 적용 및 결론

사안은 매도인이 계약에서 예정된 선적기일 전에 일방적인 가격인상 요구를 전제로 하여 분할인도부분의 인도의무 불이행을 선언한 경우이다.

1. **의무이행청구권:** 이 경우 매수인 甲회사는 매도인 乙회사에게 의무이행을 청구할 수는 있으나 매도인의 요구대로 가격인상에 응할 것이 아닌 이상 매수인의 의무이행청구는 무의미한 것으로 이는 매수인 甲회사가 취할 수 있는 실효성 있는 조치는 아닌 것으로 판단된다.

2. **계약해제권**

   가. **이행기 전의 계약해제:** 매도인 乙회사는 이행기에 약정한 이행을 하여야 할 의무가 있음에도 불구하고(협약 30조), 이행기 전에 이행을 거절하고 있으므로 이는 본질적 계약위반을 할 것이 명백한 경우에 해당한다. 따라서 매수인 甲회사는 협약 제72조 제1항에 의하여 계약을 해제할 수 있다. 협약 72조 2항에 의하면 합리적인 통지를 선행하여야 하나 사안의 경우에는 의무이행을 거절한 것이므로 동조 3항에 따라 통지를 요하지 아니한다. 다만 계약해제는 매도인에 대한 통지로써 이루어져야 한다(협약 26조).

   나. **분할인도계약의 해제:** 분할인도계약에서 그 분할부분이 반드시 동종의 물품일 필요는 없으므로 사안과 같이 은괴와 희토류를 각각 나누어 인도하기로 한 경우도 협약 제73조의 분할인도계약에 해당한다. 乙회사의 희토류 인도부분의 불이행은 그 부분에 관하여 본질적 계약위반이 되므로 甲회사는 희토류 인도부분만의 계약해제가 가능하다(협약 73조 1항). 甲회사가 이미 행하여진 은괴의 인도부분에 관하여도 계약을 해제할 수 있는지가 문제되나, 희토류 인도부분과 은괴의 인도부분은 상호간의 의존관계가 있다고 볼 수 없으므로 은괴 인도부분에 대하여는 계약을 해제할 수 없다(협약 73조 3항).

3. **손해배상청구권:** 매수인은 전항의 계약해제와 별도로 매도인의 사전이행거절로 인하여 입은 손해에 대한 배상을 청구할 수 있다.

가. 손해배상의 범위

(1) **계약대금과 대체거래대금과의 차액:** 계약대금이 톤당 미화 16,000불이고, 대체거래대금이 톤당 미화 20,000불이므로 300톤 전체에 대한 차액은 미화 1,200,000불[(20,000−16,000)×300]이다. 희토류 300톤은 휴대전화기 제작에 사용되는 것으로서 甲회사는 비철금속 등을 수입하여 그대로 타 회사에 납품하거나 이를 가공하여 판매하는 회사이므로, 乙회사로서는 甲회사가 乙회사로부터 매수한 희토류로 직접 휴대전화기를 제작하지 않고 이를 제3자에게 납품할 것임을 계약 체결시에 알 수 있었다고 본다. 이러한 사정에 비추어 보면, 乙회사는 계약위반의 가능한 결과로서 甲회사가 제3자에 대한 희토류 납품의무의 이행을 위하여 대체구매를 할 것을 예견할 수 있었다고 할 것이다. 따라서 甲회사는 乙회사에 대하여 계약대금과 대체거래대금과의 차액인 미화 1,200,000불의 배상을 청구할 수 있다. 이 차액을 청구할 경우 그 근거는 협약 제75조가 아니라 제74조가 된다. 협약 제75조는 매수인이 매매계약을 해제한 후 대체구매를 한 경우에 적용되는데, 지문상 甲회사가 계약해제를 한 상태가 아니기 때문이다.

(2) **지체상금:** 앞서 살펴본 바와 같이 乙회사는 계약 체결시에 甲회사가 乙회사로부터 매수한 희토류를 제3자에게 납품할 것임을 알 수 있었다는 사정에 비추어 보면, 乙회사는 계약위반의 가능한 결과로서 甲회사가 제3자에 대하여 희토류 납품계약의무의 지연을 이유로 지체상금을 지급할 것을 예견할 수 있었다고 할 것이다. 따라서 甲회사는 乙회사에 대하여 甲회사가 丁에게 지급한 지체상금 미화 50,000불에 대한 배상청구를 할 수 있다(협약 74조).

(3) **기타:** 그 외 乙회사의 이행거절과 인과관계 있는 손해 또는 예견가능하였던 이익도 청구할 수 있다(협약 74조).

나. **의무불이행에 대한 면책 여부:** 甲회사의 위와 같은 손해배상청구에 대하여 乙회사는 희토류 인도거부가 희토류의 국제시장가격 폭등, 즉 경제적인 곤란(economic difficulties)에 의한 것으로 협약 제79조에 따라 의무불이행에 대하여 면책되어야 한다고 주장할 가능성이 있다. ① 시장변화의 위험은 조달위험의 일부이므로 매도인인 乙회사가 부담하는 것이 타당하다는 점, ② 희토류를 극도로 비정상적인 가격으로만 조달할 수 있는 경우는 아닌 것으로 보이는 점 등에 비추어 보면, 희토류의 국제시장가격 폭등은 협약 제79조의 '통제할 수 없는 장애'에는 해당할 수 없다고 본다. 따라서 乙회사의 면책 주장은 받아들여질 수 없고, 乙회사는 위에서 살펴본 손해에 대한 배상책임을 부담한다.

| 제10회 국제거래법 기출문제 | 국제거래법 |

국제사법 문제

甲은 서울에 거주하고 있는 한국인이다. A국에 영업소를 두고 있는 乙 여행사(이하 '乙'이라 함)는 홈페이지를 통하여 A국 여행 패키지 상품을 광고하고 있었다. 甲은 휴가 기간 중 乙의 홈페이지에 접속하였다가 여행 패키지 상품을 싸게 구매할 수 있다는 내용의 한국어 광고를 보게 되었다. 乙의 홈페이지에는 해당 여행 패키지 상품 구매와 관련된 분쟁은 A국 법원에서만 소를 제기할 수 있다고 기재되어 있는 한편 준거법에 대하여는 아무런 기재가 없었다. 甲은 乙의 홈페이지에 게시된 구매 조건에 동의한다는 부분에 체크하고 여행 패키지 상품을 홈페이지를 통하여 구매하였다(이하 '이 사건 여행계약'이라 함).

甲이 이 사건 여행계약에 따라 乙이 제공한 항공편을 이용하여 A국에 도착한 후 乙의 직원이 운전하는 차량으로 乙이 지정한 丙 호텔(이하 '丙'이라 함)로 이동하던 중 乙의 직원의 관리 소홀로 인하여 甲이 위탁한 짐 가방 1개가 분실되었다.

甲은 丙의 카지노에서 도박을 하다가 자신이 소지한 여행 경비를 도박자금으로 모두 탕진하였다. 이에 甲은 丙으로부터 도박자금을 빌리는 내용의 신용대부계약을 체결하고(A국법을 준거법으로 선택함) 차용한 자금으로 도박을 하였다. 甲은 빌린 도박자금을 도박으로 모두 잃게 되자 丙의 카지노 보안요원의 감시를 피하여 호텔을 몰래 나와 한국으로 귀국하였다.

甲이 乙에게 짐 가방 분실에 관하여 이 사건 여행계약 위반을 이유로 손해배상을 구함에 대하여, 乙은 丙의 카지노에서 甲이 도망한 사실을 언급하며 거절하였다. 이에 甲은 위 손해배상채권을 한국에 영업소를 두고 있는 채권추심업체인 丁에게 양도하면서 한국법을 준거법으로 합의하였다. 丁은 乙을 상대로 대한민국 법원에 甲으로부터 양수한 손해배상채권의 지급을 구하는 소를 제기하였다. 한편 丙은 甲을 상대로 대한민국 법원에 신용대부금의 지급을 구하는 소를 제기하였다.

[전 제]

1. 이 사건 여행계약의 관할합의의 서면성 요건은 충족되었다.

2. A국법에 의하면 도박을 위한 금전대여로 인한 채권의 유효성과 법적 절차를 통한 강제회수가 인정된다.

3. A국법에 의하면 채권양도는 채무자가 승낙하지 아니하면 채무자에게 대항하지 못한다.

4. 甲의 丁에 대한 채권양도는 대한민국법에 의한 대항요건을 갖추었다.

5. 대한민국 민법상 불법의 원인으로 인하여 재산을 급여하거나 노무를 제공한 때에는 그 이익의 반환을 청구할 수 없다.

<문제 1>

丁의 乙에 대한 위 소송에 관하여,

가. 대한민국 법원이 국제재판관할권을 가지는지를 논하고, (20점)

나. 丁이 甲으로부터 양수한 손해배상채권의 지급을 구하는 청구의 준거법을 논하고, (20점)

다. 甲과 丁 사이의 손해배상채권 양도의 준거법을 논하고, 乙이 손해배상채권의 양도에 대하여 동의한 바가 없어 청구에 응할 수 없다고 주장한다면 이는 정당한지 논하시오. (20점)

<문제 2>

丙의 甲에 대한 신용대부금 청구의 준거법은 무엇이고, 丙의 청구가 인용될 수 있는지를 논하시오(단, 위 소송에 관하여 대한민국 법원에 국제재판관할권이 인정됨을 전제로 함). (20점)

모범답안

<문제 1-가>

I. 논점의 정리

소비자계약상의 채권양도에 기한 양수금청구소송의 국제재판관할권에 대하여 국제재판관할의 일반원칙에 관한 학설과 국제사법 제2조 및 그에 대한 대법원의 입장, 소비자계약에 대한 재판관할권의 특칙인 국제사법 제42조, 그리고 전속적 국제재판관할합의의 유효요건에 관한 판례이론을 검토한다.

Ⅱ. 국제재판관할권

1. **의의**: 국제재판관할권은 문제된 섭외사법관계에 대하여 특정 국가의 법원이 이를 재판할 수 있는 자격 내지 권한을 말한다.

2. **결정기준에 관한 학설**: 이에 대하여는 ① 민사소송법의 토지관할규정을 역으로 추지하여 국내의 재판적이 인정되면 국제재판관할권을 인정하는 역추지설, ② 국제민사소송법의 기본이념인 조리에 의하여 국제재판관할원칙을 세워야 한다는 관할배분설 및 ③ 기본적으로 국내민사소송법의 토지관할에 따르되 재판의 적정과 공평, 신속에 반하는 특별사정이 있는 경우 관할을 부정한다는 수정역추지설(특별사정설)이 있다.

3. **국제사법 규정과 대법원의 입장**

   가. **실질적 관련의 원칙**: 당사자 또는 분쟁이 된 사안이 대한민국과 실질적 관련을 가지는 경우에 대한민국 법원에 국제재판관할권이 인정되며, 실질적 관련성 유무를 판단함에 있어서는 국제재판관할배분의 이념에 부합하는 합리적인 원칙에 따라야 한다(2조 1항). 대법원은 여기의 '실질적 관련'은 대한민국 법원이 재판관할권을 행사하는 것을 정당화할 정도로 당사자 또는 분쟁이 된 사안과 관련성이 있는 것을 뜻하고, 이를 판단함에 있어서는 당사자의 공평, 재판의 적정, 신속과 경제 등 국제재판관할 배분의 이념에 부합하는 합리적인 원칙에 따라야 하며, 구체적으로는 당사자의 공평, 편의, 예측가능성과 같은 개인적인 이익뿐만 아니라, 재판의 적정, 신속, 효율, 판결의 실효성과 같은 법원이나 국가의 이익도 함께 고려하여야 하고, 이처럼 다양한 국제재판관할의 이익 중 어떠한 이익을 보호할 필요가 있을지는 개별 사건에서 실질적 관련성 유무를 합리적으로 판단하여 결정하여야 한다는 입장이다.[14]

   > * 2022년 국제사법 개정시 국제사법 제2조 제1항에 '당사자 간의 공평, 재판의 적정, 신속 및 경제'라는 국제재판관할 배분의 구체적 이념을 추가하였는데 이는 위와 같은 대법원판결의 내용을 반영한 것이다.

   나. **국내법의 관할규정 참작**: 법원은 국내법의 관할규정을 참작하여 국제재판관할권의 유무를 판단하되, 국제재판관할의 특수성을 충분히 고려하여야 한다(2조 2항). 대법원은 국제재판관할권 인정 여부에 있어서 민사소송법의 관할규정을 중요기준으로 제시하면서 개별사건에 있어서의 국제재판관할의 특수성에 따라 이를 수정하여 적용할 수 있다는 입장이다.

---

14) 대법원 2019. 6. 13. 선고 2016다33752 판결.

> ※ 2022년 개정 국제사법 제 2 조 제 1 항에 '실질적 관련성' 유무 판단의 구체적 기준을, 제 2 항에 국내법의 관할규정을 참작할 전제(보충성)를 각 추가한 데 개정 전과 차이가 있다(아래 각 밑줄 부분).
>
> 국제사법 제 2 조(일반원칙) ① 대한민국 법원(이하 "법원"이라 한다)은 당사자 또는 분쟁이 된 사안이 대한민국과 실질적 관련이 있는 경우에 국제재판관할권을 가진다. 이 경우 법원은 실질적 관련의 유무를 판단할 때에 <u>당사자 간의 공평, 재판의 적정, 신속 및 경제를 꾀한다는</u> 국제재판관할 배분의 이념에 부합하는 합리적인 원칙에 따라야 한다.
> ② <u>이 법이나 그 밖의 대한민국 법령 또는 조약에 국제재판관할에 관한 규정이 없는 경우 법원은 국내법의 관할 규정을 참작하여 국제재판관할권의 유무를 판단하되, 제 1 항의 취지에 비추어 국제재판관할의 특수성을 충분히 고려하여야</u> 한다.

4. 소비자계약에 있어서의 국제재판관할의 특칙

　가. 소비자계약의 의의: 소비자계약은 소비자가 직업 또는 영업활동 외의 목적으로 체결하는 것으로서 ① 계약의 상대방(직업 또는 영업활동으로 계약을 체결하는 자: 이하 '사업자')이 계약 체결에 앞서 소비자의 일상거소가 있는 국가(이하 '일상거소지국')에서 광고에 의한 거래 권유 등 직업 또는 영업활동을 행하거나 소비자의 일상거소지국 외의 지역에서 소비자의 일상거소지국을 향하여 광고에 의한 거래의 권유 등 직업 또는 영업활동을 행하고 그 계약이 사업자의 직업 또는 영업활동의 범위에 속하는 경우, ② 사업자가 소비자의 일상거소지국에서 소비자의 주문을 받은 경우, ③ 사업자가 소비자로 하여금 소비자의 일상거소지국이 아닌 국가에 가서 주문을 하도록 유도한 경우 중의 어느 하나에 해당하는 경우를 말한다(42조 1항 1~3호).

　나. 소비자계약의 국제재판관할의 특칙: 소비자계약의 경우에 대한민국에 일상거소가 있는 소비자는 사업자에 대하여 대한민국 법원에 소를 제기할 수 있다(42조 1항).

　다. 관할합의의 제한: 소비자계약에 있어서의 부당한 재판관할 합의를 막기 위하여 당사자 간의 재판관할 합의는 사후적 합의 또는 사전 합의일 경우에는 소비자에게 유리한 추가적 합의만을 허용한다(42조 3항).

Ⅲ. 전속적 국제재판관할합의

1. 국제재판관할합의의 의의 및 유효성: 국제재판관할합의는 특정한 국가 또는 주의 법원에게 당사자 간의 국제소송을 심판할 자격 내지 권한을 부여하기로 하는 합의이다. 이 합의가 유효하다는 점에 대하여는 이견이 없다.

2. 국제재판관할합의의 종류: 기준에 따라 여러 가지로 분류되나 전속성 여부에 따라 전속적 국제재판관할합의와 부가적 국제재판관할합의로 나뉜다.

3. 전속적 국제재판관할합의의 유효 요건: 판례는 대한민국 법원의 관할을 배제하고 외국법원을 관할법원으로 하는 전속적 국제재판관할합의가 유효하기 위하여는 ① 당해 사건이 대한민국법원의 전속관할에 속하지 아니하고, ② 지정된 외국법원이 그 외국법상 당해 사건에 대하여 관할권을 가져야 하며, ③ 당해 사건이 그 외국법원에 대하여 합리적인 관련성을 가질 것이 요구되고, ④ 그와 같은 전속적인 관할합의가 현저하게 불합리하고 불공정하여 공서양속에 반하는 법률행위에 해당하지 않아야 한다는 입장이다. 또한 ⑤ 관할합의의 방식은 서면이어야 한다.

> ※ 2022년 개정 국제사법은 합의관할에 대한 규정(8조)을 신설하였는데 대법원판결이 요구하는 ③의 합리적 관련성을 요건으로 하지 않는 것 외에 대체로 위 대법원이 제시한 요건과 유사하다. 향후 전속적 국제재판관할합의에 대한 문제가 출제될 경우에는 대법원판결이 아니라 국제사법 제8조에 따라 서술하여야 한다.
>
> 국제사법 제8조(합의관할) ① 당사자는 일정한 법률관계로 말미암은 소에 관하여 국제재판관할의 합의(이하 이 조에서 "합의"라 한다)를 할 수 있다. 다만, 합의가 다음 각 호의 어느 하나에 해당하는 경우에는 효력이 없다.
> 1. 합의에 따라 국제재판관할을 가지는 국가의 법(준거법의 지정에 관한 법규를 포함한다)에 따를 때 그 합의가 효력이 없는 경우
> 2. 합의를 한 당사자가 합의를 할 능력이 없었던 경우
> 3. 대한민국의 법령 또는 조약에 따를 때 합의의 대상이 된 소가 합의로 정한 국가가 아닌 다른 국가의 국제재판관할에 전속하는 경우
> 4. 합의의 효력을 인정하면 소가 계속(係屬)된 국가의 선량한 풍속이나 그 밖의 사회질서에 명백히 위반되는 경우
> ② 합의는 서면[전보(電報), 전신(電信), 팩스, 전자우편 또는 그 밖의 통신수단에 의하여 교환된 전자적(電子的) 의사표시를 포함한다]으로 하여야 한다.
> ③ 합의로 정해진 관할은 전속적인 것으로 추정한다.

Ⅳ. 사안에의 적용과 결론

이 건 채권양도의 대상이 된 소비자계약상의 소비자인 甲의 국적은 대한민국이고, 채권회수업체인 丁의 영업소는 대한민국에 있는 한편 소비자의 상대방인 乙의 영업소는 A국에 있다. 따라서 이 사건 양수금청구의 소는 외국과 관련된 요소(당사자)가 있으므로 국제사법에 의하여 국제재판관할을 정하여야 한다(1조).

1. 소비자계약의 특칙에 따른 국제재판관할

가. A국법원을 전속으로 하는 재판관할합의의 유효성 여부: A국법원에의 전속적 재판관할합의가 서면성을 제외한 대법원판례의 유효요건을 구비하고 있는지에 대하여 판단할 자료가 지문상 나타나 있지 않으므로 일응 그 구비를 전제로 하여 판단한다.

乙은 계약 체결에 앞서 여행사 홈페이지를 통하여 A국으로 여행을 하고 관광을 할 수 있는 상품을 한국어로 광고한 한편 甲은 직업 또는 영업활동의 목적이 아닌 휴가기간 중의 여행을 목적으로 위 홈페이지를 통하여 해당 상품을 구매하였으며, 그 당시 위 상품 구매에 관련된 분쟁은 A국 법원에서만 소를 제기할 수 있다는 조건에 동의하였다. 위 여행상품계약은 국제사법 제42조 제1항 제1호의 소비자계약에 해당하고, 이 경우 전속적 재판관할합의는 분쟁이 이미 발생한 경우에만 유효하므로, 이 사안과 같은 사전적 합의는 무효이다. 따라서 A국은 위 관할합의에 의하여는 재판관할권을 갖지 못한다.

나. **국제사법 제42조 제1항에 의한 국제재판관할:** 국제사법 제42조 제1항에 따라 소비자인 甲은 그의 일상거소가 있는 대한민국에서 소송을 제기할 수 있다. 따라서 만약 이 건 소송의 당사자가 甲과 乙이라면 대한민국 법원에 국제재판관할이 인정될 것이다. 그러나 이 사안의 원고는 甲이 아니라 甲으로부터 손해배상청구권을 양수한 丁이다. 이 경우 ① 양도되는 채권이 소비자계약상의 채권인 이상 소비자계약상의 채권을 양수한 丁과 乙 사이에서도 소비자계약의 국제재판관할의 특칙이 적용되어야 한다는 견해와 ② 소비자계약의 국제재판관할의 특칙은 소비자보호를 위하여 소비자와 상대방 사이에서 적용되는 보호적 관할을 규정한 것이므로 사안과 같이 채권양도로 인하여 당사자가 甲에서 丁(채권추심업체)으로 달라진 경우에는 더 이상 소비자보호가 문제되지 않아 소비자계약의 국제재판관할의 특칙을 적용할 수 없다는 견해가 있을 수 있고, 각 견해에 따라 대한민국 법원이 국제사법 제42조 제1항에 의한 국제재판관할권을 가지는지 결론을 달리할 것이다.

2. **국제사법 제2조에 의한 국제재판관할:** ① 이 건 양수금소송에 있어서 채권양도인인 甲의 국적과 양수인 丁의 영업소소재지가 대한민국이고, ② 乙이 그 홈페이지를 통하여 한국어로 A국의 여행상품을 광고하였고, 甲이 이를 보고 대한민국에서 계약 체결에 필요한 행위를 한 점 등을 고려하면 당사자 또는 분쟁이 된 사안이 대한민국과 실질적 관련성이 있으므로 대한민국 법원에 국제재판관할권이 인정된다.

<문제 1-나>

I. 논점의 정리

위탁수하물의 분실에 관련한 계약불이행을 원인으로 한 손해배상청구의 준거법에 대하여 국제사법 제45조, 제46조 및 소비자계약의 준거법에 관한 국제사법 제47조

제 2 항을 검토한다.

Ⅱ. 계약의 준거법과 소비자계약의 특칙

1. **당사자자치의 원칙**: 국제사법은 계약의 준거법에 당사자자치(party autonomy)원칙을 도입하여, 계약은 당사자가 명시적 또는 묵시적으로 선택한 법에 따르도록 한다(45조 1항 본문).

2. **준거법의 객관적 연결**: 당사자가 준거법을 선택하지 않은 경우에는 '그 계약과 가장 밀접한 관련이 있는 국가의 법'이 준거법이 된다(46조 1항). 계약의 특징적 이행을 하여야 하는 경우, 즉 양도계약에 있어서 양도인이 이행을 하여야 하는 경우 등에는 계약 체결시의 그의 일상거소(자연인인 경우), 주된 사무소(법인 또는 단체인 경우) 또는 영업소(직업 또는 영업활동으로 계약이 체결된 경우)가 있는 국가의 법이 당해 계약과 가장 밀접한 관련이 있는 것으로 추정한다(46조 2항). 부동산에 대한 권리를 대상으로 하는 계약의 경우 부동산 소재지국법이 가장 밀접한 관련이 있는 것으로 추정한다(46조 3항).

3. **소비자계약의 특칙**: 소비자계약에 있어서는 당사자가 준거법을 선택하지 아니한 경우에는 제46조(준거법의 객관적 연결)에도 불구하고 소비자의 일상거소지법에 따른다 (47조 2항).

Ⅲ. 사안에의 적용 및 결론

대한민국 국적의 甲이 A국에 영업소를 둔 乙과의 위 여행상품계약에 따라 丙 호텔에서 숙박 중 위 호텔직원의 관리소홀로 인하여 분실된 가방에 대한 계약위반을 이유로 한 손해배상청구소송은 외국과 관련된 요소(당사자)가 있으므로 국제사법에 의하여 준거법을 정하여야 한다(1조).

이미 위에서 본 바와 같이 이 여행상품계약은 국제사법 제47조 제 1 항 제 1 호의 소비자계약에 해당하므로 소비자계약의 당사자가 준거법을 선택하지 않은 경우에는 계약준거법의 일반원칙인 국제사법 제46조에 따르지 아니하고 국제사법 제47조 제 2 항에 따라 소비자의 일상거소지법에 따른다. 즉, 소비자 甲의 일상거소지법인 대한민국법이 준거법이 된다.

<문제 1-다>

I. 논점의 정리

채권양도의 준거법에 관하여 국제사법 제54조 제1항 단서, 계약의 준거법에 관하여 국제사법 제45조를 검토한다.

II. 채권양도의 준거법

1. 의의: 채권양도는 양도인과 양수인 간의 법률행위에 의한 채권의 이전이다. 이는 채권의 이전 그 자체를 목적으로 하는 준물권행위로서 채권양도의 원인행위인 매매, 증여 등과 구별된다.

2. 채권양도의 준거법

가. 채권양도인과 양수인 간의 법률관계: 국제사법은 채권양도인과 양수인 간의 법률관계에 있어서는 당사자자치를 인정하여 당사자 간의 계약의 준거법에 따르도록 하고 있다(54조 1항 본문).

나. 채권양도 가능성, 채무자 및 제3자에 대한 채권양도의 효력: 채권의 양도 가능성, 채무자 및 제3자에 대한 채권양도의 효력은 양도되는 채권의 준거법에 따른다(54조 1항 단서).

III. 계약의 준거법에 관한 당사자자치의 원칙

국제사법은 계약의 준거법에 당사자자치(party autonomy) 원칙을 도입하여, 계약은 당사자가 명시적 또는 묵시적으로 선택한 법에 따르도록 한다(45조 1항 본문).

IV. 사안에의 적용 및 결론

대한민국 국적의 甲의 A국에 영업소를 두고 있는 乙에 대한 손해배상채권을 대한민국에 영업소를 두고 있는 丁에게 양도하는 이 사안에 있어서 외국과 관련된 요소(당사자)가 있으므로 국제사법에 의하여 준거법을 정하여야 한다(1조).

1. 甲과 丁 사이의 채권양도의 준거법: 甲과 丁 사이의 채권양도의 준거법은 그들 사이의 계약의 준거법에 따른다. 따라서 甲과 丁 사이에 합의한 대한민국 법이 준거법이 된다.

2. 채권양도의 유효성 여부: 乙은 A국법에 따라 채권양도에 대한 채무자의 승낙요건이 결여되었으므로 채권양도는 乙에 대하여 효력이 없다고 주장하는 한편 채무자에 대한 채권양도의 효력은 양도되는 채권의 준거법에 따르는데 이미 위에서 본 바와 같이 甲이 丁에게 양도하는 손해배상채권의 준거법은 대한민국법이므로, 준거법인 대

한민국의 민법 제450조에 따른 지명채권양도의 유효한 방식을 갖춘 경우에는 乙에 대하여 효력을 가진다. 따라서 이에 반하는 乙의 주장은 부당하다.

<문제 2>

Ⅰ. 논점의 정리

丙의 甲에 대한 신용대부금청구의 준거법과 그 청구의 인용 가부에 대하여 계약의 준거법에 관한 국제사법 제45조와 공서에 관한 국제사법 제23조를 검토한다.

Ⅱ. 계약의 준거법에 대한 당사자자치의 원칙

국제사법은 계약의 준거법에 당사자자치(party autonomy)원칙을 도입하여, 계약은 당사자가 명시적 또는 묵시적으로 선택한 법에 따르도록 한다(45조 1항 본문).

Ⅲ. 공서

1. **공서의 의의**: 국제사법규정에 의하여 외국법을 준거법으로 적용한 결과가 내국의 사법질서를 파괴할 염려가 있는 경우에는 그 외국법의 적용을 배척할 필요가 있는데 이에 관한 논의를 공서라고 하고, 그에 관한 국제사법규정을 공서조항이라고 한다.

2. **국제사법규정**: 국제사법 제23조는 외국법에 따라야 하는 경우에 그 규정의 적용이 대한민국의 선량한 풍속이나 그 밖의 사회질서에 명백히 위반될 때에는 그 규정을 적용하지 아니한다고 규정한다. 국제사법 제23조의 '선량한 풍속 그 밖의 사회질서'는 우리 민법 제103조가 규정하는 국내적 공서와는 구별되는 '국제적 공서'를 의미한다.

3. **외국법적용 배척의 결과**: 공서조항에 의하여 외국법의 적용이 배척될 경우 준거법의 흠결이 생기게 되는데 이 경우 ① 외국법보충설도 있으나 우리의 하급심판결과 통설은 ② 내국법보충설을 취하고 있다.

Ⅳ. 사안에의 적용 및 결론

A국에 영업소를 두고 있는 丙이 대한민국 국적의 甲에 대한 신용대부금 청구는 외국과 관련된 요소(당사자)가 있으므로 국제사법에 의하여 준거법을 정하여야 한다(1조). 丙이 甲에게 도박자금을 대여하면서 그 준거법으로 A국법을 선택하였으므로, 국제사법 제45조 제1항에 따르면 일응 대여금청구의 준거법은 외국법인 A국법이 된다. 그리고 A국법에 의하면 도박채권의 유효성과 법적 절차를 통한 강제회수가 인정된

다. 그러나 법정지국인 대한민국 민법에 의하면 도박채권은 불법원인급여(우리 민법 746조 본문)로서 그 회수가 부정된다. 대한민국에서는 국민일반의 건전한 경제생활과 근로관념의 보호를 위하여 도박행위를 엄격하게 금지하고 도박채권의 회수를 법적으로 금지하고 있음을 고려할 때, 준거법인 A국법을 적용하여 도박채권의 유효성을 인정하고 법적 절차를 통한 강제회수를 허용하는 것은 도박행위를 엄격하게 제한하는 대한민국의 공서에 명백히 위반된다. 따라서 이 대여금청구에 관하여는 A국법을 적용할 수 없다. 이 경우 판례와 통설에 따라 법정지인 대한민국법을 적용할 경우 이 건 신용대부계약은 민법 제746조 본문에 따라 무효가 될 것이고, 결국 丙의 청구는 기각될 것이다.

UN협약 문제

甲은 대한민국에 영업소를 두고 있는 통신기기 판매업자이고, 乙은 멕시코국(이하 '멕시코'라 함)에 영업소를 둔 통신기기 도매업자이다. 乙은 멕시코에 영업소를 두고 있는 전기통신사업자인 丙에게 V-1 휴대전화 3,000대를 2020. 11. 20.까지 납품하기로 약정하였다. 이에 따라 乙은 2020. 10. 15. 甲에게 "품목과 수량: V-1 휴대전화 3,000대, 원산지: 대한민국, 가격: 대당 미화 400달러"로 된 주문서(purchase order)를 이메일로 송부하였다. 甲은 위 주문서를 수령한 다음 날 乙에게 아래 표와 같은 내용의 주문확인서(acknowledgement of order)를 이메일로 발송하였다.

① 매매물품: V-1 휴대전화 3,000대
② 인도조건: 2차로 분할하여 2020. 11. 1.에 1,000대, 2020. 11. 10.에 2,000대를 A항공사에 각 인도
③ 원산지: 대한민국
④ 가격: 휴대전화 1대당 미화 420달러

乙은 2020. 10. 17. 甲의 주문확인서를 수령한 후, 甲에게 이를 수용하되 인도기일을 꼭 지켜주어야 한다는 점을 강조하는 내용의 이메일을 바로 발송하였다. 甲은 2020. 11. 1. 계약 물품 중 1,000대를 인천국제공항에서 A항공사에 인도하였으며, 위 물품은 2020. 11. 5. 멕시코 멕시코시티에 도착, 乙에게 인도되었다. 위 물품을 인수한 乙은 즉시 물품의 검수 절차를 밟았는데, 물품의 검수 결과 인수한 물품 중 100대가 내장 APU의 결함으로 작동이 불가능한 상태임을 확인하였다. 이에 따라 乙은 위와 같은 사실을 2020. 11. 7. 甲에게 이메일로 통지하였다.

한편 甲은 2020. 11. 10. 계약 물품 중 나머지 2,000대를 인천국제공항에서 A항공사에 인도하였다. 위 물품은 A항공사에 의하여 항공운송되어 미국 휴스턴 국제공항에 도착한 후 멕시코로 환적되기 위하여 잠시 공항 내 보세창고에 입고되어 있던 중 공항직원이 가담한 절도행위로 인하여 전부 도난되었고, 최종적으로 전량 회수불가능으로 판명되었다.

乙은 2020. 11. 15. 甲에게 계약 전부를 해제한다는 의사표시를 이메일로 발송한 후, 타처로부터 그 당시 시가였던 대당 미화 450달러에 V-1 휴대전화 2,100대를 구매하여 약정기한에 가까스로 맞추어 丙에게 납품하였다.

[전 제]

1. 대한민국과 멕시코는 모두 「국제물품매매계약에 관한 국제연합협약(이하 '협약'

으로 약칭함)」의 체약국이다.

2. 甲이 2020. 11. 10. 인도한 2,000대의 휴대전화에는 아무런 하자가 없었다.

3. 모든 일자는 대한민국 시각을 기준으로 한다.

<문제 1>

甲과 乙 사이의 계약에 협약이 적용되는가? (15점)

<문제 2>

甲과 乙 사이에 계약이 성립하였는지를 논하고, 만약 성립하였다고 할 경우 그 성립시기는 언제이며, 계약조건은 어떠한가? (20점)

<문제 3>

가. 乙은 대한민국 법원에 甲의 계약위반으로 인하여 대체거래를 함으로써 손해를 입었다고 주장하면서 미화 6만3천달러(2,100대×30달러)를 청구하고 있다. 乙의 계약해제와 손해배상청구에 관한 주장은 정당한가? (30점)

나. 또한 乙은 운송 중 도난당한 2,000대의 휴대전화에 대하여 자신은 물품을 인도받지 못하였으므로 대금을 지급할 의무가 없다고 주장한다. 이에 대하여 甲은, 자신은 물품의 도난과 무관하므로 乙은 계약대금 전액을 지급할 의무가 있다고 주장한다. 甲의 주장은 정당한가? (15점)

모범답안

<문제 1>

Ⅰ. 논점의 정리

甲과 乙 간의 매매계약에 국제물품매매계약에 관한 국제연합협약이 적용되는지 여부에 관하여 협약 제1조, 제2조, 제3조, 제6조를 검토한다.

Ⅱ. 협약적용의 공통요건

협약은 영업소가 서로 다른 국가에 소재하는 당사자 사이의 물품매매계약에 적용된다(협약 1조 1항 본문).

1. **국제성**: 당사자의 영업소가 서로 다른 국가에 소재할 것이 요구된다. 이 국제성은 계약 체결 전이나 체결시까지 당사자 쌍방이 이를 인식하여야 한다(협약 1조 2항).

2. **물품성**: 물품은 일반적으로 유체동산을 의미한다. 물품 중에서도 주식, 선박, 전기 등은 그 성질에 따라 협약 적용이 배제되는 경우가 있다(협약 2조 4호~6호).

3. **매매성**: 매매계약에 적용된다. 이는 물품을 원상 그대로 판매하는 것만을 의미하는 것이 아니라 제조하여 판매하는 경우에도 물품을 주문한 매수인이 그 제조에 필요한 재료의 중요한 부분을 공급하는 경우가 아닌 한 매매에 포함된다(협약 3조 1항). 또한 물품을 공급하는 당사자의 의무의 주된 부분이 노무 그 밖의 서비스의 공급에 있는 계약에는 협약이 적용되지 아니한다(협약 3조 2항). 매매계약이라고 하더라도 가사용이나 경매 등 매매의 성격에 따라 협약의 적용이 배제되는 경우가 있다(협약 2조 1호~3호).

Ⅲ. 협약의 직접적용요건

1. **적극적 요건**: 해당 당사자 국가가 모두 체약국이어야 한다[협약 1조 1항 ㉮호].

2. **소극적 요건**: 당사자 간에 협약의 적용을 배제하기로 하는 합의가 없어야 한다(6조).

Ⅳ. 사안에의 적용 및 결론

사안의 경우 매수인 乙은 멕시코에 영업소가 있고, 매도인 甲은 대한민국에 영업소를 두고 있는 사실은 서로 인식하고 있으므로 국제성 요건이 구비된다. 계약물품은 'V-1 휴대폰 3,000대'로서 협약 제 2 조와 제 3 조에 의하여 협약의 적용이 배제되는 물품에 해당하지 않는다. 그리고 협약의 적용을 배제한다는 당사자 사이의 합의도 없다(6조). 한편 멕시코와 대한민국 모두 체약국이므로 이 사안에 대하여 협약이 직접적용된다.

<문제 2>

Ⅰ. 논점의 정리

이 사안에 있어서 甲과 乙 사이에 매매계약이 성립하였는지에 관하여 협약 제14조,

제15조, 제18조, 제19조, 제23조를 검토한다.

Ⅱ. 청약과 승낙 및 계약의 성립시기

1. 청약(offer)

가. **청약의 의의**: 청약은 상대방의 승낙이 있으면 계약이 성립된다는 계약 체결을 위한 의사표시이다.

나. **청약의 요건**: 협약은 1인 또는 그 이상의 특정인에 대한 계약 체결의 제안은 충분히 확정적이고, 승낙시 그에 구속된다는 의사가 표시되어 있는 경우에 청약이 된다고 한다. 그리고 제안의 확정성에 대하여 제안이 물품을 표시하고, 명시적 또는 묵시적으로 수량과 대금을 지정하는 경우 충분히 확정적인 것으로 규정한다(협약 14조 1항).

다. **청약의 효력발생**: 상대방에게 도달한 때에 효력이 발생한다(협약 15조 1항).

2. 승낙(acceptance)

가. **승낙의 의의**: 승낙은 청약에 대한 동의를 표시하는 피청약자의 진술 또는 행위이다. 침묵 또는 부작위는 그 자체만으로 승낙이 되지 아니한다(협약 18조 1항).

나. **승낙의 효력발생**: 승낙의 의사표시가 승낙기간 내에 청약자에게 도달하는 시점에 효력이 발생한다(협약 18조 2항).

다. **변경된 승낙**

(1) **원칙**: 승낙은 청약의 조건에 대하여 완전히 일치하는 동의의 표시일 경우에 승낙이 되고(mirror image rule), 만약 청약의 조건과 다른 내용이 포함된 승낙은 승낙으로서의 효력이 없으며, 이는 청약에 대한 거절인 동시에 새로운 청약으로 평가되는 것이 원칙이다(협약 19조 1항).

(2) **예외**: 그러나 변경된 승낙의 경우에도 그것이 승낙을 의도하고 있고, 청약의 조건을 실질적으로 변경하지 아니하는 부가적 조건이나 상이한 조건이 포함된 청약에 대한 응답인 경우에는 청약자가 지체없이 그에 대한 이의를 제기하지 아니하는 한 승낙으로서의 효력을 가진다(협약 19조 2항 1문·2문). 이 경우에는 승낙에 포함된 변경이 가하여진 청약조건이 계약조건이 된다(협약 19조 2항 3문). 협약 제19조 제3항은 청약조건을 실질적으로 변경하는 것으로 보는 경우로서 대금, 대급지급, 물품의 품질과 수량, 인도의 장소와 시기, 당사자 일방의 상대방에 대한 책임범위 또는 분쟁해결에 관한 부가적 조건 또는 상이한 조건을 열거하고 있다. 협약 제19조 제3항의 열거는 한정적인 것이 아니라 예시적인 것이며, 위 열거사항에 해당한다고 하더라도 실질적 변경에 해당하는 것으로 추정될 뿐이다.

3. 계약의 성립시기: 계약은 청약에 대한 승낙이 이 협약에 따라 효력을 발생하는 시점

에 성립된다(협약 23조).

Ⅲ. 사안에의 적용 및 결론

1. **청약:** 乙이 甲에게 이메일을 통하여 송부한 주문서의 내용은 물품(V-1 휴대전화), 수량(3,000대) 및 대금(대당 미화 400달러) 등에 대한 확정적인 제안으로서 승낙시 그에 구속된다는 의사도 표시되어 있으므로 청약으로 평가된다(협약 14조 1항).

2. **청약의 거절 및 수정청약:** 乙의 주문서를 수령한 다음 날 甲이 乙에게 이메일로 보낸 주문확인서의 내용은 가격과 인도조건에 대한 청약조건을 실질적으로 변경하는 것(협약 19조 3항)이어서 이는 乙의 청약에 대한 승낙이 될 수 없다. 따라서 甲의 주문확인서상의 의사표시는 乙의 청약에 대한 거절인 동시에 새로운 청약이 된다(협약 19조 1항).

3. **승낙:** 乙은 甲의 주문확인서를 받고 이를 수용하면서 인도기일을 엄수해줄 것을 요청하였다. 이는 甲의 수정청약에 대한 동의의 표시로서 승낙으로 평가된다(협약 18조 3항).

4. **계약성립 및 계약조건:** 이 사안의 매매계약은 乙이 甲의 주문확인서를 수령하고 이를 수용한다는 이메일을 발송한 시점인 2020. 10. 17.경 성립하였고, 그 주요내용은 甲의 주문확인서의 내용과 같이 'V-1 휴대전화 1대당 미화 420달러, 2차로 분할하여 운송인인 A항공사에 인도'하는 조건이 된다.

<문제 3-가>

Ⅰ. 논점의 정리

매수인 乙의 계약해제 및 손해배상 청구에 대하여 매도인의 인도의무에 관한 협약 제30조, 제35조, 제31조, 제33조, 계약해제에 관한 협약 제49조 제1항 ⑺호, 제51조, 제73조, 제25조, 제26조, 제81조 제1항, 손해배상에 관한 협약 제74조, 제75조를 각 검토한다.

Ⅱ. 매도인의 인도의무와 인도의 시기 및 장소

1. **매도인의 의무 개관:** 매도인은 계약과 이 협약에 따라 물품을 인도하고, 관련 서류를 교부하며 물품의 소유권을 이전하여야 한다(협약 30조).

2. **매도인의 물품적합성 준수의무:** 매도인은 계약에서 정한 수량, 품질 및 종류에 적합

하고, 계약서에 정한 방법으로 용기에 담겨지거나 포장된 물품을 인도하여야 한다[협약 35조 1항]. 당사자가 달리 합의한 경우를 제외하고는 물품이 협약 제35조 제 1 항 ㈎호의 '동종 물품의 통상 사용목적에 맞지 아니한 경우' 계약적합성이 없는 것으로 한다.

2. **물품인도의 시기**: 매도인은 인도기일이 계약에 의하여 지정되어 있는 경우에는 그 기일에 물품을 인도하여야 한다[협약 33조 ㈎호].

3. **물품인도의 장소**: 매도인이 특정장소에서 물품을 인도할 의무가 없는 경우, 매매계약에 물품의 운송이 포함된 경우에는 매수인에게 전달하기 위하여 물품을 제 1 운송인에게 교부함으로써 인도의무를 이행한다[협약 31조 ㈎호].

Ⅲ. 매수인의 계약해제권

1. **매수인의 계약해제권**: 매수인은 계약 또는 협약상 매도인의 의무불이행이 본질적 계약위반으로 되는 경우 계약을 해제할 수 있다[협약 49조 1항 ㈎호]. 이는 매도인이 인도한 물품의 일부가 계약에 부적합한 경우 그 부적합한 부분에 적용되며(협약 51조 1항), 매수인은 그 부적합이 본질적 계약위반으로 되는 경우에 한하여 계약 전체를 해제할 수 있다(협약 51조 2항). 그리고 분할인도계약에서 당사자 일방의 의무불이행이 그 분할부분에 관하여 본질적 계약위반이 되는 경우에는 상대방은 그 분할부분에 관하여 계약을 해제할 수 있다(협약 73조 1항).

2. **본질적 계약위반**: 협약 제25조는 당사자 일방의 계약위반이 그 계약에서 상대방이 기대할 수 있는 바를 실질적으로 박탈할 정도의 손실을 상대방에게 주는 경우에 본질적인 것으로 하되, 위반당사자가 그러한 결과를 예견하지 못하였고, 동일한 부류의 합리적인 사람도 동일한 상황에서 그러한 결과를 예견하지 못하였을 경우 예외로 한다.

3. **해제의 방법**: 계약해제의 의사표시는 상대방에 대한 사전통지로 하여야 한다(협약 26조).

4. **해제권의 상실**: 매수인이 물품을 수령한 상태와 실질적으로 동일한 상태로 그 물품을 반환할 수 없는 경우에는 매수인은 계약을 해제할 권리를 상실한다(협약 82조 1항).

Ⅳ. 매도인의 계약위반에 대한 매수인의 구제방법으로서의 손해배상

1. **손해배상의 근거**: 매도인이 매매계약상의 의무를 이행하지 아니하는 경우에 매수인은 협약 제74조 내지 제77조에서 정한 손해배상의 청구를 할 수 있다[협약 45조 1항 ㈏호].

2. **손해배상의 범위**(협약 74조): 당사자 일방의 계약위반으로 인한 손해배상액은 이익의 상실을 포함하여 그 위반의 결과 상대방이 입은 손실과 동등한 금액으로 한다. 그

손해배상액은 위반당사자가 계약 체결시에 알았거나 알 수 있었던 사실과 사정에 비추어 계약 위반의 가능한 결과로서 발생할 것을 예견하였거나 예견할 수 있었던 손실을 초과할 수 없다.

3. **계약해제시의 대체거래대금차액**(협약 75조): 계약이 해제되고 계약해제 후 합리적인 방법으로, 합리적인 기간 내에 매수인이 대체물을 매수한 경우에 손해배상을 청구하는 당사자는 협약 제74조에 따른 손해액 외에 계약대금과 대체거래대금과의 차액을 배상받을 수 있다.

V. 사안에의 적용과 결론

1. **乙의 계약 전체 해제의 가부**: 甲과 乙의 이 건 매매계약에 따라 2차에 걸쳐 분할인도가 이루어졌고, 2020. 11. 1.의 휴대전화 1,000대의 인도분(이하 '1차인도분'이라 함) 중에 100대의 하자물품이 있었던 한편 2020. 11. 10.의 휴대전화 2,000대의 인도분(이하 '2차인도분'이라 함)은 하자가 없는 물품이었으나 전량 도난당하였으므로 아래에서는 1차인도분과 2차인도분을 나누어 살펴본다.

   가. **1차인도분의 해제와 손해배상**: 1차인도분은 인도시기에 정상인도되었으나 그 중 10%에 해당하는 100대(100/1,000)의 휴대전화에 계약에서 정한 물품의 적합성을 갖추지 못한 중대한 하자가 있다[협약 35조 1항 ㈎호]. 이 경우 100대에 대하여는 본질적 계약위반이 있으므로 그에 한하여 계약을 해제할 수 있다[협약 73조 1항, 51조 1항, 49조 1항 ㈎호]. 그러나 이로 인하여 1차인도분 전체에 대한 본질적 계약위반이 된다고 볼 특별한 사정이 없으므로 이 건 계약 전체는 물론 1차인도분 전체에 대한 계약해제도 불가하다(협약 73조 1항).

   나. **2차인도분의 해제**: 2차인도분 또한 인도시기에 정상인도된 이후에 전량 도난된 경우이고, 2,000대에 대한 하자는 없다. 따라서 매도인 甲으로서는 자신의 인도의무를 이행한 것이고, 이에 아무런 본질적 계약위반이 없다. 따라서 乙의 계약해제 주장은 부당하다.

2. **乙의 손해배상청구의 가부**: 전항에서 살펴본 바와 같이 甲의 계약위반은 1차인도분 중 100대의 휴대전화에 한정된 것으로 乙은 이 부분에 한하여 계약을 해제하고 예견가능한 손해의 배상[30달러(계약해제 후 합리적인 기간 내 대체구매한 가격 450달러 - 원래의 계약가격 420달러)×100대=3,000달러]을 청구할 수 있다. 이 부분 乙의 주장은 일부 정당하다.

<문제 3-나>

Ⅰ. 논점의 정리

매도인의 인도의무에 관한 협약 제30조, 제31조, 제33조, 매수인의 대금지급의무에 관한 협약 제53조, 위험의 이전에 관한 협약 제66조, 제67조를 검토한다.

Ⅱ. 매도인의 인도의무와 인도장소

매도인은 계약과 이 협약에 따라 물품을 인도할 의무가 있으며(협약 30조), 매도인이 특정장소에서 물품을 인도할 의무가 없는 경우, 매매계약에 물품의 운송이 포함된 경우에는 매수인에게 전달하기 위하여 물품을 제 1 운송인에게 교부함으로써 인도의무를 이행한다[협약 31조 ㈎호].

Ⅲ. 매수인의 대금지급의무와 위험의 이전

1. 매수인의 대금지급의무: 매수인은 계약과 협약에 따라 물품의 대금을 지급하여야 한다(협약 53조).

2. 위험의 이전과 대금지급의무: 위험이 매수인에게 이전된 후에 물품이 멸실 또는 훼손되더라도 매수인은 대금지급의무를 면하지 못한다(협약 66조 본문). 단, 그 멸실 또는 훼손이 매도인의 작위 또는 부작위로 인한 경우에는 그러하지 아니하다(협약 66조 단서).

3. 운송 포함 매매에 있어서의 위험의 이전: 매매계약에 물품의 운송이 포함되어 있고, 매도인이 특정한 장소에서 이를 교부할 의무가 없는 경우에 위험은 매매계약에 따라 매수인에게 전달하기 위하여 물품이 제 1 운송인에게 교부된 때에 매수인에게 이전한다(협약 67조 1항 1문).

Ⅳ. 사안에의 적용 및 결론

사안에서 甲은 2차인도분을 인도기일인 2020. 11. 10.에 하자없는 2,000대의 휴대전화를 계약에 따른 제 1 운송인인 A항공사에 인도함으로써 매도인으로서의 인도의무를 이행함과 동시에 물품에 대한 위험은 매수인 乙에게 이전되었다. 그러므로 乙은 甲에게 매매대금을 지급할 의무가 있고, 그 후 공항에서의 도난이 있었다고 하여 결과가 달라지지 아니한다. 따라서 甲은 乙에게 2차인도분 2,000대의 휴대전화에 대한 대금을 청구할 수 있으므로 甲의 주장은 정당하다.

| 제11회 국제거래법 기출문제 | 국제거래법 |

국제사법 문제

甲회사는 대한민국 수원에 주된 사무소를 두고 TV를 생산해 수출하는 법인이다. 乙회사는 베트남 호찌민에 주된 사무소를 두고 TV를 수입해 판매하는 법인이다. 매도인 甲회사와 매수인 乙회사는 TV 10,000대(이하 '이 사건 화물')에 대한 매매계약을 체결하였다.

甲회사는 중국 상하이에 주된 사무소를 두고 대한민국 부산에 유일한 영업소를 두고 있는 丙운송회사와 이 사건 화물을 대한민국 부산항에서 베트남 호찌민항까지 운송하기로 하는 해상운송계약을 체결하였다(준거법 지정은 없었음). 또한 甲회사는 일본 도쿄에 주된 사무소를 두고 있는 丁보험회사와 보험목적물을 이 사건 화물로, 보험금액을 미화 100만 달러로, 피보험자를 乙회사로 하는 해상적하보험계약을 체결하였다. 이 해상적하보험계약에는 "본 보험증권에 따라 발생하는 책임에 관한 모든 문제는 영국의 법률과 관습에 따른다."라는 내용의 준거법 약관이 기재되어 있었다. 아울러 甲회사와 乙회사가 丁보험회사에 부보화물의 갑판(甲板)적재 사실을 고지하지 않은 경우 위 해상적하보험계약의 담보범위는 일정하게 축소된다는 내용의 '갑판적재 약관(On-Deck Clause)'이 포함되어 있었다.

丙운송회사는 甲회사의 동의 아래 이 사건 화물을 여러 개의 컨테이너에 적재하여 자사 소유 그랜드 피스호(선적국은 파나마국, 선원의 대부분은 파나마국인들로 구성됨)의 선내가 아닌 갑판에 선적하였다.

乙회사가 베트남 호찌민항에 도착한 이 사건 화물을 검사한 결과 그랜드 피스호의 선장 戊(파나마국 국적이고, 대한민국에 상거소를 둠)의 과실로 컨테이너 1개가 해상에 떨어져 이 사건 화물 중 일부가 멸실된 사실이 밝혀졌다. 이에 乙회사가 丁보험회사를 상대로 피해액에 대한 보험금 지급을 청구하자, 丁보험회사는 甲회사 및 乙회사가 부보화물의 갑판적재 사실을 고지하지 않았다는 이유로 乙회사가 청구한 보험금 전부에 대하여는 지급을 할 수 없다고 항변하였다. 이에 대하여 乙회사는 丁보험회사가 甲회사 및 乙회사에 갑판적재 약관에 관하여 아무런 설명을 하지 않았으므로 위 갑판적재 약관을 위 해상적하보험계약의 내용으로 주장할 수 없는 것이라고 다투었다.

한편 丙운송회사는 선장 戊와 근로계약 체결 당시 근로계약에 관한 분쟁에 대하여 중국 법원을 전속적 관할 법원으로 하는 서면 합의를 하였으나, 준거법은 지정하지 않았다.

[전 제]

1. 보험약관의 설명의무에 관한 사항은 약관의 내용이 계약 내용이 되는지 여부에 관한 문제로서 보험계약의 성립의 문제이고, 보험자의 책임에 관한 것은 아니다.

2. 위 해상적하보험계약에서 가장 밀접한 관련이 있는 국가는 일본이다.

3. 1번, 2번 질문에서 대한민국 법원은 국제재판관할권을 가진다.

[질 문]

1. 乙회사가 丁보험회사를 상대로 대한민국 법원에 보험금청구소송을 제기하였고, 위 해상적하보험계약에서 갑판적재 약관에 대한 설명이 필요한지 여부가 다투어지고 있다면, 이를 판단하기 위한 준거법은 무엇인지 논하시오. (30점)

2. 甲회사가 丙운송회사를 상대로 선장 戊의 과실을 들어서 불법행위로 인한 손해배상청구소송을 대한민국 법원에 제기하였고, 소제기 이후 甲회사와 丙운송회사가 합의하여 일본법을 불법행위의 준거법으로 선택하였다면, 이에 적용될 준거법은 무엇인지 논하시오. (20점)

3. 甲회사에 손해를 배상한 丙운송회사가 선장 戊를 상대로 근로계약위반을 들어서 대한민국 법원에 손해배상청구소송을 제기하였다면,

    가. 대한민국 법원이 국제재판관할권을 가지는지 논하시오. (15점)

    나. 준거법은 무엇인지 논하시오. (변제에 의한 대위는 고려하지 아니함) (15점)

모범답안

<문제 1>

Ⅰ. 논점의 정리

계약의 준거법과 준거법의 분할(분열)에 관하여 국제사법 제45조, 제46조, 그리고 영국법준거약관에 대한 대법원의 입장을 검토한다.

Ⅱ. 계약의 준거법과 준거법의 분할(분열) 및 준거법의 객관적 연결

1. 당사자자치의 원칙: 국제사법은 계약의 준거법에 당사자자치(party autonomy) 원칙을

도입하여, 계약은 당사자가 명시적 또는 묵시적으로 선택한 법에 따르도록 한다(45
조 1항 본문).

2. **준거법의 분할**(분열): 국제사법은 당사자가 계약의 일부에 관하여도 준거법을 선택
할 수 있도록 허용한다(45조 2항). 당사자가 계약의 일부에 관하여만 준거법을 선택
한 경우에 해당 부분에 관하여는 당사자가 선택한 법이 준거법이 되지만, 준거법
선택이 없는 부분에 관하여는 계약과 가장 밀접한 관련이 있는 국가의 법이 준거법
이 된다(아래 46조 1항).

3. **준거법의 객관적 연결**: 당사자가 준거법을 선택하지 않은 경우에는 '그 계약과 가장
밀접한 관련이 있는 국가의 법'이 준거법이 된다(준거법의 객관적 연결, 46조 1항).

Ⅲ. 영국법 준거약관

1. **의의와 유효성**: 영국법준거약관(조항)은 주로 적하보험계약실무에서 보험계약에 관련
한 책임 등에 대하여 영국의 법과 실무에 따르기로 하는 약관(조항)을 의미한다. 이
에 대하여 대법원은 오랜 기간 동안에 걸쳐 해상보험업계의 중심이 되어 온 영국의
법률과 관습에 따라 당사자 간의 거래관계를 명확하게 하려는 것으로서 우리나라의
공익규정 또는 공서양속에 반하는 것이라거나 보험계약자의 이익을 부당하게 침해
하는 것이라고 볼 수 없다고 하여 그 유효성을 인정해오고 있다.

2. **유형에 따른 법적 성질**: 영국법준거약관은 보통 세 종류로 나뉜다. ① 해당 보험계약
에 대하여 영국의 법과 실무에 따르기로 하는 경우로서, 이는 영국법을 준거법으로
한 저촉법적 지정이다. ② 해당 보험계약 중 모든 청구에 대한 책임과 결제에 관하
여만 영국의 법과 관습에 의한다는 경우로서 그에 관하여 일부 저촉법적 지정으로
본다(실질법적 지정으로 보는 반대견해 있음). ③ 이 사안의 경우와 같이 책임문제에
대하여 영국의 법과 관습에 의하기로 하는 경우이다. 이에 대하여 대법원은 종래에
는 이를 보험계약 전부에 대한 저촉법적 지정으로 해석하였으나 근래 입장을 변경
하여 보험자의 '책임'문제에 한정하여 영국의 법률과 관습에 따르기로 한 것이므로
보험자의 책임에 관한 것이 아닌 사항에 관하여는 보험계약과 가장 밀접한 관련이
있는 법이 적용된다고 판시하였다. 즉, 준거법의 분할(분열)의 경우로 파악한다.

Ⅳ. 사안에의 적용 및 결론

베트남 호찌민에 주된 사무소를 둔 乙회사가 일본 도쿄에 주된 사무소를 둔 丁회사
를 상대로 제기한 보험금청구소송은 외국과 관련된 요소(당사자)가 있으므로 국제사
법에 의하여 그 준거법을 정하여야 한다(1조).
이 사건 해상적하보험계약상 영국법준거약관은 보험자의 책임에 관하여만 적용되고,
현재 이 소송에서 다투어지고 있는 갑판적재약관에 대한 설명의 필요성 여부, 즉 보

험약관의 설명의무에 관한 사항은 보험자의 책임에 관한 것이 아니라고 전제되어 있다. 한편 위 설명의무에 대한 준거법 지정은 당사자 사이에 없었으므로 국제사법 제46조에 따라 이 사건 해상적하보험계약과 가장 밀접한 관련이 있는 국가의 법이 적용되어야 하는데, 지문상 위 해상적하보험계약에서 가장 밀접한 관련이 있는 국가는 일본국임이 전제되어 있다. 따라서 약관에 대한 설명의 필요성 여부에 대한 판단의 준거법은 일본국법이다.

<문제 2>

I. 논점의 정리

불법행위의 준거법에 관한 국제사법 제52조, 제53조를 검토한다.

II. 불법행위의 준거법

불법행위의 준거법은 다음의 순서에 따라 단계적으로 연결된다.

1. **준거법의 사후적 합의**: 국제사법은 불법행위 등 법정채권에 있어서 당사자들이 사후적 합의에 의하여 대한민국법을 준거법으로 선택할 수 있도록 허용하고 그에 대하여 우선적 효력을 인정하고 있다(53조 본문). 준거법에 관한 사후적 합의는 제 3 자의 권리에는 영향을 미치지 않는다(53조 단서).

2. **종속적 연결**: 가해자와 피해자 간에 존재하는 법률관계가 불법행위에 의하여 침해되는 경우에는 불법행위지법 및 공통의 속인법에 우선하여 그 법률관계의 준거법에 따른다(52조 3항). 종속적 연결을 인정한 이유는 그 경우 당사자들은 그 법률관계에 적용되는 법규범에 의한 규율을 예견하고 있기 때문에 그에 따라 불법행위의 성립 여부 등을 판단하는 것이 가장 적절하다는 데 있다.

3. **일상거소를 기초로 하는 공통의 속인법**: 불법행위를 한 당시 동일한 국가 안에 가해자와 피해자의 일상거소가 있는 경우에는 그 국가의 법에 따른다(52조 2항).

4. **불법행위지법**: 불법행위는 그 행위를 하거나 그 결과가 발생하는 곳의 법에 따른다(52조 1항).

III. 계약의 준거법

1. **당사자자치의 원칙**: 국제사법은 계약의 준거법에 당사자자치(party autonomy)원칙을 도입하여, 계약은 당사자가 명시적 또는 묵시적으로 선택한 법에 따르도록 한다(45조 1항 본문).

2. **준거법의 객관적 연결**: 당사자가 준거법을 선택하지 않은 경우에는 '계약과 가장 밀접한 관련이 있는 국가의 법'이 준거법이 된다(준거법의 객관적 연결, 46조 1항). 계약의 특징적 이행 중 용역계약의 경우에는 용역을 이행하려고 하는 당사자의 계약 체결 당시의 그의 일상거소(자연인인 경우), 주된 사무소(법인 또는 단체의 경우) 또는 영업소(직업 또는 영업활동으로 계약이 체결된 경우)가 있는 국가의 법이 당해 계약과 가장 밀접한 관련을 가지는 것으로 추정한다(46조 2항 3호). 한편 부동산에 대한 권리를 대상으로 하는 계약의 경우 부동산 소재지국법이 가장 밀접한 관련이 있는 것으로 추정한다(46조 3항).

Ⅳ. 사안에의 적용 및 결론

대한민국 수원에 주된 사무소를 둔 甲회사와 중국 상하이에 주된 사무소를 둔 丙회사 사이에 丙회사의 선장 戊(파나마국적)의 과실에 근거한 불법행위에 기한 손해배상 청구소송은 외국과 관련된 요소(당사자)가 있으므로 국제사법에 의하여 그 준거법을 정하여야 한다(1조).

이 사건 사고 발생 후 당사자인 甲회사와 丙회사가 불법행위의 준거법을 선택(일본 국법)하였으나 대한민국 법을 준거법으로 합의한 것이 아니므로 국제사법 제53조는 적용되지 않는다. 이 사안의 경우 丙회사의 근로자인 戊의 귀책사유로 인하여 甲회사가 손해를 입은 것으로서, 피해자인 甲회사와 가해자인 丙회사 사이의 법률관계(해상운송계약관계)가 불법행위에 의하여 침해되는 경우에 해당한다. 그러므로 국제사법 제52조 제3항에 따라 이 사건 해상운송계약의 준거법이 불법행위의 준거법이 되는 한편 甲회사와 丙회사 사이에 위 해상운송계약을 체결하면서 준거법을 선택하지 않았다고 하므로 위 해상운송계약과 가장 밀접한 관련이 있는 국가의 법이 위 운송계약의 준거법이 된다(46조 1항). 위 해상운송계약은 용역계약의 일종이고, 이는 丙회사의 영업활동으로 체결된 것이므로, 국제사법 제46조 제2항 제3호에 따라 용역을 이행하는 丙회사의 유일한 영업소가 있는 대한민국이 가장 밀접한 관련이 있는 것으로 추정된다. 따라서 준거법은 대한민국 법이 된다.

<문제 3-가>

Ⅰ. 논점의 정리

국제재판관할의 일반원칙에 관한 학설과 국제사법 제2조 및 그에 대한 대법원의 입장, 근로계약에 대한 국제재판관할권의 특칙인 국제사법 제43조 그리고 전속적 국제재판관할합의의 유효요건에 대한 판례이론을 검토한다.

II. 국제재판관할권

1. 의의: 국제재판관할권은 문제된 섭외사법관계에 대하여 특정 국가의 법원이 이를 재판할 수 있는 자격 내지 권한을 의미한다.

2. 결정기준에 관한 학설: 이에 대하여는 ① 민사소송법의 토지관할규정을 역으로 추지하여 국내에 재판적이 인정되면 국제재판관할권을 인정하는 역추지설, ② 국제민사소송법의 기본이념인 조리에 의하여 국제재판관할원칙을 세워야 한다는 관할배분설(조리설) 및 ③ 기본적으로 국내민사소송법의 토지관할에 따르되 재판의 적정과 공평, 신속에 반하는 특별사정이 있는 경우 관할을 부정한다는 수정역추지설(특별사정설)이 있다.

3. 국제사법 규정과 대법원의 입장

   가. 실질적 관련의 원칙: 당사자 또는 분쟁이 된 사안이 대한민국과 실질적 관련을 가지는 경우에 대한민국 법원에 국제재판관할권이 인정되며, 실질적 관련성 유무를 판단함에 있어서는 국제재판관할배분의 이념에 부합하는 합리적인 원칙에 따라야 한다(2조 1항).

   대법원은 여기의 '실질적 관련'은 대한민국 법원이 재판관할권을 행사하는 것을 정당화할 정도로 당사자 또는 분쟁이 된 사안과 관련성이 있는 것을 뜻하고, 이를 판단함에 있어서는 당사자의 공평, 재판의 적정, 신속과 경제 등 국제재판관할 배분의 이념에 부합하는 합리적인 원칙에 따라야 하며, 구체적으로는 당사자의 공평, 편의, 예측가능성과 같은 개인적인 이익뿐만 아니라, 재판의 적정, 신속, 효율, 판결의 실효성과 같은 법원이나 국가의 이익도 함께 고려하여야 하고, 이처럼 다양한 국제재판관할의 이익 중 어떠한 이익을 보호할 필요가 있을지는 개별 사건에서 실질적 관련성 유무를 합리적으로 판단하여 결정하여야 한다는 입장이다.

   > * 2022년 국제사법 개정시 국제사법 제 2 조 제 1 항에 '당사자 간의 공평, 재판의 적정, 신속 및 경제'라는 국제재판관할 배분의 구체적 이념을 추가하였는데 이는 위와 같은 대법원판결의 내용을 반영한 것이다.

   나. 국내법의 관할규정 참작: 법원은 국내법의 관할규정을 참작하여 국제재판관할권의 유무를 판단하되, 국제재판관할의 특수성을 충분히 고려하여야 한다(2조 2항). 대법원은 국제재판관할권 인정 여부에 있어서 민사소송법의 관할규정을 중요기준으로 제시하면서 개별사건에 있어서의 국제재판관할의 특수성에 따라 이를 수정

하여 적용할 수 있다는 입장이다.

> ※ 2022년 개정 국제사법 제 2 조 제 1 항에 '실질적 관련성' 유무 판단의 구체적 기준을, 제 2 항에 국내법의 관할규정을 참작할 전제(보충성)를 각 추가한 데 개정 전과 차이가 있다(아래 각 밑줄 부분).
>
> 국제사법 제 2 조(일반원칙) ① 대한민국 법원(이하 "법원"이라 한다)은 당사자 또는 분쟁이 된 사안이 대한민국과 실질적 관련이 있는 경우에 국제재판관할권을 가진다. 이 경우 법원은 실질적 관련의 유무를 판단할 때에 당사자 간의 공평, 재판의 적정, 신속 및 경제를 꾀한다는 국제재판관할 배분의 이념에 부합하는 합리적인 원칙에 따라야 한다.
> ② 이 법이나 그 밖의 대한민국 법령 또는 조약에 국제재판관할에 관한 규정이 없는 경우 법원은 국내법의 관할 규정을 참작하여 국제재판관할권의 유무를 판단하되, 제 1 항의 취지에 비추어 국제재판관할의 특수성을 충분히 고려하여야 한다.

4. 근로계약에 있어서의 국제재판관할의 특칙

   가. 근로자가 제기하는 소: 국제사법 제 2 조의 기본원칙에 따라 결정되는 관할에 추가하여 근로자의 경우 대한민국이 일상적 노무제공지 또는 최종 일상적 노무제공지인 경우이거나 또는 그에 해당하지는 않으나 사용자가 근로자를 고용한 영업소가 대한민국에 있거나 있었을 때에는 대한민국 법원에 사용자에 대한 근로계약에 관한 소를 제기할 수 있다(43조 1항). 추가적 관할이다.

   나. 근로자를 상대로 하는 소: 사용자가 근로자에 대하여 제기하는 근로계약에 관한 소는 근로자의 일상거소가 대한민국에 있거나 근로자가 대한민국에서 일상적으로 노무를 제공하는 경우에는 대한민국 법원에만 제기할 수 있다(43조 2항). 전속관할이다.

   다. 관할합의 제한: 부당한 재판관할 합의를 막기 위하여 당사자 간의 재판관할 합의는 사후적 합의 또는 사전합의일 경우 근로자에게 유리한 추가적 합의만을 인정한다(43조 3항). 국제재판관할의 합의는 서면에 의하지 않으면 효력이 없다(8조 2항).

Ⅲ. 전속적 국제재판관할합의

1. 국제재판관할합의의 의의 및 유효성: 국제재판관할합의는 특정한 국가 또는 주의 법원에게 당사자 간의 국제소송을 심판할 자격 내지 권한을 부여하기로 하는 합의이다. 계약에 관하여 당사자 간의 합의에 의한 국제재판관할 결정이 유효하다는 점에 대하여는 이견이 없다.

2. 국제재판관할합의의 종류: 기준에 따라 여러 가지로 분류되나 전속성 여부에 따라 전속적 국제재판관할합의와 부가적 국제재판관할합의로 나뉜다.

3. **전속적 국제재판관할합의의 유효 요건**: 판례는 외국법원의 관할을 배제하고 외국을 관할법원으로 하는 전속적 국제재판관할합의가 유효하기 위하여는 ① 당해 사건이 대한민국 법원의 전속관할에 속하지 아니하고, ② 지정된 외국법원이 그 외국법상 당해 사건에 대하여 관할권을 가져야 하며, ③ 당해 사건이 그 외국 법원에 대하여 합리적인 관련성을 가질 것이 요구되고, ④ 그와 같은 전속적인 관할합의가 현저하게 불합리하고 불공정하여 공서양속에 반하는 법률행위에 해당하지 않아야 한다는 입장이다. 또한 ⑤ 관할합의의 방식은 서면이어야 한다.

※ 2022년 개정 국제사법은 합의관할에 대한 규정(8조)을 신설하였는데 대법원판결이 요구하는 ③의 합리적 관련성을 요건으로 하지 않는 것 외에 대체로 위 대법원이 제시한 요건과 유사하다. 향후 전속적 국제재판관할합의에 대한 문제가 출제될 경우에는 대법원판결이 아니라 국제사법 제 8 조에 따라 서술하여야 한다.

국제사법 제 8 조(합의관할) ① 당사자는 일정한 법률관계로 말미암은 소에 관하여 국제재판관할의 합의(이하 이 조에서 "합의"라 한다)를 할 수 있다. 다만, 합의가 다음 각 호의 어느 하나에 해당하는 경우에는 효력이 없다.
1. 합의에 따라 국제재판관할을 가지는 국가의 법(준거법의 지정에 관한 법규를 포함한다)에 따를 때 그 합의가 효력이 없는 경우
2. 합의를 한 당사자가 합의를 할 능력이 없었던 경우
3. 대한민국의 법령 또는 조약에 따를 때 합의의 대상이 된 소가 합의로 정한 국가가 아닌 다른 국가의 국제재판관할에 전속하는 경우
4. 합의의 효력을 인정하면 소가 계속(係屬)된 국가의 선량한 풍속이나 그 밖의 사회질서에 명백히 위반되는 경우
② 합의는 서면[전보(電報), 전신(電信), 팩스, 전자우편 또는 그 밖의 통신수단에 의하여 교환된 전자적(電子的) 의사표시를 포함한다]으로 하여야 한다.
③ 합의로 정해진 관할은 전속적인 것으로 추정한다.

Ⅳ. 사안에의 적용

丙회사는 중국 상하이에 주된 사무소를 두고 있는 회사인 한편 戊의 국적은 파나마국으로서, 丙회사가 대한민국 법원에 戊를 상대로 제기한 채무불이행에 기한 손해배상청구소송은 외국과 관련된 요소(당사자)가 있으므로 국제사법에 의하여 국제재판관할을 정하여야 한다(1조).

1. **근로계약의 특칙에 따른 국제재판관할**: 丙회사와 戊 간의 근로계약에는 당사자 간에 분쟁이 발생할 경우에는 중국 법원에만 소를 제기할 수 있다는 전속관할 합의가 있다. 이러한 국제재판관할의 사전합의는 근로자에게 유리한 추가적 합의일 경우에만 그 효력이 인정되므로(43조 3항) 위 관할합의는 효력이 없다. 丙회사가 근로자에 대

하여 제기하는 근로계약에 관한 소는 근로자의 일상거소가 대한민국에 있거나 근로자가 대한민국에서 일상적으로 노무를 제공하는 경우에는 대한민국 법원에만 제기할 수 있다(43조 2항). 이 사안의 戊의 일상거소가 대한민국이므로 대한민국 법원은 국제재판관할권을 가진다.

2. **국제사법 제2조에 따른 국제재판관할:** 丙회사의 주된 사무소 소재지가 중국 상하이이고, 戊의 국적이 파나마국이기는 하나 ① 丙회사가 대한민국 부산에 유일한 영업소를 두고 있는 점, ② 戊가 대한민국에 일상거소를 두고 있는 점 등을 고려하면 당사자 또는 분쟁이 된 사안이 대한민국과 실질적 관련성이 있으므로 대한민국 법원에 국제재판관할권이 인정된다.

> 2022년 개정 국제사법 제3조 제1항 제1문과도 관련이 있다.

V. 결론

丙회사가 戊를 상대로 제기한 이 건 손해배상청구소송에 대하여 대한민국 법원에 국제재판관할권이 인정된다.

<문제 3-나>

I. 논점의 정리

계약의 준거법에 관한 국제사법 제45조, 제46조, 근로계약의 준거법에 관한 국제사법 제48조 제2항을 검토한다.

II. 계약의 준거법과 근로계약의 특칙

1. **계약의 준거법의 일반원칙:** 계약은 당사자가 명시적 또는 묵시적으로 선택한 법에 따른다(당사자자치 원칙, 45조 1항 본문). 당사자가 준거법을 선택하지 않은 경우에는 '그 계약과 가장 밀접한 관련이 있는 국가의 법'이 준거법이 된다(준거법의 객관적 연결, 46조 1항).

2. **근로계약의 특칙:** 근로계약의 당사자가 준거법을 선택하지 아니한 경우 근로계약은 제46조에도 불구하고 근로자가 일상적으로 노무를 제공하는 국가의 법에 따르며, 근로자가 일상적으로 어느 한 국가 안에서 노무를 제공하지 아니하는 경우에는 사용자가 근로자를 고용한 영업소가 있는 국가의 법에 따른다(48조 2항).

3. **선원근로계약의 객관적 준거법:** 선원근로계약, 즉 근로자가 국제운송에 사용되는 선

박에서 노무를 제공하는 경우의 객관적 준거법에 대하여 ① 선적국이 근로자가 일
상적으로 노무를 제공하는 국가이므로 선적국법이 준거법이라는 견해와 ② 근로자
가 일상적으로 노무를 제공하는 국가가 존재하지 않으므로 사용자가 근로자를 고용
한 영업소가 소재하는 국가의 법이 준거법이라는 견해가 대립한다. 대법원은 선원
근로계약에 관하여는 선적국을 선원이 일상적으로 노무를 제공하는 국가로 볼 수
있다고 판시함으로써 ①의 입장을 취하고 있다.

Ⅲ. 사안에의 적용 및 결론

丙회사는 중국 상하이에 주된 사무소를 두고 있는 회사인 한편 戊의 국적은 파나마
국으로서, 丙회사가 대한민국 법원에 戊를 상대로 제기한 채무불이행에 기한 손해배
상청구소송은 외국과 관련된 요소(당사자)가 있으므로 국제사법에 의하여 그 준거법
을 정하여야 한다(1조).

이 소송에 대하여 대한민국에 국제재판관할권이 인정되는 한편 丙회사와 戊 사이의
근로계약에 관하여 준거법을 지정하지 않았다. 이 경우 일반계약은 그 계약과 가장
밀접한 관련이 있는 국가의 법이 준거법이 되나(46조 1항) 근로계약에서는 당사자가
준거법을 선택하지 아니한 경우에 국제사법 제46조의 규정에 불구하고 근로자가 일
상적으로 노무를 제공하는 국가의 법에 따르며, 근로자가 일상적으로 어느 한 국가
안에서 노무를 제공하지 아니하는 경우에는 사용자가 근로자를 고용한 영업소가 있
는 국가의 법에 따른다(48조 2항). 여기서 戊는 선적국이 파나마국인 선박에서 근로
하므로 일상적 노무제공지는 선적국인 파나마국으로 보아야 한다(판례). 따라서 丙
회사가 戊를 상대로 제기한 이 건 손해배상청구소송에서의 준거법은 파나마국법이
된다.

UN협약 문제

　　甲은 대한민국법에 따라 설립되어 서울에만 영업소를 두고 전자제품을 제조·판매하는 회사이고, 乙은 중국법에 따라 설립되어 상하이에만 영업소를 두고 '내비게이션'을 수입·판매하는 회사이다.

　　乙은 2020. 5. 1. "甲이 제조한 내비게이션 20,000개를 개당 100달러에 총 200만 달러로 구매하기로 하며, 인도조건은 FOB 부산항(Incoterms 2020), 10,000개씩 2회에 걸쳐 2020. 7. 1.(1차 인도분)과 2020. 8. 1.(2차 인도분)에 인도하는 것으로 하고, 甲은 중국 소비자의 선호를 고려하여 乙이 제공하는 설계도에 따라 乙의 주문품을 생산하기로 한다."라는 내용의 주문서(Purchase Order)를 甲에 이메일로 송부하였다. 이에 甲은 곧바로 주문승낙서(Order Acknowledgement)를 乙에 송부하면서, "대금은 乙이 각 인도분에 대하여 2020. 6. 20.과 2020. 7. 20. 중국 상하이 은행이 각각 개설하는 일람출급식 신용장에 의하여 지급"하기로 하는 내용을 추가하였다. 乙은 2020. 5. 5. 이에 대하여 동의하는 이메일을 송부하였고, 내비게이션 설계도를 甲에 제공하였다.

　　1차 인도분에 대하여 乙은 약정기일에 신용장을 개설하였고, 甲은 약정한 인도기일에 물품을 인도하였으며, 乙은 이를 수령하여 거래처에 판매하였다. 그러나 乙은 그 후 현금흐름이 급속히 악화되어 2차 신용장 개설기한인 2020. 7. 20.까지 신용장 개설을 하지 못하였다. 결국 乙은 2020. 7. 25. 중국 파산법원에 기업회생절차를 신청하였으며, 이 사실은 곧바로 甲에 알려졌다. 2차 인도분에 대하여 甲은 약정된 인도기일인 2020. 8. 1.이 도래하였는데도 물품을 인도하지 않았으며, 이 사실을 즉시 乙에 통지하였다.

　　한편 1차 인도분을 사용하던 乙의 거래처로부터 제품이 오작동되는 불량으로 반품이 증가하자, 乙은 이를 甲에 통지하면서 위 불량이 제조상 결함으로 인한 것이라고 주장하였으나, 조사 결과 위 불량은 쉽게 발견할 수 없는 하자로서 ① 乙이 제공한 설계도의 결함으로 인해 제조 과정에서 발생한 것이고, ② 운송 도중 풍랑으로 해수가 스며들어 생긴 변성으로 인해 심화된 것으로 밝혀졌다.

　　乙은 甲에 1차 인도분 하자로 인한 대금감액을 주장하여 감액부분의 반환을 청구하였고, 2차 인도분의 인도 지연이 계약위반이라고 주장하였다. 이에 대하여 甲은 2020. 8. 3. 乙에 2차 인도분에 대하여 계약을 해제한다는 의사를 통지하여 이것이 乙에 도달하였다.

　　[전 제]
　　대한민국과 중국은 「국제물품매매계약에 관한 국제연합 협약」(이하 '협약')의 체약국이다.

[질 문]

1. 甲과 乙 사이의 위 계약에 협약이 적용되는지 여부와 계약이 성립하는지 여부, 계약이 성립하였다면 어떤 조건들로 계약이 이루어진 것인지에 대해 논하시오. (30점)

2. 乙의 1차 인도분에 대한 대금감액 주장은 적법한가? (20점)

3. 甲이 2차 인도분을 인도기일에 인도하지 않은 것과 2차 인도분에 대한 계약을 해제한 것은 적법한가? (30점)

모범답안

<문제 1>

Ⅰ. 논점의 정리

1. 이 사안의 각 매매계약에 대하여 국제물품매매계약에 관한 국제연합협약이 적용되는지 여부에 관하여 협약 제1조, 제2조, 제3조 및 제6조를,

2. 이 사안에 있어서 甲회사와 乙회사 사이에 매매계약이 성립되었는지 여부 및 성립된 경우 그 계약조건에 관하여 협약 제14조, 제18조, 제19조, 제23조를 각 검토한다.

Ⅱ. 협약의 적용요건

1. **협약적용의 공통요건**: 협약은 영업소가 서로 다른 국가에 소재하는 당사자 사이의 물품매매계약에 적용된다(협약 1조 1항 본문).

   가. **국제성**: 당사자의 영업소가 서로 다른 국가에 소재할 것이 요구된다. 이 국제성은 계약 체결 전이나 체결시까지 당사자 쌍방이 이를 인식하여야 한다(협약 1조 2항).

   나. **물품성**: 물품은 일반적으로 유체동산을 의미한다. 물품 중에서도 주식, 선박, 전기 등은 그 성질에 따라 협약 적용이 배제되는 경우가 있다(협약 2조 4호~6호).

   다. **매매성**: 매매계약에 적용된다. 이는 물품을 원상 그대로 판매하는 것만을 의미하는 것이 아니라 제조하여 판매하는 경우에도 물품을 주문한 매수인이 그 제조에 필요한 재료의 중요한 부분을 공급하는 경우가 아닌 한 매매에 포함된다(협약 3조 1항). 또한 물품을 공급하는 당사자의 의무의 주된 부분이 노무 그 밖의 서비스의 공급에 있는 계약에는 협약이 적용되지 아니한다(협약 3조 2항). 매매계약이

라고 하더라도 가사용이나 경매 등 매매의 성격에 따라 협약의 적용이 배제되는 경우가 있다(협약 2조 1호~3호).

2. 협약의 직접적용요건

가. **적극적 요건**: 해당 당사자 국가가 모두 체약국이어야 한다[협약 1조 1항 ㈎호].

나. **소극적 요건**: 당사자 간에 협약의 적용을 배제하기로 하는 합의가 없어야 한다(협약 6조).

Ⅲ. 청약과 승낙 및 계약의 성립시기

1. 청약(offer)

가. **청약의 의의**: 청약은 상대방의 승낙이 있으면 계약이 성립된다는 계약 체결을 위한 의사표시이다.

나. **청약의 요건**: 협약은 1인 또는 그 이상의 특정인에 대한 계약 체결의 제안은 충분히 확정적이고, 승낙시 그에 구속된다는 의사가 표시되어 있는 경우에 청약이 된다고 한다. 그리고 제안의 확정성에 대하여 제안이 물품을 표시하고, 명시적 또는 묵시적으로 수량과 대금을 지정하는 경우 충분히 확정적인 것으로 규정한다(협약 14조 1항).

다. **청약의 효력발생시기**: 상대방에게 도달한 때에 효력이 발생한다(협약 15조 1항).

2. 승낙(acceptance)

가. **승낙의 의의**: 승낙은 청약에 대한 동의를 표시하는 피청약자의 진술 또는 행위이다. 침묵 또는 부작위는 그 자체만으로 승낙이 되지 아니한다(협약 18조 1항).

나. **승낙의 효력발생시기**

(1) **승낙의 의사표시**: 그 의사표시가 승낙기간 내에 청약자에게 도달하는 시점에 효력이 발생한다(협약 18조 2항).

(2) **의사실현행위**: 피청약자가 청약자에 대한 통지없이 물품의 발송이나 대금지급과 같은 행위를 함으로써 동의를 표시하는 경우, 즉 의사실현행위에 의한 승낙인 경우에는 승낙기간 내에 그 행위가 이루어진 시점에 효력이 발생한다(협약 18조 3항).

다. **변경된 승낙**

(1) **원칙**: 승낙은 청약의 조건에 대하여 완전히 일치하는 동의의 표시일 경우에 승낙이 되고(mirror image rule), 만약 청약의 조건과 다른 내용이 포함된 승낙은 승낙으로서의 효력이 없으며, 이는 청약에 대한 거절인 동시에 새로운 청약으로 평가되는 것이 원칙이다(협약 19조 1항).

(2) **예외**: 그러나 변경된 승낙의 경우에도 그것이 승낙을 의도하고 있고, 청약의 조

건을 실질적으로 변경하지 아니하는 부가적 조건이나 상이한 조건이 포함된 청약에 대한 응답인 경우에는 청약자가 지체 없이 그에 대한 이의를 제기하지 아니하는 한 승낙으로서의 효력을 가진다(협약 19조 2항 1문·2문). 이 경우에는 승낙에 포함된 변경이 가하여진 청약조건이 계약조건이 된다(협약 19조 2항 3문). 협약 제19조 제3항은 청약조건을 실질적으로 변경하는 것으로 보는 경우로서 대금, 대금지급, 물품의 품질과 수량, 인도의 장소와 시기, 당사자 일방의 상대방에 대한 책임범위 또는 분쟁해결에 관한 부가적 조건 또는 상이한 조건을 열거하고 있다. 협약 제19조 제3항의 열거는 한정적인 것이 아니라 예시적인 것이며, 위 열거사항에 해당한다고 하더라도 실질적 변경에 해당하는 것으로 추정될 뿐이다.

3. 계약의 성립시기

계약은 청약에 대한 승낙이 이 협약에 따라 효력을 발생하는 시점에 성립된다(협약 23조).

Ⅳ. 사안에의 적용 및 결론

1. 협약의 적용 여부

가. 공통요건: 이 사안의 甲회사와 乙회사 사이의 매매는 '내비게이션 2만개'의 제조·판매이다. 내비게이션은 협약 제2조에 의하여 협약의 적용이 배제되지 않는 물품으로 물품성이 충족된다. 이 사건 매매는 물품을 제조하여 공급하는 계약으로서 乙회사가 내비게이션 제조에 필요한 재료의 중요한 부분을 공급한 바 없으므로 매매성도 충족된다(협약 3조 1항). 그리고 협약을 배제하기로 하는 특약이 있었다는 사실관계의 제시도 없다.

나. 甲회사와 乙회사 간의 계약: 이 사안의 경우 甲회사는 대한민국에 영업소를 두고 있고, 乙회사는 중국에 영업소를 두고 있는 사실을 양 회사가 인식하고 있으므로 국제성 요건이 구비된다. 대한민국과 중국은 모두 체약국이다. 따라서 이 사안에는 협약이 직접적용된다[협약 1조 1항 ㈎호].

2. 매매계약의 성립 여부 및 조건

가. 청약: 乙회사는 2020. 5. 1. 甲회사에게, 甲회사가 乙회사가 제공하는 설계도에 따라 생산한 내비게이션 2만개를 개당 단가 미화 100불에 乙회사가 매입하는 등의 내용을 기재한 주문서를 이메일로 송부하여 매수의 의사표시를 하였다. 이는 물품과 수량과 대금을 지정하고 있어 충분히 확정적이고 승낙시 그에 구속된다는 의사도 표시되어 있으므로 청약으로 평가된다(협약 14조 1항).

나. 청약의 거절 및 수정청약: 甲회사는 위 청약에 대하여 곧바로 신용장에 의한 대금지급을 추가한 주문서를 송부하였다. 이는 대금에 관한 청약조건을 실질적으로

변경하는 것으로 추정되고(협약 19조 3항), 이러한 추정을 번복할 만한 사정은 제시되어 있지 않으므로 乙회사의 청약에 대한 승낙이 될 수 없다. 따라서 甲회사의 주문서에 의한 의사표시는 乙회사의 청약에 대한 거절인 동시에 새로운 청약이 된다(협약 19조 1항).

다. 승낙: 乙회사는 甲회사의 수정청약을 수령한 후 2020. 5. 5. 이에 동의하는 이메일을 송부하였는데 이는 甲회사의 수정청약에 대한 동의의 표시로서 승낙으로 평가된다(협약 18조 3항).

라. 계약성립 및 계약조건: 이 사안의 매매계약은 乙회사의 이메일을 통한 승낙이 도달한 2020. 5. 5.에 성립하였고(협약 23조), 甲회사가 제시한 신용장에 의한 대금지급이 계약의 내용이 된다.

<**문제 2**>

Ⅰ. 논점의 정리

乙회사가 甲회사에게 대금감액권을 행사할 수 있는지 여부에 대하여 협약 제50조, 제30조, 제35조, 제66조, 제67조, 제70조를 검토한다.

Ⅱ. 대금감액권

1. 대금감액권의 의의와 성질: 매도인이 인도한 물품이 계약에 부적합한 경우 매수인은 적합한 물품이 인도시에 가지고 있었을 가액의 비율에 따라 대금을 감액할 권리를 가지는데(협약 50조 본문) 이를 대금감액권이라고 한다. 대금감액권은 형성권으로서, 매도인의 귀책사유 또는 대금의 지급 여부와 무관하게 인정되는 권리이다.

2. 대금감액권 행사요건: 대금감액권을 행사하기 위하여는 ① 계약에 부적합한 물품의 인도가 있어야 하고, ② 매도인의 추완이 없어야 하며(협약 37조, 48조), ③ 매수인이 제39조에 따라 매도인에게 계약위반(본질적일 것임을 요하지 않음)을 적시에 통지하였어야 하고, ④ 매수인이 대금감액의 의사를 표시하여야 한다(발신주의, 협약 27조).

Ⅲ. 매도인의 인도의무와 위험의 이전

1. 매도인의 인도의무: 매도인은 계약에서 정한 물품을 인도하여야 하며(협약 30조, 35조 1항), 매매계약에 물품의 운송이 포함된 경우에는 매수인에게 전달하기 위하여 물품을 제 1 운송인에게 교부하여야 한다[협약 31조 ㉮호].

2. Incoterms 2020의 FOB규칙: Incoterms 2020상의 FOB(Free On Board)는 물품을 운

송할 선박(본선)의 갑판상(on board)에 인도할 때까지의 모든 위험과 비용(수출에 필요한 당국의 승인, 통관 포함)을 매도인이 부담하되, 그 이후에는 매수인에게 어떠한 책임도 지지 않는 규칙이다(따라서 매도인은 운송 및 보험계약에 대하여 책임을 지지 않는다).[15]

3. 위험의 이전: 매매계약에 물품의 운송이 포함되어 있고, 매도인이 특정한 장소에서 이를 교부할 의무가 없는 경우에, 위험은 매매계약에 따라 매수인에게 전달하기 위하여 물품이 제1운송인에게 교부된 때에 매수인에게 이전한다(협약 67조 1항).

Ⅳ. 사안에의 적용 및 결론

이 사안에서 甲회사가 약정기일에 인도한 내비게이션 1만개에는 쉽게 발견할 수 없는 하자가 있는데, 이는 ① 乙회사가 제공한 설계도의 결함으로 인해 제조과정에서 발생하였고, ② 운송 도중 풍랑으로 인한 해수 침수로 심화된 것이다.

甲회사가 乙회사에게 인도할 당시 하자가 존재하기는 하였으나 그 하자는 계약상 합의한 대로 乙회사가 제공한 설계도에 따라 甲회사가 내비게이션을 제조함으로 인하여 발생한 것이다. 甲회사는 계약에서 정한 바에 따른 물품을 인도하였으므로 물품적합성이 결여되었다고 볼 수 없다(협약 35조 1항).[16]

그리고 甲회사는 계약상 Incoterms 2020의 FOB규칙에 따라 약정기일에 계약물품을 약정한 부산항에서 운송인 丙회사에게 인도하였고 이로 인하여 위험이 乙회사에게 이전하였던 이상(협약 67조 1항) 그 이후 운송과정에서 발생한 물품에 대한 하자의 심화에 대하여도 甲회사는 아무런 책임을 부담하지 아니한다.

결국 甲회사의 1차 인도분은 계약에 부적합한 경우에 해당하지 않으므로 乙회사는 대금감액권을 행사할 수 없다. 따라서 乙회사의 대금감액 주장은 적법하지 않다.

---

15) 엄밀하게 말하면 Incoterms 2020은 해상운송법과 가장 큰 관련이 있으므로 국제사법과 국제물품매매계약에 관한 국제연합협약만을 시험범위로 하는 현행 변호사시험 국제거래법의 출제범위를 벗어난 것이므로, 지문에서 해당 규칙을 설명해주었어야 하나 이를 빠뜨린 점에서 출제상 오류가 있다고 본다.

16) 이 사안에서는 甲회사와 乙회사 간에 乙회사가 제공한 설계도에 따라 내비게이션을 제조하기로 하는 계약상 합의가 있으므로 협약 제35조 제1항이 적용되어야 하고, 당사자 사이에 합의가 없는 경우의 물품적합성(객관적 물품적합성)에 관한 협약 제35조 제2항은 적용될 여지가 없다. 그러나 설령 협약 제35조 제2항이 적용되고 위 내비게이션이 甲회사에게 알려진 특별한 목적에 맞지 않는 경우라고 하더라도, 乙회사가 위 내비게이션의 설계도를 제공하였으므로 乙회사는 甲회사의 기술과 판단을 신뢰하지 않은 경우에 해당된다고 볼 것이다[협약 제35조 제2항 (나)호 단서]. 따라서 이 경우에도 물품적합성이 결여된 것으로 볼 수 없다.

<문제 3>

Ⅰ. 논점의 정리

협약상 매수인의 의무에 관한 협약 제53조, 제54조, 제25조, 그리고 제71조의 의무이행정지권과 분할인도계약의 해제에 관한 협약 제73조를 각 검토한다.

Ⅱ. 매수인의 대금지급의무

매수인은 계약과 이 협약에 따라, 물품의 대금을 지급하고 물품의 인도를 수령하여야 하는데(협약 53조), 매수인의 대금지급의무에는 그 지급을 위하여 계약 또는 법령에서 정한 조치를 취하고 절차를 따르는 것이 포함된다(54조). 여기의 '대금지급을 위한 조치와 절차'는 예컨대 신용장의 개설신청 등을 의미한다. 따라서 매수인이 매매계약을 체결한 후 신용장을 개설하지 않는 경우 원칙적으로 의무위반을 구성하며, 대부분의 경우 본질적 계약위반(25조)에 해당하게 될 것이다. 본질적 계약위반은 예견가능성을 전제로 하여 그 계약에서 상대방이 기대할 수 있는 바를 실질적으로 박탈할 정도의 손실을 상대방에게 주는 경우를 말한다(협약 25조).

Ⅲ. 의무이행정지권

1. **의무이행의 정지(71조 1항)**: 계약 체결 후 ① 상대방의 이행능력 또는 신용도의 중대한 결함이나 ② 계약의 이행 준비 또는 이행에 관한 상대방의 행위로 보아 상대방이 의무의 실질적 부분을 이행하지 아니할 것이 판명된 경우에는 자신의 의무이행을 정지할 수 있다. 상대방이 의무의 실질적 부분을 이행하지 아니할 것에 대한 판단은 객관적 제3자의 입장에서 합리적인 것으로 수긍할 수 있는 것이어야 할 것이다.

2. **이행정지의 통지의무 및 적절한 보장에 따른 이행의 계속의무(71조 3항)**: 이행을 정지한 당사자는 물품의 발송 전후에 관계없이 즉시 상대방에게 그 정지를 통지하여야 하고, 상대방이 그 이행에 관하여 적절한 보장을 제공한 경우에는 이행을 계속하여야 한다.

Ⅳ. 분할인도계약의 해제

1. **분할인도계약의 의의**: 분할인도계약은 하나의 계약 안에 최소한 2회 이상에 걸쳐 물품을 나누어 인도하는 데 합의하거나 이를 허용하는 내용의 매매계약을 말한다.

2. **분할인도계약의 해제**

   가. **당회분할이행의 해제**: 물품을 수회로 나누어 인도하기로 하는 계약, 즉 분할인도계약에 있어서 어느 분할부분에 관한 불이행이 그 분할부분에 관하여 본질적 계

약위반이 되는 경우에는 그 분할부분만의 계약해제가 가능하다(협약 73조 1항).

나. **장래분할이행의 해제:** 어느 분할부분에 대한 불이행이 장래의 분할부분에 대한 본질적 계약위반의 발생을 추단하는 데에 충분한 근거가 되는 경우에는 장래의 미이행부분에 대하여 계약을 해제할 수 있다(협약 73조 2항 본문). 다만 그 해제는 합리적인 기간 내에 이루어져야 한다(협약 73조 2항 단서).

Ⅴ. 사안에의 적용 및 결론

1. **2차분 미인도의 적법 여부:** 乙회사는 甲회사로부터 1차분 인도를 받고 난 이후 현금흐름이 급속히 악화되어 2차분에 대한 신용장을 개설하지 못하였고, 2020. 7. 25. 중국 파산법원에 기업회생절차를 신청하였으며 이 사실은 곧바로 甲회사에 알려진 상태이다. 그 후 甲회사는 2차분 인도기일인 2020. 8. 1. 물품을 인도하지 않았고, 이를 즉시 乙회사에 통지하였다. 이러한 사정은 乙회사의 이행능력 또는 신용도의 중대한 결함으로 乙회사가 그 의무의 실질적인 부분을 이행하지 아니할 것이 판명된 경우에 해당하므로 甲회사는 자신의 의무인 2차분 인도를 정지할 수 있으며(협약 71조 1항), 그 정지를 즉시 乙회사에 통지하였으므로(협약 71조 3항) 甲회사가 2차분을 인도기일에 인도하지 않은 것은 적법하다.

2. **2차분 해제의 적법 여부:** 매수인 乙회사는 2차분 신용장 개설기한인 2020. 7. 20.까지 신용장을 개설하지 못하였고, 乙회사의 사정상 대금의 지급을 할 수 있는 형편이 아니어서 2차분 인도에 대한 대금지급이 정상적으로 이루어질 가능성이 보이지 않는 상태이다. 이러한 상태의 신용장 미개설은 甲회사가 이 사건 계약에서 기대할 수 있는 바를 실질적으로 박탈할 정도의 손실을 주는 것으로서 2차 인도분에 관하여 본질적 계약위반에 해당한다(협약 25조). 따라서 매도인 甲회사는 2차분에 관한 매매계약을 해제할 수 있으므로(협약 73조 1항), 그에 대한 甲회사의 2020. 8. 3.자 계약해제통지는 적법하다.

| 제12회 국제거래법 기출문제 | 국제거래법 |

국제사법 문제

甲은 로봇을 제작하는 회사로서 스위스에 주된 사무소를 두고 있다. 甲은 한국 시장을 향해 계속적이고 조직적인 영업활동을 하기 위해 2019. 5.경 서울에 주된 사무소가 있는 대리상 乙과 대리상계약을 서면으로 체결하면서(이하, '이 사건 계약'), '본 계약과 관련된 모든 분쟁은 싱가포르 국제상사법원에 소를 제기할 수 있다'는 비전속적(non-exclusive) 혹은 부가적 관할합의를 하였다. 그러나 싱가포르는 이 사건 계약과 아무런 관련이 없으며, 이 사건 계약의 준거법에 관한 별도의 합의도 없었다.

이 사건 계약에 의하면 乙은 甲으로부터 로봇을 주문할 한국 고객사와의 거래를 대리 및 중개하면서 관련 용역을 제공하고 그에 대한 대리상 보수를 받도록 되어 있다. 乙은 2022. 8.경 그간 몇몇 한국 고객사를 甲에게 연결하여 그들 사이에 로봇공급계약이 체결되도록 하였으나, 대리상 보수 미화 30만 달러를 지급받지 못했다고 주장하며 甲을 상대로 싱가포르 국제상사법원에 미지급 보수의 지급을 구하는 소를 제기하였다(이하, '이 사건 전소').

한편 甲은 乙이 연결해 준 한국 고객사 X의 주문 의사를 확인하고 로봇 100대를 납품하기 위해 필요한 원자재 구매 및 설비 확충의 명목으로 미화 100만 달러를 지출하였는데, 이는 X와 정식으로 계약을 체결하기도 전에 이루어졌다. 그러나 갑자기 X는 甲과의 연락을 차단하고 잠적하였는데, X는 단순 페이퍼 컴퍼니이고 X의 사업계획은 허위임이 밝혀졌다. 이에 甲은 乙이 X에 대한 허위 정보를 제공한 탓에 선지출한 미화 100만 달러의 손해가 발생했다고 주장하며, 乙을 상대로 2022. 12.경 불법행위에 따른 손해배상을 구하는 본소를 서울중앙지방법원에 제기하였다. 그 후 乙은 甲을 상대로 현재 계속 중인 이 사건 전소에서 지급을 구했던 미지급 보수 미화 30만 달러를 청구하는 반소를 제기했다(이하, '이 사건 후소').

한국 인천에 주된 사무소를 둔 고객 丙은 乙로부터 甲의 구형 모델 로봇인 Type A를 공급할 수 있다는 설명을 듣고, 乙에게 Type A 10대를 인천 공장 인도조건으로 주문하였고, 이를 활용할 수 있는 생산설비도 구축하였다. 그러나 甲은 Type A는 더 이상 양산하지 않기에 주문에 응할 수 없다고 하였다. 이에 丙은 생산설비 구축에 투자도 하였고 Type A는 다른 곳에서 구할 수도 없기에 甲을 상대로 서울중앙지방법원에 Type A 10대의 인도를 구하는 소를 제기하였다. 이에 甲은 응소하면서 乙에게 부여한 대리권의 범위에는 Type A는 포함되지 않는다고 항변하였다.

[전제사실]

1. 아래 문제들에는 2022. 7. 5.부터 시행된 개정 국제사법을 적용한다.

2. 상계로 채권이 소멸하기 위해서는 문제된 양 채권의 준거법상 소멸이 인정되어
   야 함을 전제로 한다.

[문제]

1. 이 사건 후소[17)]에 대해 다음 물음에 답하시오.

가. 이 사건 후소의 본소에 대해 서울중앙지방법원은 국제재판관할권을 가지는지
    논하시오. (25점)

나. 이 사건 후소의 반소에 대해 법원[18)]은 어떻게 처리해야 하는지 논하시오. (10점)

2. 만일 乙이 이 사건 후소에서 반소를 제기하지 않고 이 사건 전소에서 구하는 채
   권을 자동채권으로 하여 상계를 주장하면서 수동채권인 본소의 손해배상 채권이
   소멸된다고 주장하는 경우, 그 상계의 준거법에 대해 논하시오. (20점)

3. 丙이 甲을 상대로 제기한 Type A 10대의 인도청구에 대해 서울중앙지방법원에
   국제재판관할권이 존재하는지 여부와 준거법에 대해 논하시오. (25점)

---

17) 위 지문 제 3 문단 말미에 "乙을 상대로 2022. 12.경 불법행위에 따른 손해배상을 구하는 본소를
    서울중앙지방법원에 제기하였다. 그 후 乙은 甲을 상대로 현재 계속 중인 이 사건 전소에서 지급
    을 구했던 미지급 보수 미화 30만 달러를 청구하는 반소를 제기했다(이하, '이 사건 후소')."라고
    하여 '이 사건 후소'가 을이 갑을 상대로 제기한 미지급 보수청구의 반소만을 가리키는 것처럼 기
    재되어 있으나, 이 문제의 전취지를 보아 갑이 을을 상대로 제기한 손해배상의 본소까지 포함하는
    의미로 이해하기로 한다.
18) 문제에는 단순히 '법원'이라고만 기재되어 있으나 서울중앙지방법원에 이 사건 후소에 대한 국제
    재판관할이 있음을 전제로 하여 이를 서울중앙지방법원을 의미하는 것으로 해석한다.

모범답안

< 문제 1-가 >

Ⅰ. 논점의 정리

甲의 乙을 상대로 한 불법행위를 원인으로 한 손해배상청구소송의 국제재판관할에 관하여 국제재판관할권에 관한 학설 및 국제사법 제 2 조, 제 3 조, 제 4 조, 제 8 조 및 제44조를 검토한다.

Ⅱ. 국제재판관할권

1. **의의:** 국제재판관할권(jurisdiction)은 문제된 섭외사법관계에 대하여 특정 국가의 법원이 이를 재판할 수 있는 자격 내지 권한을 말한다.

2. **결정기준에 관한 학설:** 이에 대하여는 ① 민사소송법의 토지관할규정을 역으로 추지하여 국내의 재판적이 인정되면 국제재판관할권을 인정하는 역추지설, ② 국제민사소송법의 기본이념인 조리에 의하여 국제재판관할원칙을 세워야 한다는 관할배분설 및 ③ 기본적으로 국내민사소송법의 토지관할에 따르되 재판의 적정과 공평, 신속에 반하는 특별사정이 있는 경우 관할을 부정한다는 수정역추지설(특별사정설)이 있다.

3. **국제재판관할권 판단에 대한 국제사법의 일반원칙과 대법원의 입장**

   가. **실질적 관련의 원칙:** 대한민국 법원은 당사자 또는 분쟁이 된 사안이 대한민국과 실질적 관련이 있는 경우에 국제재판관할권을 가지며, 이 경우 실질적 관련의 유무를 판단할 때에 당사자 간의 공평, 재판의 적정, 신속 및 경제를 꾀한다는 국제재판관할 배분의 이념에 부합하는 합리적인 원칙에 따라야 한다(2조 1항).

   대법원은 여기의 '실질적 관련'은 대한민국 법원이 재판관할권을 행사하는 것을 정당화할 정도로 당사자 또는 분쟁이 된 사안과 관련성이 있는 것을 뜻하고, 이를 판단함에 있어서는 당사자의 공평, 재판의 적정, 신속과 경제 등 국제재판관할 배분의 이념에 부합하는 합리적인 원칙에 따라야 하며, 구체적으로는 당사자의 공평, 편의, 예측가능성과 같은 개인적인 이익뿐만 아니라, 재판의 적정, 신속, 효율, 판결의 실효성과 같은 법원이나 국가의 이익도 함께 고려하여야 하고, 이처럼 다양한 국제재판관할의 이익 중 어떠한 이익을 보호할 필요가 있을지는 개별 사건에서 실질적 관련성 유무를 합리적으로 판단하여 결정하여야 한다는 입장이다. 이러한 대법원의 입장에 맞추어 2022년 국제사법 개정시 '당사자 간의 공평, 재판의 적정, 신속 및 경제'라는 대법원이 그동안 제시해왔던 국제재판관할

배분의 구체적 이념을 추가하였다.

　나. **국내법의 관할규정 참작**: 국제사법이나 그 밖의 대한민국 법령 또는 조약에 국제재
판관할에 관한 규정이 없는 경우 대한민국 법원은 국내법의 관할 규정을 참작하
여 국제재판관할권의 유무를 판단하되, 위 제 2 조 제 1 항의 취지에 비추어 국제
재판관할의 특수성을 충분히 고려하여야 한다(2조 2항). 대법원은 국제재판관할권
인정 여부에 있어서 민사소송법의 관할규정을 중요기준으로 제시하면서 개별사
건에 있어서의 국제재판관할의 특수성에 따라 이를 수정하여 적용할 수 있다는
입장이다.

Ⅲ. 합의관할

1. **국제재판관할합의의 의의와 유효성**: 국제재판관할합의는 특정한 국가 또는 주의 법원
에게 당사자 간의 국제소송을 심판할 자격 내지 권한을 부여하기로 하는 합의이다.
이 합의는 특별한 사정이 없는 한 유효하며, 우리 민사소송법에도 명문의 규정이
있다(민사소송법 29조). 국제사법은 ① 합의에 따라 국제재판관할을 가지는 국가의
법(준거법의 지정에 관한 법규를 포함한다)에 따를 때 그 합의가 효력이 없는 경우, ②
합의를 한 당사자가 합의를 할 능력이 없었던 경우, ③ 대한민국의 법령 또는 조약
에 따를 때 합의의 대상이 된 소가 합의로 정한 국가가 아닌 다른 국가의 국제재판
관할에 전속하는 경우 및 ④ 합의의 효력을 인정하면 소가 계속된 국가의 선량한
풍속이나 그 밖의 사회질서에 명백히 위반되는 경우 해당 국제재판관할합의는 효력
이 없다고 규정한다(8조 1항 1호~4호).

2. **종류**: 국제재판관할합의는 전속성 여부에 따라 전속적 국제재판관할합의와 부가적
국제재판관할합의, 효과에 따라 설정적(창설적) 국제재판관할합의와 배제적 국제재판
관할합의로 나눌 수 있다. 설정적 국제재판관할합의는 법률상 국제재판관할권을 가
지고 있지 않은 국가에 국제재판관할권을 부여하는 합의이고, 배제적 국제재판관할
합의는 그와 반대로 국제재판관할권을 가지는 국가로부터 국제재판관할권을 배제하
는 합의이다. 설정적 국제재판관할합의의 결과 그 국가가 전속적 국제재판관할권을
가지는지 아니면 부가적인 국제재판관할권을 가지는지 여부는 당사자의 의사를 우선
적으로 고려하여 결정할 사항이나, 국제사법은 전속적 합의로 추정한다(8조 3항).

3. **국제재판관할합의의 서면성 요건**: 당사자는 일정한 법률관계로 말미암은 소에 관하여
서면으로 국제재판관할합의를 할 수 있고, 이 경우의 서면에는 전보, 전신, 팩스, 전
자우편 또는 그 밖의 통신수단에 의하여 교환된 전자적 의사표시가 포함된다(8조 1
항 본문, 8조 2항).

4. **외국법원을 선택하는 전속적 합의가 있는 경우 법원의 조처**: 당사자 간에 일정한 법률
관계로 말미암은 소에 관하여 외국법원을 선택하는 전속적 합의가 있는 경우 대한

민국 법원에 그 소가 제기된 때에는 ① 합의가 제8조 제1항 각 호의 사유로 효력 이 없는 경우, ② 제9조에 따라 변론관할이 발생하는 경우, ③ 합의에 따라 국제 재판관할을 가지는 국가의 법원이 사건을 심리하지 아니하기로 하는 경우 및 ④ 합 의가 제대로 이행될 수 없는 명백한 사정이 있는 경우 외에는 대한민국 법원은 해 당 소를 각하하여야 한다(8조 5항).

Ⅳ. 일반관할 및 특별관할

1. **일반관할:** 주된 사무소·영업소 또는 정관상의 본거지나 경영의 중심지가 대한민국 에 있는 법인 또는 단체와 대한민국 법에 따라 설립된 법인 또는 단체에 대한 소에 관하여는 대한민국 법원에 국제재판관할이 있다(3조 3항).

2. **영업소 소재지 또는 영업활동에 근거한 특별관할:** 대한민국에 사무소·영업소가 있는 사람·법인 또는 단체에 대한 대한민국에 있는 사무소 또는 영업소의 업무와 관련 된 소는 대한민국 법원에 제기할 수 있다(4조 1항). 대한민국에서 또는 대한민국을 향하여 계속적이고 조직적인 사업 또는 영업활동을 하는 사람·법인 또는 단체에 대하여 그 사업 또는 영업활동과 관련이 있는 소는 대한민국 법원에 제기할 수 있 다(4조 2항).

3. **불법행위에 관한 소의 특별관할:** 불법행위에 관한 소는 그 행위가 대한민국에서 행하 여지거나 대한민국을 향하여 행하여지는 경우 또는 대한민국에서 그 결과가 발생하 는 경우 법원에 제기할 수 있다(44조 본문). 다만, 불법행위의 결과가 대한민국에서 발생할 것을 예견할 수 없었던 경우에는 그러하지 아니하다(44조 단서).

4. **변론관할:** 피고가 국제재판관할이 없음을 주장하지 아니하고 본안에 대하여 변론하 거나 변론준비기일에서 진술하면 대한민국 법원에 그 사건에 대한 국제재판관할이 있다(9조).

Ⅴ. 사안에의 적용

이 사안의 스위스에 주된 사무소를 두고 있는 원고 甲이 대한민국에 주된 사무소를 두고 있는 피고 乙을 상대로 한 손해배상청구소송은 외국과 관련된 요소(당사자)가 있으므로 국제사법에 의하여 국제재판관할을 정하여야 한다(1조).

1. **합의관할의 효력:** 甲과 乙 사이의 대리상계약에는 위 계약과 관련된 모든 분쟁은 싱 가포르 국제상사법원에 소를 제기할 수 있다는 비전속적 또는 부가적 관할합의조항 이 있다. 국제사법 제8조 제1항 및 제2항에 따르면 당사자는 일정한 법률관계로 말미암은 소에 관해 서면으로 국제재판관할의 합의를 할 수 있도록 하고(8조 1항에 네 가지 합의무효사유를 둠) 이렇게 합의로 정해진 관할은 전속적인 것으로 추정하며 (8조 3항), 당사자들이 외국법원을 선택하는 전속적 합의가 있는 경우 대한민국 법

원에 그 소가 제기된 때에는 법원은 해당 소를 각하하도록 되어 있다(8조 5항). 그러나 위 대리상계약상의 관할합의는 전속적이 아니라 부가적인 것이 지문상 명백하고, 싱가포르와 위 대리상계약과의 무관련성도 문제가 되지 않는다.[19] 따라서 위 관할합의는 위 소송이 대한민국에서 제기되는 것을 배제하지 않는다.

2. **국제사법 제44조에 의한 특별관할**: 乙의 불법행위의 일부(X에 대한 허위정보의 제공)가 대한민국에서 이루어졌으므로 국제사법 제44조에 따라 대한민국에 관할이 있다.

3. **국제사법 제4조에 의한 특별관할**: 위 소송은 대한민국에 사무소가 있는 법인인 乙에 대한 대한민국에 있는 사무소의 업무와 관련된 소이므로 대한민국 법원이 국제재판관할권을 가지며(4조 1항), 대한민국에서 계속적이고 조직적인 사업 또는 영업활동을 하는 법인인 乙에 대한 그 사업 또는 영업활동과 관련이 있는 소이므로 대한민국 법원이 국제재판관할권을 가진다(4조 2항).

4. **국제사법 제3조에 의한 일반관할**: 피고 乙은 주된 사무소가 대한민국에 있는 법인이므로 乙에 대한 위 소송은 국제사법 제 3 조 제 3 항에 따라 대한민국 법원이 국제재판관할권을 가진다.

5. **국제사법 제 2 조에 의한 국제재판관할**: ① 위 소송의 피고 乙은 대한민국 서울에 주된 사무소가 있고, ② 원고 甲의 주된 사무소는 스위스에 있으나 한국시장을 향해 계속적이고 조직적인 영업활동을 할 의사를 가지고 있으며, ③ 원고 甲이 주장하는 불법행위의 원인이 한국 고객사 X에 관한 허위정보 제공인 점 등을 고려하면 당사자 또는 분쟁이 된 사안이 대한민국과 실질적 관련성이 있으므로 대한민국 법원에 국제재판관할권이 인정될 수 있다.

6. **변론관할**: 만약 위 소송에 대하여 대한민국 법원에 관할이 없을 경우에도 피고 乙이 위 소송에 대하여 반소를 제기한 후 위 소송에 대한 국제재판관할이 없음을 주장하지 아니하고 본소의 본안에 대하여 변론기일에서 변론하거나 변론준비기일에서 진술한다면 본소에 대한 변론관할이 발생하게 된다.

Ⅵ. 결론

따라서 위 소송에 대하여 대한민국 법원은 국제재판관할권을 가지므로, 서울중앙지방법원이 피고 乙에 대한 토지관할을 가지는 한(변론관할 제외)[20] 위 소송에 대한 국

---

19) 2022년 개정 국제사법 하에서는 당사자들은 사안과 아무런 관련이 없는 중립적 국가의 법원에 관할을 부여하는 전속적 또는 부가적 관할합의가 가능하다(과거 대법원 판례 하에서는 전속적 관할합의의 유효요건으로 당해 사건과 외국법원의 합리적 관련성을 요구하였으나, 개정 국제사법은 이를 요구하지 않는다). 특히 이 사건 합의는 부가적 합의로서 과거 대법원 판례 하에서도 합리적 관련성이 요구되지 않았다.

20) 지문상 피고 乙의 주된 사무소가 서울에 있다고만 되어 있을 뿐이어서 각급 법원의 설치와 관할구역에 관한 법률에 따른 관할이 서울중앙지방법원에 있는지 여부가 분명하지 않다.

제재판관할권을 가진다.

<문제 1-나>

Ⅰ. 논점의 정리

반소관할 및 국제적 소송경합에 관하여 국제사법 제 7 조 및 제11조를 검토한다.

Ⅱ. 반소관할

2022년 국제사법 개정시 제 7 조에 본소에 대해 대한민국 법원에 국제재판관할이 있는 경우 일정한 요건 하에 반소에 대한 국제재판관할을 인정하는 규정을 신설하였다. 이는 밀접한 관련이 있는 청구에 대한 재판 진행 과정에서 소송경제를 도모하고 판결의 모순·저촉을 피하기 위한 것이다. 즉, 본소에 대하여 대한민국 법원에 국제재판관할이 있고 소송절차를 현저히 지연시키지 아니하는 경우 본소의 청구 또는 방어방법과 밀접한 관련이 있는 청구를 목적으로 하는 피고의 반소는 본소가 계속된 대한민국 법원에 제기할 수 있다.

Ⅲ. 국제적 소송경합

1. **의의**: 동일한 사건에 대하여 외국법원과 국내법원에 각각 소가 제기된 경우 국제적 소송경합(또는 국제적 중복소송)이라고 한다. 국제적 소송경합의 중복소송금지원칙 저촉 여부에 대하여 종래 ① 양 소송물의 동일성 판단 및 외국판결의 승인가능성에 대한 예측곤란을 이유로 이를 허용하는 규제소극설, ② 외국판결의 승인 가능성이 예측되는 때에는 중복소송이 된다는 승인예측설 및 ③ 사안별로 비교형량하여 외국법원이 보다 적절한 법정지인 경우 국내소송을 중복소송으로 인정한다는 비교형량설이 대립하여 왔다.

2. **국제사법 규정**: 국제사법은 서로 다른 국가의 법원에서 동일한 소송이 제기되는 경우 발생할 수 있는 판결의 모순·저촉을 피하기 위하여 승인예측설의 입장에서 국제적 소송경합에 대한 규정을 신설하였다(11조). 즉, 국제적 소송경합을 '같은 당사자 간에 외국법원에 계속 중인 사건과 동일한 소가 대한민국 법원에 다시 제기된 경우에 외국법원의 재판이 대한민국에서 승인될 것으로 예상되는 때'로 정의하고, 이 경우 대한민국 법원은 ① 전속적 국제재판관할의 합의에 따라 대한민국 법원에 국제재판관할이 있는 경우와 ② 대한민국 법원에서 해당 사건을 재판하는 것이 외국법원에서 재판하는 것보다 더 적절함이 명백한 경우를 제외하고는 직권 또는 당

사자의 신청에 의하여 결정으로 소송절차를 중지할 수 있도록 하였다(1항). 이 중지
결정에 대하여는 즉시항고를 할 수 있다(2항). 또한 국제적 소송경합의 경우 대한민
국 법령 또는 조약에 따른 승인요건을 갖춘 외국의 재판이 있는 경우 대한민국 법
원은 대한민국에 제기된 소를 각하하여야 한다(3항). 한편 외국법원이 본안에 대한
재판을 하기 위하여 필요한 조치를 하지 아니하는 경우 또는 외국법원이 합리적인
기간 내에 본안에 관하여 재판을 선고하지 아니하거나 선고하지 아니할 것으로 예
상되는 경우에 당사자의 신청이 있으면 대한민국 법원은 제 1 항에 따라 중지된 사
건의 심리를 계속할 수 있다(4항). 소송절차 중지 여부 결정에 있어서 소의 선후(先
後)는 '소를 제기한 때'를 기준으로 한다(5항).

Ⅳ. 사안에의 적용 및 결론

스위스에 주된 사무소를 두고 있는 원고 甲과 대한민국에 주된 사무소를 두고 있는
피고 乙 사이에, 甲이 乙을 상대로 제기한 본소(손해배상청구)에 대하여 피고 乙이 원
고 甲을 상대로 제기한 반소(보수금청구)는 외국과 관련된 요소(당사자)가 있으므로
국제사법에 의하여 반소관할 존부와 국제적 소송경합의 처리 여부를 정하여야 한다
(1조).

1. 반소관할: 甲의 乙을 상대로 한 본소에 대하여 위에서 살펴보았듯이 서울중앙지방
   법원에 국제재판관할이 있고 소송절차를 현저히 지연시키지 아니하는 경우에 해당
   하는 한편 위 본소와 乙의 甲에 대한 보수금청구의 반소 모두 乙의 이 사건 계약에
   따른 용역 제공과 관련된 것이어서 위 반소는 위 본소의 청구 또는 방어방법과 밀
   접한 관련이 있는 청구를 목적으로 하는 것으로 본소가 계속된 법원인 서울중앙지
   방법원에 제기할 수 있다(7조).

2. 국제적 소송경합 여부 및 그에 대한 처리: 이 사안은 당사자 乙이 甲을 상대로 싱가
   포르 국제상사법원에 보수금청구를 제기한 후 甲이 서울중앙지방법원에 乙을 피고
   로 하여 제기한 손해배상청구소송에 대하여 乙이 甲을 상대로 같은 내용의 보수금
   청구의 반소를 제기하였는바 이는 같은 당사자(甲, 乙) 간에 외국법원에 계속 중인
   사건(싱가포르 국제상사법원에 제기한 보수금청구의 본소)과 동일한 소(위 반소)가 대한
   민국 법원에 다시 제기된 경우에 해당하고, 싱가포르 국제상사법원이 판결을 할 경
   우 대한민국에서 승인될 것으로 예상된다(민사소송법 217조 참조). 그러므로 다음 두
   가지 예외, 즉 ① 전속적 국제재판관할의 합의에 따라 대한민국 법원에 국제재판관
   할이 있는 경우와 ② 대한민국 법원에서 해당 사건을 재판하는 것이 외국법원에서
   재판하는 것보다 더 적절함이 명백한 경우가 아닌 한 서울중앙지방법원은 직권 또
   는 당사자의 신청(단, 지문상 당사자의 신청 여부가 나타나 있지 않음)에 의한 결정으로
   소송절차를 중지할 수 있다. 이 사안은 위 ①에 해당하지 않음은 명백한바 문제는

위 ②에 해당하는지 여부이다. 이 사안의 경우 甲의 乙에 대한 손해배상청구의 인
용 여부에 따라 乙의 甲에 대한 반소(경합소송)의 인용 여부 및 정도가 달라질 수
있다는 점(甲의 이 사건 본소 청구가 인용되는 경우, 乙의 이 사건 반소로 청구한 미화 30
만 달러 중 한국 고객사 X와의 거래 대리 및 중개에 관한 보수가 포함된 부분은 인용될 수
없다)에서 대한민국 법원에서 이 사건 반소를 함께 판단하는 것이 분쟁의 일회적
해결의 측면에서는 적절할 것으로 보인다. 그러나 그렇다고 하여 대한민국 법원에
서 이 사건 반소(대리상보수청구)를 재판하는 것이 싱가포르 국제상사법원에서 재판
하는 것보다 더 적절함이 '명백한 경우'(국제사법 11조 1항 2호)에 해당하는 것으로
볼 수 있는지는 의문이다. 오히려 동일한 소송에 대한 불필요한 절차의 중복을 피
한다는 차원에서는 '명백한 경우'에 해당되지는 않을 것으로 보인다. 따라서 서울중
앙지방법원은 乙이 제기한 후소의 반소에 대하여 직권 또는 당사자의 신청에 의하
여 결정으로 소송절차를 중지할 수 있다.

<문제 2>

Ⅰ. 논점의 정리

계약 및 불법행위의 준거법에 관하여 국제사법 제45조, 제46조, 제52조, 제53조를 검
토한다.

Ⅱ. 계약의 준거법

1. **당사자자치 원칙(party autonomy)의 채택**: 계약은 당사자가 명시적 또는 묵시적으
로 선택한 법에 따른다(45조 1항 본문). 다만 묵시적인 선택의 부당한 확대를 막기
위하여 묵시적인 선택은 계약내용이나 그 밖의 모든 사정으로부터 합리적으로 인정
할 수 있는 경우로 한정한다(45조 1항 단서).

2. **준거법의 객관적 연결**: 당사자가 준거법을 선택하지 않은 경우, '계약과 가장 밀접한
관련이 있는 국가의 법'이 준거법이 된다(46조 1항). 계약의 특징적 이행을 하여야
하는 경우, 즉 용역계약에 있어서 용역의 이행을 하여야 하는 경우 등에는 계약 체
결시의 그의 일상거소(자연인인 경우), 주된 사무소(법인 또는 단체의 경우) 또는 영업
소(직업 또는 영업활동으로 계약이 체결된 경우)가 있는 국가의 법이 당해 계약과 가장
밀접한 관련을 가지는 것으로 추정한다(46조 2항). 한편 부동산에 대한 권리를 대상
으로 하는 계약의 경우 부동산 소재지국법이 가장 밀접한 관련이 있는 것으로 추정
한다(46조 3항).

Ⅲ. 불법행위의 준거법

불법행위의 준거법은 다음의 순서에 따라 단계적으로 연결된다.

1. **준거법의 사후적 합의**: 국제사법은 불법행위 등 법정채권에 있어서 당사자들이 사후적 합의에 의하여 대한민국법을 준거법으로 선택할 수 있도록 허용하고 그에 대하여 우선적 효력을 인정하고 있다(53조 본문). 준거법에 관한 사후적 합의는 제3자의 권리에는 영향을 미치지 아니한다(53조 단서).

2. **종속적 연결**: 가해자와 피해자 간에 존재하는 법률관계가 불법행위에 의하여 침해되는 경우에는 불법행위지법 및 공통의 속인법에 우선하여 그 법률관계의 준거법에 따른다(52조 3항).

3. **일상거소를 기초로 하는 공통의 속인법**: 불법행위가 행하여진 당시 동일한 국가 안에 가해자와 피해자의 일상거소가 있는 경우에는 그 국가의 법이 불법행위지법에 우선하여 준거법이 된다(52조 2항).

4. **불법행위지법**: 불법행위는 그 행위를 하거나 그 결과가 발생하는 곳의 법에 따른다(52조 1항). 격지불법행위의 경우 종래의 판례는 행위지뿐만 아니라 결과발생지도 불법행위지에 포함된다는 입장이었는데, 2022년 국제사법 개정시 이를 반영하였다.

Ⅳ. 사안에의 적용 및 결론

스위스에 주된 사무소를 두고 있는 원고 甲과 대한민국에 주된 사무소를 두고 있는 피고 乙 사이에, 甲이 乙을 상대로 제기한 본소(손해배상청구)에 대하여 피고 乙이 원고 甲을 상대로 제기한 반소(보수금청구)에서 상계를 주장하는 이 사안은 외국과 관련된 요소(당사자)가 있으므로 국제사법에 의하여 준거법을 정하여야 한다(1조).

상계를 절차법상의 제도로 파악하는 영미법계 국가에서는 법정지법에 따르는 한편 이를 실체법상의 제도로 파악하는 우리나라를 포함한 대륙법계 국가에서는 전제사실 제2항과 같이 문제된 양채권의 준거법상 그 소멸이 인정되어야 한다. 아래에서는 乙이 주장하는 자동채권(보수금채권) 및 수동채권(손해배상채권)의 준거법을 살펴본다.

1. **자동채권인 보수금채권의 준거법**: 甲과 乙 사이에 대리상계약의 준거법 합의는 없었다고 하므로 국제사법 제46조에 의하여 계약의 준거법을 정하여야 한다. 위 계약은 대리상계약으로서 乙이 甲으로부터 로봇을 주문하는 한국 고객사와의 거래의 대리 또는 중개 등 용역을 제공하는 것이 주내용이므로 이는 국제사법 제46조 제2항 제3호의 용역계약에 해당하는 한편 위 계약은 乙의 영업활동으로 체결된 계약이라고 할 것이므로, 용역의 이행당사자인 乙의 주된 사무소가 있는 국가의 법이 가장 밀접한 관련이 있는 것으로 추정된다(46조 2항). 따라서 乙의 주된 사무소가 있는 대한민국법이 준거법이 된다.

2. **수동채권인 불법행위로 인한 손해배상채권의 준거법**: 甲이 주장하는 乙의 불법행위는 한국 고객사 X에 대한 허위정보의 제공이다. 甲 주장의 불법행위 후에 준거법을 대한민국법으로 하기로 합의한 바는 없다(53조). 한편 국제사법 제52조 제3항에 따르면 가해자와 피해자 간에 존재하는 법률관계가 불법행위에 의하여 침해되는 경우 그 준거법은 그 법률관계의 준거법에 따르는데 이 사안의 경우도 이에 해당한다. 따라서 위에서 살펴본 대리상계약의 준거법인 대한민국법이 불법행위의 준거법이 된다.

3. **결론**(요약): 대리상계약상 보수금채권 및 불법행위에 따른 손해배상채권 모두 대한민국법이 준거법이 된다(따라서 대한민국 법에 의하여 상계가 인정되면 대등액에 관하여 채권이 소멸한다).

<문제 3>

Ⅰ. 논점의 정리

丙의 甲에 대한 인도청구소송에 대하여 국제재판관할권에 관하여는 학설 및 국제사법 제2조(일반원칙), 제41조(계약에 관한 소의 특별관할), 제4조(사업·영업활동과 관련된 소의 특별관할), 제9조(변론관할)를, 준거법에 관하여는 제32조(임의대리의 준거법)를 각 검토한다.

Ⅱ. 국제재판관할권

1. **의의**: 국제재판관할권은 문제된 섭외사법관계에 대하여 특정 국가의 법원이 이를 재판할 수 있는 자격 내지 권한을 말한다.

2. **결정기준에 관한 학설**: 이에 대하여는 ① 민사소송법의 토지관할규정을 역으로 추지하여 국내의 재판적이 인정되면 국제재판관할권을 인정하는 역추지설, ② 국제민사소송법의 기본이념인 조리에 의하여 국제재판관할원칙을 세워야 한다는 관할배분설 및 ③ 기본적으로 국내민사소송법의 토지관할에 따르되 재판의 적정과 공평, 신속에 반하는 특별사정이 있는 경우 관할을 부정한다는 수정역추지설(특별사정설)이 있다.

3. **국제재판관할권 판단에 대한 국제사법의 일반원칙과 대법원의 입장**

   가. **실질적 관련의 원칙**: 대한민국 법원은 당사자 또는 분쟁이 된 사안이 대한민국과 실질적 관련이 있는 경우에 국제재판관할권을 가지며, 이 경우 실질적 관련의 유

무를 판단할 때에 당사자 간의 공평, 재판의 적정, 신속 및 경제를 꾀한다는 국제재판관할 배분의 이념에 부합하는 합리적인 원칙에 따라야 한다(2조 1항).

대법원은 여기의 '실질적 관련'은 대한민국 법원이 재판관할권을 행사하는 것을 정당화할 정도로 당사자 또는 분쟁이 된 사안과 관련성이 있는 것을 뜻하고, 이를 판단함에 있어서는 당사자의 공평, 재판의 적정, 신속과 경제 등 국제재판관할 배분의 이념에 부합하는 합리적인 원칙에 따라야 하며, 구체적으로는 당사자의 공평, 편의, 예측가능성과 같은 개인적인 이익뿐만 아니라, 재판의 적정, 신속, 효율, 판결의 실효성과 같은 법원이나 국가의 이익도 함께 고려하여야 하고, 이처럼 다양한 국제재판관할의 이익 중 어떠한 이익을 보호할 필요가 있을지는 개별 사건에서 실질적 관련성 유무를 합리적으로 판단하여 결정하여야 한다는 입장이다. 이러한 대법원의 입장에 맞추어 2022년 국제사법 개정시 '당사자 간의 공평, 재판의 적정, 신속 및 경제'라는 대법원이 그동안 제시해왔던 국제재판관할 배분의 구체적 이념을 추가하였다.

나. **국내법의 관할규정 참작**: 국제사법이나 그 밖의 대한민국 법령 또는 조약에 국제재판관할에 관한 규정이 없는 경우 법원은 국내법의 관할 규정을 참작하여 국제재판관할권의 유무를 판단하되, 위 제 2 조 제 1 항의 취지에 비추어 국제재판관할의 특수성을 충분히 고려하여야 한다(2조 2항). 대법원은 국제재판관할권 인정 여부에 있어서 민사소송법의 관할규정을 중요기준으로 제시하면서 개별사건에 있어서의 국제재판관할의 특수성에 따라 이를 수정하여 적용할 수 있다는 입장이다.

> Cf. 이번 시험문제와 같이 서로 다른 문제의 답안내용의 일부가 중복되는 경우가 있다. 예컨대 제12회 기출문제의 〈1-가〉문제와 〈3〉문제는 국제재판관할권의 존부를 묻고 있다. 이 경우 위 두 문제에 대한 답안 모두에 위의 Ⅱ. 국제재판관할권의 1. 의의, 2. 결정기준에 대한 학설, 3. 국제재판관할권 판단에 대한 국제사법의 일반원칙과 대법원의 입장에 대한 서술을 하여야 한다(또 다른 예로서 제 6 회 국제사법 〈3-나〉문제와 〈4-가〉문제 풀이에 불법행위의 준거법에 대한 법리가 공통된다). 이에 대하여 〈1-가〉문제에 대한 답안에서 서술한 내용을 〈3〉문제에 대한 답안 서술시 원용할 수 있는지 여부에 대하여는 채점위원들간에도 견해가 일치되지 않는다. 일반적으로 위와 같은 출제는 지양되어야 하나 만약 제 6 회, 제12회의 경우와 같이 출제된 경우에는 전술한 답안의 일부를 후에 원용하는 것보다는 해당부분에 각각 서술하는 것이 안전함을 권고한다.

4. **사업·영업활동과 관련된 소의 특별관할**: 대한민국에서 또는 대한민국을 향하여 계속적이고 조직적인 사업 또는 영업활동을 하는 사람·법인 또는 단체에 대하여 그 사업 또는 영업활동과 관련이 있는 소는 대한민국 법원에 제기할 수 있다(4조 1항).

5. **변론관할**: 피고가 국제재판관할이 없음을 주장하지 아니하고 본안에 대하여 변론하거나 변론준비기일에서 진술하면 대한민국 법원에 그 사건에 대한 국제재판관할이

있다(9조). 또한 대한민국 민사소송법에 의하면 피고가 제1심 법원에서 관할위반이
라고 항변하지 아니하고 본안에 대하여 변론하거나 변론준비기일에서 진술하면 그
법원은 관할권을 가진다(민사소송법 30조).

6. **계약에 관한 소의 특별관할:** 2022년 국제사법 개정시 계약에 관한 소에 있어서 계약
의 유형에 따른 특징적 의무이행지가 대한민국에 있는 경우 대한민국 법원에 국제
재판관할을 인정하는 규정을 신설하였다. 계약의 유형에 따른 의무의 특징적 이행
지, 즉 ① 물품공급계약의 경우 물품인도지(1호), ② 용역제공계약의 경우 용역제공
지(2호), ③ 물품인도지와 용역제공지가 복수이거나 물품공급과 용역제공을 함께 목
적으로 하는 계약의 경우 의무의 주된 부분의 이행지(3호)가 대한민국에 있는 경우
각 계약에 관한 소를 대한민국 법원에 제기할 수 있다(41조 1항).

Ⅲ. 임의대리의 준거법

대리인의 행위로 인하여 본인이 제3자에 대하여 의무를 부담하는지 여부는 대리인
의 영업소가 있는 국가의 법에 따르며, 대리인의 영업소가 없거나 영업소가 있더라
도 제3자가 알 수 없는 경우에는 대리인이 실제로 대리행위를 한 국가의 법에 따른
다(32조 2항). 이는 대리권이 없는 대리인과 제3자 간의 관계에 관하여도 같다(32조
5항).

Ⅳ. 사안에의 적용 및 결론

스위스에 주된 사무소를 두고 있는 갑과 한국 인천에 주된 사무소를 두고 있는 병
사이의 물품인도청구소송은 외국과 관련된 요소(당사자)가 있으므로 국제사법에 의
하여 국제재판관할 및 준거법을 정하여야 한다(1조).

1. **국제재판관할**

가. **국제사법 제41조에 의한 특별관할:** 丙은 乙에게 로봇을 '인천 공장 인도조건'으로
주문하여 물품인도지는 대한민국에 있으므로 대한민국 법원이 국제재판관할권을
가진다(41조 1항 1호).

나. **국제사법 제4조에 의한 특별관할:** 위 소는 로봇인도청구소송으로서 "한국 시장
을 향해 계속적이고 조직적인 영업활동"을 하고자 하는 법인인 甲에 대한, 甲이
하는 로봇 제작 사업 또는 영업활동과 관련이 있는 소이므로 대한민국 법원이
국제재판관할권을 가진다(4조 2항).

다. **국제사법 제2조에 의한 관할:** ① 丙의 주된 사무소가 대한민국 인천에 소재하고,
② 이 사건 물품공급계약의 인도장소가 대한민국 인천이며, ③ 이 사건 물품공급
계약은 대리상 乙에 의하여 체결된 것인데 대리상 乙이 대한민국에 주된 사무소
를 두고 있는 점 등을 고려하면 당사자 또는 분쟁이 된 사안이 대한민국과 실질

적 관련성이 있으므로 대한민국 법원에 국제재판관할권이 인정된다.

라. **변론관할:** 이 사안의 경우 丙이 甲을 상대로 서울중앙지방법원에 제기한 위 소
송에 대하여 甲은 응소하면서 무권대리의 항변을 제출하였는바 이는 피고가 국
제재판관할권 및 국내관할권이 대한민국 서울중앙지방법원에 없음을 주장하지
않고[21] 본안에 대하여 변론한 것에 해당하므로 국제사법 제 9 조 및 민사소송법
제30조에 의해서도 대한민국 서울중앙지방법원이 국제재판관할권을 가지게 된다.

2. **준거법:** 丙이 甲을 상대로 제기한 Type A 로봇 10대의 인도청구에 대하여 甲은 乙
과 사이의 위 대리상계약상 乙이 가지는 대리권에는 Type A는 포함되지 않는다는
무권대리의 항변을 하는바 대리인 乙의 행위로 인하여 본인인 甲이 제 3 자 丙에
대하여 의무를 부담하는지 여부는 대리인 乙의 영업소 소재지가 있는 국가의 법에
따르는데, 乙의 경우 대한민국 서울에 주된 사무소를 두고 거래의 대리 또는 중개
영업을 하고 있으므로 乙의 영업소 소재지 국가는 대한민국이라 할 것이고 따라서
그 준거법은 대한민국 법이 된다(32조 2항).

---

21) 대한민국 법원 중 어느 법원이 토지관할을 가지는지 여부는 국제사법이 아니라 대한민국 민사소
송법 및 '각급 법원의 설치와 관할구역에 관할 법률'에 따른다. 각급 법원의 설치와 관할구역에 관
할 법률 제 4 조 제 1 호 별표 3에 의하면 서울중앙지방법원이 아니라 인천지방법원이 위 소의 관
할법원이 된다.

UN협약 문제

甲회사는 대한민국 인천 인근 영해에서 해상풍력발전 15기를 건설·운영하기 위해 대한민국법에 따라 설립된 회사(이하, '甲')이다. 대만에 영업소를 둔 乙회사는 해상풍력발전기에서 생산되는 전력을 해상 및 육상 변전소로 공급하기 위해 해저 바닥에 설치하는 해상케이블을 제조하는 회사(이하, '乙')이다. 2020. 5. 1. 甲은 발전소 건설을 위해 필요한 500m 길이의 특수 해상케이블 15개를 총 미화 300만 달러에 乙이 공급하고 현장에 설치까지 하는 계약(이하, '이 사건 계약')을 체결하였다.

乙은 분기별로 케이블 5개씩을 '인코텀즈 DAP−인천 해상 현장' 인도조건으로 2022. 3. 31., 6. 30., 9. 30.에 각 인도하도록 되어 있다. 乙은 자신의 500m 길이 해상케이블로 전력송전 시, 불과 3% 이내의 전력 손실만 발생한다고 계약상 보증하였는데, 이는 甲의 사업성 확보를 위해 중요한 요소였다. 계약 체결 시 甲은 15기의 발전기 공사가 순차적으로 이루어지기 때문에 케이블의 분기별 적시 인도가 중요함을 강조하였다.

乙은 해상케이블 제작을 위해 해저지반 보고서를 검토함이 필수인데, 그 보고서는 甲이 작성하여 乙에게 2021. 12. 31.까지 제공하도록 약정되어 있었다. 그러나 甲은 2022. 3. 10.에서야 보고서를 乙에 제공했는데, 그 이유로는 보고서 작성 업무를 위임받은 업체가 늦게 제출했다는 것이었다. 乙은 보고서를 검토하지 못한 이유로 2022. 3. 31. 1차 인도시기를 맞추지 못하고 2022. 4. 30.에서야 1차 인도분 5개를 인도하였다. 이에 甲은 乙을 상대로 서울중앙지방법원에 이 사건 계약의 지체상금 조항에서 정한 손해배상예정액 미화 100만 달러의 지급을 구하는 소를 제기하였다.

乙은 2022. 6. 30. 2차 인도분인 케이블 5개를 인천 해상 현장에 적시 인도하여 설치하였다. 곧바로 甲이 테스트한 결과 2차 인도분 5개 중 3개의 전력 손실이 10%를 넘어, 甲은 乙에 하자를 통지함과 동시에 문제가 된 3개에 대한 대체물인도청구를 하였다. 그런데 며칠 뒤 3개 중 1개는 乙의 부실한 설치로 조류에 휩쓸려 멸실되었다. 나머지 2개의 전력 손실은 3% 이내였으나, 'DAP−인천 해상 현장' 인도조건에 따른 인도 이후 甲의 시공자 丙의 과실로 2개 케이블에 경미한 손상이 발생하였다. 이에 甲은 乙에 그 손상에 대한 하자수리를 요구했으나 乙은 응하지 않았고, 甲은 2개에 대한 대금지급을 거절하였다.

한편 대만과 중국과의 분쟁이 격화되어 중국정부는 2022. 8. 15. 최소 석 달간 대만해협을 봉쇄하는 조치를 전격 단행하였고, 그리하여 대만으로부터 물품 운송이 불가능한 상황이다. 이를 안 甲은 곧바로 공사일정상 乙에 2022. 9. 30. 3차 인도분의 인도를 적절히 보장할 수 있는 조치를 요청했지만 乙은 3주째 묵묵부답이었다. 甲은 2022. 9. 10. 乙에게 이 사건 계약을 해제한다고 통지하였고, 2022. 10. 10. 국내의 다른 업체 丁으로부터 3차 인도분에 상응하는 5개를 미화 130만 달러에 구매하여 설치하였다. 그

후 甲은 丁과의 대체거래금과 3차 인도분 계약대금의 차액인 미화 30만 달러의 손해배
상을 청구하였다.

[전제사실]
1. 서울중앙지방법원은 이 사건에 대한 국제재판관할권을 가지며, 이 사건 계약은
   혼합계약 형태이나 국제물품매매에관한유엔협약(CISG)이 적용된다.

2. '인코텀즈 DAP-인천 해상 현장' 인도조건은 해상풍력발전기가 건설되는 해상에
   서 인도되는 것을 의미한다.

[문제]
1. 甲은 乙을 상대로 1차 인도분 지연에 따른 지체상금을 구할 수 있는지 논하시오.
   (15점)

2. 甲은 乙을 상대로 2차 인도분 중 하자있는 3개에 대한 대체물의 인도를 청구할
   수 있는지 논하시오. (25점)

3. 甲은 2차 인도분 중 손상된 2개에 대한 대금지급을 거절할 수 있는지 논하시오.
   (15점)

4. 甲의 2022. 9. 10. 계약해제가 가능한지, 그리고 乙을 상대로 제기한 손해배상청
   구가 가능한지 논하시오. (25점)

모범답안

<문제 1>

Ⅰ. 논점의 정리

매도인의 인도의무불이행에 관하여 협약 제30조, 제33조 ㈎호, 제25조, 채권자행위
에 의한 불이행에 관하여 협약 제80조를 검토한다.

Ⅱ. 매도인의 인도의무와 본질적 계약위반

1. 매도인의 물품인도의무: 매도인은 계약과 이 협약에 따라 물품을 인도하고, 관련 서

류를 교부하며 물품의 소유권을 이전하여야 한다(협약 30조).

2. 인도시기: 인도기일이 계약에 의하여 지정되어 있거나 확정될 수 있는 경우에는 그 기일에 매도인은 물품을 인도하여야 한다[협약 33조 ㉮호 본문].

3. **본질적 계약위반**: 당사자 일방의 계약위반은, 그 계약에서 상대방이 기대할 수 있는 바를 실질적으로 박탈할 정도의 손실을 상대방에게 주는 경우에 본질적인 것으로 한다(협약 25조 본문). 다만, 위반 당사자가 그러한 결과를 예견하지 못하였고, 동일한 부류의 합리적인 사람도 동일한 상황에서 그러한 결과를 예견하지 못하였을 경우에는 그러하지 아니하다(협약 25조 단서).

Ⅲ. 채권자행위에 의한 불이행

당사자는 상대방의 불이행이 자신의 작위 또는 부작위에 기인하는 한, 상대방의 불이행을 주장할 수 없다(협약 80조).

Ⅳ. 사안에의 적용 및 결론

이 사건 매매계약은 해상케이블에 대한 분할인도계약인바 1차 인도기일은 계약상 2022. 3. 31.로 약정되어 있으나 매도인 乙은 2022. 4. 30.에야 1차분 인도를 하였다. 그러므로 매도인 乙은 이 사안의 계약에서 정한 기일에 물품을 인도할 의무가 있음에도 불구하고[협약 30조, 33조 ㉮호] 그 이행을 지체한 것이다[단순한 인도지체는 본질적 계약위반이 아니나, 위 인도지체는 본질적 계약위반(협약 25조)을 구성하게 될 것이다. 왜냐하면 위 매매계약 체결시 매수인 甲이 위 계약시 5기의 발전기 공사가 순차적으로 이루어지므로 케이블의 분기별 적시 인도가 중요함을 강조하였다는 지문내용에 비추어 볼 때 인도시기의 준수가 이 사건 거래에 있어 본질적인 의미를 가지기 때문이다]. 그러나 매도인 乙의 계약위반은 甲의 부작위(甲의 이행보조자인 보고서 작성업체에 의한 보고서의 지체제출)에 기인하였으므로, 甲은 乙의 불이행을 주장할 수 없다(협약 80조). 즉, 甲은 乙에게 계약위반의 책임을 물을 수 없으므로, 甲은 乙에 대하여 위 계약불이행(1차 인도분 지연)을 전제로 한 지체상금 청구를 할 수 없다.

<문제 2>

Ⅰ. 논점의 정리

甲이 2차 인도분 중 일부(3개)에 관하여 대체물인도청구권을 행사할 수 있는지와 관련하여 물품의 계약적합성에 관한 협약 제35조, 제38조, 제39조, 대체물인도청구권에 관한 협약 제46조 제 2 항, 제82조 등을 검토한다.

Ⅱ. 물품의 계약적합성

1. **물품적합성과 그 판단기준**: 매도인은 계약에서 정한 수량, 품질, 종류에 적합하고, 계약에서 정한 방법으로 용기에 담겨지거나 포장된 물품을 인도하여야 한다(협약 35조 1항).

   협약은 당사자 사이에 달리 합의가 없는 한 ① 동종 물품의 통상 사용목적에 맞지 아니한 경우[협약 35조 2항 ㈎호], ② 계약 체결시 매도인에게 명시적 또는 묵시적으로 알려진 특별한 목적에 맞지 아니한 경우[협약 35조 2항 ㈏호], ③ 매도인이 견본 또는 모형으로 매수인에게 제시한 물품의 품질을 가지고 있지 아니한 경우[35조 2항 ㈐호], ④ 물품에 대하여 통상의 방법으로, 통상의 방법이 없는 경우에는 그 물품을 보존하고 보호하는 데 적절한 방법으로 용기에 담겨지거나 포장되어 있지 아니한 경우[35조 2항 ㈑호]에 물품이 계약에 부적합한 것으로 한다.

2. **물품의 검사와 부적합 통지**

   가. **물품의 검사**: 매수인은 원칙적으로 그 상황에서 실행가능한 단기간 내에 물품을 검사하거나 검사하게 하여야 하나(협약 38조 1항), 계약에 물품의 운송이 포함되는 경우에는 물품이 목적지에 도착한 후까지 연기될 수 있으며(협약 38조 2항), 매수인이 검사의 기회를 갖지 못한 상태에서 운송 중 물품의 목적지의 변경 또는 전송이 있고 매도인이 그러한 가능성을 알았거나 알 수 있었던 경우에는 검사는 물품이 새로운 목적지에 도착한 후까지 연기될 수 있다(협약 38조 3항).

   나. **부적합 통지**: 매수인은 매도인에게 부적합한 성질을 특정, 즉, 구체적으로 적시하여 통지하여야 한다(협약 39조 1항). 매수인은 물품의 부적합을 발견하였거나 발견할 수 있었던 때로부터 합리적인 기간 내에 통지하여야 하며(협약 39조 1항), 이 기간은 물품이 매수인에게 현실로 교부된 날로부터 2년을 넘지 못한다(협약 39조 2항 본문). 다만 계약상의 보증기간이 2년 이상인 경우에는 예외이다(협약 39조 2항 단서).

Ⅲ. 대체물인도청구권

1. **대체물인도청구권**: 물품이 계약에 부적합한 경우에는 그 부적합이 본질적 계약위반을 구성하고, 그 청구가 협약 제39조의 부적합 통지와 동시 또는 그 후 합리적인 기간 내에 행하여진 경우에 매수인은 매도인에게 대체물의 인도를 청구할 수 있다[협약 45조 1항 ㈎호, 46조 2항]. 이때 '본질적 계약위반'은 당사자 일방의 계약위반이 그 계약에서 상대방이 기대할 수 있는 바를 실질적으로 박탈할 정도의 손실을 상대방에게 주는 경우를 의미한다(협약 25조 본문). 다만, 위와 같은 손실을 상대방에게

주는 경우라고 하더라도 위반당사자가 그러한 결과를 예견하지 못하였고, 동일한 부류의 합리적인 사람도 동일한 상황에서 그러한 결과를 예견하지 못하였을 경우에는 예외적으로 본질적 계약위반이 되지 아니한다(협약 25조 단서).

2. **대체물인도청구권의 상실과 회복**: 매수인이 물품을 수령한 상태와 실질적으로 동일한 상태로 그 물품을 반환할 수 없는 경우에는 매수인은 매도인에게 대체물을 청구할 권리를 상실하나(협약 82조 1항), 반환불가가 매수인의 작위 또는 부작위에 기인하지 아니한 경우에는 위 권리를 상실하지 아니한다[협약 82조 2항 ㈎호].

Ⅳ. 사안에의 적용 및 결론

乙의 2차 인도분 중 약정한 전력손실 10%가 넘은 하자 있는 케이블 3개에 대하여 대체물인도청구권을 행사하기 위해서는 ① 3개의 케이블이 이 사건 계약에 부적합하고, 그 부적합이 본질적 계약위반을 구성하여야 하며, ② 대체물인도청구가 협약 제39조의 부적합 통지와 동시 또는 그 후 합리적인 기간 내에 행하여진 경우이어야 한다[협약 45조 1항 ㈎호, 46조 2항]. 그리고 ③ 甲이 위 3개의 인도를 수령한 상태와 실질적으로 동일한 상태로 乙에게 반환할 수 있어야 한다.

乙이 甲에게 공급한 2차 인도분 중 케이블 3개는 이 사건 매매계약에서 3% 이내 전력 손실만 발생한다고 계약상 보증하였음에도 불구하고 테스트 결과 전력손실이 10%를 초과하였으므로 계약에서 정한 품질에 적합하지 않다[협약 35조 1항, 35조 2항 ㈏호]. 그리고 3% 이내 전력 손실 요건은 甲의 사업성 확보를 위해 중요한 요소이므로 2차 인도분 중 3개의 계약부적합은 그 부분에 관하여 甲이 기대하는 바를 실질적으로 박탈할 정도의 손실을 주는 것으로서 본질적 계약위반을 구성한다(협약 25조, 46조 2항).

甲은 2차 인도분을 인도받은 후 곧바로 2차 인도분에 대한 검사를 실시하였으므로 협약상 물품검사의무를 다하였다(협약 38조 1항·2항). 甲은 물품의 부적합을 발견한 때로부터 합리적인 기간 내에 통지한 것으로 인정된다(협약 39조 1항). 또한 甲은 전력 손실이 10%를 넘는다는 사실을 통지한 것이므로 부적합한 성질을 특정하여 통지한 것으로 판단된다(협약 39조 1항). 乙은 협약상 부적합 통지의무를 다하였으므로 甲에 대하여 2차 인도분 중 하자 있는 3개의 부적합을 주장할 권리를 가진다. 그리고 甲의 대체물인도청구는 부적합통지와 '동시에' 행사되었다(협약 46조 2항 단서).

한편 하자 있는 위 3개 중 1개는 조류에 휩쓸려 멸실되어 甲이 수령한 상태와 실질적으로 동일한 상태로 반환할 수 없으나 그 유실은 乙의 부실한 설치에 따른 것으로 매수인 甲의 작위 또는 부작위에 기인한 것이 아니다[협약 82조 2항 ㈎호]. 따라서 위 1개를 반환할 수 없더라도 대체물인도청구권 행사가 가능하고, 나머지 2개는 甲이 수령한 상태와 실질적으로 동일한 상태로 반환할 수 있으므로 대체물인도청구권 행사가 가능하다. 결국 乙은 2차 인도분 중 하자 있는 3개 모두에 대하여 대체물인도 청구권을 행사할 수 있다.

<문제 3>

Ⅰ. 논점의 정리

갑의 3회분에 대한 계약해제 여부에 대하여 매수인의 대금지급의무와 위험이전에 관한 협약 제53조, 제66조, 제67조 및 매수인의 부적합치유청구권에 관한 협약 제46조를 검토한다.

Ⅱ. 매수인의 대금지급의무와 위험의 이전

1. 매수인의 대금지급의무: 매수인은 매도인에게 대금지급의무를 부담한다(협약 53조).

2. 위험의 이전과 대금지급의무: 위험이 매수인에게 이전된 후에 물품이 멸실 또는 훼손되더라도 매수인은 대금지급의무를 면하지 못한다(협약 66조 본문). 다만, 그 멸실 또는 훼손이 매도인의 작위 또는 부작위로 인한 경우에는 그러하지 아니하다(협약 66조 단서). 매도인이 특정한 장소에서 물품을 운송인에게 교부하여야 하는 경우에는, 위험은 그 장소에서 물품이 운송인에게 교부될 때 이전한다(협약 67조 1항 2문의 반대해석).

Ⅲ. 매수인의 부적합치유청구권

물품이 계약에 부적합한 경우에, 매수인은 모든 상황을 고려하여 불합리한 경우를 제외하고, 매도인에게 수리에 의한 부적합의 치유를 청구할 수 있다(협약 46조 3항 1문). 수리 청구는 제39조의 통지와 동시에 또는 그 후 합리적인 기간 내에 행하여져야 한다(협약 46조 3항 2문).

Ⅳ. 사안에의 적용 및 결론

'인코텀즈 DAP-인천 해상 현장' 인도조건은 해상풍력발전기가 건설되는 해상에서 인도하는 조건으로, 이 경우 특정한 장소(해상풍력기가 건설되는 해상)에서 운송인에게 물품이 교부될 때 물품에 대한 위험이 매수인 甲에게 이전한다(협약 67조 1항 2문의 반대해석).

2차 인도분 5개 중 2개의 훼손은 'DAP-인천 해상 현장' 인도조건에 따른 인도 이후, 즉 매수인 甲에게 위험이 이전된 이후에 발생한 것으로, 甲은 대금지급의무를 면하지 못한다(협약 66조 본문). 위험이 매수인에게 이전된 후라도 매도인의 작위 또는 부작위로 인하여 물품이 훼손되었다면 매수인은 대금지급의무를 부담하지 않으나, 위 2개의 훼손은 매도인 乙의 작위 또는 부작위에 의하여 발생한 것이 아니라 매수인 甲의 시공자 丙의 과실로 발생한 것이므로 甲은 대금지급의무를 면할 수 없다(협약 66조 단서). "甲이 乙에게 위 2개의 손상에 대한 하자수리를 요구했으나 乙은 응하지 않았다"는 지문에 관련하여 매수인의 부적합치유청구권은 물품이 계약에 부적합한 경우에 매수인에게 인정되는 권리인데 乙이 위 2개를 인천해상에 인도하기까지는 아무런 손상이 없었으므로 물품이 계약에 부적합한 것이 아니므로 乙이 위 청구에 대하여 응하지 않았다고 하여 위 결론에 아무런 영향을 미치지 않는다.

<문제 4>

Ⅰ. 논점의 정리

이행기 전 계약해제권과 분할인도계약의 해제, 면책 및 손해배상청구권에 관하여 협약 제72조, 제73조, 제79조, 제74조, 제75조를 검토한다.

Ⅱ. 이행기 전 계약해제권

계약의 이행기일 전에 당사자 일방이 본질적 계약위반을 할 것이 명백한 경우에는, 상대방은 계약을 해제할 수 있다(협약 72조 1항). 이때 계약을 해제하려고 하는 당사자는 상대방이 그 의무를 이행하지 아니하겠다고 선언한 경우가 아닌 한 상대방이 이행에 관하여 적절한 보장을 제공할 수 있도록 상대방에게 합리적인 통지를 하여야 한다(협약 72조 2항·3항).

Ⅲ. 매수인에 의한 계약해제와 분할인도계약의 해제

1. 본질적 계약위반: 매수인은 ① 계약 또는 협약상 매도인의 의무불이행이 본질적 계약위반으로 되는 경우 및 ② 인도불이행의 경우에는, 매도인이 제47조 제1항에 따라 매수인이 정한 부가기간 내에 물품을 인도하지 아니하거나 그 기간 내에 인도하지 아니하겠다고 선언한 경우 계약을 해제할 수 있다[협약 49조 1항 ㉮ 및 ㉯호]. 본질적 계약위반은 당사자 일방의 계약위반이 그 계약에서 상대방이 기대할 수 있는 바를 실질적으로 박탈할 정도의 손실을 상대방에게 주는 경우를 원칙으로 하며, 위반 당사자가 그러한 결과를 예견하지 못하였고, 동일한 부류의 합리적인 사람도 동일한 상황에서 그러한 결과를 예견하지 못하였을 경우에는 예외이다(협약 25조). 물

품의 일부만 인도된 경우 해제는 부족부분에 적용되며(협약 51조 1항), 일부인도의 경우에 매수인이 계약 전체를 해제하기 위하여는 일부인도가 본질적 계약위반이 되는 경우에 한한다(협약 51조 2항).

2. **원상회복 가능**: 매수인이 물품을 수령한 상태와 실질적으로 동일한 상태로 그 물품을 반환할 수 없는 경우에는 매수인은 계약을 해제하지 못한다(협약 82조 1항).

3. **해제권의 행사기간**: 매수인은 ① 인도지체의 경우 매수인이 인도가 이루어진 것을 안 후 합리적인 기간 내[협약 49조 2항 ㈎호], ② 인도지체 이외의 위반의 경우 매수인이 그 위반을 알았거나 또는 알 수 있었던 때로부터 합리적인 기간 내[협약 49조 2항 ㈏호 ⑴목]에 계약을 해제하지 아니하는 한 계약해제권을 상실한다.

4. **해제의 효과**: 계약의 해제는 손해배상의무를 제외하고 당사자 쌍방을 계약상의 의무로부터 면하게 한다(협약 81조 1항 1문).

5. **해제의 방식**: 계약해제의 의사표시는 상대방에 대한 통지로 행하여진 경우에만 효력이 있다(협약 26조).

Ⅳ. 분할인도계약과 해제

분할인도계약은 물품을 수회로 나누어 인도하기로 한 계약이다.

1. **당회분할이행의 해제**: 물품을 수회로 나누어 인도하기로 하는 계약, 즉 분할인도계약에 있어서 어느 분할부분에 관한 불이행이 그 분할부분에 관하여 본질적 계약위반이 되는 경우에는 그 분할부분만의 계약해제가 가능하다(협약 73조 1항).

2. **장래분할이행의 해제**: 어느 분할부분에 대한 불이행이 장래의 분할부분에 대한 본질적 계약위반의 발생을 추단하는 데에 충분한 근거가 되는 경우에는 장래의 미이행부분에 대하여 계약을 해제할 수 있다(협약 73조 2항 본문). 다만 그 해제는 합리적인 기간 내에 이루어져야 한다(협약 73조 2항 단서).

3. **관련성에 의한 해제**: 어느 인도에 대하여 계약을 해제하는 매수인은 이미 행하여진 인도 또는 장래의 인도가 그 인도와의 상호 의존관계로 인하여 계약 체결시에 당사자 쌍방이 예상했던 목적으로 사용될 수 없는 경우에는 이미 행하여진 인도 또는 장래의 인도에 대하여도 동시에 계약을 해제할 수 있다(협약 73조 3항).

Ⅴ. 면책

① 당사자는 그의 의무불이행이 통제할 수 없는 장애에 기인하였다는 것(통제불가능성 및 인과관계), ② 계약 체결시에 그 장애를 고려하거나 그로 인한 결과를 회피하거나 극복하는 것이 합리적으로 기대될 수 없었다는 것(예견불가능성 및 회피불가능성)을 증명하는 경우 의무불이행책임을 면한다(협약 79조 1항). 불이행당사자는 장애가 존재한다는 것과 그 장애가 자신의 이행능력에 미치는 영향을 상대방에게 통지

하여야 하며(협약 79조 4항 1문), 불이행당사자가 장애를 알았거나 알았어야 했던 때로부터 합리적 기간 내에 상대방이 통지를 수령하지 못한 경우 불이행당사자는 불수령으로 인한 손해에 대하여 책임이 있다(협약 79조 4항 2문). 면책은 장애가 존재하는 기간 동안 효력을 가진다(협약 79조 3항). 장애로 인하여 면책되는 대상은 손해배상청구권만으로, 다른 구제수단에는 영향을 주지 않는다(협약 79조 5항).

Ⅵ. 손해배상청구권

매도인이 매매계약상의 의무를 이행하지 아니하는 경우에 매수인은 협약 제74조 내지 제77조에서 정한 손해배상의 청구를 할 수 있다[협약 45조 1항 ㈏호]. 계약위반으로 인한 손해배상액은 이익의 상실을 포함하여 그 위반의 결과 상대방이 입은 손실과 동등한 금액으로 하며, 그 손해배상액은 예견가능한 손해이어야 한다(협약 74조). 계약을 해제한 후 합리적인 기간 내에, 합리적인 방법으로 대체구매를 한 경우에는 그 차액의 배상도 청구할 수 있다(협약 75조).

Ⅶ. 사안에의 적용 및 결론

1. **분할인도계약**: 이 사안의 계약은 매도인 乙이 매수인 甲에게 케이블을 3회에 걸쳐 인도하는 것을 약정하고 있으므로 이는 분할인도계약에 해당한다.

2. **계약의 해제**

   가. **1차분과 2차분에 대한 해제의 가부**: 1차분의 경우 약정인도기일인 2022. 3. 31.을 넘은 2022. 4. 30.에야 인도하였으나 위 약정인도기일의 준수는 매수인 甲측에서 해당 케이블 제작을 위한 해저지반 보고서를 2021. 12. 31.까지 乙에게 제공하는 것을 전제로 한 것인데, 매수인 甲측의 귀책사유(甲으로부터 보고서 작성 업무를 위임받는 업체의 지연제출)로 인하여 2022. 3. 10.에야 위 보고서가 乙측에 제출되었기 때문인 것이므로 甲은 乙의 의무불이행을 주장할 수 없다(협약 80조). 따라서 甲은 1차분에 대한 계약을 해제하지 못한다(협약 73조 1항). 2차분 중 하자 있는 3개의 경우에는 甲이 대체물인도청구를 한 이상 그와 양립불가능한 계약해제를 할 수 없고, 나머지 2개는 하자 없는 상태에서 甲에게 인도되었고, 그 이후 甲측의 과실로 손상이 발생한 것이므로 乙과는 무관한 사정이므로 이 역시 해제의 대상이 되지 아니한다.

   나. **3차분에 대한 해제의 가부**: 3차분의 약정이행기일은 2022. 9. 30.이고 甲이 해제하려는 시점은 그 이전인 2022. 9. 10.로서 이행기 전의 계약해제의 가부가 문제된다. 乙이 이행을 하지 않겠다고 선언한 바는 없으나 甲은 이 사안의 봉쇄조치를 안 후 곧바로 乙에게 3차 인도분의 인도를 적절히 보장할 수 있는 조치를 요청함으로써 乙에게 이행에 관하여 적절한 보장을 제공할 수 있도록 합리적인 통

지를 하였음에도 불구하고 乙은 3주째 묵묵부답의 태도를 보였다. 이러한 乙의 행위는 계약의 이행기 전에 乙이 본질적 계약위반을 할 것이 명백한 경우에 해당한다(협약 72조 1항·2항). 따라서 甲은 3차 인도분에 대하여 이행기 전 계약해제를 할 수 있다(협약 72조 1항·2항, 73조 1항).

다. **계약 전체에 대한 해제의 가부**: 甲이 3차 인도분에 대한 해제를 넘어 전체 계약을 해제할 수 있는지 문제된다. 이미 살펴본 바와 같이 甲은 3차 인도분에 대하여 계약해제가 가능하나(72조 1항·2항, 73조 1항), 이미 행하여진 1차·2차 인도분까지 해제하려면 1차·2차 인도분과 3차 인도분과의 상호의존관계로 인하여 계약 체결시에 甲과 乙이 예상했던 목적으로 사용될 수 없는 경우에 해당되어야 한다.22) 그러나 이 사안에서 그와 같은 상호의존관계는 보이지 않으므로 1차·2차 인도분을 포함한 계약 전체의 해제는 불가능하다(협약 73조 3항).

라. **결론**(요약): 따라서 甲의 2022. 9. 10. 계약해제는 3차 인도분에 관해서만 가능하고, 나머지 1차·2차 인도분에 대한 계약해제 및 계약 전체의 해제는 불가능하다.23)

3. **손해배상청구**: 갑이 을에 대하여 손해배상을 청구할 수 있는지 여부를 논하기에 앞서 선결문제로서 이 사건 봉쇄조치가 협약 제79조의 '통제할 수 없는 장애'로서 乙이 면책되는지를 본다. ① 당사자의 계약상 의무이행을 방해하는 국가의 개입은 일반적으로 당사자의 통제영역 밖에 있는 것으로, 중국정부가 단행한 이 사건 봉쇄조치는 통제불가능한 장애에 해당하고(통제불가능성), 乙의 의무불이행은 이 사건 봉쇄조치에 기인한다(인과관계). ② 이 사건 계약 체결시에 대만과 중국과의 분쟁이 격화되어 중국정부가 이 사건 봉쇄조치를 단행할 것을 예견할 수 없었고(예견불가능성), 또한 이 사건 봉쇄조치로 인하여 대만으로부터 물품운송이 불가능한 상황이고, 대체운송경로 등이 있다는 사실관계의 제시가 없으므로 이러한 결과를 회피하거나 극복하는 것이 합리적으로 기대될 수 없는 것으로 판단된다(회피불가능성). ③ 불이행당사자인 乙은 장애가 존재한다는 것과 그 장애가 자신의 이행능력에 미치는 영향을 상대방에게 통지하여야 하는데(협약 79조 4항 1문), 乙은 그러한 통지를 하지 않았을 뿐만 아니라 甲의 요청에 대해 침묵하였으므로 통지의무를 다하지 못한 것이다. 결국 乙은 협약 제79조에 의하여 면책될 수 없다. 그러므로 甲은 乙을 상대로 협약 제74조 내지 제77조에서 정한 손해배상의 청구를 할 수 있다[45조 1항 ㈏호]. 甲은

---

22) 지문상 분기별 적시인도가 중요함을 강조하였다고만 기재되어 있을 뿐 각 인도분이 상호의존관계에 있다는 사실관계의 제시는 없다.

23) 지문상 甲은 乙에게 '이 사건 계약을 해제한다'고 통지하였다고 기재되어 있으므로 이는 이 사건 계약 전체에 대한 해제를 의미하는 것으로 보인다. 한편 1차와 2차 인도분에 대하여는 해제가 불가능한바 따라서 위 계약 전체에 대한 해제는 결국 3차 인도분에 대한 해제로서의 효력만을 가지게 될 것이다.

3차 인도분을 해제한 후 약 1개월 뒤 3차 인도분에 해당하는 물품을 丁으로부터 대체구매하였는데, 이는 계약해제 후 합리적인 방법으로 합리적인 기간 내에 매수인이 대체물을 매수한 경우에 해당한다(75조). 따라서 甲은 협약 제74조에 따른 손해액(이익의 상실을 포함하여 그 위반의 결과 상대방이 입은 손실과 동등한 금액) 외에 丁으로부터의 대체거래대금과 을과의 약정거래대금과의 차액인 30만 달러[130만 달러－100만 달러(20만 달러×5개)]를 배상받을 수 있다(협약 75조).

제13회 국제거래법 기출문제 | 국제거래법

국제사법 문제

B국 국적을 가진 甲(남)과 A국 국적과 B국 국적을 동시에 가진 乙(여)은 A국에서 혼인하여 10년 정도 살다가 甲의 직장 관계로 미성년 자녀와 함께 대한민국에 이주하여 3년째 살고 있다. 한국어에 능통한 甲은 서울에서 인터넷 검색을 하던 중, 대한민국에 있는 고객을 상대로 주문방법과 대금지급방법 등을 한국어로 설명하는 A국 소재 X회사가 제조한 핸드백 팝업 광고를 보고 서울에 거주하는 乙에게 핸드백을 선물할 생각이었으나, 급한 해외 출장으로 인하여 나중에 다른 물품과 비교해서 결정하기 위하여 X회사의 홈페이지를 즐겨찾기에 추가하였다. 그 후 甲은 B국으로 출장을 갔으며 그곳에서 위 홈페이지에 접속하여 신용카드로 대금을 지급하고 핸드백을 주문하였다. 甲은 핸드백을 구입하면서 "X회사와 구매자 간의 분쟁에 대해서는 A국 법원만을 관할법원으로 하고, 준거법도 A국법으로 한다."라고 규정되어 있는 약관을 읽고 동의한다는 칸을 클릭하였다. X회사는 대한민국에 매장이 전혀 없고 A국에만 매장을 두고 있다.

한편 乙은 甲이 구매하여 선물한 핸드백을 서울에서 사용하다가 핸드백 잠금장치 오작동으로 손가락에 깊은 상처를 입고 병원에서 치료를 받았으나 심한 흉터가 남았다. 그 후 甲과 乙은 핸드백 잠금장치에 제조상 결함이 있어서 X회사가 A국에서 리콜을 실시 중이라는 것을 알게 되었다. 이에 甲은 X회사를 상대로 계약위반에 근거한 손해배상청구소송을 대한민국 법원에 제기하였고, 乙은 X회사를 상대로 불법행위에 근거한 손해배상청구소송을 대한민국 법원에 제기하였다.

이후 乙은 위 부상의 후유증으로 정상적인 생활을 할 수 없게 되었고, 이로 인하여 甲에 대한 乙의 원망이 커져 甲과 乙 사이의 불화가 심해지기 시작하였다. 그러던 중 甲이 乙의 부모를 폭행하는 사건이 벌어지자, 이를 계기로 乙은 이혼을 결심하고 직계존속이 배우자로부터 심히 부당한 대우를 받았다는 이유로 甲을 상대로 이혼을 청구하는 소송을 대한민국 법원에 제기하였다.

[전제]

1. A국과 B국의 국제사법은 대한민국의 「국제사법」과 동일하다.

2. 乙이 甲을 상대로 제기한 이혼소송에 관하여 대한민국에 국제재판관할이 인정된다.

[문제]

1. 甲과 乙이 X회사를 상대로 제기한 각 소송에 대하여 대한민국 법원이 국제재판 관할권을 가지는지 논하시오. (40점)

2. 甲과 乙이 X회사를 상대로 제기한 각 소송에 대하여 「국제사법」상 적용될 준거 법은 무엇인지 논하시오. (27점)

3. 乙이 甲을 상대로 제기한 소송에 대하여 「국제사법」상 적용될 준거법은 무엇인 지 논하시오. (13점)

모범답안

<문제 1>

Ⅰ. 논점의 정리

소비자계약상의 계약위반 및 불법행위에 기한 각 손해배상청구소송의 국제재판관할 권에 관하여 국제재판관할의 일반원칙에 관한 학설과 국제사법 제 2 조의 일반원칙 및 대법원의 입장, 소비자계약에 대한 재판관할권의 특칙인 국제사법 제42조, 그리 고 전속적 국제재판관할합의의 유효요건에 관한 국제사법 제 8 조, 특별관할에 관한 국제사법 제 4 조, 제44조를 검토한다.

Ⅱ. 국제재판관할의 일반원칙

1. 의의: 국제재판관할권은 문제된 섭외사법관계에 대하여 특정국가의 법원이 이를 재 판할 수 있는 자격 내지 권한을 말한다.

2. 결정기준에 관한 학설: 이에 대하여는 ① 민사소송법의 토지관할규정을 역으로 추지 하여 국내에 재판적이 인정되면 국제재판관할권을 인정하는 역추지설, ② 국제민사 소송법의 기본이념인 조리에 의하여 국제재판관할원칙을 세워야 한다는 관할배분설 (조리설) 및 ③ 기본적으로 국내민사소송법의 토지관할에 따르되 재판의 적정과 공 평, 신속에 반하는 특별사정이 있는 경우 관할을 부정한다는 수정역추지설(특별사정 설)이 있다.

3. 국제사법 규정과 대법원의 입장

　가. 실질적 관련의 원칙: 당사자 또는 분쟁이 된 사안이 대한민국과 실질적 관련을 가

지는 경우에 대한민국 법원에 국제재판관할권이 인정되며, 실질적 관련의 유무를
판단할 때에 당사자 간의 공평, 재판의 적정, 신속 및 경제를 꾀한다는 국제재판
관할 배분의 이념에 부합하는 합리적인 원칙에 따라야 한다(2조 1항).

대법원은 여기의 '실질적 관련'은 대한민국 법원이 재판관할권을 행사하는 것을
정당화할 정도로 당사자 또는 분쟁이 된 사안과 관련성이 있는 것을 뜻하고, 이를
판단함에 있어서는 당사자의 공평, 재판의 적정, 신속과 경제 등 국제재판관할 배
분의 이념에 부합하는 합리적인 원칙에 따라야 하며, 구체적으로는 당사자의 공
평, 편의, 예측가능성과 같은 개인적인 이익뿐만 아니라, 재판의 적정, 신속, 효율,
판결의 실효성과 같은 법원이나 국가의 이익도 함께 고려하여야 하고, 이처럼 다
양한 국제재판관할의 이익 중 어떠한 이익을 보호할 필요가 있을지는 개별 사건
에서 실질적 관련성 유무를 합리적으로 판단하여 결정하여야 한다는 입장이다.

나. **국내법의 관할규정 참작**: 국제사법이나 그 밖의 대한민국 법령 또는 조약에 국제
재판관할에 관한 규정이 없는 경우 대한민국 법원은 국내법의 관할규정을 참작
하여 국제재판관할권의 유무를 판단하되, 위 제 2 조 제 1 항의 취지에 비추어 국
제재판관할의 특수성을 충분히 고려하여야 한다(2조 2항). 대법원은 국제재판관할
권 인정 여부에 있어서 민사소송법의 관할규정을 중요기준으로 제시하면서 개별
사건에 있어서의 국제재판관할의 특수성에 따라 이를 수정하여 적용할 수 있다
는 입장이다.

Ⅲ. 소비자계약에 있어서의 국제재판관할의 특칙

가. **소비자계약**: 소비자계약은 소비자가 자신의 직업 또는 영업활동 외의 목적으로
체결하는 것으로서 ① 계약의 상대방(직업 또는 영업활동으로 계약을 체결하는 자:
이하 '사업자')이 계약 체결에 앞서 소비자의 일상거소가 있는 국가(이하 '일상거소
지국')에서 광고에 의한 거래 권유 등 직업 또는 영업활동을 행하거나 소비자의
일상거소지국 외의 지역에서 소비자의 일상거소지국을 향하여 광고에 의한 거래
의 권유 등 직업 또는 영업활동을 행하고 그 계약이 사업자의 직업 또는 영업활
동의 범위에 속하는 경우, ② 사업자가 소비자의 일상거소지국에서 소비자의 주
문을 받은 경우, ③ 사업자가 소비자로 하여금 소비자의 일상거소지국이 아닌 국
가에 가서 주문을 하도록 유도한 경우를 말한다(국제사법 42조 1항).

나. **소비자가 제기하는 소와 소비자를 상대로 하는 소의 국제재판관할**: 소비자계약의 경
우에 대한민국에 일상거소가 있는 소비자는 사업자에 대하여 대한민국 법원에
소를 제기할 수 있다(42조 1항 본문). 한편 소비자의 일상거소가 대한민국에 있는
경우에 사업자가 소비자에 대하여 제기하는 소는 대한민국 법원에만 제기할 수
있다(42조 2항).

다. 관할합의의 제한: 소비자계약에 있어서의 부당한 재판관할합의를 막기 위하여 당사자 간의 재판관할합의는 사후적 합의 또는 사전적 합의일 경우에는 소비자에게 유리한 추가적 합의만을 허용한다(42조 3항 1호·2호).

Ⅳ. 전속적 국제재판관할합의

1. 의의와 유효성: 국제재판관할합의는 특정한 국가 또는 주의 법원에게 당사자 간의 국제소송을 심판할 자격 내지 권한을 부여하기로 하는 합의이다. 이 합의가 유효하다는 점에 대하여는 이견이 없으며(8조 1항 본문 참조), 민사소송법에도 명문규정이 있다(민사소송법 29조).

3. 종류: 기준에 따라 여러 가지로 분류되나 전속성 여부에 따라 전속적 국제재판관할합의와 부가적 국제재판관할합의로, 효과에 따라 설정적(창설적) 국제재판관할합의와 배제적 국제재판관할합의로 나눌 수 있다. 국제재판관할합의의 결과 그 국가가 전속적 국제재판관할권을 가지는지 아니면 부가적인 국제재판관할권을 가지는지 여부는 당사자의 의사를 우선적으로 고려하여 결정할 사항이나, 국제사법은 전속적 합의로 추정한다(8조 3항).

4. 전속적 국제재판관할합의의 서면성 요건: 당사자는 일정한 법률관계로 말미암은 소에 관하여 서면으로 국제재판관할합의를 할 수 있고, 이 경우의 서면에는 전보, 전신, 팩스, 전자우편 또는 그 밖의 통신수단에 의하여 교환된 전자적 의사표시가 포함된다(8조 2항).

5. 관할합의의 무효사유: ① 합의에 따라 국제재판관할을 가지는 국가의 법(준거법의 지정에 관한 법규를 포함한다)에 따를 때 그 합의가 효력이 없는 경우, ② 합의를 한 당사자가 합의를 할 능력이 없었던 경우, ③ 대한민국의 법령 또는 조약에 따를 때 합의의 대상이 된 소가 합의로 정한 국가가 아닌 다른 국가의 국제재판관할에 전속하는 경우 및 ④ 합의의 효력을 인정하면 소가 계속된 국가의 선량한 풍속이나 그 밖의 사회질서에 명백히 위반되는 경우 해당 국제재판관할합의는 효력이 없다(8조 1항 1호~4호).

6. 외국법원을 선택하는 전속적 합의가 있는 경우 법원의 조치: 당사자 간에 일정한 법률관계로 말미암은 소에 관하여 외국법원을 선택하는 전속적 합의가 있는 경우 대한민국 법원에 그 소가 제기된 때에는 ① 합의가 제8조 제1항 각 호의 사유로 효력이 없는 경우, ② 제9조에 따라 변론관할이 발생하는 경우, ③ 합의에 따라 국제재판관할을 가지는 국가의 법원이 사건을 심리하지 아니하기로 하는 경우 및 ④ 합의가 제대로 이행될 수 없는 명백한 사정이 있는 경우 외에는 대한민국 법원은 해당 소를 각하하여야 한다(8조 5항).

V. 특별관할

1. **영업활동에 근거한 특별관할**: 대한민국에서 또는 대한민국을 향하여 계속적이고 조직적인 사업 또는 영업활동을 하는 사람·법인 또는 단체에 대하여 그 사업 또는 영업활동과 관련이 있는 소는 대한민국 법원에 제기할 수 있다(4조 2항).

2. **불법행위에 관한 소의 특별관할**: 불법행위에 관한 소는 그 행위가 대한민국에서 행하여지거나 대한민국을 향하여 행하여지는 경우 또는 대한민국에서 그 결과가 발생하는 경우 대한민국 법원에 제기할 수 있다(44조 본문). 다만, 불법행위의 결과가 대한민국에서 발생할 것을 예견할 수 없었던 경우에는 그러하지 아니하다(44조 단서).

VI. 사안에의 적용과 결론

1. **甲이 X회사를 상대로 제기한 계약위반에 근거한 손해배상청구소송의 경우**

   가. **외국과 관련된 요소**: 이 사안의 경우 원고 甲은 B국적이고, 피고 X회사(이하 'X'라고 약칭)는 A국에 소재하므로 甲이 X를 상대로 제기한 이 건 소송은 외국과 관련된 요소(당사자)가 있으므로 국제사법에 의하여 국제재판관할을 정하여야 한다(1조).

   나. **합의관할의 유효 여부**: 甲이 X로부터 인터넷을 통하여 이 사안의 핸드백을 주문할 당시 "X와 구매자간의 분쟁에 대해서는 A국 법원만을 관할법원으로 하는" 합의를 하였는데 이는 전속적 관할합의로 판단된다(합의문언 및 국제사법 8조 3항 참조). X는 소비자 甲의 일상거소인 대한민국 외의 지역인 A국에서 일상거소인 대한민국을 향하여 광고에 의한 거래의 권유를 하였으므로 이 사안의 핸드백 구매는 국제사법 제42조 제1항 제1호의 소비자계약에 해당한다. 소비자계약에 있어서의 전속적 국제재판관할합의는 분쟁이 이미 발생한 경우에만 유효한데(42조 3항 1호·2호), 이 사안의 경우 甲의 구매시에 이루어진 사전적 합의이므로 이는 효력이 없다. 따라서 A국 법원은 위 관할합의에 의하여는 재판관할권을 갖지 못한다.

   다. **국제사법 제42조의 소비자계약의 특칙**: 앞서 살펴본 바와 같이 甲과 X의 계약은 국제사법 제42조 제1항 제1호의 소비자계약에 해당한다. 따라서 그 특칙에 의해 대한민국 법원은 대한민국에 일상거소가 있는 甲이 X를 상대로 제기한 이 소송에 관하여 국제재판관할권을 가진다(42조 1항 본문).

   라. **국제사법 제4조의 특별관할**: X는 대한민국에 있는 고객을 상대로 한국어로 인터넷 광고를 하는 등 대한민국을 향하여 계속적이고 조직적인 영업활동을 하는 중이고 이 소송은 그 영업활동과 관련이 있으므로 대한민국 법원은 국제재판관할권을 가진다(4조 2항).

   마. **국제사법 제2조의 일반원칙에 의한 국제재판관할**: ① 甲의 일상거소가 대한민국이고, ② X가 한국어로 한국에 있는 고객을 상대로 상업광고를 하는 점 등을 고

려하면 당사자 또는 분쟁이 된 사안이 대한민국과 실질적인 관련이 있으므로 대한민국 법원에 국제재판관할이 인정된다.

2. 乙이 X를 상대로 제기한 불법행위에 근거한 손해배상청구소송의 경우

가. 외국과 관련된 요소: 이 사안의 경우 원고 乙은 A국적과 B국적의 복수국적, 피고 X는 A국에 소재하므로 乙이 X를 상대로 제기한 이 건 소송은 외국과 관련된 요소(당사자)가 있으므로 국제사법에 의하여 국제재판관할을 정하여야 한다(1조).

나. 국제사법 제44조에 의한 특별관할: 이 사안과 같은 제조물책임의 법률관계는 불법행위이다.[24] 사안의 경우 X는 한국에 있는 고객을 대상으로 한국어로 인터넷 광고를 하여 적극적 영업활동을 하는 등 불법행위가 대한민국을 향하여 행하여졌으므로 대한민국은 지향지로서 국제사법 제44조에 따라 대한민국 법원에 국제재판관할이 인정된다.[25] 한편 대한민국이 결과발생지로서 국제사법 제44조에 따른 국제재판관할이 인정되기 위해서는 결과가 발생할 것에 대한 예견가능성이 있어야 한다. X는 대한민국에서 거래이익을 향유하려는 의도가 있었으므로 대한민국에서 불법행위에 따른 손해가 발생할 수 있다는 예견가능성을 인식하였을 것으로 판단되므로 대한민국은 결과발생지로서도 국제사법 제44조에 따라 대한민국 법원에 국제재판관할이 인정된다. 따라서 乙의 불법행위에 기한 이 건 손해배상

---

24) 대법원 1995. 11. 21. 선고 93다39607 판결. 한편 제조물책임소송에서 손해발생지의 법원에 국제재판관할권이 있는지를 판단하는 경우에는 제조업자가 그 손해발생지에서 사고가 발생하여 그 지역의 법원에 제소될 것임을 합리적으로 예견할 수 있을 정도로 제조업자와 손해발생지 사이에 실질적 관련성이 있는지를 고려하여야 하고(위 93다39607 판결; 대법원 2015. 2. 12. 선고 2012다21737 판결 참조), 이러한 실질적 관련성을 판단함에 있어서는 예컨대 당해 손해발생지의 시장을 위한 제품의 디자인, 그 지역에서의 상품광고, 그 지역 고객들을 위한 정기적인 구매상담, 그 지역 내에서의 판매대리점 개설 등과 같이 당해 손해 발생지 내에서의 거래에 따른 이익을 향유하려는 제조자의 의도적인 행위가 있었는지 여부가 고려될 수 있다(위 93다39607 판결).

25) 국제사법 제44조의 "대한민국을 향하여 행하여지는 경우"라는 문언은 인터넷에 의한 불법행위를 염두에 둔 것이다. 이러한 점에서 국제사법 제44조는 소비자계약의 국제재판관할에 관한 제42조와 마찬가지로 '지향된 활동기준(targeted activity criterion)'을 채택하고 있다. 불법행위가 대한민국을 향하여 이루어지는 경우, 즉 대한민국이 불법행위의 지향지인 경우에 곧바로 국제사법 제44조에 따라 대한민국 법원에 국제재판관할을 인정할 수 있는지에 대해서는 견해의 대립이 있다. 이는 국제사법 제44조의 지향지를 행동지 및 결과발생지와 구별되는 독립적인 관할근거로 해석할 수 있는지의 문제이다. 긍정하는 견해는 개정 국제사법 제44조의 "대한민국을 향하여 행하여지는 경우"라는 문언이 "그 행위가 대한민국에서 행하여지거나"라는 문언, "대한민국에서 그 결과가 발생하는 경우"라는 문언과 함께 병렬적으로 나열되어 있다는 점을 든다[이주연, "2022년 개정 국제사법 제39조와 제44조에 대한 검토", 법조협회, 「법조」 제71권 제4호 (2022), 381면]. 반면 부정하는 견해는 지향된 활동을 독립적인 관할근거로 보지 않고 지향된 활동으로 인한 결과발생지가 대한민국인 경우여야 국제사법 제44조의 국제재판관할이 인정될 수 있다고 한다[석광현(국제재판관할법) 239면]. 답안에서는 위 견해 대립에 대하여 상세히 기재하기는 어려울 수 있으나, 대한민국이 지향지에 해당될 수 있는 한편 결과발생지에 해당할 수 있고 결과발생지에 해당하는 경우에는 예견가능성이 요구된다는 점에 대한 언급을 해야 한다.

청구에 대하여 대한민국 법원에 재판관할이 인정된다.

다. 국제사법 제4조에 의한 특별관할: 이 사안의 경우 X는 대한민국에 있는 고객을 대상으로 한국어로 인터넷 광고를 하는 등으로 대한민국을 향하여 계속적이고 조직적인 사업 또는 영업활동을 하고 있으므로 대한민국 법원에 국제재판관할권이 인정된다(4조 2항).

라. 국제사법 제2조의 일반원칙에 의한 국제재판관할: ① 乙의 일상거소가 대한민국이고, ② 이 사안의 핸드백 잠금장치 오작동으로 인하여 乙이 상해를 입은 불법행위의 결과발생지가 대한민국인 점 등을 고려하면 당사자 또는 분쟁이 된 사안이 대한민국과 실질적인 관련이 있으므로 대한민국 법원에 국제재판관할이 인정된다.

<문제 2>

Ⅰ. 논점의 정리

계약의 준거법에 관한 국제사법 제45조, 제46조 및 소비자계약의 준거법 특칙에 관한 국제사법 제47조 제2항, 그리고 불법행위의 준거법에 관한 국제사법 제52조, 제53조를 검토한다.

Ⅱ. 계약의 준거법과 소비자계약의 특칙

1. **당사자자치 원칙(party autonomy)의 채택:** 계약은 당사자가 명시적 또는 묵시적으로 선택한 법에 따른다(45조 1항 본문). 다만 묵시적인 선택의 부당한 확대를 막기 위하여 묵시적인 선택은 계약내용이나 그 밖의 모든 사정으로부터 합리적으로 인정할 수 있는 경우로 한정한다(45조 1항 단서).

2. **준거법의 객관적 연결:** 당사자가 준거법을 선택하지 않은 경우, '계약과 가장 밀접한 관련이 있는 국가의 법'이 준거법이 된다(46조 1항). 계약의 특징적 이행을 하여야 하는 경우, 즉 양도계약에 있어서 양도인의 이행에는 계약 체결 당시의 그의 일상거소(자연인인 경우), 주된 사무소(법인 또는 단체의 경우) 또는 영업소(직업 또는 영업활동으로 계약이 체결된 경우)가 있는 국가의 법이 당해 계약과 가장 밀접한 관련을 가지는 것으로 추정한다(46조 2항). 한편 부동산에 대한 권리를 대상으로 하는 계약의 경우 부동산 소재지국법이 가장 밀접한 관련이 있는 것으로 추정한다(46조 3항).

3. **소비자계약의 특칙:** 소비자계약의 당사자가 준거법을 선택하더라도 소비자의 일상거소가 있는 국가의 강행규정에 따라 소비자에게 부여되는 보호를 박탈할 수 없다(47조 1항). 소비자계약에 있어서는 당사자가 준거법을 선택하지 아니한 경우에 제46조

(준거법의 객관적 연결)에도 불구하고 소비자의 일상거소지법에 따른다(47조 2항).

Ⅲ. 불법행위의 준거법

불법행위의 준거법은 다음의 순서에 따라 단계적으로 연결된다.

1. **준거법의 사후적 합의**: 국제사법은 불법행위 등 법정채권에 있어서 당사자들이 사후적 합의에 의하여 대한민국법을 준거법으로 선택할 수 있도록 허용하고 그에 대하여 우선적 효력을 인정하고 있다(53조 본문). 준거법에 관한 사후적 합의는 제3자의 권리에는 영향을 미치지 아니한다(53조 단서).

2. **종속적 연결**: 가해자와 피해자 간에 존재하는 법률관계가 불법행위에 의하여 침해되는 경우에는 불법행위지법 및 공통의 속인법에 우선하여 그 법률관계의 준거법에 따른다(52조 3항).

3. **일상거소를 기초로 하는 공통의 속인법**: 불법행위가 행하여진 당시 동일한 국가 안에 가해자와 피해자의 일상거소가 있는 경우에는 그 국가의 법이 불법행위지법에 우선하여 준거법이 된다(52조 2항). 가해자 또는 피해자가 법인인 경우 주된 사무소를 기준으로 판단한다.

4. **불법행위지법**: 불법행위는 그 행위를 하거나 그 결과가 발생하는 곳의 법에 따른다(52조 1항). 행위지와 결과발생지가 서로 다른 국가인 경우 피해자는 자신에게 유리한 법을 준거법으로 선택할 수 있고,[26] 불법행위의 특수한 유형인 제조물책임소송에 있어서 불법행위를 한 행동지는 생산지, 취득지, 시장유통지뿐만 아니라 사용지까지 모두 포함한다.[27]

Ⅳ. 사안에의 적용 및 결론

1. **甲이 X를 상대로 제기한 계약위반에 근거한 손해배상청구**

   가. **외국과 관련된 요소**: 이 사안의 경우 원고 甲은 B국적이고, 피고 X는 A국에 소재하므로 甲이 X를 상대로 제기한 이 건 소송은 외국과 관련된 요소(당사자)가 있으므로 국제사법에 의하여 준거법을 정하여야 한다(1조).

   나. **준거법합의**: 이 사안의 경우 甲이 X로부터 핸드백을 주문할 당시 이 계약에 관하여 준거법을 A국법으로 하기로 합의하였다. 따라서 이 사안의 소비자계약의 준거법은 A국법이 된다. 다만, 소비자인 甲의 일상거소가 있는 대한민국의 강행규정에 따라 소비자에게 부여되는 보호를 박탈할 수 없다.

---

26) 대법원 2012. 5. 24. 선고 2009다22549 판결.
27) 서울고등법원 2006. 1. 26 선고 2002나32662 판결.

2. 乙이 X를 상대로 제기한 불법행위에 근거한 손해배상청구

　가. 외국과 관련된 요소: 이 사안의 경우 원고 乙은 A국적과 B국적의 복수국적, 피고 X는 A국에 소재하므로 乙이 X를 상대로 제기한 이 건 소송은 외국과 관련된 요소(당사자)가 있으므로 국제사법에 의하여 준거법을 정하여야 한다(1조).

　나. 준거법: 乙 주장의 불법행위 후에 X와 사이에 준거법을 대한민국법을 준거법으로 합의한 바는 없다. 그리고 乙과 X 사이에 존재하는 법률관계도 없고, 일상거소지도 서로 다르다(X는 법인이므로 국제사법 제52조 제2항의 '일상거소'는 주된 사무소를 기준으로 판단한다. X는 A국에만 매장을 두고 있으므로 A국에 주된 사무소를 두고 있는 한편 乙은 대한민국에 일상거소를 두고 있다). 사안의 경우 핸드백의 생산지는 A국이나 취득지와 사용지는 물론 결과발생지도 신체의 완전성이라는 법익이 침해된 대한민국이므로 행동지(취득지와 사용지)이자 결과발생지인 대한민국법이 준거법이 된다.[28)

　　<문제 3>

Ⅰ. 논점의 정리

　이혼의 준거법에 관하여 국제사법 제66조를 검토한다.

Ⅱ. 이혼의 준거법

　1. 원칙: 국제사법은 이혼은 혼인관계의 해소이므로 혼인의 효력의 준거법에 연결시키는 것이 타당하다고 보아 혼인의 일반적 효력의 준거법에 관한 제64조를 준용하고 있다(66조 본문). 즉, ① 부부의 동일한 본국법(64조 1호), ② 부부의 동일한 일상거소지법(64조 2호), ③ 부부와 가장 밀접한 관련이 있는 곳(64조 3호)의 법의 순서(단계적 연결)에 따른다. 그리고 이때의 연결시점은 국제사법 제64조를 준용하는 결과 현재를 기준으로 하는 변경주의에 의한다. 당사자의 본국법에 따라야 하는 경우에 당사자가 둘 이상의 국적을 가질 때에는 그와 가장 밀접한 관련이 있는 국가의 법을 그 본국법으로 정한다(16조 1항 본문).

　2. 예외: 부부 중 한쪽이 대한민국에 일상거소가 있는 대한민국 국민인 경우 이혼은 대한민국법에 따른다(일방적 저촉규정, 66조 단서).

---

28) 이와 달리 결함이 있는 핸드백이 제작된 A국을 불법행위가 있었던 장소라고 하더라도 불법행위지와 결과발생지가 다른 경우 피해자는 그 중 자신에게 유리한 곳의 준거법을 선택할 수 있다는 판례의 입장에 따라 피해자인 乙은 자신의 일상거소지인 대한민국 법을 선택할 수 있을 것이다.

Ⅲ. 사안에의 적용 및 결론

1. **외국과 관련된 요소:** 이 사안의 경우 원고 乙은 A국적과 B국적의 복수국적, 피고 甲은 B국적이므로 乙이 甲을 상대로 제기한 이 건 이혼소송은 외국과 관련된 요소(당사자)가 있으므로 국제사법에 의하여 준거법을 정하여야 한다(1조).

2. **준거법:** 사안의 경우 甲의 본국법은 B국법, 乙은 A국적과 B국적을 보유하고 있으므로 그와 가장 밀접한 관련이 있는 국가의 법이 본국법이 되는데, 乙에 있어서 B국은 보유국적이라는 점 외에는 아무런 관련이 없는 한편 이 건 이혼에 관련하여 A국은 乙의 보유국적의 하나인 동시에 혼인거행지이자 10년간 혼인생활을 한 곳이라는 점에 비추어보면 A국이 밀접관련지국으로 판단된다. 즉, 이 사안의 경우 甲의 본국법은 B국법, 乙의 본국법은 A국법으로, 甲과 乙의 동일한 본국법은 존재하지 않는다. 다음으로 甲과 乙의 일상거소를 보면 모두 대한민국인바 이혼의 준거법은 그들의 동일한 일상거소지인 대한민국법이 된다(64조 2호).

█ UN협약 문제

A국에만 영업소를 두고 있는 甲회사는 고기능 자기공명영상장치(이하 'MRI'라 한다)를 제조·판매하는 회사이고, B국에만 영업소를 두고 있는 乙회사는 세계 각처로부터 최신의 복합기능을 갖춘 MRI를 수입하여 이를 여러 대형병원에 납품하는 전문회사이다.

乙회사는 2023. 7. 3. 甲회사에 아래와 같은 내용이 담긴 'MRI 공급요청서'를 이메일로 전송하였고 甲회사는 이를 바로 수령하였다.

물   품 : 甲회사가 생산하는 MRI 신형 모델 GX-201
수   량 : 20대
인   도 : 乙회사의 사전 요청에 따라 2023. 9. 15.부터 4회 분할인도
대   금 : 1대당 미화 70만 달러(각 회차별 물품 인도 후 즉시 지급)
부수조건 : GX-201의 사용방법 숙달을 위한 교육인력 파견

甲회사는 乙회사의 이메일을 수령한 후 내부 논의를 거쳐 2023. 7. 15. 乙회사의 제안을 받아들이면서 위 요청서에 아래와 같은 변경 내용을 반영한 '주문승인서'를 乙회사에 이메일로 전송하였다.

인   도 : 2023. 11. 1. 10대, 2023. 11. 15.과 2023. 12. 1. 각 5대씩 총 3회에 걸
          쳐 분할인도
부수조건 : GX-201 사용방법 숙달을 위한 교육인력 파견은 불가, 사용방법을 안
          내하 동영상 제공 및 필요시 화상교육 제공은 가능

乙회사는 甲회사의 '주문승인서'를 수령한 후 2023. 7. 21. 甲회사에 이를 받아들이겠다는 내용의 이메일을 전송하였고, 甲회사는 이를 즉시 수령하였다.

甲회사는 2023. 11. 1. GX-201 10대를 乙회사에 인도하였고, 乙회사는 甲회사에 해당 대금을 지급하였다. 甲회사는 2023. 11. 15. 乙회사에 GX-201 5대를 2차분으로 인도하였다. 그런데 乙회사가 2차 인도분을 시험·가동하던 중 5대 모두에서 GX-201 모델에 장착되어 있어야 할 특정센서기능이 없거나 작동하지 않는 것을 확인하였다. 이에 乙회사는 2차 인도분에 대한 대금 지급을 보류하고 이러한 하자를 즉시 甲회사에 통지하면서 2차 인도분 5대를 외부업체에 맡겨 안전한 보관 조처를 하였다. 甲회사는 乙회사에 계약 내용대로 3차분 인도를 준비하고 있던 중 거래은행으로부터 乙회사의 자금상태가 악화되어 乙회사가 3차분 대금을 지급할 수 없을 것이라는 정보를 입수하고, 乙회사로부터 대금을 받지 못할 것을 우려하여 乙회사에 3차분 인도를 중단한다는 내용의 통지를 하였다. 그러면서 甲회사는 乙회사에 3차분 인도 및 그 밖의 계약 내용

을 계속 이행하기 위한 전제 조건으로 3차분 대금에 대하여 거래은행이 발행한 지급보증서를 甲회사에 송부하여 줄 것을 요구하였다. 그러나 乙회사는 지급보증서의 제출을 계속 미루고 있다.

[전제]

1. GX-201은 甲회사가 그동안 제조·판매해왔던 MRI 구형 모델 GX-101에 특정 센서기능 등 몇 가지 핵심기능을 추가한 신형 모델이다.

2. A국은 「국제물품매매계약에 관한 국제연합협약」(이하 '협약'이라 한다)의 체약국(협약 제95조를 유보하지 않음)이고, B국은 비체약국이다. 법정지인 A국의 국제사법에 따라 이 사건 계약의 준거법으로 A국법이 결정되었다.

[문제]

1. 甲회사와 乙회사 사이의 계약에 협약이 적용되는지 논하시오. (15점)

2. 甲회사와 乙회사 사이에 매매계약이 성립되었는지, 성립되었다면 그 성립시기와 계약조건에 대하여 논하시오. (20점)

3. 乙회사가 2차 인도분에 관하여 계약을 해제할 수 있는지를 비롯하여 甲회사에 대하여 행사할 수 있는 구제수단에는 어떠한 것이 있는지 논하시오. (30점)

4. 甲회사가 乙회사에 대하여 3차분 인도를 중단한 것이 적법한지 논하시오. (15점)

모범답안

<문제 1>

Ⅰ. 논점의 정리

이 사안의 매매계약에 국제물품매매계약에 관한 국제연합협약이 적용되는지에 관하여 협약 제1조, 제2조, 제3조, 제6조를 검토한다.

Ⅱ. 협약 적용의 공통요건

협약은 영업소가 서로 다른 국가에 소재하는 당사자 사이의 물품매매계약에 적용된다(협약 1조 1항 본문).

1. **국제성**: 당사자의 영업소가 서로 다른 국가에 소재할 것이 요구된다. 이 국제성은 계약 체결 전이나 체결시까지 당사자 쌍방이 이를 인식하였어야 한다(협약 1조 2항).

2. **물품성**: 물품은 일반적으로 유체동산을 의미한다. 물품 중에서도 주식, 선박, 전기 등 그 성질에 따라 협약 적용이 배제되는 경우가 있다(협약 2조 4호~6호).

3. **매매성**: 매매계약에 적용된다. 이는 물품을 원상 그대로 판매하는 것만을 의미하는 것이 아니라 제조하여 판매하는 경우에도 물품을 주문한 매수인이 그 제조에 필요한 재료의 중요한 부분을 공급한 경우가 아닌 한 매매에 포함된다(협약 3조 1항). 또한 물품을 공급하는 당사자의 의무의 주된 부분이 노무 그 밖의 서비스의 공급에 있는 계약에는 협약이 적용되지 아니한다(협약 3조 2항). 매매계약이라고 하더라도 가사용이나 경매 등 매매의 성격에 따라 협약의 적용이 배제되는 경우가 있다(협약 2조 1호~3호).

4. **협약적용배제합의가 없을 것**: 소극적 공통요건으로서 당사자 간에 협약의 적용을 배제하기로 하는 합의가 없어야 한다(협약 6조).

Ⅲ. 직접적용과 간접적용의 추가요건

1. **직접적용요건**: 매매계약 당사자 국가가 모두 체약국이어야 한다[협약 1조 1항 ㉮호].

2. **간접적용요건**: ① 당해 국가의 전부 또는 일부가 비체약국이어야 한다. ② 법정지국의 국제사법에 의하여 체약국의 법률이 적용될 경우이어야 한다[협약 1조 1항 ㉯호]. 이때 법정지국이 체약국인지 여부는 불문한다. ③ 그 체약국이 협약 제95조의 유보, 즉 협약 제1조 제1항 ㉯호에 구속되지 아니한다는 취지의 선언을 행하지 않았어야 한다.

Ⅳ. 사안에의 적용 및 결론

이 사안의 경우 甲회사는 A국에, 乙회사는 B국에 각 영업소를 두고 있고 이를 양회사가 인식하였다고 할 것이므로 국제성 요건이 구비된다. 이 사안의 매매는 'MRI 20대'를 생산하여 판매하는 것으로서 협약 제2조와 제3조에 의하여 협약의 적용이 배제되는 물품에 해당되지 아니한다. 그리고 협약의 적용을 배제하기로 하는 특약이 있었다는 사실관계의 제시도 없다. 한편 A국은 체약국이나 B국은 비체약국이므로 이 사안에 협약이 직접적용되지는 않는다. 그러나 법정지인 A국의 국제사법에 따라 이 사건 계약의 준거법으로 A국법이 결정되었고, A국은 협약 제95조를 유보하지 않았으므로 협약 제1조 제1항 ㉯호에 따라 협약이 간접적용된다.

<문제 2>

Ⅰ. 논점의 정리

이 사안에 있어서 甲회사와 乙회사 사이에 매매계약이 성립되었는지 및 성립된 경우 그 성립시기와 계약조건에 관하여 협약 제14조, 제15조, 제18조, 제19조, 제23조를 각 검토한다.

Ⅱ. 청약과 승낙 및 계약의 성립시기

1. 청약(offer)

가. **청약의 의의:** 청약은 상대방의 승낙이 있으면 계약이 성립된다는 계약 체결을 위한 의사표시이다.

나. **청약의 요건:** 협약은 1인 또는 그 이상의 특정인에 대한 계약 체결의 제안은 충분히 확정적이고, 승낙시 그에 구속된다는 의사가 표시되어 있는 경우에 청약이 된다고 한다. 그리고 제안의 확정성에 대하여 제안이 물품을 표시하고, 명시적 또는 묵시적으로 수량과 대금을 지정하는 경우 충분히 확정적인 것으로 규정한다(협약 14조 1항).

다. **청약의 효력발생:** 상대방에게 도달한 때에 효력이 발생한다(협약 15조 1항).

2. 승낙(acceptance)

가. **승낙의 의의:** 승낙은 청약에 대한 동의를 표시하는 피청약자의 진술 또는 행위이다. 침묵 또는 부작위는 그 자체만으로 승낙이 되지 아니한다(협약 18조 1항).

나. **승낙의 효력발생시기:** 승낙의 의사표시가 승낙기간 내에 청약자에게 도달하는 시점에 효력이 발생한다(협약 18조 2항).

다. **변경된 승낙**

⑴ **원칙:** 승낙은 청약의 조건에 대하여 완전히 일치하는 동의의 표시일 경우에 승낙이 되고(mirror image rule), 만약 청약의 조건과 다른 내용이 포함된 승낙은 승낙으로서의 효력이 없으며, 이는 청약에 대한 거절인 동시에 새로운 청약으로 평가되는 것이 원칙이다(협약 19조 1항).

⑵ **예외:** 그러나 변경된 승낙의 경우에도 그것이 승낙을 의도하고 있고, 청약의 조건을 실질적으로 변경하지 아니하는 부가적 조건이나 상이한 조건이 포함된 청약에 대한 응답인 경우에는 청약자가 지체없이 그에 대한 이의를 제기하지 아니하는 한 승낙으로서의 효력을 가진다(협약 19조 2항 1문·2문). 이 경우에는 승낙에 포함된 변경이 가하여진 청약조건이 계약조건이 된다(협약 19조 2항 3문). 협약 제

19조 제 3 항은 청약조건을 실질적으로 변경하는 것으로 보는 경우로서 대금, 대금지급, 물품의 품질과 수량, 인도의 장소와 시기, 당사자 일방의 상대방에 대한 책임범위 또는 분쟁해결에 관한 부가적 조건 또는 상이한 조건을 열거하고 있다. 협약 제19조 제 3 항의 열거는 한정적인 것이 아니라 예시적인 것이며, 위 열거사항에 해당한다고 하더라도 실질적 변경에 해당하는 것으로 추정될 뿐이다.

3. 계약의 성립시기: 계약은 청약에 대한 승낙이 이 협약에 따라 효력을 발생하는 시점에 성립된다(협약 23조).

Ⅲ. 사안에의 적용 및 결론

1. **청약**: 乙회사가 甲회사에게 2023. 7. 3. 이메일을 통하여 전송한 공급요청서의 내용은 매매물품(甲회사가 생산하는 MRI 신형 모델 GX-201), 수량(20대) 및 대금(대당 미화 700,000달러) 등에 대한 확정적 제안으로서 이는 청약으로 평가된다.

2. **청약의 거절 및 수정청약**: 甲회사가 乙회사의 위 요청서를 수령한 후인 2023. 7. 15. 乙회사에게 전송한 주문승인서는 인도시기와 횟수, 부수조건에 대하여 청약과 다른 내용으로서 청약조건을 실질적으로 변경하는 것(협약 19조 3항)이어서 이는 乙회사의 청약에 대한 승낙이 될 수 없다. 따라서 甲회사의 주문승인서상의 의사표시는 乙회사의 청약에 대한 거절인 동시에 새로운 청약이 된다(협약 19조 1항).

3. **승낙**: 乙회사는 甲회사의 주문승인서를 수령한 후 이를 받아들이겠다는 내용의 이메일을 전송하였는바 이는 甲회사의 수정청약에 대한 동의의 표시로서 승낙으로 평가된다(협약 18조 1항).

4. **계약의 성립 여부 및 성립시기와 계약조건**: 甲회사와 乙회사 사이의 이 사안의 매매계약은 乙회사가 甲회사의 주문승인서를 받아들인다는 내용의 이메일을 甲회사가 수령한 시점인 2023. 7. 21. 성립하였고, 그 내용은 甲회사의 주문승인서의 내용과 같이 '3회 분할 인도 및 사용방법 안내동영상 제공 및 필요시 화상교육 제공' 조건이 된다.

<문제 3>

Ⅰ. 논점의 정리

협약상 매도인의 물품인도의무에 관한 협약 제30조, 제35조, 매수인의 검사·통지의무에 관한 협약 제38조, 제39조, 대체물인도청구권에 관한 협약 제46조 제 2 항, 수리에 의한 부적합치유청구권에 관한 협약 제46조 제 3 항, 분할인도계약의 해제에 관한 협약 제73조, 손해배상에 관한 협약 제74조 내지 제77조를 검토한다.

II. 매도인의 의무 및 매수인의 검사·통지의무

1. **매도인의 의무**: 매도인은 계약과 협약에 따라 물품을 인도하고, 관련 서류를 교부하며 물품의 소유권을 이전하여야 한다(협약 30조). 매도인은 계약에서 정한 수량, 품질 및 종류에 적합하고, 계약에서 정한 방법으로 용기에 담겨지거나 포장된 물품을 인도하여야 한다(협약 35조 1항).

2. **매수인의 물품검사의무 및 물품부적합 통지의무**: 매수인은 그 상황에서 실행가능한 단기간 내에 물품을 검사하여야 하고(협약 38조 1항), 물품의 부적합을 발견하였거나 발견할 수 있었던 때로부터 합리적인 기간 내에 매도인에게 그 부적합한 성질을 특정하여 통지하지 아니한 경우에는 매수인은 물품의 부적합을 주장할 권리를 상실한다(협약 39조 1항).

III. 매도인의 의무불이행에 대한 매수인의 구제수단

1. **대체물인도청구권**

가. **개설**: 협약은 매도인이 제공한 물품이 부적합한 경우 계약을 유지하는 차원에서의 권리구제방법으로 대체물인도청구권을 인정하고 있다(협약 46조 2항).

나. **요건**: 대체물인도청구권이 인정되기 위하여는 ① 물품이 부적합하며 그 부적합이 본질적 계약위반을 구성하여야 한다. ② 대체물인도청구가 협약 제39조의 부적합 통지와 동시 또는 그 후 합리적인 기간 내에 행하여져야 한다. 그리고 ③ 매수인이 물품을 수령상태와 동일한 상태로 반환할 수 있어야 한다(협약 82조 1항).

다. **본질적 계약위반**: 본질적 계약위반은 당사자 일방의 계약위반이 그 계약에서 상대방이 기대할 수 있는 바를 실질적으로 박탈할 정도의 손실을 상대방에게 주는 경우를 말한다(협약 25조 본문). 다만, 위반 당사자가 그러한 결과를 예견하지 못하였고, 동일한 부류의 합리적인 사람도 동일한 상황에서 그러한 결과를 예견하지 못하였을 경우는 예외이다(협약 25조 단서).

2. **수리에 의한 부적합치유청구권**: 물품이 계약에 부적합한 경우에, 매수인은 모든 상황을 고려하여 그 청구가 불합리한 경우를 제외하고, 매도인에게 수리에 의한 부적합의 치유를 청구할 수 있다(협약 46조 3항 1문). 수리청구는 협약 제39조의 통지와 동시에 또는 그 후 합리적인 기간 내에 행하여져야 한다(협약 46조 3항 2문).

3. **분할인도계약과 해제**: 분할인도계약은 물품을 수회로 나누어 인도하기로 한 계약이다. 협약 제73조는 분할인도계약에 있어 어느 분할부분에 관한 불이행이 그 분할부분에 관하여 본질적 계약위반이 되는 경우에 그 분할부분만의 계약해제를 가능하게 한다(협약 73조 1항). 계약해제의 의사표시는 상대방에 대한 통지로 행하여진 경우에

만 효력이 있다(협약 26조). 매수인이 물품을 수령한 상태와 실질적으로 동일한 상태로 그 물품을 반환할 수 없는 경우에는 매수인은 계약을 해제할 권리를 상실한다(협약 82조 1항).

4. 손해배상청구권: 매도인이 매매계약상의 의무를 이행하지 아니하는 경우에 매수인은 협약 제74조 내지 제77조에서 정한 손해배상의 청구를 할 수 있다[협약 45조 1항 ㈏호]. 계약위반으로 인한 손해배상액은 이익의 상실을 포함하여 그 위반의 결과 상대방이 입은 손실과 동등한 금액으로 하며, 그 손해배상액은 예견가능한 손해이어야 한다(협약 74조). 계약을 해제한 후 합리적인 기간 내에, 합리적인 방법으로 대체구매를 한 경우에는 그 차액의 배상도 청구할 수 있다(협약 75조).

IV. 사안에의 적용 및 결론

1. 2차인도분에 관한 甲회사의 본질적 계약위반: 이 사안의 매매계약은 MRI GX-201 20대를 3회에 걸쳐 분할인도하는 내용의 분할인도계약에 해당한다. 매도인 甲회사는 매매계약에서 정한 물품을 인도할 의무를 부담하는데(협약 30조), 2차분 5대 인도시 위 계약에서 정한 GX-201 모델의 품질에 미치지 못한 물품을 인도함으로써 물품적합성의무를 위반하였던 한편(협약 35조) 乙회사는 특정센서기능과 몇 가지 핵심기능을 추가한 신규모델을 매입하고자 이 사안의 매매계약을 체결한 것이므로, 매도인의 위 의무위반은 계약에서 乙회사가 기대할 수 있는 바를 실질적으로 박탈할 정도의 손실을 乙회사에 주는 것에 해당되어 본질적 계약위반으로 판단된다(협약 25조). 또한 乙회사는 2차분을 인도받은 후 지체없이 검사하여(협약 38조 1항) 발견된 하자를 즉시 甲회사에게 통지하였으므로 甲회사의 계약위반으로 인하여 乙회사가 취득한 권리구제수단을 모두 행사할 수 있다(협약 39조 1항).

2. 행사가능한 구제수단

가. 해제: 2차분에 대한 불이행이 그 분할부분에 관하여 본질적 계약위반이 되는 경우로서 乙회사는 매도인 甲회사에 대한 통지로써 2차분에 대한 계약을 해제할 수 있다(협약 73조 1항).

나 기타의 구제수단: 乙회사는 甲회사에 대하여 2차분 5대에 대한 대체물인도청구권을 행사할 수 있다. 앞서 살펴본 바와 같이 2차분 5대의 인도는 물품적합성의무를 위반한 것으로서 본질적 계약위반에 해당되고(협약 46조 2항 단서, 25조), 乙회사는 2차분 5대를 외부업체에 맡겨 안전한 보관 조처를 하였으므로 위 5대를 수령상태와 동일한 상태로 반환할 수 있기 때문이다(협약 82조 1항). 다만 위 대체물인도청구권의 행사는 을회사의 2차분에 대한 부적합 통지와 동시 또는 그 후 합리적인 기간 내에 행해져야 한다(협약 46조 2항 단서). 만약 5대 중 일부가 수리로써 GX-201 모델의 핵심기능이 복구될 수 있다면 수리에 의한 부적합치유청구권

도 행사할 수 있을 것이다(협약 46조 3항). 한편 2차 인도분으로 인하여 乙회사가 입은 손해에 대하여 배상을 청구할 수 있다(협약 45조 1항 ⒩호, 74조 내지 77조).

<문제 4>

Ⅰ. 논점의 정리

의무이행정지권에 관한 협약 제71조를 검토한다.

Ⅱ. 의무이행정지권

1. 의무이행의 정지: 계약 체결 후 ① 상대방의 이행능력 또는 신용도의 중대한 결함이나 ② 계약의 이행 준비 또는 이행에 관한 상대방의 행위로 보아 상대방이 의무의 실질적 부분을 이행하지 아니할 것이 판명된 경우에는 자신의 의무이행을 정지할 수 있다(협약 71조 1항). 상대방이 의무의 실질적 부분을 이행하지 아니할 것에 대한 판단은 객관적 제3자의 입장에서 합리적인 것으로 수긍할 수 있는 것이어야 한다.

2. 이행정지의 통지의무 및 적절한 보장에 따른 이행의 계속의무: 이행을 정지한 당사자는 물품의 발송 전후에 관계없이 즉시 상대방에게 그 정지를 통지하여야 하고, 상대방이 그 이행에 관하여 적절한 보장을 제공한 경우에는 이행을 계속하여야 한다(협약 71조 3항).

Ⅲ. 사안에의 적용 및 결론

이 사안의 경우 甲회사는 乙회사의 거래은행으로부터 乙회사의 자금상태 악화로 甲회사의 3차 인도분에 대한 대금지급을 할 수 없을 것이라는 정보를 입수한바, 이는 甲회사가 물품을 乙회사에게 인도하기 전에 乙회사의 신용도의 중대한 결함으로 乙회사의 대금지급의무를 이행하지 못할 것으로 판명된 경우에 해당한다. 甲회사는 3차분에 대한 자신의 인도의무 이행을 정지하고 이를 통지하였던 한편 거래은행의 지급보증서는 이행을 위한 적절한 보장임에도 乙회사는 이를 제공하지 못하고 있으므로 甲회사가 3차분 인도를 중단한 것은 적법하다.

국제물품매매계약에 관한 UN협약

이 협약의 당사국은,

신국제경제질서의 수립에 관하여 국제연합총회의 제6차 특별회의에서 채택된 결의의 광범한 목적에 유념하고,

평등과 상호이익을 기초로 한 국제거래의 발전이 국가간의 우호관계를 증진하는 중요한 요소임을 고려하며,

국제물품매매계약을 규율하고 상이한 사회적·경제적 및 법적 제도를 고려한 통일규칙을 채택하는 것이 국제거래상의 법적 장애를 제거하는 데 기여하고 국제거래의 발전을 증진하는 것이라는 견해 하에, 다음과 같이 합의하였다.

제1편 적용범위와 총칙

제1장 적용범위

제1조

(1) 이 협약은 다음의 경우에, 영업소가 서로 다른 국가에 있는 당사자간의 물품매매계약에 적용된다.

㈎ 해당 국가가 모두 체약국인 경우, 또는

㈏ 국제사법 규칙에 의하여 체약국법이 적용되는 경우

(2) 당사자가 서로 다른 국가에 영업소를 가지고 있다는 사실은, 계약으로부터 또는 계약체결 전이나 그 체결시에 당사자간의 거래나 당사자에 의하여 밝혀진 정보로부터 드러나지 아니하는 경우에는 고려되지 아니한다.

(3) 당사자의 국적 또는 당사자나 계약의 민사적·상사적 성격은 이 협약의 적용 여부를 결정하는 데에 고려되지 아니한다.

제2조

이 협약은 다음의 매매에는 적용되지 아니한다.

㈎ 개인용·가족용 또는 가정용으로 구입된 물품의 매매

다만, 매도인이 계약체결 전이나 그 체결시에 물품이 그와 같은 용도로 구입된 사실을 알지 못하였고, 알았어야 했던 것도 아닌 경우에는 그러하지 아니하다.

㈏ 경매에 의한 매매

㈐ 강제집행 그 밖의 법령에 의한 매매

㈑ 주식, 지분, 투자증권, 유통증권 또는 통화의 매매

㈒ 선박, 소선(小船), 부선(浮船), 또는 항공기의 매매

㈓ 전기의 매매

제3조

(1) 물품을 제조 또는 생산하여 공급하는 계약은 이를 매매로 본다. 다만, 물품을 주문한 당사자가 그 제조 또는 생산에 필요한 재료의 중요한 부분을 공급하는 경우에는

그러하지 아니하다.

(2) 이 협약은 물품을 공급하는 당사자의 의무의 주된 부분이 노무 그 밖의 서비스의 공급에 있는 계약에는 적용되지 아니한다.

제 4 조

이 협약은 매매계약의 성립 및 그 계약으로부터 발생하는 매도인과 매수인의 권리의무만을 규율한다. 이 협약에 별도의 명시규정이 있는 경우를 제외하고, 이 협약은 특히 다음과 관련이 없다.

　　(가) 계약이나 그 조항 또는 관행의 유효성
　　(나) 매매된 물품의 소유권에 관하여 계약이 미치는 효력

제 5 조

이 협약은 물품으로 인하여 발생한 사람의 사망 또는 상해에 대한 매도인의 책임에는 적용되지 아니한다.

제 6 조

당사자는 이 협약의 적용을 배제할 수 있고, 제12조에 따를 것을 조건으로 하여 이 협약의 어떠한 규정에 대하여도 그 적용을 배제하거나 효과를 변경할 수 있다.

제 2 장 총   칙

제 7 조

(1) 이 협약의 해석에는 그 국제적 성격 및 적용상의 통일과 국제거래상의 신의 준수를 증진할 필요성을 고려하여야 한다.

(2) 이 협약에 의하여 규율되는 사항으로서 협약에서 명시적으로 해결되지 아니하는 문제는, 이 협약이 기초하고 있는 일반원칙, 그 원칙이 없는 경우에는 국제사법 규칙에 의하여 적용되는 법에 따라 해결되어야 한다.

제 8 조

(1) 이 협약의 적용상, 당사자의 진술 그 밖의 행위는 상대방이 그 당사자의 의도를 알았거나 모를 수 없었던 경우에는 그 의도에 따라 해석되어야 한다.

(2) 제 1 항이 적용되지 아니하는 경우에 당사자의 진술 그 밖의 행위는, 상대방과 동일한 부류의 합리적인 사람이 동일한 상황에서 이해하였을 바에 따라 해석되어야 한다.

(3) 당사자의 의도 또는 합리적인 사람이 이해하였을 바를 결정함에 있어서는 교섭, 당사자간에 확립된 관례, 관행 및 당사자의 후속행위를 포함하여 관련된 모든 사항을 적절히 고려하여야 한다.

제 9 조

(1) 당사자는 합의한 관행과 당사자간에 확립된 관례에 구속된다.

(2) 별도의 합의가 없는 한, 당사자가 알았거나 알 수 있었던 관행으로서 국제거래에서 당해 거래와 동종의 계약을 하는 사람에게 널리 알려져 있고 통상적으로 준수되고 있는 관행은 당사자의 계약 또는 그 성립에 묵시적으로 적용되는 것으로 본다.

제10조

이 협약의 적용상,

　　(가) 당사자 일방이 둘 이상의 영업소를 가지고 있는 경우에는, 계약체결 전이나 그 체결시에 당사자 쌍방에 알려지거나 예기된 상황을 고려하여 계약 및 그 이행과 가장 밀접한 관련이 있는 곳이 영업소로 된다.
　　(나) 당사자 일방이 영업소를 가지고 있지 아니한 경우에는 그의 상거소를 영업소로 본다.

제11조

매매계약은 서면에 의하여 체결되거나 입증될 필요가 없고, 방식에 관한 그 밖의 어떠한 요건도 요구되지 아니한다. 매매계약은 증인을 포함하여 어떠한 방법에 의하여도 입증될 수 있다.

제12조

매매계약, 합의에 의한 매매계약의 변경이나 종료, 청약·승낙 그 밖의 의사표시를 서면 이외의 방법으로 할 수 있도록 허용하는 이 협약 제11조, 제29조 또는 제 2 편은 당사자가 이 협약 제96조에 따라 유보선언을 한 체약국에 영업소를 가지고 있는 경우에는 적용되지 아니한다. 당사자는 이 조를 배제하거나 그 효과를 변경할 수 없다.

제13조

이 협약의 적용상 「서면」에는 전보와 텔렉스가 포함된다.

제 2 편 계약의 성립

제14조

(1) 1인 또는 그 이상의 특정인에 대한 계약 체결의 제안은 충분히 확정적이고, 승낙시 그에 구속된다는 청약자의 의사가 표시되어 있는 경우에 청약이 된다. 제안이 물품을 표시하고, 명시적 또는 묵시적으로 수량과 대금을 지정하거나 그 결정을 위한 조항을 두고 있는 경우에, 그 제안은 충분히 확정적인 것으로 한다.

(2) 불특정 다수인에 대한 제안은 제안자가 반대 의사를 명확히 표시하지 아니하는 한, 단지 청약의 유인으로 본다.

제15조

(1) 청약은 상대방에게 도달한 때에 효력이 발생한다.

(2) 청약은 철회될 수 없는 것이더라도, 회수의 의사표시가 청약의 도달 전 또는 그와 동시에 상대방에게 도달하는 경우에는 회수될 수 있다.

제16조

(1) 청약은 계약이 체결되기까지는 철회될 수 있다. 다만, 상대방이 승낙의 통지를 발송하기 전에 철회의 의사표시가 상대방에게 도달되어야 한다.

(2) 그러나 다음의 경우에는 청약은 철회될 수 없다.

(가) 승낙기간의 지정 그 밖의 방법으로 청약이 철회될 수 없음이 청약에 표시되어 있는 경우, 또는

(나) 상대방이 청약이 철회될 수 없음을 신뢰하는 것이 합리적이고, 상대방이 그 청약을 신뢰하여 행동한 경우

제17조

청약은 철회될 수 없는 것이더라도, 거절의 의사표시가 청약자에게 도달한 때에는 효력을 상실한다.

제18조

(1) 청약에 대한 동의를 표시하는 상대방의 진술 그 밖의 행위는 승낙이 된다. 침묵 또는 부작위는 그 자체만으로 승낙이 되지 아니한다.

(2) 청약에 대한 승낙은 동의의 의사표시가 청약자에게 도달하는 시점에 효력이 발생한다. 동의의 의사표시가 청약자가 지정한 기간 내에, 기간의 지정이 없는 경우에는 청약자가 사용한 통신수단의 신속성 등 거래의

상황을 적절히 고려하여 합리적인 기간 내에 도달하지 아니하는 때에는, 승낙은 효력이 발생하지 아니한다. 구두의 청약은 특별한 사정이 없는 한 즉시 승낙되어야 한다.

(3) 청약에 의하여 또는 당사자간에 확립된 관례나 관행의 결과로 상대방이 청약자에 대한 통지 없이, 물품의 발송이나 대금지급과 같은 행위를 함으로써 동의를 표시할 수 있는 경우에는, 승낙은 그 행위가 이루어진 시점에 효력이 발생한다. 다만, 그 행위는 제2항에서 정한 기간 내에 이루어져야 한다.

제19조

(1) 승낙을 의도하고 있으나, 부가, 제한 그 밖의 변경을 포함하는 청약에 대한 응답은 청약에 대한 거절이면서 또한 새로운 청약이 된다.

(2) 승낙을 의도하고 있고, 청약의 조건을 실질적으로 변경하지 아니하는 부가적 조건 또는 상이한 조건을 포함하는 청약에 대한 응답은 승낙이 된다. 다만, 청약자가 부당한 지체 없이 그 상위(相違)에 구두로 이의를 제기하거나 그러한 취지의 통지를 발송하는 경우에는 그러하지 아니하다. 청약자가 이의를 제기하지 아니하는 경우에는 승낙에 포함된 변경이 가하여진 청약 조건이 계약 조건이 된다.

(3) 특히 대금, 대금지급, 물품의 품질과 수량, 인도의 장소와 시기, 당사자 일방의 상대방에 대한 책임범위 또는 분쟁해결에 관한 부가적 조건 또는 상이한 조건은 청약 조건을 실질적으로 변경하는 것으로 본다.

제20조

(1) 청약자가 전보 또는 서신에서 지정한 승낙기간은 전보가 발송을 위하여 교부된 시점 또는 서신에 표시되어 있는 일자, 서신에 일자가 표시되지 아니한 경우에는 봉투에 표시된 일자로부터 기산한다. 청약자가 전화, 텔렉스 그 밖의 同時的 통신수단에 의하여 지정한 승낙기간은 청약이 상대방에게 도달한 시점으로부터 기산한다.

(2) 승낙기간 중의 공휴일 또는 비영업일은 기간의 계산에 산입한다. 다만, 기간의 말일이 청약자의 영업소 소재지의 공휴일 또는 비영업일에 해당하여 승낙의 통지가 기간의 말일에 청약자에게 도달될 수 없는 경우에는, 기간은 그 다음의 최초 영업일까지 연장된다.

제21조

(1) 연착된 승낙은 청약자가 상대방에게 지체 없이 승낙으로서 효력을 가진다는 취지를 구두로 통고하거나 그러한 취지의 통지를 발송하는 경우에는 승낙으로서의 효력이 있다.

(2) 연착된 승낙이 포함된 서신 그 밖의 서면에 의하여, 전달이 정상적이었다면 기간 내에 청약자에게 도달되었을 상황에서 승낙이 발송되었다고 인정되는 경우에는, 그 연착된 승낙은 승낙으로서의 효력이 있다. 다만, 청약자가 상대방에게 지체 없이 청약이 실효되었다는 취지를 구두로 통고하거나 그러한 취지의 통지를 발송하는 경우에는 그러하지 아니하다.

제22조

승낙은 그 효력이 발생하기 전 또는 그와 동시에 회수의 의사표시가 청약자에게 도달하는 경우에는 회수될 수 있다.

제23조

계약은 청약에 대한 승낙이 이 협약에 따라 효력을 발생하는 시점에 성립된다.

제24조

이 협약 제 2 편의 적용상, 청약, 승낙 그 밖의 의사표시는 상대방에게 구두로 통고된 때 또는 그 밖의 방법으로 상대방 본인, 상대방의 영업소나 우편주소에 전달된 때, 상대방이 영업소나 우편주소를 가지지 아니한 경우에는 그의 상거소에 전달된 때에 상대방에게 "도달"된다.

제 3 편　물품의 매매

제 1 장　총　칙

제25조

당사자 일방의 계약위반은, 그 계약에서 상대방이 기대할 수 있는 바를 실질적으로 박탈할 정도의 손실을 상대방에게 주는 경우에 본질적인 것으로 한다. 다만, 위반당사자가 그러한 결과를 예견하지 못하였고, 동일한 부류의 합리적인 사람도 동일한 상황에서 그러한 결과를 예견하지 못하였을 경우에는 그러하지 아니하다.

제26조

계약해제의 의사표시는 상대방에 대한 통지로 행하여진 경우에만 효력이 있다.

제27조

이 협약 제 3 편에 별도의 명시규정이 있는 경우를 제외하고, 당사자가 이 협약 제 3 편에 따라 상황에 맞는 적절한 방법으로 통지, 청구 그 밖의 통신을 한 경우에, 당사자는 통신의 전달 중에 지연이나 오류가 있거나 또는 통신이 도달되지 아니하더라도 그 통신을 주장할 권리를 상실하지 아니한다.

제28조

당사자 일방이 이 협약에 따라 상대방의 의무이행을 요구할 수 있는 경우에도, 법원은 이 협약이 적용되지 아니하는 유사한 매매계약에 관하여 自國法에 따라 특정이행을 명하는 판결을 하여야 하는 경우가 아닌 한, 특정이행을 명하는 판결을 할 의무가 없다.

제29조

⑴ 계약은 당사자의 합의만으로 변경 또는 종료될 수 있다.

⑵ 서면에 의한 계약에 합의에 의한 변경 또는 종료는 서면에 의하여야 한다는 규정이 있는 경우에, 다른 방법으로 합의 변경 또는 합의 종료될 수 없다. 다만, 당사자는 상대방이 자신의 행동을 신뢰한 한도까지는 그러한 규정을 원용할 수 없다.

제 2 장　매도인의 의무

제30조

매도인은 계약과 이 협약에 따라 물품을 인도하고, 관련 서류를 교부하며 물품의 소유권을 이전하여야 한다.

제 1 절　물품의 인도와 서류의 교부

제31조

매도인이 물품을 다른 특정한 장소에서 인도할 의무가 없는 경우에, 매도인의 인도의무는 다음과 같다.

　㈎ 매매계약에 물품의 운송이 포함된 경우에는, 매수인에게 전달하기 위하여 물품을 제 1 운송인에게 교부하는 것.

　㈏ ㈎호에 해당되지 아니하는 경우로서 계약이 특정물에 관련되거나 또는 특정한 재고품에서 인출되는 불특정물이나

제조 또는 생산되는 불특정물에 관련되어 있고, 당사자 쌍방이 계약 체결시에 그 물품이 특정한 장소에 있거나 그 장소에서 제조 또는 생산되는 것을 알고 있었던 경우에는, 그 장소에서 물품을 매수인의 처분 하에 두는 것.

(대) 그 밖의 경우에는, 계약 체결시에 매도인이 영업소를 가지고 있던 장소에서 물품을 매수인의 처분 하에 두는 것.

제32조

(1) 매도인이 계약 또는 이 협약에 따라 물품을 운송인에게 교부한 경우에, 물품이 하인(荷印), 선적서류 그 밖의 방법에 의하여 그 계약의 목적물로서 명확히 특정되어 있지 아니한 때에는, 매도인은 매수인에게 물품을 특정하는 탁송통지를 하여야 한다.

(2) 매도인이 물품의 운송을 주선하여야 하는 경우에, 매도인은 상황에 맞는 적절한 운송수단 및 그 운송에서의 통상의 조건으로, 지정된 장소까지 운송하는 데 필요한 계약을 체결하여야 한다.

(3) 매도인이 물품의 운송에 관하여 부보(附保)할 의무가 없는 경우에도, 매도인은 매수인의 요구가 있으면 매수인이 부보하는 데 필요한 모든 가능한 정보를 매수인에게 제공하여야 한다.

제33조

매도인은 다음의 시기에 물품을 인도하여야 한다.

(가) 인도기일이 계약에 의하여 지정되어 있거나 확정될 수 있는 경우에는 그 기일

(나) 인도기간이 계약에 의하여 지정되어 있거나 확정될 수 있는 경우에는 그 기간 내의 어느 시기. 다만, 매수인이 기일을 선택하여야 할 사정이 있는 경우에는 그러하지 아니하다.

(다) 그 밖의 경우에는 계약 체결 후 합리적인 기간 내

제34조

매도인이 물품에 관한 서류를 교부하여야 하는 경우에, 매도인은 계약에서 정한 시기, 장소 및 방식에 따라 이를 교부하여야 한다. 매도인이 교부하여야 할 시기 전에 서류를 교부한 경우에는, 매도인은 매수인에게 불합리한 불편 또는 비용을 초래하지 아니하는 한, 계약에서 정한 시기까지 서류상의 부적합을 치유할 수 있다. 다만, 매수인은 이 협약에서 정한 손해배상을 청구할 권리를 보유한다.

제 2 절 물품의 적합성과 제 3 자의 권리주장

제35조

(1) 매도인은 계약에서 정한 수량, 품질 및 종류에 적합하고, 계약에서 정한 방법으로 용기에 담겨지거나 포장된 물품을 인도하여야 한다.

(2) 당사자가 달리 합의한 경우를 제외하고, 물품은 다음의 경우에 계약에 적합하지 아니한 것으로 한다.

(가) 동종 물품의 통상 사용목적에 맞지 아니한 경우

(나) 계약 체결시 매도인에게 명시적 또는 묵시적으로 알려진 특별한 목적에 맞지 아니한 경우. 다만, 그 상황에서 매수인이 매도인의 기술과 판단을 신뢰하지 아니하였거나 또는 신뢰하는 것이 불합리하였다고 인정되는 경우에는 그러하지 아니하다.

㈐ 매도인이 견본 또는 모형으로 매수인에게 제시한 물품의 품질을 가지고 있지 아니한 경우

㈑ 그러한 물품에 대하여 통상의 방법으로, 통상의 방법이 없는 경우에는 그 물품을 보존하고 보호하는 데 적절한 방법으로 용기에 담겨지거나 포장되어 있지 아니한 경우

(3) 매수인이 계약 체결시에 물품의 부적합을 알았거나 또는 모를 수 없었던 경우에는, 매도인은 그 부적합에 대하여 제 2 항의 ㈎호 내지 ㈑호에 따른 책임을 지지 아니한다.

제36조

(1) 매도인은 위험이 매수인에게 이전하는 때에 존재하는 물품의 부적합에 대하여, 그 부적합이 위험 이전 후에 판명된 경우라도, 계약과 이 협약에 따라 책임을 진다.

(2) 매도인은 제 1 항에서 정한 때보다 후에 발생한 부적합이라도 매도인의 의무위반에 기인하는 경우에는 그 부적합에 대하여 책임을 진다. 이 의무위반에는 물품이 일정기간 통상의 목적이나 특별한 목적에 맞는 상태를 유지한다는 보증 또는 특정한 품질이나 특성을 유지한다는 보증에 위반한 경우도 포함된다.

제37조

매도인이 인도기일 전에 물품을 인도한 경우에는, 매수인에게 불합리한 불편 또는 비용을 초래하지 아니하는 한, 매도인은 그 기일까지 누락분을 인도하거나 부족한 수량을 보충하거나 부적합한 물품에 갈음하여 물품을 인도하거나 또는 물품의 부적합을 치유할 수 있다. 다만, 매수인은 이 협약에서 정한 손해배상을 청구할 권리를 보유한다.

제38조

(1) 매수인은 그 상황에서 실행가능한 단기간 내에 물품을 검사하거나 검사하게 하여야 한다.

(2) 계약에 물품의 운송이 포함되는 경우에는, 검사는 물품이 목적지에 도착한 후까지 연기될 수 있다.

(3) 매수인이 검사할 합리적인 기회를 가지지 못한 채 운송중에 물품의 목적지를 변경하거나 물품을 전송(轉送)하고, 매도인이 계약 체결시에 그 변경 또는 전송의 가능성을 알았거나 알 수 있었던 경우에는, 검사는 물품이 새로운 목적지에 도착한 후까지 연기될 수 있다.

제39조

(1) 매수인이 물품의 부적합을 발견하였거나 발견할 수 있었던 때로부터 합리적인 기간 내에 매도인에게 그 부적합한 성질을 특정하여 통지하지 아니한 경우에는, 매수인은 물품의 부적합을 주장할 권리를 상실한다.

(2) 매수인은 물품이 매수인에게 현실로 교부된 날부터 늦어도 2년 내에 매도인에게 제 1 항의 통지를 하지 아니한 경우에는, 물품의 부적합을 주장할 권리를 상실한다. 다만, 이 기간제한이 계약상의 보증기간과 양립하지 아니하는 경우에는 그러하지 아니하다.

제40조

물품의 부적합이 매도인이 알았거나 모를 수 없었던 사실에 관한 것이고, 매도인이 매수인에게 이를 밝히지 아니한 경우에는, 매도인은 제38조와 제39조를 원용할 수 없다.

제41조

매수인이 제 3 자의 권리나 권리주장의 대상이 된 물품을 수령하는 데 동의한 경우를

제외하고, 매도인은 제3자의 권리나 권리 주장의 대상이 아닌 물품을 인도하여야 한다. 다만, 그러한 제3자의 권리나 권리주장이 공업소유권 그 밖의 지적재산권에 기초하는 경우에는, 매도인의 의무는 제42조에 의하여 규율된다.

제42조

(1) 매도인은, 계약 체결시에 자신이 알았거나 모를 수 없었던 공업소유권 그 밖의 지적재산권에 기초한 제3자의 권리나 권리주장의 대상이 아닌 물품을 인도하여야 한다. 다만, 제3자의 권리나 권리주장이 다음 국가의 법에 의한 공업소유권 그 밖의 지적재산권에 기초한 경우에 한한다.

　　㈎ 당사자 쌍방이 계약 체결시에 물품이 어느 국가에서 전매되거나 그 밖의 방법으로 사용될 것을 예상하였던 경우에는, 물품이 전매되거나 그 밖의 방법으로 사용될 국가의 법

　　㈏ 그 밖의 경우에는 매수인이 영업소를 가지는 국가의 법

(2) 제1항의 매도인의 의무는 다음의 경우에는 적용되지 아니한다.

　　㈎ 매수인이 계약 체결시에 그 권리나 권리주장을 알았거나 모를 수 없었던 경우

　　㈏ 그 권리나 권리주장이 매수인에 의하여 제공된 기술설계, 디자인, 방식 그 밖의 지정에 매도인이 따른 결과로 발생한 경우

제43조

(1) 매수인이 제3자의 권리나 권리주장을 알았거나 알았어야 했던 때로부터 합리적인 기간 내에 매도인에게 제3자의 권리나 권리 주장의 성질을 특정하여 통지하지 아니한 경우에는, 매수인은 제41조 또는 제42조

를 원용할 권리를 상실한다.

(2) 매도인이 제3자의 권리나 권리 주장 및 그 성질을 알고 있었던 경우에는 제1항을 원용할 수 없다.

제44조

제39조 제1항과 제43조 제1항에도 불구하고, 매수인은 정하여진 통지를 하지 못한 데에 합리적인 이유가 있는 경우에는 제50조에 따라 대금을 감액하거나 이익의 상실을 제외한 손해배상을 청구할 수 있다.

제3절　매도인의 계약위반에 대한 구제

제45조

(1) 매도인이 계약 또는 이 협약상의 의무를 이행하지 아니하는 경우에 매수인은 다음을 할 수 있다.

　　㈎ 제46조 내지 제52조에서 정한 권리의 행사

　　㈏ 제74조 내지 제77조에서 정한 손해배상의 청구

(2) 매수인이 손해배상을 청구하는 권리는 다른 구제를 구하는 권리를 행사함으로써 상실되지 아니한다.

(3) 매수인이 계약위반에 대한 구제를 구하는 경우에, 법원 또는 중재판정부는 매도인에게 유예기간을 부여할 수 없다.

제46조

(1) 매수인은 매도인에게 의무의 이행을 청구할 수 있다. 다만, 매수인이 그 청구와 양립하지 아니하는 구제를 구한 경우에는 그러하지 아니하다.

(2) 물품이 계약에 부적합한 경우에, 매수인은 대체물의 인도를 청구할 수 있다. 다만, 그 부적합이 본질적 계약위반을 구성하고, 그 청구가 제39조의 통지와 동시에 또는 그

후 합리적인 기간 내에 행하여진 경우에 한
한다.

⑶ 물품이 계약에 부적합한 경우에, 매수인
은 모든 상황을 고려하여 불합리한 경우를
제외하고, 매도인에게 수리에 의한 부적합의
치유를 청구할 수 있다. 수리 청구는 제39조
의 통지와 동시에 또는 그 후 합리적인 기
간 내에 행하여져야 한다.

제47조

⑴ 매수인은 매도인의 의무이행을 위하여
합리적인 부가기간을 정할 수 있다.

⑵ 매도인으로부터 그 부가기간 내에 이행
을 하지 아니하겠다는 통지를 수령한 경우
를 제외하고, 매수인은 그 기간 중 계약위반
에 대한 구제를 구할 수 없다. 다만, 매수인
은 이행지체에 대한 손해배상을 청구할 권
리를 상실하지 아니한다.

제48조

⑴ 제49조를 따를 것을 조건으로, 매도인은
인도기일 후에도 불합리하게 지체하지 아니
하고 매수인에게 불합리한 불편 또는 매수
인의 선급 비용을 매도인으로부터 상환 받
는 데 대한 불안을 초래하지 아니하는 경우
에는, 자신의 비용으로 의무의 불이행을 치
유할 수 있다. 다만, 매수인은 이 협약에서
정한 손해배상을 청구할 권리를 보유한다.

⑵ 매도인이 매수인에게 이행의 수령 여부
를 알려 달라고 요구하였으나 매수인이 합
리적인 기간 내에 그 요구에 응하지 아니한
경우에는, 매도인은 그 요구에서 정한 기간
내에 이행을 할 수 있다. 매수인은 그 기간
중에는 매도인의 이행과 양립하지 아니하는
구제를 구할 수 없다.

⑶ 특정한 기간 내에 이행을 하겠다는 매도
인의 통지는 매수인이 그 결정을 알려야 한

다는 제2항의 요구를 포함하는 것으로 추
정한다.

⑷ 이 조 제2항 또는 제3항의 매도인의 요
구 또는 통지는 매수인에 의하여 수령되지
아니하는 한 그 효력이 발생하지 아니한다.

제49조

⑴ 매수인은 다음의 경우에 계약을 해제할
수 있다.

㉮ 계약 또는 이 협약상 매도인의 의무
불이행이 본질적 계약위반으로 되는 경우

㉯ 인도 불이행의 경우에는, 매도인이
제47조 제1항에 따라 매수인이 정한 부
가기간 내에 물품을 인도하지 아니하거
나 그 기간 내에 인도하지 아니하겠다고
선언한 경우

⑵ 그러나 매도인이 물품을 인도한 경우에
는, 매수인은 다음의 기간 내에 계약을 해제
하지 아니하는 한 계약해제권을 상실한다.

㉮ 인도지체의 경우, 매수인이 인도가
이루어진 것을 안 후 합리적인 기간 내

㉯ 인도지체 이외의 위반의 경우, 다음
의 시기로부터 합리적인 기간 내

① 매수인이 그 위반을 알았거나 또는
알 수 있었던 때

② 매수인이 제47조 제1항에 따라 정
한 부가기간이 경과한 때 또는 매도인
이 그 부가기간 내에 의무를 이행하지
아니하겠다고 선언한 때

③ 매도인이 제48조 제2항에 따라 정
한 부가기간이 경과한 때 또는 매수인
이 이행을 수령하지 아니하겠다고 선
언한 때

제50조

물품이 계약에 부적합한 경우에, 대금의 지
급 여부에 관계없이 매수인은 현실로 인도된

물품이 인도시에 가지고 있던 가액이 계약에 적합한 물품이 그때에 가지고 있었을 가액에 대하여 가지는 비율에 따라 대금을 감액할 수 있다. 다만, 매도인이 제37조나 제48조에 따라 의무의 불이행을 치유하거나 매수인이 동 조항에 따라 매도인의 이행 수령을 거절한 경우에는 대금을 감액할 수 없다.

제51조

(1) 매도인이 물품의 일부만을 인도하거나 인도된 물품의 일부만이 계약에 적합한 경우에, 제46조 내지 제50조는 부족 또는 부적합한 부분에 적용된다.

(2) 매수인은 인도가 완전하게 또는 계약에 적합하게 이루어지지 아니한 것이 본질적 계약위반으로 되는 경우에 한하여 계약 전체를 해제할 수 있다.

제52조

(1) 매도인이 이행기 전에 물품을 인도한 경우에, 매수인은 이를 수령하거나 거절할 수 있다.

(2) 매도인이 계약에서 정한 것보다 다량의 물품을 인도한 경우에, 매수인은 초과분을 수령하거나 이를 거절할 수 있다. 매수인이 초과분의 전부 또는 일부를 수령한 경우에는 계약대금의 비율에 따라 그 대금을 지급하여야 한다.

제 3 장 매수인의 의무

제53조

매수인은 계약과 이 협약에 따라, 물품의 대금을 지급하고 물품의 인도를 수령하여야 한다.

제 1 절 대금의 지급

제54조

매수인의 대금지급의무에는 그 지급을 위하여 계약 또는 법령에서 정한 조치를 취하고 절차를 따르는 것이 포함된다.

제55조

계약이 유효하게 성립되었으나 그 대금을 명시적 또는 묵시적으로 정하고 있지 아니하거나 이를 정하기 위한 조항을 두지 아니한 경우에는, 당사자는 반대의 표시가 없는 한, 계약 체결시에 당해 거래와 유사한 상황에서 매도되는 그러한 종류의 물품에 대하여 일반적으로 청구되는 대금을 묵시적으로 정한 것으로 본다.

제56조

대금이 물품의 중량에 따라 정하여지는 경우에, 의심이 있는 때에는 순중량에 의하여 대금을 결정하는 것으로 한다.

제57조

(1) 매수인이 다른 특정한 장소에서 대금을 지급할 의무가 없는 경우에는, 다음의 장소에서 매도인에게 이를 지급하여야 한다.

　　㈎ 매도인의 영업소, 또는

　　㈏ 대금이 물품 또는 서류의 교부와 상환하여 지급되어야 하는 경우에는 그 교부가 이루어지는 장소

(2) 매도인은 계약 체결 후에 자신의 영업소를 변경함으로써 발생하는 대금지급에 대한 부수비용의 증가액을 부담하여야 한다.

제58조

(1) 매수인이 다른 특정한 시기에 대금을 지급할 의무가 없는 경우에는, 매수인은 매도인이 계약과 이 협약에 따라 물품 또는 그

처분을 지배하는 서류를 매수인의 처분 하에 두는 때에 대금을 지급하여야 한다. 매도인은 그 지급을 물품 또는 서류의 교부를 위한 조건으로 할 수 있다.

⑵ 계약에 물품의 운송이 포함되는 경우에는, 매도인은 대금의 지급과 상환하여서만 물품 또는 그 처분을 지배하는 서류를 매수인에게 교부한다는 조건으로 물품을 발송할 수 있다.

⑶ 매수인은 물품을 검사할 기회를 가질 때까지는 대금을 지급할 의무가 없다. 다만, 당사자간에 합의된 인도 또는 지급절차가 매수인이 검사 기회를 가지는 것과 양립하지 아니하는 경우에는 그러하지 아니하다.

제59조
매수인은 계약 또는 이 협약에서 지정되거나 확정될 수 있는 기일에 대금을 지급하여야 하며, 이 경우 매도인의 입장에서는 어떠한 요구를 하거나 절차를 따를 필요가 없다.

제 2 절 인도의 수령

제60조
매수인의 수령의무는 다음과 같다.
　㈎ 매도인의 인도를 가능하게 하기 위하여 매수인에게 합리적으로 기대될 수 있는 모든 행위를 하는 것, 및
　㈏ 물품을 수령하는 것

제 3 절 매수인의 계약위반에 대한 구제

제61조
⑴ 매수인이 계약 또는 이 협약상의 의무를 이행하지 아니하는 경우에 매도인은 다음을 할 수 있다.
　㈎ 제62조 내지 제65조에서 정한 권리의 행사

　㈏ 제74조 내지 제77조에서 정한 손해배상의 청구

⑵ 매도인이 손해배상을 청구하는 권리는 다른 구제를 구하는 권리를 행사함으로써 상실되지 아니한다.

⑶ 매도인이 계약위반에 대한 구제를 구하는 경우에, 법원 또는 중재판정부는 매수인에게 유예기간을 부여할 수 없다.

제62조
매도인은 매수인에게 대금의 지급, 인도의 수령 또는 그 밖의 의무의 이행을 청구할 수 있다. 다만, 매도인이 그 청구와 양립하지 아니하는 구제를 구한 경우에는 그러하지 아니하다.

제63조
⑴ 매도인은 매수인의 의무이행을 위하여 합리적인 부가기간을 정할 수 있다.

⑵ 매수인으로부터 그 부가기간 내에 이행을 하지 아니하겠다는 통지를 수령한 경우를 제외하고, 매도인은 그 기간 중 계약위반에 대한 구제를 구할 수 없다. 다만, 매도인은 이행지체에 대한 손해배상을 청구할 권리를 상실하지 아니한다.

제64조
⑴ 매도인은 다음의 경우에 계약을 해제할 수 있다.
　㈎ 계약 또는 이 협약상 매수인의 의무 불이행이 본질적 계약위반으로 되는 경우
　㈏ 매수인이 제63조 제 1 항에 따라 매도인이 정한 부가기간 내에 대금지급 또는 물품수령 의무를 이행하지 아니하거나 그 기간 내에 그러한 의무를 이행하지 아니하겠다고 선언한 경우

⑵ 그러나 매수인이 대금을 지급한 경우에

는, 매도인은 다음의 기간 내에 계약을 해제하지 아니하는 한 계약해제권을 상실한다.

㉮ 매수인의 이행지체의 경우, 매도인이 이행이 이루어진 것을 알기 전

㉯ 매수인의 이행지체 이외의 위반의 경우, 다음의 시기로부터 합리적인 기간 내

① 매도인이 그 위반을 알았거나 또는 알 수 있었던 때

② 매도인이 제63조 제 1 항에 따라 정한 부가기간이 경과한 때 또는 매수인이 그 부가기간 내에 의무를 이행하지 아니하겠다고 선언한 때

제65조

(1) 계약상 매수인이 물품의 형태, 규격 그밖의 특징을 지정하여야 하는 경우에, 매수인이 합의된 기일 또는 매도인으로부터 요구를 수령한 후 합리적인 기간 내에 그 지정을 하지 아니한 경우에는, 매도인은 자신이 보유하는 다른 권리를 해함이 없이, 자신이 알고 있는 매수인의 필요에 따라 스스로 지정할 수 있다.

(2) 매도인은 스스로 지정하는 경우에 매수인에게 그 상세한 사정을 통고하고, 매수인이 그와 다른 지정을 할 수 있도록 합리적인 기간을 정하여야 한다. 매수인이 그 통지를 수령한 후 정하여진 기간 내에 다른 지정을 하지 아니하는 경우에는, 매도인의 지정이 구속력을 가진다.

제 4 장 위험의 이전

제66조

위험이 매수인에게 이전된 후에 물품이 멸실 또는 훼손되더라도 매수인은 대금지급의무를 면하지 못한다. 다만, 그 멸실 또는 훼손이 매도인의 작위 또는 부작위로 인한 경우에는 그러하지 아니하다.

제67조

(1) 매매계약에 물품의 운송이 포함되어 있고, 매도인이 특정한 장소에서 이를 교부할 의무가 없는 경우에, 위험은 매매계약에 따라 매수인에게 전달하기 위하여 물품이 제 1 운송인에게 교부된 때에 매수인에게 이전한다. 매도인이 특정한 장소에서 물품을 운송인에게 교부하여야 하는 경우에는, 위험은 그 장소에서 물품이 운송인에게 교부될 때까지 매수인에게 이전하지 아니한다. 매도인이 물품의 처분을 지배하는 서류를 보유할 권한이 있다는 사실은 위험의 이전에 영향을 미치지 아니한다.

(2) 제 1 항에도 불구하고 위험은 물품이 하인(荷印), 선적서류, 매수인에 대한 통지 그밖의 방법에 의하여 계약상 명확히 특정될 때까지 매수인에게 이전하지 아니한다.

제68조

운송 중에 매도된 물품에 관한 위험은 계약 체결시에 매수인에게 이전한다. 다만, 특별한 사정이 있는 경우에는, 위험은 운송계약을 표창하는 서류를 발행한 운송인에게 물품이 교부된 때부터 매수인이 부담한다. 그럼에도 불구하고, 매도인이 매매계약의 체결시에 물품이 멸실 또는 훼손된 것을 알았거나 알았어야 했고, 매수인에게 이를 밝히지 아니한 경우에는, 그 멸실 또는 훼손은 매도인의 위험으로 한다.

제69조

(1) 제67조와 제68조가 적용되지 아니하는 경우에, 위험은 매수인이 물품을 수령한 때, 매수인이 적시에 이를 수령하지 아니한 경

우에는 물품이 매수인의 처분 하에 놓여지고 매수인이 이를 수령하지 아니하여 계약을 위반하는 때에 매수인에게 이전한다.

(2) 매수인이 매도인의 영업소 이외의 장소에서 물품을 수령하여야 하는 경우에는, 위험은 인도기일이 도래하고 물품이 그 장소에서 매수인의 처분 하에 놓여진 것을 매수인이 안 때에 이전한다.

(3) 불특정물에 관한 계약의 경우에, 물품은 계약상 명확히 특정될 때까지 매수인의 처분 하에 놓여지지 아니한 것으로 본다.

제70조

매도인이 본질적 계약위반을 한 경우에는, 제67조, 제68조 및 제69조는 매수인이 그 위반을 이유로 구할 수 있는 구제를 방해하지 아니한다.

제 5 장 매도인과 매수인의 의무에 공통되는 규정

제 1 절 이행이전의 계약위반과 분할인도계약

제71조

(1) 당사자는 계약 체결 후 다음의 사유로 상대방이 의무의 실질적 부분을 이행하지 아니할 것이 판명된 경우에는, 자신의 의무 이행을 정지할 수 있다.

(개) 상대방의 이행능력 또는 신용도의 중대한 결함

(내) 계약의 이행 준비 또는 이행에 관한 상대방의 행위

(2) 제 1 항의 사유가 명백하게 되기 전에 매도인이 물품을 발송한 경우에는, 매수인이 물품을 취득할 수 있는 증권을 소지하고 있더라도 매도인은 물품이 매수인에게 교부되는 것을 저지할 수 있다. 이 항은 매도인과 매수인 간의 물품에 관한 권리에 대하여만 적용된다.

(3) 이행을 정지한 당사자는 물품의 발송 전후에 관계없이 즉시 상대방에게 그 정지를 통지하여야 하고, 상대방이 그 이행에 관하여 적절한 보장을 제공한 경우에는 이행을 계속하여야 한다.

제72조

(1) 계약의 이행기일 전에 당사자 일방이 본질적 계약위반을 할 것이 명백한 경우에는, 상대방은 계약을 해제할 수 있다.

(2) 시간이 허용하는 경우에는, 계약을 해제하려고 하는 당사자는 상대방이 이행에 관하여 적절한 보장을 제공할 수 있도록 상대방에게 합리적인 통지를 하여야 한다.

(3) 제 2 항의 요건은 상대방이 그 의무를 이행하지 아니하겠다고 선언한 경우에는 적용되지 아니한다.

제73조

(1) 물품을 분할하여 인도하는 계약에서 어느 분할부분에 관한 당사자 일방의 의무 불이행이 그 분할부분에 관하여 본질적 계약위반이 되는 경우에는, 상대방은 그 분할부분에 관하여 계약을 해제할 수 있다.

(2) 어느 분할부분에 관한 당사자 일방의 의무 불이행이 장래의 분할부분에 대한 본질적 계약위반의 발생을 추단하는 데에 충분한 근거가 되는 경우에는, 상대방은 장래에 향하여 계약을 해제할 수 있다. 다만, 그 해제는 합리적인 기간 내에 이루어져야 한다.

(3) 어느 인도에 대하여 계약을 해제하는 매수인은, 이미 행하여진 인도 또는 장래의 인도가 그 인도와의 상호 의존관계로 인하여 계약 체결시에 당사자 쌍방이 예상했던 목

적으로 사용될 수 없는 경우에는, 이미 행하여진 인도 또는 장래의 인도에 대하여도 동시에 계약을 해제할 수 있다.

제 2 절 손해배상액

제74조

당사자 일방의 계약위반으로 인한 손해배상액은 이익의 상실을 포함하여 그 위반의 결과 상대방이 입은 손실과 동등한 금액으로 한다. 그 손해배상은 위반당사자가 계약 체결시에 알았거나 알 수 있었던 사실과 사정에 비추어, 계약위반의 가능한 결과로서 발생할 것을 예견하였거나 예견할 수 있었던 손실을 초과할 수 없다.

제75조

계약이 해제되고 계약해제 후 합리적인 방법으로, 합리적인 기간 내에 매수인이 대체물을 매수하거나 매도인이 물품을 재매각한 경우에, 손해배상을 청구하는 당사자는 계약대금과 대체거래대금과의 차액 및 그 외에 제74조에 따른 손해액을 배상받을 수 있다.

제76조

(1) 계약이 해제되고 물품에 시가가 있는 경우에, 손해배상을 청구하는 당사자는 제75조에 따라 구입 또는 재매각하지 아니하였다면 계약대금과 계약 해제시의 시가와의 차액 및 그 외에 제74조에 따른 손해액을 배상받을 수 있다. 다만, 손해배상을 청구하는 당사자가 물품을 수령한 후에 계약을 해제한 경우에는, 해제시의 시가에 갈음하여 물품 수령시의 시가를 적용한다.
(2) 제 1 항의 적용상, 시가는 물품이 인도되었어야 했던 장소에서의 지배적인 가격, 그 장소에 시가가 없는 경우에는 물품 운송비용의 차액을 적절히 고려하여 합리적으로

대체할 수 있는 다른 장소에서의 가격을 말한다.

제77조

계약위반을 주장하는 당사자는 이익의 상실을 포함하여 그 위반으로 인한 손실을 경감하기 위하여 그 상황에서 합리적인 조치를 취하여야 한다. 계약위반을 주장하는 당사자가 그 조치를 취하지 아니한 경우에는, 위반당사자는 경감되었어야 했던 손실액만큼 손해배상액의 감액을 청구할 수 있다.

제 3 절 이 자

제78조

당사자가 대금 그 밖의 연체된 금액을 지급하지 아니하는 경우에, 상대방은 제74조에 따른 손해배상청구권을 해함이 없이, 그 금액에 대한 이자를 청구할 수 있다.

제 4 절 면 책

제79조

(1) 당사자는 그 의무의 불이행이 자신이 통제할 수 없는 장애에 기인하였다는 것과 계약 체결시에 그 장애를 고려하거나 또는 그 장애나 그로 인한 결과를 회피하거나 극복하는 것이 합리적으로 기대될 수 없었다는 것을 증명하는 경우에는, 그 의무불이행에 대하여 책임이 없다.
(2) 당사자의 불이행이 계약의 전부 또는 일부의 이행을 위하여 사용한 제 3 자의 불이행으로 인한 경우에는, 그 당사자는 다음의 경우에 한하여 그 책임을 면한다.
　(가) 당사자가 제 1 항의 규정에 의하여 면책되고, 또한
　(나) 당사자가 사용한 제 3 자도 그에게 제 1 항이 적용된다면 면책되는 경우

⑶ 이 조에 규정된 면책은 장애가 존재하는 기간 동안에 효력을 가진다.

⑷ 불이행당사자는 장애가 존재한다는 것과 그 장애가 자신의 이행능력에 미치는 영향을 상대방에게 통지하여야 한다. 불이행당사자가 장애를 알았거나 알았어야 했던 때로부터 합리적인 기간 내에 상대방이 그 통지를 수령하지 못한 경우에는, 불이행당사자는 불수령으로 인한 손해에 대하여 책임이 있다.

⑸ 이 조는 어느 당사자가 이 협약에 따라 손해배상청구권 이외의 권리를 행사하는 것을 방해하지 아니한다.

제80조

당사자는 상대방의 불이행이 자신의 작위 또는 부작위에 기인하는 한, 상대방의 불이행을 주장할 수 없다.

제 5 절 해제의 효력

제81조

⑴ 계약의 해제는 손해배상의무를 제외하고 당사자 쌍방을 계약상의 의무로부터 면하게 한다. 해제는 계약상의 분쟁해결조항 또는 해제의 결과 발생하는 당사자의 권리의무를 규율하는 그 밖의 계약조항에 영향을 미치지 아니한다.

⑵ 계약의 전부 또는 일부를 이행한 당사자는 상대방에게 자신이 계약상 공급 또는 지급한 것의 반환을 청구할 수 있다. 당사자 쌍방이 반환하여야 하는 경우에는 동시에 반환하여야 한다.

제82조

⑴ 매수인이 물품을 수령한 상태와 실질적으로 동일한 상태로 그 물품을 반환할 수 없는 경우에는, 매수인은 계약을 해제하거나 매도인에게 대체물을 청구할 권리를 상실한다.

⑵ 제1항은 다음의 경우에는 적용되지 아니한다.

⑺ 물품을 반환할 수 없거나 수령한 상태와 실질적으로 동일한 상태로 반환할 수 없는 것이 매수인의 작위 또는 부작위에 기인하지 아니한 경우

⑷ 물품의 전부 또는 일부가 제38조에 따른 검사의 결과로 멸실 또는 훼손된 경우

⑸ 매수인이 부적합을 발견하였거나 발견하였어야 했던 시점 전에, 물품의 전부 또는 일부가 정상적인 거래과정에서 매각되거나 통상의 용법에 따라 소비 또는 는 변형된 경우

제83조

매수인은, 제82조에 따라 계약해제권 또는 대체물인도청구권을 상실한 경우에도, 계약과 이 협약에 따른 그 밖의 모든 구제권을 보유한다.

제84조

⑴ 매도인은 대금을 반환하여야 하는 경우에, 대금이 지급된 날부터 그에 대한 이자도 지급하여야 한다.

⑵ 매수인은 다음의 경우에는 물품의 전부 또는 일부로부터 발생된 모든 이익을 매도인에게 지급하여야 한다.

⑺ 매수인이 물품의 전부 또는 일부를 반환하여야 하는 경우

⑷ 물품의 전부 또는 일부를 반환할 수 없거나 수령한 상태와 실질적으로 동일한 상태로 전부 또는 일부를 반환할 수 없음에도 불구하고, 매수인이 계약을 해제하거나 매도인에게 대체물의 인도를

청구한 경우

제 6 절 물품의 보관

제85조

매수인이 물품 인도의 수령을 지체하거나 또는 대금지급과 물품 인도가 동시에 이루어져야 함에도 매수인이 대금을 지급하지 아니한 경우로서, 매도인이 물품을 점유하거나 그 밖의 방법으로 그 처분을 지배할 수 있는 경우에는, 매도인은 물품을 보관하기 위하여 그 상황에서 합리적인 조치를 취하여야 한다. 매도인은 매수인으로부터 합리적인 비용을 상환 받을 때까지 그 물품을 보유할 수 있다.

제86조

(1) 매수인이 물품을 수령한 후 그 물품을 거절하기 위하여 계약 또는 이 협약에 따른 권리를 행사하려고 하는 경우에는, 매수인은 물품을 보관하기 위하여 그 상황에서 합리적인 조치를 취하여야 한다. 매수인은 매도인으로부터 합리적인 비용을 상환 받을 때까지 그 물품을 보유할 수 있다.

(2) 매수인에게 발송된 물품이 목적지에서 매수인의 처분 하에 놓여지고, 매수인이 그 물품을 거절하는 권리를 행사하는 경우에, 매수인은 매도인을 위하여 그 물품을 점유하여야 한다. 다만, 대금지급 및 불합리한 불편이나 경비소요 없이 점유할 수 있는 경우에 한한다. 이 항은 매도인이나 그를 위하여 물품을 관리하는 자가 목적지에 있는 경우에는 적용되지 아니한다. 매수인이 이 항에 따라 물품을 점유하는 경우에는, 매수인의 권리와 의무에 대하여는 제 1 항이 적용된다.

제87조

물품을 보관하기 위한 조치를 취하여야 하는 당사자는 그 비용이 불합리하지 아니하는 한, 상대방의 비용으로 물품을 제 3 자의 창고에 임치할 수 있다.

제88조

(1) 제85조 또는 제86조에 따라 물품을 보관하여야 하는 당사자는 상대방이 물품을 점유하거나 반환받거나 또는 대금이나 보관비용을 지급하는 데 불합리하게 지체하는 경우에는, 상대방에게 매각의사를 합리적으로 통지하는 한, 적절한 방법으로 물품을 매각할 수 있다.

(2) 물품이 급속히 훼손되기 쉽거나 그 보관에 불합리한 경비를 요하는 경우에는, 제85조 또는 제86조에 따라 물품을 보관하여야 하는 당사자는 물품을 매각하기 위하여 합리적인 조치를 취하여야 한다. 이 경우에 가능한 한도에서 상대방에게 매각의사가 통지되어야 한다.

(3) 물품을 매각한 당사자는 매각대금에서 물품을 보관하고 매각하는 데 소요된 합리적인 비용과 동일한 금액을 보유할 권리가 있다. 그 차액은 상대방에게 반환되어야 한다.

제 4 편 최종규정

제89조

국제연합 사무총장은 이 협약의 수탁자가 된다.

제90조

이미 발효하였거나 또는 앞으로 발효하게 될 국제협정이 이 협약이 규율하는 사항에 관하여 규정을 두고 있는 경우에, 이 협약은 그러한 국제협정에 우선하지 아니한다. 다만, 당사자가 그 협정의 당사국에 영업소를 가지고 있는 경우에 한한다.

제91조

(1) 이 협약은 국제물품매매계약에 관한 국제연합회의의 최종일에 서명을 위하여 개방되고, 뉴욕의 국제연합 본부에서 1981년 9월 30일까지 모든 국가에 의한 서명을 위하여 개방된다.

(2) 이 협약은 서명국에 의하여 비준, 수락 또는 승인되어야 한다.

(3) 이 협약은 서명을 위하여 개방된 날부터 서명하지 아니한 모든 국가의 가입을 위하여 개방된다.

(4) 비준서, 수락서, 승인서 또는 가입서는 국제연합 사무총장에게 기탁되어야 한다.

제92조

(1) 체약국은 서명, 비준, 수락, 승인 또는 가입시에 이 협약 제2편 또는 제3편에 구속되지 아니한다는 취지의 선언을 할 수 있다.

(2) 제1항에 따라 이 협약 제2편 또는 제3편에 관하여 유보선언을 한 체약국은, 그 선언이 적용되는 편에 의하여 규율되는 사항에 관하여는 이 협약 제1조 제1항에서 말하는 체약국으로 보지 아니한다.

제93조

(1) 체약국이 그 헌법상 이 협약이 다루고 있는 사항에 관하여 각 영역마다 다른 법체계가 적용되는 2개 이상의 영역을 가지고 있는 경우에, 그 국가는 서명, 비준, 수락, 승인 또는 가입시에 이 협약을 전체 영역 또는 일부영역에만 적용한다는 취지의 선언을 할 수 있으며, 언제든지 새로운 선언을 함으로써 전의 선언을 수정할 수 있다.

(2) 제1항의 선언은 수탁자에게 통고하여야 하며, 이 협약이 적용되는 영역을 명시하여야 한다.

(3) 이 조의 선언에 의하여 이 협약이 체약국의 전체영역에 적용되지 아니하고 하나 또는 둘 이상의 영역에만 적용되며 또한 당사자의 영업소가 그 국가에 있는 경우에는, 그 영업소는 이 협약의 적용상 체약국에 있지 아니한 것으로 본다. 다만, 그 영업소가 이 협약이 적용되는 영역에 있는 경우에는 그러하지 아니하다.

(4) 체약국이 제1항의 선언을 하지 아니한 경우에 이 협약은 그 국가의 전체영역에 적용된다.

제94조

(1) 이 협약이 규율하는 사항에 관하여 동일하거나 또는 밀접하게 관련된 법규를 가지는 둘 이상의 체약국은, 양 당사자의 영업소가 그러한 국가에 있는 경우에 이 협약을 매매계약과 그 성립에 관하여 적용하지 아니한다는 취지의 선언을 언제든지 행할 수 있다. 그러한 선언은 공동으로 또는 상호간에 단독으로 할 수 있다.

(2) 이 협약이 규율하는 사항에 관하여 하나 또는 둘 이상의 비체약국과 동일하거나 또는 밀접하게 관련된 법규를 가지는 체약국은 양 당사자의 영업소가 그러한 국가에 있는 경우에 이 협약을 매매계약과 그 성립에 대하여 적용하지 아니한다는 취지의 선언을 언제든지 행할 수 있다.

(3) 제2항에 의한 선언의 대상이 된 국가가 그 후 체약국이 된 경우에, 그 선언은 이 협약이 새로운 체약국에 대하여 효력이 발생하는 날부터 제1항의 선언으로서 효력을 가진다. 다만, 새로운 체약국이 그 선언에 가담하거나 또는 상호간에 단독으로 선언하는 경우에 한한다.

580 부   록

제95조
어떤 국가든지 비준서, 수락서, 승인서 또는
가입서를 기탁할 때, 이 협약 제 1 조 제 1
항 ㈏호에 구속되지 아니한다는 취지의 선
언을 행할 수 있다.

제96조
그 국가의 법률상 매매계약의 체결 또는 입
증에 서면을 요구하는 체약국은 제12조에
따라 매매계약, 합의에 의한 매매계약의 변
경이나 종료, 청약, 승낙 기타의 의사표시를
서면 이외의 방법으로 하는 것을 허용하는
이 협약 제11조, 제29조 또는 제 2 편의 어떠
한 규정도 당사자 일방이 그 국가에 영업소
를 가지고 있는 경우에는 적용하지 아니한다
는 취지의 선언을 언제든지 행할 수 있다.

제97조
⑴ 서명시에 이 협약에 따라 행한 선언은 비
준, 수락 또는 승인시 다시 확인되어야 한다.
⑵ 선언 및 선언의 확인은 서면으로 하여야
하고, 또한 정식으로 수탁자에게 통고하여야
한다.
⑶ 선언은 이를 행한 국가에 대하여 이 협약
이 발효함과 동시에 효력이 생긴다. 다만, 협
약의 발효 후 수탁자가 정식으로 통고를 수
령한 선언은 수탁자가 이를 수령한 날부터 6
월이 경과된 다음 달의 1일에 효력이 발생한
다. 제94조에 따른 상호간의 단독선언은 수
탁자가 최후의 선언을 수령한 후 6월이 경과
한 다음 달의 1일에 효력이 발생한다.
⑷ 이 협약에 따라 선언을 행한 국가는 수
탁자에게 서면에 의한 정식의 통고를 함으
로써 언제든지 그 선언을 철회할 수 있다.
그러한 철회는 수탁자가 통고를 수령한 날
부터 6월이 경과된 다음 달의 1일에 효력이
발생한다.

⑸ 제94조에 따라 선언이 철회된 경우에는
그 철회의 효력이 발생하는 날부터 제94조
에 따라 다른 국가가 행한 상호간의 선언의
효력이 상실된다.

제98조
이 협약에 의하여 명시적으로 인정된 경우
를 제외하고는 어떠한 유보도 허용되지 아
니한다.

제99조
⑴ 이 협약은 제 6 항의 규정에 따를 것을 조
건으로, 제92조의 선언을 포함하고 있는 문
서를 포함하여 10번째의 비준서, 수락서, 승
인서 또는 가입서가 기탁된 날부터 12월이
경과된 다음 달의 1일에 효력이 발생한다.
⑵ 10번째의 비준서, 수락서, 승인서 또는
가입서가 기탁된 후에 어느 국가가 이 협약
을 비준, 수락, 승인 또는 가입하는 경우에,
이 협약은 적용이 배제된 편을 제외하고 제
6 항에 따를 것을 조건으로 하여 그 국가의
비준서, 수락서, 승인서 또는 가입서가 기탁
된 날부터 12월이 경과된 다음 달의 1일에
그 국가에 대하여 효력이 발생한다.
⑶ 1964년 7월 1일 헤이그에서 작성된『국
제물품매매계약의 성립에 관한 통일법』
(1964년 헤이그성립협약)과 『국제물품매매
계약에 관한 통일법』(1964년 헤이그매매협
약) 중의 하나 또는 모두의 당사국이 이 협
약을 비준, 수락, 승인 또는 이에 가입하는
경우에는 네덜란드 정부에 통고함으로써
1964년 헤이그매매협약 및/또는 1964년 헤
이그성립협약을 동시에 폐기하여야 한다.
⑷ 1964년 헤이그매매협약의 당사국으로서
이 협약을 비준, 수락, 승인 또는 가입하는
국가가 제92조에 따라 이 협약 제 2 편에 구
속되지 아니한다는 뜻을 선언하거나 또는

선언한 경우에, 그 국가는 이 협약의 비준, 수락, 승인 또는 가입시에 네덜란드 정부에 통고함으로써 1964년 헤이그매매협약을 폐기하여야 한다.

⑸ 1964년 헤이그성립협약의 당사국으로서 이 협약을 비준, 수락, 승인 또는 가입하는 국가가 제92조에 따라 이 협약 제3편에 구속되지 아니한다는 뜻을 선언하거나 또는 선언한 경우에, 그 국가는 이 협약의 비준, 수락, 승인 또는 가입시 네덜란드정부에 통고함으로서 1964년 헤이그성립협약을 폐기하여야 한다.

⑹ 이 조의 적용상, 1964년 헤이그성립협약 또는 1964년 헤이그매매협약의 당사국에 의한 이 협약의 비준, 수락, 승인 또는 가입은 이들 두 협약에 관하여 당사국에게 요구되는 폐기의 통고가 효력을 발생하기까지 그 효력이 발생하지 아니한다. 이 협약의 수탁자는 이에 관한 필요한 상호조정을 확실히 하기 위하여 1964년 협약들의 수탁자인 네덜란드 정부와 협의하여야 한다.

제100조
⑴ 이 협약은 제1조 제1항 ㈎호 또는 ㈏호의 체약국에게 협약의 효력이 발생한 날 이후에 계약체결을 위한 제안이 이루어진 경우에 한하여 계약의 성립에 대하여 적용된다.
⑵ 이 협약은 제1조 제1항 ㈎호 또는 ㈏호의 체약국에게 협약의 효력이 발생한 날 이후에 체결된 계약에 대하여만 적용된다.

제101조
⑴ 체약국은 수탁자에게 서면에 의한 정식의 통고를 함으로써 이 협약 또는 이 협약 제2편 또는 제3편을 폐기할 수 있다.
⑵ 폐기는 수탁자가 통고를 수령한 후 12월이 경과한 다음 달의 1일에 효력이 발생한

다. 통고에 폐기의 발효에 대하여 보다 장기간이 명시된 경우에 폐기는 수탁자가 통고를 수령한 후 그 기간이 경과되어야 효력이 발생한다.

1980년 4월 11일에 비엔나에서 동등하게 정본인 아랍어, 중국어, 영어, 프랑스어, 러시아어 및 스페인어로 각 1부가 작성되었다. 그 증거로서 각국의 전권대표들은 각국의 정부로부터 정당하게 위임을 받아 이 협약에 서명하였다.

신국제사법

[시행 2022. 7. 5.]
[법률 제18670호, 2022. 1. 4., 전부개정]

제 1 장 총 칙

제 1 절 목 적

제 1 조 (목적) 이 법은 외국과 관련된 요소가 있는 법률관계에 관하여 국제재판관할과 준거법(準據法)을 정함을 목적으로 한다.

제 2 절 국제재판관할

제 2 조 (일반원칙) ① 대한민국 법원(이하 "법원"이라 한다)은 당사자 또는 분쟁이 된 사안이 대한민국과 실질적 관련이 있는 경우에 국제재판관할권을 가진다. 이 경우 법원은 실질적 관련의 유무를 판단할 때에 당사자 간의 공평, 재판의 적정, 신속 및 경제를 꾀한다는 국제재판관할 배분의 이념에 부합하는 합리적인 원칙에 따라야 한다.
② 이 법이나 그 밖의 대한민국 법령 또는 조약에 국제재판관할에 관한 규정이 없는 경우 법원은 국내법의 관할 규정을 참작하여 국제재판관할권의 유무를 판단하되, 제 1 항의 취지에 비추어 국제재판관할의 특수성을 충분히 고려하여야 한다.

제 3 조 (일반관할) ① 대한민국에 일상거소(habitual residence)가 있는 사람에 대한 소(訴)에 관하여는 법원에 국제재판관할이 있다. 일상거소가 어느 국가에도 없거나 일상

거소를 알 수 없는 사람의 거소가 대한민국에 있는 경우에도 또한 같다.
② 제 1 항에도 불구하고 대사(大使)·공사(公使), 그 밖에 외국의 재판권 행사대상에서 제외되는 대한민국 국민에 대한 소에 관하여는 법원에 국제재판관할이 있다.
③ 주된 사무소·영업소 또는 정관상의 본거지나 경영의 중심지가 대한민국에 있는 법인 또는 단체와 대한민국 법에 따라 설립된 법인 또는 단체에 대한 소에 관하여는 법원에 국제재판관할이 있다.

제 4 조 (사무소·영업소 소재지 등의 특별관할) ① 대한민국에 사무소·영업소가 있는 사람·법인 또는 단체에 대한 대한민국에 있는 사무소 또는 영업소의 업무와 관련된 소는 법원에 제기할 수 있다.
② 대한민국에서 또는 대한민국을 향하여 계속적이고 조직적인 사업 또는 영업활동을 하는 사람·법인 또는 단체에 대하여 그 사업 또는 영업활동과 관련이 있는 소는 법원에 제기할 수 있다.

제 5 조 (재산소재지의 특별관할) 재산권에 관한 소는 다음 각 호의 어느 하나에 해당하는 경우 법원에 제기할 수 있다.
　1. 청구의 목적 또는 담보의 목적인 재산

이 대한민국에 있는 경우

2. 압류할 수 있는 피고의 재산이 대한민국에 있는 경우. 다만, 분쟁이 된 사안이 대한민국과 아무런 관련이 없거나 근소한 관련만 있는 경우 또는 그 재산의 가액이 현저하게 적은 경우는 제외한다.

제6조 (관련사건의 관할) ① 상호 밀접한 관련이 있는 여러 개의 청구 가운데 하나에 대하여 법원에 국제재판관할이 있으면 그 여러 개의 청구를 하나의 소로 법원에 제기할 수 있다.

② 공동피고 가운데 1인의 피고에 대하여 법원이 제3조에 따른 일반관할을 가지는 때에는 그 피고에 대한 청구와 다른 공동피고에 대한 청구 사이에 밀접한 관련이 있어서 모순된 재판의 위험을 피할 필요가 있는 경우에만 공동피고에 대한 소를 하나의 소로 법원에 제기할 수 있다.

③ 다음 각 호의 사건의 주된 청구에 대하여 제56조부터 제61조까지의 규정에 따라 법원에 국제재판관할이 있는 경우에는 친권자·양육자 지정, 부양료 지급 등 해당 주된 청구에 부수되는 부수적 청구에 대해서도 법원에 소를 제기할 수 있다.

1. 혼인관계 사건
2. 친생자관계 사건
3. 입양관계 사건
4. 부모·자녀 간 관계 사건
5. 부양관계 사건
6. 후견관계 사건

④ 제3항 각 호에 따른 사건의 주된 청구에 부수되는 부수적 청구에 대해서만 법원에 국제재판관할이 있는 경우에는 그 주된 청구에 대한 소를 법원에 제기할 수 없다.

제7조 (반소관할) 본소(本訴)에 대하여 법원에 국제재판관할이 있고 소송절차를 현저히 지연시키지 아니하는 경우 피고는 본소의 청구 또는 방어방법과 밀접한 관련이 있는 청구를 목적으로 하는 반소(反訴)를 본소가 계속(係屬)된 법원에 제기할 수 있다.

제8조 (합의관할) ① 당사자는 일정한 법률관계로 말미암은 소에 관하여 국제재판관할의 합의(이하 이 조에서 "합의"라 한다)를 할 수 있다. 다만, 합의가 다음 각 호의 어느 하나에 해당하는 경우에는 효력이 없다.

1. 합의에 따라 국제재판관할을 가지는 국가의 법(준거법의 지정에 관한 법규를 포함한다)에 따를 때 그 합의가 효력이 없는 경우
2. 합의를 한 당사자가 합의를 할 능력이 없었던 경우
3. 대한민국의 법령 또는 조약에 따를 때 합의의 대상이 된 소가 합의로 정한 국가가 아닌 다른 국가의 국제재판관할에 전속하는 경우
4. 합의의 효력을 인정하면 소가 계속된 국가의 선량한 풍속이나 그 밖의 사회질서에 명백히 위반되는 경우

② 합의는 서면[전보(電報), 전신(電信), 팩스, 전자우편 또는 그 밖의 통신수단에 의하여 교환된 전자적(電子的) 의사표시를 포함한다]으로 하여야 한다.

③ 합의로 정해진 관할은 전속적인 것으로 추정한다.

④ 합의가 당사자 간의 계약 조항의 형식으로 되어 있는 경우 계약 중 다른 조항의 효력은 합의 조항의 효력에 영향을 미치지 아니한다.

⑤ 당사자 간에 일정한 법률관계로 말미암

은 소에 관하여 외국법원을 선택하는 전속적 합의가 있는 경우 법원에 그 소가 제기된 때에는 법원은 해당 소를 각하하여야 한다. 다만, 다음 각 호의 어느 하나에 해당하는 경우에는 그러하지 아니하다.

1. 합의가 제1항 각 호의 사유로 효력이 없는 경우

2. 제9조에 따라 변론관할이 발생하는 경우

3. 합의에 따라 국제재판관할을 가지는 국가의 법원이 사건을 심리하지 아니하기로 하는 경우

4. 합의가 제대로 이행될 수 없는 명백한 사정이 있는 경우

제9조 (변론관할) 피고가 국제재판관할이 없음을 주장하지 아니하고 본안에 대하여 변론하거나 변론준비기일에서 진술하면 법원에 그 사건에 대한 국제재판관할이 있다.

제10조 (전속관할) ① 다음 각 호의 소는 법원에만 제기할 수 있다.

1. 대한민국의 공적 장부의 등기 또는 등록에 관한 소. 다만, 당사자 간의 계약에 따른 이전이나 그 밖의 처분에 관한 소로서 등기 또는 등록의 이행을 청구하는 경우는 제외한다.

2. 대한민국 법령에 따라 설립된 법인 또는 단체의 설립 무효, 해산 또는 그 기관의 결의의 유효 또는 무효에 관한 소

3. 대한민국에 있는 부동산의 물권에 관한 소 또는 부동산의 사용을 목적으로 하는 권리로서 공적 장부에 등기나 등록이 된 것에 관한 소

4. 등록 또는 기탁에 의하여 창설되는 지식재산권이 대한민국에 등록되어 있거나 등록이 신청된 경우 그 지식재산권의 성립, 유효성 또는 소멸에 관한 소

5. 대한민국에서 재판의 집행을 하려는 경우 그 집행에 관한 소

② 대한민국의 법령 또는 조약에 따른 국제재판관할의 원칙상 외국법원의 국제재판관할에 전속하는 소에 대해서는 제3조부터 제7조까지 및 제9조를 적용하지 아니한다.

③ 제1항 각 호에 따라 법원의 전속관할에 속하는 사항이 다른 소의 선결문제가 되는 경우에는 제1항을 적용하지 아니한다.

제11조 (국제적 소송경합) ① 같은 당사자 간에 외국법원에 계속 중인 사건과 동일한 소가 법원에 다시 제기된 경우에 외국법원의 재판이 대한민국에서 승인될 것으로 예상되는 때에는 법원은 직권 또는 당사자의 신청에 의하여 결정으로 소송절차를 중지할 수 있다. 다만, 다음 각 호의 어느 하나에 해당하는 경우에는 그러하지 아니하다.

1. 전속적 국제재판관할의 합의에 따라 법원에 국제재판관할이 있는 경우

2. 법원에서 해당 사건을 재판하는 것이 외국법원에서 재판하는 것보다 더 적절함이 명백한 경우

② 당사자는 제1항에 따른 법원의 중지 결정에 대해서는 즉시항고를 할 수 있다.

③ 법원은 대한민국 법령 또는 조약에 따른 승인 요건을 갖춘 외국의 재판이 있는 경우 같은 당사자 간에 그 재판과 동일한 소가 법원에 제기된 때에는 그 소를 각하하여야 한다.

④ 외국법원이 본안에 대한 재판을 하기 위하여 필요한 조치를 하지 아니하는 경우 또는 외국법원이 합리적인 기간 내에 본안에 관하여 재판을 선고하지 아니하거나 선고하

지 아니할 것으로 예상되는 경우에 당사자의 신청이 있으면 법원은 제1항에 따라 중지된 사건의 심리를 계속할 수 있다.

⑤ 제1항에 따라 소송절차의 중지 여부를 결정하는 경우 소의 선후(先後)는 소를 제기한 때를 기준으로 한다.

제12조 (국제재판관할권의 불행사) ① 이 법에 따라 법원에 국제재판관할이 있는 경우에도 법원이 국제재판관할권을 행사하기에 부적절하고 국제재판관할이 있는 외국법원이 분쟁을 해결하기에 더 적절하다는 예외적인 사정이 명백히 존재할 때에는 피고의 신청에 의하여 법원은 본안에 관한 최초의 변론기일 또는 변론준비기일까지 소송절차를 결정으로 중지하거나 소를 각하할 수 있다. 다만, 당사자가 합의한 국제재판관할이 법원에 있는 경우에는 그러하지 아니하다.

② 제1항 본문의 경우 법원은 소송절차를 중지하거나 소를 각하하기 전에 원고에게 진술할 기회를 주어야 한다.

③ 당사자는 제1항에 따른 법원의 중지 결정에 대해서는 즉시항고를 할 수 있다.

제13조 (적용 제외) 제24조, 제56조부터 제59조까지, 제61조, 제62조, 제76조 제4항 및 제89조에 따라 국제재판관할이 정하여지는 사건에는 제8조 및 제9조를 적용하지 아니한다.

제14조 (보전처분의 관할) ① 보전처분에 대해서는 다음 각 호의 어느 하나에 해당하는 경우 법원에 국제재판관할이 있다.

1. 법원에 본안에 관한 국제재판관할이 있는 경우
2. 보전처분의 대상이 되는 재산이 대한

민국에 있는 경우

② 제1항에도 불구하고 당사자는 긴급히 필요한 경우에는 대한민국에서만 효력을 가지는 보전처분을 법원에 신청할 수 있다.

제15조 (비송사건의 관할) ① 비송사건의 국제재판관할에 관하여는 성질에 반하지 아니하는 범위에서 제2조부터 제14조까지의 규정을 준용한다.

② 비송사건의 국제재판관할은 다음 각 호의 구분에 따라 해당 규정에서 정한 바에 따른다.

1. 실종선고 등에 관한 사건: 제24조
2. 친족관계에 관한 사건: 제56조부터 제61조까지
3. 상속 및 유언에 관한 사건: 제76조
4. 선박소유자 등의 책임제한에 관한 사건: 제89조

③ 제2항 각 호에서 규정하는 경우 외에 개별 비송사건의 관할에 관하여 이 법에 다른 규정이 없는 경우에는 제2조에 따른다.

제3절 준 거 법

제16조 (본국법) ① 당사자의 본국법에 따라야 하는 경우에 당사자가 둘 이상의 국적을 가질 때에는 그와 가장 밀접한 관련이 있는 국가의 법을 그 본국법으로 정한다. 다만, 국적 중 하나가 대한민국일 경우에는 대한민국 법을 본국법으로 한다.

② 당사자가 국적을 가지지 아니하거나 당사자의 국적을 알 수 없는 경우에는 그의 일상거소가 있는 국가의 법[이하 "일상거소지법"(日常居所地法)이라 한다]에 따르고, 일상거소를 알 수 없는 경우에는 그의 거소가 있는 국가의 법에 따른다.

③ 당사자가 지역에 따라 법을 달리하는 국

가의 국적을 가질 경우에는 그 국가의 법
선택규정에 따라 지정되는 법에 따르고, 그
러한 규정이 없는 경우에는 당사자와 가장
밀접한 관련이 있는 지역의 법에 따른다.

제17조 (일상거소지법) 당사자의 일상거소지
법에 따라야 하는 경우에 당사자의 일상거
소를 알 수 없는 경우에는 그의 거소가 있
는 국가의 법에 따른다.

제18조 (외국법의 적용) 법원은 이 법에 따라
준거법으로 정해진 외국법의 내용을 직권으
로 조사·적용하여야 하며, 이를 위하여 당
사자에게 협력을 요구할 수 있다.

제19조 (준거법의 범위) 이 법에 따라 준거법
으로 지정되는 외국법의 규정은 공법적 성
격이 있다는 이유만으로 적용이 배제되지
아니한다.

제20조 (대한민국 법의 강행적 적용) 입법목
적에 비추어 준거법에 관계없이 해당 법률
관계에 적용되어야 하는 대한민국의 강행규
정은 이 법에 따라 외국법이 준거법으로 지
정되는 경우에도 적용한다.

제21조 (준거법 지정의 예외) ① 이 법에 따
라 지정된 준거법이 해당 법률관계와 근소
한 관련이 있을 뿐이고, 그 법률관계와 가장
밀접한 관련이 있는 다른 국가의 법이 명백
히 존재하는 경우에는 그 다른 국가의 법에
따른다.
② 당사자가 합의에 따라 준거법을 선택하
는 경우에는 제 1 항을 적용하지 아니한다.

제22조 (외국법에 따른 대한민국 법의 적용)

① 이 법에 따라 외국법이 준거법으로 지정
된 경우에 그 국가의 법에 따라 대한민국
법이 적용되어야 할 때에는 대한민국의 법
(준거법의 지정에 관한 법규는 제외한다)에
따른다.
② 다음 각 호의 어느 하나에 해당하는 경
우에는 제 1 항을 적용하지 아니한다.
 1. 당사자가 합의로 준거법을 선택하는
 경우
 2. 이 법에 따라 계약의 준거법이 지정되
 는 경우
 3. 제73조에 따라 부양의 준거법이 지정
 되는 경우
 4. 제78조 제 3 항에 따라 유언의 방식의
 준거법이 지정되는 경우
 5. 제94조에 따라 선적국법이 지정되는
 경우
 6. 그 밖에 제 1 항을 적용하는 것이 이
 법의 준거법 지정 취지에 반하는 경우

제23조 (사회질서에 반하는 외국법의 규정)
외국법에 따라야 하는 경우에 그 규정의 적
용이 대한민국의 선량한 풍속이나 그 밖의
사회질서에 명백히 위반될 때에는 그 규정
을 적용하지 아니한다.

제 2 장 사　람

제 1 절　국제재판관할

제24조 (실종선고 등 사건의 특별관할) ① 실
종선고에 관한 사건에 대해서는 다음 각 호
의 어느 하나에 해당하는 경우 법원에 국제
재판관할이 있다.
 1. 부재자가 대한민국 국민인 경우
 2. 부재자의 마지막 일상거소가 대한민국

에 있는 경우

3. 부재자의 재산이 대한민국에 있거나 대한민국 법에 따라야 하는 법률관계가 있는 경우. 다만, 그 재산 및 법률관계에 관한 부분으로 한정한다.

4. 그 밖에 정당한 사유가 있는 경우

② 부재자 재산관리에 관한 사건에 대해서는 부재자의 마지막 일상거소 또는 재산이 대한민국에 있는 경우 법원에 국제재판관할이 있다.

제25조 (사원 등에 대한 소의 특별관할) 법원이 제3조 제3항에 따른 국제재판관할을 가지는 경우 다음 각 호의 소는 법원에 제기할 수 있다.

1. 법인 또는 단체가 그 사원 또는 사원이었던 사람에 대하여 소를 제기하는 경우로서 그 소가 사원의 자격으로 말미암은 것인 경우

2. 법인 또는 단체의 사원이 다른 사원 또는 사원이었던 사람에 대하여 소를 제기하는 경우로서 그 소가 사원의 자격으로 말미암은 것인 경우

3. 법인 또는 단체의 사원이었던 사람이 법인·단체의 사원에 대하여 소를 제기하는 경우로서 그 소가 사원의 자격으로 말미암은 것인 경우

제 2 절 준 거 법

제26조 (권리능력) 사람의 권리능력은 그의 본국법에 따른다.

제27조 (실종과 부재) ① 실종선고 및 부재자 재산관리는 실종자 또는 부재자의 본국법에 따른다.

② 제1항에도 불구하고 외국인에 대하여

법원이 실종선고나 그 취소 또는 부재자 재산관리의 재판을 하는 경우에는 대한민국 법에 따른다.

제28조 (행위능력) ① 사람의 행위능력은 그의 본국법에 따른다. 행위능력이 혼인에 의하여 확대되는 경우에도 또한 같다.

② 이미 취득한 행위능력은 국적의 변경에 의하여 상실되거나 제한되지 아니한다.

제29조 (거래보호) ① 법률행위를 한 사람과 상대방이 법률행위의 성립 당시 동일한 국가에 있는 경우에 그 행위자가 그의 본국법에 따르면 무능력자이더라도 법률행위가 있었던 국가의 법에 따라 능력자인 때에는 그의 무능력을 주장할 수 없다. 다만, 상대방이 법률행위 당시 그의 무능력을 알았거나 알 수 있었을 경우에는 그러하지 아니하다.

② 제1항은 친족법 또는 상속법의 규정에 따른 법률행위 및 행위지 외의 국가에 있는 부동산에 관한 법률행위에는 이를 적용하지 아니한다.

제30조 (법인 및 단체) 법인 또는 단체는 그 설립의 준거법에 따른다. 다만, 외국에서 설립된 법인 또는 단체가 대한민국에 주된 사무소가 있거나 대한민국에서 주된 사업을 하는 경우에는 대한민국 법에 따른다.

제 3 장 법률행위

제31조 (법률행위의 방식) ① 법률행위의 방식은 그 행위의 준거법에 따른다.

② 행위지법에 따라 한 법률행위의 방식은 제1항에도 불구하고 유효하다.

③ 당사자가 계약체결 시 서로 다른 국가에

있을 때에는 그 국가 중 어느 한 국가의 법
에서 정한 법률행위의 방식에 따를 수 있다.
④ 대리인에 의한 법률행위의 경우에는 대
리인이 있는 국가를 기준으로 행위지법을
정한다.
⑤ 제 2 항부터 제 4 항까지의 규정은 물권이
나 그 밖에 등기하여야 하는 권리를 설정하
거나 처분하는 법률행위의 방식에는 적용하
지 아니한다.

제32조 (임의대리) ① 본인과 대리인 간의
관계는 당사자 간의 법률관계의 준거법에
따른다.
② 대리인의 행위로 인하여 본인이 제 3 자
에 대하여 의무를 부담하는지 여부는 대리
인의 영업소가 있는 국가의 법에 따르며, 대
리인의 영업소가 없거나 영업소가 있더라도
제 3 자가 알 수 없는 경우에는 대리인이 실
제로 대리행위를 한 국가의 법에 따른다.
③ 대리인이 본인과 근로계약 관계에 있고,
그의 영업소가 없는 경우에는 본인의 주된
영업소를 그의 영업소로 본다.
④ 본인은 제 2 항 및 제 3 항에도 불구하고
대리의 준거법을 선택할 수 있다. 다만, 준
거법의 선택은 대리권을 증명하는 서면에
명시되거나 본인 또는 대리인이 제 3 자에게
서면으로 통지한 경우에만 그 효력이 있다.
⑤ 대리권이 없는 대리인과 제 3 자 간의 관
계에 관하여는 제 2 항을 준용한다.

제 4 장 물   권

제33조 (물권) ① 동산 및 부동산에 관한 물
권 또는 등기하여야 하는 권리는 그 동산·
부동산의 소재지법에 따른다.
② 제 1 항에 규정된 권리의 취득·상실·변

경은 그 원인된 행위 또는 사실의 완성 당
시 그 동산·부동산의 소재지법에 따른다.

제34조 (운송수단) 항공기에 관한 물권은 그
항공기의 국적이 소속된 국가의 법에 따르
고, 철도차량에 관한 물권은 그 철도차량의
운행을 허가한 국가의 법에 따른다.

제35조 (무기명증권) 무기명증권에 관한 권
리의 취득·상실·변경은 그 원인된 행위 또
는 사실의 완성 당시 그 무기명증권의 소재
지법에 따른다.

제36조 (이동 중인 물건) 이동 중인 물건에
관한 물권의 취득·상실·변경은 그 목적지
가 속하는 국가의 법에 따른다.

제37조 (채권 등에 대한 약정담보물권) 채권·
주식, 그 밖의 권리 또는 이를 표창하는 유
가증권을 대상으로 하는 약정담보물권은 담
보대상인 권리의 준거법에 따른다. 다만, 무
기명증권을 대상으로 하는 약정담보물권은
제35조에 따른다.

제 5 장 지식재산권

제 1 절 국제재판관할

제38조 (지식재산권 계약에 관한 소의 특별관
할) ① 지식재산권의 양도, 담보권 설정, 사
용허락 등의 계약에 관한 소는 다음 각 호
의 어느 하나에 해당하는 경우 법원에 제기
할 수 있다.
　1. 지식재산권이 대한민국에서 보호되거
　　나 사용 또는 행사되는 경우
　2. 지식재산권에 관한 권리가 대한민국에

서 등록되는 경우

② 제 1 항에 따른 국제재판관할이 적용되는 소에는 제41조를 적용하지 아니한다.

제39조 (지식재산권 침해에 관한 소의 특별관할) ① 지식재산권 침해에 관한 소는 다음 각 호의 어느 하나에 해당하는 경우 법원에 제기할 수 있다. 다만, 이 경우 대한민국에서 발생한 결과에 한정한다.

1. 침해행위를 대한민국에서 한 경우

2. 침해의 결과가 대한민국에서 발생한 경우

3. 침해행위를 대한민국을 향하여 한 경우

② 제 1 항에 따라 소를 제기하는 경우 제 6 조 제 1 항을 적용하지 아니한다.

③ 제 1 항 및 제 2 항에도 불구하고 지식재산권에 대한 주된 침해행위가 대한민국에서 일어난 경우에는 외국에서 발생하는 결과를 포함하여 침해행위로 인한 모든 결과에 관한 소를 법원에 제기할 수 있다.

④ 제 1 항 및 제 3 항에 따라 소를 제기하는 경우 제44조를 적용하지 아니한다.

제 2 절 준 거 법

제40조 (지식재산권의 보호) 지식재산권의 보호는 그 침해지법에 따른다.

제 6 장 채 권

제 1 절 국제재판관할

제41조 (계약에 관한 소의 특별관할) ① 계약에 관한 소는 다음 각 호의 어느 하나에 해당하는 곳이 대한민국에 있는 경우 법원에 제기할 수 있다.

1. 물품공급계약의 경우에는 물품인도지

2. 용역제공계약의 경우에는 용역제공지

3. 물품인도지와 용역제공지가 복수이거나 물품공급과 용역제공을 함께 목적으로 하는 계약의 경우에는 의무의 주된 부분의 이행지

② 제 1 항에서 정한 계약 외의 계약에 관한 소는 청구의 근거인 의무가 이행된 곳 또는 그 의무가 이행되어야 할 곳으로 계약당사자가 합의한 곳이 대한민국에 있는 경우 법원에 제기할 수 있다.

제42조 (소비자계약의 관할) ① 소비자가 자신의 직업 또는 영업활동 외의 목적으로 체결하는 계약으로서 다음 각 호의 어느 하나에 해당하는 경우 대한민국에 일상거소가 있는 소비자는 계약의 상대방(직업 또는 영업활동으로 계약을 체결하는 자를 말한다. 이하 "사업자"라 한다)에 대하여 법원에 소를 제기할 수 있다.

1. 사업자가 계약체결에 앞서 소비자의 일상거소가 있는 국가(이하 "일상거소지국"이라 한다)에서 광고에 의한 거래 권유 등 직업 또는 영업활동을 행하거나 소비자의 일상거소지국 외의 지역에서 소비자의 일상거소지국을 향하여 광고에 의한 거래의 권유 등 직업 또는 영업활동을 행하고 그 계약이 사업자의 직업 또는 영업활동의 범위에 속하는 경우

2. 사업자가 소비자의 일상거소지국에서 소비자의 주문을 받은 경우

3. 사업자가 소비자로 하여금 소비자의 일상거소지국이 아닌 국가에 가서 주문을 하도록 유도한 경우

② 제 1 항에 따른 계약(이하 "소비자계약"이라 한다)의 경우에 소비자의 일상거소가 대한민국에 있는 경우에는 사업자가 소비자

에 대하여 제기하는 소는 법원에만 제기할 수 있다.

③ 소비자계약의 당사자 간에 제8조에 따른 국제재판관할의 합의가 있을 때 그 합의는 다음 각 호의 어느 하나에 해당하는 경우에만 효력이 있다.

   1. 분쟁이 이미 발생한 후 국제재판관할의 합의를 한 경우

   2. 국제재판관할의 합의에서 법원 외에 외국법원에도 소비자가 소를 제기할 수 있도록 한 경우

제43조 (근로계약의 관할) ① 근로자가 대한민국에서 일상적으로 노무를 제공하거나 최후로 일상적 노무를 제공한 경우에는 사용자에 대한 근로계약에 관한 소를 법원에 제기할 수 있다. 근로자가 일상적으로 대한민국에서 노무를 제공하지 아니하거나 아니하였던 경우에 사용자가 그를 고용한 영업소가 대한민국에 있거나 있었을 때에도 또한 같다.

② 사용자가 근로자에 대하여 제기하는 근로계약에 관한 소는 근로자의 일상거소가 대한민국에 있거나 근로자가 대한민국에서 일상적으로 노무를 제공하는 경우에는 법원에만 제기할 수 있다.

③ 근로계약의 당사자 간에 제8조에 따른 국제재판관할의 합의가 있을 때 그 합의는 다음 각 호의 어느 하나에 해당하는 경우에만 효력이 있다.

   1. 분쟁이 이미 발생한 경우

   2. 국제재판관할의 합의에서 법원 외에 외국법원에도 근로자가 소를 제기할 수 있도록 한 경우

제44조 (불법행위에 관한 소의 특별관할) 불

법행위에 관한 소는 그 행위가 대한민국에서 행하여지거나 대한민국을 향하여 행하여지는 경우 또는 대한민국에서 그 결과가 발생하는 경우 법원에 제기할 수 있다. 다만, 불법행위의 결과가 대한민국에서 발생할 것을 예견할 수 없었던 경우에는 그러하지 아니하다.

제2절 준 거 법

제45조 (당사자 자치) ① 계약은 당사자가 명시적 또는 묵시적으로 선택한 법에 따른다. 다만, 묵시적인 선택은 계약내용이나 그 밖의 모든 사정으로부터 합리적으로 인정할 수 있는 경우로 한정한다.

② 당사자는 계약의 일부에 관하여도 준거법을 선택할 수 있다.

③ 당사자는 합의에 의하여 이 조 또는 제46조에 따른 준거법을 변경할 수 있다. 다만, 계약체결 후 이루어진 준거법의 변경은 계약 방식의 유효 여부와 제3자의 권리에 영향을 미치지 아니한다.

④ 모든 요소가 오로지 한 국가와 관련이 있음에도 불구하고 당사자가 그 외의 다른 국가의 법을 선택한 경우에 관련된 국가의 강행규정은 적용이 배제되지 아니한다.

⑤ 준거법 선택에 관한 당사자 간 합의의 성립 및 유효성에 관하여는 제49조를 준용한다.

제46조 (준거법 결정 시의 객관적 연결) ① 당사자가 준거법을 선택하지 아니한 경우에 계약은 그 계약과 가장 밀접한 관련이 있는 국가의 법에 따른다.

② 당사자가 계약에 따라 다음 각 호의 어느 하나에 해당하는 이행을 하여야 하는 경우에는 계약체결 당시 그의 일상거소가 있

는 국가의 법(당사자가 법인 또는 단체인 경우에는 주된 사무소가 있는 국가의 법을 말한다)이 가장 밀접한 관련이 있는 것으로 추정한다. 다만, 계약이 당사자의 직업 또는 영업활동으로 체결된 경우에는 당사자의 영업소가 있는 국가의 법이 가장 밀접한 관련이 있는 것으로 추정한다.

　　1. 양도계약의 경우에는 양도인의 이행

　　2. 이용계약의 경우에는 물건 또는 권리를 이용하도록 하는 당사자의 이행

　　3. 위임·도급계약 및 이와 유사한 용역 제공계약의 경우에는 용역의 이행

③ 부동산에 대한 권리를 대상으로 하는 계약의 경우에는 부동산이 있는 국가의 법이 가장 밀접한 관련이 있는 것으로 추정한다.

제47조 (소비자계약) ① 소비자계약의 당사자가 준거법을 선택하더라도 소비자의 일상거소가 있는 국가의 강행규정에 따라 소비자에게 부여되는 보호를 박탈할 수 없다.

② 소비자계약의 당사자가 준거법을 선택하지 아니한 경우에는 제46조에도 불구하고 소비자의 일상거소지법에 따른다.

③ 소비자계약의 방식은 제31조 제 1 항부터 제 3 항까지의 규정에도 불구하고 소비자의 일상거소지법에 따른다.

제48조 (근로계약) ① 근로계약의 당사자가 준거법을 선택하더라도 제 2 항에 따라 지정되는 준거법 소속 국가의 강행규정에 따라 근로자에게 부여되는 보호를 박탈할 수 없다.

② 근로계약의 당사자가 준거법을 선택하지 아니한 경우 근로계약은 제46조에도 불구하고 근로자가 일상적으로 노무를 제공하는 국가의 법에 따르며, 근로자가 일상적으로 어느 한 국가 안에서 노무를 제공하지 아니

하는 경우에는 사용자가 근로자를 고용한 영업소가 있는 국가의 법에 따른다.

제49조 (계약의 성립 및 유효성) ① 계약의 성립 및 유효성은 그 계약이 유효하게 성립하였을 경우 이 법에 따라 적용되어야 하는 준거법에 따라 판단한다.

② 제 1 항에 따른 준거법에 따라 당사자의 행위의 효력을 판단하는 것이 모든 사정에 비추어 명백히 부당한 경우에는 그 당사자는 계약에 동의하지 아니하였음을 주장하기 위하여 그의 일상거소지법을 원용할 수 있다.

제50조 (사무관리) ① 사무관리는 그 관리가 행하여진 곳의 법에 따른다. 다만, 사무관리가 당사자 간의 법률관계에 근거하여 행하여진 경우에는 그 법률관계의 준거법에 따른다.

② 다른 사람의 채무를 변제함으로써 발생하는 청구권은 그 채무의 준거법에 따른다.

제51조 (부당이득) 부당이득은 그 이득이 발생한 곳의 법에 따른다. 다만, 부당이득이 당사자 간의 법률관계에 근거한 이행으로부터 발생한 경우에는 그 법률관계의 준거법에 따른다.

제52조 (불법행위) ① 불법행위는 그 행위를 하거나 그 결과가 발생하는 곳의 법에 따른다.

② 불법행위를 한 당시 동일한 국가 안에 가해자와 피해자의 일상거소가 있는 경우에는 제 1 항에도 불구하고 그 국가의 법에 따른다.

③ 가해자와 피해자 간에 존재하는 법률관계가 불법행위에 의하여 침해되는 경우에는

제 1 항 및 제 2 항에도 불구하고 그 법률관계의 준거법에 따른다.

④ 제 1 항부터 제 3 항까지의 규정에 따라 외국법이 적용되는 경우에 불법행위로 인한 손해배상청구권은 그 성질이 명백히 피해자의 적절한 배상을 위한 것이 아니거나 그 범위가 본질적으로 피해자의 적절한 배상을 위하여 필요한 정도를 넘을 때에는 인정하지 아니한다.

제53조 (준거법에 관한 사후적 합의) 당사자는 제50조부터 제52조까지의 규정에도 불구하고 사무관리·부당이득·불법행위가 발생한 후 합의에 의하여 대한민국 법을 그 준거법으로 선택할 수 있다. 다만, 그로 인하여 제 3 자의 권리에 영향을 미치지 아니한다.

제54조 (채권의 양도 및 채무의 인수) ① 채권의 양도인과 양수인 간의 법률관계는 당사자 간의 계약의 준거법에 따른다. 다만, 채권의 양도가능성, 채무자 및 제 3 자에 대한 채권양도의 효력은 양도되는 채권의 준거법에 따른다.

② 채무인수에 관하여는 제 1 항을 준용한다.

제55조 (법률에 따른 채권의 이전) ① 법률에 따른 채권의 이전은 그 이전의 원인이 된 구(舊)채권자와 신(新)채권자 간의 법률관계의 준거법에 따른다. 다만, 이전되는 채권의 준거법에 채무자 보호를 위한 규정이 있는 경우에는 그 규정이 적용된다.

② 제 1 항과 같은 법률관계가 존재하지 아니하는 경우에는 이전되는 채권의 준거법에 따른다.

제 7 장 친   족

제 1 절 국제재판관할

제56조(혼인관계에 관한 사건의 특별관할) ① 혼인관계에 관한 사건에 대해서는 다음 각 호의 어느 하나에 해당하는 경우 법원에 국제재판관할이 있다.

1. 부부 중 한쪽의 일상거소가 대한민국에 있고 부부의 마지막 공동 일상거소가 대한민국에 있었던 경우

2. 원고와 미성년 자녀 전부 또는 일부의 일상거소가 대한민국에 있는 경우

3. 부부 모두가 대한민국 국민인 경우

4. 대한민국 국민으로서 대한민국에 일상거소를 둔 원고가 혼인관계 해소만을 목적으로 제기하는 사건의 경우

② 부부 모두를 상대로 하는 혼인관계에 관한 사건에 대해서는 다음 각 호의 어느 하나에 해당하는 경우 법원에 국제재판관할이 있다.

1. 부부 중 한쪽의 일상거소가 대한민국에 있는 경우

2. 부부 중 한쪽이 사망한 때에는 생존한 다른 한쪽의 일상거소가 대한민국에 있는 경우

3. 부부 모두가 사망한 때에는 부부 중 한쪽의 마지막 일상거소가 대한민국에 있었던 경우

4. 부부 모두가 대한민국 국민인 경우

제57조 (친생자관계에 관한 사건의 특별관할) 친생자관계의 성립 및 해소에 관한 사건에 대해서는 다음 각 호의 어느 하나에 해당하는 경우 법원에 국제재판관할이 있다.

1. 자녀의 일상거소가 대한민국에 있는 경우

2. 자녀와 피고가 되는 부모 중 한쪽이 대한민국 국민인 경우

제58조 (입양관계에 관한 사건의 특별관할) ① 입양의 성립에 관한 사건에 대해서는 양자가 되려는 사람 또는 양친이 되려는 사람의 일상거소가 대한민국에 있는 경우 법원에 국제재판관할이 있다.
② 양친자관계의 존부확인, 입양의 취소 또는 파양(罷養)에 관한 사건에 관하여는 제57조를 준용한다.

제59조 (부모 · 자녀 간의 법률관계 등에 관한 사건의 특별관할) 미성년인 자녀 등에 대한 친권, 양육권 및 면접교섭권에 관한 사건에 대해서는 다음 각 호의 어느 하나에 해당하는 경우 법원에 국제재판관할이 있다.

1. 자녀의 일상거소가 대한민국에 있는 경우

2. 부모 중 한쪽과 자녀가 대한민국 국민인 경우

제60조 (부양에 관한 사건의 관할) ① 부양에 관한 사건에 대해서는 부양권리자의 일상거소가 대한민국에 있는 경우 법원에 국제재판관할이 있다.
② 당사자가 부양에 관한 사건에 대하여 제8조에 따라 국제재판관할의 합의를 하는 경우 다음 각 호의 어느 하나에 해당하면 합의의 효력이 없다.

1. 부양권리자가 미성년자이거나 피후견인인 경우. 다만, 해당 합의에서 미성년자이거나 피후견인인 부양권리자에게 법원 외에 외국법원에도 소를 제기할 수 있

도록 한 경우는 제외한다.

2. 합의로 지정된 국가가 사안과 아무런 관련이 없거나 근소한 관련만 있는 경우
③ 부양에 관한 사건이 다음 각 호의 어느 하나에 해당하는 경우에는 제9조를 적용하지 아니한다.

1. 부양권리자가 미성년자이거나 피후견인인 경우

2. 대한민국이 사안과 아무런 관련이 없거나 근소한 관련만 있는 경우

제61조 (후견에 관한 사건의 특별관할) ① 성년인 사람의 후견에 관한 사건에 대해서는 다음 각 호의 어느 하나에 해당하는 경우 법원에 국제재판관할이 있다.

1. 피후견인(피후견인이 될 사람을 포함한다. 이하 같다)의 일상거소가 대한민국에 있는 경우

2. 피후견인이 대한민국 국민인 경우

3. 피후견인의 재산이 대한민국에 있고 피후견인을 보호하여야 할 필요가 있는 경우
② 미성년자의 후견에 관한 사건에 대해서는 다음 각 호의 어느 하나에 해당하는 경우 법원에 국제재판관할이 있다.

1. 미성년자의 일상거소가 대한민국에 있는 경우

2. 미성년자의 재산이 대한민국에 있고 미성년자를 보호하여야 할 필요가 있는 경우

제62조 (가사조정사건의 관할) 제56조부터 제61조까지의 규정에 따라 법원에 국제재판관할이 있는 사건의 경우에는 그 조정사건에 대해서도 법원에 국제재판관할이 있다.

제 2 절 준 거 법

제63조 (혼인의 성립) ① 혼인의 성립요건은 각 당사자에 관하여 그 본국법에 따른다.
② 혼인의 방식은 혼인을 한 곳의 법 또는 당사자 중 한쪽의 본국법에 따른다. 다만, 대한민국에서 혼인을 하는 경우에 당사자 중 한쪽이 대한민국 국민인 때에는 대한민국 법에 따른다.

제64조 (혼인의 일반적 효력) 혼인의 일반적 효력은 다음 각 호의 법의 순위에 따른다.
  1. 부부의 동일한 본국법
  2. 부부의 동일한 일상거소지법
  3. 부부와 가장 밀접한 관련이 있는 곳의 법

제65조 (부부재산제) ① 부부재산제에 관하여는 제64조를 준용한다.
② 부부가 합의에 의하여 다음 각 호의 어느 하나에 해당하는 법을 선택한 경우 부부재산제는 제1항에도 불구하고 그 법에 따른다. 다만, 그 합의는 날짜와 부부의 기명날인 또는 서명이 있는 서면으로 작성된 경우에만 그 효력이 있다.
  1. 부부 중 한쪽이 국적을 가지는 법
  2. 부부 중 한쪽의 일상거소지법
  3. 부동산에 관한 부부재산제에 대해서는 그 부동산의 소재지법
③ 대한민국에서 행한 법률행위 및 대한민국에 있는 재산에 관하여는 외국법에 따른 부부재산제로써 선의의 제3자에게 대항할 수 없다. 이 경우 외국법에 따를 수 없을 때에 제3자와의 관계에서 부부재산제는 대한민국 법에 따른다.
④ 제3항에도 불구하고 외국법에 따라 체결된 부부재산계약을 대한민국에서 등기한 경우에는 제3자에게 대항할 수 있다.

제66조 (이혼) 이혼에 관하여는 제64조를 준용한다. 다만, 부부 중 한쪽이 대한민국에 일상거소가 있는 대한민국 국민인 경우 이혼은 대한민국 법에 따른다.

제67조 (혼인 중의 부모 · 자녀관계) ① 혼인 중의 부모 · 자녀관계의 성립은 자녀의 출생 당시 부부 중 한쪽의 본국법에 따른다.
② 제1항의 경우에 남편이 자녀의 출생 전에 사망한 때에는 남편의 사망 당시 본국법을 그의 본국법으로 본다.

제68조 (혼인 외의 부모 · 자녀관계) ① 혼인 외의 부모 · 자녀관계의 성립은 자녀의 출생 당시 어머니의 본국법에 따른다. 다만, 아버지와 자녀 간의 관계의 성립은 자녀의 출생 당시 아버지의 본국법 또는 현재 자녀의 일상거소지법에 따를 수 있다.
② 인지는 제1항에서 정하는 법 외에 인지 당시 인지자의 본국법에 따를 수 있다.
③ 제1항의 경우에 아버지가 자녀의 출생 전에 사망한 때에는 사망 당시 본국법을 그의 본국법으로 보고, 제2항의 경우에 인지자가 인지 전에 사망한 때에는 사망 당시 본국법을 그의 본국법으로 본다.

제69조 (혼인 외의 출생자) ① 혼인 외의 출생자가 혼인 중의 출생자로 그 지위가 변동되는 경우에 관하여는 그 요건인 사실의 완성 당시 아버지 또는 어머니의 본국법 또는 자녀의 일상거소지법에 따른다.
② 제1항의 경우에 아버지 또는 어머니가 그 요건인 사실이 완성되기 전에 사망한 때

에는 아버지 또는 어머니의 사망 당시 본국법을 그의 본국법으로 본다.

제70조 (입양 및 파양) 입양 및 파양은 입양 당시 양부모의 본국법에 따른다.

제71조 (동의) 제68조부터 제70조까지의 규정에 따른 부모·자녀관계의 성립에 관하여 자녀의 본국법이 자녀 또는 제3자의 승낙이나 동의 등을 요건으로 할 때에는 그 요건도 갖추어야 한다.

제72조 (부모·자녀 간의 **법률관계**) 부모·자녀 간의 법률관계는 부모와 자녀의 본국법이 모두 동일한 경우에는 그 법에 따르고, 그 외의 경우에는 자녀의 일상거소지법에 따른다.

제73조 (부양) ① 부양의 의무는 부양권리자의 일상거소지법에 따른다. 다만, 그 법에 따르면 부양권리자가 부양의무자로부터 부양을 받을 수 없을 때에는 당사자의 공통 본국법에 따른다.
② 대한민국에서 이혼이 이루어지거나 승인된 경우에 이혼한 당사자 간의 부양의무는 제1항에도 불구하고 그 이혼에 관하여 적용된 법에 따른다.
③ 방계혈족 간 또는 인척 간의 부양의무와 관련하여 부양의무자는 부양권리자의 청구에 대하여 당사자의 공통 본국법에 따라 부양의무가 없다는 주장을 할 수 있으며, 그러한 법이 없을 때에는 부양의무자의 일상거소지법에 따라 부양의무가 없다는 주장을 할 수 있다.
④ 부양권리자와 부양의무자가 모두 대한민국 국민이고, 부양의무자가 대한민국에 일상거소가 있는 경우에는 대한민국 법에 따른다.

제74조 (그 밖의 친족관계) 친족관계의 성립 및 친족관계에서 발생하는 권리의무에 관하여 이 법에 특별한 규정이 없는 경우에는 각 당사자의 본국법에 따른다.

제75조 (후견) ① 후견은 피후견인의 본국법에 따른다.
② 법원이 제61조에 따라 성년 또는 미성년자인 외국인의 후견사건에 관한 재판을 하는 때에는 제1항에도 불구하고 다음 각 호의 어느 하나에 해당하는 경우 대한민국 법에 따른다.
  1. 피후견인의 본국법에 따른 후견개시의 원인이 있더라도 그 후견사무를 수행할 사람이 없거나, 후견사무를 수행할 사람이 있더라도 후견사무를 수행할 수 없는 경우
  2. 대한민국에서 후견개시의 심판(임의후견감독인선임 심판을 포함한다)을 하였거나 하는 경우
  3. 피후견인의 재산이 대한민국에 있고 피후견인을 보호하여야 할 필요가 있는 경우

제8장 상　속

제1절 국제재판관할

제76조 (상속 및 유언에 관한 사건의 관할) ① 상속에 관한 사건에 대해서는 다음 각 호의 어느 하나에 해당하는 경우 법원에 국제재판관할이 있다.
  1. 피상속인의 사망 당시 일상거소가 대한민국에 있는 경우. 피상속인의 일상거

소가 어느 국가에도 없거나 이를 알 수 없고 그의 마지막 일상거소가 대한민국에 있었던 경우에도 또한 같다.

2. 대한민국에 상속재산이 있는 경우. 다만, 그 상속재산의 가액이 현저하게 적은 경우에는 그러하지 아니하다.

② 당사자가 상속에 관한 사건에 대하여 제8조에 따라 국제재판관할의 합의를 하는 경우에 다음 각 호의 어느 하나에 해당하면 합의의 효력이 없다.

1. 당사자가 미성년자이거나 피후견인인 경우. 다만, 해당 합의에서 미성년자이거나 피후견인인 당사자에게 법원 외에 외국법원에도 소를 제기하는 것을 허용하는 경우는 제외한다.

2. 합의로 지정된 국가가 사안과 아무런 관련이 없거나 근소한 관련만 있는 경우

③ 상속에 관한 사건이 다음 각 호의 어느 하나에 해당하는 경우에는 제9조를 적용하지 아니한다.

1. 당사자가 미성년자이거나 피후견인인 경우

2. 대한민국이 사안과 아무런 관련이 없거나 근소한 관련만 있는 경우

④ 유언에 관한 사건은 유언자의 유언 당시 일상거소가 대한민국에 있거나 유언의 대상이 되는 재산이 대한민국에 있는 경우 법원에 국제재판관할이 있다.

⑤ 제1항에 따라 법원에 국제재판관할이 있는 사건의 경우에는 그 조정사건에 관하여도 법원에 국제재판관할이 있다.

제 2 절 준 거 법

제77조 (상속) ① 상속은 사망 당시 피상속인의 본국법에 따른다.

② 피상속인이 유언에 적용되는 방식에 의

하여 명시적으로 다음 각 호의 어느 하나에 해당하는 법을 지정할 때에는 상속은 제1항에도 불구하고 그 법에 따른다.

1. 지정 당시 피상속인의 일상거소지법. 다만, 그 지정은 피상속인이 사망 시까지 그 국가에 일상거소를 유지한 경우에만 효력이 있다.

2. 부동산에 관한 상속에 대해서는 그 부동산의 소재지법

제78조 (유언) ① 유언은 유언 당시 유언자의 본국법에 따른다.

② 유언의 변경 또는 철회는 그 당시 유언자의 본국법에 따른다.

③ 유언의 방식은 다음 각 호의 어느 하나의 법에 따른다.

1. 유언자가 유언 당시 또는 사망 당시 국적을 가지는 국가의 법

2. 유언자의 유언 당시 또는 사망 당시 일상거소지법

3. 유언 당시 행위지법

4. 부동산에 관한 유언의 방식에 대해서는 그 부동산의 소재지법

제 9 장 어음 · 수표

제 1 절 국제재판관할

제79조 (어음 · 수표에 관한 소의 특별관할) 어음 · 수표에 관한 소는 어음 · 수표의 지급지가 대한민국에 있는 경우 법원에 제기할 수 있다.

제 2 절 준 거 법

제80조 (행위능력) ① 환어음, 약속어음 및 수표에 의하여 채무를 부담하는 자의 능력

은 그의 본국법에 따른다. 다만, 그 국가의 법이 다른 국가의 법에 따르도록 정한 경우에는 그 다른 국가의 법에 따른다.

② 제1항에 따르면 능력이 없는 자라 할지라도 다른 국가에서 서명을 하고 그 국가의 법에 따라 능력이 있을 때에는 그 채무를 부담할 수 있는 능력이 있는 것으로 본다.

제81조 (수표지급인의 자격) ① 수표지급인이 될 수 있는 자의 자격은 지급지법에 따른다.

② 지급지법에 따르면 지급인이 될 수 없는 자를 지급인으로 하여 수표가 무효인 경우에도 동일한 규정이 없는 다른 국가에서 한 서명으로부터 생긴 채무의 효력에는 영향을 미치지 아니한다.

제82조 (방식) ① 환어음·약속어음의 어음행위 및 수표행위의 방식은 서명지법에 따른다. 다만, 수표행위의 방식은 지급지법에 따를 수 있다.

② 제1항에서 정한 법에 따를 때 행위가 무효인 경우에도 그 후 행위지법에 따라 행위가 적법한 때에는 그 전 행위의 무효는 그 후 행위의 효력에 영향을 미치지 아니한다.

③ 대한민국 국민이 외국에서 한 환어음·약속어음의 어음행위 및 수표행위의 방식이 행위지법에 따르면 무효인 경우에도 대한민국 법에 따라 적법한 때에는 다른 대한민국 국민에 대하여 효력이 있다.

제83조 (효력) ① 환어음의 인수인과 약속어음의 발행인의 채무는 지급지법에 따르고, 수표로부터 생긴 채무는 서명지법에 따른다.

② 제1항에 규정된 자 외의 자의 환어음·약속어음에 의한 채무는 서명지법에 따른다.

③ 환어음, 약속어음 및 수표의 상환청구권

을 행사하는 기간은 모든 서명자에 대하여 발행지법에 따른다.

제84조 (원인채권의 취득) 어음의 소지인이 그 발행의 원인이 되는 채권을 취득하는지 여부는 어음의 발행지법에 따른다.

제85조 (일부인수 및 일부지급) ① 환어음의 인수를 어음 금액의 일부로 제한할 수 있는지 여부 및 소지인이 일부지급을 수락할 의무가 있는지 여부는 지급지법에 따른다.

② 약속어음의 지급에 관하여는 제1항을 준용한다.

제86조 (권리의 행사·보전을 위한 행위의 방식) 환어음, 약속어음 및 수표에 관한 거절증서의 방식, 그 작성기간 및 환어음, 약속어음 및 수표상의 권리의 행사 또는 보전에 필요한 그 밖의 행위의 방식은 거절증서를 작성하여야 하는 곳 또는 그 밖의 행위를 행하여야 하는 곳의 법에 따른다.

제87조 (상실·도난) 환어음, 약속어음 및 수표의 상실 또는 도난의 경우에 수행하여야 하는 절차는 지급지법에 따른다.

제88조 (수표의 지급지법) 수표에 관한 다음 각 호의 사항은 수표의 지급지법에 따른다.

1. 수표가 일람출급(一覽出給)이 필요한지 여부, 일람 후 정기출급으로 발행할 수 있는지 여부 및 선일자수표(先日字手標)의 효력

2. 제시기간

3. 수표에 인수, 지급보증, 확인 또는 사증을 할 수 있는지 여부 및 그 기재의 효력

4. 소지인이 일부지급을 청구할 수 있는

지 여부 및 일부지급을 수락할 의무가 있
는지 여부

5. 수표에 횡선을 표시할 수 있는지 여부
및 수표에 "계산을 위하여"라는 문구 또
는 이와 동일한 뜻이 있는 문구의 기재의
효력. 다만, 수표의 발행인 또는 소지인
이 수표면에 "계산을 위하여"라는 문구
또는 이와 동일한 뜻이 있는 문구를 기재
하여 현금의 지급을 금지한 경우에 그 수
표가 외국에서 발행되고 대한민국에서
지급하여야 하는 것은 일반횡선수표의
효력이 있다.

6. 소지인이 수표자금에 대하여 특별한
권리를 가지는지 여부 및 그 권리의 성질

7. 발행인이 수표의 지급위탁을 취소할
수 있는지 여부 및 지급정지를 위한 절차
를 수행할 수 있는지 여부

8. 배서인, 발행인, 그 밖의 채무자에 대
한 상환청구권 보전을 위하여 거절증서
또는 이와 동일한 효력을 가지는 선언이
필요한지 여부

제10장 해　　상

제 1 절　국제재판관할

제89조 (선박소유자등의 책임제한사건의 관
할)　선박소유자・용선자(傭船者)・선박관리
인・선박운항자, 그 밖의 선박사용인(이하
"선박소유자등"이라 한다)의 책임제한사건
에 대해서는 다음 각 호의 어느 하나에 해
당하는 곳이 대한민국에 있는 경우에만 법
원에 국제재판관할이 있다.
　1. 선박소유자등의 책임제한을 할 수 있
는 채권(이하 "제한채권"이라 한다)이 발
생한 선박의 선적(船籍)이 있는 곳

　2. 신청인인 선박소유자등에 대하여 제3
조에 따른 일반관할이 인정되는 곳
　3. 사고발생지(사고로 인한 결과 발생지
를 포함한다)
　4. 사고 후 사고선박이 최초로 도착한 곳
　5. 제한채권에 의하여 선박소유자등의 재
산이 압류 또는 가압류된 곳(압류에 갈음
하여 담보가 제공된 곳을 포함한다. 이하
"압류등이 된 곳"이라 한다)
　6. 선박소유자등에 대하여 제한채권에 근
거한 소가 제기된 곳

제90조 (선박 또는 항해에 관한 소의 특별관
할)　선박소유자등에 대한 선박 또는 항해에
관한 소는 선박이 압류등이 된 곳이 대한민
국에 있는 경우 법원에 제기할 수 있다.

제91조 (공동해손에 관한 소의 특별관할)　공
동해손(共同海損)에 관한 소는 다음 각 호
의 어느 하나에 해당하는 곳이 대한민국에
있는 경우 법원에 제기할 수 있다.
　1. 선박의 소재지
　2. 사고 후 선박이 최초로 도착한 곳
　3. 선박이 압류등이 된 곳

제92조 (선박충돌에 관한 소의 특별관할)　선박
의 충돌이나 그 밖의 사고에 관한 소는 다음
각 호의 어느 하나에 해당하는 곳이 대한민
국에 있는 경우 법원에 제기할 수 있다.
　1. 가해 선박의 선적지 또는 소재지
　2. 사고 발생지
　3. 피해 선박이 사고 후 최초로 도착한 곳
　4. 가해 선박이 압류등이 된 곳

제93조 (해난구조에 관한 소의 특별관할)　해
난구조에 관한 소는 다음 각 호의 어느 하

나에 해당하는 곳이 대한민국에 있는 경우 법원에 제기할 수 있다

1. 해난구조가 있었던 곳
2. 구조된 선박이 최초로 도착한 곳
3. 구조된 선박이 압류등이 된 곳

제 2 절 준 거 법

제94조 (해상) 해상에 관한 다음 각 호의 사항은 선적국법에 따른다.

1. 선박의 소유권 및 저당권, 선박우선특권, 그 밖의 선박에 관한 물권
2. 선박에 관한 담보물권의 우선순위
3. 선장과 해원(海員)의 행위에 대한 선박소유자의 책임범위
4. 선박소유자등이 책임제한을 주장할 수 있는지 여부 및 그 책임제한의 범위
5. 공동해손
6. 선장의 대리권

제95조 (선박충돌) ① 개항(開港)·하천 또는 영해에서의 선박충돌에 관한 책임은 그 충돌지법에 따른다.
② 공해에서의 선박충돌에 관한 책임은 각 선박이 동일한 선적국에 속하는 경우에는 그 선적국법에 따르고, 각 선박이 선적국을 달리하는 경우에는 가해선박의 선적국법에 따른다.

제96조 (해난구조) 해난구조로 인한 보수청구권은 그 구조행위가 영해에서 있는 경우에는 행위지법에 따르고, 공해에서 있는 때에는 구조한 선박의 선적국법에 따른다.

부　　칙〈제18670호, 2022. 1. 4.〉

제 1 조 (시행일) 이 법은 공포 후 6개월이 경과한 날부터 시행한다.

제 2 조 (계속 중인 사건의 관할에 관한 경과조치) 이 법 시행 당시 법원에 계속 중인 사건의 관할에 대해서는 종전의 규정에 따른다.

제 3 조 (준거법 적용에 관한 경과조치) 이 법 시행 전에 생긴 사항에 적용되는 준거법에 대해서는 종전의 규정에 따른다. 다만, 이 법 시행 전후에 계속(繼續)되는 법률관계에 대해서는 이 법 시행 이후의 법률관계에 대해서만 이 법의 규정을 적용한다.

국제사법

[전문개정 2001. 4. 7. 법률 제6465호]
[타법개정 2011. 5. 19. 법률 제10629호]

제1장 총 칙

제1조 (목적) 이 법은 외국적 요소가 있는 법률관계에 관하여 국제재판관할에 관한 원칙과 준거법을 정함을 목적으로 한다.

제2조 (국제재판관할) ① 법원은 당사자 또는 분쟁이 된 사안이 대한민국과 실질적 관련이 있는 경우에 국제재판관할권을 가진다. 이 경우 법원은 실질적 관련의 유무를 판단함에 있어 국제재판관할 배분의 이념에 부합하는 합리적인 원칙에 따라야 한다.
② 법원은 국내법의 관할 규정을 참작하여 국제재판관할권의 유무를 판단하되, 제1항의 규정의 취지에 비추어 국제재판관할의 특수성을 충분히 고려하여야 한다.

제3조 (본국법) ① 당사자의 본국법에 의하여야 하는 경우에 당사자가 둘 이상의 국적을 가지는 때에는 그와 가장 밀접한 관련이 있는 국가의 법을 그 본국법으로 정한다. 다만, 그 국적 중 하나가 대한민국인 때에는 대한민국법을 본국법으로 한다.
② 당사자가 국적을 가지지 아니하거나 당사자의 국적을 알 수 없는 때에는 그의 상거소(常居所)가 있는 국가의 법(이하 "상거소지법"이라 한다)에 의하고, 상거소를 알 수 없는 때에는 그의 거소가 있는 국가의 법에 의한다.
③ 당사자가 지역에 따라 법을 달리하는 국가의 국적을 가지는 때에는 그 국가의 법선택규정에 따라 지정되는 법에 의하고, 그러한 규정이 없는 때에는 당사자와 가장 밀접한 관련이 있는 지역의 법에 의한다.

제4조 (상거소지법) 당사자의 상거소지법(常居所地法)에 의하여야 하는 경우에 당사자의 상거소를 알 수 없는 때에는 그의 거소가 있는 국가의 법에 의한다.

제5조 (외국법의 적용) 법원은 이 법에 의하여 지정된 외국법의 내용을 직권으로 조사·적용하여야 하며, 이를 위하여 당사자에게 그에 대한 협력을 요구할 수 있다.

제6조 (준거법의 범위) 이 법에 의하여 준거법으로 지정되는 외국법의 규정은 공법적 성격이 있다는 이유만으로 그 적용이 배제되지 아니한다.

제7조 (대한민국법의 강행적 적용) 입법목적에 비추어 준거법에 관계없이 해당 법률관계에 적용되어야 하는 대한민국의 강행규정은 이 법에 의하여 외국법이 준거법으로 지정되는 경우에도 이를 적용한다.

제8조 (준거법 지정의 예외) ① 이 법에 의하여 지정된 준거법이 해당 법률관계와 근소한 관련이 있을 뿐이고, 그 법률관계와 가장 밀접한 관련이 있는 다른 국가의 법이 명백히 존재하는 경우에는 그 다른 국가의 법에 의한다.

② 제1항의 규정은 당사자가 합의에 의하여 준거법을 선택하는 경우에는 이를 적용하지 아니한다.

제9조 (준거법 지정시의 반정〈反定〉) ① 이 법에 의하여 외국법이 준거법으로 지정된 경우에 그 국가의 법에 의하여 대한민국법이 적용되어야 하는 때에는 대한민국의 법(준거법의 지정에 관한 법규를 제외한다)에 의한다.

② 다음 각 호 중 어느 하나에 해당하는 경우에는 제1항의 규정을 적용하지 아니한다.

    1. 당사자가 합의에 의하여 준거법을 선택하는 경우

    2. 이 법에 의하여 계약의 준거법이 지정되는 경우

    3. 제46조의 규정에 의하여 부양의 준거법이 지정되는 경우

    4. 제50조 제3항의 규정에 의하여 유언의 방식의 준거법이 지정되는 경우

    5. 제60조의 규정에 의하여 선적국법이 지정되는 경우

    6. 그 밖에 제1항의 규정을 적용하는 것이 이 법의 지정 취지에 반하는 경우

제10조 (사회질서에 반하는 외국법의 규정) 외국법에 의하여야 하는 경우에 그 규정의 적용이 대한민국의 선량한 풍속 그 밖의 사회질서에 명백히 위반되는 때에는 이를 적용하지 아니한다.

제 2 장 사　람

제11조 (권리능력)　사람의 권리능력은 그의 본국법에 의한다.

제12조 (실종선고)　법원은 외국인의 생사가 분명하지 아니한 경우에 대한민국에 그의 재산이 있거나 대한민국법에 의하여야 하는 법률관계가 있는 때, 그 밖에 정당한 사유가 있는 때에는 대한민국법에 의하여 실종선고를 할 수 있다.

제13조 (행위능력)　① 사람의 행위능력은 그의 본국법에 의한다. 행위능력이 혼인에 의하여 확대되는 경우에도 또한 같다.

② 이미 취득한 행위능력은 국적의 변경에 의하여 상실되거나 제한되지 아니한다.

제14조 (한정치산 및 금치산선고)　법원은 대한민국에 상거소 또는 거소가 있는 외국인에 대하여 대한민국법에 의하여 한정치산 또는 금치산선고를 할 수 있다.

제15조 (거래보호)　① 법률행위를 행한 자와 상대방이 법률행위의 성립 당시 동일한 국가 안에 있는 경우에 그 행위자가 그의 본국법에 의하면 무능력자이더라도 법률행위가 행하여진 국가의 법에 의하여 능력자인 때에는 그의 무능력을 주장할 수 없다. 다만, 상대방이 법률행위 당시 그의 무능력을 알았거나 알 수 있었을 경우에는 그러하지 아니하다.

② 제1항의 규정은 친족법 또는 상속법의 규정에 의한 법률행위 및 행위지 외의 국가에 있는 부동산에 관한 법률행위에는 이를 적용하지 아니한다.

제16조 (법인 및 단체)　법인 또는 단체는

그 설립의 준거법에 의한다. 다만, 외국에서 설립된 법인 또는 단체가 대한민국에 주된 사무소가 있거나 대한민국에서 주된 사업을 하는 경우에는 대한민국법에 의한다.

제 3 장 법률행위

제17조 (법률행위의 방식) ① 법률행위의 방식은 그 행위의 준거법에 의한다.
② 행위지법에 의하여 행한 법률행위의 방식은 제 1 항의 규정에 불구하고 유효하다.
③ 당사자가 계약 체결시 서로 다른 국가에 있는 때에는 그 국가 중 어느 한 국가의 법이 정한 법률행위의 방식에 의할 수 있다.
④ 대리인에 의한 법률행위의 경우에는 대리인이 있는 국가를 기준으로 제 2 항에 규정된 행위지법을 정한다.
⑤ 제 2 항 내지 제 4 항의 규정은 물권 그 밖에 등기하여야 하는 권리를 설정하거나 처분하는 법률행위의 방식에 관하여는 이를 적용하지 아니한다.

제18조 (임의대리) ① 본인과 대리인 간의 관계는 당사자간의 법률관계의 준거법에 의한다.
② 대리인의 행위로 인하여 본인이 제 3 자에 대하여 의무를 부담하는지의 여부는 대리인의 영업소가 있는 국가의 법에 의하며, 대리인의 영업소가 없거나 영업소가 있더라도 제 3 자가 이를 알 수 없는 경우에는 대리인이 실제로 대리행위를 한 국가의 법에 의한다.
③ 대리인이 본인과 근로계약 관계에 있고, 그의 영업소가 없는 경우에는 본인의 주된 영업소를 그의 영업소로 본다.
④ 본인은 제 2 항 및 제 3 항의 규정에 불구

하고 대리의 준거법을 선택할 수 있다. 다만, 준거법의 선택은 대리권을 증명하는 서면에 명시되거나 본인 또는 대리인에 의하여 제 3 자에게 서면으로 통지된 경우에 한하여 그 효력이 있다.
⑤ 대리권이 없는 대리인과 제 3 자 간의 관계에 관하여는 제 2 항의 규정을 준용한다.

제 4 장 물 권

제19조 (물권의 준거법) ① 동산 및 부동산에 관한 물권 또는 등기하여야 하는 권리는 그 목적물의 소재지법에 의한다.
② 제 1 항에 규정된 권리의 득실변경은 그 원인된 행위 또는 사실의 완성 당시 그 목적물의 소재지법에 의한다.

제20조 (운송수단) 항공기에 관한 물권은 그 국적소속국법에 의하고, 철도차량에 관한 물권은 그 운행허가국법에 의한다.

제21조 (무기명증권) 무기명증권에 관한 권리의 득실변경은 그 원인된 행위 또는 사실의 완성 당시 그 무기명증권의 소재지법에 의한다.

제22조 (이동중의 물건) 이동중의 물건에 관한 물권의 득실변경은 그 목적지법에 의한다.

제23조 (채권 등에 대한 약정담보물권) 채권· 주식 그 밖의 권리 또는 이를 표창하는 유가증권을 대상으로 하는 약정담보물권은 담보대상인 권리의 준거법에 의한다. 다만, 무기명증권을 대상으로 하는 약정담보물권은 제21조의 규정에 의한다.

제24조 (지식재산권의 보호) 지식재산권의 보호는 그 침해지법에 의한다.

제 5 장 채 권

제25조 (당사자자치) ① 계약은 당사자가 명시적 또는 묵시적으로 선택한 법에 의한다. 다만, 묵시적인 선택은 계약내용 그 밖에 모든 사정으로부터 합리적으로 인정할 수 있는 경우에 한한다.
② 당사자는 계약의 일부에 관하여도 준거법을 선택할 수 있다.
③ 당사자는 합의에 의하여 이 조 또는 제26조의 규정에 의한 준거법을 변경할 수 있다. 다만, 계약 체결 후 이루어진 준거법의 변경은 계약의 방식의 유효성과 제3자의 권리에 영향을 미치지 아니한다.
④ 모든 요소가 오로지 한 국가와 관련이 있음에도 불구하고 당사자가 그 외의 다른 국가의 법을 선택한 경우에 관련된 국가의 강행규정은 그 적용이 배제되지 아니한다.
⑤ 준거법 선택에 관한 당사자의 합의의 성립 및 유효성에 관하여는 제29조의 규정을 준용한다.

제26조 (준거법 결정시의 객관적 연결) ① 당사자가 준거법을 선택하지 아니한 경우에 계약은 그 계약과 가장 밀접한 관련이 있는 국가의 법에 의한다.
② 당사자가 계약에 따라 다음 각 호 중 어느 하나에 해당하는 이행을 행하여야 하는 경우에는 계약 체결 당시 그의 상거소가 있는 국가의 법(당사자가 법인 또는 단체인 경우에는 주된 사무소가 있는 국가의 법)이 가장 밀접한 관련이 있는 것으로 추정한다. 다만, 계약이 당사자의 직업 또는 영업활동으로 체결된 경우에는 당사자의 영업소가 있는 국가의 법이 가장 밀접한 관련이 있는 것으로 추정한다.
  1. 양도계약의 경우에는 양도인의 이행
  2. 이용계약의 경우에는 물건 또는 권리를 이용하도록 하는 당사자의 이행
  3. 위임·도급계약 및 이와 유사한 용역제공계약의 경우에는 용역의 이행
③ 부동산에 대한 권리를 대상으로 하는 계약의 경우에는 부동산이 소재하는 국가의 법이 가장 밀접한 관련이 있는 것으로 추정한다.

제27조 (소비자계약) ① 소비자가 직업 또는 영업활동 외의 목적으로 체결하는 계약이 다음 각 호 중 어느 하나에 해당하는 경우에는 당사자가 준거법을 선택하더라도 소비자의 상거소가 있는 국가의 강행규정에 의하여 소비자에게 부여되는 보호를 박탈할 수 없다.
  1. 소비자의 상대방이 계약 체결에 앞서 그 국가에서 광고에 의한 거래의 권유 등 직업 또는 영업활동을 행하거나 그 국가 외의 지역에서 그 국가로 광고에 의한 거래의 권유 등 직업 또는 영업활동을 행하고, 소비자가 그 국가에서 계약체결에 필요한 행위를 한 경우
  2. 소비자의 상대방이 그 국가에서 소비자의 주문을 받은 경우
  3. 소비자의 상대방이 소비자로 하여금 외국에 가서 주문을 하도록 유도한 경우
② 당사자가 준거법을 선택하지 아니한 경우에 제1항의 규정에 의한 계약은 제26조의 규정에 불구하고 소비자의 상거소지법에 의한다.
③ 제1항의 규정에 의한 계약의 방식은 제

17조 제1항 내지 제3항의 규정에 불구하고 소비자의 상거소지법에 의한다.

④ 제1항의 규정에 의한 계약의 경우에 소비자는 그의 상거소가 있는 국가에서도 상대방에 대하여 소를 제기할 수 있다.

⑤ 제1항의 규정에 의한 계약의 경우에 소비자의 상대방이 소비자에 대하여 제기하는 소는 소비자의 상거소가 있는 국가에서만 제기할 수 있다.

⑥ 제1항의 규정에 의한 계약의 당사자는 서면에 의하여 국제재판관할에 관한 합의를 할 수 있다. 다만, 그 합의는 다음 각 호 중 어느 하나에 해당하는 경우에 한하여 그 효력이 있다.

　　1. 분쟁이 이미 발생한 경우

　　2. 소비자에게 이 조에 의한 관할법원에 추가하여 다른 법원에 제소하는 것을 허용하는 경우

제28조 (근로계약)　① 근로계약의 경우에 당사자가 준거법을 선택하더라도 제2항의 규정에 의하여 지정되는 준거법 소속 국가의 강행규정에 의하여 근로자에게 부여되는 보호를 박탈할 수 없다.

② 당사자가 준거법을 선택하지 아니한 경우에 근로계약은 제26조의 규정에 불구하고 근로자가 일상적으로 노무를 제공하는 국가의 법에 의하며, 근로자가 일상적으로 어느 한 국가 안에서 노무를 제공하지 아니하는 경우에는 사용자가 근로자를 고용한 영업소가 있는 국가의 법에 의한다.

③ 근로계약의 경우에 근로자는 자신이 일상적으로 노무를 제공하거나 또는 최후로 일상적 노무를 제공하였던 국가에서도 사용자에 대하여 소를 제기할 수 있으며, 자신이 일상적으로 어느 한 국가 안에서 노무를 제

공하지 아니하거나 아니하였던 경우에는 사용자가 그를 고용한 영업소가 있거나 있었던 국가에서도 사용자에 대하여 소를 제기할 수 있다.

④ 근로계약의 경우에 사용자가 근로자에 대하여 제기하는 소는 근로자의 상거소가 있는 국가 또는 근로자가 일상적으로 노무를 제공하는 국가에서만 제기할 수 있다.

⑤ 근로계약의 당사자는 서면에 의하여 국제재판관할에 관한 합의를 할 수 있다. 다만, 그 합의는 다음 각 호 중 어느 하나에 해당하는 경우에 한하여 그 효력이 있다.

　　1. 분쟁이 이미 발생한 경우

　　2. 근로자에게 이 조에 의한 관할법원에 추가하여 다른 법원에 제소하는 것을 허용하는 경우

제29조 (계약의 성립 및 유효성)　① 계약의 성립 및 유효성은 그 계약이 유효하게 성립하였을 경우 이 법에 의하여 적용되어야 하는 준거법에 따라 판단한다.

② 제1항의 규정에 의한 준거법에 따라 당사자의 행위의 효력을 판단하는 것이 모든 사정에 비추어 명백히 부당한 경우에는 그 당사자는 계약에 동의하지 아니하였음을 주장하기 위하여 그의 상거소지법을 원용할 수 있다.

제30조 (사무관리)　① 사무관리는 그 관리가 행하여진 곳의 법에 의한다. 다만, 사무관리가 당사자간의 법률관계에 기하여 행하여진 경우에는 그 법률관계의 준거법에 의한다.

② 다른 사람의 채무를 변제함으로써 발생하는 청구권은 그 채무의 준거법에 의한다.

제31조 (부당이득) 부당이득은 그 이득이 발생한 곳의 법에 의한다. 다만, 부당이득이 당사자간의 법률관계에 기하여 행하여진 이행으로부터 발생한 경우에는 그 법률관계의 준거법에 의한다.

제32조 (불법행위) ① 불법행위는 그 행위가 행하여진 곳의 법에 의한다.
② 불법행위가 행하여진 당시 동일한 국가 안에 가해자와 피해자의 상거소가 있는 경우에는 제1항의 규정에 불구하고 그 국가의 법에 의한다.
③ 가해자와 피해자간에 존재하는 법률관계가 불법행위에 의하여 침해되는 경우에는 제1항 및 제2항의 규정에 불구하고 그 법률관계의 준거법에 의한다.
④ 제1항 내지 제3항의 규정에 의하여 외국법이 적용되는 경우에 불법행위로 인한 손해배상청구권은 그 성질이 명백히 피해자의 적절한 배상을 위한 것이 아니거나 또는 그 범위가 본질적으로 피해자의 적절한 배상을 위하여 필요한 정도를 넘는 때에는 이를 인정하지 아니한다.

제33조 (준거법에 관한 사후적 합의) 당사자는 제30조 내지 제32조의 규정에 불구하고 사무관리·부당이득·불법행위가 발생한 후 합의에 의하여 대한민국법을 그 준거법으로 선택할 수 있다. 다만, 그로 인하여 제3자의 권리에 영향을 미치지 아니한다.

제34조 (채권의 양도 및 채무의 인수) ① 채권의 양도인과 양수인 간의 법률관계는 당사자간의 계약의 준거법에 의한다. 다만, 채권의 양도가능성, 채무자 및 제3자에 대한 채권양도의 효력은 양도되는 채권의 준거법에 의한다.

② 제1항의 규정은 채무인수에 이를 준용한다.

제35조 (법률에 의한 채권의 이전) ① 법률에 의한 채권의 이전은 그 이전의 원인이 된 구채권자와 신채권자 간의 법률관계의 준거법에 의한다. 다만, 이전되는 채권의 준거법에 채무자 보호를 위한 규정이 있는 경우에는 그 규정이 적용된다.
② 제1항과 같은 법률관계가 존재하지 아니하는 경우에는 이전되는 채권의 준거법에 의한다.

제6장 친 족

제36조 (혼인의 성립) ① 혼인의 성립요건은 각 당사자에 관하여 그 본국법에 의한다.
② 혼인의 방식은 혼인거행지법 또는 당사자 일방의 본국법에 의한다. 다만, 대한민국에서 혼인을 거행하는 경우에 당사자 일방이 대한민국 국민인 때에는 대한민국법에 의한다.

제37조 (혼인의 일반적 효력) 혼인의 일반적 효력은 다음 각 호에 정한 법의 순위에 의한다.
  1. 부부의 동일한 본국법
  2. 부부의 동일한 상거소지법
  3. 부부와 가장 밀접한 관련이 있는 곳의 법

제38조 (부부재산제) ① 부부재산제에 관하여는 제37조의 규정을 준용한다.
② 부부가 합의에 의하여 다음 각 호의 법 중 어느 것을 선택한 경우에는 부부재산제는 제1항의 규정에 불구하고 그 법에 의한다. 다만, 그 합의는 일자와 부부의 기명날인 또는 서명이 있는 서면으로 작성된 경우에 한하여 그 효력이 있다.

1. 부부 중 일방이 국적을 가지는 법
2. 부부 중 일방의 상거소지법
3. 부동산에 관한 부부재산제에 대하여는 그 부동산의 소재지법

③ 외국법에 의한 부부재산제는 대한민국에서 행한 법률행위 및 대한민국에 있는 재산에 관하여 이를 선의의 제 3 자에게 대항할 수 없다. 이 경우 그 부부재산제에 의할 수 없는 때에는 제 3 자와의 관계에 관하여 부부재산제는 대한민국법에 의한다.

④ 외국법에 의하여 체결된 부부재산계약은 대한민국에서 등기한 경우 제 3 항의 규정에 불구하고 이를 제 3 자에게 대항할 수 있다.

제39조 (이혼)   이혼에 관하여는 제37조의 규정을 준용한다. 다만, 부부 중 일방이 대한민국에 상거소가 있는 대한민국 국민인 경우에는 이혼은 대한민국법에 의한다.

제40조 (혼인중의 친자관계)   ① 혼인중의 친자관계의 성립은 자(子)의 출생 당시 부부 중 일방의 본국법에 의한다.

② 제 1 항의 경우 부(父)가 자(子)의 출생 전에 사망한 때에는 사망 당시 본국법을 그의 본국법으로 본다.

제41조 (혼인외의 친자관계)   ① 혼인외의 친자관계의 성립은 자(子)의 출생 당시 모의 본국법에 의한다. 다만, 부자간의 친자관계의 성립은 자(子)의 출생 당시 부(父)의 본국법 또는 현재 자(子)의 상거소지법에 의할 수 있다.

② 인지는 제 1 항이 정하는 법 외에 인지 당시 인지자의 본국법에 의할 수 있다.

③ 제 1 항의 경우 부(父)가 자(子)의 출생 전에 사망한 때에는 사망 당시 본국법을 그의 본국법으로 보고, 제 2 항의 경우 인지자

가 인지 전에 사망한 때에는 사망 당시 본국법을 그의 본국법으로 본다.

제42조 (혼인외 출생자에 대한 준정(準正))   ① 혼인외의 출생자가 혼인중의 출생자로 그 지위가 변동되는 경우에 관하여는 그 요건인 사실의 완성 당시 부(父) 또는 모의 본국법 또는 자(子)의 상거소지법에 의한다.

② 제 1 항의 경우 부(父) 또는 모가 그 요건인 사실이 완성되기 전에 사망한 때에는 사망 당시 본국법을 그의 본국법으로 본다.

제43조 (입양 및 파양)   입양 및 파양은 입양 당시 양친(養親)의 본국법에 의한다.

제44조 (동의)   제41조 내지 제43조의 규정에 의한 친자관계의 성립에 관하여 자(子)의 본국법이 자(子) 또는 제 3 자의 승낙이나 동의 등을 요건으로 할 때에는 그 요건도 갖추어야 한다.

제45조 (친자간의 법률관계)   친자간의 법률관계는 부모와 자(子)의 본국법이 모두 동일한 경우에는 그 법에 의하고, 그 외의 경우에는 자(子)의 상거소지법에 의한다.

제46조 (부양)   ① 부양의 의무는 부양권리자의 상거소지법에 의한다. 다만, 그 법에 의하면 부양권리자가 부양의무자로부터 부양을 받을 수 없는 때에는 당사자의 공통 본국법에 의한다.

② 대한민국에서 이혼이 이루어지거나 승인된 경우에 이혼한 당사자간의 부양의무는 제 1 항의 규정에 불구하고 그 이혼에 관하여 적용된 법에 의한다.

③ 방계혈족간 또는 인척간의 부양의무의 경우에 부양의무자는 부양권리자의 청구에 대하여 당사자의 공통 본국법에 의하여 부

양의무가 없다는 주장을 할 수 있으며, 그러한 법이 없는 때에는 부양의무자의 상거소지법에 의하여 부양의무가 없다는 주장을 할 수 있다.

④ 부양권리자와 부양의무자가 모두 대한민국 국민이고, 부양의무자가 대한민국에 상거소가 있는 경우에는 대한민국법에 의한다.

제47조 (그 밖의 친족관계) 친족관계의 성립 및 친족관계에서 발생하는 권리의무에 관하여 이 법에 특별한 규정이 없는 경우에는 각 당사자의 본국법에 의한다.

제48조 (후견) ① 후견은 피후견인의 본국법에 의한다.

② 대한민국에 상거소 또는 거소가 있는 외국인에 대한 후견은 다음 각 호 중 어느 하나에 해당하는 경우에 한하여 대한민국법에 의한다.

　1. 그의 본국법에 의하면 후견개시의 원인이 있더라도 그 후견사무를 행할 자가 없거나 후견사무를 행할 자가 있더라도 후견사무를 행할 수 없는 경우

　2. 대한민국에서 한정치산 또는 금치산을 선고한 경우

　3. 그 밖에 피후견인을 보호하여야 할 긴급한 필요가 있는 경우

제 7 장　상　　속

제49조 (상속) ① 상속은 사망 당시 피상속인의 본국법에 의한다.

② 피상속인이 유언에 적용되는 방식에 의하여 명시적으로 다음 각 호의 법 중 어느 것을 지정하는 때에는 상속은 제 1 항의 규정에 불구하고 그 법에 의한다.

　1. 지정 당시 피상속인의 상거소가 있는

국가의 법. 다만, 그 지정은 피상속인이 사망시까지 그 국가에 상거소를 유지한 경우에 한하여 그 효력이 있다.

　2. 부동산에 관한 상속에 대하여는 그 부동산의 소재지법

제50조 (유언) ① 유언은 유언 당시 유언자의 본국법에 의한다.

② 유언의 변경 또는 철회는 그 당시 유언자의 본국법에 의한다.

③ 유언의 방식은 다음 각 호 중 어느 하나의 법에 의한다.

　1. 유언자가 유언 당시 또는 사망 당시 국적을 가지는 국가의 법

　2. 유언자의 유언 당시 또는 사망 당시 상거소지법

　3. 유언 당시 행위지법

　4. 부동산에 관한 유언의 방식에 대하여는 그 부동산의 소재지법

제 8 장　어음 · 수표

제51조 (행위능력) ① 환어음, 약속어음 및 수표에 의하여 채무를 부담하는 자의 능력은 그의 본국법에 의한다. 다만, 그 국가의 법이 다른 국가의 법에 의하여야 하는 것을 정한 경우에는 그 다른 국가의 법에 의한다.

② 제 1 항의 규정에 의하면 능력이 없는 자라 할지라도 다른 국가에서 서명을 하고 그 국가의 법에 의하여 능력이 있는 때에는 그 채무를 부담할 수 있는 능력이 있는 것으로 본다.

제52조 (수표지급인의 자격) ① 수표지급인이 될 수 있는 자의 자격은 지급지법에 의한다.

② 지급지법에 의하면 지급인이 될 수 없는

자를 지급인으로 하여 수표가 무효인 경우에도 동일한 규정이 없는 다른 국가에서 행한 서명으로부터 생긴 채무의 효력에는 영향을 미치지 아니한다.

제53조 (방식) ① 환어음, 약속어음 및 수표행위의 방식은 서명지법에 의한다. 다만, 수표행위의 방식은 지급지법에 의할 수 있다.
② 제 1 항의 규정에 의하여 행위가 무효인 경우에도 그 후 행위의 행위지법에 의하여 적법한 때에는 그 전 행위의 무효는 그 후 행위의 효력에 영향을 미치지 아니한다.
③ 대한민국 국민이 외국에서 행한 환어음, 약속어음 및 수표행위의 방식이 행위지법에 의하면 무효인 경우에도 대한민국법에 의하여 적법한 때에는 다른 대한민국 국민에 대하여 효력이 있다.

제54조 (효력) ① 환어음의 인수인과 약속어음의 발행인의 채무는 지급지법에 의하고, 수표로부터 생긴 채무는 서명지법에 의한다.
② 제 1 항에 규정된 자 외의 자의 환어음 및 약속어음에 의한 채무는 서명지법에 의한다.
③ 환어음, 약속어음 및 수표의 소구권을 행사하는 기간은 모든 서명자에 대하여 발행지법에 의한다.

제55조 (원인채권의 취득) 어음의 소지인이 그 발행의 원인이 되는 채권을 취득하는지 여부는 어음의 발행지법에 의한다.

제56조 (일부인수 및 일부지급) ① 환어음의 인수를 어음 금액의 일부에 제한할 수 있는지 여부 및 소지인이 일부지급을 수락할 의무가 있는지 여부는 지급지법에 의한다.
② 제 1 항의 규정은 약속어음의 지급에 준용한다.

제57조 (권리의 행사·보전을 위한 행위의 방식) 환어음, 약속어음 및 수표에 관한 거절증서의 방식, 그 작성기간 및 환어음, 약속어음 및 수표상의 권리의 행사 또는 보전에 필요한 그 밖의 행위의 방식은 거절증서를 작성하여야 하는 곳 또는 그 밖의 행위를 행하여야 하는 곳의 법에 의한다.

제58조 (상실 및 도난) 환어음, 약속어음 및 수표의 상실 또는 도난의 경우에 행하여야 하는 절차는 지급지법에 의한다.

제59조 (수표의 지급지법) 수표에 관한 다음 각 호의 사항은 수표의 지급지법에 의한다.
  1. 수표가 일람출급을 요하는지 여부, 일람 후 정기출급으로 발행할 수 있는지 여부 및 선일자수표의 효력
  2. 제시기간
  3. 수표에 인수, 지급보증, 확인 또는 사증을 할 수 있는지 여부 및 그 기재의 효력
  4. 소지인이 일부지급을 청구할 수 있는지 여부 및 일부지급을 수락할 의무가 있는지 여부
  5. 수표에 횡선을 표시할 수 있는지 여부 및 수표에 '계산을 위하여'라는 문구 또는 이와 동일한 뜻이 있는 문구의 기재의 효력. 다만, 수표의 발행인 또는 소지인이 수표 면에 '계산을 위하여'라는 문구 또는 이와 동일한 뜻이 있는 문구를 기재하여 현금의 지급을 금지한 경우에 그 수표가 외국에서 발행되고 대한민국에서 지급하여야 하는 것은 일반횡선수표의 효력이 있다.
  6. 소지인이 수표자금에 대하여 특별한 권리를 가지는지 여부 및 그 권리의 성질
  7. 발행인이 수표의 지급위탁을 취소할 수 있는지 여부 및 지급정지를 위한 절

차를 취할 수 있는지 여부

8. 배서인, 발행인 그 밖의 채무자에 대한 소구권 보전을 위하여 거절증서 또는 이와 동일한 효력을 가지는 선언을 필요로 하는지 여부

제 9 장 해 상

제60조 (해상) 해상에 관한 다음 각 호의 사항은 선적국법에 의한다.

1. 선박의 소유권 및 저당권, 선박우선특권 그 밖의 선박에 관한 물권
2. 선박에 관한 담보물권의 우선순위
3. 선장과 해원의 행위에 대한 선박소유자의 책임범위
4. 선박소유자·용선자·선박관리인·선박운항자 그 밖의 선박사용인이 책임제한을 주장할 수 있는지 여부 및 그 책임제한의 범위
5. 공동해손
6. 선장의 대리권

제61조 (선박충돌) ① 개항·하천 또는 영해에서의 선박충돌에 관한 책임은 그 충돌지법에 의한다.
② 공해에서의 선박충돌에 관한 책임은 각 선박이 동일한 선적국에 속하는 때에는 그 선적국법에 의하고, 각 선박이 선적국을 달리하는 때에는 가해선박의 선적국법에 의한다.

제62조 (해양사고구조) 해양사고구조로 인한 보수청구권은 그 구조행위가 영해에서 있는 때에는 행위지법에 의하고, 공해에서 있는 때에는 구조한 선박의 선적국법에 의한다.

부 칙〈제6465호, 2001. 4. 7.〉

① (시행일) 이 법은 2001년 7월 1일부터 시행한다.
② (준거법 적용의 시간적 범위) 이 법 시행 전에 생긴 사항에 대하여는 종전의 섭외사법에 의한다. 다만, 이 법 시행 전후에 계속(繼續)되는 법률관계에 관하여는 이 법 시행 이후의 법률관계에 한하여 이 법의 규정을 적용한다.
③ (국제재판관할에 관한 경과조치) 이 법 시행 당시 법원에 계속(係屬)중인 사건에 관하여는 이 법의 국제재판관할에 관한 규정을 적용하지 아니한다.
④ (다른 법률의 개정) 중재법 중 다음과 같이 개정한다.

제29조 제1항 중 '섭외사법'을 '국제사법'으로 한다.

부 칙〈법률 제10629호, 2011. 5. 19.〉
(지식재산 기본법)

제1조 (시행일) 이 법은 공포 후 2개월이 경과한 날부터 시행한다. <단서 생략>

제2조 (다른 법률의 개정) ①부터 ⑤까지 생략
⑥ 국제사법 일부를 다음과 같이 개정한다.

제24조의 제목 "(지적재산권의 보호)"를 "(지식재산권의 보호)"로 하고, 같은 조 중 "지적재산권"을 "지식재산권"으로 한다.

이하 생략

참고문헌

〈국제물품매매계약에 관한 UN협약〉

강병창, 「국제통일매매법」, 형설출판사, 2000.

고범준, 「국제물품매매계약에 관한 UN협약」, 대한상사중재원, 1983.

김명기, 「국제계약법연습」, 박영사, 1996.

법무부, 「국제물품매매계약에 관한 유엔협약사례연구 Ⅰ」, 2004.

서정일, 「국제거래법」, 두남, 2001.

서헌제, 「국제거래법」, 법문사, 2006.

석광현, 「국제물품매매계약의 법리」, 박영사, 2010.

오세창, 「국제상거래계약법」, 학문사, 2004.

오원석 · 하강헌, 「국제물품매매법」, 박영사, 2004.

이기수 · 신창섭, 「국제거래법」, 세창출판사, 2001.

최준선, 「국제거래법」, 삼영사, 2005.

John O. Honnold, 「UN통일매매법」(제 2 판), 오원석 역, 삼영사, 2004.

Peter Schlechtriem, 「유엔통일매매법」, 김민중 역, 두성사, 1995.

〈국제사법〉

김명기, 「국제사법원론」, 법지사, 2002.

김연 · 박정기 · 김인유, 「국제사법」, 법문사, 2006.

김연 · 박정기 · 김인유, 「국제사법」(제3판 보정판), 법문사, 2014.

김인제 · 서경무, 「국제사법」, 홍익제, 1995.

김인현, 「해상법(제5판)」, 법문사, 2018.

김인호, 「국제사법 판례연구」, 박영사, 2004.

김홍엽, 「민사소송법(제9판)」, 박영사, 2020.

박기갑, 「국제사법총론」, 삼우사, 1996.

법무부, 「국제사법 해설」, 2001.

서희원, 「국제사법강의」, 일조각, 1998.

석광현, 「국제민사소송법」, 박영사, 2012.

석광현, 「국제사법 해설」, 박영사, 2013.

석광현, 「국제사법과 국제소송 Ⅰ·Ⅱ·Ⅲ·Ⅳ·Ⅴ·Ⅵ」, 박영사, 2002~2019.

석광현, 「국제재판관할법」, 박영사, 2022.

신창선, 「국제사법」, 피데스, 2006.

신창선·윤남순, 「신국제사법」, 피데스, 2014.

신창섭, 「국제사법」, 세창출판사, 2007.

안춘수, 「국제사법」, 법문사, 2017.

윤종진, 「현대 국제사법」, 한올출판사, 2003.

이근식, 「국제사법」, 한국사법행정학회, 1985.

이호정, 「국제사법」, 경문사, 1984.

최공웅, 「국제소송」, 육법사, 1994.

최종현, 「해상법상론(제 2 판)」, 박영사, 2014.

Eugene F. Scoles·Peter Hay, Conflict of Laws, West Publishing Co., 1992.

판례색인

사항색인

저자 약력

안 강 현

연세대학교 법과대학 졸업, 법학박사
미국 Indiana University Bloomington, Maurer School of Law 졸업(LL.M.)
사법시험 합격(제25회, 1983년), 사법연수원 수료(제15기, 1985년)
한국 변호사, 미국 뉴욕주 변호사
한국상사법학회 회장
한국국제거래법학회 회장
한국회계정책학회 부회장
대한변호사협회 법학전문대학원 평가위원회 평가위원
대한상사중재원 국제중재인
KB국민은행 이사회 의장(사외이사)
연세대학교 윤리인권위원장
산업통상자원부 출자자문위원회 위원
한국전력공사 해외사업리스크심의위원회 심의위원
한국철도공사 사업개발분야 전문심의 · 평가 · 자문위원
법조협회 「법조」 편집위원
출제위원(변호사시험 · 사법시험 · 입법고시)

연세대학교 법과대학 학장(前)
연세대학교 법학전문대학원 · 법무대학원 원장(前)
연세대학교 학생복지처장 · 여학생처장 · 대외협력처장 · 신문방송편집인 · 연세춘추 주간교수(前)
교육부 로스쿨인가기준위원회 위원(前)
감사원 국민감사청구심사위원회 위원(前)
KB국민은행 감사위원장(前)
서울서부지방법원 민사조정위원(前)
한국법학교수회 부회장(前)

연세대학교 법학전문대학원 교수(국제거래법 및 상법 담당)
연세대학교 경영전문대학원 겸직교수(국제계약법 담당)

저 서

상법총칙 · 상행위법(박영사, 2023년, 제8판)
기업법(박영사, 2024년, 제4판)

논 문

신용장에 대한 법적 고찰(박사학위논문)
신용장사기의 성립요건에 대한 재검토 ― 미국 Ohio대법원의 Mid-America Tire사건을 중심으로
신용장의 독립 · 추상성
신용장거래에 있어서의 엄격일치의 원칙
UNIDROIT국제상사계약원칙에 있어서의 Hardship
FOB개념의 유연성과 Incoterms 2000의 FOB조건에 있어서의 인도와 비용부담의 문제
국제해상물품매매계약상 CIF조건의 확정기매매의 표지성 여부
상법상 특별이해관계인의 의결권 제한에 관한 검토 ― 입법론을 포함하여
주식회사 이사의 제3자에 대한 책임

개정상법에 있어서의 상업등기의 효력
상법상 영업의 개념과 영업양도
상법 제69조와 불완전이행책임 ― 대법원 2015. 6. 24. 선고 2013다522 판결을 중심으로
상호계산의 효력에 관한 고찰
상사중개에 관한 몇 가지 논의
Vote-buying
소수주주에 의한 이사해임의 소의 목적과 피고적격
설립중의 회사
표현대표이사
표현대표이사와 대표권제한위반행위의 효력
이득상환청구권의 예외성에 대한 검토
보험료 납입 전의 보험증권의 발행과 타인을 위한 보험계약의 증권소지인의 지위 외

제10판
로스쿨 국제거래법

초판 발행	2015년 5월 20일
제10판 발행	2024년 5월 10일
지은이	안강현
펴낸이	안종만·안상준
편 집	김선민
기획/마케팅	조성호
표지디자인	벤스토리
제 작	우인도·고철민·조영환
펴낸곳	㈜ **박영사**
	서울특별시 금천구 가산디지털2로 53, 210호(가산동, 한라시그마밸리)
	등록 1959. 3. 11. 제300-1959-1호(倫)
전 화	02)733-6771
f a x	02)736-4818
e-mail	pys@pybook.co.kr
homepage	www.pybook.co.kr
ISBN	979-11-303-4747-9 93360

정 가   36,000원